Friedrich Wolff

Verlorene Prozesse
1953 - 1998

Meine Verteidigungen in politischen Verfahren

2. Auflage

Nomos Verlagsgesellschaft
Baden-Baden

Die Deutsche Bibliothek – CIP-Einheitsaufnahme

Ein Titeldatensatz für diese Publikation ist bei der Deutschen Bibliothek erhältlich

ISBN 3-7890-6421-1

2. Auflage 1999

Inhaltsverzeichnis

Vorbemerkung

„Verlorene Prozesse" als Buchtitel eines Rechtsanwalts werden wohl zuerst und mit Recht als verlorene Gerichtsprozesse verstanden. Doch auch ein Rechtsanwalt nimmt aktiv oder passiv an anderen Prozessen teil, die sich zu seiner Zeit abspielten. Das gilt auch für mich. Ich war, als ich Student und später Anwalt wurde, aktiv und passiv in die historischen Prozesse jener Jahre verwickelt. Ich war voller Enthusiasmus Mitglied erst der KPD, dann der SED geworden, hatte an der Berliner Friedrich-Wilhelms-Universität den Mund aufgemacht, hatte als Angestellter des Magistrats gewirkt und als Anwalt den Prozeß der Entwicklung einer sozialistischen Anwaltschaft zu beeinflussen gesucht. Ich kann und will die Mitwirkung an diesen Prozessen nicht von den Gerichtsprozessen trennen – sie gehören zusammen. Es wird also auch von ihnen die Rede sein.

Das Buch soll natürlich vor allem von politischen Prozessen handeln. Aber was ist ein politischer Prozeß? Alle Prozesse, die ich bisher für politische Prozesse hielt und noch halte, wurden von den jeweiligen Staatsanwälten und Richtern für unpolitische Prozesse und, wenn es Strafprozesse waren, für Prozesse gegen Kriminelle angesehen. Das galt für den Prozeß gegen den Verleger Janka oder gegen Minister Oberländer genauso wie für die Strafprozesse gegen Erich Honecker und Günter Guillaume. Meine politischen Prozesse sind folglich politische Prozesse in meiner Deutung. Der Leser mag das anders sehen. Er muß nur wissen, hier trifft er auf meine Sicht.

Schließlich, was ist ein „verlorener Prozeß"? In vielen Urteilen, in denen ich Freisprüche beantragt hatte, sprach das Gericht schuldig. Der Prozeß war verloren. Jahrzehnte später wurden die Urteile aufgehoben, der Prozeß war gewonnen. Honecker wurde aus der Untersuchungshaft entlassen, das Verfahren wurde eingestellt. Gewonnen? Blasius sagt, das endgültige Urteil in politischen Prozessen fällt die Geschichte. Dagegen meint Schiller: „Von der Parteien Gunst und Haß entstellt, schwankt sein Charakterbild in der Geschichte". Wenn ich von politischen Prozessen dieser und jener Art spreche, messe ich Gewinn und Verlust an der zum Zeitpunkt des Urteils herrschenden Meinung. Ich hatte und habe oft eine andere Meinung. Das wird der Leser auch ohne Vorwort erkennen.

Ich schreibe über Prozesse aus 45 Jahren. Mein Gedächtnis war nie hervorragend und ist mit zunehmenden Alter ständig schlechter geworden. Ich kann Irrtümer, Erinnerungslücken nicht ausschließen. Vielfach, aber nicht immer standen mir meine Akten, die ich in ausgewählten Fällen aufgehoben hatte, zur Verfügung, doch sie sind lückenhaft und z.T. schwer lesbar; sie stammen aus Jahren ohne Kopier- und Diktiergeräte, ohne Computer. – Gelegentlich habe ich auch Dinge verschwiegen, weil das meine Anwaltspflicht verlangte oder weil ich nicht denunzieren wollte. Mir selbst wollte ich natürlich auch nicht mehr schaden, als ich verkrafte. Eines jedoch schließe ich absolut aus: Ich habe an keiner Stelle bewußt die Unwahrheit gesagt, und ich habe dort, wo ich schwieg, den Kern meiner Aussage nicht verfälscht.

Ich danke denen, die mir geholfen haben, meinem langjährigen Kollegen Hans-Joachim Eckert, meiner Tochter Barbara Erdmann und – last not least – meiner verständnisvollen Frau.

1. Aller Anfang ist schwer
(1953)

Meine Anwaltskarriere begann am 1. Juni 1953. Die Nazizeit, der Krieg, das Studium, zwei Staatsexamina, drei Jahre Studium und vier Jahre in der juristischen Praxis lagen hinter mir. Die DDR stand im 4. Lebensjahr, Stalin war vor weniger als drei Monaten verstorben. Die Zeiten waren bewegt und hart. Der Start als Anwalt war ein Ergebnis in dieser Zeit. Nach zweimonatiger Referendarausbildung, nach einjähriger Tätigkeit als Richter kraft Auftrags und einem Jahr als Seminarleiter in der Berliner Volksrichterschule hatte ich ein gutes Jahr in der Berliner Justizverwaltung gearbeitet. Zwei Monate zuvor war ich zum Hauptreferenten befördert worden. Mein Monatseinkommen war von 800 auf 1200 DM-Ost brutto gestiegen. Das war viel und damit war es nun vorbei. Der Staatsapparat wurde gesäubert. Kein Tauwetter in der DDR. Mir sagte die Partei, ich könne nicht mehr in der Abteilung Justiz des Magistrats arbeiten. Ich könne wählen: Universität oder Anwaltschaft. Ich zog letzteres vor. An der Uni, so hieß es, versuchten die jungen Professoren sich gegenseitig mit scholastischen Haarspaltereien „die Beine wegzuhauen". Nichts für mich.

Es war ein deutlicher Abstieg. Mit meinen 31 Jahren hatte ich immerhin schon eine ansehnliche Position erklettert. Meine unmittelbare Chefin war die Magistratsdirektorin Hilde Neumann, Tochter des in der Weimarer Republik bekannten sozialdemokratischen Reichstagsabgeordneten und Rechtsanwalts Dr. Kurt Rosenfeld, der u.a. Rosa Luxemburg verteidigt hatte und in Preußen 1918 einmal das Amt des Justizministers innehatte. 1944 war er in der Emigration in den USA verstorben, nachdem er – wie es heißt – zuvor Mitglied der KPD geworden war. Seine Tochter war vor dem Machtantritt der Nazis als Anwältin in der Kanzlei ihres Vaters tätig gewesen. Sie emigrierte gemeinsam mit ihrem Vater zunächst nach Paris. Dort wurde sie Exekutivsekretärin der Association Juridique International (AJI). Sie arbeitete eng mit international berühmten Rechtsanwälten wie Marcel Willard, Joe Nordmann, D. N. Pritt zusammen. So unterstützte sie von Paris aus Willard bei seinem Auftreten in Leipzig in Zusammenhang mit dem Dimitroff-Prozeß und hatte wesentlichen Anteil an der Vorbereitung und Durchführung des Londoner Gegenprozesses.

Hilde Neumann hatte also einiges von der Welt gesehen. Sie sprach mehrere Sprachen, war mit hervorragenden antifaschistischen Juristen aus mehreren Ländern befreundet. Als sie Anfang 1947 aus der Emigration zurückgekehrt war, wurde sie eine der drei „roten Hilden", die mit ihren unterschiedlichen Persönlichkeiten die Justiz der SBZ bzw. der DDR in jenen Jahren dominierten. Die anderen beiden waren Hilde

Benjamin und Hilde Heinze, die selbst vom Volksgerichtshof verurteilt worden war und 1951 Mitverantwortung für die sog. Waldheimer Prozesse trug. Alles gebildete, selbstbewußte Frauen. Ihre beruflichen und politischen Karrieren endeten früher oder später sämtlich abrupt. Gleichberechtigung war eines ihrer Ziele, die sie mit Vehemenz erfolgreich angingen. Deswegen hieß es alsbald – aus heutiger Sicht unverständlich – nicht mehr Staatsanwältin oder Richterin. Es ward vielmehr angeordnet, Titel für jegliches Geschlecht immer nur in maskuliner Form zu führen. Hilde Neumann war also Magistratsdirektor und nicht etwa Direktorin. Es war die Gleichberechtigung auf Männerniveau.

Offiziell unterstand Hilde Neumann dem Stadtrat Dr. Kofler (CDU), tatsächlich jedoch war sie die Chefin. Ich mochte sie und ich glaube, sie mich auch. Sie hatte, nicht nur was mich anbelangte, überhaupt eine unglückliche Hand in der Auswahl ihrer „Kader", wie man damals die Menschen nannte, wenn sie von einem Leiter geleitet wurden. Sie mußte kurz vor mir aus dem Staatsapparat ausscheiden: Westemigration. Sechs Jahre später ist sie einem Krebsleiden erlegen.

Im Juli 1989 stiftete die Vereinigung der Juristen der DDR einen Hilde-Neumann-Preis für junge Juristen. Die erste Preisverleihung wurde mir angetragen. Hilde Benjamin war nach ihrer brüsken Abberufung als Justizminister, wie ich meine, verbittert gestorben; Hilde Heinze, die aus mir unbekannten Gründen in Ungnade gefallen war, kannte niemand mehr. Wie das Leben so spielt.

Zurück zum 1. Juni 1953. Mit dem gesicherten Einkommen und der angesehenen Stellung war es also aus und vorbei. Von der Magistratsdienststelle in der Littenstraße zog ich um in die schräg gegenüber in der Rathausstraße 40 gelegene Zweigstelle Mitte I des Rechtsanwaltskollegiums.

Meine letzte Amtshandlung in der Littenstraße war die Gründung dieses Kollegiums gewesen. Als Vorsitzender eines sog. Initiativkomitees hatte ich die Vorbereitungsarbeiten geleitet und die Gründungsversammlung zum 30. Mai 1953 in den Plenarsaal des Kammergerichts einberufen. Die Eröffnungsansprache hatte der Stellvertreter des Oberbürgermeisters, Fechner, nach einem von mir vorbereiteten Manuskript gehalten. Zuhörer waren 22 eben zugelassene Rechtsanwälte. In der Mehrzahl hatten sie das 1. juristische Staatsexamen abgelegt und befanden sich in der Referendarausbildung. Anstelle der zweiten Staatsprüfung brauchten sie nur eine Klausur zu schreiben. Thema war der Slansky-Prozeß, der im November 1952 in Prag gegen den ehemaligen Generalssekretär der tschechoslowakischen KP durchgeführt worden war und der mit zehn Todesurteilen und drei lebenslänglichen Freiheitsstrafen geendet hatte. Intern wurde von ihnen das Examen deswegen schnoddrig als „Slansky-Examen" bezeichnet.

Allen Anwälten war unterschiedslos gemeinsam, daß sie für die Justiz, obgleich diese dringend Richter und Staatsanwälte brauchte, als ungeeignet galten. Zwei von ihnen, der spätere Vorsitzende des Kollegiums Brunner und das Vorstandsmitglied

Butte, waren zuvor nach einer Volksrichterausbildung Richter bzw. Staatsanwalt gewesen, hatten aber den Dienst aus kaderpolitischen Gründen quittieren müssen. Ein Jahr später durften sie wieder zur Justiz zurückkehren. Mir selbst ging es ähnlich. Am 30. Mai durfte ich „aus kaderpolitischen Gründen" nicht Mitglied des Vorstands werden, ein Jahr später rückte ich nach. – Um auch das noch zu sagen, acht von uns Gründungsmitgliedern waren in der SED, 14 waren parteilos und blieben es auch bis zu ihrem oder der DDR Ende.

Das „Rechtsanwaltskollegium von Groß-Berlin" – so die offizielle Bezeichnung – war eines der 15 „Kollegien der Rechtsanwälte", die 1953-1954 in den 14 Bezirken der DDR und in Berlin gegründet wurden. Jedes Mitglied eines solchen Kollegiums überwies seine Einnahmen monatlich an die Zentrale, die 30-40% zur Deckung aller beruflichen Kosten (Gehälter für Sekretärinnen, Miete, Literatur, Arbeitgeberanteil an der Sozialversicherung usw.) einbehielt, von den verbleibenden 60% Steuern und Sozialabgaben des Anwalts zahlte und den Rest auf das Privatkonto des Anwalts überwies. Es bestand freie Anwaltswahl, und der Anwalt unterlag in seiner Berufsausübung zwar der Disziplinaraufsicht, nicht aber den Weisungen der Organe des Kollegiums. Vorstand und Revisionskommission wurden in Berlin geheim gewählt.

Als Mitglied des Berliner Kollegiums und Anwalt ohne Erfahrung und Mandanten betrat ich das Anwaltsbüro in der Rathausstraße. Das war ein Büro, in dem drei weitere mehr oder weniger neugebackene Rechtsanwälte arbeiteten. Zweigstellenleiter war Rechtsanwalt Strodt, den ich flüchtig aus meiner Schulzeit in Neukölln und näher vom Studium an der Humboldt Universität kannte. Wir beide waren mit unseren über 30 Jahren die Ältesten. Die beiden anderen Anwälte allerdings nur wenig jünger. Bis auf mich hatten alle schon als Anwälte oder wenigstens bei einem Anwalt gearbeitet. Rechtsanwalt Strodt war sogar Mitglied der Westberliner Anwaltskammer. Ein Experte unter uns Blinden.

In dem Büro war es eng. Für vier Anwälte war es nicht gedacht. Bis zum 31.5.1953 hatte Rechtsanwalt Dr. Rabe hier seine Praxis allein ausgeübt. Da er in Westberlin wohnte, hatte er durch die Verordnung des Magistrats vom 17. April 1953 seine Zulassung im demokratischen Sektor von Groß-Berlin von einem Tag auf den anderen verloren. Harte Zeiten. Seine Praxiseinrichtung war unter Treuhandverwaltung gestellt und dem Kollegium zur Nutzung gegen Entgelt zur Verfügung gestellt worden. Trotz dieses existenzvernichtenden Schlages war er uns gegenüber nicht nachtragend. Zu einigen Kollegiumsanwälten unterhielt er wohlwollenden Kontakt. Ohne die Ostberliner Praxen in Westberlin wohnhafter Rechtsanwälte hätte das Rechtsanwaltskollegium am 1.6.1953 nicht starten können. Es gab sonst weder Räume noch Inventar, und Anwälte mit Praxis wurden in Berlin im Gegensatz zu den Bezirken der DDR nicht Mitglieder des Kollegiums.

Es war also eng in dem Anwaltsbüro in der Rathausstraße. Ich teilte ein Zimmer mit Rechtsanwalt Gotzmann. Im Gegensatz zu mir hatte er schon Mandanten aus seiner früheren Anwaltstätigkeit mitgebracht. Er war vorwiegend Strafverteidiger und überdies ein schöner, eleganter, von den Damen geschätzter junger Mann. Während ich trübselig vor meinem leeren Schreibtisch saß und auf Mandanten wartete, lud er mit ausladender Handbewegung einen Mandanten nach dem anderen in unser gemeinsames Zimmer ein. Meist waren seine Mandanten Mandantinnen, die sich nach dem Schicksal ihrer inhaftierten Ehemänner erkundigten. Das machte die Sache für mich aber nicht besser. Noch vor der Mauer setzte er sich übrigens nach Westberlin ab und wurde dort letztlich Staatsanwalt.

Irgendwie bekam ich im Laufe der Zeit schließlich auch Mandate. Sie führten mir schnell vor Augen, was ich alles nicht wußte. Gott sei Dank hatten wir mit dem Inventar unseres Vorgängers auch dessen Sekretärinnen und vor allem den langjährig berufserfahrenen Bürovorsteher Herrn Sauer übernommen. Der weihte mich in die unerläßlichen Formalitäten ein, die der Anwalt zu beachten hat. Herr Sauer war unter den Bürovorstehern des Kollegiums der Größte. Später bildete er jahrelang Sekretärinnen zu Bürovorstehern aus. Männer standen für diesen Beruf dann nicht mehr zur Verfügung. Dabei zeigte sich: Mann bleibt Mann. So bissig, kenntnisreich und autoritär und damit nützlich wurde keine von ihnen – liebenswerter allerdings waren die Frauen. Später starb der Job überhaupt aus. Schade für die Anwälte.

Als ich vom Kollegium die Abrechnung für den Monat Juni erhielt, hatte ich netto 143 DM verdient. Ja, es waren DM, allerdings Ost-DM. Die offizielle Bezeichnung hieß „Deutsche Mark der Deutschen Notenbank" (DM DNB), die Westmark hieß offiziell „Deutsche Mark der Bank deutscher Länder" (DM BdL). Für einen Vater mit zwei Kindern nicht viel. Allerdings hatte ich eine Frau, die uns ernähren konnte. Nur, das Selbstgefühl litt. Gotzmann's Mandantenschar und die Tatsache, die Geschäftsstellen der Gerichte, die ich zuvor als „Leiter" betreten hatte, nunmehr als „Mensch vor dem Schalter" aufsuchen zu müssen, führten mir vor Augen, daß ich wieder auf der unteren Sprosse der Karriereleiter war.

2. „Rädelsführer" und „Mitläufer" des 17. Juni auf der Anklagebank (1953)

Jähe Wendungen, von denen später Erich Honecker sprach, ohne an den Herbst '89 zu denken, gab es schon damals, jäh und unerwartet. Am 16.6.1953 suchte ich den Vorstand des Kollegiums auf, der im Justizgebäude in der Littenstraße seinen Sitz hatte. Der Vorsitzende, Ernst Brunner, hatte mich zu sich gebeten. Er suchte häufiger Rat in den für ihn ungewohnten und ungeliebten Anwalts- und Kollegiumsangelegenheiten. Ich wußte ein wenig, wenn auch nicht viel mehr als er von der Advokatur aus meiner Tätigkeit in der Phase der Vorbereitung der Gründung des Kollegiums, hatte auch eine andere Einstellung zum Anwaltsberuf.

Ich stand also am 16.6.1953, wie man in einem Vorzimmer steht, wenn man auf Einlaß wartet und sah aus dem Fenster über Trümmerflächen an der Ruine des Grauen Klosters vorbei zur Klosterstraße. Es gab an sich da nichts zu sehen, nur den blauen Himmel des Junitages, leere Straßen und die Silhouetten des Neuen Stadthauses sowie des Rathauses. Plötzlich entdeckte ich entfernt, in der Klosterstraße, einen kleinen Zug Menschen mit Transparenten nach Art einer Demonstration. Es war aber keine Demonstration angekündigt. Es war merkwürdig. Die Menschen trugen, so schien mir, weiße Maurerkleidung. Eine Ahnung kam auf, daß etwas Ungewöhnliches geschah. Es war das Vorspiel.

Am Tag darauf saß ich meinem neuen Büro und sah auf einen endlosen Zug von Demonstranten herab, der die ganze Breite der Rathausstraße füllte. Sie riefen im mächtigen Chor: „Der Spitzbart muß weg!". Sie waren zugleich aufgebracht und froh, erfüllt von dem Bewußtsein ihrer Kraft. Sie wollten nicht den Sozialismus aufbauen, wozu die Partei ein Jahr zuvor aufgerufen hatte. Das war überdeutlich. Sie wollten den Westen, die neue DM. Sie wollten den Kapitalismus. Die Tatsache der vollen Schaufenster wog schwerer als die ungeschickte Propaganda der SED. Geschichtliche Erfahrungen, die hätten warnen können, galten als SED-Propaganda, zählten nicht, waren unglaubwürdig vor dem, was sie in den Westsektoren mit eigenen Augen sehen konnten. Tage später hieß es in den DDR-Medien, sie seien Opfer der westlichen Propaganda, „irregeleitete Werktätige".

An Arbeit war an diesem Tag nicht mehr zu denken. Machte nichts, ich hatte ohnehin nichts zu tun. Auf dem Fußweg nach Hause, kein Verkehrsmittel fuhr, die Stadt brodelte im Aufruhr, sah ich, wie die Ketten der Kasernierten Volkspolizisten die Straße von Demonstranten räumten. Ich wußte nicht, daß unter den Demonstranten meine ersten Mandanten sein würden, wußte nicht, daß dieser Tag einmal gesetzlicher Feiertag sein, die Demonstranten rehabilitiert und der Feiertag wieder abgeschafft werden würde. In der Schule (bei den Nazis) hatten wir als Weisheit der alten Griechen gelernt: „Alles fließt." Doch die Lehrer hatten an das tausendjährige Reich geglaubt. Man glaubt offenbar immer, alles bleibt, wie es ist.

Der junge Anwalt im Kollegium lebte damals vorwiegend von Beiordnungen in Strafsachen. Kein üppiges Brot. Es galt die Rechtsanwaltsgebührenordnung in der Fassung von 1942. Eines der wenigen Gesetze, das die Nazizeit überlebt hatte. Für einen Tag Hauptverhandlung vor dem Stadtbezirksgericht erhielt der Rechtsanwalt 40 DM, vor dem Stadtgericht 50 DM und vor dem Obersten Gericht 80 DM. Davon gingen dann damals die 30% an das Kollegium ab. Die Steuer betrug maximal 20%, der Sozialversicherungsbeitrag des Mitglieds 10%, maximal 60 DM. Die Menge machte, daß es zum einfachen Leben reichte. Und man tröstete sich: Pflichtverteidigungen bringen auch andere Mandate. Aller Anfang ist eben schwer.

Als einer der Rädelsführer des 17. Juni in Berlin wurde der FDP-Jugendfunktionär Gottschling angesehen. Er war am 17. Juni in der Friedrichstraße verhaftet worden. Gottschling wurde mein erster großer Fall. Mit dem Beiordnungsbeschluß des Stadtgerichts suchte ich ihn in der Stadtvogtei auf. Das alte Untersuchungsgefängnis in der Dircksenstraße existiert heute ebensowenig wie das Haus Rathausstr. 40, in dem unser Büro damals lag. Gottschling war etwa in meinem Alter. Er machte auf mich einen sympathischen Eindruck. Er leugnete jede aktive Teilnahme an den Demonstrationen, von irgendeiner Einflußnahme auf sie könne erst recht keine Rede sein. Er wäre nur aus Neugier nach Ostberlin gefahren, um sich über die Ereignisse zu informieren.

Mir war klar, bei dieser Haltung des Angeklagten würde eine schroffe Konfrontation mit der Staatsanwaltschaft unvermeidlich werden. Im Gespräch klärte ich Gottschling zunächst auf, daß ich Genosse wäre. Damals trug ich kein Parteiabzeichen. Das wurde erst später dringend gewünscht. Ich fand aber, Gottschling müsse wissen, mit wem er es zu tun habe. Das Parteiabzeichen nahm mir diese Aufklärung später ab. Ich muß zugeben, es hatte insoweit einen Sinn, obgleich ich auch damals kein Freund von derartigen demonstrativen Bekenntnissen war. Sie entsprachen auch nicht dem Brauch in anderen kommunistischen Parteien. – Gottschling nahm meine Offenbarung zur Kenntnis. Er hatte wohl nichts anderes erwartet. Andererseits ahnten wir wohl beide nicht, welche Bedeutung dem Verfahren beigemessen werden würde.

Wenige Tage später saßen wir in einem kleinen Verhandlungssaal in der Littenstraße. Die Justiz arbeitete auf Hochtouren. Lange Vorbereitungszeiten wurden den Verteidigern auch später nicht gewährt. Konzentration und Beschleunigung der Verfahren war immer die beherrschende Maxime des Strafverfahrens der DDR. – Das Justizgebäude in der Littenstraße war als Zivilgericht konzipiert. Strafsachen fanden zu Zeiten der Reichshauptstadt in Moabit statt. Die Ostberliner Justiz mußte ohne geeignete

14

Verhandlungssäle für Strafsachen auskommen. Auch eine Folge der Spaltung, wie das Fehlen der Gefängnisse von Moabit, Plötzensee und Tegel. Wir saßen also in einem kleinen, für die Verhandlung von Zivilsachen vorgesehenen Saal, doch mit uns saßen dort große Leute. Unter ihnen Justizminister Max Fechner. Ein Jahr zuvor hatte er mit seiner Unterschrift bestätigt, daß ich die zweite juristische Staatsprüfung (nicht das „Slansky-Examen") abgelegt hatte. Ein bekannter Rundfunkjournalist war auch zur Stelle, um die Öffentlichkeit über den Prozeß zu informieren. Den Vorsitz der Strafkammer führte einer der wenigen akademischgebildeten Richter, die damals noch in der Justiz des demokratischen Sektors von Berlin tätig waren: Dr. Berger. Zwei Schöffen bildeten mit ihm die Strafkammer.

Mein Mandant sagte wie erwartet aus, er habe bei der Demonstration nur zugesehen. Auch Zusehen konnte u.U. strafbar sein, wenn man z.b. den Aufforderungen der Polizei nicht Folge leistete. Es galt insoweit noch das Reichsstrafgesetzbuch. Mein Mandant war jedoch als Rädelsführer angeklagt. Seine Funktion in der FDP belastete ihn. Was machte so einer an diesem Tag an diesem Ort? Das Gericht wußte es schon.

Als Verteidiger konnte ich angesichts der Haltung meines Mandanten nur Freispruch beantragen. Es war eines meiner ersten Plädoyers, vielleicht sogar das erste. Ich hatte Lampenfieber und wohl auch ein klein bißchen Angst. Der heiße Krieg war sehr schnell in den kalten übergegangen. Alle lebten in der Furcht vor einem dritten Weltkrieg. Die Staaten waren hochempfindlich. Die DDR, nicht einmal vier Jahre alt, war es ganz besonders. Neben der mächtigen Bundesrepublik , die sich als Nachfolgerin des Deutschen Reiches verstand und Anspruch auf ganz Deutschland erhob, sah sie sich ständig bedroht und war permanent auf der Hut. Unbotmäßigkeit konnte gefährlich werden.

Ich fühlte mich an sich sehr sicher. Ich war kein Nazi, mir konnte keiner, dachte ich. Aber ich erkannte zunehmend, irgendwo war eine Grenze. Als Student hatte mir schon einmal ein Parteifunktionär, es war der inzwischen verstorbene Auschwitzhäftling Bruno Baum, deutlich gemacht, daß ich auch nach Sibirien verbracht werden könnte. – Alles war damals unvorstellbar anders als vier Friedens-Jahrzehnte später. Mit weichen Knien beantragte und begründete ich vor dem Minister und dem Journalisten den Freispruch.

Im Gegensatz zu dem Justizminister passierte mir nichts. Fechner wurde bekanntlich wegen seiner Anerkennung des verfassungsmäßig garantierten Streikrechts wenig später verhaftet. Wer konnte das zur Zeit der Hauptverhandlung im Gerichtssaal ahnen? Und solche Ahnung hätte mir wohl erst recht keinen Mut gemacht. Wie dem auch sei, ich bewirkte nichts. Allenfalls bewahrte ich mir meine Selbstachtung. Der Angeklagte wurde in Übereinstimmung mit dem Antrag des Staatsanwalts zu sechs Jahren Zuchthaus (das gab es damals noch) verurteilt.

Die Berufung blieb ebenfalls erfolglos. Es freute mich jedoch, daß mich die Mutter meines Mandanten als Wahlverteidiger beauftragte. Die Anerkennung, die ich darin sah, war mir wichtiger als das höhere Honorar von 300 DM, das ich deswegen keineswegs verachtete.

Gottschling wurde später nach Verbüßung der Hälfte der Strafe entlassen. Ich habe nie wieder etwas von ihm gehört. Allerdings wurde ich, es war noch vor der Mauer, von der Westberliner Staatsanwaltschaft als Zeuge geladen. Herr Gottschling hatte gegen einen Zeugen in seiner Strafsache Strafanzeige wegen Meineids erstattet. Zeugen wurden jedoch schon damals von DDR-Gerichten nicht mehr vereidigt, obgleich die rechtliche Möglichkeit gegeben war. Eine Lehre aus den vielen unseligen Meineidsverfahren in der Weimarer Republik. Später wurde der Eid auch gesetzlich abgeschafft. Gottschling hatte in seiner Aufregung die noch vorgeschriebene Belehrung des Zeugen über die theoretische Möglichkeit der Vereidigung mit der Vornahme der Vereidigung selbst verwechselt.

Die Gerichte verhandelten 1953 „am laufenden Band" gegen Teilnehmer des 17. Juni. Selbst an Sonntagen wurden Verhandlungen durchgeführt. In meinem Gedächtnis ist von den Fällen, in denen ich verteidigt habe, nur noch der Fall eines einzigen Angeklagten erhalten geblieben. Er war damals Student an einer Berliner Ingenieurschule und beteiligte sich mit seinen Kommilitonen am 17. Juni. Die Hauptverhandlung gegen ihn und seine Mitangeklagten fand vor „erweiterter Öffentlichkeit" statt, wie später die Verhandlungen vor einem größeren Publikum genannt wurden. Geladen waren Studenten der Ingenieurschule. Der Staatsanwalt der Abt. I, der politischen Abteilung, Krüger, legte sich mächtig ins Zeug. Er hatte zwei Jahre zuvor noch zu meinen Schülern an der Berliner Volksrichterschule gehört. Nun gab er es mir und ich versuchte, ihm nichts schuldig zu bleiben. Als er auf mein Plädoyer erwiderte, wollte ich auch auf seine Replik erwidern. Der Vorsitzende Dr. Berger ließ das nicht zu. An so etwas erinnert sich ein Anwalt. Nicht schön, aber typisch. In der Berufungsinstanz war dann die Rechtsfrage zu klären, wem steht das „letzte Wort" zu, dem Staatsanwalt oder dem Verteidiger. Die neue Strafprozeßordnung war erst am 2.10.1952 verabschiedet worden, Entscheidungen zu dieser Frage gab es noch nicht.

Der Präsident des Kammergerichts, Hans Ranke, der die Verhandlung führte, war meiner Berufung erkennbar nicht sehr gewogen. Er war ein routinierter Richter. Nach der Wende des Jahres 1945 hatte er in der Stadtvogtei als Schnellrichter seine neue Richterlaufbahn begonnen. Prostituierte und Schwarzhändler wurden bei ihm ebenso schnell wie streng bedient. Als Nachfolger von Hilde Neumann wurde er nach einiger Zeit Präsident des Landgerichts Berlin (Ost) und führte 1950 das Strafverfahren gegen 32 Teilnehmer der sog. Köpenicker Blutwoche vom Juni 1933. Nun war er weiter aufgestiegen, war ein anerkannter Fachmann mit vielseitigem, schnell abrufbarem juristischen Wissen geworden. Jetzt konnte er sich auch Marotten leisten. Seine Protokollantin, eine liebe Frau, wußte davon ein Lied zu singen. Ihre Feder, man protokollierte noch mit Tinte und Feder, durfte auf dem Papier keine Kratzlaute von sich geben. Das machte ihn nervös, und nervös war er ohnehin. Unlängst hatte er anläßlich des Todes Stalins vor allen Berliner Richtern, wie es vorgeschrieben war, den offiziellen Nekrolog verlesen. Dabei hatte ihm diese Nervosität einen bösen Streich gespielt. Er versprach sich sinnentstellend und dem Andenken an den „genialen" Stalin abträglich. Überraschend blieb der Versprecher folgenlos für ihn. Sonst stand damals auf ein derartiges Versagen der Verlust der Funktion. Vielleicht schon ein Vorzeichen kommenden Tauwetters.

In meinem Fall mußte er die junge DDR schützen. Das war die Aufgabe der Justiz. Das Urteil des Stadtgerichts wollte er also halten, obgleich er zugeben mußte, daß ich als Letzter hätte sprechen dürfen. Als Rettungsanker wollte er die Vorschrift nutzen, wonach nur solche prozessualen Fehler zur Aufhebung eines erstinstanzlichen Urteils führten, auf denen dieses Urteil beruhte. Deswegen wollte er von mir hören, was ich gesagt hätte, wenn ich denn gedurft hätte. Das gab ich aber nicht preis. Ich hatte damals schließlich nur bereits Gesagtes wiederholen wollen, um dem Staatsanwalt, wie man heute sagen würde, die Schau zu stehlen, um die eigene Position demonstrativ zu behaupten. Ich berief mich also lediglich darauf, daß das Recht auf Erwiderung Teil des Rechts auf Verteidigung wäre, dessen Verletzung notwendig zur Aufhebung des erstinstanzlichen Urteils führen müsse.

So geschah es. Der Senat des Kammergerichts publizierte sein Entscheidung in der „Neuen Justiz" unter dem Leitsatz: „Die Erwiderung des Verteidigers oder des Angeklagten auf die Entgegnung des Staatsanwalts ist ein prozessuales Recht, das das Gericht nicht einschränken oder dem Verteidiger oder Angeklagten vorenthalten darf." Das Recht auf Verteidigung sah das Kammergericht nicht als verletzt an, wohl aber das Parteiprinzip. Später war die Behauptung, im Strafprozeß gelte das Parteiprinzip, eine unverzeihliche ideologische Entgleisung, später wäre die Entscheidung auch nicht mehr in der „Neuen Justiz" veröffentlicht worden.

Gebracht hat dieser Prozeßsieg meinem Mandanten nichts. Er wurde zu derselben Strafe erneut verurteilt. Nachdem diese Strafe zur Bewährung ausgesetzt worden war, konnte er allerdings sein Studium beenden. Er kam in den folgenden Jahrzehnten noch mit zwei oder drei zivil- bzw. verwaltungsrechtlichen Problemen zu mir, bis er mir schließlich nach der Wende auch seine Vertretung im Rehabilitierungsverfahren übertrug. – Manchmal erkennt ein Mandant auch das erfolglose Bemühen seines Anwalts an.

3.   Standrichter vor Gericht
(1953-1954)

Zeitgleich mit den Mandaten aus den Ereignissen des 17. Juni erhielt ich Beiordnungen in Verfahren zur „Bewältigung" der faschistischen Vergangenheit. So wurde ich am 27.8.1953, also nach knapp dreimonatiger Anwaltstätigkeit, Erwin Helm, geboren 1910 in Leipzig, als Pflichtverteidiger bestellt. Genauer gesagt, es wurde vom Senatsvorsitzenden „ein Rechtsanwalt aus dem Rechtsanwaltskollegium" zum Verteidiger bestellt. Das war damals gängige Praxis und herrschende Meinung. Der Vorsitzende des Kollegiums wählte aufgrund des jeweiligen Beiordnungsbeschlusses aus den 22 Mitgliedern einen Anwalt aus, der am Verhandlungstage Zeit hatte, geeignet erschien und mit Aufträgen unterstützt werden sollte. Das alles traf offenbar nach Meinung des Vorsitzenden in diesem Fall auf mich zu. Erst nachdem das Kollegium einige Zeit existierte, wurde der Rechtsanwalt wieder wie früher namentlich durch den Vorsitzenden des Gerichts bestellt.

Anklage und Ladung zur Hauptverhandlung am 10. September 1953 erhielt ich am 2. September. Das waren zwei Tage mehr Vorbereitungszeit als gesetzlich vorgeschrieben. Die Anklage lautete auf Verbrechen gegen die Menschlichkeit.

Helm wurde vorgeworfen, im März und April 1945 in wenigstens sieben Fällen als sog. Gerichtsherr eines fliegenden Standgerichts an der Westfront die Hinrichtung deutscher Soldaten veranlaßt zu haben. Mitangeklagt war der Vorsitzende dieses Standgerichts. Sein Verteidiger war ein erfahrener, nicht dem Rechtsanwaltskollegium angehörender Anwalt, der sich, aus welchen Gründen auch immer, in der Verteidigung sehr zurückhielt. Manchmal hatte ich den Eindruck, er sei nicht nüchtern. Vielleicht habe ich mich getäuscht. Für beide Angeklagten ging es um den Kopf.

Helm befand sich seit Dezember 1952 in Untersuchungshaft. Ich besuchte ihn in dem als Untersuchungsgefängnis genutzten ehemaligen kaiserlichen Arbeitshaus in Rummelsburg, das man mit S- und Straßenbahn zwar für nur 20 Pfennig, aber dafür auch nur mühsam erreichen konnte. Keiner von uns Kollegiumsanwälten hatte damals ein Auto.

Die Bedingungen für die Gespräche der Verteidiger mit ihren Mandanten waren in Rummelsburg äußerst schlecht. Die Gefangenen mußten von einem Polizisten aus entfernt gelegenen Gebäuden zu den Sprechzellen mit den Verteidigern gebracht werden. Sie befanden sich in einem Keller, in dem die Verteidiger auf ihren jeweiligen Schützling mitunter stundenlang warten mußten, weil es an Polizisten fehlte. Der Keller war in Kabinen nach Art von Umkleidekabinen unterteilt. Zigarettenrauch und

Gesprächslärm schufen eine Art höllisches Ambiente. Kein angenehmer Aufenthalt für die Verteidiger. Für die Häftlinge war der Keller zwar kein Paradies aber eine angenehme Abwechslung, schon wegen der Zigaretten, die der Anwalt mitzubringen quasi verpflichtet war. Sie durften allerdings nur während der Sprechzeit geraucht, also nicht mitgenommen werden.

Manchmal gab es Probealarm, dann durfte niemand das Gefängnisgelände verlassen, und wir Anwälte blieben eingeschlossen in unserem Keller. Das konnte sich hinziehen, wenn die Zählung der Gefangenen nicht klappte. Einmal – es muß Ende der 50er Jahre gewesen sein – verpaßte ein Kollege sein Flugzeug für die Urlaubsreise, weil er in Rummelsburg eingeschlossen war. Zu dieser Zeit war eine Flugreise ins Ausland ein denkwürdiges Ereignis. Trotz aller unserer Proteste änderte sich jahrelang nichts wesentliches an diesem Zustand. Aber irgendwann waren auf einmal die Probealarme nicht mehr erforderlich.

In diesem Keller von Rummelsburg suchte ich Helm neun Monate lang auf. Er war geständig. Es gab weder Tat- noch Rechtsfragen zu diskutieren. Die Verurteilung stand außer Frage. Seine einzige Chance, mit dem Leben davonzukommen, war eine Kopfverletzung, die er neben zwei anderen Verletzungen im Krieg erlitten hatte. Der psychiatrische Sachverständige, Dr. Anton, hatte ihm den § 51 Abs. 2 StGB – verminderte Zurechnungsfähigkeit – zugebilligt. Dr. Anton wurde in den folgenden Jahren zum von der Staatsanwaltschaft bevorzugten Psychiater für politische Strafverfahren, bis er selbst aus der DDR flüchtete.

Helms Verhalten in den letzten Kriegstagen ließ keinen sensiblen Menschen erwarten. Ich hatte in der Akte seine Geständnisse und die aus anderen Quellen stammenden Darstellungen seiner angeblichen Taten gelesen. So hätte er einen 25jährigen Leutnant wegen Befehlsverweigerung hinrichten lassen. Der Leutnant, selbst ruhrkrank, sollte einen Zug kranker Soldaten zu einem anderen Truppenteil führen. Nach 15 km Fußmarsch ließ er eine Nachtpause einlegen. Das wars. Der Leutnant wurde an einem Baum aufgehängt. Als er nach der Schlinge faßte, wurde ihm von einem Mitglied des Standgerichts in die Hand geschossen. Die Schlinge zog sich zu. Das geschah am 20.4.1945, am letzten Geburtstag des Führers.

Ein weiterer der sieben Fälle wurde später im Urteil mit folgenden Worten geschildert:

„Der 60jährige Landwirt und damalige Volkssturmmann Karl Weiglein in Zellingen am Main war von einem Offizier, Dr. Mühl-Kühner (der nach dem Kriege nach Spanien geflohen ist), bei Helm, der sich ihm als Standgerichtsherr vorstellte und nach der Stimmung der Truppe fragte, dahingehend denunziert worden, daß er Wehrkraftzersetzung betrieben habe. Er sollte, als ein Offizier vor den Volkssturmmännern eine blutrünstige Rede gehalten und dort kriegsmüde Soldaten mit Erschießen bedroht hatte, ‚oho' gerufen haben und er sollte weiterhin eine verbrecherische Kriegsmaßnahme der Nazis, nämlich das Sprengen einer Brücke unmittelbar bei seinem Hof, kritisiert haben. Helm beschloß daraufhin, Weiglein vor sein Standgericht zu bringen und ihn zum Tode verurteilen zu lassen, ohne sich auch nur die geringste Mühe zu geben, den Fall zu klären. Helm fuhr sofort mit Ankläger, Vorsitzenden, Henker und Strick zu dem Ort, wo Weiglein sich befand und gab den übrigen Beteiligten Anweisung, das schon vorher vereinbarte und abgefaßte Todesurteil zu verkünden. Er drang auf das Todesurteil bei dem Anklagevertreter Fernau auch noch dann, als sowohl dieser wie auch die beiden Beisitzer ihre starken Bedenken gegen die Schuld des Weiglein vorbrachten. Weiglein hatte nämlich vorher seine Schuld entschieden bestritten. Helm lehnte es ab, den Fall zu klären, obwohl es eine Kleinigkeit gewesen wäre und nicht einmal nennenswerten Zeitverlust verursacht hätte, wenn er greifbare Zeugen vernommen hätte, zum mindesten wenn er denjenigen vernommen hätte, der die Äußerungen von Weiglein unmittelbar gehört haben wollte. Die Vernehmung dieses Mannes wurde von Helm abgelehnt, so daß das Urteil sich lediglich auf den kurzen Bericht des Denunzianten stützte, der selber nicht einmal die inkriminierten Äußerungen gehört hatte. So wurde auf Drängen Helm's das Todesurteil gegen die bessere Überzeugung des Staatsanwalts und der Beisitzer und ohne Klärung des Sachverhalts, trotz Leugnens des Angeklagten, verhängt. An der darauffolgenden Hinrichtung, die bezeichnenderweise im Angesicht des Hofs des Weiglein und vor den Augen seiner Ehefrau durch Aufhängen auf einem Baum seines eigenen Anwesens vorgenommen wurde, beteiligte sich Helm sogar unmittelbar, indem er den Kopf seines Opfers in die Schlinge legte. An dieser grausigen Art der Vollstreckung ließ er sich auch nicht durch die entsetzten Schreie des Weiglein und seiner der Erhängung zuschauenden Ehefrau behindern."

So geschehen am 28. März 1945.

Im persönlichen Gespräch glaubte ich nicht, den Mann vor mir zu haben, der fähig war, einen 60jährigen vor den Augen seiner Frau eigenhändig zu erhängen. An zwei sich wiederholende Gesprächsthemen erinnere ich mich. Immer wieder sprach er zärtlich von seiner Tochter, die er „Pümmelchen" nannte. Auf sächsisch klang es noch liebevoller. Es war nicht unecht. – Das andere Thema war nicht weniger makaber. Im Angesicht eines möglichen Todesurteils und in Kenntnis des Sachverständigengutachtens über verminderte Zurechnungsfähigkeit erzählte er mir fast bei jedem Besuch Irrenwitze; und das über ein Dreivierteljahr.

Die Hauptverhandlung verlief, wie zu erwarten war. Die Angeklagten wurden für schuldig befunden, „Verbrechen gegen die Menschlichkeit" begangen zu haben, sie wurden ferner „als Hauptschuldige im Sinne der Kontrollratsdirektive Nr. 38" eingestuft. Entsprechend dem Antrag des Staatsanwalts erkannte das Gericht für jeden Angeklagten auf eine lebenslängliche Zuchthausstrafe, auf dauernden Verlust der bürgerlichen Ehrenrechte sowie auf Sühnemaßnahmen, die in einem Formular, das dem Urteil beigefügt war, wie folgt festgelegt wurden:

„1. Die Angeklagten sind dauernd unfähig, ein öffentliches Amt zu bekleiden.
2. Sie verlieren alle ihre etwaigen Rechtsansprüche auf eine aus öffentlichen Mitteln zahlbare Pension oder Zuwendung.
3. Sie verlieren das Recht zu wählen oder gewählt zu werden sowie das Recht, sich irgendwie politisch zu betätigen oder Mitglied einer politischen Partei zu sein.
4. Sie dürfen weder Mitglied einer Gewerkschaft noch einer wirtschaftlichen oder beruflichen Vereinigung sein.
5. Es ist ihnen auf die Dauer von 10 Jahren nach ihrer Freilassung verboten,
a) in einem freien Beruf oder selbständig in irgendeinem gewerblichen Betrieb tätig zu sein, sich an einem solchen zu beteiligen oder dessen Aufsicht oder Kontrolle auszüben,

b) in nicht selbständiger Stellung anders als in gewöhnlicher Arbeit beschäftigt zu werden,
c) als Lehrer, Prediger, Redakteur, Schriftsteller oder Rundfunk-Kommentator tätig zu sein.
6. Sie unterliegen Wohnraum- und Aufenthaltsbeschränkungen.
7. Sie verlieren alle ihnen etwa erteilten Approbationen, Konzessionen und Vorrechte sowie das Recht, ein Kraftfahrzeug zu halten."

Es hätte schlimmer kommen können. Im Urteil hieß es zur Strafzumessung:

„Der Angeklagte Helm hätte die Todesstrafe verdient, wenn ihm nicht der § 51 Abs. 2 StGB zur Seite stünde. Auf Grund des Sachverständigengutachtens des Psychiaters Dr. Anton steht indessen fest, daß der Angeklagte auf Grund seiner im Jahre 1943 erlittenen Kopfverletzung, die einen erheblichen Verlust von Gehirnmasse zur Folge hatte, nur vermindert zurechnungsfähig ist. Er hat die volle intellektuelle Fähigkeit, das Verbrecherische seiner Handlungsweise einzusehen, er bringt aber auf Grund seiner Verletzungen nicht die moralischen Hemmungen auf, die einem gesunden Menschen eigen sind."

Tatsächlich hatte Helm die Schwere seiner Kopfverletzung in der Hauptverhandlung eindrucksvoll demonstriert. Er tat dies mit einem gewissen Stolz, indem er sich vorbeugte und sich aufblähte. Dann drückte das Gehirn die Kopfhaut nach außen. Ich wohnte zwar einer derartigen Präsentation während der Hauptverhandlung bei, sah aber nicht auf meinen Mandanten. Ich sah nur den Erfolg in den Gesichtern der Richter. Das reichte mir.

Das Urteil wurde am 11. September 1953 verkündet, neun Tage nach der Ladung zur Hauptverhandlung, knapp fünf Monate nach dem Datum der Anklage. Der Prozeß war also zügig und ohne Überraschungen verlaufen. Dann geschah jedoch Unerwartetes. Die Staatsanwaltschaft legte Protest ein, obgleich das Urteil ihrem Antrag entsprach. „Protest" hieß nach der StPO von 1952 die Berufung des Staatsanwalts, weil das Rechtsmittel der Staatsanwaltschaft natürlich nicht die gleiche Bezeichnung führen konnte wie das des Angeklagten. Das hätte die Staatsanwaltschaft dem Angeklagten unzulässig gleichgestellt. Meine Berufung wurde auch fristgerecht, d.h. innerhalb von einer Woche eingelegt und begründet. Dann wurde es mysteriös. Der Termin zur Hauptverhandlung vor dem Kammergericht, der auf den 13. Oktober 1953 anberaumt war, wurde ohne Angabe von Gründen am 10. Oktober aufgehoben. Ein neuer Termin wurde zunächst nicht anberaumt. Monatelang geschah nichts. Das widersprach allen Regeln. Allmählich sickerte durch, die Gerichtsakten seien verschwunden. Das Wirken des Klassenfeindes wurde hinter dem beispiellosen Ereignis vermutet. Zwei Richter des Kammergerichts galten als die Schuldigen, mußten ihren Dienst quittieren und wurden so genötigt, Rechtsanwälte zu werden.

Die Staatsanwaltschaft nahm schließlich im Mai 1954 den Protest zurück, obgleich sich die Akten inzwischen wieder angefunden hatten. Um nicht Gott zu versuchen, nahm ich auch die Berufung zurück. Helm wurde später im Zuge einer Amnestie entlassen. Von ihm selbst habe ich nie wieder etwas gehört. Aus Zeitungen erfuhr ich indessen, daß er in der Bundesrepublik, offenbar wegen weiterer Taten, erneut verurteilt worden wäre.

4. Die Organisation Gehlen vor dem Obersten Gericht der DDR (1953)

Am Ende des Jahres 1953 wurde ich vom Obersten Gericht zum Pflichtverteidiger für zwei Angeklagte bestellt, die wegen Spionage angeklagt worden waren. Es war, wenn ich mich nicht irre, mein erstes Strafverfahren vor dem Obersten Gericht. Ich hatte nun ca. sechs Monate Anwaltstätigkeit hinter mir, meine Mitverteidiger waren mir an Alter und Berufserfahrung überlegen. Meine Verfassung wird dieser Situation entsprochen haben.

Die Distanz, die zwischen dem höchsten Gericht der DDR und den Verteidigern lag, ist heute schwer zu beschreiben. Einerseits konnte der Genosse Verteidiger außerhalb der Hauptverhandlung den Genossen Richter duzen, andererseits markierte die Höhe des Richter- (und Staatsanwalts-)tisches den hierarchischen Abstand zwischen den beiden „Organen der Rechtspflege". Dieser Terminus zur Bezeichnung der Stellung der Anwaltschaft innerhalb der Justiz war aus der Rechtsprechung des Kaiserreichs und der Weimarer Republik in die Verordnung über die Bildung der Kollegien der Rechtsanwälte übernommen worden. Später lehnte das Justizministerium den Begriff wegen seiner Gleichstellung der Anwaltschaft mit Gericht und Staatsanwaltschaft ab, während wir Anwälte ihn eben deshalb zu verteidigen suchten.

Eine unmittelbare Erinnerung an das Verfahren habe ich nicht mehr. Es ist in der Menge der späteren Verfahren untergegangen. Spionageverfahren waren ausgesprochen langweilig. Die Angeklagten waren geständig, die Vernehmungsprotokolle des Ministeriums für Staatssicherheit (MfS) ebenso minuziös wie hölzern. Nach diesen Protokollen wurden die Angeklagten in der Beweisaufnahme abgefragt und der Stoff wurde abgehakt. Rechtsfragen gab es nicht. Die Schilderung der Treffs, der Anlage der toten Briefkästen, der geheimdienstlichen Mittel wie Funkgerät, Code, Geheimtinte und der Berichte über Kennzeichen von Militärfahrzeugen, Eisenbahntransporte, Flugplätze, Versorgungslücken und Personen-Charakteristiken war extrem ermüdend. Ein Verfahren glich dem anderen.

Geblieben ist lediglich der Gesamteindruck, den die Verfahrensprozedur auf mich machte. Der große, für die damalige Zeit gut ausgestattete Saal in der Scharnhorststraße 37, Soldaten als Bewacher, die Zahl der Journalisten und die Menge der Zuschauer. Beeindruckt hat mich natürlich auch das prominente Gericht in schwarzen Anzügen (Roben trug man nicht mehr) und natürlich auch der Staatsanwalt, insbeson-

23

dere, wenn Generalstaatsanwalt Dr. Melsheimer selbst die Anklage vertrat. Das war ein Jurist, der schon vor 1933 an verantwortlicher Stelle in der Justiz tätig gewesen und dann von den Nazis gemaßregelt worden war. Alles war auf staatliche Autorität ausgerichtet. Das Gericht wurde mit „Oberstes Gericht der Deutschen Demokratischen Republik" angesprochen. Die Verteidiger – wenn möglich ebenfalls in schwarzen Anzügen – hatten keinerlei Ambitionen, die erhabene Stellung des Gerichts in Zweifel zu ziehen. Konfliktverteidigung war ein unbekannter Begriff (er war wohl auch in der BRD noch nicht kreiert worden). Man achtete als Verteidiger die Würde des Gerichts. Das war selbstverständlich. Schließlich hatte das Gericht die Macht, über Leben und Tod, Gefängnis und Freiheit zu entscheiden. Etwas von dieser „Subalternität" haftet mir heute noch an. Ein Richter ist für mich immer noch ein Mensch, dem wegen seines Amtes ein besonderer Respekt gebührt.

Vor dem Obersten Gericht konnte in Straf- und Zivilsachen jeder Rechtsanwalt der DDR auftreten. Pflichtverteidiger wurden natürlich sorgfältig ausgewählt. Staatsverbundenheit wurde gesucht, wenn auch nicht immer gefunden. Mancher meiner Mitverteidiger war plötzlich im Westen.

Damals war mir nicht bewußt, daß ich an einem „Pilotverfahren" teilnahm. Es war das erste einer großen Zahl von Strafverfahren, die in der Folge vor dem Obersten Gericht und den Bezirksgerichten der DDR gegen Spione der Organisation Gehlen und anderer Dienste durchgeführt wurden. Der Hauptangeklagte des Verfahrens, Haase, war ein hauptamtlicher Agent der Organisation Gehlen. In seinen 1959 erschienenen Erinnerungen schilderte Gehlen ihn als einen „besonders zuverlässigen, einsatzfreudigen, ideenreichen Mitarbeiter" *(Gehlen, Der Dienst, 1977, S. 154).*

Das Verfahren gegen Haase u.a. wurde zu einer breiten Darstellung der Entstehungsgeschichte der Organisation Gehlen genutzt. Gehlen war während des Zweiten Weltkrieges Chef der Abteilung „Fremde Heere Ost" der faschistischen Wehrmacht, deren Aufgabe die Spionage in der UdSSR war. Er hatte sich mit seinem gesamten Archiv, das in 50 Stahlkisten untergebracht war, am 20. Mai 1945 in amerikanische Kriegsgefangenschaft begeben und seinen Plan des Aufbaus eines deutschen Geheimdienstes, der mit den Amerikanern kooperiert, angeboten. Das Angebot wurde angenommen und Gehlen in den USA bis Juli 1947 zusammen mit seinen engsten Mitarbeitern abgeschirmt für den neuen Einsatz vorbereitet. Ab Januar 1947 begann Gehlen, „die Informationswünsche aus Washington zu befriedigen" *(Piekalkiewicz, Weltgeschichte der Spionage, 1988, S. 411).* Gehlen selbst stellt das Verfahren gegen Haase u.a. in den Kontext einer großen Operation des Ministeriums für Staatssicherheit der DDR mit sowjetischen Diensten *(Gehlen, Der Dienst, S. 157).*

Da das Verfahren gegen Haase u.a. auch noch nicht in den Prozeßregistern enthalten ist, die ich erst ab 1954 aufgehoben habe, wäre es mir völlig aus dem Gedächtnis entschwunden, hätte ich nicht die Verteidigerplädoyers aufbewahrt, die damals vom Justizministerium zu Schulungszwecken verbreitet worden sind. Es sind Zeitzeugnisse,

24

die gesellschaftliche wie persönliche Entwicklungen deutlich machen. Aus heutiger Sicht beschämend für die Gesellschaft, die Justiz und natürlich auch für mich.

Ob der Text, den das Ministerium verbreitete, originalgetreu und vollständig war, weiß ich nicht, aber ich denke, er gibt ein im wesentlichen zutreffendes Bild von den damaligen Plädoyers. Der genannte Text, den ich als letzter der Verteidiger in diesem Verfahren nach Stichworten frei vortrug, enthält u.a. folgende Ausführungen von mir:

„Als Verteidiger der Angeklagten Oesterreich und Rennert ist mein Ausgangspunkt der gleiche, wie der meiner drei Kollegen. Ich habe daher nichts weiteres zu sagen über die Verwerflichkeit der Taten, die hier in überzeugendster Form in dem Plädoyer des Herrn Generalstaatsanwalts zum Ausdruck kamen. Ich habe auch nichts Neues mehr zu sagen über die Notwendigkeit der Verteidigung, die unser Gesetz vorschreibt. Auch meine Angeklagten sind geständig, und ich brauche daher nichts über den Umfang ihrer Handlungen mehr vorzutragen. Die rechtliche Qualifizierung ihrer Taten nach Art. 6 und Direktive 38 des Alliierten Kontrollrats ist so eindeutig und klar, daß es auch dazu keiner Erörterung von Seiten der Verteidigung bedarf. Gegenstand meiner Ausführungen werden daher lediglich Bemerkungen zur Strafzumessung sein.

Ich möchte zunächst zur Verteidigung des Angeklagten Rennert sprechen: Rennert hat 11/2 Jahre Militärspionage getrieben. Er hat 22 Berichte geliefert. Es ist klar und war auch ihm klar, daß die gerechte Strafe in seinem Fall nur eine harte Strafe sein kann. Dennoch werde ich mich bemühen, einige entlastende Punkte hervorzuheben, ohne dabei die Realitäten zu übersehen. Eine Realität ist zunächst die Feststellung des Herrn Generalstaatsanwalts über die Person des Angeklagten Rennert. Er sagte: Rennert ist ein eingefleischter Militarist. Daran vermag auch die Verteidigung nicht vorüberzugehen. Rennert ist der Typ des preußischen Feldwebels. Wenn man ihn hier vor den Schranken des Gerichts stehen sah, sah man ihn vor dem geistigen Auge – möchte ich sagen – fast in Uniform und Stahlhelm. Es ist zu fragen, wie wurde Rennert zu diesem Typus? Es ist zu fragen, wie ist es gekommen, daß er seine Vergangenheit in den acht Jahren seit dem Zusammenbruch des Hitlerfaschismus nicht überwinden konnte? Zum Feldwebel wird man bekanntlich nicht geboren, zum Feldwebel wird man erzogen. Und die Erziehung Rennerts zum Feldwebel begann sehr früh. Wir wissen, daß es seines Vaters Wunsch war, als er sich 1933 freiwillig zur faschistischen Wehrmacht meldete. In den Kreisen, aus denen auch Rennert stammte, gehörte der militärische Dienst praktisch zur Erziehung. Man sah es in diesen Kreisen als notwendig an, um ein richtiger Mann zu werden, daß man den preußischen Kommiß durchlief. Aus der einjährigen Verpflichtung wurde schließlich eine zwölfjährige. Wir haben gehört, wie das Hitlersche Reichserbhofgesetz dazu beitrug, weil ja schließlich nur noch ein Sohn den Hof des Vaters erben durfte, und wir haben gehört, wie der Zivilversorgungsschein lockte.

Als die zwölf Jahre um waren, zu denen Rennert sich verpflichtet hatte, war auch der Krieg zu Ende, und auch einem Rennert war es klar geworden, daß dieses System völlig versagt hatte. Auch er konnte nicht an der offensichtlichen Hohlheit des preußischen Militarismus vorübergehen, die sich in seinem Zusammenbruch offenbart hatte. Dies kam zum Ausdruck, als Rennert 1945 von Engländern für die Vorbereitung eines neuen Krieges geworben werden sollte. Damals lehnte er ab. Sobald es ihm möglich war, kehrte er in seine Heimat, in die damalige sowjetische Besatzungszone zurück, was ihm auch bis 1946 von den Engländern noch verwehrt wurde. Er gründete sich seinen eigenen Hof von 91/2 ha und begann mit der schweren Arbeit eines Bauern. Er hat auch hier seine Pflichten, sein Soll, erfüllt, wie er hier berichtet hat. Ich meine, daß sich in Rennert eine häufig zu findende Charaktereigenschaft ausdrückt: Rennert zeigt sich als Pflichtmensch, als ein Mensch der formalen Pflichter-

Während der Beweisaufnahme vor dem Obersten Gericht im Prozeß gegen die Ange-
klagten Walter Rennert, Wolf Oesterreich, Helmut Schwenk, Siegfried Altkrüger,
Walter Schneider, Karl-Heinz Schmidt und den Hauptangeklagten Werner Haase
(rechts oben sitzend: Generalstaatsanwalt Dr. Melsheimer).

füllung, der alles das, was ihm als Pflicht hingestellt wird, auch durchführt. So hat er es zum Deutschen Kreuz in Gold gebracht, und so hat er später – wenn ich einmal vorweggreifen darf – beim Spionagedienst präzise und regelmäßig die ihm aufgetragenen – wenn ich das so nennen darf – „Pflichten" erfüllt. Aber so weit sind wir noch nicht.

Was waren die Gründe, die ihn zu diesem Ja bewogen? Die Gründe, das waren, wie er uns gesagt hat, seine feindliche Einstellung gegen die Deutsche Demokratische Republik, das war aber auch – und das bitte ich das Gericht als entlastend zu beachten – seine finanzielle Lage, die für ihn als Bauer der Deutschen Demokratischen Republik nicht schlecht war, die ihn aber doch in augenblickliche Schwierigkeiten deswegen gebracht hatte, weil er immer weiter und immer schneller seinen Hof aufbauen wollte und dazu Kredite aufgenommen hatte. Er wollte diese Vorwärtsentwicklung nicht abstoppen und mußte daher sehen, wie er „außerplanmäßig" zu Geldmitteln kam. So ging er auf dieses Angebot des leichten Geldverdienens ein."

Im Originaltext folgt sodann eine ausführliche Geschichte der Anwerbungsversuche, der Bedenken Rennerts und seines Schwankens, bis es schließlich heißt:

„So gewinnen seine Herren von gestern wieder Macht über ihn, diese Generale, die es noch einmal wagen wollen. Sie gewinnen Macht über – wenn ich es so ausdrücken darf – den Pflichtmenschen Rennert, den Untertan. Und ein Untertan ist er, das ist ja eben eine der bezeichnenden Seiten des preußischen Feldwebels. Charakteristisch war, wie er hier dem Präsidenten des Gerichts auf die Frage, warum er denn bei seinem Fluchtweg so fahren sollte, antwortete: ‚Weil es mir so gesagt worden war, Herr Präsident.' Das war für ihn eine Begründung, daß man ihm etwas gesagt hatte. Er hat hier noch ähnliche Antworten in dieser Richtung gegeben, die ihn als Untertanenmensch kennzeichnen. Aus dieser Charakterhaltung Rennerts wage ich die Formulierung, daß seine Gefährlichkeit nicht so sehr in seiner eigenen, aus ihm selbst kommenden Aktivität liegt, nicht so sehr aus seiner eigenen, aus ihm selbst stammenden Bösartigkeit, sondern darin, daß er bedenkenlos für andere tätig wird, daß er, um im Jargon seinesgleichen zu sprechen, ‚stur wie ein Panzer' ist, das ideale Werkzeug seiner Auftraggeber, das, einmal eingesetzt, bedenkenlos deren verbrecherische Ziele verfolgt. Wenn man ihn mit den anderen Angeklagten des Prozesses vergleicht, so fällt eines auf: Er ist der geistig Unbeweglichste von allen hier in dieser Verhandlung gewesen, der den geringsten Intelligenzgrad hatte, obgleich er natürlich das Verbrecherische seiner Handlung voll einzusehen in der Lage war.

So kam es bei Rennert auf Grund seines Charakters, auf Grund seiner Entwicklung zu diesen täglichen Beobachtungen, zu diesen regelmäßigen Berichten, die mit der Präzision eines Uhrwerks nach Westberlin geliefert wurden, mit jener seelenlosen Präzision, die auch die Hitlersche Kriegsmaschine auszeichnete. Es kennzeichnet den ganzen Gehlenschen Geheimdienst, es kennzeichnet die Amerikaner, die hinter ihm stehen, daß sie sich gerade solcher Menschen für ihre Ziele bedienen.

Einmal – und darauf muß ich als Verteidiger auch hinweisen – hat er Angst, hat er Bedenken bekommen, wollte er zurücktreten. Aber auch ihm ist dieser Rücktritt nicht gelungen. Seine Bedenken, seine Angst wurden zerstreut durch eine Gehaltszulage von 50 DM und durch seine Einsicht in die angebliche Unmöglichkeit des Rücktritts. So hat Rennert weiter beobachtet und weiter berichtet, bis ihn die Organe unserer Staatssicherheit inhaftierten."

Es folgte die Verteidigung Oesterreichs, die gleichartig war und schloß:

„Für beide Angeklagten bitte ich schließlich das Oberste Gericht zu berücksichtigen, daß sie in allen Punkten geständig waren, daß sie, so glaube ich, heute einsehen, was für Verbrechen sie begangen haben, daß ihnen die Augen geöffnet wurden über die Lügen, denen sie erlegen sind schon durch die Tatsache, wie anders ihre Behandlung bei den Organen unserer Staatssicherheit war, als sie ihnen vorher von ihren Agentenauftraggebern geschildert wurde.

Schließlich aber bitte ich noch eins bei beiden zu berücksichtigen, was auch der Herr Generalstaatsanwalt schon in seinem Plädoyer zum Ausdruck gebracht hat: Weder Oesterreich noch Rennert säßen heute hier auf der Anklagebank ohne die Spalter Deutschlands, ohne die Initiatoren des kalten Krieges, ohne diejenigen, die den heißen Krieg heute schon wieder vorbereiten. Sie sind es, die auch in diesem Prozeß wie schon in vielen anderen die eigentlichen Hauptangeklagten sind.

Ich bitte das Oberste Gericht, alle diese Punkte bei der Findung des gerechten Strafmaßes zu berücksichtigen."

Wenn ich das heute lese, erkenne ich mich nur andeutungsweise wieder. 45 Jahre sind eine lange Zeit, die vieles verändert. Eine Binsenweisheit, die doch vielfach mißachtet wird, gerade heute und hier, gerade von der Justiz, wenn sie über Vergangenheit richtet.

5. Nachfolger eines Anwalts, der auszog, Richter am Bundesverfassungsgericht zu werden (1954)

Nach meinem ersten Anwaltsjahr verlebte ich im Juli 1954 den Urlaub in Heringsdorf. Dort hatten Kollegiumsanwälte in einem direkt an der Strandpromenade gelegenen schwedischen Holzhaus aus dem Beginn des Jahrhunderts ein für die 50er Jahre ideales Feriendomizil gefunden. Es blieb über viele Jahre ein Treffpunkt besonders für die Anwaltsfamilien mit Kindern. Sie verpflegten sich dort selbst, Frühstück und Abendbrot wurden in einer geräumigen Veranda gemeinsam eingenommen, die Kinder spielten miteinander. Von einem mittleren Familiendrama abgesehen eine Idylle, die für die damalige Atmosphäre im Berliner Anwaltskollegium charakteristisch war.

In diese Sommerseligkeit platzte ein Telegramm aus Berlin. Es teilte mir mit, daß ich ab sofort nicht mehr in der Zweigstelle Mitte I, sondern in der Zweigstelle Prenzlauer Berg in der Kastanienallee 1 arbeiten und dort auch als Zweigstellenleiter fungieren müsse. Im Prinzip hatte ich nichts dagegen, ich verbesserte mich. Ich würde ein eigenes Zimmer haben, die Lage des Büros war gut und das mußte sich früher oder später auszahlen. Doch gefragt wäre ich schon gern worden. Aber die Zeiten waren nicht so.

Anlaß für die überstürzte Aktion war die Flucht eines Kollegen, des Leiters dieser Zweigstelle, Rudi Wand. Er gehörte in unserem Kreis zu den tonangebenden Mitgliedern und war eine Art Sprecher der Opposition. Nach der Ausrufung des „Neuen Kurses", mit dem in der DDR einige radikale Maßnahmen zur Beschleunigung des Aufbaus des Sozialismus, wie Normerhöhungen, Lebensmittelkartenentzug für Gewerbetreibende, zurückgenommen worden waren, stellte er z.B. die Auflösung des Rechtsanwaltskollegiums zur Diskussion. Die Anwaltszulassung hatten wir schließlich, das Kollegium hatte für ihn seine Schuldigkeit getan. Geflohen war er jedoch nicht wegen dieser Aufmüpfigkeit. Wand hatte vielmehr gehört, daß gegen ihn wegen Zeugenbeeinflussung ermittelt wurde. Er hatte einen Fleischermeister verteidigt, dem Schiebungen mit Lebensmittelkarten vorgeworfen wurden. Mit einem Zeugen in diesem Verfahren hatte er angeblich eine wahrheitswidrige Aussage abgesprochen. Das hätte damals Gefängnis bedeutet. Also ging er in den Westen.

In Berlin wurde Wand in Abwesenheit wegen Begünstigung verurteilt. In Karlsruhe dagegen arrivierte er nach Jahr und Tag zum Richter am Bundesverfassungsgericht. Eine einmalige Karriere für einen Kollegiumsanwalt. Es hob uns alle ein wenig.

Ich wurde jetzt sein Nachfolger – allerdings nur als Rechtsanwalt und Zweigstellenleiter in Berlin-Ost.

Allmählich faßte ich als Anwalt Fuß. Gleichzeitig stieg ich in der Hierarchie des Kollegiums auf, wurde Zweigstellenleiter, Vorstandsmitglied und noch 1954 schließlich Vorsitzender.

6. Sabotage in der Materialwirtschaft (1955-1962)

Am 7. Januar 1955 war unter den schon zahlreicheren Mandanten, die mich in der Zweigstelle in der Kastanienallee 1 aufsuchten, eine Frau Hütter, die mich bat, ihren Mann zu verteidigen, der vor fast acht Monaten am 13.5.1954 verhaftet worden wäre. Als kommissarischer Hauptabteilungsleiter im Staatlichen Komitee für Materialversorgung hatte er eine höhere Regierungsfunktion ausgeübt.

Frau Hütter wußte, wie viele Angehörigen von Untersuchungshäftlingen dieser Zeit vor dem Abschluß der Ermittlungen noch nicht, in welchem Gefängnis sich ihr Mann befand. Für Rechtsanwälte war es allerdings kein Problem, das festzustellen. Das Ermittlungsverfahren war beim Generalstaatsanwalt der DDR anhängig und Herr Hütter unlängst in die Untersuchungshaftanstalt des MfS in Cottbus überführt worden. Die Hauptverhandlung sollte vor dem Bezirksgericht Cottbus durchgeführt werden.

Unser Bürovorsteher, Herr Schulz, hatte es telefonisch erfragt. Herr Schulz war überhaupt ein erfahrener und tüchtiger Bürovorsteher. Wir verloren ihn leider bald danach, denn es war durch eine Revision unserer Revisionskommission herausgekommen, daß er sich aus der Kasse unseres Büros bedient hatte. Ich fand es nett von ihm, daß er meine Einnahmen verschont und die der anderen Rechtsanwälte bevorzugt hatte. Am Tage der Entdeckung verschwand er nach Westberlin und ward nicht mehr gesehen. Kein außergewöhnliches Ereignis damals.

Politische Strafsachen – mit Ausnahme von Verfahren gegen Nazis und Kriegsverbrecher – konnten in Berlin nicht durchgeführt werden. Es fehlte die gesetzliche Grundlage. Das ganze politische Strafrecht, abgesehen von den Tatbeständen der Nazi- und Kriegsverbrechen, bestand bis 1957 nur aus einem einzigen Paragraphen, dem Artikel 6 Abs. 2 der Verfassung der DDR von 1949. Er lautete:

„Boykotthetze gegen demokratische Einrichtungen und Organisationen, Mordhetze gegen demokratische Politiker, Bekundung von Glaubens-, Rassen-, Völkerhaß, militaristische Propaganda sowie Kriegshetze und alle sonstigen Handlungen, die sich gegen die Gleichberechtigung richten, sind Verbrechen im Sinne des Strafgesetzbuches. Ausübung demokratischer Rechte im Sinne der Verfassung ist keine Boykotthetze."

Die Verfassung der DDR und damit ihr Artikel 6 galt nicht im demokratischen Sektor von Berlin, später Hauptstadt der DDR genannt. Der ungewöhnliche Zustand beruhte auf dem Viermächtestatus der Stadt. Man wußte sich jedoch zu helfen. Die Beschuldigten wurden dahin gebracht, wo die Verfassung der DDR galt, in die DDR. Hier konnten sie angeklagt und verurteilt werden, da die Strafprozeßordnung von

1952 den Gerichtsstand des Aufenthaltsortes kannte, und Aufenthaltsort war das Untersuchungsgefängnis. Eine nicht geringe Zahl von Strafverfahren gegen Berliner fand aus diesem Grund in den ersten Jahren der DDR vor den Bezirksgerichten, vorwiegend in Potsdam und Cottbus, aber auch in Magdeburg und anderswo statt. So auch die Strafsache Hütter. Ostberliner Anwälte waren bei Gerichten der DDR ursprünglich jedoch nicht zugelassen. Es war also aus diesem Grund für uns Berliner Kollegiumsanwälte von erheblicher praktischer Bedeutung, daß für sie diese Zulassung im November 1953 erfolgte. Der zuständige Oberrichter in der Strafsache Hütter wußte aber nichts von der Verfügung des Justizministeriums, jedenfalls verlangte er von mir eine spezielle Auftrittsbefugnis vor Gerichten der DDR, die ich jedoch als Einzelermächtigung nicht besaß. Das Justizministerium mußte erst über die Cottbuser Justizverwaltungsstelle die Regelung bekanntgeben, dann durfte ich auftreten.

Die Zeit der Vorbereitung auf das mit Sicherheit schwerwiegende und komplizierte Gerichtsverfahren war wie üblich kurz. Immerhin erhielt ich die Ladung zur Hauptverhandlung am 16.3.1955 schon am 2. März. Allerdings hatte ich zu diesem Zeitpunkt noch keine Sprecherlaubnis für den Angeklagten. Diese wurde mir telefonisch am 8. März zugesagt. Am 11. März konnte ich erstmalig die umfangreichen Akten einsehen. Der Eröffnungsbeschluß des 1. Strafsenats, der mir mit der Ladung zugestellt worden war, fand meinen Mandanten hinreichend verdächtig, *„seit 1952 Schädlingstätigkeit in der Wirtschaft der Deutschen Demokratischen Republik betrieben, eine erhebliche Desorganisation veranlaßt und großen wirtschaftlichen Schaden verursacht"* zu haben. Im einzelnen ging es um eine zu geringe Produktionsauflage zur Herstellung von Zündschnüren für den Bergbau, um eine falsche Planung bei der Produktion von Schwefelsäure, eine Kürzung des Stickstoffdüngemittel-Kontingents für die Landwirtschaft sowie um vier weitere ähnliche Vorwürfe. Nicht gerade ein Gebiet, das mir besonders lag. Mit der Hand schrieb ich auf 17 Seiten in Stichworten auf, was mir wesentlich erschien. Anschließend besuchte ich Herrn Hütter im Untersuchungsgefängnis des MfS in Cottbus.

Hütter stand fünf Tage vor der Hauptverhandlung und einen Tag vor seinem 50. Geburtstag als ich ihn traf. Ich habe letzteres damals sicher nicht zur Kenntnis genommen, weil ich Geburtstage meiner Mandanten vor 40 Jahren noch weniger zur Kenntnis nahm als heute, wo ich die Jahre anders zähle. Nachträgliches Bedauern hilft da nicht. Dennoch sind wir gut miteinander ausgekommen. Seine Geschichte war zeittypisch, und daß er nun vor Gericht stand war es auch.

In seinem handschriftlichen Lebenslauf, datiert vom 5. Dezember 1949, hatte der jetzige Angeklagte erklärt:

„Vom Elternhaus mit sozialistischen Gedankengängen vertraut gemacht trat ich nach dem Kapp-Putsch im Jahre 1920 dem Deutschen Metallarbeiterverband in Leipzig als Mitglied bei und betätigte mich im Betrieb als Funktionär ... ."

Aus diesem Lebenslauf ging auch hervor, daß er an mehreren Kursen des Leipziger Arbeiter-Bildungs-Instituts teilgenommen hatte, 1923 der SPD beigetreten war und, nach seiner Übersiedlung nach Berlin, die gewerkschaftlich unterstütze Fachschule für Wirtschaft und Verwaltung und gleichzeitig als Gasthörer die Hochschule für Politik besucht hatte. 1931 wurde er durch die Wirtschaftskrise arbeitslos, fand 1932 wieder Arbeit im Bezirksamt Prenzlauer Berg und wurde im Februar 1933 wegen seiner gewerkschaftlichen und politischen Betätigung von den Nazis wieder entlassen. Er fand erneut Arbeit in der Wirtschaftsgruppe Chemische Industrie, wurde noch 1944 eingezogen und am 30.4.1945 bei Halbe verwundet. Weiter hieß es in seinem Lebenslauf:

„Dem FDGB und der SPD trat ich sofort nach der Rückkehr aus der Kriegsgefangenschaft bei und wurde bei der Gründung in die SED mit übernommen … Politisch versuchte ich mein Wissen durch den Besuch der Betriebsparteischule der DWK (Deutsche Wirtschaftskommission) zu erweitern und versuchte in der Freizeit, mich mit den Fragen des Marxismus-Leninismus eingehend zu beschäftigen."

Der Lebenslauf meines Mandanten endete mit den Worten:

„Ich habe durch meine bisherige Arbeit, vor allen Dingen in den vergangenen vier Jahren versucht, die Interessen der Arbeiterklasse zu vertreten und glaube durch meine Arbeit mit zum Aufbau der Wirtschaft in der Deutschen Demokratischen Republik beigetragen zu haben."

Wenig mehr als fünf Jahre später also saß dieser Mann im Gefängnis der Staatssicherheit. Ihm wurde in elf Fällen Schädlingstätigkeit im Rahmen seiner Arbeit als Hauptabteilungsleiter in der Staatlichen Kommission für Materialversorgung vorgeworfen. Eine wesentliche Rolle in dem Verfahren spielte die Tatsache, daß Hütter bis Dezember 1946 nicht nur Mitglied der SED, sondern auch der Westberliner SPD war. Rechtlich waren die Vorwürfe auf den Tatbestand des Artikels 6 der Verfassung der DDR und auf die Kontrollratsdirektive 38 Abschnitt II Artikel III A III gestützt. Beide Vorschriften waren ursprünglich geschaffen, um das Wiedererstehen des Faschismus zu verhindern. In der DDR galt jedoch damals jede Unterstützung eines politischen Gegners zugleich auch als eine profaschistische Tätigkeit und dies rechtfertigte die Anwendung dieser gesetzlichen Bestimmungen.

In den vorangegangenen anderthalb Jahren meiner Anwaltstätigkeit hatte ich schon manchen politischen Prozeß geführt, aber dieser schien mir besonders brisant. Immerhin war der Angeklagte ein Mann in hoher Funktion innerhalb des zentralen Staatsapparats. Und der XX. Parteitag der KPdSU warf noch keinen Schatten voraus. Cottbus hatte zudem auf mich einen besonders abweisenden Eindruck gemacht. Ich kannte die Richter und Staatsanwälte nicht und war dort als Berliner von vornherein suspekt. Mir war nicht wohl. Als ich zur Verhandlung fuhr, sagte ich zu meiner Frau, wenn ich nicht wiederkäme, hätte man mich dortbehalten und nannte ihr den Anwalt, den sie aufsuchen sollte. Sicher war ich zu ängstlich. Nie habe ich vorher oder nachher von einem Anwalt gehört, daß er wegen einer Verteidigung eingesperrt worden wäre. Aber, daß ich überhaupt auf den Gedanken kam, kennzeichnet die Situation. Ich hatte zwar diesmal echte Angst, aber ich ließ es mir (so hoffe ich) nicht anmerken. Am Tag vor der Hauptverhandlung suchte ich noch einmal meinen Mandanten auf. Zu den unerfreulichen Begleitumständen Cottbuser Gerichtsverhandlungen gehörte, daß man in dieser zerbombten Stadt kaum ein Hotelzimmer fand und, wenn man eins fand, war es danach. Da die Hauptverhandlung um 8.30 Uhr begann und ich weder Auto noch Fahrerlaubnis hatte, mußte ich mich einen Tag vorher auf die wenig angenehme Bahnreise begeben. Mit Herrn Hütter sprach ich noch einmal alles durch. Er hatte in den monatelangen Vernehmungen in zwei Fällen Geständnisse abgelegt, die er widerrief, und in den neun anderen Fällen machte er mir klar, daß er keinen Schaden verursachen wollte und auch keinen Schaden verursacht hatte bzw., daß die Entscheidungen überhaupt nicht von ihm, sondern von seinen Vorgesetzten gefällt worden wären. Damit war eine prinzipielle Auseinandersetzung mit dem Staatsanwalt und letztlich auch mit dem Gericht, das aller Erfahrung nach den „Klassenstandpunkt" des Staatsanwalts teilen würde, vorprogrammiert.

Die Hauptverhandlung entsprach meiner Erwartung nur teilweise. Sie fand einschließlich der Urteilsverkündung an vier Tagen unter Ausschluß der Öffentlichkeit statt. Die Atmosphäre ist mir zwar als frostig, aber nicht als unsachlich und gehässig in Erinnerung. Ich beantragte in allen elf Fällen Freispruch von dem Vorwurf der Schädlingstätigkeit und ließ lediglich die Möglichkeit einer Verurteilung wegen eines fahrlässigen Wirtschaftsdelikts offen. Das schien mir richtig, um der Staatsanwaltschaft die Möglichkeit zu bieten, ihr Gesicht zu wahren und um die Konfrontation nicht auf die Spitze zu treiben. Da jedoch ein fahrlässiges Wirtschaftsdelikt nicht angeklagt war, blieb als Konsequenz meines Plädoyers nur der Freispruch übrig.

Das Gericht folgte voll und ganz dem Antrag der Staatsanwaltschaft. Es verurteilte Ernst Hütter zu einer Zuchthausstrafe von 15 Jahren, zu den Sühnemaßnahmen aus der Kontrollratsdirektive Nr. 38 und zum Einzug seines Vermögens.

In den Tatsachenfeststellungen des Urteils hieß es u.a.:

„Seine (des Angeklagten) Verantwortlichkeit drückt sich schon in seiner hohen Funktion aus, die er in unserem Staatsapparat einnahm und in der er mit weitgehendsten Vollmachten ausgestattet war. Da sich seine Handlungen nicht nur schädigend auf die Wirtschaft in der Deutschen Demokratischen Republik, sondern in erheblichem Maße auf den Import und Export auswirkten, war dadurch das Ansehen und das Vertrauen unsres jungen Arbeiter-und-Bauern-Staates gegenüber unsren befreundeten Staaten und kapitalistischen Ländern gefährdet. Daß der Angeklagte auch bewußt gehandelt hat, geht einwandfrei aus seinen mehrmals abgelegten Geständnissen hervor.

Seine Handlungen, die sich gegen den Bestand unseres Arbeiter-und-Bauern-Staates richten, sind Boykotthetze gegen demokratische Einrichtungen sowie Verbreitung tendenziöser Gerüchte, die auch geeignet sind, den Frieden des deutschen Volkes zu gefährden. Der Angeklagte hat sich somit eines Verbrechens gegen Artikel 6 der Verfassung der Deutschen

34

Demokratischen Republik in Verbindung mit der Kontrollratsdirektive Nr. 38 Abschn. II Art. III A III schuldig gemacht."

Das Urteil, das damals noch ausgehändigt wurde, spiegelt in Stil, Grammatik und juristischer Argumentation den damaligen Entwicklungsstand der Justiz der DDR und den politischen Geist dieser Jahre des Kalten Krieges wider. Es waren Volksrichter, die z.t. nach nur sechsmonatiger juristischer Ausbildung und fast durchweg mit der Allgemeinbildung der Volksschule der Weimarer Republik solche Urteile verfaßten. Da waren die Urteile dieser Zeit in der Bundesrepublik wesentlich geschliffener. Sie stammten allerdings von Richtern, die in der Weimarer Republik neben den konservativen Kräften „auf der anderen Seite der Barrikade" gestanden und in der Nazizeit treu dem Führer gedient hatten. Dem Stil der Urteile dieser Zeit entsprach es auch, daß in den Urteilsgründen auf meine Ausführungen kein Bezug genommen wurde. Sie lesen sich, als ob der Angeklagte keinen Verteidiger gehabt hätte. Erst später, nach langem Bemühen der Anwaltschaft, änderte sich das allmählich.

In der Berufung, die innerhalb einer Woche eingelegt und begründet sein mußte, versuchte ich, die gerichtliche Praxis an der rechtswissenschaftlichen Theorie zu messen. Auch diese Berufungsschrift spricht die Sprache der Zeit. Mancher wird in ihr Steine finden, mit denen er werfen kann. Doch, wer weiß, wie manches Urteil und manche Berufungsbegründung unserer Tage sich nach weiteren 40 Jahren lesen werden.

In der Berufung hieß es also u.a.:

„Der Angeklagte hat vor dem Untersuchungsorgan und auch in der Hauptverhandlung vor dem Strafsenat wiederholt gestanden, aus Feindschaft gegen die Deutsche Demokratische Republik gehandelt zu haben. Diese Geständnisse sind dort von Bedeutung, wo die Taten des Angeklagten objektiv einen schädigenden Charakter trugen und gegen das Gesetz verstießen.

Nach den Erkenntnissen der demokratischen Rechtswissenschaft, insbesondere nach den Hinweisen Wyschinskis, bedarf auch das Geständnis, wie jedes andere Beweismittel, einer Überprüfung auf seinen Beweiswert. Diese Überprüfung ist im vorliegenden Falle deswegen besonders angezeigt, weil der Angeklagte erwiesenermaßen in zwei Fällen falsche, ihn zum Teil schwer belastende Geständnisse abgelegt hat.

So hat er gestanden, schuld an der falschen Schwefelsäure-Bilanz 1953 zu sein. In der Hauptverhandlung ist durch die Aussage des Zeugen Engelke erwiesen, daß nicht der Angeklagte, sondern dieser Zeuge die falsche Material-Bilanz aufgestellt und zu verantworten hat.

Unrichtig war auch das Geständnis des Angeklagten, wonach er vor 1933 dem rechten Flügel der SPD angehört hat. Die vom Untersuchungsorgan vernommenen Zeugen Stolt und Müller haben ausgesagt, daß der Angeklagte in Opposition zu den damaligen SPD-Führern stand.

An der Wahrheit der Geständnisse bestehen auch deswegen Zweifel, weil der Angeklagte in der Hauptverhandlung zu allen Punkten zunächst konkrete, ins einzelne gehende Aussagen machte und diese dann nach Vorhalt widersprechender Einlassungen vor dem Untersuchungsorgan kurz mit allgemeinen Formulierungen wie ‚das stimmt' widerrief.

Unwahrscheinlich ist auch, daß der Angeklagte bei einer solchen hartnäckigen und erbitterten Feindschaft gegenüber unserem Arbeiter-und-Bauern-Staat, wie sie insbesondere aus den Vernehmungsprotokollen des Untersuchungsorgans spricht, keine Verbindung zu den

Agentenzentralen gehabt hat. Wer wirklich wegen seiner sozialdemokratischen Gesinnung als Feind der DDR tätig wird, findet auch den Anschluß an das Ostbüro der SPD.

Es ist wohl auch noch kein Fall bekannt, in dem ein Schädling oder Spion bei dem faschistischen Putsch vom 17. Juni 1953 auf Seiten der bewußtesten Teile des deutschen Volkes gegen die faschistischen Provokateure gestanden hat. Der Angeklagte hat, worüber das Urteil allerdings schweigt, am 17. Juni seinen Vorgesetzten Techauer, der von den Faschisten bereits niedergeschlagen war, unter vollem Einsatz seiner Person befreit. Er ist dabei selbst verletzt worden.

Alle diese Umstände, zu denen noch das wiederholt in Erscheinung tretende Verhalten des Angeklagten kommt, begangene Fehler wieder auszugleichen, läßt an dem Beweiswert der Geständnisse zweifeln. Der Angeklagte, der sich selbst bisher für unfehlbar hielt, ist nach Meinung der Verteidigung durch die Ermittlungen darüber belehrt worden, daß er viele Fehler begangen hat, die seine strafrechtliche Verantwortlichkeit nach sich ziehen. Diese Erkenntnis mag ihn in den Zustand versetzt haben, in dem ihm alles gleichgültig ist. Dies ist der Eindruck der Verteidigung.

Dabei verkennt die Verteidigung nicht, daß die Tatsache der Doppelmitgliedschaft und seine zahlreichen Besuche in Westberlin schwerwiegende Umstände gegen den Angeklagten sind."

Diese Berufung wurde vom Obersten Gericht genau einen Monat nach ihrer Einlegung durch Beschluß vom 25.4.1955 als offensichtlich unbegründet verworfen. Eine solche Entscheidung hatte die einstimmige Auffassung des Gerichts von der Unbegründetheit des Rechtsmittels zur Voraussetzung. Sie war in der Regel nur sehr kurz und schablonenhaft begründet. Der Beschluß wurde damals den Verteidigern nicht zugestellt und seine Gründe sind mir daher unbekannt geblieben. Ich erhielt mit Datum vom 4. Mai 1955 nur den üblichen Vordruck mit den handschriftlich eingesetzten Namen und Daten:

„In der Berufungssache Ernst Hütter ist die Berufung gegen das Urteil des Bezirksgerichts Cottbus durch Beschluß vom 25. April 1955 als offensichtlich unbegründet verworfen worden. Die weitere Untersuchungshaft ist angerechnet worden."

Beschlußverwerfungen in Berufungsstrafsachen waren in verschiedenen Perioden der DDR sehr häufig. Sie waren immer ein von den Verteidigern erfolglos beanstandetes Ärgernis.

Die Strafsache Hütter war nunmehr rechtskräftig abgeschlossen. Normalerweise endete damit auch die Tätigkeit des Strafverteidigers in der DDR. Besuche bei Strafgefangenen wurden nur unter besonderen Voraussetzungen gestattet, gerichtliche Entscheidungen gegen Maßnahmen des Strafvollzugs gab es nicht. Ein Anwalt hatte nach rechtskräftiger Verurteilung seines Mandanten im Gefängnis oder Zuchthaus nichts zu tun und nichts verloren. Er war deshalb selten in Strafvollzugsanstalten. Seine Tätigkeit beschränkte sich in dieser Etappe auf Anträge auf bedingte Strafaussetzung oder seltener auf Gnadengesuche. Sie erforderten mehr poetische als juristische Begabung. Im Fall Hütter war das ausnahmsweise anders.

Zehn Monate nach dem Beschluß, mit dem das Oberste Gericht die Berufung im Fall Hütter verworfen hatte, tagte der XX. Parteitag der KPdSU. Die Geheimrede

Chrustschows war den Juristen der DDR, vielleicht abgesehen von denen in herausragenden Funktionen, nicht bekannt. Bekannt war aber, daß an schwerwiegenden Verletzungen der Gesetzlichkeit Kritik geübt worden war. Alles sollte anders werden. In der DDR hieß die Losung: „Keine Fehlerdiskussion". Im „Vorwärtsschreiten" sollten etwaige Mißstände beseitigt werden.

Auch wenn es keine Fehlerdiskussion im Sinne einer öffentlichen Auseinandersetzung gab, löste der XX. Parteitag doch tiefes Nachdenken und bei manchen oder sogar vielen Erschütterung aus. Ich war gerade zum Skiurlaub auf dem Fichtelberg, als ich das erfuhr, was das „Neue Deutschland" über das historische Ereignis berichtete. Gleichzeitig mit uns war auch der ehemalige Vorsitzende unseres Kollegiums, ein begeisterter Skifahrer, der aus den Sudeten stammte, dort. Wir diskutierten und prognostizierten viel. Nie hätte ich gedacht, daß alles in der DDR beim alten bleiben und sich manches vorübergehend noch zuspitzen würde.

Monate später führte ich ähnliche Gespräche mit Prof. Gerats, einem damals prominenten DDR-Rechtswissenschaftler, anläßlich einer Konferenz der Internationalen Vereinigung Demokratischer Juristen 1956 in Brüssel. Er gehörte zu der DDR-Juristengeneration, die als Arbeiter von der Volksschule über die ABF (Arbeiter-und-Bauern-Fakultät) Jura studiert hatte. In unserem gemeinsamen Hotelzimmer gelobte er, nie wieder eine Meinung aus Parteidisziplin zu vertreten, wenn er von ihrer Richtigkeit und Wahrheit nicht überzeugt wäre.

Die neue Linie schien mir auch Chancen für Ernst Hütter zu bieten. Ich sprach also mit dem zuständigen Staatsanwalt beim Generalstaatsanwalt der DDR. Mein Vermerk vom 9.5.1956 über das Gespräch ist lakonisch:

„1. Rücksprache mit Staatsanwalt A.

Er hält Voraussetzungen eines Gnadenerweises unter den derzeitigen Bedingungen für möglich. Denkt wahrscheinlich an eine Strafzeitverkürzung. Meint, Hütter müsse auf die Liste 2 gesetzt werden. Verweist an Staatsanwalt B. beim GenStA DDR.
2. Telefonische Rücksprache mit StA B.
B. erklärt, Hütter stände noch nicht auf Liste 2. Erneute Anfrage etwa in 14 Tagen."

Der nächste Vermerk vom 7.6.1956 lautet:

„Strafe ist auf 8 Jahre im Gnadenwege herabgesetzt worden. 346 (gemeint ist § 346 StPO – Strafaussetzung auf Bewährung) später möglich. Ehefrau ist von mir mdl. informiert worden."

Dieses Resultat einer Überprüfung, die offenbar nach den Beschlüssen des XX. Parteitags generell durchgeführt worden war, erschien mir nicht sachgerecht. Ich machte daher etwas, was ich nur in seltenen Fällen tat, ich wandte mich an die Partei. Am 1. Oktober 1956, also fast vier Monate nach dem Bescheid der Generalstaatsanwaltschaft, schrieb ich an den damaligen Leiter des Sektors Justiz im Zentralkomitee der SED, Josef Streit. In dem Schreiben heißt es u.a.:

„Das Bezirksgericht hat sich im wesentlichen auf das Geständnis des Hütter gestützt, das in der Hauptverhandlung, die sich über vier Tage erstreckte, widerrufen wurde und dann teilweise wiederholt worden ist.

Mein persönlicher Eindruck ist der, daß das Geständnis zumindest teilweise und wenigstens hinsichtlich der subjektiven Seite nicht der Wahrheit entsprochen hat. Es wurden eine Reihe von Zeugen vernommen, jedoch wurden bestimmte Zeugen, deren Aussagen von besonderer Bedeutung gewesen wären, nicht vernommen. …

Nach meiner Rücksprache bei der Staatsanwaltschaft und nach meinen Erfahrungen, die ich schon vorher mit der von mir eingelegten Berufung gemacht habe, glaube ich jedoch nicht, daß es mir möglich sein wird, im Wege eines normalen Wiederaufnahmegesuchs bei der Staatsanwaltschaft dieses Ziel zu erreichen. Die Staatsanwaltschaft sieht sich wahrscheinlich nicht in der Lage, die in diesem Fall liegenden politischen Probleme von sich aus zu lösen.

Ich wäre Dir daher dankbar, wenn Du diesen Fall einmal überprüfen würdest … Ich wäre Dir sehr dankbar, wenn Du mir Gelegenheit geben würdest, den ganzen Fall einmal mit Dir durchzusprechen."

Mit Schreiben vom 6.11.1956, 23.11.1956 und 8.2.1957 bat ich um Antwort auf mein Schreiben. In Telefonaten vom 24.1. und 30.1.57 war mir eine Entscheidung in „wenigen Tagen" in Aussicht gestellt worden. Sie wurde mir nie mitgeteilt. Statt dessen stellte Hütter im Februar 1957 selbst ein Wiederaufnahmegesuch. Ich nehme an, daß man ihm das nahegelegt hatte, und daß das sozusagen die Antwort auf mein Schreiben war. Die Nachricht von diesem Gesuch wurde mir von einem Staatsanwalt beim Generalstaatsanwalt mitgeteilt, der mir auch eine neue Akteneinsicht in Aussicht stellte. Es war inzwischen Anfang April 1957. Ich durfte die Akten erneut einsehen und auch mit dem Mandanten am 10. April 1957 sprechen. Im Ergebnis dieses Besuchs stellte ich am 15. Mai 1957 ein Gesuch auf Wiederaufnahme des Verfahrens an den Generalstaatsanwalt. In dem Gesuch wurden 19 Zeugen namentlich benannt, u.a. Ministerpräsident Grotewohl, stellvertretender Ministerpräsident Scholz, Minister Leuschner, Minister Gregor, Minister Dr. Winkler, sowie die Beiziehung von Urkunden und Auskünften verlangt. Hütter selbst schrieb mir im Juni (den Tag durfte er offenbar nicht angeben) einen Brief mit der Schreibmaschine, der auf 13 engzeiligen Seiten weitere Informationen enthielt. Ich glaube, ich hatte noch nie einen maschinenschriftlichen Brief eines Verurteilten aus dem Gefängnis bekommen. Das deutete auf Wohlwollen hin. Aber am 9.8.1957 empfing ich die Ablehnung des Generalstaatsanwalts. In ihr hieß es:

„Ich bin bei der Überprüfung zu dem gleichen Ergebnis wie das Oberste Gericht gekommen, daß die Geständnisse des Verurteilten sowohl in der Hauptverhandlung als auch im Ermittlungsverfahren keine Veranlassung geben, an der Glaubhaftigkeit dieser Geständnisse zu zweifeln."

Das Schreiben schloß mit den Worten:

„Offenbar haben Sie die einzelnen von dem Verurteilten begangenen strafbaren Handlungen losgelöst von dem Gesamtzusammenhang gewertet und sie nicht im Zusammenhang gesehen."

Ernst Hütter schrieb mir danach noch einmal einen Schreibmaschinenbrief mit der Mitteilung, daß ihm Strafaussetzung auf Bewährung nach der Hälfte der Strafzeit in Aussicht gestellt worden wäre. Am 7. März 1958 beantragte ich die Aussetzung der Strafe, die zur Hälfte am 14.5.1958 verbüßt sein würde. Am 23. April 1958 erhielt ich das Ablehnungsschreiben:

„Die Strafe ist, nachdem sie durch eine Gnadenentscheidung durch unseren Herrn Präsidenten auf 8 Jahre Zuchthaus ermäßigt wurde, richtig. Es erscheint im Interesse des Schutzes unserer Staatsmacht für angebracht, vor Ablauf einer weiteren Zweijahresfrist keinen Antrag auf bedingte Strafaussetzung zu stellen."

Am 17. März 1961 reichte ich ein neues Gesuch ein. Die Antwort vom 28.3.1961 lautete:

„Der Verurteilte Hütter bietet nicht die Gewähr, daß in Zukunft mit einer gewissenhaften Erfüllung seiner Pflichten als Bürger der Deutschen Demokratischen Republik gerechnet werden kann. Auch die Umstände des von Hütter begangenen Verbrechens rechtfertigen eine bedingte Strafaussetzung nicht. Sie werden daher abschlägig beschieden."

Nach einer erneuten mündlichen Anfrage bei der Generalstaatsanwaltschaft vermerkte ich am 31. Oktober 1961: „Es ist angesichts der gegenwärtigen Lage nichts zu machen."

Ernst Hütter meldete sich bei mir noch einmal nach seiner Entlassung am 23.7.1962. Er hatte Schwierigkeiten mit seiner Arbeitsstelle in einem volkseigenen Großhandelsbetrieb, in dem er 365 DM monatlich verdiente. Ich wendete mich für ihn ein letztes Mal an die Generalstaatsanwaltschaft. Mein Vermerk über die Erklärung des Staatsanwalts vom 24.7.1962 hielt fest: „Er sorgt dafür, daß Mandant die Stellung behält." Wie es Ernst Hütter weiter ergangen ist, habe ich nie erfahren. Ich habe nichts mehr von ihm gehört. Sein Fall hat mich sieben Jahre begleitet. Was er wirklich getan oder unterlassen hat, blieb mir unbekannt.

7. Die Muttermörderin
(1955-1960)

Das Strafverfahren gegen Ernst Hütter war erst wenige Monate rechtskräftig abgeschlossen, als ich einer 23jährigen Säuglingsschwesternschülerin zum Pflichtverteidiger bestellt wurde. Die Anklage vom 15. Juli 1955 warf ihr vor, als 18jährige ihre Mutter am 6.10.1951 vorsätzlich getötet zu haben, „ohne Mörder zu sein". Mit ihr war ihr 49jähriger Stiefvater angeklagt. Ihm wurde vorgeworfen, unzüchtige Handlungen, „zum Teil gemeinsam mit der ... später getöteten" Mutter meiner Mandantin an dieser vorgenommen und diese Handlungen nach dem Tode der Mutter allein fortgesetzt zu haben. Zum Pflichtverteidiger des Stiefvaters war der mit mir inzwischen befreundete Rechtsanwalt Strodt bestellt worden.

Als ich die Angeklagte das erste Mal in dem Untersuchungsgefängnis in der Barnimstraße besuchte, in dem schon Rosa Luxemburg gesessen und das sich seither wohl nicht wesentlich verändert hatte, empfing sie mich mit den Worten: *„Was wollen Sie bei mir verteidigen? Ich habe das Schlimmste getan, was ein Mensch tun kann. Ich habe meine Mutter getötet."*

Der Vorwurf der Anklage entsprach diesem Selbstvorwurf und beruhte ausschließlich auf dem Geständnis der Angeklagten, die in Zukunft „Erika" genannt werden soll.

In der Anklageschrift hieß es:

Erika „schildert zum Tatablauf, daß sie am Morgen aufgestanden war, um ihre Hausarbeit zu verrichten. Sie hatte von ihrer Mutter die Weisung, Badewasser zu bereiten, da die Mutter gleich baden wollte, um anschließend fortzugehen. Hierbei sei es zwischen Mutter und Tochter zu einem erheblichen Streit gekommen, in dem Moment, da Erika vor dem Badeofen kniete, um mit dem Handbeil Holz zum Feueranmachen zu zerkleinern. Die Mutter habe ihr hierbei das Handbeil entrissen, sie selbst sei von der Badestube in die Schlafstube geflüchtet und vor dem im Schlafzimmer stehenden Ofen sei sie von der Mutter, der sie waffenlos gegenüberstand, mit dem Handbeil bedroht worden. Vorher habe sie die Mutter mit den häßlichsten Ausdrücken, wie ‚Kommunistenschwein' u.a.m. beschimpft. Sie habe die Hände der Mutter, die den Stiel des Handbeils umschlossen, kräftig zurückgedrückt und dadurch mit der stumpfen Kante des Beiles auf den Kopf der Mutter eingeschlagen mit dem Erfolg, daß diese sofort zu Boden fiel. Dann habe sie die am Boden Liegende mit dem Beil auf den Kopf geschlagen, bis die Mutter tot war. Nach der Tat habe der in der Wohnung anwesende Hund sie angesprungen, so daß sie ihn abwehren mußte. Eine Decke, die zum Plätten benutzt wurde, habe sie anschließend auf dem Fußboden ausgebreitet und den Leichnam der Mutter in diese Decke gewickelt. Sie war zunächst unschlüssig, wo sie den Leichnam verstecken sollte, ob unter den Betten im Schlafzimmer, oder im halben Zimmer unter der Couch. Sie habe sich dann für das Letztere entschieden, die Kissen von der Couch heruntergenommen, das Couchgestell selbst hochgerichtet und dann die Decke mit dem Leichnam in das halbe Zimmer gezogen. Aus Kleidungsstücken und Schuhen der Toten habe sie mehrere Pakete gemacht, die sie noch vor die Leiche gelegt habe und über alles dann das Couchgestell gesetzt. Danach habe sie versucht, die an den Wänden, und zwar an der Seite, an der der Ofen steht, und an der Querwand zu der Tür, die dort hingespritzten Blutflecke mit Wasser zu entfernen, was ihr ihrer Meinung nach auch gelungen war. Sie konnte nicht vermeiden, daß einzelne Teile der Tapete durchgescheuert wurden."

Erika sah nicht aus, wie man sich einen Mörder vorstellt. Mörderinnen stellt man sich im Gegensatz zu Mördern wohl ohnehin kaum vor. Sie machte einen sympathischen, sauberen, fast naiven Eindruck. Sie war hübsch, ohne besonderen Sex-Appeal. Nichts von einem Monster haftete ihr an. Sie wirkte eher hausbacken als verrucht. Das war eine Chance der Verteidigung. Vieles schien möglich, auch ein Freispruch.

Der Fall hatte alles, was die Öffentlichkeit auch schon 1955 interessierte, im Superlativ: Nicht nur Mord, nein, Mord an der Mutter; nicht nur Sex, sondern Sex von Minderjähriger mit Stiefvater; nicht nur Leiche beseitigt, sondern mit Leiche drei Jahre in einer Wohnung gelebt oder, wie es im Urteil des Stadtgerichts später fast „Bild"-reif formuliert wurde: ein Liebesverhältnis „unter einem Dach mit der Leiche" genossen. Und, um das Maß voll zu machen: Der Sexualtäter war nicht nur Stiefvater, sondern auch Parteisekretär, und die Ermordete nicht eine gewöhnliche Mutter, sondern eine Prostituierte. Die Summe aller dieser die Fantasie beflügelnden Details wirkte als Handicap der Verteidigung. Die Angeklagten waren vorverurteilt. Auch das gab es schon vor 40 Jahren. Nur, die Presse kaufte damals und dort noch nicht die Geschichte und finanzierte folglich nicht die Verteidigung. Es blieb also bei den 50 DM DNB für jeden Hauptverhandlungstag. Neun Tage dauerte die Verhandlung vor dem Stadtgericht – außergewöhnlich lange für damalige und dortige Verhältnisse –, 450 DM waren folglich der Lohn. Man war es nicht anders gewohnt, man war es zufrieden. Unglaublich aber wahr, es ging um die Sache, Geld mußte sein, war aber nicht erstrangiges Motiv für Einsatz und Befriedigung im Beruf. Beruf kam in diesem Metier nicht immer, aber doch gelegentlich von Berufung.

Die Atmosphäre im vollbesetzten Gerichtssaal war feindselig. Gerichtssäle hatten damals noch ein festes Publikum, ähnlich wie Theater. Es gab kein Fernsehen, die Vollbeschäftigung hatte noch nicht Rentner und Frauen im Griff. Die Zuhörer gingen in den Gerichtssaal wie ins Kino. Man war auch fachkundig, wußte, wie die Sache ausgehen würde und was von den handelnden Personen zu halten war. Die Besucherzahl im Gerichtssaal folgte den gleichen Gesetzen wie später die Einschaltquote im Fernsehen, nur hatte sie nicht dieselbe Dimension und Wirkung. Soll man das nachträglich bedauern? Im nachhinein sieht auch das anders aus.

Der Krimi, der vor diesen Zuhörern ablief, war spannend. Die Schurkin gewann menschliche Züge und selbst der Parteisekretär war noch sympathischer als die Ermordete, die Prostituierte. Das geschah gleich zu Beginn der Hauptverhandlung, als die Angeklagten, wie im DDR-Strafprozeß üblich, ausführlich zu ihrem Lebenslauf vernommen wurden. Da war zu hören, daß Erika in dem Jahr, in dem ihre Mutter den Mitangeklagten kennengelernt hatte, als uneheliches Kind geboren und sogleich zu Pflegeeltern gegeben worden war. Bei ihnen lebte sie bis zu ihrem 4. Lebensjahr, hielt sie für ihre leiblichen Eltern und hatte es dort, in einem Vorort Berlins, gut. Als der Mitangeklagte die später Ermordete 1937 heiratete, gab er dem Kind seinen Namen. Erika mußte ihre Pflegeeltern verlassen und zu den „richtigen" Eltern in das Zentrum Berlins ziehen. Damit fing das Drama an. Erika berichtete als bleibende Kindheitserinnerung, wie ihre Mutter ihr den Puppenwagen, den sie von den Pflegeeltern mitgebracht hatte, wegnahm und verkaufte. Das beeindruckte nicht nur die Zuhörer, sondern auch das Gericht. Der Vorfall fand Platz in den Urteilsgründen. Als dann noch zur Sprache kam, wie das Kind von der Mutter zu lesbischen Aktivitäten mit Partnerinnen der Mutter bzw. der Eltern hinzugezogen wurde, und als Zeugen aus der Nachbarschaft Erikas Mutter als hysterisch und als den weichen Stiefvater dominierend schilderten, änderte sich die Atmosphäre im Gerichtssaal.

Der Streit zwischen Mutter und Tochter, der die Tat ausgelöst hatte, ging jetzt nicht mehr, wie zuvor selbstverständlich, auf das Konto der Tochter. Er erschien als Konsequenz eines verfehlten Lebens der Mutter. Aus dem Dienstmädchen, als das die Mutter die Tochter nach Zeugenaussagen behandelt hatte, aus dem abhängigen Sexualobjekt war in den Augen der Mutter und wohl auch in der Realität eine Rivalin geworden. Diese sollte am Morgen der Tat gedemütigt und in ihre Schranken gewiesen werden. Die Mutter schalt Erika, die für sie den Badeofen heizen sollte, als faul und langsam. Sie stampfte in einem Wutanfall mit dem Fuß auf und trat dabei ihrer Tochter, die auf dem Fußboden vor ihr kniete, um das Holz zu spalten, auf die Hand.

Was dann folgte, war unklar. Die Hauptverhandlung drehte sich im Kreis. Hatte Erika in Notwehr gehandelt, hatte sie die Tat allein begangen oder hatte nicht sie, sondern der Stiefvater die Mutter getötet? Jede dieser Versionen erschien möglich. Die Beweislage war schwierig. Spuren bezeugten den Tatort und die ungefähre Tatzeit, Zeugen belegten auch, wann sie die Getötete das letzte Mal gesehen hatten, doch die eigentliche Tat konnte nur von Erika geschildert werden.

Erika gestand immer, daß sie die Mutter getötet hatte, gab jedoch wechselnde Darstellungen über Hergang und Motiv der Tat. Die Aussage: *„Ich habe sie getötet, um ihren Schmuck zu bekommen"*, wurde abgelöst von: *„Ich habe sie mit der Axt erschlagen, die sie noch in ihren Händen hielt, als sie mich erschlagen wollte"*.

Der Stiefvater hatte von alledem (angeblich) nichts gemerkt. Die Frau hatte ihn verlassen, wie es bereits einmal wenige Wochen oder Tage vor der Tat geschehen war. Von Leiche oder Leichengeruch hatte er nichts wahrgenommen. Man glaubte ihm nicht. Man konnte ihm aber nichts beweisen. Er saß nur wegen des sexuellen Mißbrauchs seiner Stieftochter auf der Anklagebank. Wenn auch nur der Schatten eines

Verdachts auf ihn fiel, wurden die Selbstbezichtigungen Erikas massiver, dann war die Raubmordversion fällig.

Der Vorsitzende war verzweifelt. Er gehörte zu der kleinen Zahl akademisch gebildeter Richter, die 1955 in Ostberlin noch tätig waren. Man sagte, seine Weste hätte einen kleinen braunen Fleck. Eigentlich war er kein Strafrechtler, saß sonst einer Zivilkammer vor. Später wurde er Kommandeur der Kampfgruppe der Berliner Justiz. Er hatte Kriegserfahrung, war aber nicht oder nicht mehr kriegerisch. Er hatte aus der Geschichte gelernt. Jedenfalls sahen wir es so – damals.

Die zunehmende Dauer der Hauptverhandlung brachte den Vorsitzenden und Erika einander näher. Beschwörend rief der Richter in seiner Hilflosigkeit ein ums andere Mal: *„Erika, sagen sie doch die Wahrheit!"* Er sagte „Erika", das war ungewöhnlich. Angeklagte waren damals namenlos, nichts als Angeklagte. Eine Anrede mit dem Vornamen war beispiellos. Sie war hier sicher auch der Tatsache geschuldet, daß beide Angeklagte den gleichen Familiennamen führten. Doch das war es nicht nur, hatte jedenfalls ich den Eindruck. Richter sind auch nur Menschen.

Gegen die Hypothese, die Getötete sei von ihrem Ehemann ermordet worden, sprach u.a. die Tatsache, daß beide Angeklagte freiwillig zur Polizei gegangen waren, um die Tat anzuzeigen. Im Urteil des Stadtgerichts wurde der Vorgang knapp geschildert:

„Am 28. Oktober 1954 begaben sich die Angeklagten … zum Staatsanwalt ihres Bezirks und gaben an, daß die Angeklagte … an einem Sonnabend im Oktober 1951 ihre Mutter … nach einem vorausgegangenen Streit mit der Axt erschlagen, die Leiche in eine Decke gehüllt und im kleinen Zimmer der gemeinsamen Wohnung unter der Couch versteckt habe."

Im Berufungsurteil des Kammergerichts wird das etwas plastischer und mit mehr zeitgenössischer Couleur geschildert. Nach einer Darstellung von seelischen Depressionen der Angeklagten, die in zwei Selbstmordversuchen mündeten, heißt es dort:

„Sie überwand jedoch die Zeit der seelischen Depressionszustände, bis sie im Oktober 1954 ausgelöst durch ein Schreiben der Wohnungverwaltung die Gefahr einer Entdeckung der Tat erneut auftauchen sah. Das Wohnungsamt hatte den Mitangeklagten … aufgefordert, in einer Wohnungsangelegenheit dort zu erscheinen, weil die Angeklagte … infolge ihrer Tätigkeit beim Krankenhaus Friedrichshain, die sie inzwischen aufgenommen hatte, internatsmäßig untergebracht war. Nachdem der Angeklagte … vergeblich versucht hatte, die Wohnungs-angelegenheit anderweit zu regeln, teilte der Angeklagte dies am 27. Oktober 1954 der Angeklagten … mit und brachte zum Ausdruck, daß er nunmehr beim Wohnungsamt persönlich vor-sprechen müsse. Diese am Nachmittag des 27. Oktober1954 anläßlich eines Einkaufs in der Stalinallee der Angeklagten … gemachte Mitteilung brachte sie in eine starke Erregung. Sie machte dem Angeklagten … Andeutungen dahin, daß sie etwas getan habe, was nicht wieder gut zu machen sei. Dadurch sah sich der Angeklagte … veranlaßt, nach seiner Rückkehr sich in der Wohnung umzusehen und fand die Leiche seiner Frau. Am nächsten Morgen suchte er die Mitangeklagte … im Krankenhaus Friedrichshain auf, veranlaßte ihre Beurlaubung und erklärte ihr, daß er um ihre Tat wisse. Er machte ihr klar, daß sie ihre Tat anzeigen müsse und beide begaben sich in den Nachmittagsstunden des 28. Oktober 1954 zum Bezirksstaats-anwalt, wo sie Anzeige erstatteten."

Es war also die Wohnungsbewirtschaftung, die die Tat ans Licht brachte. Eine andere Bürokratie hätte das allerdings buchstäblich noch im letzten Augenblick fast verhindert. Diese erwähnt auch das Kammergericht nicht.

Der Stiefvater ging – wie im Urteil geschildert – mit der geliebten Stieftochter zum Bezirks- (richtiger Stadtbezirks-)staatsanwalt. Bevor sie jedoch zu diesem vorgelassen wurden, verlangte die Pförtnerin den Ausweis, und den hatte Erika in der Aufregung vergessen. Ohne Ausweis aber kein Staatsanwalt und ohne Staatsanwalt keine Verbrechensanzeige. Es war für die beiden schwierig, diese Hürde zu überwinden, aber schließlich gelang es ihnen und beide wurden festgenommen.

Tragisches und Komisches waren für mich auch in diesem Verfahren nicht scharf getrennt. Der das Geständnis erflehende Richter und die geständige, allzu geständige Angeklagte, der über die Würmer in dem Leichnam akribisch referierende Sachverständige, gaben mir häufig Anlaß zu Neben- und Hintergedanken und veranlaßten mich, unwillkürlich in mich hineinzulächeln. Schließlich war ich damals eben erst 33 und hatte bis dahin nicht viel zu lachen gehabt. Mein Kollege Strodt behauptete später, immer, wenn es meiner Mandantin schlecht gegangen wäre, hätte ich gelacht. Das war natürlich Verleumdung, aber in ihr steckte ein Körnchen Wahrheit. Es amüsierte mich z.B., wie die geständige Angeklagte durch ein zweites Geständnis im Ergebnis so viel erreichte, als hätte sie die Tat bestritten und dabei doch nicht den Geständnisbonus verlor. Das war nicht nur beachtlich, das war in meinen Augen auch komisch.

Der Staatsanwalt beantragte in seinem Schlußvortrag eine zwölfjährige Zuchthausstrafe, während ich auf Freispruch plädierte. Beides war insoweit nicht überraschend. Ungewöhnlich war nur das Schlußwort meiner Mandantin. Sie bat das Gericht, meinen Ausführungen nicht zu folgen, sondern sie zu verurteilen. Ich hatte mich an diesem Tag durch einen Kollegen aus meiner Zweigstelle vertreten lassen, der mir das völlig verdattert berichtete.

Das Urteil des Stadtgerichts erging am 2. November 1955, also fast genau ein Jahr nach der Festnahme von Erika. Trotz allen scheinbaren oder wirklichen Verständnisses für die Angeklagte, das man fast für Sympathie halten konnte, der Richter siegte über den vielleicht allzumenschlichen Mann. Das Urteil war hart: Zwölf Jahre Zuchthaus für Erika und sechs Jahre Zuchthaus für ihren Stiefvater. Die Untersuchungshaft wurde beiden angerechnet. Mildernde Umstände „im Sinne des § 213 StGB" sah das Gericht nicht. Es erkannte jedoch auf verminderte Zurechnungsfähigkeit nach § 51 Abs. 2 StGB.

„Die Besonderheit der Angeklagten schien dem Senat in den dominanten Zügen ihrer psychischen Struktur zu liegen, in den Hauptzügen des Hasses gegen die Mutter, des Ekels und der Angst vor ihr. Die Besonderheit liegt darin, daß das hieraus sich ergebende Widerstreben und Opponieren auch am Tattage zum Ausdruck kam."

Andererseits ging der Senat davon aus,

„daß die Angeklagte ein scheußliches, in hohem Maß verabscheuungswürdiges Verbrechen begangen, daß sie ihre Mutter – zwar in einer Aufwallung – jedoch bewußt und vorsätzlich erschlagen hat".

Obgleich also das Urteil nicht nur dem Antrag des Staatsanwalts, sondern auch dem persönlichen Antrag meiner Mandantin (wenigstens hinsichtlich ihrer Verurteilung an sich) entsprach, legte ich dagegen Berufung ein. Meine Mandantin war einverstanden. Unbeliebt hatte ich mich mit meinem Antrag also bei ihr nicht gemacht. Das Kammergericht wies meine Berufung mit Urteil vom 9. Januar 1956 zurück. Auf die Berufung meines Kollegen Strodt aber wurde die Strafe des Stiefvaters von sechs Jahren auf fünf Jahre Zuchthaus ermäßigt. Erika war mit dem Resultat nicht unzufrieden.

Im Gegensatz zu den meisten anderen Mandanten, die ich hatte, verschwand Erika nicht aus meinem Gesichtskreis. Immer wieder tauchte sie nach Jahr und Tag mit einem Anliegen auf. Zunächst kam jedoch der Stiefvater. Er war aus der Haft entlassen worden, nachdem seine Strafe zur Bewährung ausgesetzt worden war. Er bat mich, ein Gnadengesuch für seine Stieftochter einzureichen.

Das Gesuch richtete ich am 21. November 1958 an den für Gnadenerweise im demokratischen Sektor von Berlin zuständigen Oberbürgermeister. Das war damals Friedrich Ebert. Es hieß, Ebert halte nichts von der Justiz und sehe sich selbst die Gnadengesuche an. Von diesen Gerüchten ausgehend hielt ich es für zweckmäßig, entgegen dem Brauch, das Urteil zu schelten. Ich trug auch vor, daß es möglich sei, *„daß überhaupt nicht die Angeklagte, sondern ein anderer die Tat begangen habe"*. Das Argument war nicht risikolos, aber mein neuer Honorarschuldner, der Stiefvater, nahm mir das nicht übel. Diesmal hatte ich Erfolg. Der Oberbürgermeister setzte im Gnadenweg die Strafe auf 8 Jahre herab, was eine Strafaussetzung nach Verbüßung der Hälfte ermöglichte.

Erika wurde durch Beschluß des Stadtgerichts (die Richter hatten inzwischen gewechselt) vom 22. Juni 1960 zum 1. Juli 1960 nach Verbüßung von fünf Jahren und knapp neun Monaten entlassen.

Einige Zeit nach ihrer Entlassung kam Erika mit ihrem Stiefvater zu mir. Beide wollten wissen, ob es rechtlich möglich sei, daß sie heiraten könnten. Als ich das bejahte, beauftragten sie mich mit der Beschaffung der notwendigen Personenstandsurkunden. Erika erzählte dabei, daß sie im Strafvollzug einen neuen Beruf erlernt hätte und diesen nun in einem Berliner Industriebetrieb erfolgreich und gern ausübe. Bei dieser wie auch bei späteren anderen Gelegenheiten wollte sie wissen, wie meiner Meinung nach damals alles gewesen sei. Meine Erklärung, ich wisse es auch nicht, nahm sie anscheinend ungläubig zur Kenntnis, ohne mir die Wahrheit zu sagen. – Das letzte Mal kam sie Ende der 80er Jahre, nachdem ihr Mann gestorben war. Sie fragte erst, ob ich mich noch an sie erinnern könne und erklärte dann, es sei der Wunsch ihres Mannes gewesen, daß sie sich noch einmal in seinem Namen bei mir bedanke. 1997 kündigte sie mir schriftlich einen weiteren Besuch an. Sie wollte Verfügungen über ihren Nachlaß treffen. Es kam wegen eines Unfalls nicht dazu.

Ich hatte in mehr als 40 Jahren Anwaltstätigkeit kein anderes Erlebnis dieser Art.

8.   Der Janka-Prozeß
(1957)

In einem Schreiben vom 7. März 1957 bat mich die Rechtsanwältin und Notarin Ingeburg Gentz, mit ihr zusammen Walter Janka zu verteidigen. Walter Janka war Leiter des Aufbau-Verlages, des führenden Verlages für schöngeistige Literatur in der DDR. Er war am 5. Dezember 1956 im Zusammenhang mit der „Harich-Gruppe" verhaftet woden. Mir war aus dem Harich-Prozeß, in dem ich zu dieser Zeit Steinberg und Hertwig vertrat, klar, das Verfahren würde die Interessen führender Genossen der DDR, insbesondere Walter Ulbrichts, berühren. Natürlich wußte ich damals nicht, was ich heute weiß. Die Memoiren der Angeklagten waren noch nicht geschrieben, die Archive nicht geöffnet. Die Beteiligten blieben einsilbig. Dennoch wußte ich, worum es ging. Es ging um die Macht in der DDR, es ging um die Position Ulbrichts. Das war – aus DDR-Sicht – hohe Politik. Mir war – wieder einmal – mulmig, aber die Aufgabe reizte mich auch. Ein italienischer Filmmakler, der in bezug auf die DDR immer das Sprichwort, der Fisch fängt vom Kopf an zu stinken, im Munde führte, hatte mir einmal gesagt, daß ich ein guter Anwalt für den wäre, der eine gerechte Sache führe. So ähnlich sah ich das auch. Nur, die Vorstellungen darüber, welche Sache gerecht ist, differieren. Wie später Honeckers Sache, erschien mir auch Jankas Sache als gerecht. Andere sahen das jeweils anders.

Inge Gentz war mir im ersten Jahr meiner Anwaltätigkeit näher bekannt geworden, nachdem ihr Ruf schon vorher bis zu mir vorgedrungen war. Damals vertrat ich sie als Urlaubsvertreter etwa vier Wochen in ihrer Praxis. Das verschaffte mir einen Einblick in ihre Arbeitsweise. Ihr Stil der Berufsausübung blieb mir ständig unerreichtes Vorbild. für mich war sie der Prototyp einer im besten Sinne des Wortes vornehmen Anwaltspersönlichkeit. Inge Gentz nahm eine Sonderstellung unter den Ostberliner Rechtsanwälten und Notaren ein. Je rigoroser die Spaltung Berlins und seiner Justiz wurde, desto mehr gewann sie an Bedeutung.

Schon vor 1933 hatte sie die Anwaltszulassung erhalten, ihr wesentlich älterer Mann machte sich damals im Strafvollzug der Weimarer Republik durch neue liberalere Methoden einen Namen. Sie genoß als Mitglied der Anwaltskammer in Westberlin und als Kommunistin in Ostberlin sicher ein seiner Art nach unterschiedliches aber gleich ungewöhnliches Ansehen. Ihre Zulassung als Notarin in Westberlin bildete nach dem Bau der Mauer die einzige Möglichkeit, Notariatsakte aus der DDR in der Bundesrepublik ohne Umweg über eine umständliche, zeitaufwendige Legalisierung auf diplomatischem Weg sofort rechtswirksam werden zu lassen. Sie war im Zivilrecht das, was Kaul im Strafrecht war, die Rechtsanwältin der DDR. Mehrfach hat sie Kaul in Ehrengerichtsverfahren vertreten, wobei es nicht selten zu Meinungverschiedenheiten zwischen den beiden kam. Während Kaul keinen Streit vermied, suchte Inge Gentz den sachlichen, stillen und unspektakulären Ausgleich. Sie vertrat führende Funktionäre in ihren Scheidungs- und anderen persönlichen Angelegenheiten, beurkundete Testamente und beriet eben auch den Aufbau-Verlag in allen Rechtsfragen.

Nach der Festnahme Walter Jankas am 5. Dezember hatte sich Inge Gentz bereits am 13. Dezember als seine Verteidigerin beim Generalstaatsanwalt der DDR gemeldet. Damals waren Berliner Rechtsanwälte, die nicht Mitglieder des Rechtsanwaltskollegiums waren, nicht beim Obersten Gericht zugelassen, wie das ursprünglich auch für die Ostberliner Kollegiumsanwälte gegolten hatte. Inge Gentz wollte, wie sie mir am 7. März 1957 schrieb, keinen „Sonderantrag zur Zulassung zum Auftreten vor dem Obersten Gericht stellen". Da eine Änderung der gesetzlichen Bestimmungen in so kurzer Zeit nicht erwartet werden konnte, war mir klar, daß ich die Verteidigung würde allein führen müssen. Ihr war das wohl auch klar und vielleicht nicht unangenehm.

Am 12. März 1957 beauftragte mich Frau Anneliese Wolf mit der Verteidigung ihres Ehemannes Richard. Er war im Harich-Prozeß nach seiner Zeugenaussage im Gerichtssaal festgenommen worden und gehörte nach Vorstellung des Generalstaatsanwalts auch zur Harich-Janka-Gruppe. Später wurde ich noch gebeten, die Verteidigung von Just, einem weiteren Mitglied der Gruppe, zu übernehmen. Die Zahl der Angeklagten, die ein Rechtsanwalt in einem Verfahren verteidigen konnte, war nicht begrenzt; ich übernahm die Verteidigung von Wolf, mußte aber wegen Interessenkollision die übernahme der Verteidigung von Just ablehnen. Deswegen bat ich den mir als Vorsitzenden des Kollegiums Erfurt gut bekannten Kollegen Dr. Pein aus Arnstadt, das Mandat zu übernehmen. Dieser Bitte entsprach Dr. Pein zunächst, teilte mir jedoch kurz vor der Hauptverhandlung am 16. Juli mit, daß er wegen einer anderen Strafsache den noch im gleichen Monat erwarteten Termin vor dem Obersten Gericht nicht wahrnehmen könne und er die Verteidigung von Just daher niederlegen müsse. Ich bedauerte das sehr und verstand es nie recht. Als Mitverteidiger wäre mir Dr. Pein sehr lieb gewesen, denn ich kannte ihn als einen Kollegen, der mir an Erfahrung überlegen war und der durch seine Rhetorik wie auch seine Bildung bestach. Schließlich wurde Just dann von Frau Dr. Schindowski verteidigt, die mir als Mitglied des Berliner Kollegiums ebenfalls gut bekannt war.

Eine Verteidigung im Ermittlungsverfahren gab es damals nur auf dem Papier der Strafprozeßordnung. Praktisch mußte der Rechtsanwalt warten, bis die Ermittlungen abgeschlossen waren. Dies galt jedenfalls für alle Sachen, in denen sich die Beschuldigten in Haft befanden, was wiederum ebenfalls in fast allen Verfahren von nur einiger Bedeutung der Fall war. Ich sah deshalb meine erste Aufgabe meist darin, den Angehörigen deutlich zu machen, daß von mir zunächst nichts an Verteidigeraktivitäten zu erwarten sei. Nachdem ich Walter Janka am 9. März 1957 das Formular einer

Strafprozeßvollmacht übersandt und ihm dabei mitgeteilt hatte, daß seine Ehefrau mich beauftragt hatte, ihn, zusammen mit Frau Rechtsanwältin Gentz, zu verteidigen, konnte ich also weiter kaum etwas in der Sache tun. Eins war allerdings anders als sonst: Ich wußte aus dem Harich-Prozeß, worum es ging. Am gleichen Tag, an dem mir die Verteidigung von Janka angetragen wurde, hatte der erste Tag der Hauptverhandlung in diesem Verfahren stattgefunden. Meine Mandanten Steinberger und Hertwig sollten mit Janka, Harich und anderen derselben staatsfeindlichen Gruppe angehört haben.

Das Verfahren gegen Harich und andere hatte den üblichen Verlauf von erstinstanzlichen politischen Strafverfahren im allgemeinen und solchen vor dem Obersten Gericht im besonderen genommen. Harich schrieb später in seinem Erinnerungsbuch *„Keine Schwierigkeiten mit der Wahrheit"*: *„Ich ließ den Prozeß widerstandslos über mich ergehen"* (S. 89). Dies entsprach dem Brauch. Auch Steinberger und Hertwig waren geständig. Das Urteil im Prozeß gegen Harich und andere wurde am 9.3.1957 verkündet. Der Strafsenat ging davon aus, daß Harich vom 1. November bis zum 29. November 1956 aus Furcht, die Ereignisse in Ungarn könnten zu einem Aufstand in der DDR führen, mehrfach den stellvertretenden Landesvorsitzenden der Berliner SPD, Josef Braun, aufgesucht habe, um die SPD zu veranlassen, in Rundfunkaufrufen die Bevölkerung der DDR zur Ruhe aufzurufen und Harichs Programm über den Rundfunk zu verbreiten. Harich habe sich auch mit Vertretern des Ostbüros der SPD und in Hamburg mit dem Herausgeber des „Spiegel", Augstein, sowie mit einem anderen Redakteur getroffen. Die Mitangeklagten hätten ihn bei dieser Tätigkeit unterstützt. Das Gericht faßte am Ende der Urteilsbegründung Sachverhalt und rechtliche Würdigung wie folgt zusammen:

„Mit diesem verräterischen Verhalten haben die Angeklagten die Grundlagen unseres Staates angegriffen und den Bestand des Staates gefährdet. Nicht deshalb, weil sie mit einigen Maßnahmen der Regierung der Deutschen Demokratischen Republik nicht einverstanden waren oder weil sie als Mitglieder der Sozialistischen Einheitspartei Deutschlands andere Auffassungen hatten, als sie in den Beschlüssen dieser Partei geäußert wurden, haben die Angeklagten sich des Staatsverrats schuldig gemacht, sondern weil sie sich zu einer Gruppe zusammenschlossen, deren Ziel es war, die durch Verfassung und Gesetz geschützten gesellschaftlichen Verhältnisse in der Deutschen Demokratischen Republik durch Drohung oder Gewalt zu verändern, preiszugeben und den Sturz der Regierung der Deutschen Demokratischen Republik zu erzwingen. Da die Handlungen darauf gerichtet waren, den Staat der Arbeiter und Bauern zu schwächen oder zu beseitigen, sind sie rechtlich als Boykotthetze gemäß Art. 6 der Verfassung der Deutschen Demokratischen Republik zu beurteilen."

Harich wurde zu einer Zuchthausstrafe von zehn Jahren verurteilt, seine Mitangeklagten Steinberger und Hertwig erhielten vier bzw. zwei Jahre Zuchthaus.

Janka ließ – anders als Harich – den Prozeß „nicht widerstandlos über sich ergehen". Er kämpfte verbissen und kompromißlos.

Inge Gentz hatte mich wohl irgendwie auf die für die damalige Zeit ungewöhnliche Haltung unseres Mandanten vorbereitet. Jedenfalls schickte ich ihr am 11. April einen Auszug aus meinen handschriftlichen Notizen vom Harich-Prozeß, soweit sie für den Prozeß gegen Janka von Bedeutung sein konnten. Darunter war eine Reihe insbesondere Janka belastender Aussagen von Harich, aber auch von Merker. So hatte Harich nach meinen Notizen ausgesagt: *„Janka war neben mir der führende Mann in der Gruppe"*. Andererseits erklärte Harich aber auch, Just, Zöger und Janka hätten zu seinen Plänen gesagt: *„Hören Sie mit Ihren Spinnereien auf"*. Die Verteidigung Harichs operierte ebenfalls mit dem Argument der „Spinnerei". Rechtsanwalt Rehm, der Verteidiger Harichs, zitierte ein Selbstbekenntnis Harichs mit den Worten (ebenfalls nach meinen Notizen): *„Meine Geschichtenerzählungen aus Phantasie lagen oft an der Grenze des pathologischen Lügens"*. Rehm war (nach meiner Erinnerung) der Pflichtverteidiger Harichs. Er war geschäftsführendes Mitglied des Vorstandes des Kollegiums Dresden und flüchtete später aus der DDR.

Den maschinenschriftlichen Auszug aus meinen handschriftlichen Notizen übersandte ich Inge Gentz mit dem Bemerken: *„In einzelnen Fällen, insbesondere bei Namen, die keine große Rolle spielten, kann ich mich für die Richtigkeit nicht verbürgen, da ich meine Handschrift selber nur schwer entziffern kann"*. Wenn ich heute das Gekrakel lese, geht es mir nicht besser. Irrtümer bleiben daher – heute wie damals – vorbehalten.

Bei einer routinemäßigen telefonischen Nachfrage nach dem Sachstand am 10.5.1957 teilte mir Staatsanwalt Jahnke vom Generalstaatsanwalt der DDR mit, daß die Ermittlungsfrist bis zum 15. Mai verlängert worden sei und stellte mir eine Sprecherlaubnis für den 17. Mai in Aussicht., *„falls nicht noch etwas dazwischen komme"*. Tatsächlich konnte ich Janka und Wolf am 17. Mai das erste Mal sprechen, und zwar ohne Aufsicht. Das war nicht die Norm. Im allgemeinen erhielt der Verteidiger in den 50er Jahren Sprecherlaubnis ohne Aufsicht erst nach Anklageerhebung.

Die Aufzeichnungen, die ich bei dem Gespräch mit Janka machte, enthalten auf sieben Seiten vorwiegend die Darstellung Jankas zu den gegen ihn erhobenen Beschuldigungen. Dabei sprach er u.a. von „temperamentvollen Diskussionen" nach dem XX. Parteitag der KPdSU, stellte aber gleichzeitig klar, daß es „bis zum letzten Tag" keine „organisierte Diskussion" gegeben habe. Er habe dabei die Auffassung vertreten, daß das Verhältnis zur Arbeiterklasse so gestaltet werden müsse, „daß die Arbeiter selbst ihre Errungenschaften verteidigen". Das jugoslawische Beispiel der Arbeiterräte müsse auch in der DDR überlegt werden. Der Intelligenz käme eine Rolle nur im Bündnis mit der Arbeiterklasse zu. In diesem Zusammenhang gab Janka seine Auffassung wieder, daß der Prozeß der Demokratisierung zu konkreten Ergebnissen geführt werden sollte. *„Erörtert wurden zwischen uns auch die Reaktionen der Mitarbeiter des Aufbau Verlages auf die Ereignisse in Polen und Ungarn. Dabei spielte das Schicksal von Georg Lucács und die Frage, wie man ihm helfen könne, eine besondere Rolle."*

In Jankas Memoiren *„Spuren eines Lebens"* wird dieses Gespräch zwischen uns so geschildert:

"Nachdem ich mich gesetzt hatte, berichtete Wolff: ‚Ihrer Frau und den Kindern geht es gut. Sie sollen sich um Sie keine Sorgen machen. Es gäbe keinen Anlaß dazu.' Dabei gewann ich den Eindruck, daß er genau das sagte, was ihm von meiner Frau aufgetragen worden war. Fünf Jahre später bekam ich die Bestätigung für die Richtigkeit meiner Vermutung. Meine Frau war nämlich zu dieser Zeit schon krank. Aber damit wollte sie mich nicht belasten. Deshalb hatte sie dem Anwalt nichts über ihr Befinden gesagt. Nach einer Pause fügte der Anwalt hinzu: ‚Auch Frau Gentz läßt grüßen. Sie kann die Verteidigung leider nicht übernehmen. Beim Obersten Gericht ist sie nicht zugelassen. Aber trotzdem arbeiten wir zusammen. Das ist eine große Hilfe für mich. Viele Dinge übersieht sie besser als ich es kann.'

Durch die Haft mißtrauisch gegen jedermann geworden, beschränkte ich mich aufs Zuhören. Außerdem war ich überzeugt, daß im Nebenzimmer mitgehört wurde. Ich vermutete sogar, daß sie den Anwalt benutzten, um mich gesprächig zu machen. Denn eine Anklageschrift lag noch nicht vor. Die Regel war, Anwälte erst zuzulassen, wenn die Anklage vorlag. Und das geschah immer erst ein paar Tage vor Prozeßbeginn.

Dann fragte ich doch: ‚Haben Sie die Protokolle einsehen können?'

‚Nein. Aber ich weiß, was Ihnen zur Last gelegt wird.'

‚Wieso wissen Sie das?' Um die Antwort aufzuschieben, schob er mir eine Schachtel Zigaretten über den Tisch und sagte: ‚Ihre Frau hat mir die Zigaretten mitgegeben. Rauchen Sie nur, wenn Sie möchten.' Dann antwortete er: ‚Gegen Harich hat der Prozeß schon im März stattgefunden. Ich nahm als Verteidiger eines Mitangeklagten teil. Daher weiß ich, wie schwer Sie in diesem Verfahren belastet wurden. Der Prozeß ist vom Verfahren gegen Sie abgetrennt worden, weil Harich in allen Punkten der Anklage geständig war. Ihnen wird vorgeworfen, daß Sie nicht geständig sind. Da ich ahne, was auf Sie zukommt, habe ich den Generalstaatsanwalt gebeten, mir schon jetzt eine Rücksprache mit Ihnen zu erlauben. Das war nicht leicht. Aber ich habe es durchgesetzt.'"

An diesen Gesprächsinhalt kann ich mich nicht erinnern. Sicher ging ich davon aus, daß der Mandant mir gegenüber mißtrauisch sein würde. Dazu bestand Anlaß. Deswegen werde ich versucht haben, ihm das Mißtrauen zu nehmen. Richtig ist auch, daß das Gespräch ungewöhnlich früh genehmigt wurde. Unvorstellbar ist mir allerdings die Bemerkung, ich hätte, obgleich es nicht leicht gewesen wäre, die frühe Sprecherlaubnis „durchgesetzt". In diesem Verfahrensstadium hatte der Verteidiger keine Rechte, die er „durchsetzen" konnte. Da hat Janka meine Möglichkeiten und Fähigkeiten überschätzt. Mit der frühen Sprecherlaubnis sollte wohl eher die öffentliche Meinung im Ausland beruhigt, als den Rechten eines Verteidigers entsprochen werden.

Janka setzt die Schilderung des ersten Gesprächs zwischen uns dann mit einer Frage von mir fort:

„‚Wie wollen wir denn verfahren? Oder wie gedenken Sie ihre Verteidigung aufzubauen?' Bevor ich antwortete dachte ich darüber nach, warum mich der Anwalt nicht aufgefordert hatte, wenigstens ihm die Wahrheit zu sagen. Hätte er es getan, wäre ich sofort mißtrauisch geworden. Wahrscheinlich hätte ich ihn als Verteidiger abgelehnt.

Schließlich antwortete ich: ‚Politisch, Herr Anwalt. Von Verteidigung kann keine Rede sein. Ich weiß nicht, was ich verteidigen soll. Ich werde verleumdet. für Dinge verantwortlich gemacht, die ich nicht zu verantworten habe. Aber warten wir die Anklage ab, dann können wir weitersehen.'

‚Gewiß. Nur in einem Punkt müssen wir uns klar verständigen. Eine politische Verteidigung gibt es vor unseren Gerichten nicht. Wir kennen nur kriminelle Verbrechen. Falls Sie darauf bestehen, die Verteidigung politisch aufzubauen, muß ich sie niederlegen. Und Sie werden keinen Anwalt finden, der sich eine politische Konzeption für die Verteidigung zu eigen macht. Das ist vor unseren Gerichten einfach unmöglich.'
‚Aber es geht um einen politischen Prozeß', unterbrach ich. ‚Wie sollten wir argumentieren, wenn nicht politisch?'
‚Mich müssen Sie nicht überzeugen. Worum es geht, weiß ich sehr wohl.' Nach einer kleinen Pause fügte er hinzu: ‚Ich kann nur darauf achten, daß die formalen Bestimmungen eingehalten werden. Ob sie mir als richtig erscheinen oder nicht, ist ohne Belang. Und ich darf nur auf die vom Ankläger erhobenen Beschuldigungen antworten. Wenn möglich mit Gegenbeweisen, aber nicht mit politischen Argumenten.'"

Auch an diesen Teil des Gesprächs habe ich keine Erinnerung. Manches kommt mir in der Darstellung Jankas fremd vor. Bei näherer Überlegung erkenne ich jedoch, daß sie typische Gedanken und Verhaltensweisen von mir, wenn auch mit mir fremden Worten, wiedergibt. Nach der Wahrheit z.B. habe ich meine Mandanten nur ganz ausnahmsweise befragt. Grundlage der Verteidigung ist immer, was der Angeklagte vor Gericht sagt. Die Wahrheit zu wissen, kann für den Verteidiger zum moralischen Hemmschuh werden. Das läßt man lieber.

Die Sache mit der politischen Verteidigung werde ich in der Form gesagt haben, daß es in der DDR (nach unumstößlichem Dogma) keine politischen Prozesse gab. Das werde ich gesagt haben. Politische Prozesse werden überall geleugnet. Der Honecker-Prozeß war nach offizieller Version auch kein politischer Prozeß. Nur, niemand hat dem Angeklagten verboten, ihn politisch zu führen. Und statt von formalen Bestimmungen, werde ich von gesetzlichen Bestimmungen gesprochen haben. Wenn Janka mich zum Schluß des Gesprächs auf die Frage, ob das Urteil schon gesprochen sei, sagen läßt: „Darauf darf ich nicht antworten. Nur soviel kann ich sagen: Sie müssen mit einer Verurteilung rechnen", so ist das sicher eine im wesentlichen richtige Interpretation dessen, was ich ihm mit anderen Worten sagen wollte. Ich glaube nicht, daß ich damals der Auffassung gewesen bin, das Urteil sei fertig. Ich bin aber sicher davon ausgegangen, daß das Gericht wie üblich dem Antrag des Generalstaatsanwalts wenigstens, was die Verurteilung betrifft, folgen würde. An einen Freispruch habe ich jedenfalls nicht geglaubt. Mir ging es, wie in allen vergleichbaren Fällen darum, keine Illusionen aufkommen zu lassen. Häufig habe ich meine Mandanten nach meinem Plädoyer und vor dem Urteil gewarnt, sich keine zu großen Hoffnungen zu machen.

Das Gespräch mit Wolf, das ich am gleichen Tag führte, wird weniger schwierig gewesen sein. Wolf hat darüber nichts publiziert, so daß ich auf meine Aufzeichnungen angewiesen bin. Es diente danach zunächst ebenfalls dem gegenseitigen Kennenlernen.

Wolf erzählte mir seinen Lebenslauf, über den ich noch keine Informationen erhalten hatte. Er war mit seinen Eltern 1935 als Sechzehnjähriger in die Schweiz emigriert. Vor der Emigration war er in seiner Krefelder Schule als Jude fast täglich in Schlägereien verwickelt worden. Im Internierungslager in der Schweiz hatte er Kommunisten kennengelernt und war so selbst Kommunist geworden. Er hatte 1944 das Angebot eines Verwandten erhalten, die Leitung einer Weberei in Afrika zu übernehmen. Er hatte abgelehnt und war nach Kriegsende in seine Heimat zurückgekehrt. Mit seiner Frau übersiedelte er 1946 nach Halle, wo beide ein Studium aufnahmen. Wolf wurde Leiter der Hochschulgruppe der SED und später Jounalist und zwar zuletzt beim Rundfunk. Nach meinen Aufzeichnungen hatten ihn das Schicksal Steinbergers und seiner Frau, die beide von sowjetischen Organen zu unrecht verurteilt worden aber trotzdem in der Partei verblieben waren, die Ereignisse des 17. Juni, der XX. Parteitag und die mit Gomulka 1956 in Polen begonnene Wende kritisch gegenüber der Parteiführung der SED gemacht. Er fürchtete einen Aufstand wie in Ungarn, sah aber keine Möglichkeit, die Gefahr abzuwenden, da es keine Kräfte dafür gab.

Aus meinen Akten kann ich ersehen, daß ich schon am 29.5. und danach am 25.6. wieder eine Sprechgenehmigung für Wolf hatte. Ich muß davon ausgehen, daß er insofern besser behandelt wurde als Janka, für den ich erst am 10.7. die zweite Sprecherlaubnis erhielt. Auch diese galt nur für einen Tag, sonst wurden die Sprechgenehmigungen zeitlich nicht begrenzt.

Janka berichtete, daß es ihm gesundheitlich „normal" gehe, daß er sich in der Zelle am Tage hinlegen dürfe, was eine Vergünstigung darstellte, nachdem es ihm einige Tage vorher schlechter gegangen wäre. In der Sache selbst fragte ich ihn, ob ihm Pläne zur gewaltsamen Veränderung der gesellschaftlichen Verhältnisse in der DDR bekannt wären, was er verneinte. Auf entsprechende weitere Fragen erklärte mir Janka, daß er hinsichtlich der Gewährleistung von Rechtsicherheit in der DDR skeptisch wäre, daß er die Beschlüsse der Partei gegen Westemigranten für falsch und schädlich halte, daß man sich von der Verherrlichung von Personen völlig freimachen müsse, daß das Prämiensystem insbesondere für leitende Angestellte völlig falsch und schädlich sei, daß er die Planung, soweit sie den Aufbau-Verlag betreffe für sinnlos halte, die Zweckmäßigkeit der Planung insgesamt aber nicht beurteilen könne, daß die Tätigkeit der Parlamente auf allen Ebenen aktiviert werden müsse und die Parlamentarier um ihre Wahl kämpfen müßten. Janka legte auch seine Haltung zu Tito und zum XX. Parteitag der KPdSU dar.

Ebenfalls am 10. Juli sprach ich dann natürlich auch noch mit Wolf. Eine Erklärung für die unterschiedliche Behandlung habe ich nicht, es sei denn die, daß Janka sich durch seine Haltung besonders unbeliebt gemacht hatte.

Staatsanwalt Jahnke teilte mir am gleichen Tag mit, daß er aus gewissen Umständen die Vermutung hätte, daß die Anklagezustellung schon am 15.7. erfolgen könne. Das bedeutete nach allen Erfahrungen für den Fall, daß diese Möglichkeit zur Tatsache wurde, Beginn der Hauptverhandlung fünf Tage später. Mein Urlaub war für die Zeit vom 13.7. bis 4.8. geplant, und Staatsanwalt Jahnke hatte mir noch eine Woche vorher erklärt, er rechne nicht damit, daß die Hauptverhandlung in dieser Zeit stattfinden würde.

Ich war also gewappnet, als mich am 17. Juli 1957 in Heringsdorf das Blitztelegramm unseres Bürovorstehers erreichte (Telefon hatte unsere Herberge nicht): *„Termin Janka Beginn 23. Juli 9.00".* In Heringsdorf hatte ich auch noch einen Eilbrief von Inge Gentz erhalten, mit dem sie mir die Kopie eines Briefes von Johannes von Guenther an den damaligen Leiter des Aufbau-Verlages, Klaus Gysi, übersandte. Von Guenther schrieb an Klaus Gysi: *„Frau Katja Mann bittet Sie sehr, zu veranlassen, daß Dr. Wolf, Jankas Anwalt, Frau Thomas Mann und Frau Erika Mann als Entlastungszeugen für Walter Janka benenne."*

Auch v. Guenther selbst wollte als Entlastungszeuge benannt werden. Er wunderte sich, daß er noch nichts von mir gehört hatte. Ich hatte jedoch bis dahin von seinem Angebot keine Kenntnis. Als ich die Kopie erhielt, hatte ich keine Zeit zu antworten. Tage und Stunden waren gezählt. Noch am 17. Juli fuhr ich mit dem PKW über enge, kurven- und hügelreiche Landstraßen zurück nach Berlin und sah dort am gleichen Tage erstmalig die Akten ein. Seit 1955 war ich stolzer Besitzer eines F9, der dem westdeutschen DKW 306 entsprach.

Akteneinsichten waren eine Qual. Man schrieb, was man für wichtig hielt, mit der Hand ab. Dabei saß man in der Regel in einer Ecke eines Geschäftszimmers des Gerichts, in dem der Betrieb mit Telefonaten, Besuchern und Privat- wie Dienstgesprächen der Mitarbeiter munter weiterging. Beim Obersten Gericht durften wir allerdings in einem freien Zimmer allein die Akten einsehen. Wenn, wie hier, mehrere Verteidiger in einer Sache tätig waren, mußte man sich die Akten teilen. Duplikatakten gab es jedenfalls für Anwälte damals noch nicht. Auch später wurden sie Anwälten nicht zur Mitnahme ins Büro, sondern auch nur zur Einsicht in der Geschäftsstelle, zur Verfügung gestellt. Die ganze Vorbereitung auf die Hauptverhandlung mußte unter diesen Umständen in fünf Tagen abgeschlossen sein. So geschah es.

Am 19.7. und 22.7. suchte ich meine beiden Mandanten nochmals auf, um mit ihnen das Notwendigste zu besprechen.

Aus der Perspektive der Angeklagten haben Janka und Just die Hauptverhandlung beschrieben. Ihre Eindrücke waren lebhafter und nachhaltiger als meine. Just schrieb z.B. in seinem Buch *„Zeuge in eigener Sache"*:

> „Der Gerichtssaal war bis auf den letzten Platz gefüllt. Ich erkannte die Seghers, die Weigel, Willi Bredel und andere Schriftsteller … Abseits saß eine dicke Frau mit einer ulkigen Frisur, wie sie die die NS-Reichsfrauenschaftsführerin Scholtz-Klink getragen hatte. Das war die Justizministerin Benjamin …"

Janka berichtet in *„Schwierigkeiten mit der Wahrheit"*:

> „… die Rede Melsheimers gegen Lukács und Janka (brachte) den Zuschauerraum außer Rand und Band. Die abkommandierten Schreier riefen ‚Nieder mit den Verrätern! Ins Gefängnis mit den Verbrechern!'"

Mir selbst ist nur wenig von der Verhandlung in unmittelbarer Erinnerung. Nichts weiß ich mehr, wer als Zuhörer teilgenommen hat, geschweige denn, welche Miene die

Betreffenden machten. Nicht einmal die empörten Reaktionen eines Teils der Zuhörer sind mir mehr in Erinnerung. Natürlich habe ich auch von der Verhandlung noch meine Notizen, doch sie betreffen nur, was ich damals für die Verteidigung für wichtig hielt. In Erinnerung habe ich so, daß für mich Harich der Hauptbelastungszeuge war. Ich befragte ihn für damalige DDR-Verhältnisse außergewöhnlich ausführlich und lange. Das wurde von dem den Vorsitz führenden Vizepräsidenten des Obersten Gerichts, Ziegler, kritisch kommentiert, doch nicht beschränkt.

Ziegler leitete Verhandlungen, soweit ich mich erinnern kann, immer sachlich und ruhig. Er unterschied sich darin vorteilhaft von seiner Amtsvorgängerin Hilde Benjamin, die die erstinstanzlichen Verhandlungen des Obersten Gerichts in einer erschreckend aggressiven Form geführt hatte. Ziegler ist nach dem Janka-Prozeß vom Vizepräsidenten des Obersten Gerichts zum Direktor des Bezirksgerichts Frankfurt/Oder degradiert worden. Der Anlaß war der Janka-Prozeß, die genauen Gründe habe ich jedoch nie erfahren. Mag sein, seine Verhandlungsführung war nicht, wie es damals hieß, parteilich genug. Der Richter sollte auch in der Verhandlungsführung die Politik der Partei vertreten und feindlichen Auffassungen keinen Raum gewähren. Später ist Ziegler dann wieder Vizepräsident des Obersten Gerichts geworden. Die Zeiten hatten sich geändert, wenn auch noch nicht gewendet.

Harich beantwortete alle meine Fragen ohne zu stocken und ohne sich zu verheddern. Ich mußte im Plädoyer gestehen, daß ich ihn nicht widerlegen konnte, fügte aber hinzu, daß ich persönlich ihm nicht glaube.

In Erinnerung ist mir ferner, daß ich am Tage der Zeugenvernehmung Harichs in einer Pause den psychiatrischen Sachverständigen Dr. Anton sah, eben jenen Sachverständigen, der in den politischen Strafverfahren vor Berliner Gerichten der bevorzugte Gutachter war. Ich habe damals geschlußfolgert, daß er für den Fall beigezogen worden war, daß von Seiten der Verteidigung Zweifel am Geisteszustand bzw. an der Glaubwürdigkeit Harichs geäußert werden würden. An derartiges hatte ich nie gedacht, weil ich dafür überhaupt keine gesetzliche Grundlage gesehen hatte, obgleich sich Harich selbst, in seiner Verteidigung, in die Nähe eines psychopathischen Lügners gerückt hatte. Doch eine andere Erklärung gab es für das Auftauchen eines Psychiaters im Janka-Prozeß nicht. Mir ist nicht bekannt, daß Dr. Anton über seine Erfahrungen in diesem wie in anderen politischen Prozessen später, als er in der BRD war, berichtet hat. Er hätte sagen können, warum er an diesem Tag im Gericht war. Die Archive, die seine Aussagen enthalten müßten, werden noch jetzt den Juristen, Historikern und Journalisten verschlossen sein und für die Vergangenheitsbewältigung nicht zur Verfügung stehen. Schade.

Am 25. Juli plädierte Melsheimer. – Obgleich der Generalstaatsanwalt kraft seiner Funktion in der DDR ein höheres politisches Gewicht als der Justizminister hatte, bestand bei mir der Eindruck, daß Melsheimer stark unter dem Einfluß von Hilde Benjamin stand. Dies mag darauf zurückzuführen gewesen sein, daß Hilde Benjamin schon vor 1933 Kommunistin war, während Melsheimer als Kammergerichtsrat, wenn auch auf einem unpolitischen Ressort, die Nazizeit überlebte. Melsheimer war ein gebildeter Jurist. Er war für Argumente empfänglich und verstand wenigstens, daß ein Verteidiger kein Staatsanwalt ist. Er war mir als Gegner lieber als die Staatsanwälte, die nur von ihrer politischen Überzeugung aus plädierten. Wenn Just von ihm sagt:

„Ich bin selten einem abstoßenderen Menschen gegenüber gesessen. Schwammig, grob, zynisch. In einem fort fraß er irgendwelche Tabletten."

so ist das aus seiner Situation verständlich. Es stimmt jedoch nicht mit meinem Eindruck überein. Die äußeren Tatsachen schildert Just zutreffend, doch die Persönlichkeit Melsheimers wird nicht adäquat dargestellt. Auch Stefan Heym überzieht, wenn er in einer Rezension von Walter Jankas *„Die Unterwerfung"* in bezug auf die Anklagerede Melsheimers schreibt:

„... man schaudert, wenn man sie liest, und nicht nur weil ein geistig verwilderter Analphabet Hitler, Freisler und Stalins Wyschinski zugleich nachzuahmen suchte ..." *(Berliner Zeitung v. 13./14.August 1994, S. 34)*.

Ich bin Melsheimer nur wenige Male begegnet und kann mir auch kein umfassendes Bild von ihm machen. Ich meine jedoch sagen zu können, daß er nicht mit Freisler auf eine Stufe gestellt werden kann. Ich glaube auch nicht, daß Freisler und Wyschinski über einen Kamm geschoren werden können, aber insofern habe ich keine eigenen Eindrücke. Von Melsheimer weiß ich jedoch, daß er beispielsweise im Janka-Prozeß mir den Antrag auf Freispruch nicht verübelte. Ich hatte bei ihm das Gefühl, daß er eine gradlinige Verteidigung achtete. Diesen Eindruck hatte ich nicht bei allen Staatsanwälten, denen ich begegnet bin. Eine Charakterstudie über Melsheimer würde sich lohnen. Der Weg vom Kammergerichtsrat der Weimarer Republik über die Nazijustiz zum obersten Staatsanwalt der DDR läßt einen Menschen vermuten, der in diesen Jahrzehnten in Deutschland nicht einzigartig war. Da müßte man jedoch tiefer bohren, um zur Wahrheit zu gelangen.

Melsheimer plädierte anders als andere DDR-Staatsanwälte. Er war auf rhetorische Effekte bedacht und sprach nach meinem Eindruck frei. Hier einige Beispiele aus seinem Plädoyer, zitiert wieder nach Janka, *„Die Unterwerfung"*:

„Oberstes Gericht der Deutschen Demokratischen Republik!

Ich habe im Anklagetenor davon gesprochen, daß diese Anschläge gegen den Frieden und den Bestand des Staates in einer Zeit der erhöhten Gefährdung der Deutschen Demokratischen Republik stattfanden. Man muß diesen Prozeß, nicht anders als den Harich-Prozeß, in der historischen Situation betrachten, die stattfand, als die Verbrechen der Angeklagten begangen wurden. Diese Situation einer akuten Gefährdung des Friedens, die Situation, in der die Feinde des Sozialismus und der Demokratie in Polen, in Ungarn, in Ägypten und sonst in der Welt, schwere Niederlagen erlitten. ...

Herr Vorsitzender! Die Feststellungen über die Staatsgefährlichkeit der Gruppe Harich, über den eindeutig konterrevolutionären Charakter dieser Gruppe, sind im Harich-Prozeß eindeutig erwiesen. Und wenn auch der Harich-Prozeß sich bezog auf die Spezialgruppe

Harich, Hertwig, Steinberger, so kann es doch keinem Zweifel unterliegen, daß bei den Angeklagten im Aufbau-Verlag die Konzeption ausgebraten, ausgegoren wurde, die … hinterher zur schriftlichen Festlegung der Konzeption im Kreise Harich, Steinberger, Wolf geführt hat. Hier haben die Angeklagten eine Reihe von Erklärungen abgegeben, die das bejahen. Sie haben aber im Prinzip den Versuch gemacht, die Nichtexistenz einer solchen Gruppe, eines solchen Kessels, in dem das ausgegoren wurde, nachzuweisen. Sie haben insbesondere versucht, daß, was Harich hier als Zeuge dargestellt hat, madig zu machen, in Zweifel zu ziehen, vielleicht in der Annahme, daß, wenn drei Angeklagte gegen einen Zeugen sprechen, daß dann möglicherweise die drei Angeklagten recht haben könnten. Der Harich, der seine Strafe von zehn Jahren Zuchthaus weg hat, die er zur Zeit verbüßt, Harich, der nicht das kleinste Interesse daran hat, irgendeinen Angeklagten zu belasten, der im Gegenteil, als ich ihn vor seinem eigenen Prozeß hörte, mir auf meine Frage, wäre alles das geschehen, wenn Janka einmal Nein gesagt hätte, nach zweiminütigem Schweigen mit kauenden Backen und zuckenden Wimpern, unter Tränen gesagt hat, dann wäre gar nichts passiert. Harich, als Zeuge, bringt für die Anklagebehörde Beweise für all das, was er trotz seiner Rederei an Positivem hier gesagt hat, absoluten Beweis für die Richtigkeit …

Besonnen und stetig hat er hier seine Aussagen gemacht. Man hat den Versuch gemacht, ihn in irgendeiner Weise zu diskriminieren. Man hat ihm Fragen gestellt, ich habe bloß noch auf die Frage gewartet, auf welchem Pflasterstein er denn gestanden habe, als diese Unterredung mit Zöger gewesen ist, daß die Sowjetunion und die Regierung der Deutschen Demokratischen Republik die Vereinigung in Wahrheit gar nicht wollten. So minutiös und so genau und nicht in einem einzigen Fall überführt einer kleinsten Unwahrheit. Man sollte auch den Versuch unterlassen, Harich unter Berufung darauf, daß er selbst einmal von sich gesprochen hat, ,damals habe ich psychopathische Züge' oder sonst etwas getragen, daraus einen gleichen Schluß auf die Unglaubhaftigkeit Harichs zu ziehen. …

Janka. Ein Mann, der sich hier und in der Voruntersuchung als ein notorischer Lügner gezeigt hat. … Janka ist ein Mensch, der einmal Großes und Gutes für den Kommunismus getan hat. Janka ist ein Mensch, der sich hier nicht benimmt oder benommen hat, als das Verbrechen der Gruppe sich vollzog, wie sich ein Kommunist benimmt. Er ist ein Hasser unseres Arbeiter-und-Bauern-Staates. …

Ich beantrage gegen Janka, diesen Kommunisten, der seine Partei verraten hat, dem die Pläne bekannt waren, der ein Lügner ist, der die größte Verantwortung als Verlagsleiter hatte, fünf Jahre Zuchthaus.

Für Just, Naziverbrecher, Karrierist, Fragebogenfälscher, nach Janka Tätigster, dreieinhalb Jahre Zuchthaus.

Für Zöger, Arbeitersohn, der selbst aufgeweicht war nach einer guten Vergangenheit und aufweichend wirkte, dessen Schuld geringer ist, geringer als die von Just, zweieinhalb Jahre Zuchthaus.

Gegen Wolf, diesen in der Emigration zur Arbeiterbewegung gestoßenen Menschen, der, ich möchte sagen, von Anfang an kein Vertrauen zur Partei und zur Regierung hatte, der schwere Schuld auf sich geladen hat, der die Wege zur Durchsetzung der Konzeption wesentlich bereicherte, den Inhalt der Konzeption bereicherte, der aber, das unterscheidet ihn von der Tätigkeit der übrigen Angeklagten, nur einmal am 25. tätig war, während die anderen gewirkt haben durch Monate. Er ist nach meiner Auffassung im gleichen Maße schuldig, wie sich Steinberger im Harich-Prozeß schuldig gemacht hat. Ich beantrage gegen Wolf vier Jahre Zuchthaus."

Nach Melsheimers Plädoyer erhielten wir Verteidiger eine Pause, um uns auf unsere Plädoyers vorzubereiten. Diese Pause hat in mir den tiefsten und dauerhaftesten Eindruck vom Prozeß hinterlassen. Meine Mitverteidigerin, Frau Dr. Carlota Schindowski und ich hatten ein Zimmer für die Pausen zugewiesen erhalten, in dem sonst offenbar zwei Richter an Schreibtischen einander gegenüber saßen, jetzt saßen wir uns gegenüber. Nach dem Plädoyer des Generalstaatsanwalts war es klar, Verteidigung hatte hier eine Aufgabe, wanderte aber auf einem schmalen Grat. Wer die DDR kannte, hatte aus den Worten Melsheimers herausgehört, Absturzgefahr drohte. Es galt die Zeit zu nutzen, um die Beweislage zu würdigen und die Rechtsprobleme darzustellen. Alles natürlich unter den Bedingungen des Jahres 1957. Ich war voll mit mir beschäftigt, als mich Carlota (wir duzten uns als Genossen) fragte, *„was soll ich bloß sagen, was soll ich beantragen?"*.

Carlota war ein nervöser Typ und zu dieser Zeit vermutlich im Klimakterium. Sie war in Südamerika aufgewachsen und hatte den Referendaren, die sie am Kammergericht ausgebildet hatte, bevor sie dort weggehen mußte, davon erzählt, wie sie auf einem Schimmel über die Ländereien ihres Vaters geritten wäre. Das wenigstens hatten alle Referendare von der Ausbildung bei ihr behalten. Sie war damals eine der bekanntesten Juristinnen der DDR. Im Justizministerium oblag es ihr, die gesetzlichen Voraussetzungen für die Gleichberechtigung der Frau mit auszuarbeiten. Später war sie dann Vorsitzende eines Zivilsenats beim Kammergericht geworden. Die Referendare, die sie ausgebildet hatte, liebten sie gar nicht. Als sie, wohl infolge des Helm-Prozesses und der verschwundenen Akte, zusammen mit einem anderen Richter das Kammergericht verlassen nußte, wollte sie Mitglied im Rechtsanwaltskollegium werden. Doch hier hatten jetzt die zu Anwälten avancierten Referendare das Sagen und lehnten mehrheitlich ihre Aufnahme ab. Das war Pech für sie. So mußte sie schließlich erst Einzelanwalt werden, bevor es mir mit einem gewissen Nachdruck gelang, meine Kollegen davon zu überzeugen, daß sie würdig wäre, ins Kollegium aufgenommen zu werden. Sie erlangte bald als Anwältin einen guten Ruf, da sie über drei entscheidende Voraussetzungen für den Erfolg als Anwältin verfügte: Rechtskenntnisse, Zungenfertigkeit und Durchsetzungsvermögen.

Carlota flippte aus, wie man heute sagen würde. Sie bekam einen regelrechten Nervenzusammenbruch mit Schluchzen und Jammern. Ich bemühte mich, dies nicht zur Kenntnis zu nehmen, und schrieb meine Stichworte fürs Plädoyer.

Nach dieser Pause plädierte – entsprechend der Reihenfolge der Anklage – zunächst ich. Im Protokoll der Hauptverhandlung wird eingangs wiedergegeben, daß ich *„im wesentlichen mit der Einschätzung der Beweisaufnahme, wie sie der Generalstaatsanwalt gegeben habe, einverstanden sei. Es sei bewiesen, daß der Angeklagte Janka wesentliche Teile der Konzeption Jankas gekannt habe, es sei auch bewiesen, daß er die Realisierungspläne teilweise gekannt und teilweise gebilligt habe."*

Weiter heißt es im Protokoll:

„Die Verteidigung hat sich bemüht, in den Aussagen des Zeugen Harich Widersprüche aufzudecken. Er müsse zugeben, daß dies nicht gelungen sei. Gleichwohl aber glaube er, daß man den Aussagen des Zeugen Harich nicht bedingungslos folgen könne. Er sei zwar der Meinung, daß Harich das, was er ausgesagt habe, auch für die Tatsachen entsprechend halte, aber unbewußt übertrieben und sich manches suggeriert habe. Zu diesem Schluß komme er deswegen, weil Harich seiner ganzen Charakteranlage nach ein Mensch sei, der stets das für wahr und richtig halte, was er selbst annehme."

Danach heißt es im Protokoll weiter:

„Der Verteidiger geht nunmehr zur rechtlichen Beurteilung des festgestellten Sachverhalts über. Er führt aus, daß das Oberste Gericht erstmalig im Harich-Prozeß zum Staatsverrat Stellung genommen habe und zitiert die rechtlichen Ausführungen aus dem in der ‚Neuen Justiz' abgedruckten Urteil. Dabei geht er besonders auf die Ausführungen zur politischen Gruppenbildung ein und erklärt, diese vom Obersten Gericht gegebene Definition, seinen weiteren Ausführungen zugrundelegen zu wollen. Danach sei für eine Bestrafung erforderlich, daß Gewalt oder Drohung angewendet werden solle. Die Betreibung von Veränderungen ohne Gewalt oder Drohung sei nicht strafbar.

Zur Frage der Gruppenbildung habe der Generalstaatsanwalt in seinem Plädoyer ausgeführt, daß eine Gruppe dann vorliege, wenn Gleichheit der Ziele, Gleichheit der Gesinnung und Gleichheit der Mittel festgestellt worden sei. Diese Definition sei teilweise zu eng und teilweise zu weit. Gleichheit des Ziels allein genüge nicht, vielmehr müßten die Ziele beschrieben werden als auf die Veränderung gesellschaftlicher Verhältnisse gerichtet. Gleichheit der Gesinnung sei nicht erforderlich. Die Motive der einzelnen Teilnehmer der Gruppe könnten völlig verschieden sein. Gleichheit der Mittel sei wiederum zu weit, da die Mittel, wie schon dargelegt, Drohung und Gewalt sein müßten.

Auf den Angeklagten Janka bezogen, sei zwar die Gleichheit der Zielsetzung gegeben, nicht aber die Gleichheit der Mittel. Selbst wenn man den Aussagen Harichs folgen wolle, hätte Janka zwar gewußt, daß Harich Gewalt und Drohung anwenden wollte, dem selbst aber nicht zugestimmt. Hier zeige sich schon, wie sich der objektive mit dem subjektiven Tatbestand mische. Harich und Janka hätten also keine Gruppe im strafrechtlichen Sinne gebildet.

Diese Angeklagten hätten auch keine konspirativen Methoden angewendet. Auch subjektiv sei dem Angeklagten Janka nicht nachgewiesen, daß er Staatsverrat begangen habe. Auf der subjektiven Seite sei Wissen und Wollen erforderlich. Das Wissen allein genüge nicht. Hierzu bezieht sich der Verteidiger auf die in der ‚Neuen Justiz' veröffentlichte Ausführung von Dr. Lekschas. Auch nach den Aussagen Harichs habe die Gruppe nur objektiv, aber nicht in der Vorstellung von Janka, Just und Zöger bestanden. Dem Angeklagten Janka könne daher aus objektiven und subjektiven Gründen kein Staatsverrat vorgeworfen werden. Folge man den Aussagen Harichs, so könne Janka höchstens wegen bestimmter Äußerungen belangt werden, die sich als Boykotthetze darstellten. Man könne Janka auch eventuell wegen Nichtanzeige eines Verbrechens gegen Art. 6 nach § 139 StGB bestrafen. Da er aber diese Aussagen Harichs nicht für wahr halte und Janka im übrigen auch nicht wegen Verbrechens der Boykotthetze und der Nichtanzeige eines Verbrechens, sondern nur wegen Staatsverrats angeklagt sei, beantrage er dessen Freispruch."

Analog plädierte ich anschließend für Wolf und verlangte auch für ihn Freispruch, hilfsweise eine mildere Strafe.

Frau Dr. Schindowski hatte sich gefangen. Sie schloß sich in ihrem Plädoyer meinen Ausführungen an. Nur das Wort „Freispruch" nahm sie nicht in den Mund. Sie beantragte eine Entscheidung nach § 221 Ziff. 3 StPO. Das war diejenige Bestimmung in der damals geltenden Strafprozeßordnung der DDR, die den Freispruch mangels Beweises betraf. Die Zuhörer konnten das natürlich nicht erkennen, was Carlota offenbar für zweckmäßig hielt. Im Ergebnis nützte ihr das nichts. Melsheimer erwiderte sehr scharf auf ihr Plädoyer, während er mich ungeschoren ließ. Warum, wissen die Götter. Gerade deswegen denke ich, er schätzte einen Anwalt mit Rückgrat, der „verwilderte Analphabet". Das Urteil wurde am folgenden Tag, am 26. Juli 1957, verkündet. Es entsprach im wesentlichen dem Antrag des Staatsanwalts. Janka wurde, wie beantragt, zu einer Zuchthausstrafe von fünf Jahren, Just zu vier, Zöger zu zweieinhalb und Wolf zu drei Jahren Zuchthaus verurteilt. Während Just eine um sechs Monate höhere Strafe erhielt, als sie Melsheimer beantragt hatte, fiel die Strafe für Wolf um ein Jahr milder aus.

Die Abweichung vom Antrag des Generalstaatsanwalts mag die Maßregelung von Ziegler zur Folge gehabt haben, wenn es nicht seine Verhandlungführung war. Die beiden Beisitzer Löwenthal und Reinwarth blieben im Amt. Reinwarth wurde 1994 vom Kammergericht Berlin wegen Rechtsbeugung verurteilt. Die Verurteilung erfolgte nicht wegen der Prozesse gegen Harich und Janka. Das Urteil ist zum Zeitpunkt, da diese Zeilen geschrieben werden, noch nicht rechtskräftig.

Ich habe keine Erinnerung an Reinwarth, der für mich offenbar farblos war, dagegen eine lebhafte Erinnerung an Dr. Löwenthal. Ihn hatte ich schon an der Berliner Volksrichterschule etwa 1950 kennen gelernt. Er war dort Dozent, ich Seminarleiter. Er begann seine Vorlesung jeweils mit Witzen und war bei den Schülern beliebt. Er war ein Mann, der schätzte das gute Leben und genoß es, soweit das damals möglich war. Ich erinnere mich, daß er anläûlich einer Beratung über eine Reformierung der Strafprozeßordnung uns Teilnehmern jeweils eine Miniflasche Schnaps kredenzte. Das hatte die sozialistische Welt der DDR damals noch nicht gesehen. Das Arbeitsergebnis der Kommission wurde übrigens, als mit liberalistischen Tendenzen behaftet, verbannt. – Einmal begrüßte mich Löwenthal, als ich mich als Verteidiger in einem erstinstanzlichen Verfahren meldete, mit der Frage, ob ich schon die Vollmacht für das Kassationsverfahren hätte. Das waren Scherze, die zu dieser Zeit von einem DDR-Richter sonst nicht zu hören waren. Löwenthal schrieb kleine Erzählungen und Monographien zu rechtshistorischen Themen und bewies damit ein über dem Durchschnitt des DDR-Juristen dieser Zeit liegendes Bildungsniveau. Er rauchte wie ein Schlot und starb 1960 im Alter von 47 Jahren an Lungenkrebs. Erst durch den Nachruf in der „Neuen Justiz" habe ich erfahren, daß er nach seiner Emigration in Bern sein Jurastudium beendet und dort promoviert hatte.

Nach der Urteilsverkündung erhielt ich noch einen Brief mit Dankesworten von Lotte Janka und hörte dann nichts mehr von meinem Mandanten bis 1989. Davon wird später zu berichten sein.

9. Klage eines Kabarettisten – Willi Schaeffers gegen Friedrichstadt Palast (1958)

Irgendwann 1958 rief mich ein Kollege aus Westberlin an. Er war mir unbekannt, und ich habe seinen Namen inzwischen vergessen. Er erklärte mir, er berate aus freundschaftlicher Verbundenheit Herrn Willi Schaeffers, den früheren Chef des „Kabaretts der Komiker". Schaeffers lebe unter schwierigen finanziellen Verhältnissen und brauche anwaltliche Hilfe in einem Prozeß beim Ostberliner Kammergericht. Ob ich bereit wäre, das für „Gotteslohn" zu machen. Ich war bereit. Ich kannte Schaeffers zwar nicht persönlich, hatte aber während der Nazizeit als Jugendlicher sein „Kabarett der Komiker" besucht und dort insbesondere die mutigen, antifaschistischen Auftritte von Werner Fink begeistert beklatscht. Ich wollte jetzt meinen Dank abstatten, zumal es sich um eine „gerechte Sache" handelte.

Schaeffers hatte einen Vertrag mit dem Friedrichstadt Palast geschlossen, der ihm ein gutes Honorar, ich glaube es waren 20 000 DM (West), versprach. Nun wollte der Palast den Vertrag nicht einhalten. In erster Instanz hatte Schaeffers bereits verloren, und die Sache sah auch in der zweiten Instanz nicht gut aus. Es ging zunächst nur um die Erteilung einstweiliger Kostenbefreiung, die in erster Instanz wegen Aussichtslosigkeit abgelehnt worden war. Aber da Schaeffers kein Geld für den Gerichtskostenvorschuß hatte, wäre das für sein Anliegen schon das „Aus" gewesen.

Nach meiner Meinung steckte hinter der Ablehnung der Kostenbefreiung ein politisches und zwar ein politisch falsches Motiv. Ich ging also im Vollgefühl des Vertreters einer in jeder Hinsicht guten Sache dorthin, wo Berliner Politik gemacht wurde, nämlich zur Bezirksleitung der SED. Mein Ansprechpartner war der Instrukteur für die Justiz, Fritz Marquardt. Wir kannten uns aus gemeinsamer Tätigkeit in der Abteilung Justiz des Magistrats und mochten uns bis an sein Lebensende. Er ließ sich überzeugen, daß man einen Antifaschisten nicht um sein Recht bringen dürfe, wollte allerdings nicht selbst entscheiden, sondern schickte mich zum Intendanten des Friedrichstadt Palastes. Dieser wußte, daß ich von der BL (Bezirksleitung) kam und empfing mich dementsprechend freundlich. Er meinte, er sei immer für die Einhaltung von Verträgen, alles andere schade dem Ruf eines künstlerischen Etablissements und erklärte sich schnell zur Zahlung des Honorars bereit, wenngleich an einen Auftritt von Schaeffers aus Gründen, die offenbar politischer Natur waren, nicht zu denken wäre. Ich war es zufrieden. Das Geld wurde gezahlt. Der Mandant nahm es und schwieg zunächst.

Irgendwann jedoch teilte er mir mit, daß er ein neues Kabarett, das „Tingeltangel", eröffnet hätte und schickte meiner Frau und mir eine Einladung zur Premiere. Das war nun etwas. Stolz fuhren wir nach Westberlin, dessen kulturelle Einrichtungen uns als Ostmarkverdienern verschlossen waren. Als ich an der Garderobe mit „West" bezahlen mußte, kam ein ungutes Gefühl in mir auf. Das Kabarett hatte einen barähnlichen Restaurationsbetrieb. Es gab Sekt. Wir wählten, da kein Schaeffers zu sehen war, die billigste Sorte. Die Vorstellung begann und endete, ohne daß Schaeffers sich sehen ließ. Dagegen zeigte sich der Ober und präsentierte die Rechnung. Meine Erklärung, daß ich nicht über Westgeld verfüge und von Willi Schaeffers eigentlich eingeladen worden sei, interessierte ihn wenig. Erst nach längerem hin und her nahm er Ostmark, natürlich zum „Schwindelkurs", und wir durften gehen. Der Abgang beschämte mich, und zudem war ich von dem Selbstvorwurf belastet, gegen das Devisenrecht der DDR verstoßen zu haben. Ich war damals noch der Auffassung, als Jurist müsse man besonders gesetzestreu sein.

Bei diesem traumatischen Erlebnis verblieb es jedoch nicht. Der glückliche Vergleich hatte vielmehr noch ein zweites, ein Ostberliner Nachspiel. Ich erhielt unerwartet eine telefonische Einladung zu einer Sitzung der Abteilung Kultur des Magistrats. An sich fand ich das gut, da ich noch nie von einer Abteilung des Magistrats (außer der Abteilung Justiz) beehrt worden war. Ich hatte keine Vorstellung, worum es gehen könnte, doch der Anruf klang irgendwie merkwürdig. Als ich erschien, war ein größeres Gremium versammelt, welches offenbar über mich wegen des Vergleichs in Sachen Schaeffers zu Gericht sitzen wollte. Für das Geld, das man dem Schaeffers in den Rachen werfen mußte, hätte man eine Neubauwohnung bauen können. Ich hätte mich vermutlich wegen eines hohen Honorars an Arbeitergeldern versündigt.

Meine Richtigstellungsversuche stießen auf taube Ohren. Eine Weile hörte ich mir die Vorwürfe an und, als mir die Sache zu dumm wurde, ging ich wütend. Die Abteilung Kultur hatte mir schließlich nichts zu sagen. Für mich blieb in der Folge tatsächlich jede negative Konsequenz aus. Nicht so für Fritz Marquardt. Ihm wurde ein Parteiverfahren gemacht, was ein großes Unglück für einen bewußten Genossen wie ihn war. Das Verfahren endete zwar nur mit einer Verwarnung, doch sie schmerzte ihn. Er hatte nichts Schlechtes gewollt und getan. Er hatte eigentlich überhaupt nichts getan. Dennoch haftete ihm jetzt ein Makel an. Die DDR war eben kein Rechtsstaat.

10. Kirchenkampf in Mecklenburg (Ende der 50er Jahre)

Irgendwann, wohl zwischen 1955 und 1960, erschien bei mir ein unauffälliger Herr und erklärte, er sei Bischof und wolle wissen, ob ich bereit wäre, im Bezirk Schwerin einen Pfarrer zu verteidigen, der der Hetze beschuldigt werde. Ich versuchte, den Eindruck, den das Erscheinen eines leibhaftigen Bischofs auf mich gemacht hatte, zu verbergen und sagte cool zu, die Verteidigung zusammen mit einem ortsansässigen kirchlich gebundenen Kollegen zu übernehmen.

Die Hauptverhandlung fand, wie ich meine, im Dezember vor dem Bezirksgericht Schwerin vor einem größeren Zuhörerkreis statt. Dem Angeklagten wurde vorgeworfen, einer kurz nach dem Empfang der Jugendweihe verstorbenen Jugendlichen die Beerdigung auf dem Friedhof der Gemeinde versagt zu haben. Sie sollte, wie früher die Selbstmörder, außerhalb des Friedhofs an der Kirchhofsmauer beigesetzt werden. Der Pfarrer bestritt dies nicht.

In der Beweisaufnahme wurden Zeugen aus dem kleinen Mecklenburger Dorf gehört. Ich war erneut beeindruckt. Die Zeugen waren meist Genossen, legten aber großen Wert auf ein kirchliches Begräbnis. Ihre Vernehmung war wie ein Rückblick ins 19. Jahrhundert.

Nach der Beweisaufnahme plädierte die Bezirksstaatsanwältin, die selbst die Anklage vertrat und damit die aktuelle politische Bedeutung des Verfahrens unterstrich. Das Recht auf Jugendweihe sollte gegen kirchliche Sanktionen geschützt werden. Ihr ging es darum zu zeigen, daß Menschen, die gegen die Jugendweihe mit solchen Mitteln vorgingen, überhaupt verachtungswürdige Elemente seien. Eine wohl zeitlose Methode in politischen Strafverfahren. Sie schlußfolgerte aus der Tatsache, daß bei dem Angeklagten ein Exemplar der widerlichsten Nazizeitschrift, „Der Stürmer", gefunden worden war, daß dieser Pfarrer früher ein Faschist gewesen wäre und es wohl noch immer sei. Das fand allerdings im sonstigen Ergebnis der Beweisaufnahme keine Stütze. Danach war der Angeklagte vielmehr ein Mitglied der Bekennenden Kirche, also desjenigen Teils der Kirche, der sich nicht von den Nazis hatte vereinnahmen lassen. Ein Nazi als Angeklagter paßte aber besser zu dem Strafantrag, der, in meiner Erinnerung, auf drei Jahre Freiheitsstrafe lautete.

Nach der Bezirksstaatsanwältin hatten wir Verteidiger das Wort. Mein Schweriner Kollege war kein Strafverteidiger und fühlte sich in diesem spannungsgeladenen politischen Prozeß sichtbar unwohl. Andererseits war er wohl der Kirche verpflichtet. Wir einigten uns, daß er zuerst plädiert. Er versuchte der Konfrontation mit der wortgewaltigen Vertreterin der Staatsmacht auszuweichen. Das gelang ihm auch. Ich hatte das erwartet und deswegen den zweiten Platz in den Plädoyers angestrebt, während ihm der erste Platz recht war. Aus seinem Plädoyer ist mir nichts, aus meinem nur ein Teil in Erinnerung.

Dem „Stürmer-Argument" der Frau Bezirksstaatsanwältin setzte ich die Tatsache entgegen, daß bei dem Angeklagten auch das Jugendweihebuch „Weltall, Erde, Mensch" gefunden und beschlagnahmt worden war. Sorgfältige Akteneinsicht kann sich lohnen. Vorsichtig formulierte ich: „Was würde man von dem Rechtsanwalt sagen, der aus der Tatsache, daß der Angeklagte das Buch „Weltall, Erde, Mensch" besaß, die Schlußfolgerung zieht, der Angeklagte sei Atheist gewesen". Ich fand mein Argument so schön, daß ich es mir gemerkt habe. Das Gericht war davon weniger beeindruckt und verurteilte den Angeklagten antragsgemäß. Zeitloses Verteidigerschicksal. Wer nicht verlieren kann, darf nicht Rechtsanwalt werden. Spaß machen solche Auseinandersetzungen trotzdem. Das Urteil ist nicht alles, wenigstens nicht für den Verteidiger und den Staatsanwalt. Freude und Ärger über gelungene oder mißlungene Argumente mit ihren Showeffekten bleiben.

Nach der Hauptverhandlung fuhr ich zusammen mit einem Vernehmer des MfS, der als Zuhörer an der Verhandlung teilgenommen hatte, nach Berlin in meinem Wartburg zurück. Er hatte mich darum gebeten. Es war eine schwierige Fahrt, die Straßen waren vereist, und ich hatte es eilig. Ich wollte oder sollte zur Kinderweihnachtsfeier des Kollegiums. Was man sich für unwesentliche Details merkt. Die Unterhaltung mit dem Vernehmer brachte keine Kontroversen zutage. Doch das dicke Ende kam später. Ich wurde zu dem bereits erwähnten Genossen Marquardt in die Bezirksleitung bestellt. Dort hatte man eine Beschwerde über mich und eine Übertragung des Tonbandmitschnitts, der von der Hauptverhandlung gemacht worden war. Dies war in größeren Strafsachen nicht selten und geschah offen. Wir hatten Mikrofone vor uns, was manchen beeindruckte.

Die Sache mit dem Atheismus-Argument gefiel der Bezirksleitung im Gegensatz zu mir überhaupt nicht. Das Mißfallen ließ sich jedoch schwer artikulieren. Daneben hatte man aber noch einen schweren ideologischen Verdacht. Das Protokoll meines Plädoyers enthielt ein Fremdwort, das mit der Silbe „ismus" endete. Niemand kannte diesen „Ismus-Terminus". Ich auch nicht. Der Verdacht, ich hätte eine neue Theorie begründen wollen, ließ sich also nicht erhärten. Was tun? Die Bezirksleitung brauchte etwas, was ihr erlaubte, das Verfahren gegen mich einzustellen, ohne ihr Gesicht zu verlieren. Das begriff sogar ich. Also bekannte ich mich schuldig, meiner altbekannten Neigung, der Freude am Argumentieren des Argumentierens wegen, wieder einmal erlegen zu sein. Ich gelobte, mich um Besserung zu bemühen. Das reichte. Wir schieden beide im Bewußtsein, unsere unterschiedlichen Aufgaben jeder für sich gut gelöst zu haben. Ich erinnere mich nicht, danach wegen eines Plädoyers wieder zur Partei oder zu einer staatlichen Instanz bestellt worden zu sein.

11. Staatsverrat an der Humboldt-Universität – Der Fall Dr. Herbert Crüger (1958-1959)

Am 12. Dezember 1958, also etwa eineinhalb Jahre nach dem Urteil des Obersten Gerichts gegen Walter Janka beauftragte mich die Schauspielerin Mathilde Dannegger, ihren Mann Dr. Herbert Crüger vor dem Bezirksgericht Potsdam zu verteidigen. Sie kam auf Empfehlung von Rechtsanwalt Prof. Dr. Kaul, der als in Berlin ansässiger Einzelanwalt in der DDR nicht zugelassen war. Kaul war wohl nicht böse, die Verteidigung nicht führen zu können. Seine berühmten Auftritte bei der Verteidigung von Kommunisten vor bundesdeutschen Gerichten machten es ihm gewiß schwer, vor DDR-Gerichten eine weniger glorreiche Rolle zu spielen. Er hätte sich, wie anzunehmen ist, ungern das zu erwartende Ergebnis eines politischen Prozesses in der DDR von der westdeutschen Presse hämisch vorhalten lassen.

Kaul war mir als Kollege bekannt. Darüber hinaus kannte ich ihn auch aus Erzählungen meiner Mutter. Kaul hatte derselben studentischen Verbindung „Neosilesia" angehört wie mein Vater. Er stand als Fuchs unter der Obhut meines Vaters, der schon „alter Herr" war. Er muß auf meine Mutter besonderen Eindruck gemacht haben, weil sie sich so deutlich erinnerte. Damals, so sagte sie mehr als einmal, trug Kaul einen Monokel und war ein Tunichtgut. In der Verbindung hieß es: „Aus dem wird nie etwas". Unter den Kollegiumsanwälten, wie überhaupt in der Ostberliner Justiz, war Kaul ebenfalls nicht sehr angesehen. Er kannte sich im bundesdeutschen Recht wahrscheinlich besser aus als im DDR-Recht, was ihn jedoch nicht hinderte, auch in der DDR das ganze Gewicht seiner Persönlichkeit ungebremst zur Erreichung seiner Ziele in die Waagschale der gerichtlichen Prüfung zu werfen. Nicht selten wurde dieses Gewicht dennoch für zu leicht befunden. Kauls Selbstbewußtsein focht das nicht an. Seine Sprüche waren berühmt. Unter Kollegen wurde er besonders häufig mit dem Satz zitiert: *„Die Bedeutung dieses Prozesses können Sie schon daran erkennen, daß ich persönlich komme."* So etwas machte ihn nicht beliebter. Später mockierte sich die Anwaltschaft darüber, daß er sich die Anrede „Herr Kollege" verbat. Er wollte mit „Herr Professor" angeredet werden. Ganze Bände ließen sich mit Kaul-Anekdoten füllen. Besonders die Mitarbeiter des Fernsehfunks erzählten, wie er einem „Unbefugten", der auf „seinem" Stammparkplatz geparkt hatte, die Luft aus den Reifen gelassen hatte oder wie er, als einmal „seine" Toilette wegen Bauarbeiten gesperrt war, aus dem Fenster seines Zimmers gepinkelt hatte. – Ich wertete seine positiven Eigenschaften höher als seine negativen. Vor allem schätzte ich seinen Mut, seine Schlagfertigkeit, seine Arbeitsintensität und seinen Einfallsreichtum. Noch heute ist er in aller Munde. Wenn ich aus dem DDR-Fernsehen bekannt bin, dann nur als „Nachfolger von Kaul".

1958 war ich noch nicht „Nachfolger von Kaul" und dieser genoß selbst noch nicht den legendären Ruhm, den ihm wohl insbesondere die Fernsehserie „Fragen Sie Professor Kaul" verschaffte. Ich übernahm das neue Mandat, das inhaltlich Fortsetzung und Schlußpunkt der Verfahren gegen Harich und Janka war. Wie Janka war auch Crüger nicht geständig, eine staatsfeindliche Gruppe gebildet zu haben. Im Unterschied zu Janka wurde er jedoch nicht vor dem Obersten Gericht, sondern eben nur vor dem Bezirksgericht Potsdam angeklagt. Das war vielleicht eine Lehre, die man aus der Wirkung des Janka-Prozesses gezogen hatte.

Die Anklage vom 11. Dezember 1958 wurde mir wieder fünf Tage vor der Hauptverhandlung, die am 20.12.1958 begann, zugestellt. Wieder Akteneinsicht unter Zeitdruck: Acht Aktenbände, 19 Zeugen, ein Sachverständiger und ein Angeklagter, der die Tat bestritt. Schöne Vorweihnachten.

Die Rechtslage hatte sich nach dem Janka-Verfahren insofern geändert, als das Strafrechtsergänzungsgesetz (StEG) vom 11. 12. 1957 den Artikel 6 der Verfassung als Rechtsgrundlage abgelöst hatte. Als das mildere Gesetz fand es auch auf die vor seinem Inkrafttreten begangenen Straftaten Anwendung. Dr. Crüger wurde zusammen mit den Mitangeklagten Dr. Saar und Dr. Gülzow beschuldigt, *„es unternommen zu haben, die verfassungsmäßige Staats- und Gesellschaftsordnung durch planmäßige Untergrabung zu beseitigen und sich zu diesem Verbrechen miteinander verbunden zu haben"*. Dies war nach der Anklage ein Verbrechen gemäß §§ 13 Abs. 1, 24 Abs. 1 und 2 StEG und war im Höchstmaß mit Todesstrafe bedroht.

Der Erlaß des Strafrechtsergänzungsgesetzes markierte eine neue Etappe in der Geschichte des Strafrechts der DDR. Davon allerdings merkte ich im Dezember 1958 noch nichts. Im Gegenteil. Das Klima war damals nicht nur im Gerichtssaal eisig. Im politischen Strafrecht hatte das Bestreben, Gegner, besonders in den eigenen Reihen der Partei, auszuschalten, einen Höhepunkt erreicht. Rückblickend stellt sich mir dieser Höhepunkt als Endpunkt einer Phase der politischen Justiz in der DDR dar. Staatsverrat kam später in der Anklagepolitik meines Wissens nicht mehr vor. Die neue Strafart der bedingten Verurteilung, die durch das StEG eingeführt worden war, gewann immer mehr an Bedeutung. Die Zahl der Strafverfahren ging drastisch zurück, die Strafen wurden auf vielen Gebieten milder. Im Strafrecht spiegelten sich die Konsolidierung der DDR und der XX. Parteitag der KPdSU wider.

In dem Prozeß gegen Saar u.a. war allerdings kein Hauch von „Tauwetter" zu spüren. Am Tage der Mandatsübernahme fragte unser Bürovorsteher telefonisch beim Staatsanwalt des Bezirkes Potsdam nach dem Sachstand. Er notierte:

„Telefonische Rücksprache mit Herrn StA … Die Akten befinden sich bei Gericht. Termin steht am 18.12.1958 an. Akten können am 13.12.58 in der Zeit von 10-12 Uhr beim Gericht in Potsdam eingesehen werden. Von dort wird auch Sprecherlaubnis erteilt."

Das klang nicht gut. Zeiten für Akteneinsichten durften innerhalb der Geschäftsstunden des Gerichts nicht beschränkt werden und wurden es normalerweise nicht. Hier hörte es sich anders an. Ich war also am nächsten Tag in Potsdam und sah auf der Geschäftsstelle des Bezirksgerichts die Akten ein. Zunächst nur die Anklageschrift, die jetzt dem Verteidiger nicht mehr zugestellt wurde. Von Beschränkung auf zwei Stunden war nicht mehr die Rede, aber die Zeit reichte dennoch nicht für das Lesen weiteren Akteninhalts. Ich mußte noch mit meinem Mandanten sprechen.

Dr. Crüger schrieb später über meinen Besuch bei ihm in der Untersuchungshaftanstalt des MfS in Potsdam:

„Seine erste Frage war: ‚Wenn Sie verurteilt werden, legen Sie Berufung ein?' ‚Ja', antwortete ich, ‚wenn ich verurteilt werde, lege ich Berufung ein.' ‚Gut, darauf richte ich meine Verteidigungsstrategie aus.' Er sagte mir gleich, so wie die Dinge lägen, müsse ich mit einer Verurteilung rechnen." (Crüger, S. 164)

Vom 16. bis zum 19. Dezember saß ich jeden Tag auf der Geschäftsstelle, las weiter die Akten und schrieb auf 40 Seiten Auszüge aus Vernehmungsprotokollen ab.
Am 19.12.1958 schrieb mir Mathilde Dannegger:

„Lieber Genosse Wolff, natürlich weiß ich nicht, ob es Dir gestattet ist, meinem Mann die beiliegenden Zeilen von mir mitzunehmen. Falls dies nicht geht, bitte ich Dich herzlich, ihm zu sagen, was sie enthalten."

In diesem Brief hieß es u.a.:

„für uns ist jetzt die Zeit der Bewährung gekommen. Wir müssen sie bestehen, sonst wären wir nicht wert, den Namen eines Genossen zu tragen. Ich weiß nach wie vor, daß Du treu zur Sache stehst und ihr nicht schaden wolltest."

Unter dem Brief steht mein handschriftlicher Vermerk vom 21.12.: *„Diesen Brief habe ich Mdt. nur insoweit mitgeteilt, als ich ihm Grüße bestellt habe."* Ich wollte einerseits den Brief aufbewahren, andererseits aber auch dokumentieren, daß ich keine geheimen Botschaften übermittelte. – Zeitzeugnisse.

Als die Hauptverhandlung am 20. Dezember begann, war der Saal des Bezirksgerichts vollbesetzt mit Angehörigen des MfS, die Angeklagte wie Verteidiger ihre feindselige Haltung fühlen ließen. Senatsvorsitzender war Oberrichter Wohlgetan. Wohlgetan war als harter Richter in politischen Verfahren bekannt. In meiner Erinnerung ist dennoch kein Bild eines unsympathischen Menschen zurückgeblieben. Er war dem äußeren Anschein nach einer von jenen Arbeitern, die als Kommunisten für ihre Überzeugung, ohne sich selbst zu schonen, eingetreten waren. Sein Defizit an juristischer und allgemeiner Bildung hatte er aus eigener Kraft weitgehend ausgeglichen. Insofern imponierte er mir wie viele mit ähnlicher Vergangenheit. Ich glaube, daß er auch mir gegenüber generell wohlwollend war. Nicht so in dieser Strafsache. Ich habe die Atmosphäre als feindlich auch der Verteidigung gegenüber in Erinnerung. Crügers Erinnerung weicht davon etwas ab.

„Nur der Richter – *schreibt Crüger in seinem Bericht* – bemühte sich um eine eher sachliche Atmosphäre. Aber einmal fiel auch er aus der Rolle des sich um Objektivität Bemühenden, als mein Verteidiger Friedrich Wolff bei einem Anklagepunkt darzustellen versuchte, daß es sich dabei keinesfalls um staatsfeindliche Tätigkeit handeln könne. Da sagte der Richter mit sehr scharfer Stimme: ‚Herr Verteidiger, wollen Sie sich etwa mit dem Angeklagten solidarisieren?‘"

Eben diese Szene ist mir auch noch in Erinnerung. Sie hat für mich jedoch nicht Ausnahmecharakter. Ich war damals von der ganzen Verhandlung so schockiert, daß ich beschloß, keine Strafsachen mehr zu machen. Nach einiger Zeit habe ich diesen Vorsatz wieder aufgegeben. Danach habe ich allerdings auch keine Verhandlung mehr erlebt, in der ich sozusagen neben dem Angeklagten auf die Anklagebank gesetzt worden bin.

Am 30. Dezember 1958 wurde Dr. Crüger schließlich zu einer Zuchthausstrafe von acht Jahren und zur Vermögenseinziehung verurteilt, sein Mitangeklagter Dr. Saar erhielt die gleiche Strafe, Dr. Gülzow wurde, weil geständig, zu fünf Jahren Zuchthaus verurteilt. Damit war die Berufung fällig. Doch wieder gab es ungewöhnliche Hindernisse.

Im Strafprozeß der DDR wurde über den gesamten Inhalt der Hauptverhandlung ein handschriftliches Protokoll geführt. Dies war die Grundlage für die Überprüfung der Rechtmäßigkeit des Urteils durch das Berufungsgericht. Es war deswegen an sich erforderlich, daß sich Verteidiger das Protokoll ansahen, um ggf. Berichtigungsanträge zu stellen. Wie andere Anwälte auch, habe ich dieses Recht oder diese Pflicht nur selten wahrgenommen. Hier aber doch. Ich fuhr also am 2. Januar 1959 nach Potsdam, sah das Protokoll ein und beantragte am gleichen Tag die Berichtigung des Protokolls in sechs Passagen und am 5. Januar noch einmal in weiteren fünf. An diesem Tag legte ich auch die Berufung mit Begründung ein. Am 13. Januar erhielt ich einen Beschluß des Bezirksgerichts vom 10. Januar. Dort hieß es u.a.:

„Das Protokoll wurde am 30. Dezember 1958 fertiggestellt und vom Vorsitzenden des - Senats am gleichen Tag unterschrieben. Gem. § 230 Abs. 3 StPO hätten die Anträge der Verteidigung bis zum 2. Jan. 1959 beim Gericht vorliegen müssen. Da beide Anträge nach diesem Zeitpunkt eingingen, mußten sie wegen Nichtwahrung der Frist als unzulässig abgewiesen werden."

In meinem daraufhin gestellten Antrag auf „Befreiung von den Folgen der Fristversäumnis" vom 13. Januar hieß es u.a.:

„Die Urteilsverkündung fand am 30.12.58, und zwar nach meiner Erinnerung um 15.00 statt. Sie dauerte wegen des Umfangs der Sache bis zum Dienstschluß. Ich konnte danach nicht annehmen, daß das Protokoll dieser umfangreichen Sache noch nach Dienstschluß unterschrieben werden würde. In dieser Annnahme bin ich dadurch bestärkt worden, daß das Protokoll bei meinem Besuch am 2.1.59 sich nicht in der Geschäftsstelle, sondern noch bei der Protokollführerin befand. Die Protokollführerin hat mir darüber hinaus noch am 8.1.59 erklärt, daß sie sich das Protokoll noch nicht durchgelesen hätte … Im übrigen muß darauf hingewiesen werden, daß die Unterschriften unter dem Protokoll das Datum, an dem die Unterschrift erfolgte, nicht erkennen lassen."

Der Beschluß des Bezirksgerichts, mit dem auch dieser Antrag zurückgewiesen wurde, erklärte:

„Nach Befragung der Protokollführerin wurde festgestellt, daß diese am 2.1.59 sich das Protokoll aus der Geschäftsstelle geben ließ, um dieses noch einmal auf etwaige Schreibfehler durchzulesen. In diesem Sinne sind auch die Worte der Protokollführerin gegenüber Herrn Rechtsanwalt Wolf zu verstehen."

Nicht mal meinen Namen hat der Oberrichter richtig geschrieben.

Das war noch nicht alles an Wundersamen in der Prozedur. Am 30.1.1959 stellte ich bei einem Besuch meines Mandanten fest, daß ihm immer noch nicht das Urteil zugestellt oder wenigstens zur Kenntnis gegeben worden war. Ich bat, das nachzuholen. Wenigstens das geschah. Mehr aber auch nicht.

Meine Berufung gegen das Urteil wurde vom Obersten Gericht durch Beschluß, d.h. ohne Verhandlung, als offensichtlich unbegründet verworfen.

Am 24.3.1961 reduzierte Walter Ubricht durch Gnadenerweis die Strafe von acht auf sechs Jahre und schuf damit die rechtliche Voraussetzung für eine Strafaussetzung auf Bewährung, die am 1.4.1961 erfolgte. Im September 1961 erhielt Dr. Crüger wieder eine Anstellung am Philosophischen Institut der Akademie der Wissenschaften.

12. Zwei Prozesse gegen Abwesende – Die Strafsachen gegen Dr. Oberländer und Dr. Globke (1960 und 1963)

Am 7. April 1960 ging mir ein Beschluß des Obersten Gerichts vom 6. April zu, nach dem ich *„in der Strafsache gegen Oberländer, Theodor, wegen Mordes dem Angeklagten als Pflichtverteidiger beigeordnet"* war. Gleichzeitig erhielt ich die Ladung vom 7. April zu der am 20. April 1960 beginnenden Hauptverhandlung.

Das Verfahren gegen Dr. Oberländer, der damals Bundesminister für Vertriebene im Kabinett Adenauer war, wurde in Abwesenheit des Angeklagten durchgeführt. Es war eindeutig, daß die vor einer großen Öffentlichkeit geführte Verhandlung des Obersten Gerichts einen Teil der Auseinandersetzung zwischen der DDR und der BRD darstellte. Die Gerichte hatten in dieser Auseinandersetzung ihre spezifische Funktion. Das galt nicht nur für Strafsachen und wurde in der DDR offen ausgesprochen. Hilde Benjamin stellte z.b. die Forderung: *„Jedes Urteil eine politische Tat!"* Und sie meinte *jedes* Urteil.

Wir waren in dieser Sache zwei Verteidiger. Mit mir war Rechtsanwalt Rinck, der stellvertretende Vorsitzende des Kollegiums Erfurt beigeordnet worden. Rinck war Mitglied einer Blockpartei und beteiligte sich aktiv an herausragender Stelle am politischen Leben im Bezirk Erfurt. Wir hatten bis zu diesem Zeitpunkt keinen Kontakt miteinander gehabt, verstanden uns aber in unserer Aufgabe schnell. Rinck ist später unter mysteriösen Umständen verstorben. Er stürzte aus für mich ungeklärter Ursache aus dem Fenster eines Berliner Hotels.

Die Verteidigung eines Abwesenden, zu dem man nicht den geringsten Kontakt hat, ist ein dröges Geschäft. Die Vorwürfe von Kriegs- und Menschlichkeitsverbrechen in der UdSSR während des Zweiten Weltkriegs waren natürlich schwerwiegend. Zu dieser Zeit wurde bei derartigen Vorwürfen noch die Todesstrafe ausgesprochen. Hier war jedoch klar, daß jede Strafe nur symbolischen Charakter trug. Sie galt der BRD, nicht dem Angeklagten. Es wurden keine Westdeutschen als Kriegsverbrecher angeklagt, wenn sie nicht wie Oberländer oder Globke hochrangige Politiker waren. Rinck und ich hatten die undankbare Aufgabe zu verteidigen, ohne tatsächlich Entlastendes zur Verfügung zu haben, ohne von einer realen Strafandrohung und dem Kontakt mit einem auf der Anklagebank sitzenden Menschen motiviert zu sein und schließlich im Bewußtsein, daß der Verteidiger schnell mit dem Verteidigten identifiziert wird.

Die Zeit zwischen der Zustellung der Ladung und dem Beginn der Hauptverhandlung betrug diesmal elf statt der sonst üblichen fünf Tage. Die längere Vorbereitungszeit verdankten wir offenbar dem Umstand, daß wir wenigstens versuchen mußten, mit dem Angeklagten Verbindung aufzunehmen. Der Versuch scheiterte erwartungsgemäß. Unsere Briefe kamen, nachdem sie geöffnet und verschlossen worden waren, mit dem handschriftlichen Vermerk auf dem Umschlag zurück: *„Annahme nachträglich verweigert. Pförtner hat keine Vollmacht für Bundesminister für Vertriebene, Flüchtlinge und Kriegsgeschädigte".*

Elf Tage waren auch nicht eben viel für ein Verfahren mit 35 Zeugen, einem sachverständigen Zeugen und sechs Sachverständigen sowie vielen Akten. Wir teilten uns die Arbeit. Aus der Fülle des von der Staatsanwaltschaft gesammelten Belastungsmaterials mußten wir versuchen, die vielleicht doch vorhandenen entlastenden Hinweise zu finden. Es war unser Ostereiersuchen. Die elf Tage Vorbereitungszeit schlossen die Osterfeiertage ein. – Wir wollten nicht nur als Statisten dabeisitzen, wußten aber, daß wir effektiv nicht viel vorzubringen hatten. Ich entwarf deswegen ein Konzept, in dem das Wenige, was zur Verteidigung zu tun war, zwischen uns verteilt war.

Sechs Tage nach dem Empfang der Ladung stellten wir aufgrund des Akteninhalts einen Beweisantrag zur Vernehmung von vier Zeugen, die unseren Mandanten in früheren Aussagen entlastet hatten. Darunter den Bankier und Mitbegründer der CDU im Rheinland, Pferdmenges. Ganz wohl war uns dabei nicht, aber, da wir zu zweit waren, konnten wir uns gegenseitig Mut zusprechen. Rückblickend kann ich feststellen, daß kein Mut erforderlich war. Doch vorher wußten wir das nicht.

Ähnlich ging es uns bei einem weiteren Antrag, den wir einen Tag später stellten. Wir erklärten, daß das Oberste Gericht, weil die Tat im Ausland begangen worden war, nicht zuständig sei, daß sie im übrigen nicht nach dem Strafrecht der DDR beurteilt werden könne und daß schließlich der Angeklagte als Abgeordneter des Bundestages Immunität genieße. Wir hätten natürlich das alles in der Hauptverhandlung vorbringen können. Das wäre sicher für die Verteidigung wirkungsvoller gewesen. Die größere Wirkung erhöhte andererseits unser Risiko. Wir entschieden uns für weniger Wirkung und weniger Risiko.

Unsere Anträge wurden natürlich abgelehnt. Das Immunitätsargument konnte der Senat nur mit rein politischer Begründung zurückweisen. Im Urteil hieß es dazu:

> „… niemand kann sich auf seine parlamentarische Immunität als Abgeordneter berufen, gegen den – gestützt auf hinreichende Verdachtsgründe – der Vorwurf solch schwerer Verbrechen gegen den Frieden und die Menschlichkeit erhoben wird, wie sie den Gegenstand der Anklage bilden".

Das Plädoyer hatten wir uns geteilt. Zuerst plädierte ich zu den Rechtsfragen und dann Rinck zur Strafzumessung. Ich führte aus, daß der Angeklagte hinsichtlich einiger Vorwürfe nicht schuldig sei, widersprach aber nach der Beweislage der Verurteilung in zwei Komplexen nicht.

*Im Prozeß gegen Oberländer vor dem Obersten Gericht mit Rechtsanwalt
Rinck (stehend)*

Rinck und ich beantragten, als alles vorbei war, *„wegen des außergewöhnlichen
Umfangs dieser Strafsache die Bewilligung einer über die Höchstsätze des § 360
StPO hinausgehende Pauschvergütung"*. Sie wurde bewilligt und betrug 1.360 DM
(Ost).

Zwei Nachspiele scheinen mir erwähnenswert.

Die Geschäftstelle Berlin des „Spiegel" schrieb mir unter dem 2. Mai 1960:

„In der neuesten Ausgabe des Spiegel (Nr. 19/1960) wird in einem Bericht über das Verfahren
gegen den Bundesminister Oberländer vor dem Obersten Gericht der Deutschen Demokratischen Republik der Verteidigung zugeschrieben, sie habe wörtlich im Plädoyer gesagt,
Oberländer sei ein ‚ungeheuer agiler und geltungsbedürftiger Mitläufer' gewesen (Seite 24,
3. Spalte). Mir ist daran gelegen, Sie wissen zu lassen, daß dieser Fehler in dem Beitrag
nicht zu Lasten des Berichterstatters geht, sondern während der redaktionellen Bearbeitung entstanden ist."

Ich hatte natürlich den „Spiegel" nicht gelesen. Auch das traute ich mich damals
grundsätzlich nicht. Die Mitteilung des Journalisten beeindruckte mich. Seinen
Namen konnte ich aus der Unterschrift leider nicht entziffern.

Das zweite Nachspiel folgte wesentlich später. Über Professor Dr. Vogel war ich
am 5.4.1990 von Prof. Dr. Dr. Theodor Oberländer beauftragt worden, die Kassation

des gegen ihn ergangenen Urteils des Obersten Gerichts anzuregen. Dies tat ich, nachdem ich mich vergeblich um Akteneinsicht bemüht hatte, am 31.7.1990 . Nach dem 3.10.1990 war für den Mandanten auch Rechtsanwalt Dr. Truckenbrodt tätig. Prof. Oberländer wurde mit 88 Jahren am 24.11.1993 vom Landgericht Berlin rehabilitiert, *„weil die Hauptverhandlung rechtswidrig in Abwesenheit des Betroffenen durchgeführt wurde".* Von Dr. Truckenbrodt erhielt ich nach Erledigung des Mandats am 23.10.1993 ein freundliches Schreiben, in dem es u.a. hieß:

„Nachdem damit das uns beiden in dieser Sache erteilte Mandat gegenstandslos geworden ist, hat Prof. Oberländer mich gebeten, Ihnen seinen besten Dank für Ihre seinerzeitige Bereitschaft, ihn in diesem Verfahren zu vertreten, zu übermitteln. Es ist ihm ein aufrichtiges Bedürfnis, Ihnen dies zu versichern, nachdem das Ziel seiner Rehabilitierung endlich erreicht ist. Daß er sich eine weniger formale, auf die Sache selbst eingehende Begründung gewünscht hätte, ist selbstverständlich. Sie wäre nach über drei Jahren bei einem unvoreingenommenen Gericht nach meiner festen überzeugung durchaus möglich gewesen. So gesehen bleibt für mich ein ungutes Gefühl zurück."

Ich habe mich über den Dank gefreut. Gerade weil zwischen meinem Mandanten und mir politisch Welten lagen, ist die Bestätigung des Mandanten, daß ich auch aus seiner Sicht meine Pflicht tat, mir wichtig gewesen.

Dr. Dr. Theodor Oberländer starb am 4. Mai 1998. In den „Bundestagsnachrichten" vom 13.5.1998 wurden unter der Rubrik „Erinnerung an verstorbene Abgeordnete" die Daten seines Lebenslaufs wiedergegeben. Der Prozeß vor dem Obersten Gericht der DDR kam darin nicht vor.

Zwei Jahre nach dem Oberländer-Prozeß vor dem Obersten Gericht erhielten Rinck und ich wieder einen Beiordnungsbeschluß dieses Gerichts. Diesmal hatte der Generalstaatsanwalt der DDR Hans Globke, den damaligen Staatssekretär im Bundeskanzleramt, angeklagt, *„in Berlin und an anderen Orten von November 1932 bis zur Zerschlagung der faschistischen Gewaltherrschaft im Jahre 1945 gemeinschaftlich handelnd Verbrechen gegen die Menschlichkeit und Kriegsverbrechen begangen zu haben".*

Insbesondere wurde ihm vorgeworfen von 1935 bis 1938 als Referent im Preußischen Innenministerium und von 1938-1945 als Oberregierungs- und Ministerialrat im Reichsministerium des Innern und in weiteren Funktionen an der Ausarbeitung der Nürnberger Rassengesetze und einer Vielzahl anderer Gesetze mit rassistischem Inhalt beteiligt gewesen zu sein. Er habe dadurch *„maßgeblich* (so hieß es im Eröffnungsbeschluß) *an der systematischen Aussonderung und Registrierung der jüdischen Bürger in Deutschland mit dem Ziel ihrer Terrorisierung und physischen Vernichtung mitgewirkt".*

Rechtlich waren Anklage und Eröffnungsbeschluß auf Artikel 6 des Londoner Statuts für das Internationale Militärtribunal in Verbindung mit Artikel 5 Abs. 1 der Verfassung der DDR gestützt.

Wir agierten mit etwas mehr Routine, aber nicht mit mehr Erfolg als im Oberländer-Prozeß. Aus den Stichworten, die ich mir für mein Plädoyer gemacht habe, kann ich noch ersehen, daß das Verfahren im Zeichen der „Vergangenheitsbewältigung" stand. Ich glaubte, dieser Terminus wäre 1989 geboren worden. Es war aber alles schon einmal da, nur eben ganz anders.

Wie fast in allen derartigen Verfahren hielt ich es für erforderlich, einige Worte zur Verteidigung der Verteidiger, insbesondere zu ihrer gesinnungsmäßigen Abgrenzung zu sagen. Wörtlich heißt es in meinen Notizen nach Ausführungen über die Ethik des Verteidigers:

> „So werden wir verteidigen und nur verteidigen. Als Gegner des Faschismus, im Bewußt-sein, dadurch unseren Beitrag für ein gerechtes Urteil und damit gegen das Wiedererstehen der Mächte des Unrechts in jeder Form zu leisten."

Heute mag das, was den „Beitrag für ein gerechtes Urteil" anlangt, suspekt wirken. Heute ist nicht damals. Die Zeiten änderten sich. Die DDR und unsere Plädoyers änderten sich mit ihnen. Sogar die Bundesrepublik hat sich im Verlauf ihrer Geschichte verändert. Vielleicht zu wenig.

Das Urteil wurde am 23. Juli 1963 verkündet. Es sprach eine lebenslängliche Zuchthausstrafe aus. An dem Bild der DDR oder der BRD in der Geschichte hat es wohl keine Spuren hinterlassen. Die Zeitungen, die wie die Frankfurter Rundschau meinten, der Prozeß habe „dem Ansehen der Bundesrepublik geschadet" irrten. „Vergangenheitsbewältigung" zahlt sich nicht immer aus. – Später gab es derartige Verfahren nicht mehr. Aber wohl nicht aus Einsicht in ihre Erfolglosigkeit. Ihre Zeit war vorbei. Die politische Justiz paßte sich neuen Erfordernissen und Möglichkeiten an.

13. Vor der Mauer (1961)

Zeitlich zwischen den beiden Verfahren gegen Globke und Oberländer lag ein anderes Verfahren vor dem Obersten Gericht. Ich hatte keine Erinnerung mehr an die Strafsache gegen Adamo und andere, als ich 1994 eine Zeugenladung zur Abteilung Regierungskriminalität der Staatsanwaltschaft beim Kammergericht erhielt. Dadurch wurde ich veranlaßt, in mein altes Prozeßregister aus dem Jahr 1961 zu sehen und fand dort auch die Namen Adamo und Rinke, die mir nichts mehr sagten. Richtig war danach, daß ich in einem Prozeß gegen Menschenhändler vor dem Obersten Gericht den Angeklagten Adamo und die Angeklagte Rinke verteidigt hatte. Die „Neue Justiz" hatte das Urteil auszugsweise abgedruckt, und so konnte ich mir in die Erinnerung zurückrufen, was der Verfahrensgegenstand war.

Es war im Grunde ein Spionageprozeß wie viele andere. Nichts besonderes, jedenfalls nichts, was mein Interesse geweckt und sich mir in die Erinnerung eingegraben hätte. Der politische Akzent war deutlich: Kalter Krieg, Menschenhandel durch die BRD und andere imperialistische Mächte mittels der Geheimdienste. Doch so etwas gehörte nun einmal zum Kalten Krieg. Das waren wir gewöhnt, das machte nicht stutzig. Das Urteil wurde am 2. August 1961 verkündet. Es wurde fast vollständig in der „Neuen Justiz" abgedruckt. Überschrieben war der sechsseitige Text „Menschenhändler vor dem Obersten Gericht". Eine für einen Spionageprozeß unzutreffende Bezeichnung, auch wenn die Täter Charakteristiken über „bekannte Ingenieure, Ärzte und andere hochqualifizierte Fachkräfte sowie leitende Funktionäre der Wirtschaft und des politischen und kulturellen Lebens" geliefert hatten.

Als die Zeitschrift erschien, war die Mauer schon gebaut. Während der Hauptverhandlung und bei der Verkündung des Urteils hatte ich nicht die geringste Ahnung, daß dieses Urteil offenbar der Beitrag der Justiz zum Mauerbau war. Ich glaube auch nicht, daß die übrigen Prozeßbeteiligten, die Richter und Staatsanwälte, klüger waren. Justiz und Juristen standen in der DDR nicht hoch im Kurs. Sie mußten sein, durften aber nicht teilhaben am „Herrschaftswissen", geschweige denn mitreden. Dafür stellen sie jetzt das Hauptkontingent der Angeklagten in Sachen „Regierungskriminalität". Vergangenheitsbewältigung soll das sein.

Der Staatsanwalt, der mich als Zeuge vernahm und der mir mehr sagen konnte, als ich ihm, überließ mir eine Fotokopie des Teils des Protokolls der Hauptverhandlung, das mein Plädoyer enthielt. Im DDR-Strafprozeß wurde, wie bereits erwähnt, in allen Instanzen ein handschriftliches Protokoll geführt, das das enthielt, was die jeweilige

Protokollantin (Männer gab es in dieser Funktion praktisch nicht) für mitteilenswert hielt, wobei es häufig vorkam, daß an Stellen, die sie besonders fesselten, die Protokollantin, statt zu schreiben, Mund und Nase aufsperrte. Hier hieß es im Protokoll:

„Rechtsanwalt Wolff erhält das Wort zu seinem Plädoyer und führt aus, daß sich der Angeklagte Adamo und die Angeklagte Rinke schuldig bekennen.

Rechtsanwalt Wolff führt ferner aus, daß die Ursache für die von den Angeklagten begangenen Verbrechen die Frontstadt Westberlin sei und daß die Angeklagten nicht schuldig geworden wären, wenn es die Frontstadt nicht gebe. Den in dem Gutachten des Sachverständigenkollektivs getroffenen Feststellungen werde voll zugestimmt. Das Verbrechen der Abwerbung und der Spionage habe sich als ein Organisationsverbrechen dargestellt, dessen Träger der westdeutsche Staat und die mit ihm in der Nato verbündeten Staaten seien. Diese Staaten würden die letzte Verantwortung für die von den Angeklagten begangenen Verbrechen tragen. Es sei eindeutig, daß beide Angeklagten Werkzeuge im Kalten Krieg gewesen seien und daß die Hauptschuldigen für die Verbrechen der Angeklagten in Westdeutschland zu suchen seien. Es müsse auch differenziert werden zwischen den Führungskräften, die die Abwerbung planen und organisieren und den Angeklagten, die die Befehle ausgeführt haben. Rechtsanwalt Wolff führte weiter aus, daß diese Umstände und die Persönlichkeit der Angeklagten bei der Strafzumessung Berücksichtigung finden müssen.

Der Angeklagte Adamo sei als Student nach Westberlin gekommen und sei dort durch raffinierte Methoden und auch durch eine versteckte Drohung des „Betreuers" Hoffmann als Agent angeworben worden. Den Ausführungen des Staatsanwalts, daß sich die Angeklagten nicht darauf berufen könnten, unbewußt und durch die raffinierten Methoden in den Sumpf der Agentenzentralen gekommen zu sein, könne nicht zugestimmt werden. Bei der Strafzumessung müsse nach Meinung der Verteidigung berücksichtigt werden, wie ein Mensch zum Agenten geworden sei.

Den Ausführungen des Staatsanwalts, daß der Angeklagte Adamo jeden Auftrag des westdeutschen Geheimdienstes willig ausgeführt habe, könne ebenfalls nicht zugestimmt werden. Der Angeklagte habe keineswegs jeden Auftrag des Geheimdienstes ausgeführt. Das zeige sich darin, daß er es abgelehnt habe, sich in die SED einzuschleichen, einen Offizier der NVA anzuwerben und eine Spezialkamera zu kaufen. Der Angeklagte habe ferner auch die übergabe eines Funkgerätes und die Absolvierung einer Funkausbildung abgelehnt.

Es könne den Ausführungen des Staatsanwaltschaft auch insoweit nicht zugestimmt werden, als von ihr ausgeführt worden sei, daß sich der Angeklagte durch seine gute fachliche Arbeit getarnt habe und ein eiskalter Agent gewesen sei. Das Verhalten des Angeklagten sei zwar widerspruchsvoll, aber man müsse den Menschen in seiner Widersprüchlichkeit sehen. Es müsse aber auch anerkannt werden, daß man auch ohne ein schlechter Mensch zu sein, in die Fänge der Agentenzentralen hineinkommt, wenn man nicht die richtige Einstellung zu der politischen Situation in Deutschland habe. Der Angeklagte Adamo habe diese richtige Einstellung nicht gehabt. Rechtsanwalt Wolff führte weiter aus, daß der Angeklagte ausgesagt habe, daß er aus politischer Gegnerschaft und seiner feindlichen Einstellung gegenüber der DDR die Aufträge des Agenten Hoffmann ausgeführt habe. Der Grund für diese Gegnerschaft des Angeklagten sei darin zu sehen, daß er durch seine Gefangenschaft an die amerikanische Lebensweise gewöhnt gewesen sei und sich diese angenommen habe. Diese Gegnerschaft habe er, nachdem er in die damalige sowjetische Besatzungszone gekommen sei und dort ein Chaos vorgefunden habe, nicht so schnell überwinden können. Der Agent Hoffmann habe an diese amerikanische Lebensweise angeknüpft und es verstanden, den Angeklagten Adamo als Agent für den westdeutschen Geheimdienst anzuwerben.

78

Ferner sei bei der Strafzumessung zu berücksichtige, daß der Angeklagte Adamo die Agententätigkeit nicht über alles gestellt habe. Seine Verbindung zum Geheimdienst sei keine kontinuierliche gewesen. Der Angeklagte habe 1957 die Verbindung zum Geheimdienst abgebrochen und er habe auch, als er Ende 1960 seine Agententätigkeit wieder aufgenommen habe, Bedenken bekommen. Er sei in seiner Einstellung schwankend geworden und habe nicht mehr an die vom Westen propagierten Aggressionsabsichten der Sowjetunion geglaubt. Der Angeklagte sei auch nicht, als ihm im März 1961 der Vorschlag gemacht worden sei, in Westberlin zu bleiben, auf diesen Vorschlag eingegangen, sondern sei in die DDR zurückgekehrt.

Die Verteidigung sei auf Grund der mit dem Angeklagten Adamo geführten Aussprachen der Meinung, daß sich bei dem Angeklagten eine entscheidende Wandlung angebahnt habe. Ein Ausdruck dieser Wandlung sei auch sein Verhalten in diesem Strafverfahren. Der Angeklagte habe von sich aus alles getan, um bei der Erforschung der Wahrheit mitzuhelfen.

Rechtsanwalt Wolff führte ferner aus, daß von der Verteidigung die Ansicht vertreten werde, daß das vom Angeklagten abgelegte Geständnis auf einer echten Wandlung des Angeklagten beruhe und beantrage deshalb und wegen der Rolle des Angeklagten Adamo als Helfershelfer an der Aggression, der Spionage und dem Menschenhandel und wegen der bereits erwähnten Umstände trotz der Gefährlichkeit der von dem Angeklagten begangenen Verbrechen, den Angeklagten zu einer geringeren, als von der Staatsanwaltschaft beantragten Strafe zu verurteilen.

Rechtsanwalt Wolff führte ferner aus, daß er den Ausführungen des Staatsanwalts, soweit sie die Persönlichkeit der Angeklagten Rinke betreffen, im wesentlichen zustimme. Es sei richtig, daß die Angeklagte keine Lust zum Arbeiten gehabt habe. Die Angeklagte habe keine politische Meinung gehabt. Ihr einziger Lebensinhalt sei das Vergnügen gewesen. Diese Vergnügungssucht sei auch die Ursache für ihre Republikflucht gewesen. Sie wollte in Westberlin, das sie nur aus Schundheften und Schlagern kannte, etwas erleben. Bei der Strafzumessung müsse berücksichtigt werden, daß der amerikanische Befrager in dem Flüchtlingslager das 17jährige Mädchen an seinem Erlebnishunger gepackt und ihr das viele Geld gezeigt habe. Ferner habe er die Jugend und die politische Unkenntnis der Angeklagten Rinke für seine schmutzigen Zwecke ausgenutzt.

Bei der Strafzumessung müsse ferner Berücksichtigung finden, daß die Angeklagte von niemandem richtig erzogen worden sei. Sie sei von frühester Kindheit an von einem Verwandten zum anderen herumgereicht worden und keiner habe sich um ihre Erziehung gekümmert. Die Verteidigung vertrete die Auffassung, daß es in Wirklichkeit keinen größeren Mißbrauch eines Menschen geben könne, wie den der Angeklagten Rinke durch den amerikanischen Befrager und sei daher der Meinung, daß deshalb, wegen der Jugend und der Primitivität der Angeklagten Rinke, wegen ihrer vernachlässigten Erziehung und weil sie ein offenes Geständnis abgelegt habe, eine mildere, als von der Staatsanwaltschaft beantragte Strafe am Platz wäre. Man könnte der Angeklagten auch nicht vorwerfen, daß sie keine Reue gezeigt habe.

Rechtsanwalt Wolff führte aus, daß er unter Berücksichtigung der vorgenannten Umstände auch für die Angeklagte Rinke trotz der Gesellschaftsgefährlichkeit der von ihr begangenen strafbaren Handlungen beantrage, die Angeklagte Rinke zu einer geringeren als der von der Staatsanwaltschaft beantragten Strafe zu verurteilen."

So liest sich das im Protokoll. Die Protokolle in Verhandlungen erster Instanz vor dem Obersten Gericht haben wir damals nicht zu Gesicht bekommen. da es kein Rechtsmittel gegen diese Urteile gab. Wir mußten also nicht die Akten einsehen. Ich nehme aber an, daß sie sorgfältiger und vollständiger waren als Protokolle anderer Gerichte. Wahrscheinlich stand der Protokollantin auch der Mitschnitt der Tonbandaufzeichnung der Verhandlung zur Verfügung. Sicher habe ich manches anders formuliert, aber im Kern wird es wohl das sein, was ich gesagt habe. Man kann es werten, wie man will, ich lasse es gegen mich gelten. – Adamo wurde übrigens zu einer Freiheitsstrafe von 15 und Rink von zwei Jahren verurteilt. Was die Staatsanwaltschaft beantragt hatte, kann ich dem in der „Neuen Justiz" veröffentlichten Urteil nicht entnehmen. Das Urteil wird wahrscheinlich den Anträgen entsprochen haben. Es setzte sich weder mit den Ausführungen der Staatsanwaltschaft noch mit meinen auseinander.

14. Strafsache Heinz Brandt
(1962-1964)

Am 22. Februar 1962 ging in meinem Büro ein Brief der Rechtsanwälte Dr. Gustav W. Heinemann, Dr. Diether Posser und Dr. Erich Bartsch mit der Unterschrift von Dr. Posser ein, in dem ich gefragt wurde, ob ich bereit sei, im Auftrag der Industriegewerkschaft Metall in der Bundesrepublik Deutschland den in der DDR verhafteten Redakteur Heinz Brandt zu verteidigen. Ich befand mich zu dieser Zeit wie alljährlich im Winterurlaub, so daß mein Urlaubsvertreter Rechtsanwalt Korbe zunächst, wie üblich, eine Strafprozeßvollmacht über den Generalstaatsanwalt der DDR an Herrn Brandt auf den Weg brachte und gleichzeitig Herrn Rechtsanwalt Posser dies mitteilte. Er fügte hinzu, *„daß selbstverständlich Koll. Wolff endgültig selbst entscheiden muß, ob er das Mandat annimmt oder nicht"*.

Ich nahm das Mandat an. Das war damals so gut wie selbstverständlich, da es für den Rechtsanwalt in der DDR eine Berufspflicht war, Mandate anzunehmen. Diese Pflicht galt besonders in Strafsachen. Ihr entsprach die Pflicht, auch in aussichtslosen Fällen Berufung einzulegen, wenn der Mandant das wünschte. Nur wichtige Gründe, die der Anwalt natürlich finden konnte, wenn er wollte, befreiten von dieser Pflicht. Es war eine Pflicht, die wir nicht als lästig empfanden. Sie sagt etwas über die damalige Situation der Anwaltschaft aus. Es gab relativ viele Strafverfahren, die den Zorn oder die Abscheu des Staates und der Gesellschaft über den jeweiligen Täter zum Ausdruck brachten. *„Wer einen Verbrecher verteidigt, ist selbst ein Verbrecher"* wurde mir über 30 Jahre später einmal lautstark nachgerufen. Das entspricht wohl einem weitverbreiteten Vorurteil. Dagegen konnte man sich mit dem Argument: „Ich muß ja!" zur Wehr setzen. Die Pflicht war also ein willkommenes Mittel der Selbstverteidigung des Verteidigers. Andererseits mußte der Staat für solche Prozesse auch Verteidiger finden. Die beiderseitigen Interessen deckten sich also.

Ein Mandat von einer westdeutschen Gewerkschaft war natürlich ein ungewöhnliches Ereignis in einer Zweigstelle eines Anwaltskollegiums in der DDR. Die das Mandat vermittelnden bundesdeutschen Rechtsanwälte waren zudem schon damals in der Öffentlichkeit der DDR bekannt. Possers Brief vom 21. Februar unterstrich ebenfalls, daß es sich um kein alltägliches Strafmandat handelte. In ihm hieß es u.a.:

„Nach einer ADN-Meldung vom 21. Juni 1961 soll Herr Brandt bei einem aktiven Spionageauftrag im Bezirk Potsdam gestellt worden sein. Eine andere Version geht dahin, er sei schlafend versehentlich aus Westberliner Gebiet mit der S-Bahn herausgefahren. Und schließlich wird davon gesprochen, er sei entführt worden."

Posser fügte hinzu, daß er in dieser Sache beim Generalstaatsanwalt der DDR und beim Justizminister gewesen wäre.

Trotz aller genannten Symptome habe ich erst viel später, Stück um Stück, erfahren, was für ein internationales Aufsehen dieser Fall bereits erregt hatte. Große Geister, bekannte Persönlichkeiten hatte die Verschleppung (eine solche war tatsächlich erfolgt) auf den Plan gerufen. Schließlich hatte die Affäre sogar die UNO beschäftigt.

Brandt war Jude, war als Kommunist von den Nazis zu sechs Jahren Zuchthaus verurteilt worden, hatte anschließend in Auschwitz und Buchenwald im KZ gesessen, war Sekretär der Bezirksleitung Berlin der SED geworden, hatte politisch einen Namen und war schließlich 1958 aus Ostberlin geflüchtet.

Für mich waren zunächst nur der Auftraggeber und die Person des Angeklagten ungewöhnlich. Die Anklage warf Brandt Spionage für das Ostbüro der SPD vor. Spionagefälle waren zu dieser Zeit, wie schon mehrfach betont, Alltagsfälle und als solche weitgehend Routinesachen, vor dem Obersten Gericht allerdings durch das dortige Zeremoniell herausgehoben.

Auch dieser Prozeß war, was seinen Ablauf anbelangte, langweilig. Heinz Brandt war geständig, rechtliche Probleme gab es nicht. Aufregend war nur das Schicksal der Betroffenen, ihre Vergangenheit, ihre Motive und ihre Ziele. Viele waren von Nationalsozialismus und Krieg geprägt. Zu ihnen gehörte mein zweiter Mandant in diesem Verfahren, Wilhelm Fickenscher. Er hatte eine Kadettenanstalt durchlaufen, hatte freiwillig gedient, am Spanienkrieg in der Legion Condor teilgenommen und war im Zweiten Weltkrieg mit dem Deutschen Kreuz in Gold ausgezeichnet worden. Danach war er als Student der Wirtschaftswissenschaften Mitglied der SED-Parteiorganisation der Humboldt-Universität geworden, der auch ich angehört hatte. So hatten wir uns kennengelernt und ich hatte ihn geschätzt. Sein Lebenslauf war mir zu dieser Zeit unbekannt, ich nehme aber nicht an, daß ich ihn in Kenntnis seines Lebens anders beurteilt hätte. Fikenscher hatte mich schon im Mai 1961 gebeten, ihn und seine gleichfalls inhaftierte Frau zu verteidigen. Damals hatte ich dieser Bitte entsprochen, ohne zu wissen, wann, wo und mit wem er angeklagt werden würde. Der Prozeß gegen Frau Fickenscher fand abgetrennt vom Verfahren gegen ihren Mann im Mai 1962 vor dem Bezirksgericht Potsdam unter Vorsitz des bereits erwähnten Oberrichters Wohlgethan statt. Diesmal übrigens ohne Probleme.

Ich hatte also zwei Angeklagte mit völlig gegensätzlicher politischer Herkunft zu verteidigen. Die gleichen Zeitläufte hatten sie zu erbitterten politischen Gegnern und dann wieder zu Gesinnungsgenossen gemacht. Sie waren beide keine Wendehälse. In der Hauptverhandlung waren der „arische Held" und der „jüdisch-bolschewistische Untermensch" als „Feinde des Sozialismus" Leidensgefährten auf der gleichen Anklagebank. Beide hatten sie mich zum Verteidiger gewählt, wohl wissend, daß ich jener SED angehörte, die für ihr derzeitiges Schicksal die Verantwortung trug. Ob das die Staatsanwälte und Richter begreifen, die heute die Geschichte der DDR „aufarbeiten"? Wie hätte Heinz Brandt die Geschichte der DDR „aufgearbeitet", wenn er die Wende erlebt hätte? In der Pressekonferenz, die er nach seiner Entlassung aus dem Strafvollzug der DDR am 3. Juni 1964 gab, sagte er:

> „... wenn ich selbst dazu beitragen kann, die Haßmauer, die beiderseits errichtet wurde, ein wenig mit abtragen zu helfen, so soll das der Dank sein, den ich der menschlichen Gesellschaft für all das abstatten möchte, was sie zu meiner Schicksalswende beigetragen hat".

Das Vollmachtsformular, das mein Kollege Korbe am 2. März 1962 über den Generalstaatsanwalt an Heinz Brandt auf den Weg gebracht hatte, blieb lange Zeit für mich verschollen. Am 30.3.1962 vermerkte ich als Antwort eines Staatsanwalts auf die Frage nach dem Verbleib der Vollmacht: „Sache geht in Ordnung. Vollmacht wird vorgelegt". Die Vollmacht war also vier Wochen nach ihrer Absendung noch nicht vorgelegt worden. An Posser schrieb ich am 2. April:

> „Die Vollmacht des Mandanten liegt mir bisher noch nicht vor, sie ist mir jedoch für die nächsten Tage angekündigt worden."

Am 9.4. war die Vollmacht immer noch nicht da und ich verfügte eine Kontrollfrist von einer Woche. Am 17.4. notierte ich mir als Auskunft eines Staatsanwalts beim Generalstaatsanwalt:

> „Er fragt Staatsanwalt X (der zuständig aber nicht erreichbar war) wegen der Vollmacht."

Dann gibt meine Akte über das Schicksal der Vollmacht nichts mehr her. Offenbar machte die Hektik geordnete Aktenführung unmöglich.

Die Anklage trug das Datum vom 17.4., Termin zur Hauptverhandlung war auf den 3.5.1962 angesetzt. Am 27.4. besuchte ich Brandt das erste Mal. Irgendwann zwischen dem 17.4. und dem 27.4. muß ich sowohl die Nachricht, daß die Strafprozeßvollmacht bei den Akten ist als auch die Ladung zu der Hauptverhandlung erhalten haben, in der ich zwei Angeklagte zu verteidigen hatte, denen Zuchthausstrafen von über zehn Jahren drohten. Da war die Zeit knapp. Auch Sekretärinnen waren knapp und maschinenschriftliche Aktenauszüge oder Ausarbeitungen deswegen eine Seltenheit. Immer mußte der Anwalt alles selbermachen. Im Rechtsanwaltskollegium war in dieser Beziehung jeder Rechtsanwalt gleich. Kein Anwalt hatte bessere Arbeitsbedingungen als der andere. Es gab keinen Anwalt ohne Sekretärin aber auch keinen Anwalt mit zwei Sekretärinnen oder gar mit angestellten Anwälten oder anderen Juristen. Zu dem zeitlichen Druck, unter dem die Prozeßvorbereitung unter diesen Umständen stand, kam die Nervenanspannung, die mit solchen Prozessen unvermeidlich verbunden war. Meine Handakten spiegeln das wider.

Die Hauptverhandlung verlief wie üblich, besondere Vorkommnisse sind mir nicht in Erinnerung. Brandt erwähnt sie in seinem Buch nicht. Mir blieb nur, im Plädoyer zu versuchen, das Verhalten beider Angeklagten aus ihrem unterschiedlichen Leben zu erklären, verständlich zu machen und zu entschuldigen. Es gelang mir erwartungsgemäß nicht. Heinz Brandt wurde nach viertägiger Verhandlung am 10. Mai 1962 entsprechend dem Antrag von Generalstaatsanwalt Streit zu 13 Jahren, W. Ficken-scher zu 12 Jahren und Raddatz, der 3. Angeklagte dieses Verfahrens, zu sieben Jahren Zuchthaus verurteilt. Eine Berufung war nicht möglich. Urteile des Obersten Gerichts waren sofort rechtskräftig. Erst 1987, als es ohnehin keine erstinstanzlichen Verfahren vor dem Obersten Gericht mehr gab, wurde das geändert.

Am 10. Mai, also am Tage der Urteilsverkündung, suchte mich Rechtsanwalt Dr. Heinemann im Büro auf. In Possers Buch *„Anwalt im Kalten Krieg"* liest sich das so:

> „Heinemann war zu einer zweitägigen Sitzung des Rates der Evangelischen Kirche in Deutschland (EKD) in Berlin und verband damit den Besuch bei Wolff. Er hatte sich am 10. Mai 1962 nachmittags aus der Ostberliner Kirchenkanzlei telefonisch im Anwaltsbüro gemeldet und erfahren, daß Wolff wegen eines Gerichtstermins abwesend sei. Er bat um Rückruf, wenn er wieder im Büro sei. Als der Rückruf kam, fuhr Heinemann sofort zu ihm. Wolff empfing ihn mit den Worten: „Den neuesten Stand werden Sie noch nicht wissen. Brandt ist soeben zu 13 Jahren Zuchthaus verurteilt worden." *(S. 336 f.)*

Posser berichtet dann über ein Zusammentreffen, das er selbst einige Zeit später mit mir hatte:

> „Meine Unterredung mit Rechtsanwalt Wolff fand am Samstag, dem 2. Juni 1962, ab 10 Uhr im Rechtsanwaltskollegium in der I. Etage des Gerichtsgebäudes in der Littenstraße 12-15 am Alexanderplatz statt und dauerte über zwei Stunden. Es war unser erstes Zusammentreffen und es wurde ein sehr aufschlußreiches Gespräch. Wolff begann mit einer kurzen Entschuldi-gung, warum er uns über seine beiden Besuche bei Brandt, die Anklageschrift und die Termi-nierung der Hauptverhandlung nicht verständigt habe. Diese Nichtbeachtung der kollegialen Höflichkeit beruhe auf Gründen, die nicht in seiner Person lägen." *(S. 340)*

An diese „Gründe, die nicht in meiner Person" lagen, kann ich mich nicht mehr erinnern. Sie ergaben sich nicht aus meiner Handakte, die ich wegen der Bedeutung der Sache nicht vernichten ließ, wie dies sonst nach Ablauf von fünf Jahren geschieht. Ich habe mir damals, trotz meiner sonstigen Vorliebe für Vermerke, keine Vermerke gemacht, wenn ich das für mich für gefährlich hielt oder, wenn es sonst nicht opportun erschien. Vorsicht war auch und gerade damals die Mutter der Porzellankiste.

Im Gegensatz zu anderen Strafverteidigungen endete meine Tätigkeit für Heinz Brandt nicht mit dem rechtskräftigen Urteil. Bei seinem Besuch am 2. Juni 1962 hatte mich Rechtsanwalt Posser zunächst gebeten, darauf zu drängen, daß die Korres-pondenz zwischen Heinz Brandt und seiner Frau gewährleistet würde. Frau Brandt hatte bis zu diesem Tage von ihrem Mann noch keine Post erhalten. Nachdem dies geändert worden war, sollte ich klären, ob Heinz Brandt von seinem Vetter Prof. Erich Fromm Besuch erhalten und seine Frau ihm Pakete schicken könne. Professor Fromm hatte sich schon vorher für die Freilassung Brandts eingesetzt. Er war gerade auf der Durchreise von Moskau, wo er an einer Sitzung des Weltfriedensrates teilgenommen hatte, nach Mexiko. Beide Aufgaben konnte ich nicht erfüllen. Pakete durften im Strafvollzug der DDR nur empfangen werden, wenn der Verurteilte als Belohnung für gute Führung einen Paketschein erhielt. Und wichtiger als Mitglieder des Weltfriedensrates zu hofieren war der DDR anscheinend, zu zeigen, daß sie sich innenpolitisch keinem Druck beugte und keiner Versuchung nachgab.

Posser hatte mich auch gebeten zu erkunden, ob er selbst oder ich Heinz Brandt in Bautzen, wo er sich jetzt befand, besuchen könne. Darüber hinaus gab es weiterhin Probleme im Briefverkehr zwischen Frau Brandt und ihrem Mann. Seit seiner Festnahme am 17.6.1961 bis zum 14.6.1992 hatte Heinz Brandt, wie mir seine Frau am 29.9.1992 schrieb, nur einen Brief erhalten. Auf meine diesbezüglichen Bemühungen schrieb mir ein Staatsanwalt beim Generalstaatsanwalt der DDR am 2.11.1962:

„Auf Ihr an den Generalstaatsanwalt gerichtetes Schreiben vom 26.9.62 in der Strafsache Heinz Brandt teile ich Ihnen folgendes mit:

Die Fragen des Briefwechsels während der Untersuchungshaft waren bereits verschiedentlich Gegenstand von Aussprachen auch mit Ihnen. Die von der Ehefrau geschriebenen Briefe wurden – soweit vertretbar – dem Verurteilten zur Kenntnis gegeben. Es war nicht möglich, ihm eine Schreiberlaubnis während der Untersuchungshaft zu erteilen.

für die Zeit nach der Verurteilung ist, wie aus dem Schreiben des Rechtsanwalt Posser ersichtlich wird, die Frage der Schreiberlaubnis entsprechend unseren Bestimmungen geregelt.

Eine Besuchserlaubnis für Rechtsanwalt Posser ist nicht möglich, da er weder Verteidiger in der Strafsache war, noch andere Gründe ersichtlich sind, die zulassen, die den Angehörigen zustehende Besuchserlaubnis auf ihn zu delegieren.“

Auf die Frage, ob ich eine Besuchserlaubnis erhalte, ging das Schreiben nicht ein. Auf telefonische Nachfrage wurde mir am 20. November 1962 schließlich mitgeteilt, daß ich meinen Mandanten besuchen könne.

Am 28. November 1962 suchte ich Heinz Brandt zum ersten Mal in Bautzen auf. Über den Besuch berichtete ich seiner Ehefrau u.a.:

„Er machte auf mich nach wie vor einen lebendigen Eindruck, wenngleich unser Gespräch sich nur um die allgemeinsten Dinge drehen konnte, da es unter Aufsicht eines Angestellten der Haftanstalt stattfand und daher nicht den Charakter hatte wie die Unterhaltungen zur Vorbereitung auf die Verteidigung. Obgleich meine Zeit nicht begrenzt war, wußten wir beide schließlich nichts mehr zu sagen, so daß die ganze Unterhaltung etwa nur eine Viertelstunde oder 20 Minuten gedauert hat.“

Trotz der Kürze meines Besuches, die ein Ausdruck meiner mangelnden Begabung für Konversation war, freute sich Frau Brandt über meine Nachricht. Auch Heinz Brandt war über den Besuch offenbar glücklicher, als ich gedacht hatte. Posser schreibt sicher zutreffend:

„Wer nie in einer vergleichbaren Situation wie Brandt war, kann nicht annähernd ermessen, was ein solcher Besuch für einen total von der Außenwelt abgeschnittenen Häftling im Isolier- und Schweigesystem des schlimmsten aller DDR-Zuchthäuser bedeutete. Der Plan des Staatssicherheitsdienstes, ihn in der Isolation dadurch mürbe zu machen, daß man ihn als einen vom Westen Abgeschriebenen hinstellte, war mit diesem Besuch gescheitert. Heinz Brandt hörte vom Ergehen seiner Familie, die ihm regelmäßig schrieb, auch wenn er die Briefe nicht erhielt; von der schulischen Entwicklung seiner Söhne Jürgen und Stefan und dem Kindergartenbesuch der Tochter Regina. Er erfuhr, wie sehr seine Freunde innerhalb und außerhalb der IG Metall an seinem Schicksal Anteil nahmen. Andererseits teilte uns Wolff nach seiner Rückkehr aus Bautzen mit, daß Brandt den Umständen entsprechend gesund war, nicht unter Depressionen leide, jetzt regelmäßig eine Zeitung lesen und Bücher aus der Anstaltsbücherei entleihen könne." *(Posser, Anwalt im Kalten Krieg, S. 346)*

Ohne daß ich davon Kenntnis hatte, gingen im Ausland die Bemühungen um die Entlassung von Heinz Brandt weiter. Ich erfuhr davon erst durch Heinz Brandts Buch *„Ein Traum, der nicht entführbar ist"*, das 1967 erschien und das ich mir illegal aus dem Westen besorgen ließ. Ich war zu neugierig, um auch hier vorsichtig und gesetzestreu zu sein. Noch mehr erfuhr ich in dieser Hinsicht 1991, als ich das Buch von Posser nunmehr ganz legal lesen konnte. Bertrand Russell und Erich Fromm hatten in Moskau interveniert, der britische Domherr Collins war bei Ulbricht vorstellig geworden, amnesty international hatte 1963 beschlossen, jeweils einen „Gefangenen des Jahres" zu benennen und der erste, der so hervorgehoben wurde, war Heinz Brandt. Alles blieb erfolglos. Kaul, zu dem Posser auch wieder Verbindung aufgenommen hatte, informierte diesen im Sommer 1963, *„nach seiner Information sei eine Haftentlassung möglich, wenn die Frau mit den Kindern in die DDR übersiedelte"*. *(S. 350)*

Von alledem wußte ich nichts, als ich Heinz Brandt am 14. September 1963 das zweite Mal in Bautzen besuchte. Wieder war es ein kurzer Besuch. Ich fand ihn gesundheitlich unverändert. Er wünschte, daß ich ihn nunmehr vierteljährlich besuchen solle und äußerte auch Vorstellungen, wie man seine vorzeitige Entlassung erreichen könne. Was das im einzelnen war, habe ich mir aus den bekannten Gründen nicht notiert. Nach dem Brief zu urteilen, den ich über den Besuch an Frau Brandt schrieb, war ich skeptisch, daß sich diese Vorstellungen realisieren ließen.

Vierteljährliche Besuche gelangen nicht. Es mag sein, daß ich nicht die erforderliche Zeit fand, es kann aber auch sein, daß ich so schnell keine Besuchserlaubnis wieder erhielt. Erst am 28. April 1964 war ich wieder in Bautzen. Brandt beschreibt das so:

„Mein Anwalt Dr. Wolff hat ein gutartiges Fuchsgesicht. Nun sitzt er mir gegenüber. Die Lippen sind listig verkniffen, und er blinzelt ironisch. Sein kahler Schädel schwimmt wie ein Lampion im dämmerigen Besuchszimmer des Zuchthauses und neutralisiert wohltuend das blinkende Parteiabzeichen am Rockaufschlag." *(S. 29)*

Nie vorher und nie nachher hat mir jemand gesagt, daß ich ein Fuchsgesicht habe. Ein anderer Mandant (der ebenfalls entführte Karl Wilhelm Fricke) schildert mich weniger wohlwollend, aber treffend als einen „kleinwüchsigen, kahlköpfigen Mann". Der unterschiedlichen Darstellung meines Äußeren entspricht die unterschiedliche Wertung meiner Person durch beide Mandanten.

Der Besuch dauerte diesmal länger. Es gab Gesprächsstoff. Frau Brandt hatte mir mitgeteilt, daß ihr die Gesundheit ihres Mannes Sorge bereite. Er habe ihr von einer Kontraktur geschrieben, die den 4. und 5. Finger fortschreitend nach innen krümme. Sie sei nach einem französischen Arzt benannt. Frau Brandt meinte, es handle sich um die Dupuytrensche Kontraktur. Ich bin also nach Bautzen gefahren, um mich über

Brandts Gesundheitszustand zu informieren. Zum ersten Mal waren wir bei dem Gespräch allein.

Brandt schildert die Situation so:

„Mit raschem Blick stelle ich fest, daß wir beide allein sind in dem kleinen Raum. Ich beherrsche meine gewaltige innere Spannung, gebe mich gelassen, so gut es geht. Seine freundlich-rücksichtsvolle Art erleichtert es mir, ihn ungezwungen und gelöst zu begrüßen … Und doch die immerwährende Angst, diese meine einzige Chance könne entgleiten, Rechtsanwalt Wolff könnte mich als seelisch krank ansehen … Ich sage ihm lachend als Vorwarnung, ich sei überglücklich, daß ich ihm so gesund erscheine, wie ich es wirklich sei; denn er würde nun doch Dinge zu hören bekommen, die auch einem Anwalt, der allerhand Tobak gewohnt sei (hier und in der heutigen Zeit), so toll erscheinen dürften, daß er leicht in die Versuchung kommen könne, an meinem Verstand zu zweifeln …“. *(Brandt, Ein Traum, der nicht entführbar ist, S. 33 f.)*

Ich bin häufig skeptisch gegenüber den Erzählungen meiner Mandanten, wenn ich auch meist dort meinen Mandanten glaube, wo der Staatsanwalt überzeugt ist, daß sie lügen. Die Skepsis ist notwendig, um diesen oder jenen Mandanten davor zu bewahren, seinen Illusionen zum Opfer zu fallen. Es ist schwierig, als Verteidiger das richtige Maß zu finden. Mißtrauen wird vom Mandanten leicht als kränkend empfunden und zerstört das Vertrauen zum Anwalt. Unkritischer Glaube aber macht den Anwalt blind. Im Falle Brandt habe ich nicht gezweifelt. Seine Story war zwar ungewöhnlich, aber nicht unglaublich. Brandt war intelligent und hafterfahren. Was er erzählte, erweckte in mir ein Gefühl, wie es etwa der Zuschauer hat, der eine sportliche Meisterleistung sieht. Super, würde man heute sagen. Mich amüsierte, wie er die Macht des Staates ausgetrickst hatte. Ja, ich war mit diesem Staat verbunden, doch seine Fehler und Mängel und vor allem die seiner Organe und Diener ärgerten mich eben deswegen um so mehr. Ihr Reinfall erweckte bei mir durchaus Schadenfreude. So war es auch bei Brandts Bericht.

In *„Ein Traum, der nicht entführbar ist"* schildert Brandt diesen Teil unseres Gesprächs so:

„Sie wissen, daß bei unserer ersten Begegnung unmittelbar vor meinem Prozeß keine Gelegenheit war, Ihnen mehr als die Tatsache meiner Entführung aus Westberlin mitzuteilen. Sie können mir aber nur helfen, wenn Sie auch die Einzelheiten kennen."

Er schildert danach den Hergang seiner Entführung und insbesondere die Rolle, die ein Vorstandsmitglied der IG Metall namens Bayerlein dabei gespielt habe. Im Buch schildert er die Darstellung, die er mir gab wie folgt:

„Es sei mir gelungen, nach und nach all diese Informationen in die mir monatlich zugestandenen Zwanzig-Zeilen-Briefe aus dem Zuchthaus einzuschmuggeln". Als Beispiel führte er an: „Im Zusammenhang mit der berüchtigten Spiegelaffäre des Ministers und Vorsitzenden der bayerischen CSU Franz-Josef Strauß schrieb ich meiner Frau: 'Es ist nicht gut, wenn man solche bösen Bayerlein über sich hat.' Ich bedeute ihm, daß ich überzeugt sei, der SSD besitze Fotokopien all dieser Brief und könne so jederzeit nachprüfen, ob meine Angaben stimmten. Ja, ich fürchte dies keineswegs, im Gegenteil. Ich ersuche ihn vielmehr darum alles, was er vernommen habe, den Behörden auszurichten, verbände ich damit doch eine ganz bestimmte Absicht." *(S. 37)*

Geglaubt habe ich alles, was mir Heinz Brandt erzählte. Zweifel hatte ich nur bezüglich der Wirkung dieser Geschichte auf die Behörden. Es schien mir durchaus nicht sicher, daß Brandt sein Ziel erreichen würde.

„Ich wollte", *schrieb er in seinem Buch weiter,* „das SED-Regime davor warnen, die Dinge auf die Spitze zu treiben, und ihm auch eine Brücke bauen, um ohne noch größeren Schaden aus diesem ihren Verbrechen herauszukommen …". *(S. 37)*

So sicher war ich nicht, daß das funktioniert. Immerhin war seit der Absendung der Briefe für mich nichts erkennbar, was in die Richtung wies, die Brandt erwartete. Ich wies Brandt darauf hin, daß die Offenbarung seiner Aktion auch Nachteile für ihn mit sich bringen könne. Ich wußte zwar nicht, welche genau das sein könnten, aber ich konnte mir gut vorstellen, daß die Geprellten sich etwas einfallen lassen würden. Heinz Brandt nahm das Risiko in Kauf und ich fuhr nach Berlin mit der Aufgabe zurück, die Behörden mit der neuen Situation vertraut zu machen.

Am Tage nach meiner Rückkehr berichtete ich Frau Brandt von dem Besuch. Kein Wort über die Enthüllung ihres Mannes steht in meinem Brief. Bemerkenswert nur ein Satz:

„In der diesmal recht langen Unterredung, die ich mit Ihrem Mann hatte, hat Ihr Mann auf mich wiederum einen sehr lebendigen Eindruck gemacht."

Dieser Satz fiel Frau Brandt auf. Die Länge der Unterredung mußte eine Bedeutung gehabt haben.

In meiner Akte findet sich auf der Rückseite der Durchschrift meines Briefes an Frau Brandt folgender handschriftlicher Vermerk: „*R(ücksprache) Streit. Entsprechend der Unterredung mit Mdt (Mandant) am 28.4.64 habe ich Str. eingehend informiert*".

Mehr in die Akte zu schreiben hielt ich nicht für opportun. „Verschwiegene Zeiten" nannte Herbert Crüger seinen Rückblick. Nichts findet sich in meiner Akte über den Besuch zweier Herren, damals sagte man Genossen, die sich bei mir nochmals eingehend nach dem Gesprächsverlauf erkundigten. Sie sagten nach meiner undeutlichen Erinnerung nicht, woher sie kamen. Das war auch nicht nötig. Sie sagten ebenfalls nicht, was sie von meiner Mitteilung hielten. Das durften sie wohl nicht. Sie machten einen verschlossenen, fast möchte ich sagen finsteren Eindruck auf mich. Vielleicht waren sie es, die nun zur Verantwortung gezogen wurden.

Danach schweigen meine Akte und mein Gedächtnis bis zum 26.5.1964. Am 23.5.1964 wurde Brandt begnadigt. Der Rundfunk soll es gemeldet haben. Keine Spur davon im Gedächtnis oder in der Akte. Erst drei Tage später vermerkt mein damaliger Bürovorsteher Herr Lindner in der Akte, als wäre nichts gewesen: „*26.5. vormittags und nachmittags R(ücksprache) mit Mdt*".

Nichts über freudigen Empfang, nichts von mir. War wohl an dem Tag nicht da. Dann aber ein Vermerk von mir: „*Am 28.5. Fahrkarte II. Kl. FfM f. Mdt, gekauft. 47,80. Von ihm DM 14.– erhalten*".

In meiner Erinnerung finden sich noch ergänzende Bruchstücke. Heinz Brandt kam eines Abends zu mir in die Wohnung. Vielleicht war es am Tage seiner Entlassung. Von meinem Telefon meldete er seine Entlassung der IG Metall oder direkt Brenner. „*Die internationale Solidarität hat gesiegt!*", hörte ich ihn sagen, und mir war wieder einmal mulmig.

Brandt hielt sich noch einige Tage in Ostberlin auf, zwangsweise. Da er die DDR illegal verlassen hatte, galt er amtlich noch als DDR-Bürger. Für seine Ausreise mußte er einen Antrag stellen. Das dauerte, wenn er auch schneller beschieden wurde als andere. Die Tage in Berlin nutzte er für die Erledigung privater Dinge. Lebhaft in Erinnerung ist mir noch ein Treffen, das er mit einem kleinen Sohn hatte. Es fand in der Littenstr. vor dem Gerichtsgebäude bei naßkaltem Wetter statt. Eine junge Frau kam mit einem kleinen Jungen an der Hand auf uns zu. Dem Jungen lief kräftig die Nase. Er war das Ebenbild seines Vaters. Es war rührend und komisch zugleich.

Brandt hatte wohl bei der Entlassung aus dem Strafvollzug Geld für seine Arbeitsleistungen ausgezahlt erhalten. Dies mußte er aus devisen- und zollrechtlichen Gründen für Waren ausgeben, die keinen Ausfuhrbeschränkungen unterlagen. So verließ er die Hauptstadt der DDR mit einem riesigen Teddybären auf dem Arm an der Seite seines Anwalt Dr. Heinemann, des späteren Bundespräsidenten. Ein unerwarteter, unheroischer Schluß des Dramas.

Persönlich hörte ich von Brandt nichts mehr. Die Zeiten waren nicht so. Aus seinem Buch erfuhr ich 1967 oder noch später von der Pressekonferenz, die er am 3. Juni 1964 in Frankfurt am Main gegeben hatte. Dort sagte er u.a.:

„Als Offizialverteidiger wurde mir zu guter Letzt der Vorsitzende des Anwaltskollegiums in Ostberlin zugeteilt. Es ist mir ein Bedürfnis, diesem Anwalt auch von dieser Stelle meinen Dank für seine korrekte Verhaltensweise abzustatten." *(S. 340)*

Nun, Offizialverteidiger war ich nicht, wie er darauf kam, weiß ich nicht, aber Brandts Dank tat mir auch nach Jahren noch gut.

15. Mit Hedda Zinner beim Klassenfeind (1963)

Manchmal brauchten auch Staat und Gesellschaft der DDR einen Rechtsanwalt. In den frühen Jahren weniger, später häufiger. Zu Beginn der 60er Jahre war es eigentlich nur Kaul, der von hüben oder drüben gefragt wurde. Später vor allem Vogel. Im Mai 1963 war die Reihe auch einmal an mir. Ich sollte wieder einmal in den Westen fahren. Im Prinzip freute ich mich über jede Westreise. Man traf Kollegen, sah die Welt auf der anderen Seite des eisernen Vorhangs und – last not least – man konnte von den Tagegeldern einkaufen. Frau und Kinder waren dann auch glücklich. Im Frühjahr 1963 war meine Freude allerdings nicht ganz ungetrübt. Die Aufgabe, die ich erfüllen sollte, lag mir nicht.

Meine Auftraggeber waren die Vereinigung Demokratischer Juristen (VdJ) und das DDR-Komitee zum Schutz der Menschenrechte (das gab es). Sie setzten sich für zwei Frauen, Elfriede Kautz und Gertrud Schröter, ein, die vom Landgericht Lüneburg im November 1961 zu einer Gefängnisstrafe von je einem Jahr, Aberkennung des aktiven und passiven Wahlrechts und Unfähigkeit zur Bekleidung öffentlicher Ämter verurteilt worden waren. Ferner war auf Zulässigkeit von Polizeiaufsicht erkannt worden. In dem Verfahren war Rechtsanwalt Posser als Verteidiger tätig gewesen. Wir hatten jedoch in dem Verfahren, an dem ich nicht beteiligt war, keinen Kontakt gehabt. Ich kann heute nicht einmal sagen, ob ich im Mai 1963 wußte, daß Posser in dieser Sache tätig gewesen war. Ich wußte überhaupt sehr wenig über den Inhalt des Strafverfahrens und die Probleme, die es aufwarf. Das war ein Grund, warum ich über meine Mission nicht eben glücklich war.

Die Straftat der Verurteilten bestand darin, daß sie in der Zentralen Arbeitsgemeinschaft Frohe Ferien für alle Kinder (ZAG) jährlich Zehntausende von bedürftigen Kindern aus der BRD mit Sonderzügen der Bundesbahn in Ferienlager der DDR hatten reisen lassen. Die ZAG wurde durch eine Verfügung aller Regierungspräsidenten der Bundesrepublik vom 7. Juli 1961 verboten. Die Anklage trug das Datum vom 18. Februar 1961. Die Frauen waren also für Handlungen bestraft worden, die sie vor dem Verbot begangen hatten. Das war das Problem.

Posser faßt den Inhalt der Entscheidung das Landgerichts Lüneburg in seinem 1991 erschienen Buch *„Anwalt im Kalten Krieg"* wie folgt zusammen:

„Das Urteil übertraf mit seiner Länge von 566 Seiten noch die überlange Anklageschrift. Es unterrichtete über die Entwicklung des Weltkommunismus mit Leninzitaten, über die beklagenswerte Verfassungswirklichkeit der DDR und ähnliche Probleme; nur ein Punkt blieb unerwähnt: Die Verbots- und Auflösungsverfügung der Regierungspräsidenten vom 7. Juli 1961 und die sich daraus ergebenden Rechtsfragen. Das Gericht meinte, das Verbot verfassungsfeindlicher Vereinigungen sei bereits im Grundgesetz in Art. 9 Abs. 2 ausgesprochen (sog. ex-lege-Theorie). Diese Argumentation war nicht überzeugend. Wie sollte der einzelne Staatsbürger die Verfassungsfeindlichkeit einer Vereinigung erkennen, wenn die über die entsprechende Erkundungs- und Nachrichtenapparate verfügende Regierung dies anscheinend nicht herausfinden konnte, da sie die angeblich verfassungsfeindliche Vereinigung nicht verboten hatte? Verpflichtet denn Art. 9 Abs. 2 des Grundgesetzes nicht auch und vor allem die zuständigen Behörden, das in der Verfassung enthaltene Verbot durch entsprechende Verwaltungsakte auch formal wirksam zu machen? Noch ärger aber war es, wenn – wie hier – die Regierung nach ihrer Darstellung sichere Anhaltspunkte für die Verfassungsfeindlichkeit hatte, aber aus irgendwelchen Gründen kein Verbot aussprach, Es war ein Fall der unzulässigen Rechtsausübung des Staates, daß man sieben Jahre lang die späteren Angeklagten mit preisverbilligten Sonderzügen der Bundesbahn mit Tausenden von Kindern zu Ferienaufenthalten in die DDR reisen ließ, um sie nachträglich eben wegen dieser Tätigkeit zu bestrafen. Müßte man nicht den Behördenleitern den Vorwurf der fortgesetzten Begünstigung im Amte machen?" (S. 260 f.)

So schöne Argumente hatte ich nicht parat, als ich im Mai 1963 die Schriftstellerin Hedda Zinner nach Hannover begleitete. Wir fuhren mit einem grünen Wolga, der, wie der Fahrer, uns vom Komitee zur Verfügung gestellt worden war. Die Grenze passierten wir problemlos. Wir waren darauf gefaßt gewesen, daß wir zurückgeschickt werden könnten. Natürlich fragte der bundesdeutsche Grenzer uns, wohin des Weges. Unsere wahrheitsgemäße Antwort mag ihn erstaunt haben, veranlaßte jedoch kein amtliches Einschreiten. Nach meiner Rückkehr erfuhr ich von meiner Frau, daß die DDR-Grenzer uns beobachtet und ihr Nachricht gegeben hatten, daß wir nicht verhaftet worden wären. Mit dieser Möglichkeit hatte ich überhaupt nicht gerechnet. Die Vorgesetzten der Grenzer hatten es offenbar nicht für opportun gehalten, uns auf ein solches Ereignis vorzubereiten. Man muß den Mut der Genossen nicht unnötig auf die Probe stellen, werden sie sich gesagt haben.

Unser großes Auto sowjetischen Typs mit dem DDR-Kennzeichen erregte auf der Autobahn noch größere Aufmerksamkeit. Es fuhr nicht schneller als 100 km/h und wurde ständig von viel kleineren Wagen überholt. War mir sehr peinlich.

Das Justizministerium des Landes Niedersachsen lag in einer kleinen Straße, die eine Reihe von Villen von einem Park trennte. Wir parkten unseren Wagen quer zur Fahrtrichtung zwischen anderen Fahrzeugen vor einer solchen Villa. Allerdings hatten wir nicht bemerkt, daß in dieser Villa eine militärische Dienststelle untergebracht war. Hedda Zinner spricht in ihrem Buch „Auf dem roten Teppich" vom BND (S. 328), ich meine, es war das Wehrkreiskommando. Wir mußten warten, denn Minister sind nicht immer zu sprechen und warteten im Auto. Nach einiger Zeit trat ein Offizier in Uniform auf den im ersten Stock gelegenen Balkon und inspizierte durch seinen Feldstecher unseren Wagen aus vielleicht 20 m Entfernung. Es hätte mich sehr belustigt, hätte ich mehr Vertrauen in den Rechtsstaat gehabt. Nach einer weiteren Zeit hielt ein Polizist auf einem Motorrad neben uns. Er fragte den Fahrer, ob wir ein

Funkgerät im Wagen hätten. Als dieser verneinte, wollte er das Autoradio vorgeführt erhalten. Man merkte ihm an, was er von seiner Aufgabe hielt. Er entschuldigte sich dann, nicht ohne mitzuteilen, daß er von jenem Offizier alarmiert worden wäre. Dann fuhr er ab. Der Rechtsstaat hatte sich auch uns gegenüber bewährt. Und meine Meinung über deutsche Militärs im allgemeinen und bundesdeutsche im besonderen war nicht erschüttert worden. Engstirnigkeit war keine Besonderheit von DDR-Funktionären.

Wir konnten schließlich Herrn Justizminister von Nottbeck sprechen. Wenn ich auch nicht viel von dem Strafverfahren, gegen das wir protestierten, wußte, so wußte ich doch, daß im Rechtsstaat ein Justizminister kein Gesprächspartner für Urteilsschelte ist. Dieses Wissen war mir bei unserer Mission mindestens genauso hinderlich wie mein Unwissen über die konkreten Rechtsprobleme des Verfahrens. Der Minister hatte einen Staatsanwalt hinzugezogen, der sehr stolz auf die Anklage (vielleicht seine eigene) war. Er lobte besonders ihre Länge. Das war mein Rettungsanker. Ich berichtete aus dem Schatz meiner Erfahrungen, daß dort, wo rechtliche Substanz ist, wo die Dinge sozusagen klar auf der Hand liegen, Schriftsätze, Anklagen und Urteile kurz sein können. Die Länge sei mir verdächtig. Das ärgerte ihn sehr, weil er es wohl genauso sah. Wir kamen nicht auf einen Nenner. Erreicht haben wir also nichts. Immerhin hatten wir aber das Gefühl, unser Soll erfüllt zu haben. Wohlbehalten kehrten Hedda Zinner und ich in die DDR zurück. – Ich kehrte übrigens immer gern zurück, es war mein Zuhause.

16. Streng geheimer Mordprozeß
(1969)

Es war ein ganz und gar unpolitischer Fall. Ein unpolitisches Verfahren war es jedoch nicht. In der DDR war alles politisch oder sollte doch politisch sein: Dein Arbeitsplatz – ein Kampfplatz für den Frieden, hieß es. Aus westdeutscher Sicht war es wohl nicht anders, wenn es um die DDR ging. Jedes Ereignis in der DDR wurde von den Medien benutzt, um das „Reich des Bösen" ein weiteres Mal vorzuführen. So schaukelte man sich gegenseitig hoch.

In der DDR war gemordet worden. Zwar galt Ulbrichts Wort von der sozialistischen Menschengemeinschaft nicht mehr voll, aber der sozialistische Mensch war dennoch nicht abgeschafft. Mord war damit nicht zu vereinbaren, wurde aber als im real existierenden Sozialismus noch vorhandene Erblast des Kapitalismus oder als Ergebnis seines Einwirkens auf die DDR nicht generell verschwiegen. Das hier war aber ein Extremfall. Ein Mann, ein Sektionsgehilfe, hatte in einer Nacht drei Frauen umgebracht, und er hatte es zudem auf eine selbst für Mörder ungewöhnliche Weise getan.

Es war im Oktober 1969, als ich vom Stadtgericht Berlin dem Sektionsgehilfen zum Pflichtverteidiger bestellt wurde. Meine Handakten sind leider in der üblichen Frist, d.h. nach fünf Jahren von mir vernichtet worden. Es war ein Fehler. Ich muß also aus meinem Gedächtnis berichten.

Die Sache wurde von Anfang an wie ein politisches Verfahren behandelt. Alles mußte geheim bleiben. Es mußte sogar besonders geheimgehalten werden, weil es sensationell war und mehr als ein politisches Verfahren die Neugier der Menschen erregt hätte. Als Anwalt war ich ohnehin zum Schweigen verpflichtet. Aus der Nazizeit gewöhnt, die Zunge im Zaum zu halten, fiel mir das auch nicht schwer. Aus der Akte erfuhr ich, was geschehen war.

Der Sektionsgehilfe hatte mit einer Frau zusammengelebt, die ihm den Laufpaß gegeben hatte. Sie hatte es nicht ohne berechtigten Grund getan. Der Sektionsgehilfe war – laienhaft ausgedrückt – ein Psychopath. Er hatte ihr Szenen gemacht und dabei Verhaltensweisen an den Tag gelegt, die extrem waren. Besonders beeindruckt hatte mich, daß er ohne Rücksicht auf die eigene Person bei einer Verfolgung der angeblich geliebten Frau, durch eine Glastür oder ein Glasfenster gestürmt war. Der Frau hatte es schließlich gereicht, und sie hatte es unter Überwindung vieler Hindernisse geschafft, ihn aus ihrer Wohnung zu bringen. Er aber konnte sie nicht vergessen und wollte es wohl auch nicht. Vielleicht war es die Niederlage, die ihn aufbrachte. Die Frau hatte ihn hinausgeworfen, nicht umgekehrt. Das mag er als Demütigung empfunden haben.

Wie dem auch sei, er war aufgebracht und beschloß, die Frau zu töten. Soweit ein „normaler" Mordfall. Aber mein Sektionsgehilfe wollte auch sichergehen, daß ihm die Tat gelang. Er entschloß sich deswegen, der eigentlichen Tat eine Übung vorauszuschicken. Was das sollte, habe ich nie verstanden. Aber es war so, und es war noch schlimmer.

Am Tattag suchte der Sektionsgehilfe eine Bekannte auf, mit der er sich über den Verlust seiner Lebensgefährtin zu trösten versucht hatte. Er schlief mit ihr und brachte sie danach um. Anschließend zerlegte er die Leiche, wie er es gelernt hatte, mit einem Seziermesser. Diesen Vorgang wiederholte er mit einer anderen Frau in der gleichen Nacht. Erst nach diesen zwei Morden wandte er sich, es war inzwischen Morgen geworden, seinem eigentlichen Ziel zu. Seine ehemalige Lebensgefährtin war mit ihren beiden Kindern in der Wohnung. Sie wollte ihn nicht hereinlassen, aber er verschaffte sich durch Überredung doch Zugang. Die Frau ahnte nichts Gutes. Sie konnte noch die Kinder bitten, über Nachbarn die Polizei zu verständigen. Als die Kinder die Wohnung verlassen hatten, bat sie der Sektionsgehilfe inständig, noch einmal mit ihm zu schlafen. Die Frau willigte notgedrungen ein.

Die Kinder taten, was sie sollten. Sie bewegten Nachbarn, die Polizei zu rufen, Nach meiner Erinnerung war das nicht ganz einfach. Die Volkspolizei kam, ging durch die offene Wohnungstür in den Korridor, machte aber dort vor der verschlossenen Schlafzimmertür halt. Die Volkspolizei traute sich nicht, die Tür gewaltsam zu öffnen. Soviel Rechtsstaatlichkeit war jedoch hier unangebracht.

Hinter der Tür soll sich nach der Aussage meines Mandanten vor Gericht folgendes zugetragen haben: Es kam zum Verkehr und danach wie in den beiden vorangegangenen Fällen zur Tötung der Frau. Der Täter hörte die Polizei vor der Tür, sagte er, als er sie tötete. Dann setzte er sein Seziermesser ein und trank angeblich ihr Blut. Als er das vollbracht hatte, öffnete er der Polizei und bekannte alle drei Morde.

Nach der Lektüre der Akte war ich auf einiges gefaßt, als ich nach Rummelsburg kam. Nicht gefaßt jedoch war ich darauf, daß mir dort eröffnet wurde, ich könne im Interesse meiner eigenen Sicherheit den Häftling (damals hieß es noch nicht Verwahrter) nur in Gegenwart eines Polizisten sprechen. Der Mann sei gemeingefährlich, er tobe in der Zelle, wenn er vorgeführt werde müßten aus Sicherheitsgründen alle anderen Personen außer den Wächtern den vorgesehenen Gefängniskorridor freimachen usw.

Ich bin kein Held. Ich sagte mir, der Mann hat nur eine Chance am Leben zu bleiben, er muß für verrückt erklärt werden. Das war von Anfang bis Ende meine Verteidigungskonzeption. Nun stellte sich mir logisch die bange Frage: Gibt es einen deutlicheren Beweis für Wahnsinn als die Tötung des eigenen Verteidigers? Ich zweifelte nicht, es gab nichts Besseres für ihn.

Doch man hat schließlich auch Prinzipien und Vorschriften. Ich erklärte also entschlossen, daß ich mit meinem Mandanten allein sprechen müsse. Wenn ich dies nicht dürfe, könne ich nicht verteidigen und der kurz bevorstehende Termin der Hauptverhandlung würde platzen. Das war damals eine wirkungsvolle Drohung, denn Prozesse mußten schnell durchgeführt werden, und ein Prozeß wie dieser durfte schon gar nicht verzögert werden. Die Leitung der Haftanstalt gab nach. Als besondere Sicherungsmaßnahme war angeordnet, daß das Gespräch in der Zelle des Inhaftierten, also nicht in der normalen Sprechzelle, stattfand. Darüber hinaus wurden zwei Polizisten unmittelbar vor der Zellentür postiert.

Der Sektionsgehilfe empfing mich freundlich. Keine Spur von Wildheit oder ähnlichem. Er drückte lediglich seine Verachtung gegenüber der Polizei aus und betonte, daß er sich von denen nichts sagen lasse. Ich hatte den Eindruck, es machte ihm Spaß, die Wärter herauszufordern, und die Reaktionen nahm er dafür hin. Ich fand bei ihm im Gespräch aus meiner laienhaften Sicht keinen Anhalt für eine Geisteskrankheit. Meine Ängste waren für immer beseitigt.

Aus der anberaumten Hauptverhandlung wurde nichts. Mein Mandant hatte einen gekonnten Selbstmordversuch unternommen. Man fand ihn fast verblutet und konnte ihn nur unter großem medizinischen Einsatz am Leben erhalten. Der damalige Generalstaatsanwalt von Berlin, Hauptstadt der DDR, hieß Martin Teuber und war mir wohlgesonnen. 1950 war ich einige Male als Referendar und Hilfsrichter in seiner Strafkammer am Landgericht. Ich hatte nach meiner eigenen Einschätzung mehr Rechtskenntnisse, als er auf seinem Volksrichterlehrgang hatte erwerben können. Ich glaube, er sah das nicht anders. So hörte er gern auf meine Meinung, wenn er ihr auch nicht immer folgte. Er war vor dem Krieg Schriftsetzer gewesen und im Krieg Feldwebel. Er war belesen und hatte wohl auch gelegentlich an einem Kabarett mitgewirkt. Natürlich war er vor 1933 in der Kommunistischen Partei. Er besaß Humor und gesunden Menschenverstand. Gesunder Menschenverstand ist nicht immer ausreichend für einen Juristen. In der Zeit, die ich bei ihm in der Strafkammer verbrachte, vertraute er mir als eine Entscheidungsmaxime an, daß er sich immer frage, ob der Angeklagte, der vor ihm stand, im Falle eines Falles diesseits oder jenseits der Barrikade stehen würde. Jetzt, 19 Jahre später, verleitete ihn der gesunde Menschenverstand zu der Offenbarung, die Volkspolizei hätte besser daran getan, meinen Mandanten nicht so schnell zu finden. Es ist makaber, aber nach gesundem Menschenverstand hatte er recht.

Im Gegensatz zu dem von mir sehr geschätzten Generalstaatsanwalt begrüßte ich den erzwungenen Aufschub des Verfahrens. Ich konnte mich gründlicher auf die Verhandlung vorbereiten. Insbesondere versuchte ich, mir medizinische Kenntnisse anzueignen, um das Sachverständigengutachten des damals in der DDR bekannten und angesehenen Psychiaters Müller-Hegemann zu erschüttern. Dieser hatte meinen Mandanten für voll zurechnungfähig erklärt, was zwar meinem persönlichen ersten Eindruck entsprach, was ich aber angesichts der Tatumstände nicht für richtig hielt. Tatsächlich hatte der berühmte Professor Prokop, der die drei Leichen seziert hatte, möglicherweise unter Überschreitung seiner Kompetenz als Gerichtsmediziner, in einem versteckten Halbsatz seiner Befundung erklärt, *„das ist die Tat eines Schizophrenen"*. Ich wühlte also in Lehrbüchern der Psychiatrie, die mir eine ürztin aus der Bibliothek brachte. Zum Psychiater hat es dennoch nicht gereicht. Müller-Hegemann blieb unerschütterlich. Er war gerade in den USA gewesen (Reisekader!), das gab seinem Urteil doppeltes Gewicht. Allerdings wurde er ärgerlich, als ich ihn fragte, wieviel Prozent Treffsicherheit psychiatrische Diagnosen angesichts der Tasache hätten, daß in Lehrbüchern die Diagnose der Schizophrenie auf das Phänomen des Schizophrenie-Gefühls gestützt würden. Dies Gefühl wurde damit beschrieben, daß zwischen Patient und Arzt eine Art gläserne Wand bestünde. Das erschien mir dubios. Ich dachte, in dubio pro reo würde erfordern, unter solchen Umständen einem Angeklagten den Schutz des § 52 StGB (der damals § 15 war) zuzubilligen.

Es war wieder eine erfolglose Verteidigung. Mein Mandant wurde zum Tode verurteilt. Ein Zweitgutachter kam zu dem gleichen Ergebnis wie Müller-Hegemann und das Berufungsgericht zum gleichen Resultat wie das erstinstanzliche Gericht. Über eine Begnadigung ist mir nichts bekannt. Ich gehe davon aus, daß das Urteil vollstreckt worden ist.

Müller-Hegemann verließ irgendwann die DDR. Auf Reisekader war eben auch nicht immer Verlaß. Auf sein Gutachten dürfte ebenfalls kein Verlaß gewesen sein.

17. 16 Jahre Vorsitzender des Rechtsanwaltskollegiums Berlin (1954-1970)

1970 schied ich aus dem Vorstand des Rechtsanwaltskollegiums Berlin aus. Ich hatte ihm seit 1954 angehört und war im Laufe desselben Jahres auch zum Vorsitzenden gewählt worden. Die Tätigkeit als Vorsitzender hatte mir gefallen. Sie ergänzte die anwaltliche Praxis durch administrative Arbeit, die vielseitig und für mich reizvoll war. Wirtschaftliche, berufspolitische und quasigerichtliche Entscheidungen (in Disziplinarverfahren) waren vorzubereiten und zu treffen. Zu allem brauchte ich bei der Struktur des Kollegiums die Unterstützung der Kollegen, insbesondere der Vorstandsmitglieder, d.h. ich mußte sie von meinen Vorstellungen überzeugen oder mich von den ihrigen überzeugen lassen. Immer war auch zu bedenken, wie die Partei, wie das Justizministerium zu unseren Vorhaben stehen würden. Es war ein Spiel wie in der Politik. Strategie, Taktik und Psychologie waren gefragt. Man mußte Umwege gehen, Zugeständnisse machen und durfte die eigenen Ziele dabei nicht aus dem Auge verlieren.

In den 16 Jahren, in denen ich Vorsitzender war, hatte sich viel verändert. Mit den Zeiten hatten auch die Mitglieder sich geändert. Aus blutigen Anfängern waren Anwälte mit Erfahrung und entsprechendem Selbstbewußtsein geworden. Die Zahl der Mitglieder hatte sich vergrößert, von nur 22 „Gründern" auf nur 47 Mitglieder, immerhin aber auf mehr als das Doppelte. Manche von den „Gründern" hatten uns verlassen. Als einer der ersten und am spektakulärsten ging der bereits erwähnte Rudi Wand, ein anderer war mein smarter Zimmerkollege Gotzmann, ein dritter „Gründer" war unter Alkohol Auto gefahren, wollte sich einem Disziplinar- sowie Strafverfahren entziehen und ging gleichfalls in die Bundesrepublik. Er wurde dort – wie man hörte – allerdings nur Bürovorsteher bei einem Anwalt. Später gingen noch viele den gleichen Weg. Zwei unter den „Gründern" erkannten, daß der Anwaltsberuf nicht ihr Beruf war. Einer davon war unser erster Vorsitzender, der nur aus Parteidisziplin in das Kollegium eingetreten war und der gern dem Ruf nach Aufnahme einer richterlichen Tätigkeit folgte.

Einerseits war das Berliner Kollegium in den 50er Jahren so homogen wie kaum ein anderes, weil das Gros der Mitglieder fast gleichaltrig war und sich viele vom Studium sowie von der Referendarzeit kannten. Andererseits gab es jedoch markante Unterschiede zwischen den Mitgliedern.

Vier Kollegen – Eckert, Haase, Clemens de Maizière (Vater des späteren und letzten Ministerpräsidenten der DDR und einziges Mitglied einer Blockpartei im Kollegium) und Strodt – gehörten z.b. der Westberliner Anwaltskammer an und waren auch stolz darauf. Drei von ihnen waren sogar vor den Westberliner Gerichten zugelassen. Wir anderen waren deswegen auf sie ein bischen neidisch.

Eine Kollegin, Frau Münchhausen, hieß einmal Freifrau von Münchhausen, ihr Vater war einst hochrangiger Reichswehroffizier. Sie hatte allerdings den Adelstitel und die nationalkonservative Familienhaltung abgelegt und war schon früh, d.h. vor 1945, zu den Linken gewechselt. Sie hatte das zweite Staatsexamen abgelegt und vor ihrem Eintritt in das Kollegium als Assessorin bei Inge Gentz gearbeitet.

Einige hatten als Kinder „aus kleinem Haus" den Weg zur Universität nur über die Vorstudienanstalt bzw. die Arbeiter- und Bauern-Fakultät (ABF) gefunden, wo sie das Abitur erlangten.

Unter uns waren ehemalige Soldaten und Offiziere der Wehrmacht, wie der mehr zum Richter als zum Anwalt geborene aufrechte Kollege Jakubik und der zu den jugoslawischen Partisanen gestoßene spätere Parteisekretär des Kollegiums Friedrich Möller. – Alle vertrugen sich und es war nicht oder schwer zu erkennen, wer Mitglied der SED war und wer diese oder jene Vergangenheit hatte. Von manchem Absolventen der ABF konnte man glauben, er wäre aus einer adligen Familie hervorgegangen.

Gemeinsam hatten wir die schweren ersten Jahre zurückgelegt. Wir hatten uns neben den 37 Einzelanwälten, die es 1953 in Ostberlin noch gab, behauptet, obgleich RIAS und Westberliner Presse vor uns als „Stasi-Anwälten" warnten. In den ersten Monaten hatten die Kosten die Einnahmen überstiegen und wir konnten uns nur mit Hilfe von Steuerstundung und einem Kredit von 50.000 DM (der Deutschen Notenbank) – damals für uns eine riesige Summe – über Wasser halten. Einige sahen mit Wand 1953/54 schwarz für unsere Zukunft. Doch das Blättchen wendete sich, und im September 1955 waren wir schon schuldenfrei. Eine wichtige Voraussetzung dafür war das Privileg, daß nur Kollegiumsanwälte beigeordnet werden durften. Etwa 25% der Mandate stammten in dieser Zeit aus derartigen Beiordnungen.

Die vielen Streitfragen über die Gestaltung unserer Briefköpfe, unserer Kanzleischilder usw. hatten wir auch hinter uns. Das Verhältnis von Rechtsanwalt (Individuum) zu Kollegium mußte graphisch adäquat und ideologisch richtig gestaltet werden. Wem gebührte der erste Platz? Dem Anwaltsnamen oder dem Kollegium? Generell war organisatorisch Detail für Detail Neues zu entwickeln. Wie sollte der Zahlungsverkehr abgewickelt, wie und von wem gebucht werden, welche Konten waren einzurichten, wer war zeichnungsberechtigt? Aus dem ursprünglich 30prozentigem Verwaltungskostenbeitrag, den jedes Kollegiumsmitglied aus den von ihm vereinnahmten Gebühren zu entrichten hatte, waren 1954 40% geworden, die alle Unkosten der Anwaltstätigkeit abdecken mußten. Die Mieten und die Sekretärinnen (Höchstgehalt 1953 = 380 DM brutto), Papier, Büromaschinen und Literatur gehörten dazu, nicht

Mit meiner Mandantin in einem Zivilprozeß vor dem Stadtbezirksgericht Berlin-Lichtenberg

allerdings PKWs, die sich die Mitglieder allmählich anschaffen konnten. Meinen ersten „F 9" hatte ich 1955 erworben. Damals konnten wir noch mit einer besonderen Erlaubnis, „Propusk" genannt, durch das Brandenburger Tor nach Westberlin fahren. Das endete dann am 13. August 1961.

Weniger beliebt als der „Propusk" waren die Arbeitseinsätze, die die Kollegiumsmitglieder neben Richtern und Staatsanwälten mitmachten. „Freiheit" definierten wir nach Marx damals als Einsicht in die Notwendigkeit. 17 Rechtsanwälte und 16 Angestellte hatten z.B. 1961 diese Einsicht und arbeiteten später als Erntehelfer in der LPG Grieshof im Oderbruch. Vorher hatten wir Trümmer im Rahmen des Nationalen Aufbauwerks (NAW) beseitigt und erhielten dafür Aufbaumarken. Alles sonntags. Wir trugen es mit Humor, und die Last war auch nicht allzu hoch, wenn man die damalige in Krieg und Nachkrieg gewachsene Leidensfähigkeit berücksichtigt.

Das Verhältnis des Kollegiums als Institution zu den anderen Organen der Rechtspflege war in der Anfangszeit enger als später. Das Kollegium galt als ein hilfsbedürftiges sozialistisches Organ der Rechtspflege. Ich habe noch an sog. Behördenleiterbesprechungen teilgenommen, in denen der Leiter der Abteilung Justiz, der Generalstaatsanwalt von Berlin und der Direktor des Stadtgerichts gemeinsame

Probleme erörterten. Das hörte bald auf. Das Kollegium galt später nicht mehr als Organ der Rechtspflege, es wurde vielmehr zur „Einrichtung der Rechtspflege" herabgestuft. Es wurde nebst seinen Mitgliedern zunehmend kritisiert. Man hatte sich offenbar mehr und anderes von den Kollegien versprochen.

Andererseits wuchsen unsere Anwaltsrechte. Schon am 3. November 1953 war uns mit einem Brief von Justizminister Hilde Benjamin das Recht verliehen, vor allen Gerichten der DDR einschließlich des Obersten Gerichts aufzutreten. So einfach ging das. Amtsmißbrauch, Anstiftung zur Rechtsbeugung?

Für unser Selbstwertgefühl war ein anderes Ereignis von Bedeutung. Am 6. Oktober 1955 beantragte der Generalstaatsanwalt bei dem Westberliner Kammergericht,

„im ehrengerichtlichen Verfahren festzustellen, daß der Antragsgegner (Clemens de Maizière – d.Verf.) eine Beschäftigung betreibt, die nach den Gesetzen mit dem Beruf des Rechtsanwalts nicht vereinbar ist und der Würde der Rechtsanwaltschaft widerspricht und somit die Voraussetzungen nachträglich eingetreten sind, unter denen die Zulassung zur Rechtsanwaltschaft zu versagen wäre ...".

Die „Beschäftigung", die Clemens de Maizière betrieb, war die eines Rechtsanwalts im Berliner Rechtsanwaltskollegium. Er war als nicht dem Kollegium angehörender Ostberliner Einzelanwalt auch bei den Westberliner Gerichten zugelassen, als er im Juni 1955 dem Rechtsanwaltskollegium beigetreten war. Das war ein Novum in der Berliner Anwaltsgeschichte. Der Generalstaatsanwalt von Westberlin hatte prompt reagiert. In seiner Antragsschrift hieß es weiter,

„daß der einem Anwaltskollegium beitretende Rechtsanwalt in Zukunft keine selbständige freiberufliche Tätigkeit mehr entfaltet, sondern als Arbeitnehmer des Anwaltskollegiums, welches die Rechtsform einer juristischen Person hat (§ 1 Abs. 2 des Statuts), beschäftigt wird. Eine solche Beschäftigung erscheint mit dem Beruf des Rechtsanwalts und der Würde der Rechtsanwaltschaft unvereinbar."

Das mit fünf (Westberliner) Rechtsanwälten besetzte Ehrengericht der Rechtsanwaltskammer Berlin wies den Antrag des Generalstaatsanwalts durch Urteil vom 15. Dezember 1955 (Aktentz.: II. EL. 14.55) zurück. Der Generalstaatsanwalt legte hiergegen Berufung ein.

Über die Berufung entschied der Ehrengerichtssenat bei dem Kammergericht in der Besetzung mit Senatspräsident Clausnitzer als Vorsitzendem sowie zwei Kammergerichtsräten und zwei Rechtsanwälten als Beisitzern. Er verwarf die Berufung durch Urteil vom 27. September 1956 (G 1/65 KG). In den Urteilsgründen hieß es:

„Der Ehrengerichtssenat vermochte auf Grund des Ergebnisses der mündlichen Verhandlung den Gedankengängen der Berufung nicht zu folgen, hat vielmehr das angefochtene Urteil und seine Gründe für zutreffend erkannt. Insbesondere ergaben die glaubwürdige Einlassung des Antragsgegners (de Maizière – d.Verf.) und die ebenfalls in ihrer Glaubwürdigkeit unbedenkliche Aussage des Zeugen Strodt (parteilos – d.Verf.), der als Schriftführer Vorstandsmitglied des Rechtsanwaltskollegiums ist, daß ersterem als Kollegiumsmitglied in seiner anwaltlichen Betätigung soviel Freiheit bleibt, daß von einem Wegfall der freien Advokatur nicht gesprochen werden kann."

Dieser Ausgang des Verfahrens war uns eine Genugtuung. Sicher wurde er von uns im Sinne der DDR propagandistisch zu nutzen gesucht, andererseits machte uns die Rechtsstaatlichkeit des Verfahrens Eindruck. Das Urteil ist weitgehend in Vergessenheit geraten. Auch der Geist, aus dem es gefällt wurde, war bei der Überprüfung der DDR-Anwälte durch den Berliner Senat nach 1990 nicht mehr vorherrschend. Nur die Staatsanwaltschaft II bei dem Landgericht Berlin ist auf dem Stand ihres Vorgängers von 1955 verblieben. – Im übrigen hat das Urteil des Kammergerichts keinen Einfluß auf die bundesdeutsche Literatur über die DDR-Anwaltschaft gehabt.

Der Vorstand führte (ebenso wie die Revisionskommission) Revisionen der Mitglieder in den Zweigstellen durch. Ziel war, jedes Mitglied einmal im Jahr zu revidieren. Es war eine langweilige Sache, die auch nicht viel brachte. Bei der Durchsicht von ca. 20 Handakten des betroffenen Mitglieds wurden Stilblüten, Abrechnungsfehler und andere weniger bedeutende Mängel gefunden. Seltener wurden Rechtsfehler von nennenswertem Gewicht entdeckt. Noch seltener oder gar nicht politische „Vergehen". Dennoch, trotz mancher Kleinkariertheit, waren die Revisionen ein Mittel neben anderen, einen ethischen und fachlichen Standard durchzusetzen, der uns befriedigte. In der Regel wurden die festgestellten Mängel (oder das, was wir dafür hielten) in kameradschaftlichen Abschlußgesprächen geklärt und darauf in einem schriftlichen Revisionsbericht der Zweigstelle mitgeteilt. Es wurde dann z.B. in einer Revision gesagt, daß der parteilose Kollege seine Schreiben an Behörden nicht „Mit sozialistischem Gruß", sondern – wie auch alle Genossen – mit dem damals üblichen „Hochachtungsvoll" abschließen solle. Nur einmal führte eine Revision letztlich zu einem Ausschluß. Der Kollege hatte ein derartiges Chaos in seiner Aktenführung und derartige Versäumnisse begangen, daß wir ihn bei allem Verständnis für seinen gutartigen Charakter nicht behalten konnten.

Wir liebten unseren Beruf und wollten unseren „Stall" sauber halten. Dies ist uns, wie ich glaube, im wesentlichen gelungen. Ich fand mich in dieser Auffassung durch eine Recherche über Rechtsanwälte in den neuen Bundesländern bestätigt. Zutreffend fassen die Autoren das Bild, das die ehemaligen Kollegiumsanwälte von der Advokatur der Bundesrepublik haben, in den Worten zusammen: *„Der Zustand der Profession erscheint ihnen weitgehend als Geltungsverlust berufsethischer Normen".*

Wenn Revisionen oder auch Beschwerden von Mandanten oder Dritten Pflichtverletzungen zutage brachten, konnte dies zu Disziplinarverfahren führen. Für solche Verfahren gab es damals, d.h. bis 1970, noch keine Verfahrensordnung. Der Vorstand ermittelte den Sachverhalt, beschloß die Eröffnung des Verfahrens, gab dem betroffenen Mitglied Gelegenheit zu schriftlicher und mündlicher Stellungnahme, ließ die Vertretung durch einen Anwalt zu und entschied in einem ausführlich begründeten schriftlichen Beschluß auf Verfahrenseinstellung, auf Rüge, strenge Rüge, die mit einer Geldbuße verbunden sein konnte, oder sogar auf Ausschluß, was den Entzug der Zulassung bedeutete. Der Betroffene konnte gegen den Beschluß Beschwerde bei der Mitgliederversammlung oder dem Justizminister einlegen. – Berlin führte relativ viele Disziplinarverfahren durch; an Beschwerden kann ich mich nicht erinnern, sie mögen aber in ein oder zwei Fällen erfolgt sein.

Parallel mit der organisatorischen und fachlichen Entwicklung hatten sich die Einkommen der Kollegiumsmitglieder wesentlich verbessert. Rechtsanwälte gehörten in der DDR zu den bestverdienenden Berufsgruppen. 1970 betrug das Durchschnitts-Nettoeinkommen eines Mitglieds des Berliner Kollegiums monatlich 2.156 M, 1953 hatte das Höchsteinkommen eines Mitglieds im Monat 1.215 DM-Ost netto betragen. Das Einkommen der Rechtsanwälte lag damit weit über dem von Richtern, Staatsanwälten, Staats- und Parteifunktionären. Das war ständig ein Stein des Anstoßes. Anwaltsfeindlichkeit und Bestrebungen zur Beschränkung der Rechte und Möglichkeiten der Anwaltschaft sowie Angriffe auf einzelne Anwälte hatten darin ihre mehr oder weniger gut getarnte eigentliche Wurzel. Solche Angriffe abzuwehren war permanente Aufgabe jedes Kollegiumsvorstandes sowie der Zentralen Revisionskommission (ZRK). Weitgehend wurde diese Aufgabe gelöst.

Während die Zahl der Mitglieder und die Höhe ihrer Einnahmen stiegen, blieb die Gesamtzahl der Mandate ab 1961 nahezu konstant. So hatten die Kollegiumsmitglieder 1956 insgesamt 7.689 und 1961, also fünf Jahre später, 8.944 Mandate. Ab 1965 besitze ich noch eine Statistik, die erkennen läßt, wie sich die einzelnen Mandatsarten veränderten. Die nachstehende Tabelle gibt die Zahlen des Berliner Kollegiums wieder:

Jahr	Mitglieder	Aufträge	Strafs.	Ehes.	Zivils.	Gebühren/pro Mon. u. Anwalt vor Steuern
1965	43	10120	1785	fehlt	1402	2.064 DM
1970	47	9382	1737	2578	1746	2.822
1975	50	9118	1594	2625	2805	3.069
1980	56	10197	2105	2635	3440	3.189
1985	64	10513	2018	2637	4101	3.781
1988	64	11105	2172	2653	4726	4.202

Das Kollegium hatte zu Beginn seiner Existenz hauptsächlich von Strafsachen gelebt. Die Aufträge auf diesem Gebiet waren aber Ende der 50er Jahre so stark zurückgegangen, daß sich eine Panikstimmung unter den Kollegiumsvorsitzenden ausbreitete. Ich erinnere mich an eine Sitzung der ZRK-Leitung in Leipzig, in der wegen des anhaltenden Rückgangs der Aufträge in Strafsachen eine äußerst depressive Stimmung aus echter Sorge um unsere zukünftige wirtschaftliche Existenz herrschte. Einige glaubten angesichts der rückläufigen Zahlen der Eingänge von Strafsachen, das von der Politik angestrebte und verkündete Ziel, die Kriminalität in der DDR zu beseitigen, würde erreicht werden. Tatsächlich fing der spätere Anstieg der Zivil- und

Ehesachen, vor allem wegen eines Anstiegs der Streitwerte in diesen Sachen, den relativen Einnahmerückgang in Strafsachen auf. Letzterer setzte sich überdies nicht fort, die Zahl der Eingänge ging nicht mehr zurück, und die Höhe der Honorare stieg etwas an. – Anwaltsängste können nicht nur die Anwälte selbst, sondern auch die Zeitumstände charakterisieren.

Über Aufnahmen in das Kollegium entschied der Vorstand oder die Mitgliederversammlung. Das Justizministerium und die SED-Bezirksleitung wurden vorher gefragt, und ihr Veto sowie ihre Forderungen wurden in der Regel beachtet. Doch meist hatten wir mehr oder weniger freie Hand, und wenn wir nicht wollten, wollten wir nicht. Wir überlegten aber in jedem Fall, lohnt das Ergebnis, das uns vorschwebte, eine Konfrontation mit Partei oder Ministerium? Es gab Fälle, in denen es sich lohnte und in denen wir uns durchsetzten. Ein solcher Fall war die Aufnahme von Dr. Karl Kohn in das Kollegium. Kohn hatte hohe staatliche Funktionen bekleidet und war zuletzt stellvertretender Vorsitzender des Staatlichen Vertragsgerichts. Er mußte aus mir unbekannten kaderpolitischen Gründen (wahrscheinlich wegen Westemigration) aus dem Staatsapparat ausscheiden und bewarb sich bei uns. Helm sprach sich, offenbar weisungsgemäß, gegen seine Aufnahme ins Kollegium aus. Er argumentierte, Kohn sei eine „Atombombe", die jedes Kollektiv sprenge. Er hatte nicht ganz unrecht, aber wir fürchteten keine „Kollektivsprenger" und vertraten überdies die grundsätzliche Auffassung, die Rechtsanwaltschaft sei traditionell das Auffangbecken für unliebsame Juristen. Kohn wurde bei uns einer der erfolgreichsten Anwälte und „Spitzenreiter" sowohl was Einnahmen als auch was Beschwerden anbelangte. Er war aber trotz vieler Zusammenstöße mit Kollegen in Zivilsachen beliebt bei Kollegen und Mitarbeitern. Seine Mitgliedschaft im Kollegium endete mit seinem Tod.

Auch Partei und Minsterium überlegten, ob die offene Brüskierung des Kollegiums in Kader- wie auch anderen Fragen unter den jeweils gegebenen Verhältnissen (wieder der Westen) politisch sinnvoll und tragbar war. Wir waren so weder willenlose Werkzeuge der Partei oder des Staates noch völlig autonome Repräsentanten der Anwaltschaft.

Wie bei den Aufnahmen war es auch bei den Disziplinarverfahren, die vom Vorstand in erster, von der Mitgliederversammlung im Falle von Beschwerden in zweiter Instanz durchgeführt wurden. Das Ministerium oder die Partei konnten solche Verfahren fordern oder ihnen widersprechen. Beides kam vor, aber selten. Die Autonomie der Kollegien drückte sich in der Praxis ihrer Disziplinarverfahren deutlich aus. Der Berliner Vorstand war streng, strenger als andere. Das Justizministerium nahm das zum Anlaß, in Berlin ein besonders schwaches Kollegium zu sehen. Es hatte eben keine Ahnung.

Alle Mitglieder des Vorstandes hatten ein gutes Verhältnis zueinander, zu einigen hatte ich geradezu freundschaftliche Beziehungen. Die wöchentlichen Vorstandssitzungen wurden dadurch zu angenehmen und oft interessanten Aussprachen bei Kaffee, belegten Broten und hin und wieder auch bei einem Glas Weinbrand. Finanziert wurde das durch die Beteiligten selbst. Während der Vorsitzende in Berlin ein Honorar von 1.800 M erhielt, arbeiteten die übrigen Vorstandsmitglieder zunächst unentgeltlich und erhielten erst später eine Entschädigung von 500 M.

Die Mitgliederversammlung des Kollegiums fand monatlich statt und erörterte Fachfragen. Kollegen, Richter, Staatsanwälte, andere Justizfunktionäre und Wissenschaftler sprachen zu Themen, die wir aussuchten. Natürlich wurden Parteitage und besondere Plenen des ZK der SED behandelt. Daneben wurden Kollegiumsfragen erörtert. Jedes Jahr gaben Vorstand und Revisionskommision ihre Rechenschaftsberichte, alle zwei Jahre war dies mit der Wahl verbunden. Auch der Haushaltsplan wurde in diesen Jahreshauptversammlungen von den Mitgliedern beschlossen. Dabei wurden Wege gesucht und gefunden, die Protokolle so zu fassen, daß sie dem Ministerium keine Informationen gaben, die wir im Interesse des Kollegiums nicht geben wollten. Das Ganze machte nicht nur Ärger, sondern auch Spaß. Allerdings blieben wir in Berlin immer bemüht, die Regeln der Fairneß nicht zu verletzen. Doppelte Vorstandsprotokolle – eins für den Hausgebrauch und eins für das Ministerium – gab es in Berlin nicht. Mindestens in einem Kollegium, das beim Ministerium viel angesehener war als wir, gab es sie. Bei der „Aufarbeitung" der Geschichte an Hand von Protokollen sollte man dies beachten.

Vor jeder Mitgliederversammlung fand das Parteilehrjahr statt. Ursprünglich war es im Kollegium wie überall sonst nur eine Veranstaltung für die Mitglieder der Partei gewesen. Daneben hatte es noch politische Schulungsveranstaltungen im Rahmen der Mitgliederversammlungen gegeben. Das bedeutete für die Genossen, die beide Belehrungen besuchen mußten, eine doppelte Belastung. Wir erreichten schließlich, daß wir das Parteilehrjahr für alle Mitglieder gemeinsam durchführen durften. Später verfuhren alle anderen Kollegien ebenso. Es hatte sich als praktisch erwiesen. Parteilehrjahr war bei uns oft frisch und kontrovers. Mancher Dogmatiker aus Ost und West wäre erschüttert gewesen. Deswegen machte es manchmal sogar Spaß.

Organisatorisch hatten die 15 Rechtsanwaltskollegien der DDR (je ein Kollegium in jedem Bezirk) ihre Strukturen entwickelt und gefestigt. Durch ihre verschiedene Entstehungsgeschichte bedingte Unterschiede waren geringer geworden, völlig eingeebnet wurden sie nie. Zwischen der Gründung des ersten Kollegiums in Halle und des letzten Kollegiums in Rostock lag etwa ein Jahr. Schon daraus ergaben sich Unterschiede. Hinzu kam die verschiedene Struktur der Bezirke. Das Justizministerium verspürte die Notwendigkeit einer Vereinheitlichung. Das Justizministerium war in erster Linie Hilde Benjamin und dann, im Hinblick auf Rechtsanwälte, Rolf Helm. Helm war wie Benjamin vor 1933 Anwalt der Roten Hilfe gewesen. Ursprünglich war er zu Höherem berufen, war Generalstaatsanwalt erst des Landes Sachsen, dann Ostberlins und sollte Leiter der Kanzlei von Wilhelm Pieck werden. Irgend etwas kam dazwischen und seine Karriere erhielt einen Knick. Er wurde Leiter des unbedeutenden Referats bzw. der Abteilung „Rechtsanwälte und Notare" im Justizministerium. Hier hatte er dann die undankbare Funktion eines Exanwalts gegenüber Anwälten.

Helm berief 1954 eine Tagung aller Vorsitzenden der Kollegien nach Friedrichroda ein. Es war wahrscheinlich die erste Veranstaltung, auf der sich die Vorsitzenden gegenseitig kennenlernten. Auf jeden Fall war es die erste Begegnung dieser Art, an der ich teilnahm. Ziel war aus der Sicht des Ministeriums, aus den Vorsitzenden hauptamtliche Funktionäre zu machen. Die Diskussion zu den Vorschlägen des Ministeriums verlief kontorvers. Die Vorsitzenden wollten nicht so wie das Ministerium. Sie kamen aber nur zögernd auf einen einheitlichen Kurs. Am Rande der Tagung besprachen wir unsere Probleme. Abgesehen von einem Kollegium wollten alle keinen hauptamtlichen Vorsitzenden. Im Ergebnis der Beratung in Friedrichroda wurde ein Kompromiß erzielt, der die Vorsitzenden mehr und dauerhafter befriedigte als das Ministerium: Halbtagsarbeit hieß die Lösung: 50% Vorsitzender und entsprechende Honorierung durch das Kollegium, 50% Rechtsanwalt.

Einheitlich waren wir unter uns am Rande der Tagung zu der Auffassung gekommen, wir brauchen ein vom Ministerium möglichst unabhängiges Koordinierungs- und Lenkungsorgan. Bei der uns bekannten Haltung Hilde Benjamins war klar, einer Anwaltskammer, einem zentralen Rat der Kollegien würde sie nie zustimmen. Das war für sie reaktionäre Standespolitik. So kamen wir zu dem Entschluß, dem Ministerium die Bildung einer „Zentralen Revisionskommission der Kollegien der Rechtsanwälte der DDR" vorzuschlagen. Das klang nach Überwachung, das klang gut. Gerhard Häusler, der damals noch Vorsitzender des Kollegiums Neubrandenburg war und 1970 mein Nachfolger wurde, arbeitete ein Statut der ZRK (so die Abkürzung) aus. Wir hatten richtig gepokert, das Ministerium akzeptierte die ZRK als eine Institution der Kollegien, bildete aber gleichzeitig einen „Beirat für Fragen der Rechtsanwaltschaft" als eigenes Organ. Der „Beirat" führte ein kümmerliches Dasein und schlief schließlich ein. Die ZRK bewährte sich und koordinierte z.T. mit viel Mühe die Haltung der Kollegien in gemeinsam interessierenden Fragen. – Unsere Tarnung war so gut gewählt, daß sie auch die Betrachter aus der BRD täuschte. Hier galt die ZRK wirklich als Überwachungsinstrument von Partei und Ministerium. Das konnten und wollten wir nicht entkräften. War damals amüsant.

Eine der prekärsten Situationen in der Geschichte der Kollegien entstand durch den Versuch des Erlasses einer neuen Rechtsanwaltsordnung, dem eine neue Gebührenordnung folgen sollte. Es muß 1964 gewesen sein, als das Justizministerium allen Kollegiumsvorständen einen Entwurf übersandte, der die alte Reichsrechtsanwaltsordnung, die formell noch in Kraft, tatsächlich aber obsolet geworden war, ersetzen sollte.

Das Ministerium sah wohl Widerstand voraus und schickte Emissäre zu den Vorständen der Kollegien. Ziel ihrer Mission war, im Einzelgespräch Zustimmungserklärungen der Vorstände der Kollegien zu erreichen. Hier und dort waren die Sendboten erfolgreich. Das Bestreben des Ministeriums, die Unabhängigkeit des Anwalts und der Kollegien aufzuheben und sich insbesondere das Recht zu verleihen, die Handakten der Rechtsanwälte zu revidieren, wurde als Hilfe deklariert. Angebotene Hilfe abzulehnen ist immer delikat, besonders wenn der Anbieter gar mächtig ist. So hielten es einige Vorstände für eine kluge Taktik, durch das vermeintliche Bauernopfer der Unabhängigkeit im Beruf die vorteilhafte finanzielle Position zu erhalten. Es war für den Vorsitzenden im persönlichen Gespräch mit dem Abgesandten des Ministeriums auf jeden Fall auch der Weg des geringsten Widerstandes.

Der Vorstoß des Ministeriums mißlang trotz der unterschiedlichen Haltung in den Kollegien. Die ZRK war durch die Einzelgespräche ins Hintertreffen geraten. Erst spät gelang es, ihren Einfluß geltend zu machen. Im Zuge der Diskussionen lehnte die Mitgliederversammlung des Rechtsanwaltskollegiums Berlin nicht nur den Ministeriumsentwurf ab, sondern beschloß am 7. August 1964 den Entwurf eines „Gesetzes über die Rechtsanwaltschaft der Deutschen Demokratischen Republik". Der Entwurf enthielt einige prinzipielle Aussagen, die so dem Ministerium nicht recht waren. § 3 lautete z.B.: „Der Rechtsanwalt ist in seiner Tätigkeit unabhängig und nur dem Gesetz unterworfen". § 32 sah bindend vor: „Der Vorstand wird in geheimer Wahl ... gewählt." Schließlich besaß er die Kühnheit, in § 40 einen „Rat der Rechtsanwälte" als „das höchste Organ der Rechtsanwaltschaft" in der DDR vorzusehen. Der Rat sollte aus 35 gewählten Mitgliedern der Rechtsanwaltschaft (also auch der Einzelanwälte) bestehen. Schließlich sah der Entwurf Disziplinarkammern vor, die anstelle des Ministeriums über Beschwerden gegen Disziplinarentscheidungen der Vorstände der Kollegien oder gegen solche Entscheidungen der Disziplinarausschüsse, die für Einzelanwälte gedacht waren, entscheiden sollten. Alle Mitglieder des Berliner Kollegiums stimmten dem Entwurf zu, nur ich war dagegen. Das Ministerium meinte später, das sei hinterhältige Taktik gewesen.

Die Parteiorganisation des Berliner Kollegiums rief schließlich das ZK um Hilfe an. Wir fragten: Was wird der Westen zu der Rechtsanwaltsordnung des Ministeriums sagen? Das schlug durch. Die Partei sprach zwei Machtworte: eines gegen das Ministerium, dessen Emissäre erneut ausschwärmen mußten, diesmal um persönlich jedes Exemplar des Ministeriums-Entwurfs wieder einzusammeln, was komplett gelang. Auch ich behielt zu meinem Bedauern kein Exemplar mehr. Fotokopiergeräte gab es noch nicht. So weiß ich heute nicht mehr genau, was in dem Entwurf stand. Ich weiß nur, es war fürchterlich. Das andere Machtwort richtete sich gegen uns. Mit dem Gegenentwurf hätten wir die Grenzen des Zulässigen überschritten. Damit konnten wir leben. Die Rechtsanwaltsordnung des Ministeriums war vom Tisch und wurde nie wieder gesehen. – Das Beispiel lehrt: Der „Westen" hat durch seine bloße Existenz, die DDR und ihre Bürger vor vielem Ungemach bewahrt. Umgekehrt soll es ähnlich gewesen sein. Immer saß der Schatten des „Feindes" mit am Konferenztisch. Manche vermissen ihn heute.

In den Jahren, die seit ihrer Konstituierung 1957 vergangen waren, hatte die ZRK einen eigenen Arbeitsstil entwickelt. Die Vorsitzenden der Kollegien trafen sich in der Regel einmal im Quartal, z.T. in Begleitung eines weiteren Mitglieds des jeweiligen Kollegiums, zu den ZRK-Tagungen und berieten offiziell oder in persönlichen Gesprächen anstehende Fragen. Das Ministerium und zunehmend auch das ZK waren auf diesen Tagungen vertreten. Daneben führte die ZRK, um ihrem Namen gerecht zu werden, sog. Revisionen durch. Die Vorstände der Kollegien revidierten sich nach einem vorher beschlossenen Plan wechselseitig. Die Revision hatte nur die Vorstandstätigkeit, nicht die Tätigkeit der Anwälte zum Gegenstand. Eigentlich war sie ein Erfahrungsaustausch. Man tat sich gegenseitig nicht weh, sah aber, wie der andere Eingaben bearbeitete, Disziplinarverfahren durchführte, Protokolle schrieb, die Mitglieder revidierte und Rechenschaftsberichte verfaßte. Man lernte sich kennen, fand persönlichen Kontakt. Solche Revisionen fanden ohne Beteiligung von Partei- oder Ministeriumsfunktionären statt. Das war wichtig und erhöhte ihre interne Bedeutung.

Die ZRK hatte – wie könnte es anders sein – auch eine Leitung. Sie bestand aus sechs Vorsitzenden, einer aus jedem der ehemaligen fünf Länder und dem Berliner Vorsitzenden. So sollte ein enger und schneller Kontakt zwischen den Leitungsmitgliedern und den anderen Vorsitzenden hergestellt werden. Die Leitung wurde von der ZRK gewählt – damals noch geheim. Berlin stellte aus praktischen Gründen (Nähe zum Ministerium) immer den Vorsitzenden, der formell von den Leitungsmitgliedern gewählt wurde. Die Leitungssitzungen fanden etwa monatlich ohne Beteiligung des Ministeriums oder des ZK statt. Das sollte sich nach 1970 ändern. Die Leitungsmitglieder hatten zueinander ein ähnlich gutes Verhältnis wie die Vorstandsmitglieder des Berliner Kollegiums.

Die ZRK führte Statistiken über die Entwicklung der Kollegien, die von der Leitung ausgewertet wurden, um die Interessen der Kollegien und ihrer Mitglieder gegenüber dem Justizministerium zu vertreten. Sie machte dazu Vorschläge, die sie mit weiterem gesammelten Faktenmaterial – Analysen genannt – zu stützen suchte. Die Fakten wurden in anonymen Fragebogen erfaßt, die in allen Kollegien an die Mitglieder ausgegeben wurden. So gab es Analysen über die Tätigkeit in Strafsachen u.a. mit dem Ziel, die Zahl der Pflichtverteidigerbestellungen besonders in Jugendsachen zu erhöhen, in Verwaltungssachen mit dem Bestreben, den Anwälten Zugang zu den Verwaltungen zu ermöglichen, da diese territorial unterschiedlich Anwälte als Bevollmächtigte zum Teil ablehnten. Analysen waren bei den Kollegiumsmitgliedern nicht beliebt, weil sie Arbeit machten und kein Geld brachten. Sie waren jedoch nach meinem Eindruck für die Vertretung der Interessen der Anwälte nützlich.

Beliebt waren dagegen die sog. Seminare der ZRK. Sie folgten in bescheidenem Rahmen dem Vorbild der Anwaltstage. Überhaupt verfolgte die Leitung der ZRK interessiert die Entwicklung der Anwaltschaft in der Bundesrepublik und in der Sowjetunion. Mit Hilfe des Justizministeriums bezogen wir die „NJW" und das „Anwaltsblatt". Besonders letzteres war für uns aufschlußreich. Warum das Ministerium uns den Bezug ermöglichte, wurde mir nicht klar. Ich nehme an, daß das finanzielle Gründe hatte. Wir zahlten, und das Ministeriums las erst die Zeitschriften, bevor wir sie erhielten und behalten durften. Schwieriger war es mit „Sowjetskaja Justizia" und „Gossudarstwo i prawo" („Staat und Recht"). Keiner von uns konnte hinreichend russisch. So suchten wir nach dem englischen Inhaltsverzeichnis Artikel zur Übersetzung aus. Die übersetzten Artikel verschickten wir an die Kollegien. Wir erfuhren auf diese Weise Tendenzen im sowjetischen Recht, die für uns wichtig waren. Das war dem Justizministerium unangenehmer als der Bezug der bundesdeutschen Zeitschriften. Man nörgelte an uns herum, verlangte auch die Übersetzungen und wollte uns schließlich auf die offiziellen Übersetzungen beschränken. Die Leitung blieb bis in die 70er Jahre fest. – Um die ganze Wahrheit zu sagen, manche Anwälte fanden die Übersetzungen zu teuer. Gewisse marktwirtschaftliche Betrachtungsweisen gab es auch in der DDR, zumindest in den Anwaltskollegien.

Der Abschied von der Tätigkeit im Vorstand und in der Zentralen Revisionskommission fiel mir schwer. Andererseits waren 16 Jahre genug, vielleicht schon zu viel. Ich konnte jetzt meine Zeit ganz der anwaltlichen Arbeit widmen. Ich muß gestehen, daß mich diese Aussicht nicht glücklicher machte. Die anwaltliche Routinearbeit war nicht mein Lebensinhalt. Aber was halfs, der Alltag schien alltäglicher werden zu müssen. Ganz so war es dann doch nicht. Die „jähen Wendungen", von denen Erich Honecker häufiger sprach, würzten und unterbrachen immer wieder den Alltag.

18. Verteidiger von Republikflüchtigen und „Asozialen" in den 70er Jahren

Politische Prozesse im engeren Sinn des Begriffes wurden in den 70er Jahren seltener. Zahlreich waren dagegen Strafverfahren, die in weiterem Sinn politisch bedingt und politisch zweckgerichtet waren. Zu ihnen gehörten vor allem die Republikfluchtprozesse, aber auch die Verfahren wegen asozialen Verhaltens.

Das illegale Verlassen der DDR war eine Erscheinung, die die Zivil- und Strafjustiz der DDR seit ihrem Bestehen beschäftigte. Selten handelten die Täter aus politischer Überzeugung, meist waren rein persönliche Motive ausschlaggebend für den Entschluß, „in den Westen" zu gehen. An der Spitze der Motive stand die Erwartung, in der Bundesrepublik ein besseres Leben zu führen. Für die vorwiegend jungen Täter spielten dabei westliche Autos, Motorräder, Musik, Kleidung und überhaupt der westliche „lifestyle" eine ausschlaggebende Rolle. Häufig waren auch Fälle grenzüberschreitender Liebesbeziehungen und schlichte Liebestragödien mit DDR-Partnern, bei denen die Flucht nach dem Westen die Trennung demonstrieren sollte, sozusagen Selbstmordersatz war.

Nach dem Bau der Mauer entwickelte sich im Laufe der Zeit eine Rechtsprechung, die einen starren Tarif für die Bestrafung der meist nur versuchten oder vorbereiteten Republikflucht ergab. Das machte die Verteidigung frustrierend. Hatte ich anfangs noch häufiger Mandate von Republikflüchtigen, nahm deren Zahl später immer mehr ab. Rechtsanwalt Vogel wurde der Spezialist auf diesem Gebiet. Sein Name war unter den einschlägig Beschuldigten in den Haftanstalten in aller Munde. Auch von den offiziellen Stellen der Bundesrepublik, die sich mit den Problemen ausreisewilliger DDR-Bürger befaßten, wurde Prof. Vogel den Rechtsuchenden als Anwalt empfohlen. Persönlich, über seine Sozii oder über Unterbevollmächtigte in anderen Städten der DDR erfüllte er seine Aufgabe damals zur vollen Zufriedenheit seiner Mandanten. Später sahen dies einige von ihnen allerdings anders. Es bestätigte sich so auch in seinem Schicksal die alte Erkenntnis: Der größte Feind des Anwalts ist der Mandant.

Ein Fall, der sich bald nach der Errichtung der Mauer ereignete, ist mir wegen seiner Kuriosität in Erinnerung geblieben. Eine alleinstehende Frau bat mich, ihren 17jährigen Sohn zu verteidigen. Er war aus dem Zug heraus verhaftet worden, als er in die CSSR reisen wollte, um von dort über die grüne Grenze in die Bundesrepublik zu gelangen. Ich wies darauf hin, daß meine Verteidigungsmöglichkeiten gering seien, aber sie sagte mir, es käme ihr in erster Linie darauf an, daß ich versuchen solle, einen im Sinn der DDR günstigen Einfluß auf den Sohn zu nehmen. Sie war im Parteiapparat beschäftigt und der Sohn hatte ihr immer Kummer bereitet. Vor dem Bau der Mauer hatte er, fast noch ein Kind, Warenhausdiebstähle in Westberlin begangen und war dabei offenbar mehr als einmal gestellt und verurteilt worden. Nach 1961 hätte sie auf eine Besserung im Verhalten ihres Sohnes gehofft, leider offenbar vergeblich. Ich sagte zu, mich des Sohnes anzunehmen.

Wie üblich in dieser Zeit bekam ich zunächst weder Akteneinsicht noch Sprecherlaubnis. Ich wußte also nicht, was meinem Mandanten konkret zur Last gelegt wurde. Die Mutter dagegen erfuhr im Laufe von Wochen das eine und das andere von der Polizei und teilte es mir mit. So war das damals. Ich erfuhr, der Sohn hatte anscheinend mit Gleichaltrigen in Ostberlin und im Randgebiet Einbrüche in leerstehende Lauben und Wochenendhäuser begangen. Die Polizei machte der Mutter Vorwürfe, daß sie nicht bemerkt hätte, welche Gegenstände ihr Sohn in den Keller der Wohnung brachte. Sie hatte ihrem Sohn geglaubt, daß er von einem Republikflüchtigen die Erlaubnis erhalten hatte, Sachen aus seinem Haus zu entnehmen. Sie schilderte, was für Sachen das waren. Schließlich wurde ich stutzig, fragte nach Einzelheiten und erfuhr, daß mein Mandant zu den unbekannten Tätern gehörte, die etwa ein Jahr zuvor das Wochenendhaus meiner Familie verwüstet und daraus Gegenstände gestohlen hatten. Ich war also Verteidiger „meines" Einbrechers geworden. Natürlich legte ich das Mandat nieder. Der Knabe wurde dann von Rechtsanwalt Stegmann verteidigt, der früher Oberrichter beim Obersten Gericht gewesen war. Von ihm wird später noch zu reden sein.

Republikfluchtmandate waren nichts für mich. Man konnte damit Geld verdienen, aber Menschen zu verteidigen, die, wenigstens z.T., verurteilt werden wollten, machte keinen Sinn. Ich kam allerdings nicht in die Verlegenheit, zwischen Honorar und beruflicher Erfüllung zu wählen. Ich erhielt – von wenigen Ausnahmen abgesehen – keine derartigen Aufträge mehr. Warum das so war, kann ich nur vermuten. Ich galt wohl bei Auftraggebern wie Auftragverteilern gleichermaßen als ungeeignet.

Nicht verschont blieb ich dagegen von Mandanten, denen asoziales Verhalten vorgeworfen wurde. Dieses Delikt war 1968 in das Strafgesetzbuch der DDR aufgenommen worden. Der Tatbestand des § 249 StGB beschrieb es in seinem Absatz 1 mit den Worten:

„Wer das gesellschaftliche Zusammenleben der Bürger oder die öffentliche Ordnung und Sicherheit beeinträchtigt, indem er sich aus Arbeitsscheu einer geregelten Arbeit entzieht, obwohl er arbeitsfähig ist, wird mit Verurteilung auf Bewährung, Haftstrafe oder mit Freiheitsstrafe bis zu zwei Jahren bestraft."

Das Erfordernis der Beeinträchtigung des Zusammenlebens der Bürger bzw. der öffentlichen Ordnung oder Sicherheit wurde im Laufe der Jahre unterschiedlich interpretiert. Ein DDR-Witz charakterisierte die Entwicklungstendenz wir folgt:

Der zurückgetretene Walter Ulbricht besucht ein Gefängnis. Auf seine Frage an einen Häftling, was er gemacht habe, antwortete dieser knapp: *„Nichts."* Ulbricht: *„Und* *was haben Sie dafür bekommen?"* Antwort: *„Ein Jahr".* Ulbricht: *„Bei mir gab es dafür zwei Jahre."*

Die Mandate wegen Asozialität waren auch keine schönen Mandate. Auch hier gab es einen Tarif, der im wesentlichen durch die Dauer der Nichtarbeit bestimmt war. Die Chancen der Verteidiger waren gering. Die Beauftragung des Anwalts erfolgte regelmäßig durch Angehörige, die schon vorher die Last getragen hatten, das mißratene Familienmitglied zu unterhalten. Ihnen noch die Kosten einer wenig chancenreichen Verteidigung aufzubürden, war nicht angenehm.

Die Bestrafung der Asozialität erwies sich als ein Flop der Strafpolitik. Die Täter waren in der Regel psychisch Hilfsbedürftige, die durch Strafe nicht gebessert wurden. „Assis" genannt, trugen sie in Untersuchungshaft wie im Strafvollzug ein schweres Los. Sie waren die Parias unter den Gefangenen und wurden von diesen entsprechend behandelt. Nach der Bestrafung „fielen sie wieder an". Sie konnten nicht anders leben. Die Strafpolitik nahm das schließlich widerstrebend zur Kenntnis. Aufgehoben wurde § 249 erst nach der Wende im 6. Strafrechtsänderungsgesetz, geplant war diese Maßnahme aber wohl schon früher. Die Verfolgungswut hatte längst abgenommen.

19. Anwalt in Paris
(1971-1974)

Mein Alltag als DDR-Anwalt, ausgefüllt von Scheidungen, kleinen Zivil- und Straf-prozessen, wurde 1971 unerwartet von einem internationalen, einem „NSW"-Mandat unterbrochen. Das hatte ich noch nicht erlebt, das war nach meinem Geschmack, das erfüllte Träume. Französisch war meine erste Fremdsprache. Ich hatte zwar in der Schule darin keine guten Zensuren, aber ich hatte französische Literatur gelesen und im Krieg mit Franzosen in der Fabrik gearbeitet und auch parliert. Es war wie ein Traum.

Ich sollte nach Paris fahren, um im Auftrag der Ehefrau einen Mann namens Hans Voelkner anwaltlich zu betreuen, der dort im Mai 1969 wegen Spionage für die DDR zusammen mit anderen „Kundschaftern" (so der Fachausdruck des MfS) zu einer Freiheitsstrafe von zwölf Jahren verurteilt worden war. Die eigentliche juristische Arbeit war also schon getan, das hatten französische Offizialverteidiger besorgt. Jetzt ging es „nur" noch darum, die Verurteilten aus dem Gefängnis zu bekommen. Es ist typisch, die eigentliche, die juristische Verteidigung ist in Spionage-Sachen international praktisch chancenlos. Praktisch chancenreich, ja so gut wie sicher ist dagegen, daß ein verurteilter Spion die Strafe nicht voll zu verbüßen braucht. Darum ging es. Darum und natürlich auch um Hafterleichterung bis zu diesem Tag X. Vier Jahre sollte es dauern, bis mein Mandat erfüllt war.

Der Fall Voelkner war der erste dieser Art für mich. Andere folgten ihm. Achtzehn Jahre hatte ich neben gewöhnlichen Straffälligen nur Kriegsverbrecher und politische Gegner der DDR verteidigt, Spione des BND, der CIA, des französischen Geheim-dienstes usw. Ich hatte das absurd gefunden, nun war es auf einmal anders, jetzt sollte, durfte ich, wie z.B. Prof Kaul, „unsere" Leute verteidigen. Was hatte sich geändert? Ich weiß es nicht, habe nie danach gefragt, hätte doch nie eine befriedigende Antwort bekommen.

Das Strafverfahren gegen Hans Voelkner hatte 1969 erhebliches Aufsehen in Frankreich erregt. Neben der Tatsache der Spionage für die DDR war es Voelkners Herkunft und Lebensweg, die die Gemüter beschäftigten. Voelkners Eltern, emigrierte deutsche Artisten, waren als Mitglieder der internationalen Widerstandsgruppe, die die Gestapo „Rote Kapelle" genannt hatte, von den Nazis im März 1943 in Paris ver-urteilt und hingerichtet worden.

Hans Voelkners eigener Lebensweg war abenteuerlich. Volksschule in Paris, nach Verhaftung seiner Eltern NS-Internatsschule (zur Umerziehung) in Deutschland,

1945 zum Reicharbeitsdienst eingezogen und desertiert. Untersuchungshaft wegen der Beschuldigung des Hoch- und Landesverrats erst in Stettin dann in Bützow-Dreibergen. Befreiung durch die Rote Armee am 3.5.1945, mit anderen Franzosen unter Ausnutzung seiner perfekten Kenntnisse der französischen Sprache zurück nach Paris, dort als Deutscher interniert, dann Arbeiter und später Schüler an einer berühmten protestantischen Internatsschule. Auf ihr lernte er Mitschüler kennen, die später als Künstler oder auf andere Art in Frankreich bekannt wurden und sich für den verurteilten Spion einsetzten. Weil es Hans Voelkner in der Internatsschule nicht gefiel, ging er nach Paris zurück. Wegen Teilnahme an einer Demonstration wurde er 1947 aus Frankreich ausgewiesen. In Deutschland arbeitete er anschließend in der französischen Besatzungszone für die FDJ, geriet aber wegen Dolmetschertätigkeit für die Franzosen in Verdacht, auf beiden Schultern getragen zu haben und wurde entlassen. In finanzieller Not beging er einen kleinen Diebstahl, mußte sechs Monate ins Gefängnis und versuchte anschließend 1949 in die Ostzone zu gelangen. Sowjetische Soldaten griffen ihn auf, schickten ihn wieder zurück und, als er es erneut versuchte, wurde er zu 25 Jahren Gefängnis verurteilt und ins Zuchthaus Bautzen eingeliefert, wo er bis 1955 verblieb. Mit Hilfe seines Onkels, des in der DDR bekannten Schriftstellers Benno Voelkner, absolvierte er eine Ausbildung als Bibliothekar und arbeitete schließlich in der Abteilung Kultur einer Kreisverwaltung, bis er in den 60er Jahren von der Hauptabteilung Aufklärung des MfS angeworben und in Frankreich eingesetzt wurde. Man kann seinen Lebenslauf in seinem Buch „Salto mortale" nachlesen.

Meine ersten Schritte in Paris machte ich unter der Obhut von Rechtsanwalt Joe Nordmann. Nordmann war mir über Hilde Neumann und die Arbeit in der Vereinigung Demokratischer Juristen bekannt geworden. Er war langjähriger Präsident der Internationalen Vereinigung Demokratischer Juristen, hatte in der Resistance gekämpft, war Mitglied der Kommunistischen Partei Frankreichs und genoß national und international hohes Ansehen. Als Elsässer sprach er fließend deutsch. Nordmann hatte vielfältige berufliche Verbindungen zur DDR, stand ihr aber wie die ganze französische Kommunistische Partei zumindest seit den 70er Jahren reserviert gegenüber.

Eine Szene, die dies und anderes belegt, hat sich in meinem Gedächtnis unangenehm festgehakt: Nordmann besuchte mich in meiner Berliner Plattenbauwohnung. Meine Frau hatte Hühnchen gebraten, was wir damals als etwas besonders Delikates empfanden. Das Hühnchen war (ausnahmsweise) zäh. Wir waren beschämt, aber Nordmann blieb charmant. Vom Wein (bulgarischer Cabernet) nahm er nichts. Fand ich merkwürdig. Das wiederholte sich später. Da er in Paris gern Wein trank, kam in mir die Vermutung auf, daß das nicht nur an der Qualität unseres Weines lag, sondern daß er möglicherweise Angst hatte, der Wein könnte unerwünschte Nebenwirkungen haben, wie sie im Agentenmilieu vorkommen sollen. Ich weiß es nicht. Doch bezeichnend für die Situation sind allein schon meine Gedanken.

116

Nordmann residierte in Paris in einem feudalen Gebäude aus dem 18. Jahrhundert. Alles in seiner Umgebung hatte Stil, nicht nur seine Möbel. Sehr beeindruckt hatte mich ein Abendessen bei ihm, dessen einzelne Gänge eine farbige Haushälterin jeweils auf ein Glockenzeichen auftrug. Manches erinnerte mich in Frankreich an das Deutschland meiner Kindheit, in dem es auch noch Dienstmädchen und Messerbänkchen gab. Nordmann selbst aber war trotz dieses Ambiente einfach und bescheiden, machte nichts von sich her. Die Allüren eines meiner gutverdienenden DDR-Kollegen, mit dem er zusammengekommen war, entsprachen nicht seinem Geschmack. Das sagte er auch.

Das moderne Gegenstück zu Nordmann war der Offizialverteidiger Voelkners, Rechtsanwalt Soulez Larivière. Auch er offenbar aus gutbürgerlichem Haus, aber ein, zwei oder mehr Generationen jünger. Als Sieger in einem Wettbewerb junger Anwälte, der traditionsgemäß jährlich durchgeführt wird, hatte er vom Präsidenten der Pariser Anwaltskammer die Offizialverteidigung von Hans Voelkner übertragen erhalten. Er engagierte sich sehr für seinen Mandanten und half mir auf dem ungewohnten Pariser Pflaster, wo er nur konnte. Später schrieb er ein Buch über die Anwaltschaft mit Interviews von Anwälten verschiedener Länder, in dem er auch mich zu Worte kommen ließ. Ich verteidigte darin auf meine Art die DDR, nicht sicher, daß das von den Genossen über mir verstanden und geschätzt werden würde. Ich vertraute darauf, daß sie das Buch nicht lesen würden. Das war wohl auch so.

Schließlich lernte ich über die Affäre Voelkner auch Gilles Perrault kennen. Er hatte u.a. ein Buch über die „Rote Kapelle" geschrieben und war dadurch am Schicksal von Hans Voelkner besonders interessiert. Am Vorabend des Prozesses gegen Hans Voelkner hatte er einen Artikel in „Le monde" veröffentlicht, den er mit der Zeile eines Gedichts überschrieb, das Voelkner mit 15 Jahren geschrieben hatte, nachdem er von der Verhaftung seiner Mutter erfuhr. In deutscher Prosa lauten die letzten Zeilen des Gedichts: *„Du findest in mir für Deine Idee keinen besseren Erben"*. Perrault machte daraus die französische Zeitungsüberschrift: *„Der beste der Erben"*.

Der Kreis von Sympathisanten, der sich um Hans Voelkner gebildet hatte, bemühte sich, ihm zu helfen. Ihre moralische Unterstützung war ebenso wichtig wie erfolgreich, aber sonst bewegte sich wenig und das Wenige auch nur langsam.

Die französische Polizei und Justiz sind hart. Bis zu meinen Frankreich-Erfahrungen dachte ich immer nur, die Justiz der DDR und natürlich die der UdSSR und der anderen sozialistischen Länder seien hart. Jetzt lernte ich dazu. Voelkner war vom französischen Staatssicherheitsgerichtshof (Court de sécurité de l'état) verurteilt worden. Allein die Existenz eines solchen Sondergerichtshofs sagt etwas über die Justiz eines Landes im allgemeinen und seine politische Justiz im besonderen aus. Das Gericht war mit Militärs besetzt, war also faktisch ein Militärgericht. Französische Kollegen erzählten mir, ein französischer Politiker (war es Clémenceau?) hätte gesagt, die Militärjustiz verhalte sich zur ordentlichen Justiz wie Militärmusik zu Kammermusik. Für Frankreich dürfte das zutreffen, in der DDR allerdings waren die Militärgerichte oft ziviler als die ordentlichen. Verteidiger führten das darauf zurück, daß die Gehälter der Militärrichter wesentlich höher als die ihrer Kollegen waren. Mitterand schaffte später den Staatssicherheitsgerichtshof ab. Die Konsequenzen durfte ich auch noch miterleben.

Voelkners Strafe von zwölf Jahren belegte die Härte der Justiz Frankreichs. Was er tatsächlich gemacht hat, habe ich nie erfahren. Ich weiß nur, daß man ihm praktisch nicht mehr beweisen konnte, als daß er für den Nachrichtendienst der DDR gearbeitet hat.

Voelkner verbüßte seine Strafe in Melun, einer Kleinstadt nahe Paris. Das Gefängnis war alt und gewaltig. Meine Besuche, die von den französischen Anwälten vorbereitet waren, machten keine Schwierigkeiten. Das war anders als in der DDR. Der Ausweis des Rechtsanwaltskollegiums – für die Gefängnisbeamten sicher unverständlich – wurde ohne weiteres akzeptiert und verschaffte mir die Rechte eines französischen Verteidigers. Dabei spielte der Alleinvertretungsanspruch der Bundesrepublik eine für mich positive Rolle. Ich war Deutscher und damit EG-Mitglied. – Alles hat eben zwei Seiten.

Anders als in Deutschland war auch, daß Spione als politische Gefangene ein besonderes Regime hatten. Sie waren getrennt von den Kriminellen und genossen besondere Rechte. In den ersten Jahren seiner Haft konnte sich Voelkner z.b. noch Wein kommen lassen. Andererseits bedeutete die Trennung von den nicht politischen Gefangenen u.U. aber auch ein Erschwernis, nämlich Isolierung. Es gab nicht immer genügend politische Gefangene und nicht alle waren Anhänger derselben politischen Überzeugung. In Melun saß z.B. ein französischer SS-Mann, der lebenslänglich erhalten hatte, und andere französische Kollaborateure. Das war natürlich für Voelkner eine ständige Herausforderung und Bedrohung. Außer Voelkner verbüßten noch zwei andere DDR-Kundschafter ihre Strafe in Melun, deren Vertretung mir ebenfalls übertragen worden war. Da sie ihre Erlebnisse nicht veröffentlicht haben, will ich ihre Namen nicht nennen.

Einer (ich nenne ihn Herr X) war der Sohn eines Offiziers, der in sowjetischer Gefangenschaft dem Nationalkomitee „Freies Deutschland" beigetreten war. Er stand zu seiner neu gewonnenen Überzeugung und hatte seinen Sohn in diesem Sinn erzogen. Der Sohn versah seine nachrichtendienstliche Aufgabe diszipliniert und pflichtbewußt. So schilderte es mir jedenfalls mein dritter Mandant, der aus ganz anderem Holz geschnitzt war. Die Nachkriegsverhältnisse hatten ihn in die französische Fremdenlegion verschlagen. Er hatte in Vietnam auf Seite der Franzosen an harten Kämpfen teilgenommen. Als Soldat war er mit unserem Dienst in Verbindung gekommen. Er war, wie mir Voelkner sagte und ich glaubte, undiszipliniert. Andererseits aber war er wohl auch kühn und erfolgreich. Seine beiden Kollegen mochte er gar nicht, dafür stand er auf gutem Fuß mit den französischen Kollaborateuren, die ebenfalls in Melun saßen. Zwischen ihm und meinen anderen beiden Mandanten herrschte schließlich offener Kriegszustand.

Herr X hatte eine Frau, die mit ihm verurteilt worden war. Sie mußte ich in Rennes besuchen, da Melun reines Männergefängnis war. Frau X war die einzige „Politische" in Rennes. Da sie keinen Kontakt zu anderen Gefangenen haben durfte, war sie total isoliert, jahrelang. Frau X war sehr ausgeglichen und tapfer. Ich bewunderte sie. Nach Jahr und Tag wurde sie zur Direktorin des Gefängnisses gerufen. Ihr wurde förmlich eröffnet, daß das zuständige Gericht aufgrund der bisher verbüßten Strafe und ihrer guten Führung die Reststrafe erlassen bzw. zur Bewährung ausgesetzt habe. Zur Entlassung kam es trotz dieser rechtskräftigen Entscheidung nicht. Frankreich brauchte sie als Tauschobjekt. Frau X wurde für den Austausch aufgespart. Vom Rechtsstaat Frankreich hätte ich das nicht erwartet. Frau X verkraftete auch das. Mir war es eine Lehre.

Alle wurden 1974 ausgetauscht. Unter denen, die von der DDR entlassen wurden, befand sich auch ein Mandant, den ich 1964 wegen Spionage im Auftrag des französischen Geheimdienstes verteidigt und seither nicht wieder gesehen hatte. Er behielt mich aber in Erinnerung und offenbar nicht in schlechter. Nach dem 3. Oktober 1990 hatte ihn die Kriminalpolizei aufgesucht und wollte ihn nach mir befragen. Er war aber sehr krank und seine Frau erklärte, er könne die Polizisten nicht empfangen. Später teilte sie mir das Vorkommnis besorgt mit und richtete mir die Grüße ihres Mannes aus. Als ihr Mann starb, sandte sie mir die Todesnachricht.

An den Austauschverhandlungen war ich nur am Rande beteiligt, aber bei der Übergabe und Übernahme der Verurteilten am Grenzübergang Chausseestraße in Berlin war ich dabei. Es war das einzige Mal, daß ich an einer solchen Aktion teilgenommen habe. Ich war aufgeregt und freute mich für alle, die wieder frei waren, besonders natürlich für meine Mandanten, die von hüben wie die von drüben.

20. Terroristenprozeß
(1972-1978)

Am 24. März 1972 brachte mir ein Mitarbeiter des Obersten Gerichts einen Beschluß des 1. Strafsenats vom gleichen Tag, in dem es hieß: *„In der Strafsache gegen Herbert F. wegen Terror u.a. wird dem Angeklagten Rechtsanwalt Friedrich Wolff ... zum Verteidiger bestellt."* Gleichzeitig wurde mir eine Ladung zur Hauptverhandlung zum 6. April 1972 zugestellt. Langsam verbesserte sich der Standard der Verteidigungsmöglichkeiten, immerhin zwölf statt der gesetzlichen fünf Tage Vorbereitungszeit. Der Vorwurf des Terrors allerdings versprach nichts Gutes. Einen solchen Vorwurf hatte ich bis zu diesem Tag noch nicht erlebt und sollte ihn auch in der Folgezeit nicht wieder erleben.

Bei meiner Akteneinsicht am 29. März las ich, worum es ging. Fünf Männer aus dem Thüringer Wald, in der Nähe von Bad Liebenstein, sollten sich verschworen haben, Walter Ulbricht bei einem Waldspaziergang zu erschießen. Sie waren zum Teil wegen Waffenbesitzes und Wilderei vorbestraft, besaßen Waffen und standen unter dem Eindruck des Kennedy-Mordes. Im Lokal „Zum Löwen" und in der „Krone" hatten sie ihre politischen Ansichten und Ziele beim Bier erörtert. Dieser oder jener aus der Runde hatte dabei auch einmal ein Glas zuviel getrunken, was der Verschwörung nicht dienlich war. In Stichworten notierte ich das Wesentliche auf vier Seiten. Wörtlich schrieb ich nur die entscheidendsten Passagen ab. Mehr war zeitlich nicht möglich. Eine Anklageschrift oder einen Eröffnungbeschluß erhielt ich nicht übergeben.

Bemerkenswert war schon auf den ersten Blick der zeitliche Ablauf des Ermittlungsverfahrens. Im Oktober 1968 waren die beiden ersten Mitglieder der Tafelrunde verhaftet worden, im Juni 1969 der Dritte, im Januar 1970 mein Mandant und im Mai 1970 der letzte der potentiellen Attentäter. Warum ca. 17 Monate zwischen der ersten und der letzten Verhaftung lagen, ließ die Akte nicht erkennen. Es schien mir wenig wahrscheinlich, daß das MfS die Täter nicht früher ermittelt hatte. Offen blieb für mich auch die Ursache für die ungewöhnlich lange Dauer des Ermittlungsverfahrens selbst noch nach der letzten Verhaftung. Vier Jahre befanden sich die ersten Inhaftierten in Untersuchungshaft, als die Hauptverhandlung begann. Es blieb eine Spekulation, daß die Ablösung Walter Ulbrichts als 1. Sekretär des ZK der SED im Mai 1971 dabei eine Rolle gespielt haben könnte. Sein Nachfolger Erich Honecker hatte als Leiter der Abteilung Sicherheit im ZK mit hoher Wahrscheinlichkeit Kenntnis von dem Ermittlungsverfahren. Schließlich handelte es sich um einen für die DDR einmaligen Vorgang. Weder davor noch danach hatte es ein Strafverfahren um ein Attentat oder ein Attentatsvorhaben gegen einen führenden Funktionär der DDR gegeben. Wie man damit umgehen sollte, dürfte viele Fragen aufgeworfen, viele Beratungen ausgelöst haben. Es vertrug sich nicht mit dem Bild, das die DDR von sich selbst gab, das viele für real hielten und das insofern auch weitgehend real war.

Einen Tag nach der Akteneinsicht suchte ich meinen Mandanten in der Untersuchungshaftanstalt des MfS in der Magdalenenstraße in Berlin-Lichtenberg auf. Das Regime dort war äußerst diszipliniert und disziplinierend. Es begann schon am Eingang. Gefängnisse machen immer Eindruck. Hier waren es weniger die imponierenden Mauern als die graue Anonymität. Man klingelte an einer kleinen, unbeschilderten Pforte in der Magdalenenstraße. Von der Atmosphäre des einstigen Amtsgerichtsgefängnisses war nichts mehr zu spüren. Nach einiger Zeit öffnete ein Soldat und führte den Besucher über den leeren Hof zum eigentlichen Gefängniseingang. Dort mußte man einem Offizier den Ausweis zeigen und den Namen des Mandanten nennen. Meist war die Vorlage einer Sprecherlaubnis nicht nötig, weil diese vorlag und der Anwalt sich angemeldet hatte. Alles verlief ruhig, höflich und distanziert – auch wenn man sich über Jahr und Tag kannte. Von einem anderen Offizier wurde man dann zum Sprechzimmer geleitet. Auf dem ganzen Weg begegnete man nie einem anderen Menschen. Der Offizier überzeugte sich zunächst, bevor er einem die Tür freigab, daß das Sprechzimmer wirklich nicht besetzt und in Ordnung war, was immer das gleiche positive Ergebnis hatte. Danach war man allein, kein Mensch in der Nähe, die Tür zum Sprechzimmer zwar unverschlossen, aber der dahinterliegende Korridor menschenleer und seinerseits an beiden Seiten abgeschlossen, ausweglos. Nur das Telefon auf dem Schreibtisch des Sprechzimmers öffnete den Weg in die Freiheit. Hauptsache es funktionierte. Mich beeindruckte das jedesmal.

Das Sprechzimmer sah aus wie ein Funktionärszimmer. Schreibtisch mit Sessel und davor im rechten Winkel ein rechteckiger Tisch mit zwei weiteren Sesseln. Beim Warten überlegte wohl jeder Verteidiger, wo und wie man abgehört und visuell beobachtet wurde. Natürlich stellte man nichts derartiges fest, man hatte nur Vermutungen. Nach einiger Zeit wurde der Häftling von einem Offizier vorgeführt. Der Verteidiger konnte bei ihm für sich und auch für seinen Mandanten Kaffee bestellen, der dann ebenfalls von einem Offizier, nach Anklopfen an der Tür, serviert wurde. Das Kännchen mit Zucker und Sahne kostete eine Mark. Die äußeren Bedingungen waren Weltspitze. In keinem anderen ausländischen Gefängnis, das ich kannte, wurde gleiches geboten. Zeitliche Beschränkungen gab es für die Unterredungen nicht. Sie verliefen dennoch häufig kurz, weil viele Beschuldigte geständig waren, und es nicht viel Gesprächsstoff gab. Stundenlange Gespräche zur Sache und zu politischen Fragen waren andererseits nicht ausgeschlossen. Die Vermutung, daß mitgehört wurde, war kein Hindernis. Man richtete sich darauf ein.

Mit Herbert F. unterhielt ich mich zunächst ausführlich über seinen Lebenslauf. Die persönliche Entwicklung eines Angeklagten hatte im Strafverfahren der DDR immer noch einen höheren Stellenwert als in der BRD. Im Laufe der Geschichte der DDR reduzierte er sich zwar, blieb aber nach meinem Eindruck dennoch bedeutungsvoller. Das Oberste Gericht wandte sich gegen unnützes Psychologisieren und die Verhandlung zur Person wurde kürzer, das Gewicht der subjektiven Umstände geringer, schließlich zählte im Urteil fast nur noch der wirkliche oder vermeintliche Schaden, den die Tat verursacht hatte. Das führte zu Schematismus oder sogar zu Automatismus, vereinheitlichte aber die Rechtsprechung, machte das Urteil vorhersehbarer, engte andererseits jedoch die Chancen der Verteidigung weiter ein und machte sie überdies farbloser.

Für mich war die Unterhaltung über den Lebensweg meiner Mandanten für die Vorbereitung der Verteidigung in einer nicht alltäglichen Strafsache stets unverzichtbar. Sie bot eine gute Chance für das gegenseitige Kennenlernen. Mir war es in derartigen Sachen wichtig, daß nicht nur ich den Mandanten, sondern der Mandant auch mich kennenlernte. Mein Parteiabzeichen sagte ihm zwar etwas, aber nicht genug. Jeder Häftling in einem politischen Prozeß in der DDR wird ohnehin vermutet haben, daß sein Pflichtverteidiger Genosse war. Doch davon gab es, wie der Berliner sagte, „sone und solche". Jeder DDR-Bürger wußte das. Viele unterschieden zwischen Parteimitgliedern und Genossen. Ich hoffte, zu letzteren zu gehören. Wir unterhielten uns also zuerst über Herbert F.'s Lebenslauf.

F. war 1930 geboren. Sein Vater war Mitglied der NSDAP und der SS, seine Mutter gläubige Christin und Kriegsgegnerin. Politisch, meinte Herbert F., sei er nicht vom Elternhaus, sondern von Schule und Jungvolk erzogen worden. Das ideologische Milieu einer Thüringer Kleinstadt wird das seinige getan haben. In der Volksschule gehörte er zu den vier Besten seiner Klasse. 1945 kam er auf die Oberschule, die er bis zur 12. Klasse besuchte, zum Abitur wurde er jedoch nicht zugelassen. Hier lag möglicherweise ein Schlüssel für seine spätere Einstellung. Immerhin wurde er schließlich nach entsprechender Ausbildung und einem wechselhaften Berufsweg Hauptbuchhalter, was in der DDR viel bedeutete.

Seine poltische Einstellung bezeichnete er bis 1960 als loyal. Dann seien ihm, vermittelt durch westdeutschen Rundfunk und Fernsehen, Zweifel gekommen. Diese hätten sich durch die Parole von der „Störfreimachung" der DDR-Wirtschaft, durch Mauerbau, Industriepreisreform und die Besteuerung von PGH-Angestellten verstärkt. Schließlich hätten 1968 die Ereignisse in der CSSR den Ausschlag gegeben.

Was den Anschlag anbelangte, erklärte er, er habe sich gegen solche Ideen der anderen Mitangeklagten ausgesprochen. Er habe einen demokratischen Weg vorgeschlagen. Wäre er der „führende Kopf" gewesen, als den ihn die Mitangeklagten bezeichneten, hätten diese sich anders verhalten und wären nicht eingesperrt worden. Alles seien nur Biertischgespräche gewesen. Was Herbert F. mir sagte, stimmte mit seinen Aussagen vor dem „Untersuchungsorgan", wie das MfS in derartigen Verfahren genannt wurde, überein.

Die Hauptverhandlung bestand nur aus der Vernehmung der fünf Angeklagten. Zeugen oder andere Beweismittel gab es nicht. Eine fünfte Person, ein Förster, spielte in den Aussagen der Angeklagten zwar eine erhebliche Rolle, war jedoch offenbar entflohen, jedenfalls nicht geladen. Obgleich Herbert F. von allen als der Kopf und der Intelligenteste bezeichnet wurde, stand er auf der Anklageschrift nicht an erster Stelle. An sich entsprach es DDR-Gepflogenheiten, dem Haupttäter den ersten Platz auf der Anklageschrift einzuräumen. Diesen Platz nahm der Angeklagte Gerhard R. ein, der von sich sagte, seine Interessen seien „Wild, Waffen, Wald". Er besaß, seinen Neigungen entsprechend, eine Kipplaufbüchse mit Zielfernrohr und Schalldämpfer, zwei Pistolen und Munition. Das allein hätte schon für eine harte Strafe ausgereicht. Illegaler Waffenbesitz gehörte zu den schwersten Delikten in der DDR. Jeder, der vom Waffenbesitz eines anderen erfuhr, war bei Vermeidung eigener Bestrafung zur Anzeige verpflichtet – auch ein Verteidiger. Diese Waffen waren jedoch offenbar nicht von der Art, die der Kennedy-Attentäter Oswald benutzt hatte. R. suchte deswegen Besseres und sprach den nunmehr verschwundenen Förster an, der ihm eine derartige Waffe verschaffen wollte. „Er kenne Leute" hätte der Förster in diesem Zusammenhang bedeutungsvoll zu R. gesagt.

Mehrfach belastete R. in seinen weiteren Aussagen meinen Mandanten. Herbert F. habe von drei Strömungen im ZK gesprochen und dabei auf Apels Selbstmord Bezug genommen. Er hätte gesagt, es gäbe dort „welche wie in der CSSR" und die CSSR sei nur nicht vorbereitet gewesen. Man müsse sich Waffen von den Abschnittsbevollmächtigten der Volkspolizei, von den Kampfgruppen und anderen Waffenträgern besorgen. Alles läge an Walter Ulbricht, solange der da sei, gäbe es keine Veränderung und für eine Veränderung gäbe es nur eine Möglichkeit. Das hätte er, Gerhard R., als Aufforderung zur Gewaltanwendung verstanden, deswegen habe er den Entschluß zur Tötung gefaßt. Der Kennedy-Mord sei dafür Vorbild gewesen. Im Wald gäbe es immer eine Möglichkeit und von Walter Ulbricht war bekannt, daß er im Wald spazierenging.

Nach Gerhard R. sagte Herbert M. aus. Er saß zusammen mit seinem Bruder Kurt auf der Anklagebank. Seine Aussagen belasteten F. schwer. Dieser habe alle aus der Tafelrunde gegen Staat, Partei und Regierung „inspiriert". Er schränkte allerdings ein, Gerhard R. und der weitere Angeklagte Werner. I. hätten zu „offener Gewaltanwendung" wie in Ungarn aufgefordert, während er selbst mit Herbert F. der Meinung gewesen sei, „man müsse überlegen". Andererseits sagte Herbert M. aber auch, mein Mandant hätte verlangt, „andere Kräfte", wie Apel, müßten an die Macht kommen und erklärte, weil F. *„das so schmackhaft gemacht hat, waren wir einverstanden".* Schließlich sagte Herbert M. noch, daß sein Bruder Kurt von Gerhard R. zur Tatdurchführung ausgewählt worden sei und sich damit einverstanden erklärt hätte. Allerdings sei über die Tatausführung anschließend nicht mehr konkret gesprochen worden. Der verschwundene Förster war Herbert M. seit über 30 Jahren vom Angeln und Jagen bekannt. M. hatte ihm von dem gemeinsamen Plan berichtet und der Förster hätte sich bereit erklärt, ihnen im Falle des Mißlingens zur Flucht zu verhelfen. Als dritter Angeklagter wurde der Schulfreund von Herbert M., Werner I., vernommen. Er war schon einmal republikflüchtig geworden, aber wieder zurückgekehrt und hatte „im Suff" den Betrieb seiner Eltern angezündet. Er entlastete F., indem er berichtete, dieser hätte geäußert: *„Ihr mit Euren Schießereien, das geht nicht, es muß gesamtdeutsche Wahlen geben"*. Auch für Werner I. war allerdings mein Mandant „der Kopf". Werner I. gestand, mit dem ominösen Förster gesprochen zu haben, der bereit gewesen wäre, eine Waffe von genügender Treffsicherheit zu beschaffen.

Kurt M.'s Aussage war schließlich ebenfalls widersprüchlich. Einerseits erklärte auch er, daß mein Mandant im Gegensatz zu den anderen Beteiligten nicht „neinschlagen" wollte, sondern betont hätte, „so geht das nicht". Andererseits berichtete er, daß Herbert F. wie die anderen in Walter Ulbricht die Person gesehen hätte, *„die keine Änderungen zuließ"* und daß er nur den Weg der *„gewaltsamen Beseitigung"* Walter Ulbrichts für gangbar gehalten habe. Herbert F. habe auch mit dem Förster gesprochen und auch dieser habe auf der Durchführung des Mordanschlags bestanden. Auch Kurt M. sagte aus, daß mein Mandant durch seine Überzeugungskraft die Bedenken der anderen überwunden hätte. Auf meine Fragen berichtete er, daß der letzte Besuch Walter Ulbrichts in der Gegend 1962 stattgefunden hätte, und daß ihnen nicht bekannt gewesen wäre, wann er wiederkommen wollte.

Mein Mandant wurde als Letzter der Angeklagten vernommen. Er leugnete, Attentatsabsichten gehabt zu haben. „Schießereien" hätten ihm nicht „gepaßt", über den „Mordplan" wäre keine Einigung erzielt worden. Er habe „Umsturzpläne" nach dem Muster der CSSR angestrebt. Die anderen hätten z.T. auf Kommunisten schießen wollen, er und Herbert M. nicht. Die politischen Gespräche wären im übrigen nach „stärkerem Alkoholgenuß" geführt worden.

Der Vertreter des Generalstaatsanwalts hielt alle Angeklagten des Verbrechens des Terrors nach § 102 StGB im besonders schweren Fall für schuldig. Das Gesetz sah die Möglichkeit der Todesstrafe vor. Der Generalstaatsanwalt beantragte Strafen zwischen zehn Jahren und lebenslänglicher Freiheitsstrafe; für Herbert M. beantragte er 15 Jahre.

In meinem Plädoyer zitierte ich die Aussagen der Mitangeklagten, die von der Ablehnung von Gewaltanwendung durch meinen Mandanten zeugten, setzte mich mit ihrer Glaubwürdigkeit auseinander, soweit sie Herbert F. belasteten, versuchte die Außenseiterrolle meines intellektuell überlegenen Mandanten in dem Thüringer Kleinstadtmilieu dabei zu nutzen und beantragte schließlich Freispruch vom Vorwurf des Terrors und der Vorbereitung zum Mord sowie hinsichtlich seines sonstigen strafbaren Verhaltens eine mildere als die vom Staatsanwalt beantragte Strafe.

Die Urteilsverkündung fand am 11.4.1972 statt. Das Oberste Gericht folgte bei allen Angeklagten den Anträgen des Generalstaatsanwalts. Eine Berufungsmöglichkeit gab es damals nicht, das Urteil wurde also mit seiner Verkündung rechtskräftig. Es war, wie Beckert in seinem Buch „*Die erste und letzte Instanz*" (1995) berichtet, das letzte erstinstanzliche Urteil des Obersten Gerichts. – Achtzehn Tage hatte mich der Fall vom Erhalt des Beschlusses, durch den ich zum Pflichtverteidiger bestellt wurde, bis zur Rechtskraft des Urteils beschäftigt. Staatsanwaltschaft und MfS hatten den Fall zu diesem Zeitpunkt etwa vier Jahre bearbeitet. Waffengleichheit gab es nicht, nicht einmal in der Theorie. Bis ich die Akte schließlich weglegte vergingen allerdings noch sechs Jahre.

Im Oktober 1972 schrieb mir Frau F. nach einem Besuch bei ihrem Mann in Bautzen, sie bedanke sich für meinen Brief, mit dem ich ihr den Urteilstenor mitgeteilt hatte und auch dafür, daß ich mich so für ihren Mann eingesetzt hätte. Jetzt sei ihr Mann sehr an einer persönlichen Unterredung mit mir interessiert. Sie selbst wollte wissen, ob „*er unter die Amnestie fallen könnte*", von der sie aus Rundfunk und Zeitung unterrichtet war. Das war der Anfang der sechsjährigen Bemühungen, etwas für die vorzeitige Entlassung meines Mandanten aus dem Strafvollzug zu unternehmen. Bemühungen, die immer wieder von langen Perioden des Abwartens unterbrochen und am Ende erfolglos waren.

Zunächst hatte ich die Hoffnung, Herbert F. würde ebenfalls unter die sehr umfassende Amnestie fallen. Diese sah aber eine Einzelfallprüfung vor, und mein Mandant wurde nicht amnestiert. Danach entwarf ich für die Ehefrau ein Gnadengesuch an den Staatsratsvorsitzenden – erfolglos. 1973 berichtete mir die Ehefrau, sie habe sich an einen anderen Anwalt gewandt, der damals – ähnlich wie Rechtsanwalt Professor Vogel – Inhaftierten zur Ausreise verhalf. Auch das brachte offenbar nichts, denn im selben Jahr bat mich Frau F., ihren Mann in Bautzen zu besuchen. Besuche von Verteidigern bei Strafgefangenen bedurften der Einzelgenehmigung. Diese wurde in der Regel nur zur Erledigung zivilrechtlicher und sonstiger außerhalb des rechtskräftig abgeschlossenen Strafverfahrens liegender Fragen erteilt. Hier bekam ich aber die Sprecherlaubnis schnell und zudem noch verbunden mit dem überraschenden Hinweis der Strafvollzugsanstalt, daß mich der nicht von mir verteidigte Kurt M. ebenfalls sprechen wollte.

Mein Besuch in Bautzen fand im August 1973 statt. Zuerst sprach ich in Gegenwart eines Aufsichtsführenden der Strafvollzugseinrichtung mit meinem Mandanten. Er erklärte, die tatsächlichen Feststellungen im Urteil seien falsch und Kurt M. sei jetzt bereit, die Wahrheit zu sagen. Er, Herbert F., habe von Waffen und Mordplänen nichts gewußt. Kurt M. bestätigte im anschließenden Gespräch mit mir, daß er seine Aussagen widerrufe, soweit sie Herbert F. belastet hätten.

Ich war wieder optimistisch und glaubte, daß es in dieser Situation Möglichkeiten gäbe, meinem Mandanten zu helfen. Ein Wiederaufnahmeverfahren bot sich an, schien aber bei einem erstinstanzlichen Urteil des Obersten Gerichts weniger wahrscheinlich als eine Gnadenentscheidung. Man mußte versuchen, die Sache auf dem Verhandlungswege zu lösen. Derartige Aktivitäten gehörten nicht eben zu meinen Stärken. Ich war deswegen froh, daß ein Berliner Mitverteidiger in gleicher Richtung vorgehen wollte. Alles sah zunächst hoffnungsvoll aus, doch die Sache zog sich hin, und im April 1974 berichtete mir mein Kollege, daß die Staatsanwaltschaft eine Entlassung aller Verurteilten „sukzessive" nach der Verbüßung der Hälfte der Strafe in Aussicht gestellt hätte. Für meinen Mandanten bedeutete das folglich Hoffnung auf Entlassung 1977. Nach mehr als drei Jahren sprach ich mit dem zuständigen Staatsanwalt im Juni 1977. Er vertröstete mich auf das Jahr 1978. Das teilte ich Herbert F. mit. Danach hörte ich nichts mehr von ihm und seiner Frau. Dagegen schrieb mir 1978 Rechtsanwalt Vogel, daß ihn der Mandant mit der Wahrnehmung seiner Interessen beauftragt hätte. Das sah nach „Freikauf" aus. Herbert F. hatte mir schon 1975 mitgeteilt, daß seine Frau und er Ausreiseanträge gestellt hätten. Ich informierte Vogel im Juni über das, was ich von der Sache wußte. Der Fall des Herbert F. war danach für mich abgeschlossen. Ich ging davon aus, daß mein Mandant 1978 seine Freiheit wiedererhielt. Aus Beckerts Buch erfuhr ich, daß er erst 1981, also elf Jahre nach seiner Inhaftierung, entlassen worden sein soll.

21. Der Juden- und Polenmörder (1972)

Am 9. Mai 1972 wurde der 58 Jahre alte Bodenmeister Hubert Schwerhoff vom Stadtgericht Berlin wegen Kriegsverbrechen und Verbrechen gegen die Menschlichkeit zum Tode verurteilt. Die Hauptverhandlung gegen ihn hatte am 11. April 1972 begonnen, also am gleichen Tag als der potentielle Attentäter Herbert F. vom Obersten Gericht zu einer Freiheitsstrafe von 15 Jahren verurteilt worden war. Das Stadtgericht hatte mich mit Beschluß vom 23. Februar 1972 dem Angeklagten zum Verteidiger bestellt. Der Beschluß war mir allerdings erst zusammen mit der Ladung zur Hauptverhandlung am 14. März 1972 zugestellt worden. Mit mir zusammen war Rechtsanwalt Rudi Bell gleichfalls Pflichtverteidiger. Auf der Ladung war vermerkt: *„Anklage und Eröffn.-Beschl. liegen zur Einsichtnahme in Zimmer B 353 bereit."* Der Prozeß war für eine öffentliche Auswertung bestimmt, aber die Verteidiger erhielten wohl aus prinzipiellen Erwägungen der Wachsamkeit derartige Dokumente nicht ausgehändigt. Zu verstehen war das nicht, aber gewöhnt hatten wir uns daran.

Wenn auch die Frist zwischen Ladung und Beginn der Hauptverhandlung diesmal fast einen Monat betrug, war die Zeit, die mir zur Verfügung stand, wegen der gleichzeitigen Vorbereitung und Durchführung des Verfahrens gegen Herbert F. sehr knapp. Mit Rudi Bell teilte ich mir die Arbeit. Wir kannten uns seit dem Studium, seine Frau gehörte zu den Gründerinnen des Berliner Rechtsanwaltskollegiums. Er selbst war Staatsanwalt in Wirtschaftsstrafsachen, bevor er in das Kollegium eintrat. Er war ein solider Arbeiter, ein guter Jurist und ein ausgeglichener Charakter. Damals wußte ich noch nicht, daß er wenig später einem Krebsleiden zum Opfer fallen würde. Er übernahm die Tatfragen und ich die rechtliche Würdigung und die Strafzumessung. Wir fürchteten von Anfang an, daß es um den Kopf unseres Mandanten gehen würde. Die Anklage warf ihm vor, Beteiligung an der Erschießung von fast 1000 Polen, Sowjetbürgern und Juden, Folterungen und Mitwirkung bei Deportationen, begangen von 1939-1945 im Generalgouvernement.

Die Rechtsprechung des Obersten Gerichts, des Stadtgerichts Berlin und der Bezirksgerichte hatte strenge Maßstäbe gesetzt. Der Spielraum der Verteidigung – und der Gerichte – tendierte, realistisch gesehen, gegen Null. Man kann jedoch schwerlich verteidigen, wenn man nicht wenigstens an eine kleine Chance glaubt. Wir versuchten, diese vermeintliche Chance zu ergreifen. Sie existierte nicht.

Das Gericht bestand aus dem Vorsitzenden, einem Ergänzungsrichter, einem Ersatzrichter und zwei Schöffen. Der Vorsitzende Oberrichter Genrich war vor 1933

Arbeiter mit Volksschulbildung und Mitglied der KPD, der Ergänzungsrichter rassisch verfolgt. Sie waren Volksrichter, die nach kurzer Ausbildung jetzt auf eine ca. zwei Jahrzehnte währende Praxis zurückblickten. Genrich insbesondere war ein ruhig wägender Richter, der souverän sein Amt ausübte. Beide Berufsrichter waren Opfer des Faschismus, jetzt richteten sie über Täter. So sehe ich das heute, damals war mir die Problematik, die darin lag, nicht bewußt. Es war selbstverständlich, daß es so war: die Gerechten urteilten hier wie in jeder anderen Strafsache über die Verbrecher. Fast alle Richter der DDR waren zu dieser Zeit gleicher oder ähnlicher politischer und sozialer Herkunft. Sie waren damals alle, wenn man so will, Sieger, die über Besiegte richteten. So mancher von ihnen ist jetzt Besiegter, über den andere Sieger richten. Der rassisch verfolgte Beisitzer wurde ca. 20 Jahre später, nachdem er längst Rentner geworden war, mein Mandant, weil ihm Rechtsbeugung vorgeworfen wurde. Er starb, bevor in dem Ermittlungsverfahren eine Entscheidung ergangen war. – Sind wir nun am Ende der Geschichte angelangt oder wird immer weiter und weiter „aufgearbeitet"?

Rudi Bell und ich verteidigten in dieser Sache noch mehr als in anderen Strafsachen nicht gegen den Staat, verteidigten nicht den Nationalsozialismus gegen den Kommunismus. Dieser Staat war unser Staat. Wir erregten uns über seine Fehler, versuchten, sie vorsichtig, vielleicht auch ängstlich, zu korrigieren und hofften, so eine bessere DDR mit herbeizuführen. Wir waren überzeugt, daß die Zukunft dem Sozialismus gehört und daß die DDR ein Meilenstein auf dem Weg dorthin ist. Nur so, glaubten wir weiter, wäre die Wiederholung des Prozesses zu vermeiden, der 1932 mit der Krise, der Massenarbeitslosigkeit begann und der in der Katastrophe von Faschismus und Krieg endete. Das war unsere innere Einstellung bei der Verteidigung eines SS-Mannes und Kriegsverbrechers. Sie gewann bei mir mit jedem Kriegsverbrecherprozeß neue Konturen, blieb aber im Kern gleich.

Erster Eckpunkt der Verteidigung Schwerhoffs war die Auseinandersetzung mit dem Ergebnis der Beweisaufnahme. Der Staatsanwalt sah die Anklage voll bestätigt, während wir in den Fällen, in denen unser Mandant die Vorwürfe bestritt, diese auch nicht für erwiesen hielten. Seit den Taten waren ca. 30 Jahre vergangen, die Aussagen der 17 Zeugen erschienen uns nicht immer eindeutig genug. Verwechslungen waren möglich. Der Täter in Uniform sah vor 30 Jahren anders aus als heute der Zivilist auf der Anklagebank.

Der rechtlichen Bewertung der Taten durch die Staatsanwaltschaft konnten wir nicht widersprechen. Kriegsverbrechen und Verbrechen gegen die Menschlichkeit waren das, daran hatten wir keine Zweifel. Über das Rückwirkungsverbot dachten wir in bezug auf die NS-Verbrechen damals nicht nach. Die Strafbarkeit dieser Untaten lag für uns jenseits jeden Zweifels. Auch heute noch sehe ich das so. Da ging es um Taten außerhalb der menschlichen Vorstellungskraft, da hatte Radbruch recht. Doch über die richtige Strafe konnte man – auch und gerade unter Genossen – streiten.

Manche sahen das zwar anders, aber wir sahen das so, und hier lag der Schwerpunkt unserer Verteidigung.

Schritt für Schritt mußten wir versuchen, mit allgemein in der DDR anerkannten juristischen und marxistischen Thesen, das Gericht und die Öffentlichkeit für den Gedanken aufzuschließen, daß ein Todesurteil nicht das einzig mögliche gerechte und politisch zu verantwortende Urteil sein müsse und könne. Dies war nur möglich, wenn man die Taten des Angeklagten in ihren größeren zeitgeschichtlichen Zusammenhang stellte, wenn man den Mann, der als Einzelner und Einziger vor Gericht stand, in die Masse seiner Zeitgenossen stellte, wo er nach unserer Auffassung auch tatsächlich hingehörte.

Wir gingen es also langsam an und zitierten erst aus dem Lehrbuch der Sozialistischen Kriminologie, daß die Verbrechen der Nazis keine üblichen Verbrechen waren, sondern *„Ausdruck einer von den Monopolen dirigierten verbrecherischen Außen- und Innenpolitik".* Wir fügten aus einem Urteil des Obersten Gerichts hinzu:

„Die vom IMT-Statut erfaßten völkerrechtlichen Massenverbrechen unterscheiden sich hinsichtlich ihres Charakters, ihrer Begehungsweise als staatlich geplante und organisierte Massenverbrechen und hinsichtlich ihres Ausmaßes prinzipiell von allen anderen Straftaten."

Wenn das also so war, wie die höchsten Richter der DDR verkündeten und wie auch wir es für richtig hielten, war die Stellung des Täters in diesem Staat von ausschlaggebender Bedeutung. Sie mußte also bei der Strafzumessung Berücksichtigung finden. Und dann meinten wir, *„der Mensch ist das Produkt seiner Verhältnisse".* Wir hatten es bei den Klassikern des Marxismus gelesen und im Parteilehrjahr gelernt, wir wußten, *„das Sein bestimmt das Bewußtsein".* Das wollten wir auf unseren Mandanten angewandt sehen. Das mußte mit konkreten Tatsachen aus dem Leben des Angeklagten belegt und anschaulich gemacht werden.

Wer war dieser Angeklagte? Wie war er zum Verbrecher geworden? Schwerhoff hatte mir seinen Lebenslauf aufgeschrieben. Er war 1913 in Groß-Reken, Westfalen, geboren. Seine Eltern, gläubige Katholiken, hatten sieben Kinder. Seine Kindheit und Jugend fielen in die schwere Kriegs-, Nachkriegs-, Inflations- und Wirtschaftskrisenzeit. Schwerhoff mußte bis zum 16. Lebensjahr ohne Entgelt nur für ein Deputat, das seine Eltern erhielten, in der Landwirtschaft arbeiten, um seine Geschwister mit zu ernähren. Anschließend arbeitete er in einer Ziegelei, sein Lohn wurde zur Abgeltung der Schulden seines Vaters verrechnet. Seit 1932 war Schwerhoff arbeitslos und gehörte in dieser Zeit dem Kommunistischen Jugendverband an. Sein älterer Bruder dagegen war im gleichen Jahr in die SS eingetreten. Es entstand Bruderzwist. Ein typisches Geschehen für die Weimarer Republik in ihren letzten Tagen. Schwerhoff formulierte es selbst so: *„Meine soziale Misere war auf der untersten Stufe angelangt. Es gab keinen Ausweg."*

Doch Anfang 1933 sah er das berühmte Licht am Ende des Tunnels. Sein Bruder hatte es ihm aufgesteckt. Schwerhoff trat auch der SS bei, wechselte 1934 zur SS-

Leibstandarte Adolf Hitlers und verfolgte damit das Ziel, Beamter zu werden. Immer weiter auf diesem Weg in die materielle Sicherheit des Beamtentums bewarb sich Schwerhoff 1938 bei der Grenzpolizei. Er wußte, daß sie der Gestapo unterstellt war, doch was zählte das, wenn man Beamter war. 1939 wurde er zum SS-Einsatzkommando einberufen und kam im gleichen Jahr nach Polen. Schwerhoff wurde vom Arbeitslosen zum Kriegsverbrecher. Er war nicht der einzige, der diesen Weg ging.

Nach 1945 war Schwerhoff erst zu seinen Eltern nach Reken gegangen, hatte danach seine Familie in Berlin aufgesucht und war schließlich, nach einem erneuten kurzen Intermezzo in Reken, in Berlin, im sowjetisch besetzten Sektor geblieben. Als er 1955 zur Beerdigung seiner Mutter wieder in Reken war, hatte man ihm geraten, nicht zurückzufahren. Ein Bekannter sagte ihm: *„Du fährst in den sicheren Tod.“* Er fuhr dennoch. In einer Lederwarenfabrik hatte er gut gearbeitet, war einmal Aktivist und zweimal Bestarbeiter geworden, hatte die silberne Aufbaunadel und war in den FDGB und in die SED eingetreten, aus dieser jedoch nach zweijähriger Mitgliedschaft 1948 wieder ausgetreten. Auch nichts Einmaliges.

Das war der Stoff für die Einbeziehung des historischen Rahmens in die Strafzumessungsüberlegungen. Was kann man einem Menschen als Schuld vorwerfen, der so wie der Angeklagte in den Sog einer historischen Entwicklung hineingezogen wird, die ein ganzes Volk erfaßt hat? Wir zitierten aus einem DDR-Geschichtslehrbuch:

„Tatsächlich erhielt ein erheblicher Teil vor allem der jüngeren Arbeiter, die aus dem Erwerbslosenheer ausschieden, keine Beschäftigung in der Produktion, sondern wurde auf verschiedensten Gebieten zu Vorbereitungen oder direkten Vorübungen für den Krieg herangezogen.“

Und:

„Die massenhafte Einberufung junger Arbeiter, Bauern und Angestellter zum Arbeitsdienst und zum Militär ermöglichte es, sie dem ständigen Einfluß der faschistischen Ideologie zu unterwerfen. Damit war, was die Arbeiterjugend anging, eine Situation geschaffen, in der die jüngere Generation der älteren entfremdet und die kontinuierliche Vermittlung von Erfahrungen des Klassenkampfes unterbrochen werden konnte.“

Um die Stellung des Angeklagten in der verbrecherischen Organisation „Nazi-Deutschland“ zu relativieren, um darzulegen, daß Schwerhoff keine singuläre Ausnahmeerscheinung war, wiesen wir darauf hin, daß die Zahl der Täter unbekannt sei, daß man aber wisse, daß es 1945 etwa 40.000 KZ-Wächter gegeben habe und daß die Waffen-SS 910.000 Mann stark gewesen sei. Einer aus diesem Heer von Tätern war Schwerhoff.

Erstmals warfen wir auch die Frage auf, die fast zehn Jahre später noch größere Bedeutung für meine Überlegungen erlangte: war dieser Angeklagte noch der gleiche Mensch wie der Täter vor 30 Jahren? Hatte nicht Marx gesagt, der Mensch ist das Ensemble der gesellschaftlichen Verhältnisse? Hatten sich diese Verhältnisse nicht entscheidend geändert? Wer von uns war noch der gleiche, der er vor dem Krieg war? Und wir sagten: Schwerhoff ist nicht mehr der gleiche, und wir können nicht so tun als ob.

Weiter fragten wir nach dem Sinn der Strafe in solchen Fällen. Das Ziel der Strafe, die Menschheit vor der Wiederholung derartiger Verbrechen zu schützen, verliere an Bedeutung, wenn diese Verbrechen als *„Ausdruck einer von den Monopolen dirigierten verbrecherischen Außen- und Innenpolitik"* angesehen würden, wie es die sozialistische Kriminologie tut. Angesichts der Stärke des sozialistischen Lagers und der Ausrottung des Faschismus in der DDR mit allen seinen Wurzeln, sei Abschreckung kein Argument für die Todesstrafe in diesen Fällen. Wir zitierten Lenin:

> „Es ist bereits seit langem ausgesprochen worden, daß der vorbeugende Sinn der Strafe keineswegs in ihrer Härte, sondern in ihrer Unabwendbarkeit liegt. Es ist nicht wichtig, daß ein Verbrechen eine schwere Strafe nach sich zieht, wichtig aber ist, daß kein einziges Verbrechen unaufgedeckt bleibt."

Wie oft zitierten Verteidiger in der DDR dieses Wort des Advokaten Lenin? Und wie selten wurde es befolgt. Ein Beispiel, wie Theorie und Praxis des Sozialismus auseinanderfielen. Woran ist nun die DDR gescheitert, an zu konsequenter oder zu inkonsequenter Anwendung dieser Theorie? Wir zitierten auch noch die aktuelle DDR-Strafrechtswissenschaft mit den Worten von Prof. Buchholz: *„... eine zu strenge Strafe ist ebenso gefährlich wie eine zu milde."* – Auch Theorie.

Zuletzt befaßten wir uns mit dem Problem der Todesstrafe, beriefen uns wieder auf Marx und Lenin und fragten, welche Strafe die gerechteste und wirksamste sei. Die Todesstrafe für den Arbeiter, der vom Imperialismus vor 30 Jahren demoralisiert wurde oder eine Freiheitsstrafe für den Mann, der in 27 Jahren sozialistischen Aufbaus als Mensch gelebt und gewirkt hatte?

Alle Argumente nutzten nicht. Auch die Berufung blieb erfolglos. Die Gnadengesuche hatten ebenfalls keinen Erfolg. Die Staatsanwaltschaft teilte das auf eine telefonische Anfrage mit. Einen offiziellen schriftlichen Bescheid erhielten wir nicht. Ob die Ehefrau auf ihr eigenes Gesuch eine schriftliche Antwort erhielt, ist mir unbekannt geblieben.

22. Das letzte Todesurteil gegen einen Kriegsverbrecher (1972)

Noch wußte ich nicht, ob Schwerhoff begnadigt oder hingerichtet worden war, als ich am 17. November 1972 erneut eine Bestellung als Pflichtverteidiger in einem weiteren Kriegsverbrecherprozeß vor dem Stadtgericht Berlin erhielt. Auch das Schicksal des potentiellen Attentäters Herbert F. und des Kundschafters Voelkner bewegte mich zu dieser Zeit. Seit knapp zwei Jahren war ich nicht mehr Kollegiumsvorsitzender, sondern ausschließlich Anwalt. Mein berufliches Leben hatte sich entscheidend verändert. Diese Tatsache und auch andere hatten mich, der ich gerade 50 geworden war, stark gefordert. Das Verfahren gegen den ehemaligen SS-Hauptsturmführer Feustel war eine weitere Belastungsprobe. Die Anklage, die ich diesmal erhielt und behalten konnte, ließ keinen Zweifel zu, es ging wieder um den Kopf des uns anvertrauten Menschen. Diesmal sollte ich neben dem neuen Vorsitzenden des Berliner Anwaltskollegiums, Gerhard Häusler, verteidigen. Wegen einer Erkrankung Häuslers blieb die Last dieses Prozesses dann jedoch weitgehend bei mir.

Zwei Prozesse fast gleichen Inhalts hintereinander führen zu müssen, machte mir zusätzlich zu schaffen. Es nimmt den Argumenten die Kraft, wenn sie wiederholt werden, zumal, wenn dies kurze Zeit nach ihrer Zurückweisung durch dasselbe Gericht geschieht. Sicher, das Gericht verhandelte jetzt in einer anderen Besetzung, aber das bedeutete in der DDR nicht viel, eigentlich gar nichts. Dies alles zusammen hemmte mich. Ich weiß nicht, ob meine Erinnerung zutreffend ist, aber ich glaube, ich war schwach.

Feustel war angeklagt, als SS-Hauptsturmführer bei der Ermordung, Folterung und Deportation von tschechoslowakischen Staatsbürgern während des Zweiten Weltkriegs, insbesondere nach dem Heidrich-Attentat mitgewirkt zu haben. Die Prozeßsituation unterschied sich nur wenig von derjenigen des vorangegangenen Verfahrens. Unser Mandant war im wesentlichen, wenn auch nicht in allen Punkten, geständig. Unsere Strategie glich praktisch der im Verfahren gegen Schwerhoff. Es gab keine Alternative. Wir verteidigten also wieder politisch, d.h. wir versuchten plastisch werden zu lassen, wie der Nationalsozialismus einen ganz normalen Menschen pervertiert hatte. Wir versuchten darzustellen, daß das gleiche, wenn auch in unterschiedlichem Maß mit Millionen Deutschen geschehen war. Andererseits betonten wir die Erfolge der DDR bei der Umerziehung der Nazis. Wir benutzten also offizielle, in der DDR unangreifbare Argumente zur Verteidigung eines ehemaligen Feindes, eines SS-Mannes. Wir taten das nicht aus taktischen Erwägungen in Anwendung eines advokatorischen

Tricks. Ich kann jedenfalls von mir sagen, ich tat es, weil ich von der Richtigkeit meiner Thesen überzeugt war und meinte, so und nicht anders müsse die DDR, müsse das Gericht hier handeln. Diese Gleichsetzung von DDR und Gericht habe ich unbewußt niedergeschrieben. Sie ist Ausdruck einer über Jahrzehnte eingeschliffenen Denkweise. Der Staat war eine Einheit, gleich, ob er als Gericht, Staatsanwaltschaft, Verwaltung oder Volkskammer in Erscheinung trat. Alle diese Organe waren nur Teile eines Ganzen, das von einem einheitlichen Willen gesteuert wurde. Ein Wille, der in der Partei entstand. Gewaltenteilung existierte nicht, war theoretisch verpönt, galt auch nicht einmal insgeheim als wünschenswerte Vorstellung. Alle Organe strebten – wenigstens der Idee nach – einem Ziel entgegen, zogen an einem Strick. Im Prinzip galt das auch für die Verteidiger, die helfen sollten, ein gerechtes Urteil zu erzielen – nur wurden sie (vorsichtshalber) an den Strick nicht richtig rangelassen.

Vorsitzender des Senats war diesmal der Direktor des Stadtgerichts Berlin, Dr. Heinz Hugot. Wir kannten uns seit Jahren, unsere Beziehungen waren im Lauf der Zeit freundschaftlich geworden, zumal sich auch unsere Frauen aus ihrer Berufsarbeit kannten. Im Prozeß verhielt sich jedoch jeder so, als sei ihm der andere nicht näher als jeder beliebige sonstige Vertreter seines Fachs. Das war nicht nur äußerliche Mache, sondern entsprach unserer Auffassung von den Aufgaben, die wir hatten.

Dr. Hugot war in der Justiz der DDR eine herausragende Persönlichkeit. Wie viele andere stammte er aus einer Arbeiterfamilie, aber anders als z.b. Oberrichter Genrich, der das Verfahren gegen Schwerhoff geführt hatte, gehörte er einer jüngeren Generation an, hatte Jura an der Universität studiert, hatte auch promoviert und hatte schließlich die Justiz in sehr unterschiedlichen Funktionen, d.h. von vielen Seiten kennengelernt. Er war persönlicher Referent bei Hilde Benjamin, Richter und Direktor bei Stadtbezirksgerichten, bevor er zum Direktor des Stadtgerichts berufen worden war. Er war vom Typus her ein Intellektueller mit vielfältigen kulturellen Interessen, liebte das gute Leben, wozu für ihn Frauen, Kleidung, Essen, Trinken und Gespräche mit Leuten gehörten, die sich bei aller Bejahung des DDR-Sozialismus eigene Gedanken machten. Er war anwaltsfreundlich, schätzte unbequeme Verteidiger und verteidigte selbst Anwälte (u.a. auch mich), wenn die Justizbürokraten ihnen am Zeuge flicken wollten. Es war angenehm, mit ihm in einer Strafsache zu verhandeln.

Eine Abweichung gegenüber der Verteidigung Schwerhoffs ermöglichte die nicht widerlegte Aussage Feustels, er habe menschlich gehandelt, wo immer ihm das möglich gewesen wäre, er habe sogar Menschen entgegen ihm erteilten Weisungen in die Freiheit entlassen. Wörtlich sagte er: *„Ich habe nur widerwillig getan, was ich tun mußte."* Dies wurde sogar von einem der 21 tschechoslowakischen Zeugen bestätigt, der ausgesagt hatte:

„Feustels Auftreten schätze ich vor allem im Vergleich zu dem Verhalten seines Nachfolgers Fleischer, der sich nicht einmal wie ein Mensch bewegte, korrekt ein."

Wir plädierten deswegen auf Anwendung des Artikel 8 IMT (International Military Tribunal), der im Falle des Handelns auf Befehl eine Strafmilderung zuließ.

Feustel hatte uns überhaupt durch sein Auftreten in der Hauptverhandlung und in den Vernehmungen durch das MfS Bausteine für seine Verteidigung geliefert. So lag es ganz auf der Linie meiner Verteidigungskonzeption, daß er von sich aus, ohne irgendeine Einflüsterung durch uns, überzeugend und eindrucksvoll zum Gericht gesagt hatte: *„Ich bin in den letzten 25 Jahren ein Mensch gewesen wie Sie."*

Das entsprach genau unserer These: Der Angeklagte ist nicht mehr der gleiche Mensch, wie der Täter. Feustel war 1899 geboren, also 73 Jahre alt. Das legte uns nahe, auch auf die biologische Veränderung hinzuweisen, die ein Mensch zwischen dem fünften und dem achten Lebensjahrzehnt durchmacht. Ich hätte diesen Gedanken gern vertieft, aber dazu wäre Fachliteratur notwendig gewesen, die ich in der kurzen Vorbereitungszeit auf das Plädoyer weder beschaffen noch gar lesen konnte. In solchen Situationen wirkte es sich auch nachteilig aus, daß wir keine Referendare, juristischen Hilfsarbeiter oder Partner hatten, auf die wir uns hätten stützen können. Wir mußten jeden Fall in jeder Beziehung allein bearbeiten, unser Brot allein verdienen. Allerdings hatten wir keine Sorgen mit Steuern, Marketing, Management, Altersvorsorge und auch nicht mit Anwaltshaftung.

Die Politik beeinflußte in der DDR – wie bereits erwähnt – offen und stark die Rechtsprechung. Immer wieder wurde in Urteilen auf die politische Lage Bezug genommen und dabei ausgeführt, daß die ausgesprochene Strafe eben dieser konkreten Situation entsprechend zum Schutz oder zur Förderung der sozialistischen Gesellschaftsordnung in der DDR notwendig sei. Sogar in Ehescheidungsverfahren wurde, jedenfalls in den 50er Jahren, zum Teil argumentiert, daß, wenn nicht einmal Eheleute es fertigbrächten, miteinander in Eintracht zu leben, man nicht erwarten könne, daß wir einen Beitrag zum Frieden oder zur Deutschen Einheit leisten. So naiv und komisch argumentierten wir hoffentlich nicht, als wir sagten, die Vorbereitung der Helsinki-Konferenz (die Beratung war am 22.11.1972 eröffnet worden) sei ein Zeichen für eine neue internationale Lage, die das Wiedererstehen von Faschismus und die Gefahr eines Dritten Weltkriegs vermindere. Das verringere das Maß der notwendigen Abschreckungswirkung der Strafe und müsse deshalb bei der Strafzumessung berücksichtigt werden.

Im übrigen wiederholte ich die Argumente aus dem Schwerhoff-Verfahren. Wie objektiv nicht anders zu erwarten war, wiederholte auch das Gericht die Strafe dieses Verfahrens. Natürlich blieb die Berufung erfolglos.

Häusler schrieb im Januar 1973 das Gnadengesuch. Eine Antwort auf dieses Gesuch habe ich weder mündlich noch schriftlich erhalten. Ich halte es für möglich, daß Feustel begnadigt worden ist, daß der Gnadenakt aber geheim gehalten wurde, um keine Inkonsequenz bei der Bestrafung von Faschisten zum Ausdruck zu bringen. – Jedenfalls war das Urteil gegen Feustel das letzte Todesurteil, das gegen einen

Kriegsverbrecher von DDR-Gerichten verhängt worden ist. Wäre er später entdeckt und angeklagt worden, wäre ihm und uns das Todesurteil erspart geblieben. Es ist unsäglich, machtlos zusehen zu müssen, wie ein solches Schicksal – mag es auch verdient erscheinen – auf einen Menschen zukommt. Was soll man ihm sagen, wenn das Urteil verkündet und rechtskräftig ist und man ihm allein in der Zelle gegenübersitzt?

23. Der Kanzlerspion
(1974-1981)

Am 26.4.1974 beauftragte mich Frau Johanna Mittag, die Mutter von Günter Guillaume, mit der Verteidigung ihres Sohnes und ihrer Schwiegertochter. Als ich die Nachricht von der Verhaftung des Kanzlerspions aus den Medien erfahren hatte, war mir noch nicht in den Sinn gekommen, daß das ein Fall für mich werden würde. Ein „Fall für mich" war es natürlich eigentlich nicht. Vor bundesdeutschen Gerichten war ich nicht zugelassen und so konnte ich hier nur eine ähnliche Rolle spielen, wie sie etwa Heinemann und Posser im Fall Heinz Brandt gespielt hatten. Eine, jedenfalls in meinem Fall, sehr begrenzte Rolle.

Zunächst mußten für die beiden Beschuldigten Verteidiger gesucht werden. Unter ca. 50.000 Anwälten die passenden zu finden, ist Glückssache, wenn man keine umfangreichen Beziehungen und Personenkenntnisse hat. Ich kannte zwar von meiner Tätigkeit in der Vereinigung Demokratischer Juristen eine Reihe bundesdeutscher Anwälte, aber das waren alles mehr oder weniger links orientierte, politisch engagierte Juristen, die mir für einen Spionageprozeß nicht geeignet zu sein schienen. Dabei ging ich von meinem DDR-Erfahrungshorizont aus und stellte mir vor, wie ein solcher Jurist auf einen vermutlich „schwarzen" Richter wirken und was er ausrichten würde. Spionageprozesse sind kein Forum für politische Auseinandersetzungen, keine „Dimitroff-Prozesse". Linke schieden folglich aus. Rechte schienen mir andererseits in einem solchen Fall auch nicht geheuer zu sein. Was blieb, war folglich das politisch neutrale Spektrum.

Unter dem so eingegrenzten Kreis von Anwälten gab es etliche „Starverteidiger", die wohl Anspruch gehabt hätten, in einem solchen medienwirksamen Prozeß zu agieren. Mir schien aber fraglich zu sein, ob das Partner sein würden, mit denen ich über Jahr und Tag bis zum vermutlich bitteren Ende würde zusammenarbeiten können. Schließlich mußten die Verteidiger in dieser Sache noch eine besondere Anforderung erfüllen, sie mußten in der Lage sein, den Inhaftierten und Isolierten soweit wie möglich die Bezugspersonen zu ersetzen, die der bundesdeutsche Häftling, der von seinen Angehörigen besucht wird, gewöhnlich hat. Mit den Rechtsanwälten Herdegen für Christel Guillaume und Dr. Pötschke für Günter Guillaume wurden Verteidiger gefunden, die diesen Erwartungen entsprachen. Sie mußten Ratgeber nicht nur in rechtlichen, sondern auch in vielen menschlichen Fragen sein, die im Laufe einer mehr als siebenjährigen Haftzeit entstehen. Da traten Probleme zwischen Eltern und Sohn, gesundheitliche, wirtschaftliche und psychische Fragen auf, die einen echten Vertrauten und klugen

Ratgeber verlangten. Der Verteidiger ist eben nicht nur „Paragraphenreiter", sein Erfolg mißt sich nicht nur an Freispruch oder Strafmaß.

Natürlich reizte es mich, an der Vorbereitung der Verteidigung, an der Entwicklung der Verteidigungsstrategie mitzuwirken. In mehreren Aussprachen mit den eigentlichen Verteidigern versuchte ich, meine Vorstellungen von einer Verteidigung durchzusetzen. Ich wollte, daß die Verteidigung prinzipiell die Methode der Anklage angreift, die den Grundsatz „in dubio pro reo" durch sein Gegenteil, im Zweifel zu Lasten des Angeklagten, ersetzte. Gerade in diesem spektakulären Fall reizte mich das besonders. Einen Dieb rechtsstaatlich zu verurteilen, ist keine Bewährungsprobe für die Justiz, bei einem „Kanzlerspion" sieht das anders aus. Doch meine Worte stießen auf taube Ohren. Die Westkollegen wußten besser, was machbar war, als der Kollegiumsanwalt aus dem Osten. Ich möchte nicht wissen, was sie im Innern von meinem naiven Bemühen gehalten haben.

Bald lernte ich die bundesdeutsche Strafjustiz näher kennen. Alles war viel liberaler als in der DDR. Der Untersuchungsgefangene konnte von seinem Geld ohne größere Beschränkungen einkaufen und sich vielseitig beschäftigen. Wenn er nicht aussagen wollte, brauchte er es nicht zu tun und wurde dann praktisch mit der Kriminalpolizei während der Ermittlungen nicht konfrontiert. Ihm fehlte nur die Freiheit – doch das reichte. Die Verteidiger hatten es mit vollständigen Kopien der Gerichtsakten leichter, sich mit dem Verfahrensstoff vertraut zu machen. Ihre prozessualen Rechte schienen mir beneidenswert. Interessant war, wie sich das alles auf das Urteil auswirken würde.

An der Hauptverhandlung nahm ich während der Plädoyers der Staatsanwälte als Zuhörer teil. Es war ein eigentümliches Gefühl, von der Position des Verteidigers in der DDR in die Nähe der Position des Verteidigers in der BRD zu rücken. Alle Werte verkehrten sich in ihr Gegenteil. Ich hatte die Frontlinie des Kalten Krieges passiert, war hinter der Front auf der anderen Seite.

Mich interessierte vor allem, wie die Bundesanwaltschaft mit der Tatsache fertig werden würde, daß es keine Beweise dafür gab, daß die Angeklagten Spionageberichte in die DDR geliefert hatten. Ich erwartete entsprechend meiner ursprünglichen Verteidigungskonzeption eine spannende Debatte. Nichts dergleichen geschah. Leidenschaftslos, geradezu ermüdend wurden Behauptungen vorgetragen. Die Argumente der Bundesanwaltschaft waren offenbar altbewährt und von der Rechtsprechung seit Jahr und Tag bestätigt. Die Sache war danach ganz simpel. Es war gerichtsbekannt, DDR-Spione spionieren alles aus, was es auszuspionieren gibt. Christel und Günter Guillaume hatten gestanden, im Dienst der DDR für die Hauptverwaltung Aufklärung gearbeitet zu haben. Das reichte. Es war akribisch ermittelt und in der Hauptverhandlung ausgebreitet worden, was sie hätten spionieren können, welche Informationen und Dokumente ihnen theoretisch zugänglich gewesen waren. Das theoretisch Mögliche war danach das, was nach der freien richterlichen Überzeugung erwiesen war. Das Ergebnis: 13 Jahre Freiheitsstrafe für den Spion, acht Jahre für die Spionin. – „Die ZEIT" schrieb über das Urteil, daß seine *„Beweisführung gerade in den entscheidenden Punkten einem Ritt über den Bodensee gleicht"*. Der Abstand zur DDR-Justiz reduzierte sich durch diese Plädoyers und dieses Urteil in meinen Augen beträchtlich. Doch es gab auch andere Eindrücke von der bundesdeutschen Rechtspflege, z.B. in der Zeit der Verbüßung der Strafe.

Die Jahre im Strafvollzug waren für Christel und Günter Guillaume hart. Ein Beschluß der kleinen Strafvollstreckungskammer des Landgerichts Bonn vom 21.4.1980 vermittelt davon eine annähernde Vorstellung. Die Kammer hatte über eine Beschwerde Günter Guillaumes wegen der Versagung der Genehmigung eines eigenen Fernsehers zu entscheiden. In ihrem von großem Engagement getragenen 42seitigen Beschluß heißt es u.a. wie folgt:

„In den Anhörungsterminen der großen und der kleinen Srafvollstreckungskammer sprechen die Gefangenen seit Jahren sehr häufig über den Betroffenen, und zwar durchweg ablehnend. Er habe einmal ganz oben gesessen und gehöre nicht zu ihnen, von ihm wolle niemand etwas wissen. Er versuche zwar ab und zu, sich durch freundliche Worte oder dadurch anzubiedern, daß er von den Mitbringseln der DDR-Leute etwas anbiete, aber dadurch habe er allenfalls einen Mitgefangenen vorübergehend für sich interessieren können, der ohnehin ein „Arschloch" sei. Guillaume solle jetzt einmal so richtig schön lernen, wie es einem ergehe, der von ganz oben nach ganz unten falle. Der müsse ganz kleine Brötchen backen, auch bei der Arbeit. Wenn die Anstalt dem nicht Rechnung tragen und ihn anders als mit Handlangerarbeiten beschäftigen sollte, würde es einen Aufstand geben. Gelegentlich genüßlicher Ausmalung der Behandlung einzelner Richter für den Fall, daß sie für ihre verbrecherische Tätigkeit in der „Schreckenskammer" doch noch einmal in den wohlverdienten Strafvollzug kommen sollten, ist als abschreckendes Beispiel auf den Betroffenen verwiesen worden. Die Richter sollten sich beizeiten ansehen, wie der unter ihnen leben müsse, denn so werde es ihnen auch ergehen. Sie sollten sich das nur nicht zu leicht vorstellen, wenn sie von allen anderen Gefangenen verabscheut und gemieden würden, sie würden dann nicht leben und nicht sterben können. Ein sehr einfacher Gefangener suchte Zweifel des Gerichts an seiner Kontaktfähigkeit in der Freiheit mit Bemerkung auszuräumen, er komme mit allen Menschen zurecht und habe gegen keinen etwas, er würde es nicht einmal ablehnen, mit Guillaume zusammenzuarbeiten. Sehr gehässig vorgetragene Äußerungen des Neides wegen einer Besuchsverlegung nach Köln, einer Diätmahlzeit oder sonstiger bei anderen Strafgefangenen als selbstverständlich angesehener Vollzugsbegebenheiten sind in bezug auf den Betroffenen häufig vorgekommen. Über andere Mitgefangene reden die Gefangenen bei den Anhörungsterminen fast nie, über den Betroffenen haben sie sich – und zwar in den Terminen der kleinen Strafvollstreckungskammer stets ohne Anregung des Gerichts – jahrelang so häufig und in der Tendenz so ablehnend geäußert, daß die Kammer sich darüber nicht ohne weiteres hinwegsetzen kann."

Die Kammer bewilligte das Fernsehgerät, das Oberlandesgericht Hamm hob diese Entscheidung knapp vier Monate später auf und wies den Antrag Günter Guillaumes zurück. – Der Unterschied im Strafvollzug hüben und drüben wurde so ebenfalls reduziert, wenn auch nur geringfügig. Gut ein Jahr später, am 1. Oktober 1981, wurde Günter Guillaume entlassen und ausgetauscht.

24. Der „halbe Soldat" als Kriegsverbrecher (1975-1984)

Im April 1975 erhielt ich nach fast drei Jahren wieder einmal eine Pflichtverteidigerbestellung in einem Kriegsverbrecherprozeß. Dem Beschluß lag erstmalig nicht gleich die Ladung zur Hauptverhandlung bei, diese folgte 14 Tage später wieder mit dem bekannten Vermerk, ich solle die Anklage und den Eröffnungsbeschluß auf der Geschäftsstelle des Senats einsehen. Die Rechte der Verteidigung entwickelten sich nach dem Muster zwei Schritte vorwärts, einen Schritt zurück. Man mußte zufrieden sein, daß es nicht umgekehrt verlief, und war es auch.

Wieder war da die Angst vor einem Todesurteil. Niemand hatte schließlich verlautbart, daß es keine Todesurteile in der DDR mehr geben würde. Das sprach sich erst später herum. In Beelitz sagte mir Honecker, es wäre eine seiner ersten Maßnahmen als Vorsitzender des Staatsrates gewesen zu erklären, daß er kein Todesurteil mehr bestätigen würde. Die Gerüchte hatten also einen realen Hintergrund gehabt. Es waren aber eben nur Gerüchte, bis schließlich 1987 die Todesstrafe per Gesetz abgeschafft wurde. Ich hatte also Angst, schöpfte aber bald Hoffnung, daß das Schlimmste nicht eintreten würde.

Die Hoffnung entstand, als mir Stefan Sterzl in der Untersuchungshaftanstalt des MfS in der Magdalenenstraße gegenübersaß. Das war kein SS-Hauptsturmführer und auch kein Angehöriger der Leibstandarte Adolf Hitler. Sterzl bezeichnete sich selbst als „halber Soldat", der zwar bei der SS sozusagen angestellt war, aber keine Schulterstücke, keine Tätowierung hatte, nicht kaserniert war, sich selbst verpflegen mußte und keine reguläre militärische Ausbildung besaß, wenngleich ihm eine Waffe übergeben worden war. Seine Geschichte war anrührend und außergewöhnlich.

Stefan Sterzl war am 22. Juli 1923 in Königsfeld in der Tschechoslowakei geboren. Das Dorf wurde von Deutschen bewohnt, unter ihnen waren auch einige Juden. Vor dem Ersten Weltkrieg hatte es zu Ungarn gehört. Seine Eltern hatten 12 Kinder, sieben von ihnen waren gestorben. Für die Dorfbewohner gab es bis 1938 keinen Arzt, keine Krankenschwester, kein Krankenhaus. Die Schule besuchte Sterzl von 1929 bis 1937, wenn er Zeit hatte. Er hatte wenig Zeit, denn er mußte die Kuh der Familie hüten. Der Vater war kaum da. In der Schule wurde er erst auf deutsch, dann auf tschechisch, dann wieder auf deutsch unterrichtet. Er war fünf- bis sechsmal sitzengeblieben, genau wußte er das nicht. Er kannte auch seinen Geburtstag nicht.

Im Dorf gab es weder Elektrizität noch Radio. Seine Bewohner erfuhren vom Kriegsausbruch erst durch den Einmarsch ungarischer Soldaten. Die Männer im wehrfähigen Alter sollten in der ungarischen Armee dienen, konnten aber nicht ungarisch. So reifte in Stefan Sterzl der Entschluß, über das Gebirge nach Polen zu gehen und dort bei den Deutschen zu dienen. Schon vor dem Krieg waren Dorfbewohner nach Deutschland gegangen, hatten im Harz im Wald gearbeitet und gut verdient. Also machte sich Sterzl auf den Weg und ging 16 km durch den Wald und das Gebirge nach Polen. Hier sah er zum ersten Mal in seinem Leben eine Stadt, Lemberg.

Die Deutschen nahmen ihn als „halben Soldaten" bei der SS auf. Genau war seine Stellung von ihm nicht zu erfahren. Nur eben daß er Uniform getragen hatte, keine Grundausbildung erhielt, aber ein Gewehr besaß, daß er keine Schulterstücke an der Uniform hatte und nicht die SS-Tätowierung besaß. Er hatte im Magazin gearbeitet – bis auf Ausnahmen. Die Ausnahmen waren Gegenstand der Anklage.

Von März/April 1942 bis Juni 1943 war der Angeklagte einmal fünf Tage, einmal zwei Tage bei der Deportation von Juden als Posten an der Ghettoumzäunung, bei der Umstellung von Häusern und der Bewachung der Opfer bis zu ihrem Abtransport eingesetzt. Der Senat faßte das im Urteil mit den Worten zusammen, *„daß der Angeklagte arbeitsteilig mit anderen handelnd an der Ermordung von 14.500 Menschen und der Deportation von 600 Opfern beteiligt war"*.

Nach dem Krieg hatte Stefan Sterzl im Braunkohlentagebau in der DDR gearbeitet. Er hatte bei der schweren Arbeit gutes Geld verdient und war aus seiner Sicht glücklich verheiratet. 1970 hatte sich seine Frau von ihm getrennt. Nach der Scheidung war ihm von dem Erarbeiteten nicht viel geblieben. Die Frau war gewitzter als der Mann aus dem Wald.

Sterzl wurde vom Stadtgericht „nur" zu einer Freiheitsstrafe von 12 Jahren verurteilt. Das Strafmaß ließ erkennen, daß das Gericht die Relativität seiner eigenen Feststellungen durchaus erkannte. Auch in diesem Fall entsprach das Urteil dem Antrag der Staatsanwaltschaft. Schon lange war den Gerichten erklärt worden, daß geringfügige Abweichungen vom Antrag der Staatsanwaltschaft prinzipiell nicht gerechtfertigt seien. Sie widersprächen dem Grundsatz der Einheit der Staatsgewalt. Erhebliche Abweichungen seien dann ausführlich zu begründen. Im Ergebnis dieser Theorie kamen Abweichungen vom Antrag der Staatsanwaltschaft in Strafverfahren mit politischer Bedeutung nur ganz selten vor.

Das Oberste Gericht verwarf meine Berufung durch Beschluß als offensichtlich unbegründet, d.h. es fand keine erneute Hauptverhandlung in zweiter Instanz statt.

Fünf Jahre nach seiner Verurteilung schrieb mir Sterzl 1980 aus Bautzen und bat mich, für ihn einen „Gnadenerlaß" zu beantragen, da er, wie er schrieb, *„von der Amnestie zum 30. Jahrestag der DDR nicht betroffen wurde"*. Weiter teilte er mit, daß er in Bautzen II im Leistungslohn arbeite. Wenn ich sage, daß Sterzl mir schrieb, so ist das so zu verstehen, daß sein Brief von einem Schreibkundigen verfaßt worden war.

Sterzl selbst konnte einen derartigen Brief nicht schreiben, er war ein halber Analphabet. Nur seine Unterschrift hatte er selbst – sehr schön – geschrieben. Sterzl hatte wieder kein Glück. Der Antrag auf Strafaussetzung zur Bewährung wurde nach Monaten abschlägig beschieden. Die Art der Mitteilung veranlaßte mich, die Sache im Januar 1981 dem Vorsitzenden des Staatsrats wegen des „ungewöhnlichen Lebenswegs" des Verurteilten vorzutragen. Die Ablehnung der Abteilung Staats- und Rechtsfragen des Staatsrats kam nach drei Monaten im Mai 1981. Danach hörte ich nichts mehr von oder über meinen Mandanten, bis mir der Staatsanwalt, der an der Hauptverhandlung teilgenommen hatte, im Januar 1984 mitteilte, daß Stefan Sterzl am 1. Februar 1984 entlassen werden würde. Eine solche Mitteilung war ungewöhnlich, man wurde als Verteidiger von der Entlassung eines Mandanten nicht informiert, wenn sie nicht im Ergebnis eines entsprechenden Antrags erfolgte. Ich entnahm daraus, daß auch der Staatsanwalt von diesem Menschenschicksal nicht unbeeindruckt geblieben war. Mehr als zehn Jahre hatte Sterzl von der zwölfjährigen Strafzeit verbüßt.

25. Verteidiger an der Seite von Rechtsanwalt Vogel (1978-1979)

Am Internationalen Frauentag, also am 8. März des Jahres 1978, erhielt ich ein vorher telefonisch angekündigtes Schreiben von Rechtsanwalt Dr. Vogel vom 3.3.1978, der zugleich für seinen Sozius Rechtsanwalt Dieter Starkulla folgendes an mich schrieb:

„Betr.: 1. Herrn Stein, Gustav – geb. 11.2.42 (Name und Daten geändert)
2. Herrn Bosdorf, Franz – geb. 2.5. 29 (Name und Daten geändert)
beide Bürger der BRD – Verfahren anhängig beim Generalstaatsanwalt der DDR-Militär-Oberstaatsanwalt (Staatsanwalt Bock), Grunerstraße vorerst noch getrennt.

Sehr geehrter Herr Kollege!

Wir sind in beiden Fällen durch die Ehefrauen beauftragt, nehmen auf das mit Ihnen geführte Telefonat Bezug und erbitten Ihre Mitwirkung. Die Mandanten sind einverstanden. Wir dürfen Sie bitten, über die Staatsanwaltschaft Vollmacht auf Sie anzufordern. Das ist ja der vorgeschriebene Weg. Eigentlich wollten wir Ihnen die Unterschrift gleich kurzerhand mitbringen, dann hatten wir Bedenken.
Für ihr Honorar in der Währung DM treten wir ein.
Termin im Falle Stein soll wohl Ende März sein. Im Falle Bosdorf ist er noch nicht abzusehen.
Herr Stein ist mehr, als es auch jedem Staatsanwalt lieb sein sollte, geständig. Es gibt viele Fragwürdigkeiten. Sie werden sich ein erstes Bild machen, wenn Sie den Mandanten gesprochen haben.
Herr Bosdorf bestreitet völlig. Aussage steht gegen Aussage. Ermittelt wurde nach den §§ 104 und 97 StGB.“

Der Brief war vielsagend. Es war ein echter Vogel-Brief und ist heute, wenn man seine Sprache zu deuten weiß, ein Zeitdokument für die DDR der 70er Jahre. Deswegen einige Anmerkungen.

Zwei Ehefrauen aus der BRD beauftragen Rechtsanwalt Vogel mit der Verteidigung ihrer in der DDR verhafteten Männer. Ein typischer Fall. Anders als in den 60er Jahren, als man sich noch in derartigen Fällen bevorzugt an Rechtsanwalt Kaul wandte, war jetzt Rechtsanwalt Vogel der Ansprechpartner in Ost-West-Fällen. Er war es häufiger, als es Kaul jemals war. Fast konnte man denken, er habe ein Monopol auf solche Fälle. Seine Beauftragung durch die Ehefrauen war daher nicht überraschend. Man konnte daraus ablesen, sie hatten, auf welchem Weg auch immer, den Rat kompetenter Behörden der Bundesrepublik nachgesucht und diese hatten – natürlich – Vogel empfohlen. Dieser konnte nicht alle Fälle, die an ihn so herangetragen wurden, selbst bearbeiten und gab daher viele Mandate an Kollegen weiter, die er für geeignet hielt. Hier fiel also lediglich auf, daß Vogel selbst im Mandat bleiben wollte und nicht einen seiner üblichen Partner sondern mich hinzuzog. Das war ungewöhnlich und unterstrich den in anderen Passagen des Briefes angedeuteten besonderen Charakter des Falles. Das galt vor allem für seine rechtliche Grundlage. Die Paragraphen, nach denen die beiden Bundesdeutschen beschuldigt wurden, betrafen die Tatbestände der Sabotage und der Spionage. Sie drohten in besonders schweren Fällen lebenslängliche Freiheitsstrafe oder Todesstrafe an.

Interessant waren für mich auch Vogels Bedenken, mir die Vollmacht der Mandanten direkt zu überbringen. Das wäre nicht wider den „vorgeschriebenen Weg" gewesen. Es zeigte sich jedoch bald, daß es da tatsächlich Probleme gab. Die Ursachen dafür haben sich mir nicht erschlossen.

Das Honorar „in der Währung DM" war für alle Devisenausländer durch das Devisengesetz der DDR zwingend vorgeschrieben. Wir Rechtsanwälte waren es zufrieden, auch wenn wir in längeren Perioden nicht an die von beiden Seiten gesperrten Konten herankamen. Das jahrzehntelange Hin und Her um diese Konten bewegte die Gemüter der Anwälte und der Ministerialbürokraten gleich stark, wenn auch aus unterschiedlichen Motiven. In dem Brief konnte es sozusagen als eine Art „Gefahrenzulage" oder auch als Lockmittel verstanden werden. Aber das war und ist eine Frage der Auslegung.

Auffallend auch der Hinweis auf die Zusammengehörigkeit der beiden Mandate. Im Betreff: „vorerst noch getrennt", im Text: Termin Stein „wohl Ende März", Termin Bosdorf „Nicht abzusehen". Dazu: „Stein über die Maßen geständig", Bosdorf „bestreitet völlig". Etwas verwirrend. Ein typischer Vogelbrief, fand ich: kurz und mehrdeutig. Auf jeden Fall versprach er in jeder Beziehung interessante Mandate.

Ich schrieb folglich am 9.3.1978 an meine beiden neuen Mandanten, daß ich bereit sei, ihre Verteidigung neben Dr. Vogel zu übernehmen, wenn sie die beiliegende Strafprozeßvollmacht auf mich unterschrieben zu den Akten geben würden. Darauf erhielt ich am 10. April 1978 ein Schreiben von Herrn Stein mit Datum vom 16.3.1978, das folgenden Inhalt hatte:

„Erklärung!

Heute habe ich die Strafprozeßvollmacht von Herrn Friedrich Wolff vorgelegt bekommen. Ich erteile die Vollmacht zu meiner Verteidigung diesem Rechtsanwalt nicht, da ich die Absicht habe einen Pflichtverteidiger in Anspruch zu nehmen.

Gustav Stein"

Das war nach Form und Inhalt merkwürdig. Doch schon zehn Tage später teilte mir Rechtsanwalt Vogel in einem persönlichen Gespräch mit, daß Herr Stein nun doch die auf mich ausgestellte Vollmacht unterschrieben hätte. Herr Bosdorf hatte dies schon etwas früher getan. Gemeinsam mit Rechtsanwalt Vogel besuchte ich beide Mandanten am 24. Mai 1978 in der Untersuchungshaftanstalt des MfS in der Magdalenenstraße.

Anläßlich eines Erfahrungsaustauschs mit Moskauer Rechtsanwälten 1979 in Berlin, an dem auch Rechtsanwalt Dr. Gysi (r.) teilnahm

Beide machten auf mich einen völlig unterschiedlichen Eindruck. Vogels Hinweise bestätigten sich. Herr Stein war über alle Maßen geständig. Er erläuterte: *„Ich habe meinen Standpunkt aufgegeben"* und er verdeutlichte das noch mit den Worten: *„Ich habe mich aufgegeben"*. Er teilte uns mit, daß sein Vernehmer ihm den Abschluß der Ermittlungen für die nächste Woche in Aussicht gestellt habe. Der Verteidiger erfuhr in derartigen Sachen vom Gang der Ermittlungen mehr von seinem Mandanten als vom Staatsanwalt. So informierte insoweit nicht der Verteidiger den Beschuldigten, sondern dieser seinen Anwalt.

Bosdorf berichtete, daß ihm vorgeworfen wurde, Agent des BND zu sein. Er bestritt. Seine Haltung war konsequent. Von einem baldigen Abschluß der Ermittlungen sagte er nichts. Zwei Beschuldigte in gleicher Lage, bei gleichen Ermittlungsmethoden mit extrem unterschiedlichen Haltungen. Das war keine absolute Einzelerscheinung, aber nur selten erlebte man bei Mitangeklagten derartig extrem unterschiedliche Verhaltensweisen.

Während es im Falle Bosdorf aus unserer Sicht keinen – wie man heute sagt – Handlungsbedarf gab, hielten wir im Falle Stein eine Schutzschrift für zweckmäßig. Ich war ein Anhänger von Schutzschriften, deren Zweckmäßigkeit damals genauso umstritten war wie heute. Ich hielt es für fair, Staatsanwaltschaft und Gericht in der Hauptverhandlung nicht vor unerwartete Probleme zu stellen. Ich wollte ihnen Zeit zum Nachdenken geben. Vielleicht war ich blauäugig, aber ich erwartete eine Versachlichung von dieser Methode, wollte unkalkulierbare Reaktionen und damit unnötige Zuspitzungen vermeiden. Ob das nun richtig oder falsch war, wir schrieben eine Schutzschrift.

Als erstes wollten wir das Geständnis unseres Mandanten erschüttern. Wir verwiesen auf eine Richtlinie des Obersten Gerichts, wonach eine Geständnis *„das Gericht nicht von seiner Pflicht zur allseitigen und unvoreingenommenen Feststellung der Wahrheit"* befreit. Daraus zogen wir den Schluß, daß das Geständnis unseres Mandanten auch uns nicht bindet. Wir beanstandeten, daß es dem Geständnis an der in der genannten Richtlinie geforderten *„Detailtreue und Konkretheit"* ermangele. Nicht Spionage, sondern Bestechung sei wahrscheinlich das Ziel des Konzerns gewesen, für den unser Mandant arbeitete.

Sodann griffen wir das Sachverständigengutachten an, weil es rechtliche Schlüsse gezogen hatte, die ihm nicht zukamen. Gegen ein Gutachten des Ministeriums für Staatssicherheit wandten wir ein, daß seine Mitarbeiter kraft Gesetzes als Gutachter ausgeschlossen wären. Schließlich stellten wir Beweisanträge auf Erstattung neuer Gutachten und Vorlage der Originale von Beweisurkunden.

Die Hauptverhandlung gegen Stein sollte am 26.6.1978 beginnen. Vorher hatten Vogel und ich jeder für sich noch einmal unseren Mandanten besucht. Rechtsanwalt Vogel hatte Zweifel, ob Herr Stein eine Verteidigung durch uns wolle. Die Gespräche brachten aber keine neuen Erkenntnisse für uns, so daß wir zur Hauptverhandlung antraten. Diese verlief auch am ersten Tag ohne besondere Vorkommnisse, wenn man davon absieht, daß es ein Gespräch zwischen Herrn Stein und Rechtsanwalt Vogel gab, das diesen veranlaßte am folgenden Tag, dem 27. Juni, die Verteidigung niederzulegen. Das kam auch für mich überraschend. Vogel erklärte mündlich und schriftlich:

> „Herr Stein hat mir gestern unter Saalaufsicht und im Beisein des Kollegen Wolff erklärt: ‚Meine Marschroute ist die einzig richtige und wird mich vor lebenslänglich retten. Ihre Marschroute hilft mir nicht.'
>
> Der Hintergrund dieser merkwürdigen Äußerungen ist mir nicht klar. Klar hingegen ist, daß mein Verteidigungsmandat vom Vertrauen des eigenen Mandanten nicht mehr getragen wird. Dies geht auch daraus hervor, daß er seiner Frau beim Haftbesuch aufgetragen hat, von mir zur Erforschung der Wahrheit für notwendig gehaltene Zeugen von einer Einreise in die DDR abzuhalten. Auch andere von mir zur Entlastung für erforderlich gehaltene Beweismittel will er nicht angewendet haben.
>
> Bei dieser Sachlage bleibt mir aus inneren und äußeren Gründen keine andere Wahl, als mein Mandat niederzulegen. Das Recht auf Verteidigung und die Prozeßökonomie sind dadurch nicht behindert."

Das hatte ich bis zu diesem Tag noch nicht erlebt, und erlebte es auch später nicht wieder. – Ich hatte mit dem Mandanten keine Probleme. Wir einigten uns, er gibt weiterhin alles zu, und ich werde weiterhin sagen, daß ich seinem Geständnis nicht glaube. So geschah es. Der Staatsanwalt beantragte nach viertägiger Hauptverhandlung wegen Spionage und Sabotage eine Freiheitsstrafe von 15 Jahren. Ich hielt diese Vorwürfe für nicht erwiesen. Erwiesen sei lediglich die Hingabe von Geld an Bürger der DDR und die Verursachung eines wirtschaftlichen Schadens. Dies sei jedoch nicht, wie es der Spionagetatbestand fordere, im Auftrag eines imperialistischen Geheimdienstes, sondern im wirtschaftlichen Interesse eines BRD-Betriebes geschehen. Es könne sich um Bestechung und Geheimnisverrat, nicht aber um Spionage handeln. Auch Sabotage sei nicht gegeben, da der Angeklagte nicht mit dem Ziel gehandelt hätte, die DDR oder ihre Gesellschaftsordnung zu schädigen. Die Sache müsse neu ermittelt werden oder der Angeklagte könne nur nach den genannten Bestimmungen der Bestechung und des Geheimnisverrats bestraft werden.

Das Urteil wurde am 30.6.1978 verkündet. Es entsprach voll dem Antrag des Staatsanwalts. Am 5.7. besuchte ich Stein wieder in der Magdalenenstraße. Er wiederholte, was er mir schon gleich nach der Urteilsverkündung gesagt hatte, er wolle keine Berufung. Das war für mich bindend. Dennoch hatte ich den Eindruck, daß wir uns verstanden und er mit mir zufrieden war.

Meine Kostenrechnung über 1.445,09 DM wurde über Rechtsanwalt Vogel durch Zahlung auf mein Westberliner Sperrkonto beglichen.

Inzwischen war das Ermittlungsverfahren gegen Bosdorf fortgesetzt worden. Er hatte seine Haltung nicht geändert. Bei einem Besuch am 18.8. erklärte er mir, die Ermittlungen seien beendet. Rechtsanwalt Starkulla versicherte mir dagegen einen guten Monat später, daß ein Ende der Ermittlungen nach seinem Kenntnisstand nicht in Sicht wäre. Etwa um die gleiche Zeit wurde mir mein Mandant in der Untersuchungshaftanstalt ohne Angabe von Gründen nicht vorgeführt. Am 18.10.1978 konnte ich ihn jedoch wieder besuchen und wir besprachen wirtschaftliche Probleme seiner Familie. Sechs Tage später rief mich Rechtsanwalt Vogel an und teilte mir mit, daß Bosdorf in zwei Tagen entlassen werden würde. So geschah es auch. Vogel schrieb mir am 1.11.1978:

„Mandant ist am 26.10.1978 zur Entlassung gelangt. Er hat im Hinblick auf den außergewöhnlichen Umfang und den komplizierten Zusammenhang des Verfahrens mit der Sache Stein darauf verzichtet, daß Sie aus dem erhaltenen Gebührenvorschuß von DM 1.000.– zurückzahlen. Der Mandant ist – verständlich – sehr zufrieden und läßt Ihnen, Herr Kollege, sehr danken."

Wieder ein typischer Vogel-Brief, ebenso kurz wie hintergründig. Den Dank hatte ich mir eigentlich in Sachen Bosdorf nicht verdient, ich wußte jedenfalls nicht wofür. Der Generalstaatsanwalt schrieb mir am 24.11.1978, *„daß der Beschuldigte Bosdorf am 26.10.1978 wegen schwerer Erkrankung aus der Untersuchunghaft entlassen wurde. Das Ermittlungsverfahren wurde nach § 150 Ziffer 2 StPO vorläufig eingestellt."*

Von Stein hatte ich am 18.9. ein Schreiben aus Bautzen erhalten, mit dem er mich bat, eine Kostenrechnung des Stadtgerichts zu begleichen. Meine Vollzugsmeldung vom 17.1.1979 erreichte Herrn Stein in Bautzen nicht. Sie kam mit dem Vermerk: „Adressat bei uns unbekannt" aus der Strafvollzugsanstalt zurück. Danach hörte ich bis 1995 nichts mehr von Herrn Stein. Ich ging also davon aus, daß Stein etwa zur gleichen Zeit wie Bosdorf entlassen worden ist. Zwei entgegengesetzte Verteidigungsmethoden endeten so mit gleichem Ergebnis.

Das Verfahren hatte ein Nachspiel oder besser ein Nachverfahren: Zum 5. Juli 1995 erhielt ich eine Zeugenvorladung zur Staatsanwaltschaft II beim Landgericht Berlin, der Staatsanwaltschaft für die „Regierungskriminalität". Mir wurde ein Schreiben von Stein vom 22.6.1995 gezeigt, das u.a. folgenden Wortlaut hatte:

„... in dem seinerzeit gegen mich anhängig gewesenen Strafverfahren entbinde ich meine damaligen Verteidiger Rechtsanwälte Prof. Dr. Wolfgang Vogel und Friedrich Wolff von der Verschwiegenheitspflicht".

Ich sagte also aus. Am 23.1.1998 war ich als Zeuge im Rechtsbeugungsverfahren gegen die Richter und Staatsanwälte, die an dem Gerichtsverfahren gegen meinen ehemaligen Mandanten beteiligt waren, geladen. Vor der Saaltür sprach mich ein Herr an. Ich hatte vorher schon gesehen, daß er mich auffällig musterte und gedacht: Wieder Presse! Als er mich begrüßte, fragte ich zweifelnd: Herr Stein? Er war es. Wir konnten nur kurz miteinander sprechen. Gern hätte ich selbst mehr von den Hintergründen dieses Strafprozesses gewußt. Ich kenne sie immer noch nicht. Wer kennt sie überhaupt?

26. Geheimer Feldpolizist
(1978-1986)

Etwas mehr als drei Jahre waren seit dem Fall des „halben Soldaten" vergangen, als mir am 5. Juli 1978 die Pflichtverteidigerbestellung in der Strafsache gegen Herbert Paland nebst Ladung zur Hauptverhandlung, die am 7. August 1978 beginnen sollte, zuging. Diesmal trug das Formular der Ladung den Vermerk: *„Eine Ausfertigung des Eröffnungsbeschlusses – eine Abschrift der Anklageschrift – liegen anbei sowie eine Ausfertigg. d. Beiordnungsbeschlusses."*

Die gut einmonatige Vorbereitungszeit erlaubte mir mehrere Besuche in der Magdalenenstraße. Ich fürchtete keine Todesstrafe mehr, war mir dabei allerdings nicht absolut sicher. Man konnte nie wissen. – Übrigens, Palandt, das war doch der große Kommentator des BGB , aber mit meinem Paland mitnichten verwandt, wie die Schreibweise des Namens zeigt.

Der Eröffnungsbeschluß der Stadtgerichts hielt den Angeklagten Herbert Paland für hinreichend verdächtig,

„in der Zeit vom Sommer 1941 bis Sommer 1944 auf dem zeitweilig okkupierten Territorium der RSFSR und der Belorussischen SSR im Raum von Jochum, Spaso-Demensk, Wschody, Pazyn, Mogiljow, Nowy Bychow-Rogatschow und anderen Orten als Angehöriger der Geheimen-Feldpolizei (GFP) – Gruppe 570 – in seiner Tätigkeit im Stabe der Gruppe und als Leiter von Außenstellen bzw. Außenkommandos, zuletzt im Range eines Feldwebels, Kriegsverbrechen und Verbrechen gegen die Menschlichkeit durch Ermordung, Mißhandlung und andere unmenschliche Handlungen, Deportation zur Zwangsarbeit sowie Verfolgung aus politischen Gründen von Angehörigen der Zivilbevölkerung in okkupierten Gebieten der UdSSR zur Durchsetzung des verbrecherischen faschistischen Okkupationsregimes begangen zu haben."

Paland war 1915 in Halle geboren, lebte aber mit seinen Eltern bis 1938 in Polen. Sein Vater hatte 1919 die polnische Staatsangehörigkeit erwerben wollen. Er war selbständiger Schlossermeister und es ging ihm bis etwa 1928 recht gut. Nach dem Urteil meines Mandanten war sein Vater ein unpolitischer Mensch. 1938 war die Familie nach Halle zurückgekehrt, weil der Vater keine Arbeits- und auch keine Aufenthaltsgenehmigung in Polen mehr bekam. Herbert Paland war also kein ausgewiesener Nazi, als er1939 die Einberufung erhielt. Aber ihm *„imponierte"*, wie er in der Hauptverhandlung aussagte, *„der Wiederaufstieg Deutschlands sehr"*. Das konnte ich gut verstehen. Ich hatte die Jahre 1933-1939 zwar zunächst als Kind, dann aber doch als Jugendlicher bewußt miterlebt. Das war damals für die Deutschen auch ein Wirtschaftswunder. Hitler hatte verkündet: *„Gebt mir vier Jahre Zeit und ihr werdet*

Deutschland nicht wiedererkennen!" Diese Prophezeiung schien sich 1938/39 erfüllt zu haben. Alle waren beeindruckt, selbst Juden konnten sich, wie Victor Klemperer berichtet, dem Eindruck des rasanten wirtschaftlichen Aufschwungs nicht entziehen. Nur wenige wollten in Aufrüstung und Kriegsvorbereitung die Motoren dieses Aufschwungs sehen, nur wenige nahmen an, daß sich Hitlers Prophezeiung bald auf ganz andere Weise erfüllen würde.

Im März 1941 meldete sich Paland zur Geheimen Feldpolizei. Danach begannen im Dezember 1941 die Handlungen, die Gegenstand der Anklage waren. Punkt für Punkt, Einsatzort für Einsatzort wurden die Geschehnisse mit fast buchhalterischer Akribie nachvollzogen. Menschenschicksale wurden so zwangsläufig gleichsam zu Rechnungsposten. Wieviele Erschossene, wieviele Gefolterte, wieviele Deportierte? Die Addition würde das Strafmaß begründen, doch letztlich kam es nicht darauf an, ob es mehr oder weniger waren, letztlich hätte ein Ermordeter genügt.

Im Plädoyer ging ich gemäß dem Geständnis des Angeklagten von 107 Menschen aus, die nachgewiesenermaßen unter Mitwirkung von Paland erschossen worden seien. Die Staatsanwaltschaft nahm aufgrund der Aussagen der 23 sowjetischen Zeugen 137 Getötete an. Dazu kamen die anderen Taten, die Deportationen, die Mißhandlungen. Die Staatsanwaltschaft beantragte eine lebenslängliche Freiheitsstrafe. Drei Jahre früher hätte sie Todesstrafe beantragt und erwirkt. Zwischen Paland und Feustel gab es keine objektiven Unterschiede. Während Feustel erklärt hatte, er hätte die Befehle nur widerwillig erfüllt, sagte Paland: *„Wir dachten damals, es wäre richtig, was wir machen."*

Das war glaubhaft aber keineswegs strafmildernd. Dennoch, Palands Urteil lautete auf „lebenslänglich", Feustels auf „Todesstrafe".

Das Plädoyer, zu dem ich mich nach drei Entwürfen entschloß, entsprach in seiner Struktur den vorangegangenen Schlußvorträgen in diesen Sachen. Als eins von vier Grundproblemen hatte ich in meinem ersten Entwurf die *„Bewältigung der Vergangenheit"* angesehen.

So wie ich in der Verteidigung erster Instanz erfolglos blieb, hatte auch meine Berufung keinen Erfolg. Am 13. Oktober 1978 wies das Oberste Gericht nach zweistündiger Verhandlung (einschließlich Beratung) meine Berufung als unbegründet zurück. Ich hatte nichts anderes erwartet. „Lebenslänglich" war unter Berücksichtigung aller Umstände die einzig mögliche Entscheidung. Nur, überzeugt war ich nicht, daß sie die klügste, politisch, juristisch und menschlich gesehen beste Entscheidung war. Das Mögliche und das Beste stimmen eben selten überein.

Mit der Ehefrau von Herbert Paland hatte ich trotz der räumlichen Entfernung guten Kontakt. Sie versuchte, ihrem Mann zu helfen, wo sie konnte. Sie schrieb Gnadengesuche und beauftragte auch mich damit. Im Januar 1985 schrieb ich das letzte Gesuch an den Vorsitzenden des Staatsrats. Im Februar erhielt ich die Mitteilung, *„daß eine Prüfung veranlaßt wurde"*. Auf meine Anfrage im Juli 1985 wurde mir erklärt, *„daß* *die Prüfung in obiger Angelegenheit noch nicht abgeschlossen ist"*. Im Februar 1986, also nach einjähriger Prüfung erhielt ich den Bescheid, daß „*das Gesuch unter Berücksichtigung der Schwere und des Charakters der begangenen Straftat abgelehnt worden ist"*. Danach habe ich nichts mehr von Paland und seiner Ehefrau gehört. Er war zuletzt im Haftkrankenhaus Leipzig-Meusdorf und war an einer bösartigen Geschwulst in der Lunge operiert worden.

27. Der Fall Dobbertin
(1979-1990)

Am 29.1.1979 erhielt ich von einem Familienangehörigen den Auftrag, Herrn Rolf Dobbertin, der in Frankreich festgenommen worden sei, zu verteidigen bzw. für dessen Verteidigung Sorge zu tragen. In der Folge beschäftigte mich der Fall Dobbertin bis zum März 1990. Er war aber selbst zu dieser Zeit noch nicht rechtskräftig entschieden.

Rolf Dobbertin war in Paris am 29.1.1979 festgenommen worden. Seine Festnahme hatte großes Aufsehen erregt. Er hatte im „Nationalen Rat für wissenschaftliche Forschung" (CNRS) gearbeitet und bekam das Etikett „Atomspion". Die Medien berichteten, der Überläufer Stiller habe ihn verraten. Der „Spiegel" wußte: Stiller war Dobbertins Führungsoffizier und *„unter den zwei Dutzend Agenten des Ost-Berliner Ministeriums für Staatssicherheit (MfS) ist Dobbertin ... der wichtigste"*. Die französische Nationalversammlung erörterte am 14.11.1979 den Fall Dobbertin. Die innenpolitischen Wellen schlugen hoch. Berühmte französische Physiker, sogar Nobelpreisträger, beteiligten sich an der Diskussion. Zwölf Professoren, unter ihnen zwei Nobelpreisträger, veröffentlichten einen Aufruf, der gegen die Kampagne protestierte, die aus Anlaß der Verhaftung Dobbertins von einem Teil der Presse gegen den CNRS und die französische Universität entfacht worden sei. Sie bezeichneten die dadurch entstandene Atmosphäre als präfaschistisch. Der „Matin" veröffentlichte den Appell am 20.3.1979. Neun Monate später, am 13.12.1979 veröffentlichte „Le monde" den Appell von drei Professoren, darunter einem Nobelpreisträger, einem Mitglied der französischen Akademie der Wissenschaften, „An unsere Minister". Auch sie wandten sich gegen die Kampagne, die sie eine wahrhafte Hexenjagd nannten, und die sie mit dem McCarthyismus verglichen.

Als ich mich am 1.2.1979 mit Rechtsanwalt Nordmann in Verbindung setzte, hatte ich von Dobbertin und seinem Fall keine andere Vorstellung, als daß es um Spionage gehen würde. Nordmann wollte den Fall nicht selbst übernehmen. Er wußte wahrscheinlich schon mehr als ich. Möglich, daß er es als Kommunist weder im Interesse des Mandanten noch im eigenen Interesse für opportun hielt, in diesem Fall zu verteidigen. Er verwies mich an Rechtsanwalt Bredin, einen Rechtsanwalt, der offenbar einen hervorragenden Ruf besaß. Bredin übernahm den Fall – vorerst.

Dobbertin selbst lernte ich erst etwa sieben Monate später persönlich kennen. Am 27.7. stellte mir der Untersuchungsrichter auf Antrag Bredins eine Sprecherlaubnis für Verteidiger für das Untersuchungsgefängnis Fleury-Mérogis aus, in dem sich Dobbertin damals befand. Ich hatte im Ausland bisher nur Strafgefangene, noch nie aber einen Untersuchungshäftling im Gefängnis besucht. Das ging gleichfalls. Später sagten mir die französischen Kollegen, ich könne auch vor Gericht plädieren. Ich hatte jedoch noch mehr Gründe als Nordmann, zurückhaltend zu sein und lehnte dankend ab.

Als ich endlich mit Dobbertin sprach, es war wohl im September 1979, lernte ich einen gesamtdeutsch-französischen Intellektuellen kennen, den ich in keine Schublade einordnen konnte. Der „Spiegel" titelte seine Reportage über Dobbertin am 21.4.1980 mit einem angeblichen Dobbertin-Zitat über sich selbst: *„Ein bißchen DDR-Geist"*. So war es – französischer und bundesdeutscher Geist war aber zweifellos auch in ihm. Sein Lebenslauf hatte das mit sich gebracht.

Rolf Dobbertin war am 9. September 1934 in Schwerin zur Welt gekommen. Mit 19 Jahren war er im Jahr des 17. Juni der Partei, also der SED, beigetreten. Er hatte in Rostock studiert und der „Spiegel" wußte, daß er als FDJ-Vorsitzender politische Beurteilungen über Kommilitonen geschrieben hätte. 1958 soll er im Auftrag des MfS in die BRD gegangen sein. Von dort ging er als Student an die Pariser Universität. Dort wies er sich bald als zukünftiger Wissenschaftler aus. Die Zeitschrift „Science et Vie" (Wissenschaft und Leben) nannte ihn einen *„brillanten Geist"*. Er wurde Mitarbeiter des Instituts Henri Poincaré in Paris. 1968 veröffentlichte Dobbertin eine Arbeit über die statistische Mechanik des Plasmas. Schließlich gelangte er aufgrund seiner wissenschaftlichen Qualifikation in den CNRS.

Dobbertin stand, seitdem er die DDR verlassen hatte, in ständiger Verbindung mit dem MfS. Er informierte konspirativ über seine Situation und seine Erkenntnisse. Dafür erhielt er Geldbeträge als Zuschuß zu seinem jeweiligen Einkommen, monatlich zwischen 200-450 DM zuzüglich Spesen, insbesondere Reisekosten.

Von Beginn des Verfahrens an behauptete Dobbertin, daß er keine Geheimnisse verraten und Frankreich nicht geschadet habe. Er habe nur wissenschaftliche Informationen, die zur Veröffentlichung vorgesehen waren, weitergeleitet. Dies sei aufgrund der besonderen Situation der DDR mit geheimdienstlichen Mitteln geschehen, was aber an sich nicht strafbar wäre.

Tatsächlich gründete sich die Beschuldigung Dobbertins auf Artikel 80 Abs. 3 code pénal, der – soweit es den Fall Dobbertin anging – folgenden eindeutigen Wortlaut hat:

„Mit Zuchthaus von 10 bis 20 Jahren wird bestraft, wer

...

3. mit Agenten einer fremden Macht nachrichtendienstliche Beziehungen unterhält, die die militärische oder diplomatische Situation Frankreichs oder seine wesentlichen ökonomischen Interessen zu schädigen geeignet sind."

Dobbertin berief sich von Beginn an darauf, daß er sich nach dem Gesetz nicht schuldig gemacht habe. Er habe Frankreich in keiner Beziehung und schon gar nicht militärisch, diplomatisch oder wirtschaftlich geschadet. Dobbertin berief sich überdies auf Helsinki und die Freiheit des wissenschaftlichen Gedankenaustauschs.

Die Gerichte wichen dieser Grundfrage aus. Sie ließen alle diesbezüglichen Beweisanträge Dobbertins (er war selbst aktiv an seiner Verteidigung beteiligt) und seiner Verteidiger ins Leere gehen. Es mag sein, daß sich die jeweiligen Untersuchungsrichter bzw. die jeweils zuständigen Gerichte, sagten, sie wüßten selbst, was Frankreich schadet und was nicht, sie brauchten dazu weder Sachverständige noch Ermittlungen. überzeugend für andere war das allerdings nicht. So schrieb der „Spiegel" am 21.4.1980:

„Seit fünfzehn Monaten schon recherchiert der Untersuchungsrichter des Staatssicherheitsgerichts. Zwar soll im Herbst der Prozeß sein, doch bislang scheint der Häftling noch nicht hinreichend überführt. Und seine wichtigste Beteuerung lautet: ‚Ich habe Frankreich nicht den geringsten Schaden zugefügt.'"

Im Herbst 1980 fand der Prozeß gegen Dobbertin nicht statt. Die Geschichte dieses Prozesses dürfte wegen ihrer Länge und Verworrenheit einzig sein. Nicht unbedingt ein Indiz für die Begründetheit der Beschuldigung.
Hier die Eckdaten:

19.1.1979	Festnahme
25.1.1979	Übergabe an den Untersuchungsrichter (die späte Vorführung zum Erlaß des Haftbefehls gab nach Jahren den Verteidigern Anlaß, den Europäischen Gerichtshof anzurufen)
7.7.1980	Antrag der Verteidiger auf Einholung eines Gutachtens über die Bedeutung der Informationen Dobbertins im Hinblick auf die Interessen Frankreichs
Juli 1980	letzte Vernehmung
18.6.1981	Anklageerhebung vor dem Staatssicherheitsgericht
22.6.1981	Antrag der Verteidiger auf Haftentlassung, dem sich die Staatsanwaltschaft anschließt. Ablehnung des Antrags durch die Kontroll-Kammer des Staatssicherheitsgerichts
19.9.1981	Überweisung des Verfahrens durch den Kassationsgerichtshof an das Ständige Tribunal der Streitkräfte (TPFA) wegen der Auflösung des Staatssicherheitsgerichts durch das Gesetz vom 4.8.1981
2.2.1982	Anordnung von Nachermittlungen durch den Präsidenten des TPFA
21.7.1982	Überleitung des Verfahrens kraft Gesetzes vom gleichen Tag in die ordentliche Gerichtsbarkeit
25.11.1982	Abschluß der Nachermittlungen des TPFA
1.1.1983	Verweisung an die Anklagekammer von Paris
21.2.1983	Die Anklagekammer des Pariser Gerichtshofs beschließt die Haftverschonung gegen die Zahlung einer Kaution von 250.000 F und die Erfüllung weiterer Auflagen
23.3.1983	Die Anklagekammer übergibt den Fall dem Pariser Schwurgericht und setzt die Kaution auf 150.000 F herab, die Dobbertin gleichfalls nicht aufbringen kann
9.5.1983	Haftverschonung ohne Kaution
14.6.1983	Der Kassationsgerichtshof hebt die Entscheidung der Anklagekammer vom 23.3.83 auf und verweist die Sache an die Anklagekammer von Paris zurück

159

1.9.1983	Aufhebung des Haftbefehls ohne Auflagen
9.12.1983	Die Anklagekammer von Paris lehnt die Annullierung der Voruntersuchung ab und verweist die Sache an das Pariser Schwurgericht in spezieller Zusammensetzung und erläßt errneut Haftbefehl
6.3.1984	Der Kassationsgerichtshof hebt den Beschluß der Anklagekammer vom 9.12.1983 vollständig auf und verweist die Sache an die Anklagekammer von Paris in anderer Besetzung
20.7.1984	Die Anklagekammer von Paris verweist die Sache erneut an das Schwurgericht von Paris und erläßt wiederum Haftbefehl
19.10.1984	Der Kassationsgerichtshof hebt in einer Plenarsitzung die Entscheidung der Anklagekammer vom 20.7.1984 wiederum auf. Er verweist die Sache nunmehr an den Appellationsgerichtshof von Versailles
14.5.1985	Die Anklagekammer von Versailles annulliert einen Teil des Untersuchungsverfahrens.
29.10.1985	Der Kassationsgerichtshof kassiert die Entscheidung der Anklagekammer vom 14.5.1985 und verlangt die Annullierung der gesamten Voruntersuchung. Er verweist die Sache an den Appellationsgerichtshof von Amiens
15.4.1986	Die Anklagekammer von Amiens annulliert die gesamte Untertersuchung und verweist die Sache an den Untersuchungsrichter von Amiens
19.9.1989	Die Anklagekammer von Amiens überweist die Sache an das Schwurgericht von Paris

Die Entscheidung vom 19.9.1989 wurde mir von Rechtsanwalt Lachaud mit Schreiben vom 1.2.1990 übermittelt, das ich am 14.2.1990 erhielt. Es war meine letzte Information in dieser Sache, die sich über elf Jahre durch die französische Justiz geschleppt und mich ebensolange beschäftigt hatte. Die Familie Dobbertins hatte mich informiert, daß sie weitere Kosten nicht tragen könne, und ich hatte das Rechtsanwalt Lachaud am 22.3.1990 mitgeteilt. Seither habe ich von Rolf Dobbertin nichts mehr gehört. Erich Schmidt-Eenboom schreibt in seinem Buch *„Der BND"* Dobbertin sei *„im Juni 1990 wegen Spionage für die DDR zu 12 Jahren Haft verurteilt"* worden. *„Durch Gerichtsbeschluß kam er jedoch im Januar 1991 wieder auf freien Fuß, wenn auch unter Polizeiaufsicht." (S. 125)*

Mein juristischer Beitrag zu dem Prozeß gegen Dobbertin war gleich Null. Dennoch war mein Bemühen vielleicht nicht unnütz. Ein solcher Prozeß hat viele Seiten. Neben der juristischen steht die menschliche und die politische Seite. Der Advokat hat häufig auch Aufgaben wie ein Pfarrer oder ein Diplomat. Auch bei Dobbertin war das so. Der Generalbundesanwalt hatte es sich nicht nehmen lassen, ebenfalls ein Ermittlungsverfahren gegen Dobbertin zu eröffnen. Auch in dieser Richtung mußte Verteidigung gewährleistet werden. Schließlich war Dobbertin Deutscher und die Botschaft der BRD interessierte sich für ihn – und auch für seinen DDR-Anwalt. Ich hatte dadurch ein sehr angenehmes Mittagessen mit einem Vertreter der Botschaft. Bei allem heißen Bemühen bin ich mir bewußt, daß ich als Diplomat nur ein Dilettant war. Aber es bildete ungemein. Gebracht hat meine „Diplomatie" Dobbertin leider nichts, vielleicht war Vogel, der das bundesdeutsche Verfahren übernahm, erfolgreicher.

28. Der Oradour-Prozeß
(1981-1997)

Am 37. Jahrestag des 20. Juli, am 20.7.1981, kam ein etwa 35jähriger Mann zu mir und bat zugleich im Auftrag seiner Mutter und seines Bruders um die Verteidigung seines Vaters Heinz Barth, geb. am 15.10.1920. Der Vater war am 14.7.1981 wegen Kriegsverbrechen festgenommen worden. Die Familie hatte sich zunächst an die Rechtsanwältin Dr. Carlota Schindowski gewandt, die ihre Praxis im gleichen Stadtbezirk hatte, in dem der Vertreter der Famile wohnte. Frau Dr. Schindowski hatte sich nach ihren Erlebnissen im Janka-Prozeß mehr und mehr vom Strafrecht ab- und dem Recht der Landwirtschaftlichen Produktionsgenossenschaften sowie dem Familienrecht zugewandt. Sie verwies die Familie deshalb an mich, und so kam ich zu einem meiner schwierigsten Strafverfahren.

Was Heinz Barth gemacht hatte, stand von Anfang an fest. Er war geständig, seine Tat war Geschichte. Das Geschehen las sich später im Eröffnungsbeschluß des Stadtgerichts Berlin vom 11. März 1983 so:

„Heinz Barth ... ist hinreichend verdächtig, während des Krieges in okkupierten Gebieten der Tschechoslowakischen Republik und der Französischen Republik Kriegsverbrechen und Verbrechen gegen die Menschlichkeit begangen zu haben,indem er
1. als Angehöriger des in der Tschechoslowakischen Republik stationierten Reserve-Polizei-Bataillons Kolin durch Beteiligung am Erschießungskommando
   – am 9.6.1942 bei Klatovy an der Ermordung von 4 namentlich bekannten Zivilpersonen,
   – am 24.6.1942 in Pardubice an der Ermordung von 33 namentlich bekannten Einwohnern des Ortes Lezaky,
   – am 2.7.1942 in Pardubice an der Ermordung von 40 namentlich bekannten Zivilpersonen und als Zugehöriger eines Sicherungskommandos,
   – am 9.7.1942 an gleicher Stelle an der Ermordung von 15 namentlich bekannten Zivilpersonen mitwirkte;
2. in der Französischen Republik als Zugführer der 3. Kompanie des zum Bestand der SS-Division ‚Das Reich' gehörenden SS-Panzer-Grenadier-Regiments 4 ‚Der Führer' am 10.6.1944 in Oradour-sur-Glane an der Ermordung von 642 namentlich bekannten Einwohnern sowie an der Niederbrennung dieses Ortes beteiligt war."

Auch die rechtliche Würdigung dieser Taten stand von Anfang an unzweifelhaft fest. Der Eröffnungsbeschluß des Stadtgerichts formulierte:

„Verbrechen gemäß Artikel 6 Buchstaben b und c des Statuts für den Internationalen Militärgerichtshof in Nürnberg vom 8.8.1945 in Verbindung mit Artikel 8 und 91 der Verfassung der DDR, § 91 (2), 93 (3) StGB, § 1 (6) Einführungsgesetz zum StGB und zur StPO,

UNO-Konvention über die Nichtanwendbarkeit von Verjährungsbestimmungen auf Nazi- und Kriegsverbrechen vom 26.11.1968."

Die trockene Sprache des Eröffnungbeschlusses wurde, wie es von Beginn an zu erwarten war, in der Beweisaufnahme durch Fotografien, Aussagen von überlebenden, Dokumente und die eigenen Schilderungen des Angeklagten zu einem Horrorbild. Was gab es da noch zu verteidigen? Verteidigung drohte zur Mittäterschaft zu werden. Die Verhandlung fand nicht in der Bundesrepublik statt. Es gab keine Chance für Rechtfertigung oder auch nur Entschuldigung in der öffentlichen Meinung. Es gab überhaupt keine andere öffentliche Meinung als die vom Staatsanwalt repräsentierte. Letztlich stand auch die Strafe von vornherein fest. Es gab hinreichend Entscheidungen, die vorhersagen ließen, es konnte nur lebenslänglich oder Todesstrafe sein. Da die Todesstrafe in den letzten Jahren nicht mehr ausgesprochen worden war, stand die Strafe eindeutig fest. Eine aussichtslose Verteidigung.

Dennoch, ich hatte keinen Augenblick gezögert, das Mandat anzunehmen. Mein verehrter Kollege Nordmann aus Paris verstand mich nicht und war merklich verstimmt. Wir waren beide Kommunisten, Nazigegner, aber er lebte in einer pluralistischen Gesellschaft. Da war noch Raum für Faschisten. Da war die Vergangenheit noch nicht so bewältigt, wie wir meinten, daß sie in der DDR bewältigt sei. Da war die Verteidigung des politischen Gegners Verrat an der eigenen Überzeugung. Damals, in der DDR, mußte sich die eigene Überzeugung auch und gerade bei der Verteidigung des Feindes bestätigen, deuchte mir. Zumal, wenn es ein gewesener, ein gewendeter Feind war.

Mein übliches Verfahren wandte ich auch hier an: Den Menschen kennenlernen. Von August 1981 bis August 1983 besuchte ich Barth jeden Monat wenigstens einmal und ließ mir von ihm sein Leben erzählen. Das war mir wichtiger als die Details der einzelnen Taten. Ich wollte genau wissen, wie es kam, daß er SS-Mann wurde und mit 22 Jahren begann, Menschen zu töten. Meine Grundposition stand allerdings von vornherein fest: Geborene Verbrecher gibt es nicht. Also, was machte Barth zum SS-Mann? Ich muß gestehen, daß die langen Gespräche, die wir hatten, meine Erwartungen nicht voll erfüllten. Ich fand nicht den Zugang zu meinem Mandanten, den ich mir erhofft hatte. Andererseits glaubte ich, bestätigt bekommen zu haben, Barth war kein blutrünstiger Untermensch, um in der Terminologie des ehemaligen Dritten Reichs zu bleiben. Ehemalig sage ich, weil das jetzt offenbar für notwendig gehalten wird, um Vergangenes als solches kenntlich zu machen.

Neben den Gesprächen mit Barth war es mir wichtig, den Geist der Zeit und der Menschen des Jahrgangs 1920 in Deutschland zwischen 1933 und 1945 dokumentarisch belegen zu können. Schließlich war Barth kein Einzelfall. Als Angehöriger des Jahrgangs 22 hatte ich das in Berlin selbst erlebt. Aus einem Kriegsjahr Aufenthalt in der brandenburgischen Provinz wußte ich auch, daß Fanatismus und Gläubigkeit an den Führer und seine Lehre in den Verhältnissen, unter denen mein Mandant aufgewachsen war, dort noch wesentlich ausgeprägter waren als in der ehemaligen Reichshauptstadt.

Den Geist der Zeit und ihrer Menschen würde ich deutlich machen müssen, mit Zeugnissen, denen kein noch so engagierter Antifaschist und Genosse würde widersprechen können. Mein eigenes Wort würde nichts gelten. Zitate mußten her. 40 Jahre waren verstrichen (auch damals). Was im ehemaligen Dritten Reich unumstößliche Wahrheit für (fast) jeden Deutschen war, z.B. *„die Juden sind an allem Schuld"*, die *„jüdisch-bolschewistische Weltverschwörung"*, die Bestimmung des Deutschen zum *„Herrenmenschen"*, das Elend vom *„Volk ohne Raum"*, das war 1983 „out", absolut „out", unvorstellbar. Um den Menschen von 1939, von 1942 beurteilen zu können, sollte den Richtern das *„gesunde Volksempfinden"* dieser Zeit vor Augen stehen. Ihnen mußte klar sein Barth ist keine ungewöhnliche Bestie, sondern ein Produkt seiner Zeit, seines Volkes.

Die offenbare Ergebnislosigkeit dieses Unterfangens war für mich bedeutungslos. Ich verantwortete stets nur meine eigene Tätigkeit. Hoffnung machte ich mir insgeheim trotzdem. Vielleicht würde etwas hängen bleiben, das eines Tages zu einer Begnadigung führen könnte. Schließlich hörten viele Ohren zu und nicht alle gehörten zu dummen Köpfen und funktionierten für gefühllose Herzen. Auch diese Hoffnung blieb Jahrzehnte eitel.

Der Stoff, den ich zu beackern hatte, war grenzenlos. Es war klar, ich konnte ihn trotz langer Vorbereitungszeit nicht bewältigen. Ein Team wäre nötig gewesen. Historiker, Literaturkenner, Psychologen und Mediziner hätte man für eine solche Sache gebraucht. Mich bewegte als eine der Hauptfragen der Verteidigung, die Frage, ist ein Mensch mit 60 Jahren noch derselbe Mensch, der er mit 20 war? Kann man einen 60jährigen für das verurteilen, was er mit 20 tat?

Ich war mit den Fragen und Problemen allein, bis ein zweiter Verteidiger auf meinen Wunsch bestellt wurde. Der Mandant konnte keinen zweiten Anwalt bezahlen. An sich war es im Strafprozeß der (ehemaligen) DDR nicht üblich, einen Pflichtverteidiger neben einem Wahlverteidiger zu bestellen. Das Institut des „Zwangsverteidigers" war unbekannt. Aber das Gericht hatte ein Einsehen. Als Kollege Graubner beigeordnet wurde, war jedoch die Vorbereitung der Verteidigung fast abgeschlossen.

Es war aber schön, nicht mehr allein zu sein. Ich hatte ein Regulativ, einen der nicht in meine Thesen verliebt war, der kritisch sagen konnte, das ist Blödsinn. Das war in einem solchen Verfahren sehr wichtig. Es würde zwar erfolglos sein, was immer ich in dem Verfahren sagen würde, aber belanglos war es nicht. Es konnte für mich schon unangenehm werden. Es drohten zwar keine Kriminalstrafen und kein Berufsverbot, aber als Mensch ohne Gefühl für die Opfer, als Begünstiger von Faschisten wollte ich auch nicht dastehn. Da wandelt der Verteidiger auf einem schmalen Grat. Das ist heute, wenn er z.B. einen Täter verteidigt, dem Vergewaltigung vorgeworfen wird, nicht anders. Es muß nicht immer Politik sein, womit sich Verteidiger Schelte einholen.

163

Das Plädoyer hatte ich sogfältig vorbereitet. Teils wollte ich nach Stichworten sprechen, teils hatte ich wörtliche Textpassagen vorgesehen. Die (reichlichen) Zitate mußten an den richtigen Stellen zur richtigen Zeit parat liegen. Dank Graubner klappte das.

Es klappte auch sonst. Der volle Zuhörerraum war ganz still, als ich meine Sprüche aufsagte. Es lag Spannung in der Luft. Ich spürte das. Das konnte gut, das konnte auch schlecht sein. Als ich den Saal verließ, suchte ich in den Gesichtern einiger Offizieller auf dem für das Publikum gesperrten Teil des Ganges zu erkennen, wie ich angekommen war. Überall Fragezeichen. Dann aber kam ein Hauptabteilungsleiter des Justizministeriums, selbst ein Opfer des Faschismus. Die Miene war eindeutig. Eisige Ablehnung. Danach die sog. Vernehmer des MfS, die die Ermittlungen geführt hatten. Da zeigte sich Anerkennung. Ich wußte, ich hatte die Gratwanderung ohne nachteilige Folgen absolviert. So war das damals.

Mein Plädoyer wurde mitgeschnitten und später gekürzt in der „Neuen Justiz" und in einer Broschüre über den Prozeß veröffentlicht. Die Sekretärin hatte es sicher nicht leicht, vom Tonband die freigesprochenen Teile zu übertragen. Fehler kamen bei lateinischen Zitaten und auch sonst vor. Sie können auch von mir verursacht sein, schließlich war ich aufgeregt. Ich habe nur wenig korrigiert, die Füllwörter, die auch Symptome meiner damaligen Verfassung sind, gelassen. Ich wollte Authentizität. Hier auszüge aus der Mitschrift:

„Gestatten Sie mir, Hohes Gericht, Herr Staatsanwalt, daß ich die gemeinsamen Überlegungen von uns beiden hier vortrage.

Zunächst möchte ich vor allem anderen zum Ausdruck bringen, um Wiederholungen zu vermeiden, daß wir auf weiten Strecken zu den gleichen Ergebnissen kommen, zu denen auch der Herr Staatsanwalt gekommen ist. Das betrifft die Ehrfurcht vor den Opfern, das betrifft Sinn und Ziel dieses Verfahrens, das auch wir darin sehen, einen Beitrag zu leisten, damit sich solche Ereignisse, wie sie Gegenstand der Hauptverhandlung waren, nicht wiederholen. Das betrifft die Rechtsprinzipien, auf denen dieses Verfahren beruht und die wir genauso bejahen, wie sie der Herr Staatsanwalt bejaht. Das betrifft auch in großem Umfang den Sachverhalt, die Würdigung der tatsächlichen Feststellung der Beweisaufnahme. Was danach übrig bleibt, das werden wir dann im einzelnen hier ausführen. Aber bevor wir dazu kommen, bitte ich Sie um die Erlaubnis, daß ich zu zwei Fragen Stellung nehme, die uns wiederholt während dieses Verfahrens gestellt worden sind. Ich bitte Sie um die Erlaubnis, weil das eigentlich nicht Fragen sind, die das Gericht stellt, aber weil es doch Fragen sind, die so unmittelbar mit dem Prozeß verknüpft sind, daß wir glauben, wir müssen sie beantworten. Die Beantwortung der Fragen hilft vielleicht jedem, die Position der Verteidigung zu verstehen, und sie bereitet uns auch vor, uns mit den Einzelfragen zu beschäftigen.

Die erste Frage, die man uns gestellt hat, heißt: ‚Wie kann man diesen Angeklagten verteidigen?' Diese Frage enthält in der Regel einen Unterton, der schon die Antwort auf die Frage wiederum beinhaltet. Er enthält in etwa den Unterton, daß die Verteidigung eines Menschen, der solcher Verbrechen angeklagt ist, in sich unmoralisch ist, daß sie auch politisch nicht zu rechtfertigen ist. Wir sehen darin einen Ausdruck von Emotionen, die sicherlich verständlich sind, und wir möchten auch sagen, daß wir im Prinzip überhaupt nicht gegen Emotionen sind, im Gegenteil. Aber wir glauben, daß man diese Frage beantworten muß, weil sonst eine

Barriere entstehen würde gegen Argumente der Verteidigung, weil sonst die Argumente der Verteidigung zunichte gemacht werden würden, bevor sie überhaupt geäußert worden sind. Rechtlich ist natürlich alles ganz klar, die Verteidigung ist in einem solchen Verfahren durch die Strafprozeßordnung zwingend vorgeschrieben. Der Prozeß könnte überhaupt nicht stattfinden, wenn es keine Verteidigung, keine Verteidiger gäbe. Aber moralisch und politisch, so sagt man, sehe das vielleicht anders aus. Ich glaube, daß dies nicht gerechtfertigt ist, wenn man sich die Dinge richtig durchdenkt. Einem Menschen, der von höchster Strafe bedroht ist – und das ist ja hier in diesem Verfahren der Fall, nachdem wir den Antrag des Herrn Staatsanwalts gehört haben – kann man ja nicht die Möglichkeit abschneiden, Argumente vorzubringen, die seine Schuld mindern können. Es soll ja in diesem Verfahren nicht Gleiches mit Gleichem vergolten werden.

Man muß natürlich davon ausgehen, was verteidigen heißt. Verteidigen heißt eben nicht, jemanden der gerechten Strafe zu entziehen, sondern die Verteidigung ist eben erst die Voraussetzung für die gerechte Strafe, denn erst, wenn man alles Be- und Entlastende gehört hat, erst dann ist man ja in der Lage, zur gerechten Strafe zu kommen. Und das kann nicht eine Person. Der Herr Staatsanwalt hat die Aufgabe, es zu tun, aber psychologisch wohnt eben in jedem Menschen nur eine Seele und nicht zwei, und man kann nicht gleichzeitig pro und kontra sein, so sehr man sich auch bemüht. Wir haben vom Gesetz her die Aufgabe, nur pro, nur für den Angeklagten zu sein, und das entspricht dem humanistischen Charakter unseres Strafverfahrens. Unsere Aufgabe heißt, einer ungerechten Strafe vorzubeugen, und dagegen, glaube ich, kann niemand sein, dagegen wird niemand sein. Das Gericht hat die Aufgabe, diese gerechte Strafe zu finden, nachdem wir uns geäuiert haben. Verteidigen heißt ja auch im typischen Fall nicht einen Freispruch beantragen. Das sieht man zwar im Film sehr häufig, aber in der Praxis der Justiz ist das doch nicht der typische Fall. In der Regel muß man von der Schuld des Angeklagten ausgehen und dann finden, welche Umstände es gibt, die seine Strafe mildern könnten. Jeder weiß, hat es irgendwann mal in seinem Leben erfahren – ich glaube nicht, daß es einen gibt, der das nicht erfahren hat –, was zu harte Strafen bedeuten. Und zu harte Strafen sind eben auch im Staat eine Sache, mit der man sich nicht abfinden kann. Was Ungerechtigkeit bedeutet, weiß jeder, und damit sich so etwas nicht ereignet, dazu hat das Gesetz Verteidigung vorgeschrieben, und dieses Gesetz ist eben ein gerechtes Gesetz. Es ist auch ein moralisches Gesetz, wie wir ja überhaupt bei Nachdenken finden werden, daß das, was rechtlich geboten ist, wie eben das Gebot der Verteidigung, moralisch auch gerechtfertigt ist. Das Gesetz ist auch keine Formalität, die die Verteidigung vorschreibt. Es ist also nicht so, daß wir hier nur reden, um dem Gesez Genüge zu tun, sondern es ist Ausdruck der wirklichen Humanität, die auch in dem Angeklagten, auch in demjenigen, der schwerster Verbrechen angeklagt ist, den Menschen sieht. Und deswegen ist die Aufgabe der Verteidigung eine humanistische Aufgabe. Wir werden eben nicht nur Gefühl haben für die Opfer dieser Verbrechen sondern auch für den Menschen, der uns seine Verteidigung anvertraut hat und demgegenüber wir verantwortlich sind. Soweit zur ersten Frage, die uns gestellt worden ist.

Es gibt noch eine zweite Frage, die mit der ersten Frage in einem engen, unlöslichen Zusammenhang steht, die man auch beantworten muß. Das ist die Frage: ‚Kann ein Antifaschist, kann ein Kommunist einen Faschisten verteidigen?‘ Sicher, das ist auch eine berechtigte Frage. Wir bejahen diese Frage. Wir wisssen, daß das eine schwere Aufgabe ist. Aber wie jeder Beruf enthält auch unser Beruf schwere Aufgaben. Und da unser Beruf eben in der Regel heißt, daß wir Schuldige wie Unschuldige verteidigen müssen, so müssen wir auch solche schwersten Aufgaben lösen. Und solche Aufgaben löst man nicht, indem man sie widerwillig angeht. Wir gehen diese Frage auch nicht widerwillig an. Wir sind bereit, für den Menschen, der sich uns anvertraut, das zu tun, was in der Sache möglich ist. Wer soll auch einen Faschisten vor einem Gericht der DDR verteidigen? Wir können uns ja nun nicht einen Rechtsanwalt, ich nenne mal die Rechtsanwälte, die in berühmten derartigen Verfahren verteidigt haben, einen Rechtsanwalt wie Servatius oder Laternser, hierher holen. Sicher, das waren berühmte Verteidiger und sind berühmte Verteidiger in ihren Ländern, aber wäre das eine Verteidigung vor diesem Gericht? Wäre es eine Verteidigung, wenn der Verteidiger eine ganz andere Sprache spricht, als sie das Gericht spricht, auch wenn er deutsch spricht? Würde das dem Angeklagten nutzen, oder würde es der Gerechtigkeit nutzen? Würde es nutzen, wenn solche Argumente vorgetragen würden, wie sie Laternser vorgetragen hat im Frankfurter Auschwitzprozeß, als er über die Selektionen zu befinden hatte? Da kam das Argument, ich habe das aus seinem Buch entnommen: ,Der Selekteur hat also nicht entschieden, ob nach rechts oder links zu gehen sei und daß das eine den Tod und das andere das Leben bedeutete. Nein, der Selekteur hat aus dem Kreis von zum Tode geweihten Personen einige wenige ausgenommen, die nach rechts oder links gewiesen worden wären, während die anderen den schon im Transportzug begonnenen Weg in die Gaskammern fortsetzten, ohne daß eine Besimmung des Selekteuts dazu etwa noch erforderlich gewesen wäre.' Und er sagt dann nach einem weiteren Abschnitt: ,Sehen Sie, man kann die Meinung vertreten, und zwar mit Recht, daß der Selekteur dem einen oder anderen sogar ein Lebensretter war.'

Ich glaube, das würde bei uns nicht auf Verständnis stoßen, aber es hat offenbar da genutzt oder ist da auf Verständnis gestoßen, wo es ausgesprochen wurde, denn der Rechtsanwalt Laternser hat einen Kollegen, der ihm vorwarf, er sei beschämt darüber und es sei ihm unfaßbar, wie ein Mensch eine solche Auffassung vertreten könne, gegenüber der Anwaltskammer, wenn ich es so sagen darf, angezeigt, und die Anwaltskammer hat ihm am 6. Dezember 1965 berichtet, daß dieser kritische Kollege wegen dieses Schreibens disziplinarisch zur Verantwortung gezogen worden ist. Also Verteidigung in dem einen Land und Verteidigung in dem anderen Land, das ist etwas Unterschiedliches. Bei uns ist das anders als dort. Aber verteidigen tun wir, und wir meinen, das hier richtig zu tun. Als Kommunisten werden wir nicht einen Faschisten oder den Faschismus verteidigen, sondern den Menschen, den können wir natürlich verteidigen im Rahmen der Gesetze nach dem Maß seiner Schuld. Wenn ich jetzt immer von Faschisten gesprochen habe, so nicht, weil ich von vornherein unterstellen werde oder will, daß der Angeklagte ein Faschist ist. Ich wollte bloß diese Fragestellung nicht abschwächen, weil es eben auch durchaus möglich ist, daß man einen Faschisten verteidigt,

Ich darf noch eine Vorbemerkung machen, bevor ich hier zu den eigentlichen Sachausführungen komme. Der Angeklagte bestreitet nichts. Er gibt jeden Vorwurf, wie den prinzipiellen Vorwurf, den ihm die Anklage macht, zu. Das bestimmt natürlich auch die Art und den Umfang der Verteidigung. Es macht aber die Verteidigung, wie man denken könnte, nicht überflüssig. Es vereinfacht sie, und es lenkt sie auf die Grundfragen der Auseinandersetzung mit der Vergangenheit, die auch heute noch notwendig ist. Diese Einstellung des Angeklagten bewahrt ihn und auch uns vor der Versuchung, hier würdelos im Einzelheiten zu debattieren, die doch am Gesamtgeschehen nichts ändern können. Deswegen bejahen wir auch das Gesetz, das mit dem IMT-Statut geschaffen worden ist, weil es dieser besonderen Situation eben gerecht wird und weil nur ein solches Gesetz es vermeiden kann, daß aus der Tragödie nachträglich eine Farce wird, die darauf aufbaut, daß die menschliche Erinnerung nach dem Ablauf eines langen Zeitraumes eben doch in diesem oder jenem Punkt unzulänglich sein kann."

Als ersten Komplex behandelten wir die Erschießungen, die dem Angeklagten während seiner Zugehörigkeit zu einem Polizeibataillon 1942 in der Tschechoslowakei vorgeworfen wurden. Wir bestritten in diesem Komplex, daß der Angeklagte den rechtswidrigen Charakter der Urteile, die vor den Erschießungen verkündet worden waren, erkannt hatte und beantragten insoweit Freispruch. Es folgte der Hauptkomplex der Anklage. Wir versuchten, die Tat des Angeklagten in den historischen Rahmen einzuordnen und damit seine Schuld zu relativieren. Wir beriefen uns zunächst auf das Wachholz-Urteil des Obersten Gerichts:

„Die faschistischen Massenverbrechen zur Durchsetzung der räuberischen ökonomischen und politisch-reaktionären Ziele des faschistischen deutschen Staates mit ihren ungeheuerlichen Formen und Ausmaßen mußten ihrem Wesen nach staatlich gelenkt und durch den gesamten Mechanismus der faschistischen Diktatur, durch ein Heer von Einzelpersonen verwirklicht werden, deren Zusammenwirken erst den verbrecherischen Gesamterfolg herbeiführen konnte. Ihre Durchführung wurde zentral geplant und durch Gesetze, Verordnungen, sonstige Anweisungen und Befehle organisiert und angeordnet. Es handelt sich somit nicht um Einzelverbrechen, die in den für die allgemeine Kriminalität typischen Teilnahmeformen begangen worden sind.“

Wir schlußfolgerten daraus:

„Es muß eine Relation zwischen dem Beitrag des Einzelnen zu dem Gesamtverbrechen insgesamt hergestellt werden. Es muß insbesondere das Verbrechen des einzelnen in den historischen Gesamtzusammenhang eingeordnet werden. Wir können die Taten des Angeklagten nicht trennen von den Taten seines Bataillons, seines Regiments, der Division, der SS überhaupt, des Staates und des Volkes zur Tatzeit, während des faschistischen Krieges. Der Angeklagte ist, und das hat der Herr Staatsanwalt auch angedeutet, ein Produkt der gesellschaftlichen Verhältnisse, der historischen Entwicklung, die es in Deutschland, im Deutschen Reich, von 1918 bis zur Tat am 10.6.1944 gegeben hat. Diese historische Entwicklung ist bekannt. Wir können und müssen sie hier nicht im einzelnen wiederholen. Bekannt ist auch der Entwicklungsweg des Angeklagten. Uns liegt daran, daß zwischen der historischen Entwicklung des Angeklagten und seinen Taten ein ganz enger Zusammenhang hergestellt wird. In der Anklageschrift heißt es zu der Entwicklung des Angeklagten, und der Herr Staatsanwalt hat das heute auch hier wiederholt:
,Er war der Sohn eines Beamten, der der NSDAP angehörte. Bereits als 12jähriger trat er im Jahre1932 dem faschistischen Deutschen Jungvolk bei und wurde 1935 in die Hitlerjugend übernommen. Im Jahre 1939 wurde er Mitglied des Nationalsozialistischen Kraftfahrerkorps, und seit 1939 gehörte er der NSDAP an. Im Jahre 1940 erfolgte seine Einberufung zur Schutzpolizei.'
Das sind die äußeren Daten, die den Lebensweg des Angeklagten markieren. Und an diese Daten knüpft sich die Frage, war der nun bei dieser Entwicklung ein Mann, der Geschichte machte, sie vorantrieb, oder ein Mann, den die Geschichte gemacht hat. Wir meinen, daß die Antwort auf diese Frage klar ist. Als er als 12jähriger in das Deutsche Jungvolk, wie das damals hieß, eintrat, was machten denn da die Mütter und Väter, und wie sah es denn da in seiner Umgebung aus. Damals wählten bekanntlich 6 Millionen Wähler die KPD und fast 6 Millionen die SPD. Aber Hitler wählten 11,7 Millionen im November 1932, und im Juli 1933 waren es sogar 13,7 Millionen gewesen. So sah das zu seiner Zeit aus. Und 1933, wie ging das dann weiter? Er war sehr jung, und es war die Zeit, in der er sich bildete. Am 20. Juli 1933, um nur ein Beispiel zu nennen, vollzog der Vatikan das Bündnis mit Hitler durch den Abschluß des Reichskonkordats. Im Juli 1933 fanden in der christlichen Kirche Wahlen statt. Die Mehrheit entschloß sich für die sog. Deutschen Christen und die Minderheit, die unterlegen war, eben für Leute, die Antifaschisten waren. Niemöller sagt in seiner Rede

1946: ‚Es bildeten sich zwei große Lager in der evangelischen Kirche.‘ Er korrigiert das dann und sagt: ‚Es war ein kleines Lager, nämlich die Bekennnde Kirche und ein großes Lager, das waren die Deutschen Christen.‘ Und er machte in dem Zusammenhang in dieser Rede auch Ausführungen darüber, die eben einen Schluß zulassen, wie es denn damals aussah und wie nun auch ältere Männer reagiert haben und wie die Schuld eben nicht nur eine Schuld des Einzelnen war. Er sagt in dieser Rede von 1946:

‚Hermann Göring rühmte sich öffentlich, daß die kommunistische Gefahr beseitigt ist, denn alle Kommunisten, die noch nicht um ihrer Verbrechen willen hinter Schloß und Riegel sitzen, sitzen nun hinter dem Stacheldraht der neugegründeten Konzentrationslager.‘

Er schreibt dies rückblickend und sagt dann, daß ihm erst 1945 oder 1946 eingefallen ist. ‚Die ganze Sache hat mir ja gar keinen Eindruck gemacht. Irgendwo im Winkel meines Herzens habe ich vielleicht gedacht, eigentlich sind wir doch auf diese Art und Weise die ganze Gottlosengefahr losgeworden. Aber daß diese Menschen, die ohne Gesetz, ohne Anklage, ohne Untersuchung, ohne Urteil, ohne vollstreckbares Urteil einfach ihrem Beruf, ihrer Familie, ihrem Leben weggenommen, der Freiheit beraubt wurden, daß diese Menschen eine Frage Gottes an mich waren, auf die ich im Angesicht Gottes damals hätte antworten müssen, daran habe ich nicht gedacht 1933, 1934 und vielleicht auch noch später.‘

Und er sagt dann und zieht die Schlußfolgerung für sich selbst, und diese Schlußfolgerung als die eines Antifaschisten, die kann man nicht übergehen:

‚Mancher Mensch mag sich darauf berufen, ich hab dich predigen hören. Du hast mich 1933 und 1934 vor nichts gewarnt, und so bin ich in die Partei gegangen. So bin ich SS-Mann geworden. Du hast mich nicht gewarnt.‘

Was Niemöller sagt, ist nach meiner Auffassung zweifellos richtig. Ich habe den Angeklagten hier gefragt, ob er denn Antifaschisten gekannt hätte, Kommunisten gekannt hätte. Er hat das verneint. Es hat ihn niemand gewarnt. Und wenn ich mir vorstelle, wie damals Leute reagiert haben, die von Berufs wegen nicht Moralisten wie Katholiken oder Protestanten sind, sondern kritische Leute, ganz kritische Leute, wie eben Rechtsanwälte, wie die 1933 reagiert haben, und zwar am 18. Mai 1933, also knapp vier Monate nach dem sog. Machtantritt. Da haben sie damals in ihrer Abgeordnetenversammlung des Anwaltvereins den Reichsjustizkommissar und Staatsminister Frank reden lassen, den sie kurz zuvor disziplinarisch zur Verantwortung gezogen hatten, diesen damals noch Rechtsanwalt Frank 2 aus München. Dieser Frank 2, damals war er nicht mehr Frank 2, damals war er schon Frank an sich und Reichsjustizkommissar, der hat vor diesen Rechtsanwälten, vor diesen Berufskritikern, wenn ich das mal so sagen darf, gesagt, sie hätten die freie Wahl, ob sie Führer, Mitführer in diesem Ringen sein wollen oder ob sie unter die Räder des revolutionären Geschehens kommen müssen. Vor dieser freien Wahl haben sich die Abgeordneten der Rechtsanwaltschaft entschieden und haben gejubelt, ‚Hoch' gerufen, ‚Heil' gerufen und sich für Führer und Mitführer entschieden. Nachzulesen in der Juristischen Wochenschrift von 1933 auf S. 1227.

Ich meine, wenn sich solche Leute damals so verhalten hatten, die Recht und Gesetz kannten, die kritisch eingestellt waren, dann muß man auch das Verhalten eines jungen Menschen, der diese Ausbildung nicht hatte, dann muß man diesem gegenüber Nachsicht walten lassen, daß er diesen Weg beschritt, der eine allgemeine Gesetzlichkeit, eine innere Gesetzlichkeit in sich hatte und der dann in gerader Linie dahin führte, weil ihn das Schicksal eben auf solche Stellen gestellt hat.

Wir müssen uns daran erinnern, wie sein weiterer Weg bestärkt wurde durch äußere Ereignisse, zu denen z.B. die Olympiade gehörte, wo alle Länder vertreten waren, die also das besser hätten wissen müssen. Allein die Sowjetunion ist aufgetreten, aber dazu hatte der Angeklagte keinen Kontakt, keinen Draht. Er unterlag ohne andere Alternative der Beeinflussung dessen, was wir heute die Massenmedien nennen würden. Als der Krieg ausgebrochen war, da gab es doch nur noch die Siegesfanfaren, da gab es Polen, Dänemark, Norwegen, Belgien, die Niederlande, Luxemburg, Frankreich. Das waren doch alles die großen Siege und Erfolge, die einen Menschen nicht nur wie den Angeklagten beeinflußten. Hochhuth berichtet in seinem Buch ‚Ein Liebe für Deutschland‘ von einer üußerung, die der damalige Nuntius des Vatikans zu Weizsäcker gemacht haben soll. Der Nuntius sagte: ‚Wer jetzt (das ist 1940) von Frieden spricht, der ist ein Stalinist.‘

In diese Zeit wurde der Angeklagte hineingeboren, in die Zeit, in der ja selbst die Opfer blind waren. Man kann das ja heute gar nicht mehr fassen, aber ich darf noch einmal aus Klemperer zitieren. Klemperer führt unter November 1933 ein Zusammentreffen mit einem jüdischen Ehepaar an. Und das war die Zeit unmittelbar vor einer Volksabstimmung, die dann auch ein großes Zustimmungsergebnis für Hitler brachte. Da schildert er das, was der jüdische Gast bei ihm sagte, wie folgt:

‚Er (also der jüdische Gast) habe sich schweren Herzens genauso wie der Zentralverein jüdischer Staatsbürger entschlossen, beim Plebiszit mit ja zu stimmen. Und seine Frau setzte hinzu, das Weimarer System habe sich nun einmal als unmöglich erwiesen, und man müsse sich auf den Boden der Tatsachen stellen.‘

Und die Frau dieses Mannes betonte dann noch, der Führer sei eine geniale Persönlichkeit. Und sein, Klemperers Kommentar dazu ist: ‚Irgendeine Umnebelung ist vorhanden, die geradezu auf alle einwirkt.‘

So bitte ich Sie, Umstände zu berücksichtigen, die auf den Angeklagten wie auf alle anderen, die damals, ich möchte sagen, nicht Kommunisten, nicht ganz bewußte Christen, nicht Antifaschisten waren, gewirkt haben, und das war eben eine ganze Menge. Brecht hat in seinen Erläuterungen und in seinen Schreiben, die er zwischen 1936 und 1939 gemacht hat, davon gesprochen, daß die Jugend fast völlig von diesem Nationalsozialismus beeinflußt war, und er hat das damit erklärt, daß diese Jugend ja auch nicht die geringsten Erfahrungen im Produktionsprozeß, im Klassenkampf hatte und den Irrlehren über die Volksgemeinschaft erlegen ist. Wir wollen daraus die Schlußfolgerung ziehen, der Angeklagte ist keine Ausnahme. Er ordnet sich ein in einen bestimmten historischen Rahmen. Und das müssen wir sehen und nur so, wenn wir das sehen, können wir das Ziel dieses Prozesses, vorzubeugen, richtig erfüllen. Es fängt da an, wo die Menschen verführt werden, wo sich Völker in Schuld verstricken. Daß das damals allgemein so gesehen wurde, möchte ich mit noch etwas belegen, was der damalige Präsident der Vereinigten Staaten am 26.8.1944, also Roosevelt, schrieb:

‚Es muß dem deutschen Volk in seiner Gesamtheit gründlich in den Kopf hinein, daß die ganze Nation in eine hemmungslose Verschwörung gegen die Gesetze der modernen Zivilisation verstrickt ist.‘

Der erste Präsident der Deutschen Demokratischen Republik erklärte am 4.5.1945 über den Sender ‚Freies Deutschland‘:

‚Ausgeblutet und völlig verarmt ist unser Volk von dieser verbrecherischen Naziideologie.‘“

Nach Ausführungen über das „Handeln auf Befehl“ und Schlußfolgerungen aus der Natur der Tat als Organisationsverbrechen fuhren wir fort:

„Schließlich möchte ich mich einer letzten Frage zuwenden, die auch der Herr Staatsanwalt angeschnitten hat. Der Herr Staatsanwalt hat gesagt, der Angeklagte war nicht immer der, als der er uns heute erscheint. Der Herr Staatsanwalt hat damit die Frage aufgeworfen, aber nicht beantwortet, wer der Angeklagte eigentlich ist. Diese Frage ist für die Strafzumessung rechtlich relevant, denn die Strafe wird auf einen konkreten Täter zugeschnitten. Sie wird nicht automatisch für jeden x-beliebigen Täter gleich sein. Das ist wohl eine Selbstverständlichkeit, aber ich will sie noch mit einem Zitat von Buchholz aus ‚Strafrechtliche Verantwortung und Strafe', S. 104, belegen. Da wird gesagt:

‚Die konkret verhängte Strafe wirkt unmittelbar auf den Täter (die täterbezogene Wirkungsrichtung), um ihn vor der Begehung weiterer Straftaten zu bewahren und ihn wirksam zu sozialistischer Staatsdisziplin und zu verantwortungsbewußtem Verhalten zu erziehen.'

Es muß also diese Frage im Rahmen der Strafzumessung geprüft werden. Und wir sind damit sicher vor ein schwieriges Problem gestellt, das aber mit den Regeln des Beweisrechts, des Strafverfahrensrechts gelöst werden muß. Ein Problem, das sonst nicht auftritt, weil die Strafe im allgemeinen der Tat auf dem Fuße folgt.

Wir sind vor die Frage gestellt, kann ein Mensch sich überhaupt so ändern, daß er aus einem Mörder von Oradour nun ein gesetzestreuer und pflichtbewußter Mitarbeiter einer Konsumgenossenschaft wird. Ich glaube, daß man diese Frage bejahen muß. Man muß sie bejahen, weil wir wissen, daß der Mensch einer ständigen Entwicklung unterliegt, weil wir wissen, daß man nicht so bleibt, wie man einmal zu einem bestimmten Zeitpunkt, etwa mit 23 Jahren, gewesen ist. ...

Wir müssen also davon ausgehen, daß der Mensch durch seine Umwelt, die wir hier ja auch dargestellt haben, geformt wird. Wenn das so ist, dann können wir das nicht nur für die Zeit von 1933 bis 1944 bejahen, sondern müssen auch fragen, was ist denn nach 1944 geworden, in den vielen Jahren, in denen der Angeklagte in der DDR gewohnt und gelebt hat. Wir sind der Meinung, daß dieser Prozeß schon 1944, unmittelbar nach Oradour, begonnen hat. Er wurde kurz danach verwundet, und diese Verwundung war ja so etwas ähnliches wie eine Strafe, die der Tat auf dem Fuße folgte. Er hatte jetzt Zeit und Anlaß zum Nachdenken über sich und was er gemacht hat, über die Gesellschaft und über alles. Wir wissen auch, daß das eine Zeit war, die nicht nur ihn zum Nachdenken gebracht hat, sondern die generell die Deutschen zum Nachdenken und überlegen gebracht hat. Die Zeiten änderten sich eben. So heißt es im Lehrbuch der deutschen Geschichte für diese Zeit:

‚Das deutsche Volk spürte 1944 von Tag zu Tag fühlbarer die Folgen des Krieges am eigenen Leibe. Die Stimmung großer Teile des terrorisierten und irregeführten, in den ersten Jahren des Krieges auch materiell korrumpierten deutschen Volkes, das sich mitschuldig an Raub und Verbrechen gemacht hatte, verschlechterte sich 1944 wesentlich. Unter den Volksmassen breitete sich Unzufriedenheit gegen den Krieg und das faschistische Regime aus. Doch kam die kaum in antifaschistischen Aktionen zum Ausdruck.'

Beides fiel also bei dem Angeklagten zusammen, das eigene Schicksal, die Entwicklung der Kriegsverhältnisse, die Entwicklung der allgemeinen Stimmung. Wir können nicht anders als glauben, daß diese Umstände auch bei dem Angeklagten einen Wandlungsprozeß eingeleitet haben.

Sicher, er erlebte die Niederlage des Faschismus nicht in der damaligen sowjetischen Besatzungszone, sondern in der britischen Besatzungszone, offenbar dem allgemeinen Trend folgend, auf den sich der Herr Staatsanwalt bezogen hat, daß eben alles nach dem Westen strömte, was aktiv gewesen war. Aber 1946 kehrte er in seinen Heimatort zurück. Und das war doch auch kein bloßer Umzug von einem beliebigen Ort in einen anderen beliebigen Ort. Sicher, das war keine Entscheidung etwa für die antifaschistisch-demokratische Ordnung, aber es war auch eine Entscheidung, die zum Ausdruck brachte, daß er dem Antikommunismus nicht mehr erlegen war. Er tat nicht das, was andere seinesgleichen getan haben. Er zog um immerhin zu einem Zeitpunkt, als in Nürnberg schon die Waffen-SS unter Anklage gestellt war. Das war im Oktober 1945 allgemein in allen Besatzungszonen bekanntgegeben worden. Und dann begann sein Leben in der DDR. Er arbeitete und ging einen Weg, der ihn, wie das

170

auch der Herr Staatsanwalt gesagt hat, als einen pflichtbewußten Bürger auszeichnete. Er hat insgesamt 30 Jahre – in zwei Etappen – bei einer Arbeitsstelle, bei der Konsumgenossenschaft gearbeitet. Er hat sich dort heraufgearbeitet vom Dekorateur über den Verkaufsstellenleiter, der Lehrlinge ausbildete, zum Vorstandsmitglied Handel. Er war dann Leiter der Abteilung Rationalisierung und schließlich, als sein Gesundheitszustand es ihm nicht mehr erlaubte, voll zu arbeiten, Mitarbeiter der gleichen Abteilung. Er ist neun Mal Aktivist geworden. Er hat also seine Pflichten im Betrieb erfüllt.

Er hat auch seine staatsbürgerlichen Pflichten erfüllt. Er hat auch sein Pflichten in der Familie erfüllt. Er hatte 1945 geheiratet, er hat zwei Söhne, er hat die beiden Söhne zu ordentlichen Menschen erzogen, was ja auch Rückschlüsse auf ihn zuläßt. Sein ältester Sohn hat die Erweiterte Oberschule besucht, ist Ingenieur geworden, arbeitet mit in der Zivilverteidigung. Sein jüngerer Sohn hat die 10-Klassen-Schule besucht, ist Facharbeiter, hat wie der ältere Sohn den Ehrendienst in der NVA absolviert. Es spricht, so gesehen nichts gegen ihn.

Die Frage, wer heute hier vor diesem Gericht steht, die kann deswegen meines Erachtens nicht offengelassen werden, die muß entschieden werden, die kann man meines Erachtens nur so beantworten, daß man sagt, es steht eben ein anderer vor ihnen als derjenige, der damals in Oradour vor den Opfern stand."

Nach weiteren Strafzumessungserwägungen insbesondere zum Verschweigen seiner SS-Zugehörigkeit in Fragebögen und zur Aufbewahrung seiner alten Ordner schlossen wir mit dem Antrag:

„Hohes Gericht, das sind die Erwägungen, von denen wir ausgehen, wenn wir Sie einfach bitten, Milde für einen Menschen zu gewähren, der als junger Mann in die Schuld seines Volkes verstrickt war und aus dieser Verstrickung heraus schwerste Verbrechen begangen hat. Auch Milde walten zu lassen, obgleich das Schicksal ihm die unverdiente Möglichkeit gab, ihn nach der Tat ein anderer und besserer werden zu lassen. Wir glauben, daß eine solche mildere Bestrafung dem Ziel dieses Verfahrens nicht schaden wird, und wir bitten Sie darum."

Das Gericht entsprach in seinem Urteil vom 7. Juni 1983 nach der siebentägigen Hauptverhandlung dem Antrag des Staatsanwalts. Der Senat wiederholte in den Urteilsgründen *„die bereits in anderen Verfahren mit ähnlich schweren Straftaten getroffene Feststellung, daß Verbrechen solchen Ausmaßes, wie sie diesem Verfahren zugrundeliegen, nicht dadurch gemildert werden, daß sich der Täter später gesellschaftsgerecht verhalten hat. Dabei bezieht der Senat in seine Betrachtung zur Straffindung auch die Bereitschaft des Angeklagten ein, sich zu seiner Schuld zu bekennen und zur vollen Aufklärung der Handlungen, ihrer Zusammenhänge und Hintergründe beizutragen."*

Meine Berufung vom 9. Juni 1983 hatte keinen Erfolg. Das Oberste Gericht wies sie durch Urteil vom 10. August 1983 zurück.

Nach der Wende, am 7.2.1990, reichte ich für Heinz Barth ein Gnadengesuch ein. Von der „Verwaltung beim Staatsoberhaupt der DDR" erhielt ich darauf mit Datum vom 1. Oktober – vielleicht als letzte Amtshandlung der Verwaltung – die Mitteilung, *„daß das Präsidium der Volkskammer dazu inzwischen eine ablehnende Entscheidung getroffen hat"*. Die genannte Verwaltung fügte hinzu: *„Unbeschadet dessen gelten jedoch auch für den Verurteilten die Festlegungen der Volkskammer vom*

28.09.1990 über einen generellen Straferlaß und die unabhängige Überprüfung von Strafurteilen auf Antrag der Verurteilten. "

Am 12. Oktober 1990 stellte ich daraufhin numehr beim Generalstaatsanwalt beim Kammergericht den Antrag, das Urteil des Obersten Gerichts der DDR vom 10. August 1983 zu überprüfen. Das Landgericht, das diesen Antrag als Kassationsantrag behandelte, verwarf ihn als „offensichtlich unbegründet". Das war an sich zu erwarten gewesen, aber 1990 war nichts unmöglich und so hatte ich es versucht.

Am 14. April 1992 folgte ein erneutes Gnadengesuch, diesmal an die Senatsverwaltung für Justiz in Berlin, das am 30. September abgelehnt wurde.

Erst am 8.3.1996 machte ich im Auftrag meines Mandanten und seiner Angehörigen einen neuen Anlauf und beantragte, die Vollstreckung der Reststrafe nach § 57 a StGB auszusetzen. Diese erst im Jahr 1986 eingeführte gesetzliche Regelung bestimmte:

> „Das Gericht setzt die Vollstreckung des Restes einer lebenslangen Freiheitsstrafe zur Bewährung aus, wenn
> 1. fünfzehn Jahre der Strafe verbüßt sind,
> 2. nicht die besondere Schwerde der Schuld des Verurteilten, die weitere Vollstreckung gebietet"

und gemäß § 57 StGB

> „verantwortet werden kann zu erproben, ob der Verurteilte außerhalb des Strafvollzugs keine Straftaten mehr begehen wird und der Verurteilte einwilligt."

Bei Barth waren offensichtlich alle Voraussetzungen des Gesetzes erfüllt, fraglich war nur, ob *„die besondere Schwere der Schuld des Verurteilten die weitere Vollstreckung gebietet ".*

Das war offenbar nicht nur ein ernstes, nicht nur ein juristisches, sondern auch ein politisches Problem. Konnte und durfte die Bundesrepublik einen von der DDR wegen eines der grausamsten Verbrechen des Zweiten Weltkrieges Verurteilten entlassen? Wie würde das innen- und außenpolitisch von der Öffentlichkeit gewertet werden?

Das juristische Problem sah ich in der Tatsache, daß der § 57 a StGB nur auf Mordfälle zugeschnitten war, da nur auf Mord die Todesstrafe stand. In der DDR war Barth jedoch nicht wegen Mordes sondern wegen eines völkerrechtlichen Verbrechens verurteilt worden. Dabei waren nicht die Tatbestandsmerkmale geprüft und festgestellt worden, die die besondere Schwere der Schuld in einem Mordfall bestimmen. Das beschäftigte die Richter jedoch weniger. Sie gingen davon aus, daß Barth genauso verurteilt wurde wie ähnliche Täter vor westdeutschen Gerichten, die die Taten als Mord werteten.

Zu dem politischen Problem, ob die besondere Schwere der Schuld die weitere Vollstreckung der Strafe gebiete, äußerte ich mich in dem Antrag vom 8.3.1996 u.a. wie folgt:

> „In dem Komplex der Vernichtung des Ortes Oradour handelte der Angeklagte als Glied einer Befehlskette. Sein unmittelbarer Vorgesetzter Diekmann erteilte ihm den Befehl,

seinerseits den Befehl zur Eröffnung des Feuers auf die Menschen in der Garage zu erteilen. Dabei wurde davon ausgegangen, daß es sich dabei um eine Vergeltungsaktion handele. Es dürfte zweifelhaft sein, ob ein Gericht der Bundesrepublik Deutschland im Jahre 1983, also zum Zeitpunkt der Verurteilung des Antragstellers, diesen aufgrund dieser Tat wegen Mordes zu einer lebenslänglichen Freiheitsstrafe verurteilt hätte.

Die Zweifel ergeben sich aus folgenden Gesichtspunkten:

a) Ganz allgemein wird heute davon ausgegangen, daß nationalsozialistische Gewaltverbrechen in der Vergangenheit nicht so bestraft worden sind, wie das ihrem Charakter entsprochen hätte. So eröffnete Frau Bundesjustizministerin Leutheusser-Schnarrenberger die Ausstellung ‚Im Namen des deutschen Volkes – Justiz und Nationalsozialismus' unter der Überschrift: ‚Die Bewältigung der NS-Vergangenheit ist für uns Deutsche kein Ruhmesblatt' *(Berliner Anwaltsblatt 1995, S. 431)*

Frau Justizsenatorin Peschel-Gutzeit sprach bei dem gleichen Anlaß von dem „nahezu gescheiterten Versuch der jungen Bundesrepublik, die Nazidiktatur juristisch aufzuarbeiten" *(ebenda, S. 434)*.

In dem Fall der Verbrechen von Oradour ist der Verurteilte soweit ersichtlich der Einzige, der wegen der Morde von Oradour vor ein deutsches Gericht gestellt worden ist. Dabei waren die Namen seiner Mittäter schon dadurch bekannt, daß sie von einem französischen Gericht in Abwesenheit verurteilt wurden. Dazu gehörte damals der Divisionskommandeur General der Waffen-SS Lammerding, der Regimentskommandeur Stadler, der Bataillonskommandeur Diekmann, der Kompaniechef Otto Kahn und der Zugführer Klar. Nur gegen Lammerding wurde, soweit bekannt, ein Ermittlungsverfahren von der Staatsanwaltschaft Dortmund im Jahre 1962 unter dem Aktenzeichen 45 Js 2/62 eingeleitet, das jedoch angeblich eingestellt wurde. *(vgl. Przybylski, Busse, Mörder von Oradour, Militärverlag der DDR, 1984, S. 146 ff., 152, 153)"*

Dieser Antrag wurde durch das Landgericht Potsdam mit Beschluß vom 15. Oktober 1996 abgelehnt. Die Strafvollstreckungskammer entschied, *„daß die besondere Schwere der Schuld die Vollstreckung von 20 Jahren der Freiheitsstrafe gebietet".* In den Gründen des Beschlusses hieß es:

„Es vermag den Verurteilten im übrigen nicht zu entlasten, daß seine Mittäter unbestraft geblieben sind, da er entsprechend seiner Schuld bestraft worden ist."

Zweifellos richtig. Richtig bleibt aber danach auch, daß der „DDR-Kriegsverbrecher" schlechter dran war und ist als der „BRD-Kriegsverbrecher".

Gegen diesen Beschluß legte ich am 6. November 1996 sofortige Beschwerde ein. In der Begründung griff ich zunächst die Feststellung der Strafvollstreckungskammer an: „Nach heute geltendem Recht wäre der Verurteilte wegen mehrfachen Mordes gemäß § 211 StGB verurteilt worden". Das Stadtgericht hatte 1983 nicht festgestellt, daß der Angeklagte einen Menschen getötet hatte; die Festellung, daß er gezielt auf Menschen geschossen hatte, begründete nicht die Verurteilung wegen vollendeten Mordes. Zu der Festellung einer besonderen Schwere der Schuld führte ich u.a. aus:

„Weiter ist im Zusammenhang mit der Festlegung der Schuldschwere der Umstand zu berücksichtigen, daß sich der Verurteilte zur Zeit der Tat in Übereinstimmung mit seinen Kameraden, seinem unmittelbaren Vorgesetzten und mit der Führung seines Volkes befand, die wohl von der Mehrheit des Volkes noch getragen wurde. Dies ist ein fundamentaler Unterschied zu allen sonstigen Straftaten, bei denen der Täter einen offenen Gegensatz zum Staat und auch zu dessen Bürgern provoziert. Dieser Umstand findet in der Tatsache seinen Ausdruck, daß ein Täter wie der Verurteilte nie eine solche Tat begangen hätte, wenn ihm nicht von einem verbrecherischen Regime die Überzeugung vermittelt worden wäre, er diene damit Deutschland. Dabei war diese Überzeugung eben nicht die vereinzelte Überzeugung eines Irregeleiteten, sondern ein Phänomen, das Massen in Deutschland ergriffen hatte. Sich von dieser Massenpsychose freizuhalten, ist vielen Menschen nicht gelungen, die dafür wesentlich günstigere Voraussetzungen als der Verurteilte hatten. Auch dies ist bei der Beurteilung der Schuldschwere zu berücksichtigen.

Von großer Bedeutung ist auch die Tatsache, daß der Verurteilte geständig war. Er hat dadurch und auch durch seine gesamte Haltung im Vollzug sowie durch sein Leben nach 1945 überhaupt zum Ausdruck gebracht, daß er sich von seinen Taten innerlich distanziert hat. Dies alles hat jedoch, wie in den Urteilsgründen ausgeführt wurde, nicht zu einer Strafmilderung geführt. Bei der jetzt zu treffenden Beurteilung, ob eine besondere Schuldschwere vorliegt, können jedoch Feststellungen im Urteil wie diejenigen, ‚daß sich der Täter später gesellschaftsgerecht verhalten hat' und daß er sich ‚nach der Aufdeckung der Verbrechen zu seiner Schuld bekannt ... und zur vollen Aufklärung der Handlungen, ihrer Zusammenhänge und Hintergründe...' beigetragen hat, nicht übergangen werden."

Der Generalstaatsanwalt des Landes Brandenburg hielt die sofortige Beschwerde nicht für begründet.

Das Oberlandesgericht Brandenburg beraumte auf den 5.6.1997 Termin zur Anhörung Barths an. Der leitende Anstaltsarzt der Justizvollzugsanstalt Brandenburg sollte ein mündliches Gutachten über den Gesundheitszustand des Beschwerdeführers erstatten. Die Verhandlung brachte außer einer gewissen Aufklärung über den Gesundheitszustand des Verurteilten vor allem die Auffassung des Senats zur Anwendung des § 57 a StGB auf sog. Alttaten aus der DDR den Beteiligten zur Kenntnis. Dabei wurde deutlich, daß der Senat der Rechtsansicht der Strafvollstreckungskammer des Landgerichts folgte. Der Generalstaatsanwalt des Landes, Dr. Rautenberg, nahm persönlich an der Verhandlung teil, äußerte sich aber nicht. Für mich blieb danach der Ausgang des Verfahrens ungewiß. Die uns gebotene Möglichkeit, zur Ansicht des Senats Stellung zu nehmen, nutzte ich mit einem weiteren Schriftsatz, in dem ich meine grundsätzliche, von der Meinung des Senats abweichende Auffassung aufrechterhielt und im übrigen nochmals darauf verwies, daß Barth seine früheren Taten bereute, seine innere Einstellung sich völlig verändert hätte und daß aus dem Gesichtspunkte der Gerechtigkeit nach der Begnadigung und Amnestierung aller französischen Täter sowie der Nichtverfolgung der deutschen Mittäter schließlich auch Barth entlassen werden müsse. – Auch der katholische Gefängnisgeistliche äußerte sich schriftlich in diesem Sinn.

Das Brandenburgische Oberlandesgericht entschied am 10. Juli 1997:

„Die Vollstreckung des Restes der lebenslangen Freiheitsstrafe aus dem Urteil des Stadtgerichts Berlin vom 7. Juni 1983 wird zur Bewährung ausgesetzt".

In den Gründen seines Beschlusses ging der Senat von der besonderen Schwere der Schuld Barths aus. Diese Feststellung habe jedoch *„nicht automatisch zur Folge, daß* *der Verurteilte mehr als 15 Jahre der verhängten Freiheitsstrafe verbüßen"* müsse. Die besondere Schuldschwere müsse vielmehr die weitere Vollstreckung gebieten. Dies sei bei dem Verurteilten nicht der Fall. *„Zu Gunsten des Verurteilten –* führte der Senat aus – *fällt seine Schuldeinsicht und die eindeutige Distanzierung von den begangenen Verbrechen ins Gewicht".* Insoweit berief sich das Gericht auf die Äußerungen des Leiters der Justizvollzugsanstalt, der Vertreter der beiden Kirchen und seinen eigenen Eindruck aus der Anhörung Barths. Zudem sei der Gesundheitszustand des 77jährigen zu berücksichtigen, wonach ein *„plötzlicher Exitus nicht ausgeschlossen werden"* könne.

Ich freute mich über die Entscheidung. Andere übten, nachdem sie sich spät herumgesprochen hatte, Kritik an ihr. An sich und im Prinzip stand ich auf der Seite der Kritiker, aber im konkreten Fall konnte man den DDR-Bürger Barth nicht zum Sühneopfer für die Versäumnisse der BRD bei der „Bewältigung" der nationalsozialistischen Vergangenheit machen. Das konnte nur bedeuten, dem alten Unrecht der Nazis neues hinzuzufügen. – Dem Gericht ist die Entscheidung angesichts der geschilderten Umstände offenbar nicht leicht gefallen.

Nach fast auf den Tag genau 16 Jahren konnte ich die Akte Barth weglegen. Andere legten eine neue Barth-Akte an. Das Versorgungsamt Cottbus stellte im Jahr der Aussetzung der Strafvollstreckung die Auszahlung der Kriegsopferrente für Barth ein. Ein neuer Barth-Prozeß begann, diesmal vor dem Sozialgericht. Mein Fall war das nicht; ich bat einen auf Sozialrecht spezialisierten Kollegen, die Vertretung Barths zu übernehmen.

29. Der Tod des Feldwebels Braun
(1982)

Am 5. Juli 1982 ging mir ein Beschluß des Militärobergerichts Leipzig zu, mit dem ich dem Angeklagten Roland Höhne als Verteidiger bestellt wurde. Der Aufenthalt Roland Höhnes war unbekannt, gegen ihn sollte in Abwesenheit am 19., 20. und 21. Juli 1982 vor dem Militärobergericht in Leipzig verhandelt werden. Die Anklage warf Höhne vorsätzliche Tötung des Feldwebels der DDR-Grenztruppen Braun vor.

Verhandlungen gegen Abwesende waren nach dem Strafverfahrensrecht der DDR möglich, fanden aber nur in seltenen Ausnahmefällen statt. Der Grund für diesen Ausnahmefall wurde mir aus der Anklageschrift schnell deutlich.

Höhne war als Grenzsoldat zusammen mit Feldwebel Braun, der postum zum Fähnrich befördert wurde, auf der Führungsstelle der Grenzkompanie Rüstenfelde, Kreis Heiligenstadt, eingesetzt. Die Anklage schilderte die Tat wie folgt:

„Während dieses Dienstes hat er seinen Vorgesetzten Fähnrich Braun vorsätzlich getötet, indem er am 01.08.1981, um 0.40 Uhr, im südwestlichen Bereich zwischen dem Arbeitstisch und der westlichen Außenwand des Dienstzimmers der Führungsstelle stehend, aus der ihm zum Grenzdienst übergebenen Maschinenenpistole KM Nr. 66 F 1385 auf den hinter dem Arbeitstisch sitzenden Fähnrich Braun aus einer Entfernung von mehr als 50 cm drei einzelne Schüsse abgab."

Nach der Tat flüchtete Höhne, wie die Anklage weiter behauptete, „unter Mitnahme der Schußwaffe" in die BRD. Die „Frankfurter Allgemeine Zeitung" berichtete über den Vorgang am 3.8.1982 wie folgt:

„Nach den ersten Vernehmungen in Duderstadt und Göttingen war der Beschuldigte, der als Wehrpflichtiger seit drei Monaten an der DDR-Grenze zur Bundesrepublik Dienst tat, als Posten auf einem Beobachtungsturm eingesetzt. Dabei glaubte er, die günstige Gelegenheit zur Flucht nach Niedersachsen gefunden zu haben, auf die er angeblich schon länger gewartet hatte. Nach eigenen Angaben habe er seine Maschinenpistole geladen und entsichert, auf seinen in diesem Augenblick unbewaffneten Feldwebel gerichtet in der Hoffnung, daß jener, eingeschüchtert durch die Bedrohung, ihm den Weg freigeben würde. Statt dessen aber habe der Feldwebel versucht, ihn aufzuhalten. Im Gerangel hätten sich die Schüsse aus der Maschinenpistole gelöst. Der Feldwebel sei davon getroffen worden, niedergestürzt und aus dem Bauch blutend liegen geblieben."

Es war klar, mit dem Verfahren gegen den Abwesenden sollte der Mord bewiesen und die bundesdeutsche Justiz zur Auslieferung oder wenigstens Bestrafung des Täters wegen vorsätzlicher Tötung bewegt werden. Das Verfahren wurde folglich so geführt, daß es allen Ansprüchen entsprach, die nach den Vorstellungen der DDR von bundesdeutscher Seite an ein rechtsstaatliches Verfahren gestellt werden könnten. Höhne sollte in der Bundesrepublik anders behandelt werden als Weinhold, der im Dezember 1975 gleichfalls als Grenzer mit der Waffe geflohen war und zwei andere Grenzer getötet hatte. Weinhold war damals vom Schwurgericht Essen wegen Notwehr freigesprochen worden. Der BGH hatte das Urteil, das ausschließlich auf der Einlassung des Angeklagten beruhte, am 9.9.1977 aufgehoben und die Sache zur erneuten Verhandlung zurückverwiesen. Weinhold war schließlich vom Landgericht Hagen am 1.12.1978 zu einer Freiheitsstrafe von fünf Jahren und sechs Monaten verurteilt worden. Das sollte sich im Fall Höhne nicht wiederholen.

Die Hauptverhandlung begann am 19.7.1982 vor dem Militärobergericht Leipzig in einem großen Saal des Bezirksgerichts, der überwiegend mit Soldaten und Offizieren der Grenztruppen besetzt war. Die hochsommerliche Hitze paßte zu der Atmosphäre des Prozesses. Für die Beweisaufnahme waren drei Tage vorgesehen. Zehn Sachverständige aus dem Institut für gerichtliche Medizin der Humboldt-Universität, der Sektion Kriminalistik dieser Universität, und aus dem Kriminalistischen Institut der Deutschen Volkspolizei sowie 20 Zeugen waren zur Beweisaufnahme geladen.

Die Beweisführung war schwierig. Zeugen oder Einlassungen des Täters gab es nicht. Nur aus den am Tatort vorhandenen Spuren konnte die aus der bundesdeutschen Presse bekannte Version des Angeklagten widerlegt werden, daß die Schüsse sich unabsichtlich infolge des „Gerangels" gelöst hätten und Höhne demzufolge den Feldwebel nicht vorsätzlich verletzt oder gar vorsätzlich getötet hätte.

Die Beweisaufnahme begann mit der Vernehmung der Zeugen zur Person. Die Mutter, die ehemalige Verlobte und Soldaten, die mit Höhne zusammen gedient hatten, sagten über ihn aus. Das Bild, das aus diesen Aussagen entstand, war widersprüchlich. Von Alkoholmißbrauch war die Rede, von unlustiger Dienstausführung, aber ebenso von widerspruchsloser Befehlsdurchführung, von Pflichterfüllung und von Treue gegenüber seiner ehemaligen Verlobten. Diese hatte Höhne unmittelbar vor der Tat mitgeteilt, daß sie die Verlobung löse. Nahezu zur selben Zeit hatte Höhne durch einen Unfall zwei Freunde verloren. Das alles traf ihn offenbar tief und löste bei ihm den Entschluß aus, die DDR zu verlassen. Mit diesem Gedanken hatte er schon früher gespielt, ihn aber wieder aufgegeben, als er sich verlobt hatte.

Vernommen wurden sodann diejenigen Zeugen, die Höhne und Braun zuletzt gesehen bzw. gesprochen hatten. Dazu gehörten ein Unteroffizier und ein Gefreiter, die von 22.35 bis 23.25 Uhr in Ausübung ihres Dienstes auf dem Wachturm mit Braun und Höhne gesprochen hatten. Ihre Schilderung wird im Urteil wie folgt wiedergegeben:

„Fähnrich Braun saß auf dem Stuhl an seinem Arbeitsplatz, der Angeklagte stand am geöffneten Fenster an der westseitigen Wand. Eine Maschinenpistole befand sich in der Waffenhaltung am Beistelltisch, die zweite stand neben dem Angeklagten an der Westwand."

Andere Zeugen berichteten von Meldungen, die Braun um 23.35, 23.50, 0.10, 0.30 und 0.38 Uhr gemacht oder entgegengenommen hatte. Um 0.45 Uhr konnte ein

Gefreiter mit Braun keinen Sprechkontakt mehr aufnehmen. Ein weiterer Versuch der Verbindungsaufnahme scheiterte um 1.00 Uhr. Als schießlich die vorgeschriebene Meldung des Feldwebels Braun um 1.30 Uhr ausblieb, wurde um 1.40 Uhr der Befehl erteilt, die Ursache der unterbrochenen Nachrichtenverbindung zu ermitteln. Wie das Urteil feststellt, fanden um 1.45 Uhr ein Unteroffizier und ein Gefreiter *„Fähnrich Braun in Bauch-Seitenlage, in einer Blutlache auf dem Fußboden liegend, vor."*

Der Raum des Beobachtungsturms, in dem sich die Tat ereignet hatte, maß 3,75 m x 3,75 m in der Grundfläche und war 2.50 m hoch. Er wurde mit allen Mitteln der Kriminalistik nach Spuren abgesucht. Die so gewonnenen Erkenntnisse und die Verletzungen des Opfers, waren die Grundlagen der Sachverständigengutachten. Aus den Einschüssen in den Wänden und den Schußkanälen in der Leiche rekonstruierten die Sachverständigen den Tatablauf und kamen zu folgenden Erkenntnissen:

1. Der Schütze hatte gestanden, das Opfer hatte gesessen, als die Schüsse fielen.
2. Es waren drei Schüsse abgegeben worden. Der erste Schuß war nicht der tödliche Schuß.
3. Die Schüsse waren einzeln abgegeben worden. Die Maschinenpistole hatte nicht mit Dauerfeuer geschossen.
4. Es hatte keine körperliche Auseinandersetzung zwischen Opfer und Täter gegeben.

Vieles sprach für die Version der Gutachter, doch sie schien mir nicht auszureichen, um tatsächlich den vom Angeklagten gegenüber der Presse behaupteten Zweikampf auszuschließen. In diesem Zweikampf, behauptete ich, könnten sich drei einzelne Schüsse, vom Angeklagten nicht beabsichtigt, gelöst haben. Für den Zweikampf sprächen folgende Umstände: Das umgestürzte Scherenfernrohr, der umgestürzte Stuhl, die abgetrennte Koppelschlaufe, die Auftrennungen an Bluse und Unterhemd des Getöteten, die Auftrennung von Nähten der Hosenbeine.

Es sei auch im Gegensatz zu den Feststellungen der Sachverständigen nicht ausgeschlossen, daß die Schüsse im Ergebnis eines einzigen Feuerstoßes abgegeben wurden, da die konkrete Feuergeschwindigkeit des Tatwerkzeuges nicht festgestellt werden konnte. Das Opfer könnte sich in seiner Todesangst auch schneller als die Versuchsperson bewegt haben, mit der der Tatablauf rekonstuiert worden war. Von alledem müsse im Zweifel ausgegangen werden.

Die Zuhörer blieben ruhig, als ich dies in meinem Plädoyer vortrug. Doch das Gericht konnte ich von meiner Theorie nicht überzeugen. Das Urteil stellte fest:

„Der Angeklagte stand zwischen Arbeitstisch und Westwand ... Fähnrich Braun saß auf seinem Arbeitsplatz....

Auf der Grundlage des von Dozent Dr. Radam dargelegten Sachverständigengutachtens ist Beweisergebnis, daß unter Beachtung der Opfer-Täter-Positionen, ihrer Beziehungen zu den Tatortbefunden, der bewegungs-physiologisch-zeitlichen Untersuchungen, der Art und Schwere der Verletzungen und der Auffindungssituation die Abgabe der drei Schüsse aus einer Maschinenpistole KM in einem Feuerstoß nicht möglich war.

Der Angeklagte hat mindestens zweimal hintereinander den Abzug der Tatwaffe betätigt. ...

Unter Berücksichtigung, daß die drei Schüsse nicht in einem Feuerstoß abgegeben wurden, nach Erhalt des ersten Schusses das Opfer noch gewollte Bewegungen vollzogen hat, ergibt sich zwingend, daß der Angeklagte mehrmals den Abzug seiner Maschinenpistole betätigte, womit Unfall oder Fahrlässigkeit definitiv ausscheiden. Der Vorsatz zur Tötung wird weiterhin dadurch bewiesen, daß die Schüsse aus einer relativ kurzen Entfernung gezielt auf den Oberkörper von Fähnrich Braun abgegeben wurden.

Im Ergebnis der Beweisaufnahme ist der festgestellte Sachverhalt eindeutig erwiesen und sind alle Zweifel, wie sie der Verteidiger des Angeklagten aufstellte, unbegründet.

Der Angeklagte hat sich damit objektiv und subjektiv des Verbrechens des Mordes gemäß § 112 Absatz 1 StGB schuldig gemacht."

Die von mir gegen dieses Urteil eingelegte Berufung wiederholte im wesentlichen die Argumente meines Plädoyers. Das Oberste Gericht, das über die Berufung zu entscheiden hatte, beraumte die Hauptverhandlung auf den 26. August 1982 an. Die kurze Zeitspanne bis zur erneuten Hauptverhandlung war nicht außergewöhnlich. Dagegen war die Tatsache, daß der Berufungssenat eine eigene ergänzende Beweisaufnahme durchführte, nicht alltäglich. Es wurden noch einmal drei der Sachverständigen befragt und dann, am folgenden Tag, die Berufung als unbegründet zurückgewiesen. Allerdings hieß es in dem Urteil:

„Das Militärobergericht hat jedoch die vorhandenen Beweismöglichkeiten zum zweifelsfreien Nachweis der Schuld des Angeklagten nicht vollständig genutzt, so daß es dem 1. Militärstrafsenat des Obersten Gerichts oblag, in einer ausnahmsweise eigenen Beweisaufnahme in zweiter Instanz dies nachzuholen."

Wie die bundesdeutsche Justiz die Tat Höhnes rechtlich beurteilt hat, habe ich nicht erfahren.

30. Die letzten Kundschafter (1985-1990)

Der Prozeß gegen Dobbertin war nach sechs Jahren einmal mehr in ein entscheidendes Stadium eingetreten, als mir am 29. August 1985 ein neues, ungewöhnliches Mandat erteilt wurde. In meiner Sprechstunde erschien eine ältere Frau aus Sachsen, der man nicht ansah, daß sie etwas anderes wollte als eine unentgeltliche Rechtsauskunft. Sie bat mich jedoch, ihre Tochter und ihren Schwiegersohn zu verteidigen, die in England inhaftiert worden wären. Grund und Umstände der Verhaftung waren ihr unbekannt. Ich hatte zwar schon etwas Erfahrung in derartigen Auslandssachen, aber England, das war neu, war aufregend und versprach lehrreich zu werden. Englisches Recht mit seinen perückentragenden Richtern und Anwälten, mit Kreuzverhör und zum Teil ungeschriebenem Recht hatte mich immer fasziniert, wenn ich mir auch verstandesmäßig sagte, daß es antiquiert sei und nicht mehr Gerechtigkeit bringen könne als kontinentales Recht. Nun würde ich es erleben. Was für meine Mandanten, ich nenne sie Meier, eine äußerst schmerzhafte, ja existenzbedrohende Erfahrung war, war für mich, bei allem Mitgefühl, ein einzigartiges juristisches und allgemeinbildendes Erlebnis.

Über die Botschaft der DDR in London fand ich einen Solicitor, also einen Anwalt, der (im Prinzip) selbst nicht vor Gericht auftritt und den Verkehr zum Barrister, dem Gerichtsanwalt, vermittelt. Mein Kontakt zu diesem Mr. Lewis beschränkte sich zunächst auf Korrespondenz und Telefonate. Mit letzteren hatte ich meine Probleme. Mr. Lewis sprach sehr schnell, fast hektisch und nicht sehr akzentuiert. Das überforderte mein Englisch, und ich war ständig unsicher, ob ich ihn auch richtig verstanden hätte. Irgendwie ging es aber doch. Mr. Lewis war reserviert. Es handelt sich, wie ich bald erfuhr und ohnehin vermutet hatte, um Spionage. Die Bilder glichen sich. Mr. Lewis erschien mir genauso ängstlich wie ein DDR-Anwalt in vergleichbarer Situation. Ich konnte mich gut in ihn einfühlen. Natürlich gab es graduelle Unterschiede. Mr. Lewis sagte z.B. in einem Telefonat, nachdem wir schon drei Monate telefoniert und korrespondiert hatten, er hätte keinen Grund, sich mit einem Rechtsanwalt eines anderen Landes zu treffen, er sei überzeugt, daß sein Telefon abgehört würde und er bitte mich um Verständnis. So offenherzig wäre ich in bezug auf das Abhören meines Telefons nicht gewesen, schon gar nicht am Telefon. Doch in der Sache selbst war es in England nicht anders als in Frankreich oder in der Bundesrepublik oder eben in der DDR. Überall gingen Anwälte davon aus, sie würden abgehört.

Es verging mehr als ein halbes Jahr, bevor ich das erste Mal nach London fuhr. Es war aus anwaltlicher Sicht schade um das Geld. Mein Solicitor war, aus welchen

Gründen auch immer, nicht zu sprechen; die Mandanten konnte ich auch nicht sehen, nur der Konsul war für mich da. Er hatte immer Kontakt zu Lewis gehalten und ihm gegenüber hatte Lewis auch nicht die Hemmungen wie mir gegenüber. Der Solicitor meinte, mit dem Konsul könne er sprechen. Das war für mich zu hoch, das verstand ich nicht. Ich mußte es auch nicht verstehen, nur akzeptieren mußte ich es.

Erst sechs Wochen später sah ich sowohl den Anwalt als auch meine Mandanten. Ich muß sagen, daß ich mit den meisten ausländischen Kollegen wärmer geworden bin als mit Mr. Lewis. Vielleicht lag es an der Sprache, vielleicht an seiner Furcht vor der „Feindberührung", vielleicht am britischen National- oder an seinem Individualcharakter. Er war sicher ein tüchtiger Anwalt, auf jeden Fall ein vielbeschäftigter, wenn auch nach meinem Eindruck nicht eben ein Staranwalt. Er machte seinen Job, hatte daneben aber noch viele andere Jobs und das merkte man mehr, als ein Mandant das merken sollte. Mir schien, bei ihm herrschte „Massenbetrieb".

In der Sache sah es nicht gut aus. Die Ermittlungen hatten sich hingezogen. Lewis hatte mir schon vor Monaten gesagt, der Fall gewinne täglich an Bedeutung. Jetzt lag die Anklage vor. Sie schien mir nicht so furchtbar, aber Engländer sahen das anders. Eine englische Anklage ist – wenn die Strafsache Meier keine Ausnahme darstellt – vor allem kurz. Knappe zwei Seiten wurden mir präsentiert. Meiers wurden beschuldigt:

1. „an verschiedenen Tagen zwischen dem 1. Januar 1980 und dem 24. August 1985 zum Nachteil der Interessen des Staates Vorbereitungshandlungen zur Übermittlung von Nachrichten begangen zu haben, die dazu bestimmt oder beabsichtigt waren, einem Feind nützlich zu sein."
2. falsche Angaben gegenüber Behörden gemacht zu haben.
3. falsche Papiere besessen zu haben."

Alles war sehr umständlich ausgedrückt, ließ aber erkennen, die Übermittlung von Nachrichten war nicht Gegenstand der Anklage. Eigentlich beruhigend.

Diesmal kam ich, in Begleitung des Konsuls, auch ins Gefängnis zu meinen Mandanten. Das Gefängnis lag in Brixton, das kurze Zeit zuvor durch Krawalle von sich reden gemacht hatte. Der Besuch machte keine Schwierigkeiten. Lewis hatte uns angemeldet. Wir sprachen ohne Aufsicht. Es war wie in Frankreich. Allerdings waren wir überzeugt, daß wir abgehört werden. Wenn es so war, war es umsonst. Was wir sagten, konnte jeder hören, wenn wir auch wollten, daß es keiner hört. Alles unnütze Geheimniskrämerei. Die Engländer machten ohnehin, was sie wollten, und wir konnten machen, was wir wollten, bewirken würden wir nichts.

Meiers freuten sich über unseren Besuch. Wir waren die Heimat. Ich brachte Nachrichten, Fragen und Pakete von den Eltern. Anders als andere Gefangene hatten Meiers natürlich keine persönlichen Besucher. Der Konsul und gelegentlich ich mußten das ersetzen. Meiers waren intelligent und anständig, keine Kriminellen. Das Gefängnispersonal merkte das natürlich und behandelte sie im allgemeinen entsprechend gut. – Besuche dieser Art sind schwierig. Der Gesprächsstoff ist begrenzt. Wir lebten in der Zeit der Perestroika, das war unser Hauptgesprächsstoff, drei Jahre lang. Meiers waren

Gorbi-Fans. Besonders Herr Meier wollte genau wissen, wie die DDR auf Glasnost und Perestroika reagierte. Unsere Gespräche waren offen, aber sicherlich nicht besonders fruchtbar. Auch der Konsul wollte immer wissen, was die Leute zu Hause dachten und sagten. Auch unter uns war Perestroika in zunehmenden Maße das Thema.

Erstaunlich für mein Verständnis englischer Anwaltsgepflogenheiten, daß ich auch mit dem Barrister sprechen konnte. Das war bis zum letzten Augenblick problematisch. Normalerweise spricht ein Barrister nicht mit dem Mandanten. Nun war ich zwar Auftraggeber, aber daneben schließlich Anwalt, wenn auch „feindlicher" Ausländer. Wahrscheinlich war es die Neugier auf das unbekannte Wesen hinter dem Eisernen Vorhang, die den Ausschlag gab, mich zu empfangen. Es war wie im Roman: alt, ehrwürdig, englisch. Ich wurde nicht nur von einem Barrister empfangen sondern von einer Gruppe von Barristern, die gemeinsam das Büro benutzte, das in dem Haus aus dem xten Jahrhundert lag, in dem auch noch die Sitten seiner Erbauer herrschten. Ich war beeindruckt und aufgeregt. Dann sollte ich auch noch meine Vorstellungen über die Verteidigung darlegen und zwar in englisch. Es ging, aber wie sich später herausstellen sollte, es nützte nichts. Aus dem Schatz meiner Erfahrungen in der Verteidigung von Spionen hatte ich mich an die Lektüre des Buches erinnert, daß der us-amerikanische Verteidiger von Abel über seine Tätigkeit für den Meisterspion geschrieben hatte. Wenn ich mich recht erinnere, hieß es „Strangers on a bridge". Ich hatte es mir vor Jahren von meiner Mutter schenken lassen und hatte mich köstlich amüsiert. Ein Amerikaner in Ostberlin! Er sah Horden von Jugendlichen bedrohlich durch die Straßen ziehen und beschrieb das Büro von Rechtsanwalt Vogel, seinem Verhandlungspartner, in einer geradezu umwerfenden Weise. Wenn das wahr sein sollte, konnte ich mir denken, wie es um den restlichen Inhalt des Buches stand, der Dinge schilderte, die ich nicht so gut kannte. Immerhin schilderte das Buch, wie Abel und sein Mittäter, der ihn später verriet, auf Umwegen über Drittstaaten in die USA gekommen waren. Das, so sagte ich, könnte auch bei Meiers so gewesen sein, denen eine Spionagetätigkeit in England nicht nachzuweisen war. Die englischen Anwälte nahmen interessiert mein Buch und weg war es. Noch heute trauere ich ihm nach. Ostbrlin wurde darin so schön graulich beschrieben. Ich hatte getan, was ich konnte, das war drüben wie hüben der einzige Maßstab, den ich an mich anlegen konnte. Meßbaren Erfolg hatte ich nicht. Andererseits hatte ich – wieder hüben wie drüben – nie das Gefühl, meine Tätigkeit sei sinnlos.

Die Hauptverhandlung begann im Juni 1986. Ich nahm an ihrer Eröffnung als Zuschauer teil. Ein für mich ungewohntes Bild. Ein Rechtsanwalt, Barrister, als Vertreter der Krone in der Funktion des Staatsanwalts, der Verteidiger, auch ein Barrister, hinter ihm der Sollicitor mit Hilfskraft und Akten, die Bank mit den Geschworenen, und über allem der Judge, der Richter. Die Eheleute Meier, isoliert von allen anderen, dem Richter direkt gegenüber. Der Saal ehrwürdig, alt, englisch, mit vielen Folianten an den Wänden. Das Ambiente ist schon beeindruckend. Besonders für denjenigen, der aus der DDR mit ihren dürftigen Gerichtssälen, den robenlosen Richtern, Staatsanwälten und Verteidigern und ihrer fast bücherlosen, simplen Juristerei kam. Die Frage, ob sich dies alles auf Inhalt und Ergebnis des Gerichtsverfahrens auswirkt, stellte sich mir bei dieser ersten Begegnung mit der Justiz des Vereinigten Königreichs noch nicht.

Bis zum Ausgang des Prozesses konnte ich nicht in London bleiben. Letztlich war ich nur Zuschauer und dafür war der Aufwand zu hoch. Das Urteil, zehn Jahre Freiheitsstrafe sowohl für Herrn als auch für Frau Meier, wurde am Donnerstag, dem 10. Juli 1986 verkündet. Die „Times" berichtete am nächsten Tag, der Richter habe den Eheleuten bei der Urteilsbegründung gesagt, das Urteil beruhe

> „auf überwältigenden Beweisen, daß ein sehr ernstes Verbrechen gegen dieses Land und seine Bürger begangen worden ist. ... Es ist nicht bekannt, ob sie Geheimnisse mitgeteilt und dem Land Schaden zugefügt haben. ... Wenn Sie nicht entdeckt worden wären hätten Sie mit Sicherheit das getan, wozu Sie hierher geschickt worden waren, um es zu tun und wozu sie eingehende Pläne gemacht hatten."

Im Grunde die gleiche Situation wie im Falle Guillaume. Die „Times" fügte hinzu, daß Meiers umfangreiche Funknachrichten empfangen hätten, daß jedoch kein Sender bei ihnen gefunden worden wäre. Meiers hatten während des Prozesses geschwiegen und nur zugegeben, daß sie im Besitz falscher Papiere waren.

Die „Times" meinte, Meiers seien *die ersten ‚Illegalen' des Sowjetblocks gewesen, die seit dem Portland Spionagering von 1961 als Nachrichtenoffiziere im Zielland England als Bürger gelebt hätten.*" Damit wurden Meiers als ganz gefährlich eingestuft, obgleich die „Times" andererseits auch hervorhob, daß man die Führer des Nachrichtenrings diesmal nicht gefaßt hätte. 1961 waren als Agenten des sowjetischen Geheimdienstes Lonsdale, alias Konon Trofimowitsch Molodij und seine Mittäter, die Eheleute Kroger, Houghton und Ethel Gee wegen Spionage gegen die britische Marine zu Freiheitsstrafen zwischen 25 und 15 Jahren verurteilt worden. Damals hatte man Dokumente aus dem Aktenbestand des Marineministeriums in Portland, Karten des übungsgebiets der britischen Atom-U-Boote, Mikrofilme und die Funkausrüstung gefunden.

Mit dem Urteil war der Fall Meier für mich nicht beendet. Es unterschied sich nach meiner Ansicht im Ergebnis nicht wesentlich von einem DDR-Urteil in einem vergleichbaren Fall. Perrücken, Roben, Bücher und nobles Ambiente einschließlich der Barrister und Sollicitor hatten nicht mehr und nichts anderes zu Wege gebracht als die bekennende DDR-Klassenjustiz. Jetzt ging es darum, alle Möglichkeiten auszuschöpfen, um den beiden den Strafvollzug zu erleichtern, die Verbindung zu ihren Angehörigen so eng wie möglich zu gestalten und evtl. an ihrer vorzeitigen Entlassung mitzuwirken. Viermal fuhr ich in den folgenden vier Jahren noch nach England. Von Jahr zu Jahr nahm das Gefühl einer bevorstehenden politischen Veränderung zu. Immer größer wurde die Spannung, immer wahrscheinlicher eine Wende mit unvorhersehbaren Folgen. Natürlich hofften die Eheleute von Monat zu Monat, von Jahr zu Jahr auf eine Entlassung. Spione wurden ausgetauscht. Lonsdale war schon nach drei

Jahren gegen einen britischen „Geschäftsmann", der in der Sowjetunion inhaftiert war, ausgetauscht worden. Britische Zeitungen berichteten auch gelegentlich, daß entsprechende Verhandlungen liefen. Offenbar war an einen Ringtausch gedacht, in den die UdSSR einbezogen werden sollte. Es hieß, die UdSSR sei nicht bereit, die Forderungen der Briten zu erfüllen. Für mich war nicht erkennbar, was davon Gerücht, was Wahrheit war. Immerhin hielt ich es für möglich, daß engstirnige, bürokratische Hemmnisse der Lösung des Problems im Wege standen. Solche Hindernisse zu überwinden, war nach meiner damaligen Vorstellung Gorbatschow der richtige Mann. Also empfahl ich Herrn Meier, an Gorbatschow zu schreiben. Ohne die bereits eingetretenen Veränderungen des politischen Klimas hätte ich eine solche Empfehlung nicht ausgesprochen. So etwas lag jenseits meiner Kompetenz. So aber glaubte ich, ich sei verpflichtet, meinem Mandanten diesen Weg zu weisen. Er lehnte ab. Er wollte diesen für einen DDR-Bürger ungewöhnlichen und politisch unzulässigen Weg nicht gehen. Er stellte seine Idee, seine Aufgabe höher als sein persönliches Wohlergehen. Er war unter den Kundschaftern, die ich vertreten habe, insofern keine Ausnahme. – Was er sagte, sagte er übrigens auch für seine Frau.

Ein anderes Zeichen des politischen Wandels war es, daß drei DDR-Rechtsanwälte von der Regierung des Vereinigten Königreichs zu einem juristischen Studienbesuch eingeladen wurden und diese Einladung annehmen durften. Neben Gregor Gysi, der einige Wochen zuvor neuer Vorsitzender des Berliner Anwaltskollegiums geworden war, und Professor Vogel war ich der dritte im Bunde. Meine Eigenschaft als Vizepräsident der Juristenvereinigung verschaffte mir dieses interessante Erlebnis. Niemand von uns ahnte damals, daß Gysi bald vom Anwalt zum Politiker, Vogel zum Angeklagten und ich zum Verteidiger von Honecker und anderen „Regierungskriminellen" werden würde. Vogel wurde von den Engländern mit der größten Aufmerksamkeit behandelt. Er hatte auch diesen Besuch vermittelt und er verhandelte wohl damals schon über den Austausch der Meiers. Wir beiden anderen waren mehr oder weniger das notwendige Akzessoir. Nachdem das offizielle Programm beendet war, fuhr ich zu Meiers, die jetzt in Durham einsaßen. Die Engländer hatten keine Probleme gehabt, mit mir als Verteidiger feindlicher Spione zu verkehren. Das sollte sich ein Jahr später noch deutlicher zeigen. Dann zeigte sich, daß das meinen deutschen Landsleuten und Kollegen viel schwerer fiel. Die Liebe zu dem Bruder im Osten war nicht grenzenlos. Nicht untypisch für Bruderliebe.

Meiers ertrugen den Strafvollzug, ohne zu klagen. Sie nutzten die Zeit so gut es eben ging. Dabei bot ihnen das britische Vollzugssysteme auch Möglichkeiten, sich fortzubilden, die beide erfolgreich und zielstrebig nutzten. Die „Times" hatte das Paar nicht zu unrecht als *intelligent, talentiert und entschlossen* charakterisiert. Sie hatte berichtet, daß Herr Meier für einen von ihm belegten Studienkurs nur 18, statt der vorgesehenen 24 Monate benötigt und diesen auch noch mit Auszeichnung abgeschlossen hatte.

Meiers wurden kurz vor dem Beitritt der DDR zur Bundesrepublik entlassen. Das Land, dem sie gedient hatten, existierte nicht mehr. Die Idee, die ein Teil ihres Lebensinhalts gebildet hatte, war vom Gang der Geschichte, wie es schien, offenkundig widerlegt, ihre Anhänger mit Schimpf bedeckt worden. Statt Belohnung und Auszeichnung erwartete sie nun das „Stasi"-Verdikt mit allen seinen Konsequenzen. Für mich war das Ende der „Kundschafter-Mandate" gekommen und die Zeit der „Regierungskriminalität" angebrochen.

31. Kommunistenprozeß in der Türkei (1988-1989)

Es muß im Frühjahr 1988 gewesen sein, als mir vom Generalsekretär der Vereinigung Demokratischer Juristen, Roehl, gesagt wurde, daß ich wahrscheinlich als Prozeßbeobachter zum Prozeß gegen die beiden Führer der zwei verschiedenen Kommunistischen Parteien der Türkei nach Ankara fahren solle. Die beiden waren, nachdem sie mehrere Jahr im Exil gelebt hatten, am 16.11.1987 in die Türkei zurückgekehrt, um dort eine Vereinigte Kommunistische Partei zu gründen. Sie hatten vorher die entsprechenden Papiere bei den türkischen Behörden beantragt und erhalten. Die Sicherheitsorgane verhafteten sie dessen ungeachtet sofort auf dem Flugplatz. 19 Tage waren sie von der Auüenwelt völlig isoliert, ohne Kontakt zu Verteidigern und Angehörigen. 15 Tage wäre das nach den türkischen Vorschriften zulässig gewesen, aber selbst das reichte der Polizei nicht. Einige Rechtsanwälte, die besonders hartnäckig versucht hatten, zu den Verhafteten vorzudringen, wurden deswegen selbst festgenommen.

Kutlu und Sargin widerstanden in diesen 19 Tagen der Folter. Am 8.6.1988 sollte ihnen der Prozeß vor dem Staatssicherheitsgericht in Ankara gemacht werden. Die Anklage warf ihnen kommunistische Gesinnung vor. Nach den Artikeln 141, 142 des Strafgesetzbuches, die die Türkei von Mussolini übernommen hatte, war das strafbar. Horst Isola, der damalige Leiter der Arbeitsgemeinschaft sozialdemokratischer Juristen, der später auch unter den Prozeßbeobachtern war, sagte von der Anklage, sie sei *„von einem primitiven Antikommunismus gekennzeichnet"*. Die Bestimmungen, auf die sich die Anklage stützte, drohten die Todesstrafe an. Die Drohung war durchaus ernst zu nehmen.

Ich sah der für mich neuen Aufgabe mit gemischten Gefühlen entgegen. Die Rolle eines Prozeßbeobachters hätte mir schon zugesagt, wenn ich nicht befürchtete, daß sie mit demonstrativen Auftritten verbunden sein sollte, die mir nicht lagen. Darüber hinaus war die Türkei für mich eine terra incognita, keine sprachliche oder kulturelle Brücke konnte mich zu ihr führen. Und vor allem, die türkischen Regierenden schienen mir wenig vertrauenerweckend. Ich hatte keine Ambitionen, ein türkisches Gefängnis kennenzulernen.

Zunächst hörte ich nichts mehr von dem Plan. Das Jahr 1988 brachte genügend Ablenkungen. Die Verhaftung von Dissidenten, die bei der traditionellen Luxemburg-Liebknecht-Demonstration für die Freiheit der Andersdenkenden demonstriert hatten und ihre anschließende Abschiebung erregten natürlich besonders die Aufmerksamkeit der Juristen der DDR. Ich spürte „Unsicherheit" der DDR-Führung, die mir zu denken gab. Es tat sich auch sonst einiges: Die erwähnte Reise nach England, Kontakte zwischen bundesdeutschen und DDR-Anwälten bahnten sich gleichfalls über Rechtsanwalt Vogel an und führten am 4. Juni 1988 zu einem Treffen mit einer Gruppe von BRD-Strafverteidigern im Grand Hotel in Berlin und am 16.6. zu einer Begegnung mit Mitgliedern des Vorstandes des Deutschen Anwaltvereins im Haus von Professor Vogel am Teupitzsee bei Berlin. Ich nahm daran teil und glaubte, daß weitere, interessantere Entwicklungen bevorstünden. Das türkische Abenteuer reizte mich unter diesen Umständen noch weniger.

Es ging aber nicht nach mir. Am 4.6.1988, also dem Tag des Treffens mit den westdeutschen Strafverteidigern, hätte ich fliegen sollen. Die Türkei erteilte jedoch kein Visum. Erfreut ging ich zu den „Westgoten", wie es damals im DDR-Jargon hieß, ins Grand Hotel und war guter Dinge. Drei Tage später kamen die Papiere aus Ankara doch noch. Als Vertreter der Vereinigung Demokratischer Juristen der DDR flog ich über Budapest und Istanbul nach Ankara. Stundenlanges Warten ohne Geld auf den Anschluß in Budapest. Nur ein DDR-Handelsreisender spendete mir in dem sonst menschenleeren Warteraum Trost, Erfahrung und Abwechslung. In Istanbul empfing mich wenigstens der Vertreter der Interflug und sorgte dafür daß ich zur Maschine nach Ankara kam. Was mich dort erwartete, wußte ich nicht. Die Botschaft der DDR hielt nichts von dieser Solidaritätsaktion. Gerade hatte sie den Weg für bessere Wirtschafts- und sonstige Beziehungen freigemacht und nun das. Auf dem Flugplatz standen anstelle von DDR-Diplomaten zwei junge Leute, Studenten, wie sich herausstellte. Sie trugen ein Schild mit meinem Namen und waren nicht zu übersehen. Ich war beruhigt. Es gab eine Organisation, die sich um mich kümmerte und die nicht der Sicherheitsdienst war. Mit einem kleinen, alten Pkw brachten sie mich zum Hotel, wo ich bald andere Prozeßbeobachter aus anderen Ländern entdeckte. Wir halfen uns gegenseitig, uns zurechtzufinden, denn die Organisation war zwar für die Bedingungen türkischer Illegalität bewunderungswürdig, unterschied sich aber doch von der Perfektion der mir vertrauten Delegationsbetreuung der DDR. Immerhin, man sprach deutsch. Und irgendwie erfuhr ich auch, daß wir am nächsten Morgen abgeholt und zum Staatssicherheitsgericht gebracht werden würden.

Tatsächlich erschienen am nächsten Morgen Pkw's, die uns abholten. Das Gericht war weiträumig von starken Polizeieinheiten abgesperrt. Die Polizisten sahen sehr schick, stattlich und martialisch aus. Sie trugen weiße Handschuhe und waren sich ihrer Würde bewußt. Manche hatten Maschinenpistolen, andere waren mit Helmen und Schlagstöcken ausgerüstet. Die DDR-Volkspolizisten hielten in meinen Augen keinen Vergleich mit ihnen aus. Polizist war wohl in der Türkei im Gegensatz zur DDR ein attraktiver Beruf. Unser Fahrer machte uns irgendwie verständlich, was wir sagen mußten, falls uns die Polizei über ihn befragen würde. Nur Ausländer durften nämlich die Polizeisperren passieren. Wir sollten ihn als unseren Dolmetscher ausgeben.

188

Pech war nur, daß er kein Deutsch konnte. Einige Worte versuchten wir ihm noch schnell zu Demonstrationszwecken beizubringen.Wir hatten Angst um ihn, aber alles ging gut.

Vor dem Gericht herrschte großes Gedränge. Von der Straße, die in einem mit villenartigen Häusern bebauten Viertel lag, führte eine Freitreppe zu dem erhöht liegenden Gerichtsgebäude, das sich nicht wesentlich von den Villen seiner Umgebung unterschied. Die Treppe war gedrängt voll mit ausländischen Prozeßbeobachtern und Journalisten. Vor dem Gebäude Polizisten, die allen den Einlaß verwehrten. Es herrschte eine gespannte Atmosphäre. Zivilisten mit Sprechfunkgeräten taten sehr geschäftig. Niemand wußte, ob wir eingelassen oder vertrieben werden würden. Einen Dolmetscher hatte ich nicht, aber zum Glück waren viele Westdeutsche da, die wenigstens z.T. Türkeierfahrung besaßen. Sich widersprechende Parolen kursierten. Einer warnte mich, die Treppe wäre gefährlich, wenn die Polizei sie räumen sollte. Die Räumung erfolgte tatsächlich, aber gewaltfrei. Wir warteten weiter in der glühenden Hitze des später werdenden Vormittags auf der sonnigen Straße. Nur sechs Persönlichkeiten wurden schießlich in das Gericht hereingelassen, unter ihnen Mikis Theodorakis, der eine zeitlang neben mir gewartet hatte, und Lord Gifford, englischer Anwalt und Parlamentsmitglied.

Irgendwann kam ein Bus mit den gefangenen Angeklagten. Die Menge der Türken, die sich außerhalb des ersten Absperrungsringes angesammelt hatte, applaudierte lautstark. Die Polizei blieb ruhig. Später erfuhren wir, daß die Sympathiekundgebungen der Türken auch im Gerichtssaal zu hören waren.

Zur Verteidigung der Angeklagten, zu denen neben Kutlu und Sargin noch 14 andere Kommunisten gehörten, hatten sich vierhundert Rechtsanwälte gemeldet. Erschienen waren zu diesem ersten Verhandlungstag nach meiner Erinnerung 170 Verteidiger. Der Verhandlungssaal hatte für 70 von ihnen keinen Platz. Die anwesenden Verteidiger wollten, wie wir später erfuhren, einen größeren Saal, das aber wurde abgelehnt. Darauf beschlossen sie, die Verhandlung zu boykottieren. Sie verließen nach und nach unter Abgabe entsprechender Erklärungen jedes einzelnen den Gerichtssaal. Kameraleute und Fotografen, denen der Zugang zum Gerichtssaal gleichfalls verwehrt worden war, legten ihre Apparate auf die Straße und ein Rechtsanwalt legte seine Robe dazu. Das alles wurde fotografiert und von der Menge beklatscht. Allmählich entspannte sich jedoch die Situation. Nach der Mittagspause waren durch den Abzug vieler Verteidiger Plätze im Saal freigeworden und einige weitere Ausländer wurden eingelassen. Mir gelang es auch, in den Gerichtssaal vorzudringen. Das Tohuwabohu war in meinen DDR-Augen groß. So waren Angeklagte, die sich auf freiem Fuß befanden, nicht in den Saal eingelassen worden. Ausländer mußten ihre Ausweise abgeben, die ungeordnet verwahrt und später ohne nähere Prüfung nach Gutdünken wieder ausgehändigt wurden. Schrecklich der Gedanke, plötzlich ohne Paß zu sein. Vertrauenerweckend wirkte das also auf mich nicht. Später gewöhnte ich mich an türkische Verhältnisse. Angst und Unsicherheit ließen nach, zumal wenn ich einen Dolmetscher bei mir hatte und einigermaßen wußte, worum es ging.

Der Saal hatte Ähnlichkeit mit DDR-Gerichtssälen, nur das Procedere war anders. Die 16 Angeklagten, unter ihnen zwei Rechtsanwälte, saßen unterhalb des erhöhten Gerichtstisches in einem Karree, das von mehreren Bankreihen innerhalb der rechten vorderen Saalhälfte gebildet wurde. Die linke Seite daneben wurde von den Verteidigern besetzt. Sie saßen eng nebeneinander ohne Schreibmöglichkeiten. Das Karree der Angeklagten war von martialisch aussehenden Soldaten umstellt. Die Zuschauer saßen auf den hinteren Bänken und benahmen sich für meine Begriffe ganz ungezwungen. Einige brachten den Angeklagten rote Nelken und begrüßten sie durch Handschlag. Den Soldaten war das nicht recht, aber sie ließen es zu. Viele Zuschauer fotografierten und hörten damit auch nicht auf, als die Verhandlung schon begonnen hatte. Ich hatte natürlich meinen Fotoapparat zu Hause gelassen und benahm mich auch sonst artig nach Art meines Landes. Das reichte aber nicht. Ich hatte die Beine übereinander geschlagen. So etwas war offenbar ungehörig und wurde bei mir wie bei anderen Zuhörern später von einem Gerichtsdiener auf Weisung des Vorsitzenden moniert. Andere Länder andere Sitten.

Die Richter betraten den Saal ohne Robe. Sie zogen hinter ihren Sesseln, soweit sie Zivil und nicht Uniform trugen, die Jaketts aus, reichten sie von Mann zu Mann aus dem Saal (es war eng hinter dem Richtertisch) und zogen coram publico ihre Roben an. Schöne Roben, mit hochgestellten steifen roten Kragen im Biedermeierstil. Auch die Roben der Verteidiger hatten rote Aufschläge, wenn auch keine hochgestellten Kragen. Danach begann umständlich die Prozedur des Aufrufs der erschienenen Verteidiger. Jeder wurde im Protokoll aufgenommen. Protokolliert wurde von einer Dame, die in der Mitte unterhalb des Richtertisches saß, und auf einer mechanischen Schreibmaschine in bewundernswerter Schnelligkeit mitschrieb, was der Vorsitzende ihr diktierte, obgleich sie so gut wie er (vielleicht sogar besser) hören konnte, wie die Verteidiger sich laut mit ihrem Namen meldeten.

Eine Verhandlung in einer Sprache, die man nicht versteht, ist besonders ermüdend. Aber was bedeutet das gegenüber den Pflichten der Solidarität. Man hielt durch, ohne die Beine übereinander zu schlagen. Irgendwann war die Gerichtsverhandlung zu Ende. Wir gingen in dem Glauben, daß es am nächsten Tag weitergehen würde. Viel schien nicht passiert zu sein.

Am späten Nachmittag fand eine Konferenz für die ausländischen Beobachter bei Rechtsanwalt Sansal statt, der anscheinend der „Chef-Verteidiger" war. Er berichtete, die türkische Regierung hätte ihre Taktik unter dem Eindruck der starken internationalen Solidarität geändert. Schon vor dem Prozeßbeginn seien die vorgesehenen Richter ausgewechselt worden und im Verlauf des Verhandlungstags selbst sei die Haltung des Gerichts weniger hart geworden, als sie es zu Beginn gewesen sei. Die türkische Regierung sei nicht selbstsicher. Im Verlauf der Zusammenkunft brachte ein „Bote" die

Nachricht, die Verhandlung würde erst am 17.6. fortgesetzt. Solange wollte und konnte ich nicht bleiben. Anderen Beobachtern ging es genauso. Wir vermuteten, das sei der Sinn dieser Vertagung.

Insgesamt nahm ich vom Juni 1988 bis zum September 1989 achtmal an Verhandlungen des Staatssicherheitsgerichts in Ankara teil. Die Verhandlungen dauerten oft nur Minuten und hatten nur formellen Inhalt. Lange Unterbrechungen der Hauptverhandlung bereiteten keine prozessualen Probleme. Richter, die in Urlaub waren, wurden durch andere ersetzt. Es war in der Türkei, wie ich von türkischen Gesprächspartnern erfuhr, keine Seltenheit, daß Prozesse im Sande verliefen. Sie wurden einfach ohne Ergebnis nicht fortgeführt, wobei der Angeklagte nicht sicher war, daß die Verhandlung nicht doch nach Jahr und Tag wieder aufgenommen werden würde.

Es fällt mir schwer, aus den unterschiedlichen Eindrücken über türkische Verhältnisse ein in sich geschlossenes Bild zu gewinnen. Einerseits hatten die türkischen Verteidiger größere Freiheiten als in der DDR, so, wenn sie demonstrierten und protestierten. Andererseits drohten drakonische Strafen z.B. Für die bloße Äußerung der unbestreitbaren Tatsache, daß es eine kurdische Sprache gebe und daß die Kurden entgegen der offiziellen Sprachregelung keine „Bergtürken" seien. Auch Verteidiger wurden in solchem Zusammenhang angeklagt und inhaftiert. – Die Verbreitung der marxistischen Ideologie war verboten, aber es gab Bücher von Lenin, Stalin und anderen in den Buchläden zu kaufen. Unser türkischer Dolmetscher erklärte uns, zu wissenschaftlichen Zwecken könne man sie erwerben, aber es könne sein, daß die Polizei den Käufer zu Hause „besuche", um sich vom Zweck des Kaufes zu überzeugen.

Nach den Gerichtsverhandlungen, wenn man sie so bezeichnen darf, fanden gelegentlich auch größere Veranstaltungen in Lokalen statt, in denen Künstler verschiedener Länder auftraten und ihre Solidarität mit den Angeklagten zum Ausdruck brachten. Keine Polizei schritt ein. Bei solchen und anderen Gelegenheiten kamen wir mit Menschen zusammen, die zum Teil jahrelang in Gefängnissen gesessen hatten und gefoltert worden waren. Das waren Kurden oder Kommunisten, die bereit waren, Karriere, Freiheit und Leben für ihre Idee und ihr Land einzusetzen.

Auch die Begegnung mit einer unpolitischen Türkin blieb mir in Erinnerung. Sie wollte zur Arbeit nach Deutschland zurückfliegen und wartete wie wir auf das Flugzeug. Sie wunderte sich, daß wir, ich war damals in Begleitung eines DDR-Dolmetschers, in die DDR zurückkehren wollten und nicht die Gelegenheit nutzten, uns in die Bundesrepublik abzusetzen. Das konnte sie gar nicht verstehen. Sie war also alles andere als eine „Rote". Polizei und Folter waren jedoch auch für sie identische Begriffe. Ihr Bruder war gerade wegen eines unpolitischen Vergehens festgenommen und gefoltert worden. Sie selbst hatte offenbar auch keine guten Erfahrungen mit der türkischen Polizei gemacht. Arrogant und brutal nannte sie die fein aussehenden Polizisten.

Für mich stand nach meinen Besuchen fest, in der Türkei wird gefoltert, in der Türkei werden die Kurden blutig unterdrückt. Ich habe seitdem kein Verständnis dafür, daß die ausgeprägte Sensibilität für die angebliche Verletzung von Menschenrechten in der DDR keine Parallele bei der Beurteilung der Verhältnisse in der Türkei findet. Nach einem Internationalen Gerichtshof wird hier nicht gerufen, von „Unrechtsstaat" ist keine Rede, Waffenlieferungen sind selbstverständlich.

Von zunehmenden Interesse waren für mich die Begegnungen mit bundesdeutschen Prozeßbeobachtern anläßlich des Prozesses in Ankara. Es waren meist Rechtsanwälte, die zu den Grünen, zur SPD oder zu einer linken Anwaltsorganisation gehörten. Die anwesenden Mitglieder der DKP waren Nichtjuristen. Da wir häufig in demselben Hotel wohnten ergaben sich Gespräche, die wesentlich unter dem Eindruck der Veränderungen in der UdSSR standen. Vorsicht auf beiden Seiten schränkte den Meinungsaustausch ein. Mich interessierte besonders die Haltung der DKP, über die wir in der DDR wenig erfuhren. Meine Erwartungen waren jedoch größer als das, was ich an Erkenntnissen gewann. Unabhängig davon blieb als Erinnerung haften, die Prozeßbeobachter waren durchweg nicht bloße politische Dienstreisende sondern Menschen, die sich uneigennützig für die Sache der Demokratie, der Menschenrechte oder gar des Sozialismus in der Türkei einsetzten. Selbst die Vertreter der bundesdeutschen Botschaft, die an dem Prozeß teilnahmen, machten auf mich den Eindruck, damit nicht nur eine Dienstpflicht zu erfüllen.

Bei diesem starken Engagement von Sozialisten, Liberalen und Grünen nicht nur aus der BRD, sondern auch aus Griechenland, England und Frankreich fiel das Fehlen von Vertretern sozialistischer Länder besonders auf. Lediglich einmal bemerkte ich einen TASS-Vertreter. Offenbar wollte kein sozialistisches Land die Beziehungen zur Türkei durch eine Demonstration der Solidarität mit den angeklagten Kommunisten belasten. Schließlich hatte auch unsere Botschaft am Anfang dem Unternehmen ablehnend gegenüber gestanden. Erst später setzte Berlin durch, daß man mir bei meinen Aufenthalten behilflich war. Ökonomische und politische Interessen widersprachen der ideologischen Solidarität. Ich rechnete es Erich Honecker hoch an, daß er, vielleicht im Gedanken an seine eigene Haftzeit, die Solidarität mit den angeklagten türkischen Genossen und ihrer ganzen Partei über solche politischen Tagesinteressen stellte.

Meine späteren Aufenthalte in Ankara ähnelten den Erlebnissen am ersten Verhandlungstag. Man hoffte immer wieder auf eine baldige Entlassung der beiden Inhaftierten, weil alle glaubten, der Druck des Auslands würde das bewirken. Es wurden Daten genannt, die immer wieder verstrichen, ohne daß die Entlassung erfolgte. Als ich Ende Januar 1989 wieder von einer Reise zurückkehrte, wurde mir von dem für die Türkei zuständigen Mitarbeiter im ZK gesagt, Hermann Axen wolle mit mir über die zukünftigen Solidaritätsaktionen für Kutlu und Sargin sprechen. Am 13.2.1989 war es so weit. Ich kam das erste Mal nach fast 40 Jahren DDR persönlich mit einem Mitglied des Politbüros zusammen. Ich hatte mich sorgfältig vorbereitet, um Vorschläge zu unterbreiten, wie den beiden wirksamer beigestanden werden könne. Ich nahm das ernst, es war das wenigste, was wir für die türkischen Genossen tun konnten. Dieses

Wenige mußte mit aller Kraft und allem Verstand getan werden. Welch ein Unterschied zwischen den türkischen Genossen und uns. Wir saßen (wie wir glaubten) warm und sicher, sie hielten buchstäblich den Kopf für die Sache hin. Alles bei der Begegnung verlief nach DDR-Standard. Ich ging zu dem Genossen, der die Türkei bearbeitete und der geleitete mich zum Büro Axen an dem Posten des Wachregiments auf der Etage vorbei. Ein übliches Vorzimmer, ein übliches DDR-Chefzimmer, allerdings mit gehobenem Standard. Axen sprach mit uns, sozusagen von gleich zu gleich, in der obligatorischen Sesselecke. Die Sekretärin brachte Kaffee und Hermann Axen sprach. Er erzählte vor allem, wie damals, nach 1933, die Solidarität mit Thälmann organisiert worden war. Das war sozusagen das Muster. Axen war offensichtlich gebildet, sprach mehrere Sprachen, war Autodidakt, hatte selbstlos und mutig Jahrzehnte vor 1945 für die Partei gelebt und gearbeitet. Er war freundlich und höflich, meine Frau hätte gesagt, er war lieb. Von mir allerdings wollte er gar nichts wissen. Er redete mich mit Sie an, dachte wohl, ein Rechtsanwalt ist immer ein bürgerlicher Rechtsanwalt. Ich wunderte mich, wozu hatte er mich eingeladen? War ich in der Türkei oder er? Ich setzte einige Male an, um meine fleißig erarbeiteten Vorstellungen zum Besten zu geben. Erfolglos. Der zuständige Genosse sagte gar nichts. Er wußte Bescheid. – Etwa ein Jahr später duzte mich Genosse Axen. Er saß im Gefängnis (wenn auch kurz), und ich war sein Verteidiger. Der Genosse, der mich zu ihm geleitet hatte, war arbeitslos.

32. Computerschmuggel (1988)

Anfang November 1988 beauftragte mich eine junge Frau mit der Verteidigung ihres inhaftierten Ehemanns, eines am Anfang seiner Laufbahn stehenden Wissenschaftlers. Es handelte sich um eins der Delikte, die in dieser Zeit die Gerichte der Hauptstadt der DDR sehr häufig beschäftigten: Verbrechen gegen das Zollgesetz, illegale Einfuhr von Computern.

Seit und solange es zwei Währungen in Deutschland gab, gab es Schmuggel, wurde ein regelrechter Wirtschaftskrieg geführt. Die damit zusammenhängende Kriminalität war über mehr als 40 Jahre das tägliche Brot Ostberliner Verteidiger. Auch ich hatte die verschiedenen Erscheinungsformen dieser Kriminalität miterlebt. Sie widerspiegelten die wirtschaftliche, technische und politische Entwicklung der beiden deutschen Staaten in diesen Jahrzehnten.

Lange Zeit beherrschten die Prozesse gegen Kaffee- und Zigarettenschieber die Szene. Offenbar aus sowjetischen Quellen versorgten sich die Täter mit angeblich amerikanischen und sonstigen westlichen Zigaretten, die in sowjetisch geleiteten Zigarettenfabriken in der SBZ hergestellt wurden und brachten sie illegal nach Westberlin. Der Zoll im Westen suchte sie wegen der Hinterziehung der Tabaksteuer und im Osten wurden sie wegen der illegalen Einfuhr von Westgeld bestraft – wenn man ihrer habhaft wurde. Die Grenze war noch offen und nicht jeder konnte kontrolliert werden. Die Schmuggler trugen spezielle Westen, in denen die Ware verborgen war. Ähnlich war die Tätigkeit der Kaffeeschieber. Die Hintermänner wurden wohl nie gefaßt und sollen sehr reich geworden sein. Von manchem, der später in Handelskreisen bekannt wurde, hieß es, er habe auf diese Weise den Grundstock für seinen Ost-West-Handel gelegt.

Es kam die Zeit, in der die DDR versuchte, Westberlin wirtschaftlich in die Knie zu zwingen. An etlichen Hauswänden las man die an Westberliner gerichtete Reklame: „*Der kluge Berliner kauft in der HO*". Was der HO recht war, war so manchem Ostberliner oder „Zonenbewohner" billig. Gänse, Eier und andere Lebensmittel wurden, nicht immer hygienisch, über die Grenze geschmuggelt und auf dem Westberliner Markt angeboten. Der Einzelhandel Westberlins litt darunter, die Versorgung der Ostberliner Bevölkerung aber auch. Hohe Strafen änderten nichts. Alles, was Marktwert besaß, ging über die Grenze. Meine kuriosesten Fälle betrafen den Schmuggel von Wasserflöhen und den Versuch, die Pferde eines Zirkus über die Grenze zu bringen.

Nach Art von Epidemien löste eine Schmuggelwarenart die andere ab. Hart war die Ära der Buntmetalldiebstähle. Die Messingklinken in den Häusern, die Schienenverbinder der S-Bahn, selbst ganze Denkmale wurden demontiert und bei Westberliner Schrotthändlern verkauft. Buntmetall war zu dieser Zeit auf dem Weltmarkt knapp und teuer. Es gab feste Preise bei den neuen Volksrichtern: 1 kg Buntmetall = 1 Jahr Zuchthaus. Damals wurde noch Zuchthausstrafe ausgesprochen, obgleich im Vollzug die Unterscheidung praktisch aufgehoben war. In den Urteilsgründen wurde die besondere Verwerflichkeit dieser Diebstähle mit der Unterstützung des imperialistischen Koreakriegs begründet. Gestützt wurden die Verurteilungen auf ein Gesetz aus der Weimarer Republik: Die Verordnung über den Verkehr mit unedlen Metallen.

Ebenfalls jahrelang war die Verschiebung von optischen Geräten, also Foto-, Filmapparaten und Ferngläsern, von Strümpfen und Schreibmaschinen der Renner. Das Handelsschutzgesetz drohte dafür drakonische Strafen an, aber sie nutzten nichts. Erst als die DDR-Industrie nicht mehr konkurrenzfähig und ihre Erzeugnisse nicht mehr gefragt waren, endete diese Welle der Wirtschaftskriminalität.

Waren die 50er Jahre durch eine Ost-West-Kriminalität geprägt, in der die illegale Ausfuhr aus der DDR dominierte, änderte sich das in der Folgezeit. Seit den sechziger Jahren wurde das illegale Geschäft ganz überwiegend mit Einfuhren aus dem Westen gemacht. Die Gegenstände, die schwarz über die Grenze gebracht wurden, markierten die Etappen des technischen Fortschritts.

Da gab es z.B. die Woge der Konverter-Importe. Das zweite Fernsehprogramm war im Westen neu eingeführt, die DDR hatte zu dieser Zeit weder ein zweites Programm noch die entsprechenden Empfänger. Später kamen die Taschenrechner, die billigen Quarzuhren, elektronische Musikinstrumente und zum Schluß eben die Computer und die Disketten. Gebracht wurden die begehrten Waren von allen, die über die Grenze durften, also von Rentnern und Ausländern, darunter auch von Diplomaten.

Mein neuer Mandant, ich nenne ihn einfach Doktor, war nicht nur wissenschaftlich, sondern auch ökonomisch begabt. Er kannte ein amerikanisches Ehepaar, das ihm die Computer und Disketten so anlieferte, wie er sie bestellte. Das Ehepaar wurde an der Grenze nicht durchsucht und hatte nichts zu befürchten. Das Geschäft war äußerst lukrativ. Zwar gab es Computer und Disketten auch in der DDR, aber sie waren wesentlich teurer und sicher auch nicht so gut. Der Absatz der illegal eingeführtem Geräte vollzog sich scheinbar ganz legal, gefahrlos und auf jeden Fall einfach. Man brachte den Computer zu einem der darauf spezialisierten A&V-Läden (An- und Verkauf). Diese Läden waren erst in den letzten Jahren eingeführt worden und erfreuten sich großer Beliebtheit. Hier konnte man Westwaren mit gutem Gewinn verkaufen. Wenn die von Oma aus dem Westen geschickten Schuhe nicht paßten, erzielte man für sie hier gutes Geld, mit dem man im Exquisit andere kaufen konnte. So weit so gut und so legal. Illegal war es, Waren einzuführen, nur um sie gewinnbringend zu veräußern. Das war Handel und verstieß mindestens gegen das Zollgesetz.

Scheinbar alles klar. Nur, die Computer, die in Massen dem A&V angeboten wurden, waren erkennbar neu. Sie waren noch originalverpackt. Es war normalerweise ausgeschlossen, daß hier ein Geschenk vorlag, das nicht paßte oder das ein Fehlkauf war. Dazu kam, die Betriebe, die Computer suchten und sie auf andere Art nicht bekamen, meldeten sich bei A&V an. Sie wurden auf Wartelisten erfaßt und bevorzugt abgefertigt. Für den Verkäufer war das Verbotene seines Tuns auf diese Art schwer erkennbar. Natürlich sprach sich in den einschlägigen Kreisen schnell herum, was passierte. Und spätestens dann wußte man Bescheid. Doch die Verkäufer hofften, sie würden nicht erwischt und der Erlös von ca. 20.000 M pro Computer lockte.

Alle Verkäufer mußten sich ausweisen und wurden mit ihren Anschriften erfaßt. Das war bei allen A&V-Ankäufen so. Schließlich versuchte auch mancher Einbrecher, sein Diebesgut über A&V abzusetzen. Nachdem der Zoll bemerkt hatte, daß wieder einmal eine neue Importwelle illegal das Land überflutete, kontrollierte er mit Hilfe der neuen Technik, niemand weiß, ob mit der legalen oder der illegalen, die Namen der Verkäufer. Wer mehr als einmal einen Computer verkauft hatte, war fällig. Fälligsein hieß in der Regel zwei Jahre Freiheitsstrafe plus Einziehung des Verkaufserlöses.

Dem ganzen Spuk hätte der Staat durch die Nichtabnahme solcher Geräte schnell ein Ende machen können, aber das wollte er anscheinend nicht. Die DDR brauchte die Computer. Zwei Seelen wohnten in der Brust des Arbeiter-und-Bauern-Staates. Die eine hatte ihren Sitz in der Zollbehörde, die andere in den Ministerien, die für Wirtschaft, Wissenschaft und alles, was Computer brauchte, zuständig waren. Wir Verteidiger sahen das trotz der Erwerbsquelle, die der Zustand für uns war, mit Mißbilligung. Ich versuchte, leitende Justizfunktionäre zur Abstellung des Mißstandes zu bewegen, Erfolg hatte ich nicht.

Mein Doktor war ein Ausnahmemensch. Er verfügte nicht nur über glänzende merkantile Fähigkeiten, ihm fehlte nicht nur jedes Unrechtsbewußtsein, sondern er war auch überzeugt, daß er der DDR als Blockadebrecher einen großen Dienst mit einem immensen volkswirtschaftlichen Nutzen erbracht hätte. Dazu hatte er umfangreiche Nutzensrechnungen angestellt, von denen er zunächst mich und dann das Gericht zu überzeugen trachtete. Hätte er nicht selbst so einen riesigen und dazu noch spekulativen (das war in der DDR ein Unwerturteil) Vorteil gehabt, wäre seine Überzeugungskraft größer gewesen. Aber auch so schien mir, daß er so unrecht nicht hätte und daß das Vorgehen des Zolls so recht nicht war.

Der umfangreiche Prozeß sollte noch im November 1988 stattfinden, aber da ich nach Ankara mußte, war der Vorsitzende gezwungen, den Prozeß auf Januar 1989 vertagen. Ich kann mir vorstellen, was das für ihn bedeutete. Der Vorsitzende war kein Volksrichter, er hatte studiert und promoviert. Sein hohes Amt erfüllte ihn ganz. Seine Verhandlungsführung war so, daß er eine Kollegin von mir, die sich durchaus nicht die Butter vom Brot nehmen ließ und läßt, fast zu Tränen reizte. Ich hatte das damals als Kollegiumsvorsitzender moniert, und der Direktor des Stadtgerichts hatte ihm wohl Vorhaltungen gemacht. Ich nehme nicht an, daß er mich deswegen mehr schätzte als zuvor, aber immerhin wurde er vorsichtiger. Seine Verhandlungsführung näherte sich den üblichen Gepflogenheiten, allerdings auf einem gehobenen Niveau, was die forensischen Rituale in sozialistischer Ausführung anbelangte.

Als der Prozeß schließlich losging, waren mein Mandant und jener Vorsitzender ein in jeder Beziehung ungleiches Paar. Sie hatten folglich überhaupt kein Verständnis füreinander. Der Täter argumentierte mit gesundem Menschenverstand, der Vorsitzende mit sozialistischer Jurisprudenz der herben Art. Ich beantragte Freispruch, was zwar der Rechtsprechung widersprach, aber nach meinen Vorstellungen und denen vieler meiner Kollegen der sozialistischen Gesetzlichkeit entsprach. Das Urteil gab mir nicht Recht und die Berufung auch nicht.

Von einem Schöffen hörte ich später, der Vorsitzende hätte über mein Plädoyer geäußert, *„wenn man den Wolff hört denkt man, es spricht der Klassenfeind".* Mehr gegen mich zu unternehmen traute er sich offenbar nicht. Immerhin hatte ich ihm eine Ermahnung eingebracht, war nach Ankara geflogen – und zurückgekommen. Man konnte nie wissen, wo die stärkeren Bataillone standen. – Einige Monate später war die Klassenfeind-Ideologie gewendet. Jetzt stand der Feind im ehemaligen Politbüro. Der Vorsitzende erließ einen Eröffnungsbeschluß gegen eines seiner Mitglieder, der noch weniger rechtlich begründet war als das Urteil gegen den Doktor. Und er war doch bei allem ein guter Jurist in der DDR. Er sah überhaupt nicht ein, warum er nicht auch ein guter Jurist in der BRD sein sollte. Doch Frau Limbach gab auch ihm keine Chance. Wie wohl überlegt! Jetzt sind alle DDR-Juristen-Karrieristen beseitigt. Nun wird alles besser. Jetzt haben wir nur noch BRD-Juristen, die nicht an ihre Karriere denken.

33. Wieder Vorsitzender des Rechtsanwaltskollegiums (1984-1988)

Als ich 1970 aus dem Vorstand des Kollegiums ausschied, war mir nicht leicht zumute. Im Laufe der Jahre hatte ich das jedoch verschmerzt. Neue Aufgaben, die nicht zur Routine des Anwalts gehören, hatten mir dabei sehr geholfen. Die Tätigkeit als Parteisekretär war eine dieser neuen Aufgaben. Sie gab mir die Möglichkeit, mich wieder ein wenig in die Anwaltspolitik einzumischen. Es ist jedoch ein Irrglaube anzunehmen, daß ein Parteisekretär viel zu sagen hatte. Schließlich richtete ich mich in meiner persönlichen Planung allmählich darauf ein, Rentner zu werden. Ich wollte nicht aufhören, Anwalt zu sein, aber ich wollte nur noch Mandate übernehmen, die mich befriedigten und daneben Zeit für außerberufliche Tätigkeiten haben, zu denen ich bisher nicht gekommen war. Die Dinge entwickelten sich jedoch bekanntlich unvorhergesehen.

Mein Nachfolger als Kollegiumsvorsitzender war ein äußerst fähiger Anwalt. Ich hatte ihn selbst seinerzeit vorgeschlagen. Praktisch kam kein anderes Mitglied des Kollegiums damals für diese Aufgabe in Frage. Er besaß großes Organisationstalent, sehr gute Rechtskenntnisse und die Verwaltung des Kollegiums machte ihm offenbar genau soviel Spaß wie mir. Leider war er sehr wenig kontaktfreudig. Sein Verhalten war manchmal schroff und wirkte gefühllos. Zwischen uns beiden waren die Beziehungen nie freundschaftlich geworden, obgleich ich das anfangs angestrebt hatte und wir jahrelang im Vorstand gemeinsam gearbeitet hatten. Mit ihm war es anders als mit den anderen Vorstandsmitgliedern, die untereinander alle persönliche Beziehungen unterhielten. Im Laufe der Jahre isolierte er sich immer stärker von den Mitgliedern des Kollegiums. Es entstand Mißstimmung.

Ende 1983 war die Mißstimmung so weit gewachsen, daß einige Mitglieder nach einem Ausweg suchten. Im Kollegium gab es eine Gruppe jüngerer Anwälte, die sich schon vom Studium her kannte und die viele gemeinsame Auffassungen hatte. Sie war in Versammlungen dadurch aufgefallen, daß sie in verschiedenen Fragen eine von der Partei- oder Vorstandslinie abweichende Auffassung hatte. Unter uns wurde sie nach der damals aktuellen chinesischen Oppositionsgruppe die „Viererbande" genannt. Umgekehrt hieß ich bei ihnen und anderen damals „Ayatollah", weil ich ihnen als Parteisekretär wohl zu dogmatisch und fundamentalistisch erschien. Man darf diese Bezeichnungen nicht überbewerten. Sie entsprachen der Art, wie wir intern miteinander umgingen und kennzeichnen das Klima im Kollegium. Unser langjähriger Instrukteur der Bezirksleitung der SED, Fritz Marquardt, hatte z.B. den Spitznamen „Pater Ignatius". Bös war das alles nicht gemeint

Die „Viererbande" war besonders unzufrieden mit dem Vorsitzenden. Sie bestand bei aller Opposition aus aktiven Partei- und Kollegiumsmitgliedern. Ihre Meinung zählte etwas. Gregor Gysi gehörte auch zu ihnen. Als wieder einmal, wohl in Vorbereitung von Wahlen zur Leitung der Betriebsparteiorganisation der SED, sog. persönliche Gespräche zwischen der Parteileitung und allen Mitgliedern stattfanden, erklärte ein größere Zahl Mitglieder ihre Unzufriedenheit mit dem Vorsitzenden. Das war beachtlich, denn die geheime Wahl zum Vorstand, die im März 1984 fällig war, hätte ein Resultat bringen können, das unter keinem Aspekt wünschenswert gewesen wäre.

Im Ergebnis von Diskussionen erklärte der Vorsitzende daraufhin, daß er nicht mehr kandidieren werde. Gregor Gysi, der in der weiteren Perspektive als Vorsitzender vorgesehen war, sollte sich erst als Parteisekretär bewähren. Übrig blieb schließlich nur ich. Die persönlichen Gespräche hatten ergeben, daß es keine Widerstände unter den Mitgliedern gegen mich geben würde. Auch die „Viererbande" hatte nichts gegen den „Ayatollah". Am 28.3.1984 wurde ich nach diesem Vorspiel für eine zweite Periode gewählt. Mit Rücksicht auf mein Alter hatte ich meine Bereitschaft auf vier Jahre begrenzt.

Das Kollegium hatte sich in den 14 Jahren seit dem Ende meiner ersten Vorsitzendenperiode erheblich verändert. Die Zahl der Mitglieder war von 47 auf 64 gestiegen. Absolut gesehen war das sehr wenig, aber alles ist relativ und ein Zuwachs von ca. 40% macht schon etwas aus. Die alte Homogenität der Mitgliedschaft war beeinträchtigt. Die neuen, jüngeren Mitglieder hatten andere Lebensläufe, andere Ansichten. Die Zahl der Mandate war gegenüber 1970 kaum gewachsen.1970 hatte das Kollegium insgesamt 9.382 und 1984 insgesamt 10.784 Mandate. Entfielen 1970 im Durchschnitt auf den Anwalt 200 Mandate, waren es 1984 nur 169 Aufträge. Das Einkommen der Kollegiumsmitglieder vor Abzug der Steuern und der Sozialversicherungsbeiträge war gestiegen. Es betrug 1970 pro Mitglied und Monat im Durchschnitt 2.822 DM und 1985 3.781 DM. Es gab nach wie vor kein garantiertes Mindesteinkommen, aber auch kein normiertes Höchsteinkommen. Ein entsprechender Wunsch des Ministeriums, dem sich das Kollegium gebeugt hatte, wurde dennoch nie realisiert. Die Einkommensunterschiede waren für DDR-Verhältnisse erheblich. Insgesamt gehörten die Anwälte weiterhin zu den höchstverdienenden Berufsgruppen in der DDR. – Erheblich gestiegen war die Zahl der unentgeltlichen Rechtsauskünfte, die von jedem Mitglied erteilt wurden. Sie betrug 1970 insgesamt 7.042 oder 150 pro Anwalt und 1984 insgesamt 14.012 oder pro Anwalt 219. Die Entwicklung in den anderen Kollegien der DDR war, bei allen Unterschieden im einzelnen, im großen und ganzen entsprechend verlaufen.

Die Stellung der Anwaltschaft in der Justiz sowie darüber hinaus hatte sich seit 1970 zum Besseren gewendet. Die Tendenz, den Anwälten größere Aufmerksamkeit und mehr Spielraum zu gewähren, hatte sich in vielen Bereichen fortgesetzt. Anwälte konnten seit der neuen ZPO von 1976 auch in erster Instanz in Arbeitsrechtssachen

Mit dem Präsidenten des Obersten Gerichts der DDR, Dr. Heinrich Toeplitz, (3.v.l.),
und dem Generalsekretär der Vereinigung der Juristen der DDR, Walter Baur (l.),
auf einer Delegationsreise in Indien

auftreten. In Strafverfahren war nach der StPO von 1968 schrittweise eine großzügigere Praxis bei der Erteilung von Sprecherlaubnissen für Untersuchungshäftlinge und der Genehmigung der Akteneinsicht eingeführt worden. An die Stelle der Verordnung über die Bildung der Kollegien der Rechtsanwälte war 1980 das Gesetz über die Kollegien der Rechtsanwälte getreten.

Inhaltlich waren die durch das Anwaltsgesetz eingeführten Neuerungen vorwiegend kosmetischer Natur. Typisch war, daß das Ministerium die Neuregelung in Form einer Verordnung einführen wollte. Die Rechtsanwaltschaft sollte auch dadurch von den anderen Rechtspflegeorganen, deren Stellung durch Gesetz geregelt war, abgehoben werden. Die Anwaltschaft, vertreten durch die Zentrale Revisionskommission, war natürlich für ein Gesetz. Sie obsiegte.

Ich bildete mir ein, daß wir das Professor Vogel zu verdanken hatten. Er hatte mich zu meiner Meinung nach dem Entwurf des Ministeriums gefragt, und ich war ihm wieder einmal mit dem Hinweis auf die Wirkung auf „den Westen" gekommen. Vogel hatte Einfluß, wir hatten Rechtspraxis. Es war ein Beispiel dafür, wie wir uns gegenseitig halfen und wie man in der DDR – wenn auch auf Umwegen – zum Ziel gelangen konnte.

Die Veränderungen waren jedoch nicht ausschließlich positiver Natur. Das Justizministerium hatte es verstanden, seine Position gegenüber den Kollegien zu verstärken. Bei geringerer Konfrontation war die Aufsicht kompletter geworden. Das war lästig, auch wenn es in „friedlichen" Perioden keine greifbaren Nachteile brachte. Nach dem Ausscheiden von Minister Wünsche aus dem Amt war Hans-Joachim Heusinger Minister geworden. Die Aufgaben eines Justizministers waren aus meiner Sicht bescheiden. Der Generalstaatsanwalt und der Präsident des Obersten Gerichts (beide im Gegensatz zu Heusinger Mitglieder der SED) hatten in der Justiz größere Kompetenzen, wenngleich auch sie vom Parteiapparat und vom Politbüro dominiert wurden. Justiz stand in der Liste politischer Prioritäten weiterhin am Ende. Die mühsame Vorwärtsbewegung soll damit nicht negiert werden. Mangels anderer Aufgaben – so meine unbescheidene Ansicht – wandte sich der Minister, mehr als seine Vorgänger, den Kollegiumsanwälten zu. Das war für mich ungewohnt und, wie gesagt, lästig.

Der Minister war umgänglich, umgänglicher als alle seine Vorgänger. Er sah seine Aufgabe politisch und hielt die Anwälte, wenigstens auf diesem Gebiet, für ungebildet und zurückgeblieben. Er benutzte die Tagungen des Rates der Vorsitzenden, um auf die Mängel in den Kollegien und die Fehler der Rechtsanwälte unmißverständlich hinzuweisen. Lebhaft erinnere ich mich, wie er das Verhalten eines Verteidigers in einer Hauptverhandlung kritisierte. Die Strafsache hatte offenbar in einer gespannten Atmosphäre stattgefunden. Der Verteidiger ließ sich nicht disziplinieren. Der Richter, verärgert, forderte den Verteidiger auf, die Hand aus der Hosentasche zu nehmen. Dieser konterte: „Ziehen Sie sich erst mal den Schlips gerade!" Das war ein „schlimmes" Beispiel mangelnder Verhandlungskultur. Das Oberste Gericht hatte es wahrscheinlich mit der Erwartung dem Minister mitgeteilt, er solle seine Anwälte zügeln. Und Heusinger wollte der Erwartung gerecht werden – vermute ich.

Ich fand derartige Kritiken nicht so gut und bat den Minister um ein persönliches Gespräch. Es wurde mir gewährt. Das war früher nicht oft geschehen, wenn es überhaupt geschehen war. Der Minister war eben umgänglich. Mein Bestreben war es, die Informationslinie von oben nach unten durch eine in umgekehrter Richtung zu ergänzen. Ich versuchte, Herrn Heusinger zu verdeutlichen, daß es für einen Vorgesetzten besser und angemessener wäre, seine Untergebenen nicht nur zu tadeln sondern auch zu verteidigen. Ein Vorgesetzter solle seine Leute lieben, wenn es irgend geht. Er könne auch von den Anwälten Informationen haben, die Grundprobleme der Rechtspflege betreffen und die ihm nützen würden. Ich dachte dabei insbesondere an die Analysen. Irgendwie kamen wir uns näher.

Nach den ersten Gesprächen (oder war es nur ein Gespräch?) trafen wir uns nicht mehr allein. Ich nehme an, der für uns zuständige Mitarbeiter im Ministerium fühlte sich übergangen und hatte sich beim „Sektor", d.h. beim Sektor Justiz im ZK, beschwert. Weitere Gespäche fanden danach nur noch zu Dritt statt. Dritter war ein Vertreter des

Festveranstaltung zum 35jährigen Bestehen der Vereinigung der Juristen der DDR im Sept. 1984. Von links nach rechts: Generalsekretär Dr. Ulrich Roehl, Präsident Dr. Heinrich Toeplitz, Vizepräsident Rechtsanwalt Dr. Wolff und Prof. Dr. Hilde Benjamin (Justizministerin der DDR von 1953 bis 1967)

ZK, auch umgänglich, doch gesteuert von einer mittleren Etage des ZK nach deren Zielvorstellungen.

Unverändert geblieben war die Position der Kollegiumsvorsitzenden innerhalb der Hierarchie der DDR. Wie ich in der Berliner Zeitung vom 3./4.12.1994 las, hat mein ehemaliger Mandant Karl Wilhelm Fricke erklärt, daß die Vorsitzenden der Rechtsanwaltskollegien *„zu den wichtigsten Kadern im DDR Rechtssystem"* gehörten. Schön wärs gewesen! Wer die DDR kennt, kann über dieses Mißverständnis (oder was es sonst sein mag) nur staunen. In mehr als zwanzig Jahren Vorsitzendentätigkeit habe ich nicht einmal mit Klaus Sorgenicht, dem Abteilungsleiter „Staat und Recht" im ZK, gesprochen (mein Gespräch mit Hermann Axen, das ich bereits erwähnte, führte ich nicht in meiner Eigenschaft als Kollegiumsvorsitzender). Ich hätte es mir sehr gewünscht, mit einer wirklich kompetenten Persönlichkeit über die Probleme der Justiz und der Anwaltschaft zu reden. Einmal saß ich in einem Präsidium neben Sorgenicht, er sagte: *„Wir müssen uns einmal sprechen!"* Nichts wurde daraus. Mein höchster Gesprächspartner in Anwaltsanmgelegemheiten im ZK war der Leiter des Sektors Justiz. Auch er hatte nur selten für mich Zeit, und ich suchte das Gespräch mit ihm auch nur im äußersten Fall. Vielleicht lag es an mir, war mein Fehler, aber es war so. Jedenfalls waren Vorsitzende von Rechtsanwaltskollegien im „DDR-Rechtssystem" unbedeutende Größen. Allenfalls in den Bezirken der DDR wurden sie noch einigermaßen beachtet; in der Hauptstadt Berlin spielte der Vorsitzende zu keiner Zeit eine wichtige Rolle. Erst 1989 hörte sich Egon Krenz einmal an, was Gregor Gysi, damals Vorsitzender des Rates, ihm zu sagen hatte. Das war für uns eine Sensation, das war fast schon Perestroika.

Im Prinzip habe ich in den vier Jahren meiner zweiten Vorsitzendenperiode nichts Umstürzendes zustande gebracht. Meine Bemühungen gingen in die Richtung, der Anwaltschaft mehr Ansehen, mehr Rechte und mehr Unabhängigkeit zu verschaffen.

Für das Ansehen der Rechtsanwaltschaft schien es mir in dem Arbeiter-und-Bauern-Staat wichtig, die Bedeutung von Rechtsanwälten in der Geschichte der Arbeiterbewegung deutlich zu machen. Dem Beruf des Rechtsanwalts haftete in der offiziellen DDR der Makel der Bürgerlichkeit an. Mit einem Referat in der Mitgliederversammlung des Berliner Kollegiums versuchte ich zu zeigen, wie vom Vormärz angefangen Rechtsanwälte führend in der demokratischen und dann sozialistischen Bewegung tätig waren. In die gleiche Richtung ging die Schaffung einer „Dr.-Kurt-Rosenfeldt-Medaille".

Als unsere Oberen im Ministerium den Beschluß über diese Medaille im Protokoll der Sitzung des Berliner Vorstands lasen, waren sie entsetzt. Sie dachten, wir hätten einen eigenen Orden gestiftet und betrachteten das als endgültiges und sicheres Symptom von Größenwahn. Es handelte sich natürlich nicht um einen Orden, sondern um eine runde Bronzeabbildung des Kopfes von Dr. Rosenfeldt auf der einen Seite und der Eingangshalle des Justizgebäudes in der Littenstraße auf der anderen. Unser Mann im Ministerium war etwas beruhigt. Wir erhöhten sein Wohlbefinden, indem wir versprachen, der Minister würde die erste Medaille von uns erhalten. Das begnete nach erneuten Überlegungen jedoch erneutem Mißtrauen: Wer war eigentlich dieser Rosenfeldt? Nun, es war der Vater von Hilde Neumann, der Verteidiger zahlreicher Kommunisten vor dem Reichsgericht. Man konnte sich darüber in der „Neuen Justiz" und in der Illustrierten, „Freie Welt" informieren. Erst jetzt war man endgültig beruhigt. Der Minister nahm am 1.10.1986 auf einer Mitgliederversammlung des Berliner Kollegiums die Medaille an. In seiner Rede nahm er sogar auf Feuchtwangers Buch „Die freien Berufe" Bezug, was für sich genommen bereits anzeigte, wie alles im Fluß war. Über die Medaille freute sich der Minister. – Auch auf diese, etwas höfische Weise versuchten wir, die Anwaltschaft aufzuwerten.

Im Frühjahr 1988 trat ich planmäßig von der Funktion des Vorsitzenden zurück. Ich sagte in meinem letzten Rechenschaftsbericht, ich täte es mit einem lachenden und einem weinenden Auge. Perestroika schien angesagt, die große Stunde der sozialistischen Erneuerung und Demokratisierung schien auch für die Anwaltschaft gekommen zu sein. Ich würde nicht mehr verantwortlich dabeisein. Tragik der zu frühen Geburt, meinte ich. Die Jugend, Gregor Gysi, würde der Nutznießer sein. Wieder ein Irrtum.

Es stand seit langem fest, daß Gregor Gysi Vorsitzender des Berliner Kollegiums werden würde. Das hieß nach bisheriger Übung, die allerdings nirgendwo geschrieben stand, er würde auch Vorsitzender des Rates der Kollegien werden. Doch da gab es Bedenken im Ministerium und im ZK. Man hatte plötzlich einen anderen Kandidaten im Auge, ihn kannte und schätzte man. Er hatte Erfahrung in der Leitung eines Kollegiums. Nach meinem Geschmack war er nicht.

Der ausgewählte Kandidat hatte einen sehr langen Rechenschaftsbericht über die Arbeit des Vorstandes seines Kollegiums gegeben. Ebenfalls nicht mein Geschmack, zu lang, zu schön, zu inhaltsarm. Ich hoffte, der Minister empfände wie ich. Der Minister pflegte solche Berichte nicht selbst zu lesen. Er war aber, wie gesagt, ein umgänglicher Mensch und ließ sich diese Lektüre empfehlen. Die Empfehlung wirkte. Gysi wurde auch Vorsitzender des Rates. Sicher haben daran auch andere Berater ihren Anteil gehabt, aber ich bilde mir ein, ohne mich hätte es nicht geklappt. – So lief damals ab, was nach der Darstellung von Fricke im „Forschungsverbund SED-Staat der FU" gemäß dem bereits zitierten Artikel in der „Berliner Zeitung" Einsetzung von Vorsitzenden durch die ZK-Abteilung Staats- und Rechtsfragen gewesen ist. Nicht ganz unwahr, aber auch nicht wahr. – Komisch, ich freue mich noch heute darüber, daß dieses Manöver gelang. Der gescheiterte Kandidat seinerseits ist vielleicht heute selbst froh über den damaligen Mißerfolg. Eine Belastung weniger. Denn, wenn Fricke schon von den Vorsitzenden weiß: „Sie hatten die Kollegen zu disziplinieren und kontrollieren", wie schlimm war dann erst der Vorsitzende des Rates.

Am 13.4.1988 schied ich aus dem Vorstand aus. Von da an „disziplinierte und kontrollierte" mich Gregor Gysi. War ganz „schlimm".

34. Prozeß der Wende – Wendeprozesse (1989-1990)

Honecker war gestürzt, die Mauer war gefallen, als mich am 15.11.1989 Frau Wittkuhn aufsuchte und mich bat, die Kassation des Urteils des Obersten Gerichts gegen ihren verstorbenen Vater, Heinz Brandt, zu beantragen. Am 21.11. kamen Dr. Crüger und und ein Brief von Herrn Haut und am 30.11. rief mich Walter Janka an. Alle hatten das gleiche Anliegen. Sie waren die ersten aus der großen Zahl von Mandanten, die in der Folgezeit ihre Rehabilitierung betrieben.

Gleichzeitig erhielt ich die Mandate derjenigen, die jetzt, unter umgekehrten Vorzeichen, beschuldigt wurden, sich zum Nachteil der DDR strafbar gemacht zu haben. Als erster meldete sich am 22.11. ein stellvertretender Minister. Ihm folgte am 12.12. Frau Axen, die mich bat, ihren Ehemann zu vertreten, gegen den ein Ermittlungsverfahren eingeleitet worden war, der sich aber zu dieser Zeit wegen einer Augenoperation in Moskau befand. Am 14.12. schließlich beauftragte mich Erich Honecker mit seiner Verteidigung. Allen wurde Vertrauensmißbrauch vorgeworfen. Ein knappes Jahr später wurde der Begriff „Regierungskriminalität" geschaffen.

Auch im Zivilrecht gab es Wendeprozesse. Persönlichkeiten des öffentlichen Lebens der DDR wurden in der Presse angegriffen und suchten Schutz bei Anwälten und Gerichten. Ein in der DDR bekannter Professor wurde öffentlich beschuldigt, ein Wochenendhaus zu teuer verkauft zu haben. Ein Zivilprozeß des Verleumdeten ging mit einem Vergleich zu Ende, in dem sich der Verleumder entschuldigte. Beleidigungen solcher Persönlichkeiten waren an der Tagesordnung, da jeder jedem, der eine gehobene Stellung hatte, alles zutraute, nur nichts Gutes. Charakteristisch war, was Landolf Scherzer in seiner Reportage „Der Erste" als Äußerung einer älteren Genossin aus den heißen Tagen des Winters 1989/90 wiedergibt: *„Wie lange wollen wir uns noch feige ducken, nur weil unsere Führer Verbrecher sind, ich war ehrlich – mein Leben lang."* – Keiner der „Führer" war verurteilt, aber alle galten als schuldig, auch zivilrechtlich. Noch war die Welle der vereinigungsbedingten Zivilverfahren nicht angelaufen, wir waren noch nicht in der BRD „angekommen", wie man später sagte. Es war nur der Anfang eines Prozesses, dessen Ende nicht abzusehen ist. Nur keine Versöhnung, schon gar nicht, wenn es ums Eigentum geht. Den „DDR-internen" Zivilprozessen der Wende sollten später die Ost-West-Streitigkeiten folgen. Die Fronten wechselten.

Während die Strafverfahren gegen die DDR-Prominenz bekanntlich erst nach Jahr und Tag zu Gerichtsverhandlungen führten, beeilte sich das Oberste Gericht sehr, seine früheren Entscheidungen in politischen Strafsachen zu kassieren. Der General-staatsanwalt hatte nach der Veröffentlichung von Jankas Essay *„Schwierigkeiten mit der Wahrheit"* am 14. November 1989 aus eigenem Antrieb die Kassation des Urteils des Obersten Gerichts vom 26. Juli 1957 beantragt und sie am 4. Dezember 1989 begrün-det. Am 5. Dezember hatte mich Walter Janka aufgesucht, am 19. Dezember erfolgte die Ladung zur Hauptverhandlung am 4. Januar 1990. Janka wollte nicht an der Ver-handlung teilnehmen, er wollte nicht noch einmal neben Zöger sitzen, von dem be-kannt geworden war, daß er sich an Kriegsverbrechen beteiligt hatte. Mit der Ladung zur Hauptverhandlung hatte ich auch einen Beschluß des Obersten Gerichts vom 18. Dezember 1989 erhalten, durch den ich Richard Wolf als Pflichtverteidiger im Kassationsverfahren beigeordnet wurde. Wolf, der in London lebte, hatte sich unmit-telbar an das Oberste Gericht gewandt.

An sich war ich bei den Kassationsverfahren ein Statist. Rein rechtlich hatte ich nichts zu sagen. Die Politik hatte entschieden, der Ausgang des Verfahrens war klar. Wie gehabt. Ungewiß aber war die Zukunft. Wohin würde uns der Weg nach der Wende führen? Neben euphemistischer Aufbruchstimmung gab es Angst vor Gewalt und Chaos. Die „Bewältigung" der Vergangenheit mußte das im Auge haben.

Im Drang der sich überstürzenden Ereignisse und Anforderungen rang ich mir zwi-schen Weihnachten und Silvester drei Seiten Text für meine Stellungnahme in der Hauptverhandlung ab und schickte sie Janka, der sie billigte.

Die Hauptverhandlung begann am 4. Januar 1990 um Punkt 10.00 Uhr mit der Ankündigung des Protokollchefs: *„Das Präsidium des Obersten Gerichts der DDR".* „Die Zeit" vom 12. Januar vermeldete es in ihrem Prozeßbericht mit Ironie und meinte: *„Es fehlt nur ein Stab mit dem er auf den Boden stapft."* Ihr Bericht erwähnt auch mein Plädoyer, das gleichfalls noch von der Atmosphäre der DDR-Justiz geprägt war: Nüchternheit, Disziplin, Achtung vor der Autorität des höchsten Gerichts.

„Gestatten Sie mir", *sagte ich mit dem Respekt, den ich für angebracht hielt,* „daß ich namens der von mir vertretenen Angeklagten Janka und Wolf wie auch persönlich zum Kas-sationsantrag des Generalstaatsanwalts Stellung nehme.

Im engen juristischen Sinn wäre das nicht erforderlich. Recht oder Unrecht liegen offen zutage. Juristischer Erkenntnisse und juristischen Scharfsinns bedarf es nicht, um die Be-gründetheit des Kassationsantrags zu erkennen. Von daher könnte ich mir jedes Wort ersparen. Der Augenblick verlangt jedoch mehr von uns als nur das Offenkundige auszusprechen. Allerdings ist zwischen den Anforderungen eines für die Justiz in der DDR geschichtlichen Augenblicks und der durch die Strafprozeßordnung begrenzten Rolle der Angeklagten und ihrer Verteidiger Balance zu wahren. Zu zügeln sind insbesondere die persönlichen Emotionen und politischen Gedanken von Janka und Wolf, deren Leben durch dieses Urteil ein weiteres Mal aus seiner Bahn geworfen wurde. Dieses Schicksal kann durch Ihr Urteil nicht korrigiert werden. 33 Jahre sind für ein menschliches Leben ein zu langer Zeitraum. Was hätte aus Janka und Wolf ohne das Urteil von 1957 werden können? Was wäre auch aus unserer Repu-blik geworden, hätten sich solche Menschen frei entfalten können? Auch für den Verteidiger gilt es, Gefühle zu unterdrücken. Ein dem Antrag des Verteidigers folgender Freispruch des

Gerichts ist für den Rechtsanwalt immer eine tiefe Befriedigung. Sie nach 32 Jahren erleben zu dürfen, weckt jedoch zwiespältige Gefühle, die hier nicht diskutiert werden sollen. Der Kassationsantrag des Generalstaatsanwalts vom 4.12.1989 zeigt, daß und wie materielles Recht durch das Urteil des Obersten Gerichts vom 26.7.1957 verletzt worden ist.

Aus der Sicht des Verteidigers und mit Blick auf die Zukunft ist aber nicht nur die Verletzung materiellen Rechts zu rügen; zu rügen ist vielmehr auch das Verfahren. Wenngleich es im Einklang mit dem damaligen Recht steht, das weitgehend auch noch heutiges Recht der DDR ist, schränkte es doch das Recht auf Verteidigung erheblich ein. Dazu gehörte, daß die Anklageschrift den Verteidigern nicht zugestellt wurde, daß für die Einsicht in Anklage und Akten sowie für deren Erörterung mit den Angeklagten nur fünf Tage zur Verfügung standen. Es ist offensichtlich, daß ein solcher Zeitraum für die Vorbereitung eines Verfahrens von großer Bedeutung, eines Verfahrens erster Instanz vor dem Obersten Gericht, eines Verfahrens, in dem zwei Angeklagte von einem Verteidiger verteidigt werden, unzureichend ist. Dabei ist zu beachten, daß der Akteninhalt für die Verteidigung nicht in Abschrift oder Fotokopie zur Verfügung stand. Die Verteidiger mußten vielmehr alles, was sie für sich aus den Akten parat haben wollten, mit der Hand abschreiben. Vieles hat sich seit 1957 geändert, aber manches gilt noch unverändert, z.B. das Abschreiben mit der Hand, z.B. die Tendenz, das Verfahren auf Kosten der für die Verteidigung zur Verfügung stehenden Zeit zu beschleunigen. Das Urteil des Obersten Gerichts in diesem Verfahren sollte das mit Blick auf die Zukunft deutlich machen.

Ich sage dies auch, weil heute vielfach schnelles Recht gefordert wird: neue Gesetze ebenso wie kurzer Prozeß für diejenigen, die für die Ereignisse in der Vergangenheit verantwortlich gemacht werden. Ich sage dies auch, weil zwischen der Begründung des Kassationsantrages und dem heutigen Tag nur wenige Wochen liegen, Wochen, in denen Verteidiger und Gericht zu einer Epoche Stellung nehmen sollen.

Eine Verfahrensfrage ist auch, ob in Zukunft – wie heute – der zu Unrecht Verurteilte nur passiv warten muß, ob zu seinen Gunsten ein Kassationsantrag gestellt wird oder nicht. Sollte in Zukunft nicht jeder das Recht haben, einen Antrag auf Kassation eines Urteils an das Oberste Gericht zu stellen, statt nur bitten zu dürfen, daß der Generalstaatsanwalt oder der Präsident des Obersten Gerichts zu seinen Gunsten diesen Antrag stellt?

Noch viele andere, schwerwiegendere Fragen werden durch das heutige Verfahren aufgeworfen werden. Zur Mitwirkung an ihrer Beantwortung sind alle Bürger legitimiert. Es wäre daher gut, wenn die Dokumente des Strafverfahrens gegen Walter Janka und andere der Öffentlichkeit vollständig zugänglich gemacht werden würden.

Eine dieser Fragen, die dieses Verfahren vor allen anderen stellt, ist die Frage: Wie konnte es zu dem Urteil von 1957 kommen? Welche Verantwortung tragen die Richter, der Staatsanwalt? Auch wenn sie alle tot sind, ist das keine theoretische Frage. Andere Richter leben. Beruhen Urteile, die geltendes Recht unrichtig in Übereinstimmung mit der Parteidoktrin auslegen, auf Rechtsbeugung? Sind Urteile, die nach geltendem Recht ergingen, Unrecht, weil die Gesetze unseren heutigen Vorstellungen von richtigem Recht nicht entsprechen? In welchem Umfang läßt sich die Gesetzgebung und Rechtsprechung von 40 Jahren nachträglich korrigieren? Hüten wir uns jedoch vor vorschnellen Antworten, wenn es rechtsstaatlich sein sollen. Rechtsstaatlichkeit ist dabei nicht nur Aufgabe der Juristen.

Ein fairer Prozeß, ein gerechtes Urteil verlangen eine demokratische Öffentlichkeit. Die Mißfallenskundgebungen der Zuhörerschaft in Janka-Prozeß von 1957 zeigen, wie es nicht sein darf. In unseren Tagen kommt es hier besonders auf das Verantwortungsbewußtsein der Massenmedien an. Das Entstehen eines Rechtsstaats in der DDR wird nicht zuletzt davon abhängen, wie die Massenmedien in der DDR und in der BRD dieser Verantwortung gerecht werden. Die Verantwortung der Richter, Staatsanwälte und anderen Juristen soll durch diese Feststellung in keiner Weise geschmälert werden.

Das heutige Urteil wird wieder ein Urteil in einem politischen Strafprozeß sein. Aber es muß ein rechtsstaatliches werden. Es wird das Ende einer Epoche deutscher Rechtsgeschichte markieren, deren Anfang noch zu suchen und zu finden ist, wenn wir gerecht urteilen wollen. Ich meine, diese Epoche beginnt nicht 1949 mit der Gründung der DDR, wohl auch nicht 1933. Politik ging in Deutschland schon immer vor Recht. Es bedurfte vielleicht der Atombombe, der Infragestellung menschlichen Lebens auf der Erde, um das Primat der Politik gegenüber dem Recht zu brechen.

Die historische Epoche, die hinter uns liegt, wird mit dem Faschismus verglichen. Faschismus und Stalinismus erscheinem mir als feindliche Brüder. Etwa zur gleichen Zeit entstanden, stellen sie sich als Reaktion auf ökonomische und soziale Zustände am Beginn unseres Jahrhunderts dar. Die Tatsache, daß von den vier Opfern des Urteils von 1957 alle vier Mitglieder der SED waren, dürfte, wie wir aus anderen Ländern wissen, kein Zufall sein. Mir scheint das wesentlich, weil juristische Gerechtigkeit in politischen Verfahren nicht ohne historische Gerechtigkeit denkbar ist.

Die Justiz der DDR steht jetzt wieder vor der Aufgabe, das Unrecht einer abgeschlossenen Geschichtsepoche zu korrigieren: ungesühnte Straftaten zu sühnen und unrechtmäßige Schuldsprüche zu widerrufen. Fallen wir dabei nicht in die Fehler der Vergangenheit zurück. Lassen wir den Richter Recht sprechen, unabhängig, objektiv, ohne Rücksicht auf der Parteien Gunst oder Haß. Möge ihr Urteil dazu den Grundstein legen."

Das Urteil wurde am folgenden Tag verkündet. Klaus Pokatzky stoppte 17 Minuten. Es entsprach voll dem Kassationsantrag des Generalstaatsanwalts. Die Richter, die es verkündeten und die Staatsanwälte, die es beantragt hatten, waren zehn Monate später sämtlich ihrer Ämter enthoben. Ihr Urteil aber hatte Bestand.

Schon am 28.3.1990 stand ich wieder in einem Kassationsverfahren vor dem Obersten Gericht. Manfred Hertwig, den ich im Harich-Prozeß verteidigt hatte, war nach seiner Entlassung aus dem Strafvollzug in die Bundesrepublik gegangen und hatte mir aus Hamburg geschrieben, ich solle ihn im Kassationsverfahren vertreten. Die Situation war die gleiche wie im Janka-Prozeß, nur die zeitliche Reihenfolge der Verfahren hatte sich umgekehrt. Damals erst Harich dann Janka, jetzt rangierte Harich mit Hertwig u.a. an zweiter Stelle. Das verwunderte Hertwig. Erklären konnte auch ich es nicht.

Die Zeit von der Janka-Verhandlung am 4. Januar 1990 bis zur Harich-Verhandlung am 28. März 1990 war nicht lang, aber die Entwicklung war stürmisch verlaufen. Die Regierung Modrow war abgewählt, de Maizière trat an. – Mein Plädoyer spiegelte den fortschreitenden Prozeß der Auflösung der DDR wider:

„Nur weniger als drei Monate sind seither vergangen", *leitete ich ein,* „und dennoch hat sich die Zeit verändert und wir uns mit ihr. Unser Nachdenken über uns, über unsere Geschichte und über das Problem unserer Schuld ist fortgeschritten und wir wissen, es muß weiter fortschreiten.

Wir sehen, eine Kassation dieser Art zieht die nächste nach sich. Was Janka recht war, ist Hertwig billig usw. Es bereitet uns keine Schwierigkeiten, von einem Urteil zu sagen, es verletzt das Gesetz. Das gehört zu unserem Beruf. Doch hier geht es nicht nur um ein Urteil, hier geht es um die Justiz der DDR. Es stellen sich Fragen, die der Kassationsantrag des Generalstaatsanwalts auch zu beantworten sucht.

Wir können eben nicht Urteil um Urteil kassieren, ohne den Versuch einer Erklärung dessen, was geschehen ist, zu unternehmen. Das Oberste Gericht sagt uns in letzter Instanz, was Recht ist. Warum spricht es heute anderes Recht als damals? Warum stellen der Generalstaatsanwalt und die Verteidiger heute andere Anträge als damals?

Anders als dem Herrn Generalstaatsanwalt ist mir die Gnade der späten Geburt nicht zuteil geworden. Ich habe Hertwig und Steinberger 1957 verteidigt und keinen Freispruch beantragt. Damals waren sie geständig, doch heute zählt ihr damaliges Schuldbekanntnis nicht mehr. Die letzten Worte der damaligen Angeklagten sind Zeitdokumente. Nach dem Protokoll der Hauptverhandlung erklärte z.B. Hertwig u.a.:

‚Schon vorher und im Verlaufe der Verhandlung und zuletzt in der Rede des Generalstaatsanwalts ist mir noch einmal die ganze Gefährlichkeit meines Tuns klar geworden. Mir ist das Mitschuldigwerden schon in den Diskussionen klar geworden. Die volle Tragweite glaube ich erst in den letzten zwei Tagen gewonnen zu haben. Ich will nicht viel Worte verlieren über Reue, sondern meine Haltung nicht nur in der Freiheit, sondern schon bei der Verbüßung der Strafe unter Beweis zu stellen den Willen und die Einsicht, die Fehler, die man im Leben gemacht hat, nicht noch einmal zu begehen, sondern wenn möglich sie sogar wiedergutzumachen.‘

Soweit wörtlich das Protokoll.

Wäre Hertwig gefoltert worden, wäre seine Erklärung leicht zu deuten. Doch das war nicht der Fall. Sicher, die totale Isolierung hatte ihre Wirkung. Doch die Erklärung für sein Verhalten ist meiner Ansicht nach auf anderem Gebiet zu suchen. Wie im Janka-Prozeß darf auch hier nicht aus den Augen verloren werden: Wir waren alle Mitglieder einer Partei, alle Genossen: Die Ankläger, die Richter, die Verteidiger, die Angeklagten und die Zuhörer wohl auch.

Der Konflikt zwischen Anklägern und Richtern einerseits und den Angeklagten andererseits war ein politischer und ein ideologischer Konflikt innerhalb einer Partei, zwischen Personen, die dasselbe Ziel aber mit anderen Mitteln und Methoden verfolgen wollten. Ein Konflikt, der zu Gunsten der Machthaber mit den Mitteln der Justiz entschieden wurde. Nichts Neues in der Geschichte, denkt man an die Inquisition, die französische Revolution oder eben an Stalin.

1957 waren wir alle, die wir im Gerichtssaal saßen oder standen, noch persönlich geprägt von unseren Erlebnissen im 1000jährigen Reich. Nie wieder Krieg, nie wieder Faschismus, das war unsere gemeinsame Grundüberzeugung. Für uns gab es nur eine Alternative zum Sozialismus, die hieß Imperialismus und war mit dem Faschismus fast gleichgestellt. Aus den Erfahrungen, die Kommunisten und andere im Dritten Reich gemacht hatten, zog die offizielle Politik der DDR, wie sie damals durch Walter Ulbricht personifiziert wurde, die Schlußfolgerung, daß die Frage der Erhaltung der Macht die alles entscheidende Frage sei. Die Macht verlieren hieß, den Frieden verlieren. Der XX. Parteitag der KPdSU mit den Enthüllungen Chrustschows war der unmittelbare Anlaß des Verfahrens gegen die Angeklagten. Sie hatten aus diesem Parteitag Schlußfolgerungen ziehen wollen, wie sie später unter dem Namen „Perestroika" zum Begriff wurden. Zwei Theorien standen sich gegenüber.

Die Angeklagten und mit ihnen die Verteidiger erlagen der Suggestion, die von der Macht ausging und nach der der Sozialismus durch eine Abkehr von der stalinistischen Politik in Gefahr gebracht werden würde. Sozialismus war aber damals für alle Beteiligten als Inbegriff von Frieden, Freiheit , Gleichheit usw. ein unantastbares Ideal. Der „reale" Sozialismus, wie er später genannt wurde, hatte sich in der wirklichen Welt behauptet. Der ideale

Sozialismus existierte nur in den Köpfen der Angeklagten. Nach der Konfrontation mit der Macht unter den Bedingungen mehrmonatiger Isolation in der Untersuchungshaft erschien den Angeklagten der reale Sozialismus als das Gute und Wahre und ihr eigenes Verhalten als das Falsche und Verwerfliche.

Ich kannte als Verteidiger nicht nur Hertwig und Steinberger, ich kannte auch den Staatsanwalt und die Richter. Wären sie heute angeklagt, könnte ich auch sie verteidigen. Nicht, weil ein Verteidiger alles und jeden verteidigen kann, sondern weil ich ihre Zeit und ihre Motive kannte und in Erinnerung behalten habe. Damit will ich nicht sagen, daß meine Verteidigung erfolgreich sein müßte, ich will nur wenigstens meinerseits den Versuch einer Erklärung wagen.

Die Justiz der DDR ist in einer Krise. Was als sozialistische Moral unangefochten war, gilt nicht mehr. Die Krise der DDR kann im übrigen um einen staatlichen Kernbereich wie die Justiz keinen Bogen machen. Die Juristen leiden unter dieser Krise, unter ihrer Schuld oder dem Verdacht ihrer Schuld. Sie sind auch Menschen. Für diese Juristenmenschen trägt das Oberste Gericht eine Verantwortung. Es kann sich und sie nicht freisprechen. Es sollte aber ein Verfahren wie dieses nutzen. Es sollte den Versuch beginnen, die historischen und politischen und vor allem moralischen Aspekte aus der Geschichte des Rechts auf dem Gebiet der DDR nach 1945 zu klären. Auf diesem Weg könnte es gelingen, die Verantwortung des Juristen dieser Epoche, sei er Richter, Staatsanwalt oder Rechtsanwalt, zu bestimmen. Das wäre auch ein Dienst für die Zukunft. Die Lösung des Falles allein genügt den Anforderungen der Zeit nicht."

Harich, der Hauptangeklagte, hatte im Kassationsverfahren keinen Verteidiger. Harich verteidigte sich selbst. Ich fand das vom Standpunkt einer politisch medienwirksamen Darstellung seiner Sache unklug. Er wollte die Kassationsverhandlung zu einer neuen erstinstanzlichen Verhandlung umfunktionieren und den ganzen Sachverhalt noch einmal darstellen. Das ließ das Kassationsverfahren des DDR-Strafprozesses genauso wenig zu wie das Revisionsverfahren vor dem BGH im Strafprozeß der Bundesrepublik. Harich geriet ganz außer sich als das Gericht versuchte, ihm zu verdeutlichen, daß er sein Ziel in dieser Verhandlung nicht verwirklichen könne. In seiner Erregung warf er das Mikrofon, das an seinem Platz stand, um. Es war peinlich.

Das Urteil sprach zwei Tage später die Kassation aus. Es sagte, die Angeklagten hätten schon 1957 freigesprochen werden müssen. Es sagte auch, im Hinblick auf die kurze Zeit zwischen Ladung und Hauptverhandlung sei das Recht auf Verteidigung beeinträchtigt worden – mehr sagte es nicht.

Am 2. Mai 1990 nahm ich noch an der Kassationsverhandlung in der Strafsache gegen Dr. Crüger und am 3. Mai im Verfahren gegen Dr. Gülzow teil, der 1958 zusammen mit Dr. Crüger vom Bezirksgericht Potsdam verurteilt worden war. Unerfindlich, warum ihre Kassationsverhandlungen an unterschiedlichen Tagen stattfanden. Es war aber offenbar nicht einfach, in der Kürze der Zeit Akten von Verhandlungen, die Jahrzehnte zurücklagen, zu beschaffen. Alle, deren Urteile noch in dieser Zeit kassiert wurden, hatten jedoch Glück. Sie erhielten Entschädigungen nach DDR-Recht, d.h. sie erhielten auch ihren Verdienstausfall für die Zeit der Haft ersetzt. Wer später rehabilitiert wurde, mußte sich mit einer mageren Entschädigung von 550 DM pro Haftmonat begnügen. Besonders skuril war der von einem anderen Mitglied unserer Sozietät vertretene Fall des mutigen Rudolf Bahro. Sein Urteil wurde zwar vom Obersten Gericht kassiert, aber die Haftentschädigung wurde nicht mehr festgesetzt. Nach dem Beitritt erhielt er dann lediglich die BRD-Entschädigung. Ebenso ging es meinem Mandanten Haut, der, wie die Tochter von Heinz Brandt, schon im November 1989 die Kassation seines Urteils betrieben hatte. Er wurde erst am 31.10.1991 vom Landgericht Berlin rehabilitiert, Brandt noch später, am 18.1.1993. Beide erhielten zehntausende Mark weniger als sie nach DDR-Recht erhalten hätten. Auch unter Berücksichtigung der Halbierung beim Umtausch in DM war die Differenz beträchtlich.

Diese Kassationen reflektierten genauso wie die gegen Erich Honecker und andere führende Politiker der DDR eingeleiteten Strafverfahren den Beginn des Prozesses der politischen Wende innerhalb der Justiz. Dieser Prozeß der politischen Wende vollzog sich von Oktober 1989 bis September 1990 in einem Tempo, das schockartige Auswirkungen für viele, vielleicht sogar alle Bürger der DDR zur Folge hatte. Einige waren wie gelähmt, manche gingen vor Verzweiflung in den Tod, vielen anderen wuchsen unbekannte Kräfte zu und trieben sie zu nie gekannter Aktivität. Waren bisher die Möglichkeiten des Einzelnen, auf den Lauf der politischen Entwicklung Einfluß zu nehmen, sehr begrenzt, um nicht zu sagen gleich Null, so taten sich jetzt unvorstellbare Freiräume auf. Nicht nur ein Rechtsanwalt wie Schnur glaubte damals, er sei zum Ministerpräsidenten der DDR berufen. Die Stunde der „Laienspieler" hatte geschlagen. Die Stunde währte für die meisten zwölf Monate, nur wenige Glückliche spielen noch heute.

Als Verteidiger im Harich-Janka-Prozeß, als Verteidiger von Erich Honecker wurde auch ich in den Strudel der politischen Aktionen des Wendeprozesses hineingerissen. Nicht so wie meine Kollegen Gysi, de Maizière, Vogel und Schnur, aber für meine Kräfte mehr als ausreichend. Wenn ich mich auch in den 40 Jahren zuvor nicht als passives Objekt der Politik gesehen hatte, so empfand ich doch jetzt das Maß der politischen Möglichkeiten wie auch der Verantwortung als ungleich größer. Alles sagen zu können, was man politisch und juristisch dachte, war einerseits neu und beglückend, andererseits war es aber von Sorgen belastet. Was wird aus der DDR, was wird aus dem Sozialismus, der jetzt als bankrott gilt? Was wird aus den Sozialisten/Kommunisten? Aus denen, die sich dafür ausgaben und aus denen, die es wirklich waren? Politische Justiz stand erneut an erster Stelle auf der Tagesordnung.

Es begann schon 9. Dezember 1989, als Gregor Gysi zum Vorsitzenden der SED gewählt wurde. Ein unerhörter Vorgang in der Geschichte der DDR und der SED. Ein junger Mann, ein Mann, der nicht aus dem Apparat kam, ein Intellektueller, ein Rechtsanwalt gar, wird übergangslos der erste Mann der Arbeiterpartei. Niemand war darauf vorbereitet, das Rechtsanwaltskollegium schon gar nicht. Sein Vorsitzender, nicht einmal zwei Jahre im Amt, hatte plötzlich die Funktion niedergelegt. Ein neuer Vorsitzender mußte her. Die Parteiorganisation des Kollegiums suchte mich aus, schlug mich einstimmig vor. Obgleich mich die Mitgliederversammlung erst im Februar 1990 mit vier Gegenstimmen wählte, mußte ich doch die Arbeit sofort kommissarisch aufnehmen. Am selben Tag wurde ich auf einer außerordentlichen Delegiertenversammlung der Vereinigung der Juristen der DDR (VdJ), die sich hinfort wieder Vereinigung demokratischer Juristen nannte, auch zu deren Vorsitzenden gewählt.

Aus den Funktionen erwuchsen Aufgaben. Kein Monat bis zum Vollzug des Beitritts ohne wenigstens ein Ereignis, das vorher für ein ganzes Jahr bestimmend gewesen wäre.

– Noch im Februar Vortrag auf einer ordentlichen Versammlung der Berliner Anwaltskammer.

– Im März außerordentliche Mitgliederversammlung des Berliner Rechtsanwaltskollegiums mit dem Präsidenten der Anwaltskammer und dem Vorsitzenden des Berliner Anwaltvereins als Gästen.

– Im April erster und letzter Juristentag der DDR und Gast des Münchener Anwaltvereins bei einer Tagung in der Politischen Akademie Tutzingen.

– Im Mai gemeinsame Tagung des Rates der Vorsitzenden der Kollegien der Rechtsanwälte mit Vertretern des Deutschen Anwaltvereins (DAV) und der Bundesrechtsanwaltskammer, Interviews u.a. Für BBC und WDR sowie Talkshow.

– Im Juni Empfang durch den Ministerpräsidenten der DDR Lothar de Maizière, mit dem Präsidenten und anderen Delegierten des DAV, Vortrag vor dem Vorstand der Vereinigung Demokratischer JuristInnen der Bundesrepublik in Frankfurt/Main, Artikel über die Lage der Anwaltschaft in der DDR für die „DtZ".

– Im Juli nur Podiumsdiskussion in der Deutsch-amerikanischen Juristenvereinigung.

– Im August Teilnahme an einem Kolloquium des Norwegischen Anwaltsvereins in Oslo.

– Im September Gast beim Abschiedsempfang des Leiters der Rechtsabteilung der Ständigen Vertretung der Bundesrepublik in der DDR, Gast des Deutschen Juristentages in München, Auflösung des Rechtsanwaltskollegiums, Ausbau eines neuen Büros

– Am 1. und 2. Oktober Ausklang mit einer Einladung zum „Opening of the Legal Year" in London.

Interessant nicht nur, wer für den DDR-Anwalt alles Interesse hatte, interessant im Rückblick auch mancher Gedanke von damals. Die DDR-Ideologie war zerbrochen, die DDR aber noch nicht „ehemalig", die BRD-Sicht auf die DDR noch nicht festgeklopft, juristische „Vergangenheitsbewältigung" erst eine Ahnung.

Der Juristentag der DDR vom 22. bis 24. April 1990 mag als erstes Beispiel dienen. Er war in aller Eile von der VdJ und den eben gegründeten Bünden der Richter und Staatsanwälte der DDR (die nur Monate existieren würden) einberufen worden. Die VdJ leistete die eigentliche Vorbereitungsarbeit, die neuen Bünde sicherten ihm eine

Bei der Einweihung eines neuen Büros

größere Akzeptanz, sie waren bei den DDR-Juristen nicht so diskreditiert wie die VdJ. Nicht einmal zwei Monate lagen zwischen dem ersten Gedanken an seine Einberufung und seiner Eröffnung. Mängel und Pannen blieben nicht aus. Wir hätten gern mehr Teilnehmer gesehen, bessere Referenten gehabt, doch die Chance wurde genutzt, DDR-Juristen sagten vor dem Beitritt noch einmal ihre Meinung. Bundesdeutsche Teilnehmer waren auch erschienen. Es gehörte zu den Unzulänglichkeiten der Organisation, daß wir nicht alle zur Kenntnis nahmen, geschweige denn nach ihrer Bedeutung würdigten. Die meisten der bekannten Namen waren uns noch unbekannt.

Der Präsident des Deutschen Juristentages, Dr. Harald Franzki, gehörte zu dem kleinen Kreis der uns bekannten und gewürdigten Teilnehmer. In seinem Grußwort sagte er u.a.:

> „Wir werden mit großem Interesse die Diskussionen in den Arbeitskreisen verfolgen und sind auch bereit, uns daran zu beteiligen, soweit es erwünscht ist und wir uns kompetent genug fühlen."

Wie sich das heute liest. Im April 1990 waren Juristen der DDR noch geachtete Partner, heute stellen sie das Hauptkontingent der Angeklagten der „Regierungskriminalität", vor den Angehörigen des MfS, vor Grenzsoldaten und vor Polizei. Sie sind die eigentlichen Repräsentanten des „Unrechtsstaats" DDR geworden. Hätte Franzki das gedacht? Ich hätte es nicht gedacht.

Franzki skizzierte dann seine damalige Sicht auf die Zukunft wie folgt:

„Uns Juristen in Ost und West ist mit Blick auf die bevorstehende deutsche Vereinigung eine Aufgabe gestellt, die in der Geschichte unseres Volkes ihresgleichen sucht. In mancher Hinsicht wird daneben nicht nur die Rechtserneuerung nach 1945, sondern sogar die große Kodifikationsbewegung des vorigen Jahrhunderts zur überwindung der territorialen Rechtszersplitterung in Deutschland noch verblassen."

Damals sah also Franzki, sahen wir alle, noch eine Aufgabe, eine geschichtliche Aufgabe „für die Juristen in Ost" gleichermaßen wir für die Juristen „in West". Fünf Monate und elf Tage später, am 3. Oktober 1990, schloß eine strahlende (West)Berliner Justizsenatorin alle Ostberliner Gerichtsgebäude und brachte gleichzeitig die neuen alten Gerichtsbezeichnungen an den geschlossenen Portalen an. Von den ostdeutschen Teilnehmern des DDR-Juristentages waren ab sofort die meisten arbeitslos; für sie gab es keine Aufgabe mehr. Für die Juristen West stellte sich die Frage der eigenen Kompetenz nicht einmal im Ansatz.

Franzki irrte sich wie ich , wenn er prognostizierte:

„Was sich in 45 Jahren auseinander entwickelt hat, wird sich nicht in 45 Monaten wieder zusammenführen lassen. Unabhängig davon, wann und auf welchem Wege der staatliche Zusammenschluß stattfindet, wird die deutsche Rechtseinheit doch nur stufenweise und in einem voraussichtlich viele Jahre währenden Zeitraum zurückzugewinnen sein."

Schließlich riet Franzki, und dieser Rat war wohl nicht so falsch wie die andersartige Praxis:

„Es sollte auch die Gunst der Stunde nicht vertan werden, das eigene Recht darauf zu untersuchen, ob es noch zeitgemäß ist, nicht von Verwerfungen und Verkrustungen befreit und insgesamt einfacher gestaltet werden kann, schon um der anderen Seite seine übernahme und Anwendung zu erleichtern. Nicht diejenige Rechtspolitik muß hier die beste sein, die auf dem kürzesten Wege zur Rechtseinheit führt. Wichtiger ist es, daß der Weg dorthin so spannungsfrei und so sozialverträglich wie möglich verläuft und am Ende eine gemeinsame Rechtsordnung steht, die breite Akzeptanz erfährt, keiner Seite ihre Identität und ihr Selbstbewußtsein genommen hat und in der unser deutsches Volk im Frieden mit sich selbst und mit seinen Nachbarn leben kann."

Man kann sich offenbar irren und doch recht haben.

Es war uns nicht gelungen, einen Juristen zu finden, der bereit war, in dieser Stunde den Part des Sprechers der DDR-Juristen zu übernehmen und den die drei Organisationen überdies dafür geeignet hielten. Also fiel mir als neugebackenem Vorsitzenden der VdJ diese Aufgabe zu.

Nach einem Versuch der Auseinandersetzung mit der Frage, „welche Verantwortung wir als Juristen für Ungerechtigkeiten der Vergangenheit tragen", wandte ich mich der bevorstehenden Rechtsangleichung zu. Meine Irrtümer faßte ich in die Worte:

„Wie ein Buchhalter muß der Gesetzgeber darauf achten, daß die Bilanz ausgeglichen ist. Wenn sich die Lösungen der Einzelprobleme so addieren, daß alle negativen Folgen auf der einen Seite der Elbe und alle positiven auf der anderen Seite eintreten, ergibt das ein Ungleichgewicht, daß das Ziel des inneren Friedens, das unser Ministerpräsident und Kollege de Maizière sicher nicht ohne Grund so hervorhob, verfehlt. Einheit bedeutet dann noch nicht Einigkeit und Recht nicht Gerechtigkeit. Die Herstellung eines einheitlichen Rechts in einem einheitlichen Deutschland ist aus meiner Sicht ein schwieriger und langwieriger Prozeß. Bei aller Eile, die nottut, braucht die Eile wie eh und je die Weile. Jede Hast schafft nur Verwirrung, erhöht die Schmerzhaftigkeit des Prozesses und verlängert ihn. Ich bin ein entschiedener Gegner der These: Wir brauchen nur das Recht der Bundesrepublik zu übernehmen, das sich in 40 Jahren bewährt hat. Sie wurde nicht von einem Juristen aufgestellt und war wohl auch nicht für Juristen bestimmt."

Zur juristischen Vergangenheitsbewältigung sagte ich damals noch relativ unbefangen und ahnungslos:

„Die Geschichte kann in ihrem Verlauf durch Juristen nicht korrigiert werden. Das schließt natürlich generelle Fürsorgemaßnahmen für Opfer der Geschichte ebenso wenig aus wie die Überprüfung von Rechtsakten, die gegen das damals bestehende Recht verstießen. Dabei werden die tatsächlichen Möglichkeiten der Beweisführung solchen Bestrebungen Grenzen setzen, die ungerecht erscheinen können aber hingenommen werden müssen. Es sind im übrigen nicht nur politische Gesichtspunkte, die Gesetzgebung und Rechtsprechung in diesen Jahrzehnten verändert haben. Die Homosexuellen, die auf Grund irriger Anschauungen bestraft wurden, hätten gleichen Anspruch auf Rehabilitierung wie diejenigen, die Opfer einer verfehlten Ideologie oder Politik geworden sind. Schließlich wäre es auch nicht denkbar, die in der DDR legalen Schwangerschaftsabbrüche im Wege der Rechtsangleichung nachträglich wieder zu kriminalisieren."

Und ich meinte auch hinzufügen zu sollen:

„Aussöhnung in einer Zeit tiefgreifender nationaler Auseinandersetzung ist stets eine gute Grundlage für einen Neubeginn gewesen."

Schließlich machte ich einen letzten untauglichen Versuch, einen Gedanken einzubringen:

„Berücksichtigt man die Schwierigkeit der Aufgabe, vor der die Justiz in der DDR steht, kann leicht der Gedanke aufkommen, die benötigten Juristen – ähnlich den Wirtschaftsfachleuten – aus der Bundesrepublik zu importieren. Mir scheint das kein guter Gedanke zu sein. Richter und Rechtsuchende müssen sich gegenseitig verstehen. Das erfordert nicht nur gleiche Sprache, sondern auch eine in den Grundzügen gleiche Lebenserfahrung. Die Bevölkerung der DDR wird, wie bereits festgestellt, noch lange Zeit durch die Geschichte, d.h. durch die Geschichte der DDR anders geprägt sein als die Bevölkerung der Bundesrepublik Deutschland. Ein Richter oder Staatsanwalt, der diese geschichtliche Entwicklung nicht aus eigenem Erleben kennt, wird die Menschen in ihrem Handeln nicht richtig verstehen und daher auch nicht richtig beurteilen können. Schließlich glaube ich, daß der bloße Gedanke, daß wir DDR-Deutschen auf lange Zeit unfähig sein sollen, in unserer engeren Heimat Recht zu sprechen, nicht nur mir unerträglich sein würde."

Professor Rüthers hielt meine Ausführungen anscheinend für ein abschreckendes Beispiel. Er nannte sie zwar eine *„bemerkenswert offene Rückschau"*, relativierte das jedoch sogleich mit den Worten:

„Sein Vortrag ‚Überlegungen eines Rechtsanwalts zur Verantwortung des (DDR-)Juristen für die deutsche Rechtsangleichung' fand den langanhaltenden Beifall der anwesenden etwa 400 DDR-Juristen, die besorgt in ihre sozialistische Vergangenheit und ihre marktwirtschaftliche Zukunft schauten."

Die anwesenden BRD-Juristen werden von Rüthers eliminiert. Völlig überzeugt ist Rüthers auch davon, daß *„Janka und seine Gruppe"* mir nicht glauben würden. Janka war zu dieser Zeit wieder mein Mandant. Rüthers aber meint: *„Immerhin vermied der Anwalt, der so dachte, eigene Schuldgefühle. Er konnte weitermachen"*.

Ganz am Ende des Prozesses der Wende und meiner DDR-Anwalts-Laufbahn stand eine Einladung der Law society zur Teilnahme am „Opening of the Legal Year" in der Zeit vom 1. zum 2. Oktober in London. Ich hielt die Einladung, die mich im Juli 1990 erreichte, erst für ein bürokratisches Versehen und glaubte, das Protokoll der zuständigen britischen Organisationen habe die DDR und ihre Institutionen noch nicht gestrichen. Als mir jedoch die britische Botschaft in der DDR schrieb, daß sie bereit wäre, mir *„auf irgendeine Weise bei der Organisation"* meines Besuchs behilflich zu sein, wurde ich unsicher. Auf meine Zweifel antwortete die Botschaft unter dem 31. August 1990, *„daß die Einladung natürlich weiterhin gilt"* und daß die Law Society hofft, *„ihre Kontakte in diesem Teil Deutschlands aufrechtzuerhalten."* So erlebte ich die letzen Tage der DDR in England und berichtete dort auf einer Zusammenkunft der Vertreter der zentral- und osteuropäischen Anwaltsorganisationen über die Situation der Anwälte in der DDR. In dem Protokoll der Zusammenkunft heißt es dazu:

„Herr Wolff erläuterte die Perspektive der in der DDR ausgebildeten Rechtsanwälte, die eine intensive Ausbildung im Recht der Bundesrepublik nachholen müßten. Die Lage in Berlin würde besonders schwierig werden. Ein neues Gesetz über die Anwaltschaft sei in Kraft, aber keiner kenne es, weil es noch nicht veröffentlicht wäre."

Derartige Situationen, daß Juristen Gesetze anzuwenden hatten, die in Kraft aber noch nicht veröffentlicht waren, hatten wir zwischen Herbst 1989 und Oktober 1990 mehrfach. Heute sind sie fast vergessen; damals erregten sie uns noch.

35. Erste Begegnungen mit der bundesrepublikanischen Berliner Justiz nach dem Beitritt (1990)

Am Tage nach meiner Rückkehr aus London, am 3. Oktober 1990, ging ich als stolzer Besitzer einer Einladung des Bundespräsidenten zum Festakt in der Berliner Philharmonie. Es war der Start in eine neue Ära. Bei allem Skeptizismus keimte etwas Hoffnung. Die Einladung (nie war ich bei ähnlicher Gelegenheit etwa vom Staatsratsvorsitzenden eingeladen worden) und die Worte des Bundespräsidenten nährten diese Hoffnung. Offene Frage, wer hatte mich auf die Gästeliste gesetzt? Beim Deutschlandlied fehlte mir etwas vom Text. Ich hatte es seit dem Ende meiner Schulzeit, seit 1941 nicht mehr gesungen. Damals hatten wir in der Aula alle gestanden, den rechten Arm zum „Deutschen Gruß" erhoben, anschließend wurde das Horst-Wessel-Lied gesungen, ich sang es nicht mit, durfte das aber nicht erkennen lassen. Merkwürdiges Gefühl, das Deutschlandlied wieder zu singen. In England war ich vor zwei Tagen gefragt worden, wie ich mich am 3. Oktober fühlen würde. An das Deutschlandlied hatte ich damals nicht gedacht. Jetzt, wo es erklang, stand die Vergangenheit für einen Moment wieder auf. Nur für einen Moment beherrschte sie mein Gefühl, dann war sie nur noch im Unterbewußtsein vorhanden. Das Deutschlandlied war ein Symptom, eins unter mehreren. Doch die Vergangenheit beherrschte die Gegenwart nicht. Die Gegenwart hatte aber diese Vergangenheit auch nicht „bewältigt". Die Symptome zeigten es.

Die Arbeit als nunmehr bundesrepublikanischer Anwalt sollte unverzüglich beginnen. Eine Einladung der Arbeitsgemeinschaft der anwaltlichen Ehrengerichtsbarkeit Berlin vom 6. September zu ihrer Arbeitstagung am 10. Oktober 1990 war noch zu befolgen. Als Referenten waren angekündigt: „Mathias Treffkorn, Justizministerium der DDR" und „Dr. Dombek, Präsident der Rechtsanwaltskammer Berlin". Ein „Justizministerium der DDR" gab es nicht mehr, Herr Treffkorn hatte seine Arbeitsstelle verloren, aber die Einladung datierte eben noch vor dem Beitritt, war noch nach altem Protokoll paritätisch erfolgt. Der Anachronismus war mir nicht sofort deutlich, mein Bewußtsein konnte dem Lauf der Dinge so schnell nicht folgen.

In den 34 Tagen, die seit dem Ausspruch der Einladung verstrichen waren, hatte sich an einem Tag, am 3. Oktober, viel geändert. Ich sollte das sofort erfahren. – In einer Pause, bei einem Glas Sekt, traten Mitglieder des Vorstandes der Anwaltskammer an mich heran. Die Mienen erstmals nicht von der gewohnten Freundlichkeit. Die Botschaft der Herren lautete knapp, fast militärisch, morgen 9.00 Uhr sollten die Mitglieder des ehemaligen Vorstandes des ehemaligen Kollegiums in der Littenstraße auf die Vorstandsmitglieder der Kammer warten. Schüchterner Versuch einer Widerrede fruchtete nicht. Man wollte unsere Akten, die man von Vernichtung bedroht sah. Mein Hinweis, daß unsere Akten nicht ihre Akten wären, blieb gleichfalls wirkungslos. Was „unser" war, ist jetzt „ihres", wurde mit dem Hinweis auf Rechtsnachfolge argumentiert. Meine advokatorische Replik, daß die Kammer dann auch unsere Schulden (die wir natürlich nicht hatten, was aber die neuen Akteneigentümer nicht wußten) bezahlen müsse, brachte eine kleine Korrektur in die Argumentation: Funktionsnachfolger sei man, Schulden übernehme man nicht, nur Akten. Schließlich fiel die Drohung mit der Polizei. Es war ein Kollege, der sonst mehr als Schützer vor der Polizei bekannt war. – Wir waren angekommen. Wir waren in dem großen Kreis der ehemaligen Westberliner Kollegen aufgenommen, waren in diesem Moment buchstäblich eingekreist. Wir waren ganz klein: 800 Ossis unter 4000 Wessis. Von der Ausbildung ganz zu schweigen: Marxismus-Leninismus – wenn nicht gar Stalinismus – kontra Palandt, Baumbach, Maunz u.a.. Es war ein Fehler des Einigungsvertrages, daß wir überhaupt noch Anwälte waren.

Am Morgen des 11. Oktober 1990 waren alle (ehemaligen) Vorstandsmitglieder und die Liqidatoren des Kollegiums pünktlich zur Stelle. Unser Angebot an die Kammermitglieder, eine Tasse Kaffee zu trinken, wurde abgelehnt. Die Zeiten waren vorbei. Nur nicht so plump vertraulich! Man wollte keinen Kaffee, sondern Akten. Äußerster Argwohn war enstanden, und das kam so: Die Senatsverwaltung für Justiz hatte uns aufgefordert, unsere Räume im Gebäude des Stadtgerichts, des zukünftigen Landgerichts in der Littenstraße kurzfristig zu räumen. Es erhob sich also die Frage, wohin mit dem Inventar. Wir hatten u.a. eine Bibliothek, die wir 1953 von der Anwaltskammer übernommen und in der Folgezeit natürlich durch eigene Erwerbungen erweitert hatten. Diese boten wir der Anwaltskammer an, die einen Abgesandten zur Besichtigung entsandte. Der Kollege – wir verstanden uns später gut – sah, wie zwei Sekretärinnen in der Bibliothek saßen und Akten zerrissen. Mehrere Papiersäcke mit zerrissenen Akten zeugten von ihrem Fleiß. Für ihn war klar, hier wurden die Spuren der Untaten des Anwaltskollegiums beseitigt. Man wußte ja, was im Osten los war. Also eilte er zum Vorstand der Kammer, der zu eben der Zeit tagte und berichtete, was er gesehen hatte und was er dachte. Alle dachten genauso. Es galt zu handeln, Spuren zu sichern! Nun saß man also uns gegenüber.

Wir waren bis dahin ohne Arg. Wir hatten dem Kammervorstand und dem Vorstand des Berliner Anwaltsvereins rechtzeitig geschrieben, welche Probleme wir bei der Auflösung des Kollegiums haben würden. Es ging uns um den Altersfonds, den Haftpflichtfonds, die Arbeitsverhältnisse der Angestellten der Zentrale des Kollegiums und um das Archiv. Wir schrieben den Anwaltsorganisationen am 18.6.1990, daß *„uns Ihr Rat und unter Umständen auch Ihre Hilfe sehr nützlich sein würde"*. Der

Kammervorstand antwortete am 16.7.: „... *wären wir Ihnen für eine Mitteilung dankbar, um was es sich bei dem Archiv des Berliner Kollegiums handelt. Enthält das Archiv Personalakten? Sollte dies der Fall sein, wären wir aus verständlichen Gründen daran interessiert, die Akten zu gegebener Zeit zu übernehmen.*" Von Eigentumsansprüchen war nicht die Rede gewesen.

Nun, die Personalakten, hatten wir den Kollegen ausgehändigt, die sie betrafen. Sie waren nicht nach bundesrepublikanischem Recht geführt, enthielten z.b. Angaben über die Parteizugehörigkeit,die die Kammer auch nicht von ihren Westberliner Mitgliedern besaß. Wir hielten damals noch Gleichbehandlung für selbstverständlich.

Was in Vorbereitung der Räumung vernichtet worden war, waren Unterlagen, die für die Zukunft keinen Wert besaßen. Alles, was Bedeutung hatte, die Protokolle der Mitgliederversammlungen und der Vorstandssitzungen, die Disziplinarakten, war lückenlos in Stehordnern seit 1953 gesammelt und vorhanden. Aber die Papiersäcke ... Sie wurden schließlich von den Vorstandsmitgliedern der Anwaltskammer mitgenommen. Jeder trug in jeder Hand einen Sack. Ein mir unvergeßliches Bild aus einer denkwürdigen Stunde der Geschichte der Berliner Anwaltschaft. – Unsere Sekretärinnen lachten (im Gegensatz zu uns), nur wertlose Papierschnipsel waren in den Säcken und die Griebse der Äpfel, die sie beim Zerreißen gegessen hatten. – Später holte die Kammer gegen unseren Protest auch die anderen Akten. Einziges Ergebnis: Untaten des Kollegiums kamen nicht zutage, nur die Gehaltunterlagen unserer Angestellten sind seither genauso verschwunden wie unsere Illusionen.

Meine eigentlichen Anwaltsgeschäfte liefen daneben weiter. Politische Prozesse gab es in Hülle und Fülle. Die von der Staatsanwaltschaft der DDR eingeleiteten Ermittlungsverfahren wurden, im Gegensatz zu den Staatsanwälten selbst, übernommen und neue Verfahren eingeleitet. Neue Paragraphen, neue Menschen, neue Sitten, neue Gebäude waren zu erkunden. War mir bisher alles vertraut, so war mir jetzt alles fremd. Jeder Gang zum Gericht war ein kleines Abenteuer. Wie ein Berufsanfänger hatte ich nach meiner Zulassung den Eid geleistet und wie ein Berufsanfänger wurde mir manche alltägliche Anwaltsobliegenheit zum Problem. 37jährige Berufserfahrungen waren wie ein zu heiß gewaschenes Wäschestück eingelaufen. Das Alter schützte nicht vor Torheit. Doch zum Lamentieren oder Philosophieren war keine Zeit. Die mangelde Kenntnis und Erfahrung mußte durch erhöhten Zeit- und Arbeitsaufwand ausgeglichen werden.

Manches war aber auch unerwartet ähnlich. Richter und Justizbeamte saßen vielfach in Räumen, die denen in der DDR fatal glichen. Das hätte ich von der reichen Bundesrepublik nicht gedacht, zumal die Justiz ihr einen hohen Stellenwert hat. Aber selbst mancher Staatsanwalt und sogar mancher Richter war vom Typus seinem ehemaligen Kollegen in der ehemaligen DDR artverwandt. Unbekanntes und Bekanntes vermischten sich.

Unter den vielen neuen politischen Verfahren war auch das gegen einen führenden SED-Funktionär, dem vorgeworfen wurde, daß er für seinen Sohn eine Datsche von Betrieben des Ministerrats zu bevorzugten Konditionen hatte bauen lassen. Er hatte vorgesehen nach seiner aktiven politischen Laufbahn mit seiner Ehefrau im Souterrain zu leben, während der Sohn mit seiner Familie das Obergeschoß bewohnen sollte. Kein führender Politiker eines Landes der Bundesrepublik hätte so seinen Lebensabend beschließen wollen. Für die aufgebrachten Bürgerrechtler am Ende der DDR war das jedoch der Gipfel der Verworfenheit.

Anklage war noch von der DDR-Staatsanwaltschaft am 16. Mai 1990 erhoben worden. Die Staatsanwaltschaft beim Kammergericht, Arbeitsgruppe Regierungskriminalität, hielt sie für rechtsstaatlich. Auch der Eröffnungsbeschluß war noch von DDR-Richtern erlassen worden. Sie hatten zügig gearbeitet und wenig Zeit zur Überlegung benötigt. Einer der beteiligten Richter war derjenige, der von mir nach meinem Plädoyer im „Computer-Prozeß" gesagt haben soll: *„Wenn man den Wolff hört, glaubt man der Klassenfeind spricht"*. Nun schwang nämlicher Richter das scharfe Schwert der Justiz in die andere Richtung. Geblieben war immerhin der Grundsatz: „Immer feste druff!" – Mein Crashkurs in Menschenkenntnis hatte begonnen. Die 20. Strafkammer unter dem Vorsitz von Frau Schwarzmann hatte gleichfalls keine Bedenken hinsichtlich der Rechtsstaatlichkeit der Verfahrenseröffnung durch die ehemaligen Richter des ehemaligen Stadtgerichts. Bedenken hatte sie nur, ob der Angeklagte durch mich auch ordnungsgemäß verteidigt werden würde. Schließlich hatte sie eine Fürsorgepflicht für den Angeklagten, und die nahm sie sehr ernst.

Am 30.1.1991 schrieb mir Frau Schwarzmann:

„Sehr geehrter Herr Rechtsanwalt!

Wie Ihnen bekannt ist, habe ich Sie durch Verfügung vom 7. Januar 1991 zum Pflichtverteidiger des Angeklagten K. bestellt. Am 8. Januar 1991 hatte ich Gelegenheit, im Fernsehen die Sendung ‚Kontraste' zu sehen. Dabei ging es u.a. um den Fall des Journalisten Karl-Wilhelm Fricke, der im April 1955 aus West-Berlin in den damaligen Ost-Sektor verschleppt und wegen angeblicher Agententätigkeit in Untersuchungshaft genommen worden ist. Wie ich der Sendung weiterhin entnehmen konnte, waren Sie seinerzeit Pflichtverteidiger des Herrn Fricke. Herr Fricke, der in der Sendung zu Wort kam, hat berichtet, anläßlich eines Verteidigergesprächs in der Haftanstalt hätten Sie ihm gegenüber erklärt, es kümmere Sie gar nicht, ob Herr Fricke entführt worden sei. Abgesehen davon, daß Ihnen nicht bekannt sei, ob dies zutreffe, hätten Sie im Grunde gar nichts dagegen, wenn ‚die Staatssicherheit auch einmal über die Sektorengrenze lange, um den Agentensumpf in West-Berlin trocken zu legen'. Auf den Einwand des Herrn Fricke, er sei kein Agent, hätten Sie wörtlich geantwortet: ‚Wo gehobelt wird, fallen auch Späne!' Wie ich der Sendung weiter entnehmen konnte, ist Herr Fricke schließlich zu vier Jahren Zuchthaus verurteilt worden, die er voll verbüßt hat, zuletzt in der Sonderhaftanstalt Bautzen II.

Wie mir Herr Fricke auf eine entsprechende Anfrage versichert hat, entsprächen alle in der Sendung gemachten Angaben der Wahrheit. Er stehe zu dem, was er in der Sendung geäußert habe. Zusätzlich hat mir Herr Fricke mitgeteilt, Sie seien seit 1945 Mitglied der KPD, seit 1946 Mitglied der SED gewesen und hätten eng mit Hilde Benjamin zusammengearbeitet. Zu seiner Überzeugung seien Sie Vertrauensanwalt des Staatssicherheitsdienstes gewesen. So hätten Sie zum Beispiel in mehreren Fällen Angeklagte, die angeblich Agenten gewesen seien, als Pflichtverteidiger vertreten. In seinem Verfahren hätten Sie erklärt, Sie würden Herrn Fricke mit allen Mitteln, aber auf der Basis der sozialistischen Gesetzlichkeit, verteidigen. Sie hätten es abgelehnt, den Hauptverhandlungstermin Freunden und Kollegen des Herrn Fricke in West-Berlin mitzuteilen, um ihnen Gelegenheit zu geben, an der Hauptverhandlung teilzunehmen. Ihre Ablehnung hätten Sie damit begründet, daß das Verfahren ohnehin unter Ausschluß der Öffentlichkeit geführt werde. Zu seiner Überraschung habe Herr Fricke dann feststellen müssen, daß die Verhandlung dann öffentlich gewesen sei und daß sogar ein Antrag des Staatsanwalts, die Öffentlichkeit auszuschließen, vom Gericht abgelehnt worden sei. Allerdings seien tatsächlich keine Zuhörer anwesend gewesen, was u.a. daran gelegen habe, daß Sie es abgelehnt hätten, den Hauptverhandlungstermin Verwandten und Kollegen des Angeklagten bekanntzugeben.

Ich habe nunmehr zu prüfen, ob ich Ihre Stellung zum Pflichtverteidiger zurücknehmen muß. Sollten die Angaben des Herrn Fricke zutreffen, so ist Ihr Verhalten ihm gegenüber möglicherweise über das hinausgegangen, was von einem Verteidiger in einem totalitären Staat hingenommen werden kann.

Ich gebe Ihnen hiermit Gelegenheit zur Stellungnahme innerhalb von zwei Wochen seit Zustellung dieses Schreibens.

Hochachtungsvoll

Schwarzmann, Vorsitzende Richterin am Landgericht"

Bevor ich dieses Schreiben erhielt, hatte ich geglaubt, die Zeiten ideologischer Konfrontationen mit Vorsitzenden in Strafsachen wären vorüber. Überdies kannte ich Frau Schwarzmann schon bzw. glaubte ich, sie zu kennen. Am 23. November hatte ich nämlich das erste Mal am traditionellen Anwaltsessen des Berliner Anwaltsvereins (früher im wesentlichen treffend „Herrenessen" genannt) teilgenommen. Mit den anderen Mitgliedern unserer Sozietät dachte ich, es fördert das „Zusammenwachsen". Es war eine der vielen Premieren des Herbstes 1990. Eigentlich sind derartige Veranstaltungen nicht das, wonach ich mich dränge. Hier galt es jedoch zu versuchen, Gräben zuzuschütten. In der mir gewohnten Terminologie ausgedrückt, handelte es sich folglich um gesellschaftliche Arbeit. Also kaufte ich mir, dem neuen alten Komment folgend, einen Smoking, den ersten in meinem Leben, und ging hin. Wie der Zufall so spielt, war ich zwischen Frau Schwarzmann und Herrn Richter Reinwarth plaziert worden, der auch nicht den Ruf genoß, Menschen wie mich zu mögen. Doch entgegen allen Vorurteilen derjenigen, die diese unsere Plazierung kommentierten, kamen wir gut miteinander aus. So jedenfalls mein Eindruck. Wir tauschten unsere gegenteiligen Standpunkte aus, und ich antwortete auf die Fragen nach dem Anwaltsleben hinter dem Eisernen Vorhang. Auch als ich Frau Schwarzmann am 8.1.1991 aufsuchte, um mit ihr die Frage der Beiordnung eines zweiten Pflichtverteidigers aus Westberlin zu erörtern, hatte ich bei ihr Verständnis für dieses Anliegen gefunden, wenn sie mir auch gleich sagte, daß sie es sich jedoch noch überlegen wolle. Vielleicht hat für die Überlegungen der Name des Kollegen eine Rolle gespielt, denn sie fragte nach dem Namen des Kandidaten. Rechtsanwalt Venedey, um den handelte es sich, hatte dann am 29.1. bei Frau Schwarzmann beantragt, ihn als zweiten Pflichtverteidiger beizuordnen. Am 4.2. teilte Frau Schwarzmann Herrn Venedey mit, daß sie *„im gegenwärtigen Zeitpunkt keine Veranlassung sehe, einen weiteren Pflichtverteidier zu bestellen. Ich werde diese Frage bei der Vorbereitung der Hauptverhandlung erneut prüfen."*

Meine umfangreiche Selbstverteidigung, mit der ich die Anschuldigungen von Herrn Fricke zu entkräften suchte, hatte – wie das bei Selbstverteidigungen nicht selten ist – trotz Beifügung von unverdächtigen „Referenzen" kein positives Resultat. Frau Schwarzmann verfügte am 11. März 1991:

> „Die am 7. Januar 1991 erfolgte Bestellung des Rechtsanwalts Dr. Friedrich Wolff zum Pflichtverteidiger des Angeklagten ... wird zurückgenommen."

Die Begründung des Beschlusses begann mit den Worten:

> „Der Zweck der Bestellung eines Pflichtverteidigers besteht darin, daß ein Angeklagter zu seinem eigenen Schutz aber auch wegen staatlichen Interesses an einem geordneten Ablauf des Verfahrens einen rechtskundigen Beistand erhält ... Pflichtverteidiger kann daher nur der Verteidiger sein, der die Gewähr dafür bietet, daß er seine Aufgaben gewissenhaft erfüllen und zur sachgerechten Wahrnehmung der Interessen des Angeklagten bereit und imstande sein wird. Diese Voraussetzungen erfüllt der Verteidiger Dr. Wolff nicht."

Und sie mündete in der Feststellung:

> „Es mag sein, daß Rechtsanwalt Dr. Wolff andere Angeklagte anders verteidigt hat. Sein Verhalten gegenüber dem Journalisten Fricke ist jedoch derart gravierend, daß es auch nach der politischen Wende fortwirkt und seine Bestellung zum Pflichtverteidiger eines Angeklagten ausschließt."

So hatte ich mir den Rechtsstaat nicht vorgestellt. 1 : 0 für Fricke.

Auf meine Beschwerde entschied das Kammergericht am 16. Mai 1991:

> „... die Verfügung der Vorsitzenden der Strafkammer 20 des Landgerichts Berlin vom 11. März 1991 (wird) aufgehoben."

In der Begründung dieser Entscheidung hieß es:

> „Diese von der Strafkammervorsitzenden angeführten, von dem Verteidiger bestrittenen Umstände sind nicht geeignet, dessen Entpflichtung zu rechtfertigen. Es ist nicht zu erkennen, wie sie – ihre Richtigkeit unterstellt – die Durchführung eines ordnungsgemäßen Verfahrens gegen den Angeklagten gefährden könnten. Daß dem Verteidiger die notwendigen Rechtskenntnisse für eine ordnungsgemäße Verteidigung des Angeklagten fehlen, läßt sich aus diesen Umständen nicht ableiten. Sie ergeben auch nichts für die Annahme, dem Verteidiger fehle es etwa an dem Willen, sich im Rahmen des geltenden Verfahrensrechts zu bewegen. Kein Kriterium bei der entsprechenden Anwendung des § 143 StPO kann eine Bewertung des Verhaltens eines Rechtsanwalts sein, der (vor 35 Jahren) in der damaligen DDR als Verteidiger sein Handeln nicht am Grundgesetz des Bundesrepublik Deutschland, sondern – möglicherweise – an den ‚Grundsätzen der Sozialistischen Gesetzlichkeit' ausgerichtet hat."

Mein Rechtsstaatsvertrauen war wieder gestärkt, wenn auch der geweckte Zweifel nicht ganz beseitigt war.

Ein – vorläufig – letztes Nachspiel zu dieser Affäre gab es, als einer der Richter, die Fricke 1956 verurteilt hatten, der ehemalige Richter am Obersten Gericht Reinwarth, wegen Rechtsbeugung angeklagt wurde. Das Landgericht Berlin sprach Reinwarth von diesem Vorwurf frei. Die hiergegen von der Staatsanwaltschaft und Fricke als Nebenkläger eingelegt Revision wurde vom BGH mit Urteil vom 16.11.1995 zurückgewiesen. In den Gründen hieß es u.a.:

> „Die … Verschleppung … von Karl Fricke … zum Zwecke der Strafverfolgung aus dem Westteil Berlins nach Ostberlin mußte jedenfalls aus der Sicht des Angeklagten kein Verfahrenshindernis darstellen, das eine Verfolgung dieses Betroffenen verbot. Die zwingende Annahme eines Prozeßhindernisses in dem Fall, daß ein Tatverdächtiger unter Verletzung fremder Gebietshoheit in den die Strafverfolgung betreibenden Staat verbracht wird, ist selbst unter den Bedingungen des Rechtsstaats bislang weitgehend nicht anerkannt und zwar weder im Blick auf das Rechtsstaatsprinzip noch auf das Völkerrecht …“

Der BGH befand auch, das Verhalten Frickes als Spionage zu werten sei *„ersichtlich nicht willkürlich“*. – Im Prinzip war es genau das, wovon ich als junger Strafverteidiger ca. 40 Jahre vorher ausgegangen war, was mich aber nicht gehindert hatte, Fricke sachgerecht und nicht mit illusorischen Argumenten zu verteidigen.

Parallel zu dem Streit um meine Qualifikation als Pflichtverteidiger lief die Vorbereitung der Hauptverhandlung weiter. Mit Schriftsatz vom 4.3.1991 beantragte ich Aussetzung des Verfahrens und Vorlage beim Bundesverfassungsgericht zur Prüfung der Frage, ob die Bestimmung des § 10 Abs. 1 des 6. Strafrechtsänderungsgesetzes der DDR, nach der mein Mandant angeklagt war, mit dem Grundgesetz vereinbar ist. Eine andere Strafkammer des Landgerichts hatte im Verfahren gegen Harry Tisch diese Frage bereits dem Bundesverfassungsgericht vorgelegt. Über die Vorlage ist nie befunden worden. Harry Tisch starb früher. Frau Schwarzmann legte nicht vor. Neuer Minuspunkt in meiner Rechtsstaatsbilanz.

Mein Mandant war seit langem zucker- und herzkrank. Ich hatte daher Bedenken hinsichtlich seiner Verhandlungsfähigkeit und mich deshalb am 31.1. brieflich mit einem Ersuchen um entsprechende Auskunft an seinen behandelnden Arzt gewandt. Die Antwort ließ auf sich warten und ging auf die Frage der Verhandlungsfähigkeit nicht ein, sondern enthielt nur Befunde und Diagnosen, die mir nichts sagten. In dieser Zeit stellte ich mehrfach fest, daß Ärzte in Ostberlin sehr vorsichtig an die Beurteilung der Verhandlungsfähigkeit solcher Patienten herangingen. Immerhin konnte ich die Frage der ärztlichen Begutachtung daraufhin mit Frau Schwarzmann besprechen, die mir sagte, daß sie die Begutachtung erst unmittelbar vor der Hauptverhandlung veranlassen würde. So geschah es auch.

Frau Schwarzmann bestellte Herrn Prof. Dr. E. Philipp zum Sachverständigen. Da ich damals noch nicht das „Moabiter Landrecht“, eine Dokumentation aus der Schriftenreihe der Vereinigung der Berliner Strafverteidiger, gelesen hatte, sagte mir sein Name nichts. In nämlicher Dokumentation war Prof. Philipp als ein Beispiel dafür genannt, wie immer dieselben im Ruhestand befindlichen Personen als Gutachter von bestimmten Gerichten bestellt werden, obgleich hinreichend Institute vorhanden sind, die Gewähr für unabhängige Gutachten bieten. Solche Gutachten schienen den Richtern, die den Gutachter bestellt hatten, zu gefallen, während sie den Verteidigern außergewöhnlich verfehlt erschienen. Erstaunt war ich nur, daß ein Facharzt für Psychiatrie und Neurologie ausgewählt worden war, die Verhandlungsfähigkeit eines Angeklagten zu prüfen, der unter diabetes mellitus, Durchblutungsstörungen des Herzens, Herzrhythmusstörungen und hohem Blutdruck litt.

Das Gutachten von Prof Dr. Philipp hätte sich zur Veröffentlichung im „Moabiter Landrecht" gut geeignet. Der Sachverständige befand,

„daß Herr … noch die erforderlichen psychischen und körperlichen Fähigkeiten für das Verständnis prozessualer Vorgänge besitzt, wenn auch zu bedenken ist, daß seine aktuelle Belastbarkeit durch die erwähnten somatischen Störungen gemindert ist. Die zeitliche Begrenzung seiner Verhandlungsfähigkeit ist m.e. von der jeweiligen ‚Tagesform' abhängig."

Am 6.11.1991 ergänzte Herr Prof. Philipp sein Gutachten wie folgt:

„In der Strafsache gegen … teile ich mit, daß mir inzwischen die Krankenunterlagen über den Beschuldigten zugegangen sind. Die Fachärztin für innere Medizin Dipl.-med. Frau Nuglisch bezeichnete ihn in dem beigefügten Schreiben als ‚nicht verhandlungsfähig'. Ein aktueller Befund liegt jedoch nicht vor, so daß ich nicht ohne weiteres Veranlassung sehe, von meiner Stellungnahme vom 1. November abzuweichen."

Immerhin hielt die Kammer von Frau Schwarzmann jetzt eine weitere medizinische Aufklärung für erforderlich und beschloß:

„Bei dem Angeklagten … soll ein EKG erstellt werden. Mit der Anfertigung des EKG wird Herr Oberarzt Dr. Zschierdrich beauftragt …"

Wieder wunderte ich mich. Wollte die Kammer das EKG selbst auswerten?

Herr Dr. Zschierdrich „erstellte" am 15.11.1991 das EKG und schrieb dazu:

„Zwar bin ich im Beschluß zu einer gutachterlichen Stellungnahme nicht aufgefordert, doch halte ich bei einem derartigen EKG-Befund in Ruhe eine Verhandlungsfähigkeit für nicht gegeben."

Mit Beschluß der 20. Kammer vom gleichen Tage wurde das Verfahren gegen meinen Mandanten *„zur gesonderten Verhandlung und Entscheidung abgetrennt, weil dieser Angeklagte zur Zeit nicht verhandlungsfähig ist."*

Die endgültige Einstellung des Verfahrens erfolgte nach mehrfachen erneuten Untersuchungen durch verschiedene Sachverständige am 23. August 1995. Der Fall war inzwischen von der Öffentlichkeit vergessen; mir ist er in Erinnerung geblieben.

36. Gerichte über Hermann Axen
(1989-1998)

Schon im Dezember 1989 hatte ich die Verteidigung Hermann Axens übernommen. Er war im Politbüro für die Außenpolitik einschließlich der Kontakte zur BRD zuständig. Wegen einer Augenoperation befand er sich in einer Moskauer Klinik, als das Strafverfahren, mit dem ihm Vertrauensmißbrauch vorgeworfen wurde, gegen ihn eingeleitet worden war. Seine Frau hatte mich mit der Verteidigung beauftragt, und ich hatte Rechtsanwalt Dr. Noack aus meiner Zweigstelle hinzugezogen. Als Axen am 16. Januar 1990 zurückkam, wurde er auf dem Flugplatz verhaftet. Am 31.1.1990 wurde der Haftbefehl gegen ihn wegen seines schlechten Gesundheitszustandes wieder aufgehoben. Wir hatten immer wieder versucht, eine Einstellung des Verfahren zu erwirken, da Axen den Tatbestand des Vertrauensmißbrauchs nicht erfüllt hatte und später das Gesetz, nach dem er beschuldigt worden war, von der Volkskammer aufgehoben worden war. Bis zum 2.10.1990 war uns das nicht gelungen, aber wir hatten Hoffnung, daß es uns gelingen würde und waren fest überzeugt, daß es im Rechtsstaat, bei nüchterner und unbefangener Betrachtung, postwendend geschehen würde. Der Staatsanwalt dachte jedoch anders, als wir dachten, daß er denken würde. Er sagte mir, bei dem Interesse der Öffentlichkeit an diesem Verfahren wäre er nicht so töricht das Verfahren selbst einzustellen. Dann würden sich die Medien auf ihn stürzen. Das unabhängige Gericht solle das tun, wenn es das wolle. – Es war eine meiner ersten Lektionen über Justizwirklichkeit im Rechtsstaat.

Das Ermittlungsverfahren gegen Hermann Axen wurde überraschend schnell abgeschlossen. Die Staatsanwaltschaft bei dem Kammergericht hatte schon am 23. November 1990, also 50 Tage nach Begründung ihrer Zuständigkeit, das Verfahren *„hinsichtlich der folgenden Komplexe nach § 170 Abs. 2 StPO eingestellt ...:*

- Benutzung von Regierungsflugzeugen für Privatreisen,
- Kauf einer Schreibmaschine auf Staatskosten,
- Veranlassung eines Valutastudiums für die Tochter des Beschuldigten,
- Geschenke an eine Dolmetscherin auf Staatskosten,
- Einkauf von Schaukelstühlen in Nicaragua auf Staatskosten,
- Übernahme von Beerdigungskosten durch den Staat,
- Einkauf größerer Mengen von Wein in der Bundesrepublik Deutschland,
- unberechtigte Inanspruchnahme von Dienstleistungen durch die Verwaltung in Wandlitz."

In all diesen Fällen, in denen der Generalstaatsanwalt der DDR seit Dezember 1989 ermittelt hatte, sah die Arbeitsgruppe „Regierungskriminalität" der Staatsanwaltschaft bei dem Kammergericht also keinen genügenden Anlaß für eine Anklageerhebung. Sie hatte am 21.1.1991 nur Anklage erhoben, weil Hermann Axen eine Staatsdatsche gebaut erhalten hatte, die angeblich einen Kostenaufwand von 6.508.464,27 M-DDR verursacht hatte.

Das Landgericht Berlin lehnte am 27. Juni 1991 die Eröffnung des Hauptverfahrens auch wegen dieser Anschuldigung ab. In der Begründung des Beschlusses hieß es u.a., daß der Angeschuldigte *„auch und gerade nach dem Ermittlungsergebnis"* keine solche Dispositionsbefugnis besaß, wie sie der gesetzliche Tatbestand voraussetzte. Der Beschluß gipfelte in der Feststellung:

> „Einen Straftatbestand etwa des Wortlauts
> ,Wer unter Ausnutzung seiner gesellschaftlich oder politisch herausragenden Position sich Vorteile in Geld oder geldwerter Art verschafft, wird ... bestraft'
> gab es weder in der ehemaligen DDR noch in der alten, auch nicht in der neuen Bundesrepublik Deutschland.
> Genau dies ist aber der Vorwurf, den die Staatsanwaltschaft bei dem Kammergericht dem Angeschuldigten – möglicherweise zu Recht – macht."

Die Staatsanwaltschaft beim Kammergericht, Arbeitsgruppe Regierungskriminalität, legte zwar sofortige Beschwerde ein, doch zu einer Entscheidung des Kammergerichts kam es nicht mehr. Hermann Axen verstarb am 15.2.1992.

Mit der Einleitung der Strafverfahren hatte der Generalstaatsanwalt der DDR die Konten von Hermann Axen und seiner Ehefrau arrestiert. Damit nicht genug hatte der Sonderausschuß der Volkskammer zur Prüfung der Rechtmäßigkeit des Erwerbs von Umstellungsguthaben noch am 27.9.1990 „einstimmig beschlossen", das Konto der Eheleute Axen mit einem Bestand von 246.143, 32 M/DDR = 123.071,66 DM einzuziehen bzw. deren Einziehung anzuweisen. In der Begründung hatte er argumentiert:

> „Im Ergebnis der Prüfung kam der Sonderausschuß einstimmig zur Einschätzung, daß Herr Axen durch Mißbrauch seiner Funktionen, durch Inanspruchnahme von selbstbestätigten Privilegien und durch Handlungen, die einen gröblichsten Verstoß gegen die guten Sitten darstellen, sich und anderen persönliche Vorteile zum Nachteil der Gesellschaft und zu Lasten des Staatshaushalts sowie anderer gesellschaftlicher Fonds verschafft hat."

Gegen die Entscheidung des Sonderausschusses erhob ich im Oktober 1990 siegesgewiß Klage beim Verwaltungsgericht Berlin. In der freiheitlich demokratischen Grundordnung, im Rechtsstaat konnten die Entscheidungen des Sonderausschusses keinen Bestand haben – dachte ich. Bereits der Name „Sonderausschuß" deutete auf Sonderrecht, Sondergericht und ähnliches hin. Das Umstellungsguthabengesetz wurde als Gesetz gegen SED-Funktionäre praktiziert, die Beweislast wurde umgekehrt, die von vornherein Verdächtigen sollten ihre Unschuld (die Rechtmässigkeit des Erwerbs der Guthaben) beweisen. Die Entstehung der Guthaben aus Renten und Gehältern wurde dafür aber nicht als Beweis angesehen. Privilegien hätten Ersparnisse ermöglicht, folglich seien die Guthaben nicht rechtmässig erworben. – So etwas hätte ich nur beim Umgang mit dem Klassenfeind in der frühen DDR für möglich gehalten.

*Glückwünsche zum 75. Geburtstag von meinen Kollegen Bernhard Strodt (l.) und
Lothar de Maizière*

Die 25. Kammer des Verwaltungsgerichts unter Vorsitz von Richter Pée brauchte
zwei Jahre und sieben Monate, bis sie am 24. Mai 1993 meine Klage vom 17. Oktober
1990 abwies. Auch in der neuen Ära war mir in politischen Prozessen ein Erfolg, auf
den ich Anspruch zu haben glaubte, durchaus nicht sicher. Der Anfang meiner Berufungsbegründung gab meinen Eindruck von dem Verfahren und der neuen Rechtsstaatlichkeit mit den Worten wieder:

„Das vorliegende Verfahren gehört zu denjenigen Verfahren, mit denen die Vergangenheit
der DDR, wie es gemeinhin heißt „bewältigt" werden soll.
    Während Streit darüber besteht, inwieweit eine justizförmige „Aufarbeitung" der Vergan-
genheit möglich ist, besteht Einigkeit darüber, daß dies, wenn überhaupt, nur rechtsstaatlich
geschehen kann. Diesem Anspruch sind weder die Volkskammer noch das Verwaltungsgericht
gerecht geworden.
    Das Verfahren, mit dem dem verstorbenen Hermann Axen und seiner Ehefrau zum zweiten
Mal ihr gesamtes Vermögen entzogen wurde, war ein Verfahren, das auf einem verfassungs-
widrigen Gesetz beruhte, das den Klägern das rechtliche Gehör versagte, das von einem Organ
(Sonderausschuß der Volkskammer) ausgeübt wurde, das Sonderrecht voreingenommen und
nicht unparteiisch anwandte und das summarisch durchgeführt wurde. Das Verfahren vor
dem Verwaltungsgericht half diesen Mängeln nicht ab."

Das Oberverwaltungsgericht Berlin entschied durch Urteil vom 1. Juli 1997:

„Die Entscheidung der Volkskammer der DDR, Sonderausschuß zur Prüfung der Rechtmäßigkeit des Erwerbs von Umstellungsguthaben vom 27./28.9.1990 wird aufgehoben. Die Beklagte wird verurteilt, das Umstellungsguthaben der Klägerin zu 1) bei der Berliner Sparkasse, Kontonummer 6652-40-56458, freizugeben. Die Kosten des Verfahrens werden der Beklagten auferlegt."

Gegen die Entscheidung des Oberverwaltungsgerichts legte die Beklagte, also die Bundesrepublik Deutschland, vertreten durch den Deutschen Bundestag, Justitiariat, Nichtzulassungsbeschwerde ein. Das Bundesverwaltungsgericht entschied durch Beschluß vom 5. Juni 1998:

„Die Berufung der Klägerinnen gegen das Urteil des Verwaltungsgerichts Berlin wird verworfen."

In den Gründen des Beschlusses hieß es lapidar:

„Das Oberverwaltungsgericht hätte eine Sachentscheidung nicht treffen dürfen, weil die Berufung ... gegen die Entscheidung des Verwaltungsgerichts vom 24. Mai 1993 nicht zulässig war."

Auch die Entschädigungsrente, die Sonja Axen nach ihrem verstorbenen Mann in Höhe von monatlich 800 DM erhielt, wurde ihr durch Bescheid des Bundesversicherungsamtes vom 9. November 1992 aberkannt. Die gegen diesen Bescheid am 2. Dezember 1992 erhobene Klage wies das Sozialgericht Berlin am 10. Januar 1995 ab. Das Gericht befand:

„Hier lagen die Voraussetzungen für die endgültige Aberkennung der Hinterbliebenen-Entschädigungsrente der Klägerin nach § 5 Abs. 1 ERG vor, da der Ehemann der Klägerin insbesondere aufgrund seiner langjährigen Tätigkeit im Politbüro des Zentralkomitees der SED gegen die Grundsätze der Menschlichkeit und Rechtsstaatlichkeit verstoßen hat."

Zur individuellen Verantwortung und Schuld von Hermann Axen stellte das Sozialgericht fest:

„Verstöße gegen die Grundsätze der rechtsstaatlichen Ordnung, insbesondere gegen das Recht auf Leben und Freizügigkeit, ergeben sich aus den der Kammer vorgelegten Arbeitsprotokollen über Sitzungen des Politbüros vom 6. Juli 1971 und 23. Januar 1973, bei denen der Ehemann der Klägerin anwesend war."

Über meine Berufung vom 28.3.1995 entschied das Landessozialgericht Berlin am 23.10.1996. Die Berufung wurde abgewiesen. Das überraschte mich schon nicht mehr. Die Revision wurde vom Bundessozialgericht ebenfalls für unbegründet gehalten, wenn man von einer weniger bedeutenden Randfrage absieht. Das Urteil wurde am 24.3.1998, also etwa fünfeinhalb Jahre nach Klageerhebung, verkündet. Es stellte fest:

„Mit den aufgezeigten Grundsätzen der Menschlichkeit und Rechtsstaatlichkeit sind die vom Politbüro der SED und von A. als dessen Mitglied am 6. Juli 1971 (Tagesordnungspunkt 4 betreffend Maßnahmen zur Erhöhung der Sicherheit und Ordnung an der innerdeutschen Grenze) und am 23. Januar 1973 (Tagesordnungspunkt 9 betreffend die Durchführung des vorgenannten Beschlusses und weitere Maßnahmen zur Grenzsicherung) beschlossenen Maßnahmen nicht vereinbar."

Die in dem Zitat vorgenommene Bezeichnung der Grenze zwischen der DDR und der BRD als „innerdeutsche Grenze" enstammt natürlich nicht den Politbürodokumenten. Sie ist bundesdeutscher offizieller Sprachgebrauch und geeignet, die Vorstellung zu erwecken oder zu bestärken, daß diese Grenze eigentlich keine richtige Grenze zwischen zwei Staaten oder gar zwischen zwei feindlichen Militärblöcken war. – Es kann hier nicht auf die gesamte Argumentation des Urteils eingegangen werden, das in weiten Teilen juristisch präzise war und nur eben dort, wo die Politik ihr Recht verlangte, natürlich der BRD Recht gab. Dabei war es sicher für den Senat die heikelste Aufgabe, einerseits den Unrechtscharakter der DDR gehörig hervorzuheben, andererseits aber die durch die Bezugnahme auf die Rechtsprechung zum NS-Unrecht suggerierte Gleichsetzung der DDR mit dem Hitler-Staat abzulehnen. Das geschah etwa mit den Worten: *„‚NS-Unrecht' ist … nicht schlechthin mit ‚SED-Unrecht' vergleichbar."*

Daraus zog der Senat die Schlußfolgerung:

„Schon deshalb erbietet es sich, von A. erlittenes NS-Unrecht gegen dessen Unrechtshandlungen in der DDR aufzurechnen."

Das Kapitel Axen war damit für die bundesdeutsche Justiz rechtskräftig abgeschlossen. Es bleibt noch die Frage, was wird der Europäische Gerichtshof für Menschenrechte in Straßburg sagen?

Vielleicht denkt er anders als das höchste deutsche Sozialgericht und die anderen höchsten deutschen Gerichte über die DDR. Vielleicht sieht er gravierende Unterschiede zwischen Nazi-Deutschland und der DDR. Vielleicht sieht er, daß das, was Hermann Axen im politischen Kampf als Antifaschist vor 1933 in Chemnitz tat, was er im Zuchthaus von Zwickau erduldete, was er in französischer Emigration nach 1938 bis zur deutschen Okkupation für die Verteidigung Europas gegen die Nazis unter größten Entbehrungen leistete, was er im französischen Internierungslager Vernet erfuhr und in den Konzentrationslagern Auschwitz und Buchenwald erlitt, Leistungen und Opfer waren, die nur wenige in Europa oder gar in Deutschland erbracht haben. Vielleicht wird das in Straßburg deutlicher gesehen und erinnert als in Kassel oder Karlsruhe. Vielleicht fühlt man dort wie Egon Bahr, als er anläßlich des 75. Geburtstages von Hermann Axen dem Rundfunk sagte, daß er, Bahr, nicht vergessen habe, daß Axen *„eine eingebrannte Nummer auf seinem linken Unterarm"* hatte. Vielleicht.

37. Machtmißbrauch, Hochverrat, Mord und Totschlag – Das Strafverfahren gegen Erich Honecker

Mandatserteilung und Ermittlungsverfahren gegen Honecker in Wandlitz (15.12.1989-30.1.1990)

Zu den Verfahren, die im Zuge der Wende gegen führende Funktionäre der SED eingeleitet worden waren, gehörte natürlich auch das Ermittlungsverfahren gegen Erich Honecker. Es war vom Generalstaatsanwalt der DDR, der bis zum Dezember 1989 noch Günter Wendland hieß, am 5.12.1989 zusammen mit Verfahren gegen Hermann Axen, Günter Kleiber, Werner Krolikowski, Erich Mielke und Willi Stoph eingeleitet worden. Gegen Harry Tisch und Günter Mittag waren schon am 2.12. Haftbefehle ergangen. Die SED hatte Erich Honecker am 3.12. aus ihren Reihen ausgeschlossen. Egon Krenz war an diesem Tag noch ihr Generalsekretär, fünf Tage später wurde Gregor Gysi sein Nachfolger. Der „Spiegel" titelte: „*Die Abrechnung*" und „*Die Macht liegt auf der Straße*" und (kleiner): „*Die DDR am Rande der Anarchie*". Das war die Situation, in der Wolfgang Vogel mich anrief und mich fragte, ob ich den großen oder den kleinen Erich verteidigen wolle. Er selbst sei daran wegen der Verteidigung von Schalck-Golodkowski gehindert, da Interessenkollision bestünde. Ich sah das ein und entschied mich für den „großen Erich". Am 15.12.1989 erhielt ich die Vollmacht Erich Honeckers.

Innerlich war ich auf dieses Mandat unter dem Eindruck der sich überstürzenden Nachrichten gefaßt, hielt es für möglich, war dann aber doch von dem Anruf überrascht. Mir war klar, daß ich mich mit der Übernahme des Mandats dem Haß all derjenigen aussetzte, die Erich Honecker die Schuld an ihrem wirklichen oder vermeintlichen Unglück gaben. Das waren zu dieser Zeit sehr viele. Ihre Haltung gegenüber dem Verteidiger kam am prägnantesten in dem Ruf zum Ausdruck, der mir von einer aufgebrachten Menge am 29.7.1992 vor dem Untersuchungsgefängnis Moabit nachgerufen wurde: „*Wer einen Verbrecher verteidigt, ist selbst ein Verbrecher!*"

Erich Honecker war für mich kein Verbrecher. Er war – trotz des Ausschlusses aus der SED – mein Genosse. Für politische Manöver, mit denen offensichtlich eigenes Überleben auf Kosten anderer gesichert werden sollte, hatte ich nichts übrig, gleich, ob sie von „Stalinisten" oder „Reformern" ausgeführt wurden. Honecker hatte für seine politische Überzeugung mehr gelitten und mehr Beweise erbracht, als fast alle anderen der 2,3 Millionen Mitglieder der SED. Er brauchte einen Verteidiger. Wie hätte ich seine Verteidigung ablehnen können, ohne die Selbstachtung zu verlieren, wenn seine Wahl auf mich fiel? Gab es eine größere Herausforderung für einen Verteidiger in der DDR, als denjenigen zu verteidigen, der über Nacht vom ersten Mann im Staat zum größten Verbrecher im Staat von denselben Genossen gemacht wurde, die ihm früher zum Munde geredet hatten? Das reizte mich, das verschaffte mir den Impetus zum: So nicht!

Überdies hatte ich mich, wenn ich über meine politischen Strafsachen in der DDR nachdachte, ganz insgeheim schon das eine oder andere Mal gefragt, was ich tun würde, wenn ich Verteidiger des Generalsekretärs wäre. Das waren zwar nur Gedankenspiele, die von mir nicht ernst genommen und nicht ausgespielt wurden, sie hatten jedoch seinerzeit einen durchaus realen Hintergrund. Kommunistische Politiker lebten gefährlich. Kamenew, Sinowjew, Slánsky, Rayk und viele andere führende Politiker in den sozialistischen Ländern waren zum Tode verurteilt und hingerichtet worden, in der DDR hatten Merker und Fechner langjährige Freiheitsstrafen erhalten. Natürlich hatte ich meine Gedanken nicht ausgesprochen, sondern still für mich behalten. Alles in allem, die Aufgabe reizte mich, sie stellte juristische, politische und charakterliche Ansprüche. Ich wollte versuchen, ihnen gerecht zu werden. Bange machen galt nicht.

Schon am Tag nach dem Empfang der Vollmacht, am Sonnabend dem 16.12.1989, fuhr ich mit meiner Frau zur Waldsiedlung in Wandlitz. Jedes Wochenende waren wir auf dem Weg zu unserer Datsche an der Mauer und dem Tor vorbeigefahren und hatten uns gefragt, wie es dahinter wohl aussieht. Meine Frau hatte unlängst noch geträumt, Honecker wäre bei uns zum Kaffee gewesen. Bei dieser Gelegenheit hätte sie ihm gesagt, wie es in der DDR wirklich aussieht. Sie war immer überzeugt, er wisse das nicht. Bei ihrer Schilderung hätte er angefangen, still zu weinen. Er hätte ihr leid getan und sie wollte aufhören, ihm weh zu tun, aber ihre anwesende Freundin hätte gesagt: *„Nein, sag ihm alles!"* – Dem Traum folgte nun die Wirklichkeit. –

Die Torwache ließ uns passieren. Wolfgang Vogel hatte offenbar unseren Besuch angekündigt. Wir fuhren durch die menschenleeren schmalen Straßen vorbei an Einfamilienhäusern im Stil der 50er Jahre und hielten vor einem Haus, das es nach der uns gegebenen Beschreibung sein konnte. Kein Name, kein Zaun, der das Grundstück von der Straße oder den Nachbargrundstücken trennte. Wir klingelten an der Haustür, und nach einiger Zeit öffnete Margot Honecker. Wir legten unsere Sachen in einer kleinen Garderobe ab und gingen in den ersten Stock in ein ziemlich eng möbliertes Wohn- bzw. Arbeitszimmer: Ein Schreibtisch, Bücherregale, eine Sitzgruppe um einen Rauchtisch, Fotos der Enkelkinder.

Es war 13.30 Uhr, wir hatten auf unserer Datsche Mittag gegessen und ein Kaffee hätte uns und der Atmosphäre gut getan. Es gab ihn aber nicht. Honeckers lebten, wie wir bald herausfanden, genügsam. Essen und Trinken hatten in ihrem Leben eine untergeordnete Bedeutung. Arbeit stand auf der Tagesordnung und in diese wurde unverzüglich ohne große Vorrede eingetreten.

Erich Honecker war anzumerken, daß er eine Gallenoperation hinter sich hatte. Sie war im August 1989 erst beim zweiten Versuch geglückt, nachdem der erste Versuch wegen einer Kreislaufdepression abgebrochen worden war. Eine weitere Operation wegen eines Nierentumors stand ihm unmittelbar bevor. Honecker lief unsicher, sprach leise und undeutlich und ich hatte auch den Eindruck, daß es ihm schwer fiel, sich mit den Vorwürfen der Staatsanwaltschaft sachgerecht auseinanderzusetzen. Seit seinem Rücktritt als Staatsratsvorsitzender und Generalsekretär waren eben erst zwei Monate vergangen. In dieser Zeit war er unter Hausarrest gestellt, sein Haus von Posten umstellt und seine Telefonleitung unterbrochen worden. Maßnahmen, die in der Strafprozeßordnung der DDR nicht vorgesehen waren. Die Medien erhoben schwerste Vorwürfe; eine *„Hinterziehungssumme von 70 Millionen Westmark"* wurde laut „Spiegel" in diesem Zusammenhang *„in amerikanischen Geheimdienstkreisen gehandelt" (Nr. 50/1989, S. 34)*, die von Schalck-Golodkowski beiseite geschafft worden sein sollte. Das Volk nahm alles für bare Münze und, wenn es vorher nur verordnet Hosianna gerufen hatte, so rief es jetzt aus voller (manipulierter) Überzeugung: Kreuziget ihn! Der „Spiegel" schrieb: *„Der Zorn wird täglich größer"* und berichtete von *„der aufkommenden Progromstimmung"*. Man wußte vom Schicksal Ceausescus.

Das alles konnte, ja mußte einen 77jährigen kranken Mann stark erschüttern. Bei allem bewahrte Erich Honecker aber an diesem Tag, wie bei allen folgenden Ereignissen, die ich miterlebte, Haltung und Ruhe. Er jammerte nicht, schimpfte nicht, sondern vertrat seinen Standpunkt und seine politischen Entscheidungen ebenso sachlich wie unerschütterlich – nur eben gesundheitlich geschwächt.

Während Honecker mir gegenübertrat, als sei ich schon immer einer seiner Mitarbeiter gewesen und wir hätten eine von vielen seiner schwierigen Aufgaben zu lösen, war ich befangen. Mit solch einem „großen Mann" hatte ich noch nie gesprochen. Das begann schon mit der Anrede. Unter Genossen war das „Du" üblich. Doch das galt nicht uneingeschränkt. In der NVA siezten sich die Genossen. Meine Mandanten, die Genossen waren, hatte ich unterschiedlich angeredet. Da gab es keine feste Regel. Es hing auch davon ab, wie sie mich ansprachen. Die Anrede von Genossen, insbesondere von Genossen in leitenden Positionen, war für mich immer schon ein Problem gewesen. Mit Erich und Margot Honecker duzte ich mich sofort. Mir war klar, daß eine andere Anrede eine Akzeptierung der Verurteilung ihres Verhaltens als Genossen bedeutet und einer Vorwegnahme der strafrechtlichen Verurteilung gleichgekommen wäre. Das notwendige Vertrauensverhältnis zwischen Mandant und Anwalt hätte so nicht zustande kommen können.

An sich hatte ich als Verteidiger die angemessene Distanz zum Mandanten für eine unerläßliche Voraussetzung wirksamer Verteidigung gehalten. Nur mit dem richtigen Abstand ist der Verteidiger in der Lage, Stärken und Schwächen der Position des Mandanten zu erkennen und daraus die zweckentsprechenden Schlußfolgerungen für seine Verteidigung zu ziehen. So hatte ich bisher gedacht, gehandelt und auch geschrieben. Friedrich Karl Kaul, mit dem ich mich generell gut verstanden hatte, hatte mich deswegen scharf angegriffen. Jetzt aber hatte sich die Situation verändert. Die DDR war nicht mehr, was sie war. Es entstanden unterschiedliche, sich bekämpfende Parteien, aus einem „monolithischen" Staat wurde ein pluralistischer Staat. Die Verteidigung eines politischen Angeklagten erforderte einen Verteidiger, der politisch nicht auf der anderen Seite stand. Meine Situation war jetzt derjenigen ähnlich, in der sich Kaul früher in der BRD befunden hatte.

Das bedeutete nicht, daß ich mich innerhalb der Partei als Anhänger einer „Honecker-Fraktion" verstand oder aufführte. Wäre ich Mitglied des Politbüros oder des ZK gewesen, hätte ich auch für den Rücktritt Honeckers gestimmt. Ich hatte schon am 29.10.1989 in einem Brief an Egon Krenz erklärt:

„Wir müssen uns ohne Vorbehalt und ohne Hintergedanken zur ‚Perestroika' bekennen ... Aus meiner Sicht ist es unerläßlich, daß Genossen, die in dieser Stunde zu einer Belastung für unsere Partei und unseren Staat geworden sind, dem Beispiel des Genossen Honecker folgen und zurücktreten".

Der Brief gab die Auffassung aller Genossen des Rechtsanwaltskollegiums wider. Er wurde aber nur von mir und nur in meinem eigenen Namen geschrieben, weil wir in diesen Tagen noch fürchteten, die Reaktion des Politbüros könne dem Kollegium schaden. Die überkommenen Verhaltensweisen waren auch bei uns nicht in elf Tagen überwunden. Tatsächlich gab es überhaupt keine Reaktion.

Andererseits hielt ich eine scharfe Trennung zwischen politischer und strafrechtlicher Verantwortung für erforderlich. Ich betrachtete selbst den Parteiausschluß Erich Honeckers und anderer führender Genossen als eine moralisch und politisch ungerechtfertigte sowie übereilte Maßnahme. Es war für mich während der ganzen Dauer meines Mandats notwendig, das Vertrauensverhältnis zu meinem Mandanten nicht durch politische Diskussionen über die Politik der SED im allgemeinen, des Politbüros und des Generalsekretärs im besonderen zu gefährden. Ich habe deswegen solche Diskussionen weitgehend vermieden. Auch bei Margot und Erich Honecker glaubte ich, ein ähnliches Bestreben zu erkennen. Während sie in Sachen juristischer Verteidigung mir wie allen ihren anderen Verteidigern fast blindlings vertrauten, galt das in politischen Fragen auch dort nicht, wo sich diese eng mit den juristischen Fragen berührten, wie z.B. bei Veröffentlichungen. Das fand ich nicht so gut, und ich hatte manchmal Mühe, das Gefühl der Kränkung zu unterdrücken.

Wir kamen also ohne Umschweife zur Sache. Die „Sache" war umfangreich und unkonturiert. Sie entzog sich schon deshalb zunächst einer qualifizierten rechtlichen Beurteilung. Die Verfügung über die Einleitung des Ermittlungsverfahrens gegen Erich Honecker vom 5.12.1989 hatte folgenden Wortlaut:

„Erich Honecker ist verdächtig, seine Funktion als Vorsitzender des Staatsrats der DDR und seine angemaßte politische und ökonomische Macht als Generalsekretär des ZK der SED mißbraucht zu haben, indem er, teils im Zusammenwirken mit anderen Mitgliedern des damaligen Politbüros, entgegen seinem auf die Verfassung der DDR gerichteten Eid unge-

rechtfertigte umfangreiche Privilegien für Mitglieder der ehemaligen Partei- und Staatsführung schuf und dadurch der Volkswirtschaft der DDR und dem sozialistischen Eigentum schwersten Schaden zufügte. Ferner ist er verdächtig, seine Verfügungsbefugnisse als Generalsekretär des ZK der SED zum Vermögensvorteil für sich und andere mißbraucht zu haben.
Verbrechen strafbar gemäß §§ 165 (1) (2) Ziff.1, 161 a, 162 (1) Ziff. 1 StGB.
Im Auftrag
Dr. Buske
Abteilungsleiter"

Von dem Wortlaut dieser Verfügung hatte ich allerdings bei meinem ersten Besuch in Wandlitz noch keine Kenntnis. Wir erfuhren sie erst, nachdem uns eine Akteneinsicht ermöglicht worden war, am 17.1.1990. Wenn ich „wir" sage, meine ich Wolfgang Vogel und mich. Vogel hatte zu einem mir unbekannten Zeitpunkt offiziell die Verteidigung Erich Honeckers übernommen bzw. wieder übernommen, nachdem Rechtsanwalt Danckert Verteidiger von Schalck-Golodkowski geworden war.

Angesichts der Unbestimmtheit der Vorwürfe konnten zunächst nur die Ergebnisse weiterer Ermittlungen abgewartet werden. Das entsprach zwar nicht den Wünschen des Mandanten, der es lieber gesehen hätte, wenn ich mit einem Schlag alle Vorwürfe zunichte gemacht hätte, aber er sah ein, daß dieser Wunsch unerfüllbar war. Er selbst war allerdings schon vor meinem Besuch aktiv geworden. Mit mehreren Schreiben hatte er sich im November und Dezember 1989 an das ZK, an die ZPKK (Zentrale Parteikontrollkommission) und an Generalstaatsanwalt Wendland gewandt, um sich politisch, aber auch juristisch zur Wehr zu setzen.

So schrieb Honecker am 14.11.1989 an Egon Krenz u.a., daß er *„die Beschlüsse der 10. Tagung (des ZK) mittrage"* und brachte die Bereitschaft zum Ausdruck, *„an ihrer Verwirklichung in dieser oder jener Weise mitzuwirken"*. Weiter schrieb er:

> „Zu einer Frage kann und darf ich jedoch nicht schweigen. Das ist der jetzt aufgeworfene Vorwurf ‚des Amtsmißbrauches'. Ich werde immer, wo dies auch sei, diesen Vorwurf bei allen Fehlern, die ich begangen habe, zurückweisen. In keiner Phase meines Lebens war meine Tätigkeit mit Amtsmißbrauch verbunden. Dies tue ich in voller Verantwortung für begangene Fehlentscheidungen sowohl im Interesse unserer Partei und des Volkes der DDR. Das liegt auch im Interesse derer, die im Kampf für die weitere sozialistische Entwicklung unserer Republik, der Festigung der Freundschaft zur UdSSR und allen sozialistischen Ländern nicht enttäuscht werden dürfen."

In einer „Stellungnahme" vom 1.12.1989, gerichtet an die Zentrale Parteikontrollkommission, bezog sich Honecker auf sein Schreiben an Egon Krenz und führte auf 13 Seiten einige Gesichtspunkte näher aus. Unter anderem schrieb er:

> „Ich sehe die Ursache meiner Fehleinschätzung darin, daß ich das reale Leben im Lande in der letzten Zeit nicht unmittelbar wahrnahm. Ich täuschte mir etwas vor und ließ mir oft etwas vortäuschen bei Besuchen im Lande. Ich anerkenne auch voll den berechtigten Vorwurf, daß ich mich zunehmend mehr der internationalen Arbeit widmete. So war ich im ersten Halbjahr des Jahres 1989 häufig im Ausland. …

Hinsichtlich unserer Gesellschaftsstrategie, unserer Wirtschafts- und Sozialpolitik, unserer sozialistischen Demokratie, waren wir im Politbüro zunehmend bewußt, daß wir mit dem XII. Parteitag hierbei zu tiefgreifenden Veränderungen kommen mußten. ...

Einer der Hauptpunkte, die vor uns standen, war die Frage, wie wir die ökonomischen Probleme meistern, um den Kurs der Einheit von Wirtschafts- und Sozialpolitik weiterführen zu können. Dabei war für alle klar, daß wir – so sehr es auch schwerfiel, das einzugestehen – über unsere Verhältnisse gelebt haben ... Zu den Ausführungen der Genossen Schürer und Höffner möchte ich sagen, daß sie die wirtschaftliche und finanzielle Lage der DDR richtig einschätzten. Meiner Überzeugung nach hatten sie aber für die Lösung dieser Probleme kein tragfähiges Konzept, das auch von den Bürgern der DDR angenommen worden wäre. ...

Ich habe beim Generalstaatsanwalt der DDR wegen öffentlicher Verleumdung und der Beschuldigung der Korruption Anzeige erstattet. Ich besitze im Kreis Waren kein Jagdhaus und kein Jagdgebiet. Bei dem Objekt, auf das Bezug genommen wird, handelt es sich um ein Gästehaus des ehemaligen Ministeriums für Staatssicherheit. ...

Das in 40 Jahren Arbeiter-und-Bauernmacht auf deutschem Boden Erreichte bildet – ob man das nun wahrhaben will oder nicht – den Ausgangspunkt für jegliche Erneuerung. Ich war und bin für eine Erneuerung von Partei und Gesellschaft, wie es im Aktionsprogramm gefordert wird, habe aber zunehmend Zweifel, ob dieser Prozeß in die richtige Richtung läuft. Ich habe den Eindruck, daß Kräfte wirksam werden, die einen regelrechten Vernichtungsfeldzug gegen unsere Partei, unseren souveränen Staat, gegen die Volkspolizei und andere Sicherheitsorgane führen. Es gibt Erscheinungen des rücksichtslosen Vorgehens gegen Kader der Partei und der Zerschlagung großer Teile ihres Apparates.

Ich hoffe dennoch, daß es unserer Partei gelingen möge, im Verein mit allen gutwilligen Bürgern dieses Landes, das Errungene zu bewahren."

Ich erhielt diese Erklärungen von Erich Honecker zusammen mit seiner Strafanzeige an den Generalstaatsanwalt am 16.12.1989. Sie nützten mir damals wenig. Es war unmöglich, mit ihnen der Flut der Beschuldigungen wirksam zu begegnen. Heute lesen sich diese Verteidigungsversuche überdies anders als damals. Niemand regt sich heute noch über den Luxus und die Verschwendung der „SED-Bonzen" auf. Die Politiker der alten Bundesrepublik haben in den neuen Bundesländern auch hierin neue Maßstäbe gesetzt. Die Welle der Ermittlungsverfahren, die Anfang Dezember 1989 mit Haussuchungen und Festnahmen begann, hat nur in wenigen Fällen zu Verurteilungen geführt. Auch diese waren juristisch zweifelhaft und hatten keine spektakulären Verbrechen zum Gegenstand. Im Laufe der Zeit interessierte sich kaum noch ein DDR-Bürger oder ehemaliger DDR-Bürger für diese Verfahren. Man hatte andere Sorgen.

Bei meinem ersten Besuch in Wandlitz standen nicht unmittelbar die strafrechtlichen Vorwürfe, die Erich Honecker gemacht wurden, im Mittelpunkt unserer Erörterungen. Es ging mir vielmehr zunächst um die Frage der Organisation der Verteidigung. Allein konnte ich ein solches Verfahren nicht übernehmen. Von der Mitwirkung Vogels war mir noch nichts bekannt. Ich bat also Honecker, neben mir auch Rechtsanwalt Dr. Noack mit seiner Verteidigung zu beauftragen. Honecker willigte sofort ein. Die leidige Frage des Honorars, sozusagen die Grundfrage professioneller Verteidigung in der Marktwirtschaft, war weder an diesem Tag noch später ein Thema zwischen uns. Es mag unglaublich klingen und ist doch ebenso gewesen.

Allerdings beruhigte uns Vogel etwas später vor- und fürsorglich aus eigenem Antrieb, wir würden zu „unserem Geld" kommen. Doch zeigte sich am Ende, daß sein Optimismus unbegründet war. Die von ihm erwarteten „Sponsoren" hatten offenbar kalte Füße bekommen. Ausschlaggebend war dafür wohl der Vorwurf, Honecker habe die RAF unterstützt. Eine der vielen haltlosen Verdächtigungen. Es blieb also letztlich beim Pflichtverteidigerhonorar.

Nach dem ersten Besuch bei Erich Honecker suchten Dr. Noack und ich am folgenden Montag Herrn Staatsanwalt Bruske beim Generalstaatsanwalt der DDR auf, der den Fall Honecker damals bearbeitete. Dort wurde uns mitgeteilt, daß noch kaum Ermittlungsergebnisse vorlägen. Auf unsere entsprechende Frage erhielten wir die Auskunft, daß das Regierungskrankenhaus erklärt habe, Honecker sei nicht haftfähig. Dies entspreche auch dem eigenen Eindruck der Staatsanwälte, die an der Hausdurchsuchung teilgenommen hätten. Der Beschuldigte habe im Laufe der Hausdurchsuchung den Eindruck gemacht, daß er „zusehends verfalle". Es hätte schließlich ärztliche Hilfe in Anspruch genommen werden müssen. Ein Haftbefehl sei daher nicht beantragt worden, doch gingen die Meinungen in der Generalstaatsanwaltschaft hierüber auseinander.

Am 22.12. fuhr ich zu meinem geplanten Weihnachtsurlaub nach Oberhof, nachdem ich zuvor meinen Mandanten ein weiteres Mal besucht und über das Ergebnis unserer Unterredung bei Staatsanwalt Bruske informiert hatte. Da Dr. Noack in Berlin blieb, war ich entbehrlich. – Der Urlaub zeigte ein anderes Oberhof, als wir es bisher kannten. Wessis, damals noch Bundis genannt, kamen in Massen mit ihren Autos. Sie meinten, alles würde sich ändern. Fahnen und Transparente begrüßten sie, und die Freiwillige Feuerwehr hatte an einer ausgefahrenen Leiter die BRD-Fahne gehißt und bewirtete die ungewohnten Gäste aus der Gulaschkanone.

Wieder in Berlin zurück überschlugen sich die Ereignisse. Die Kassationsverhandlung gegen Janka fand am 4.1.1990 vor dem Obersten Gericht statt und mußte vorbereitet werden. Das bisherige Rechtsanwaltsbüro für internationale Zivilrechtsvertretungen wurde aufgelöst und seine Mitglieder traten überwiegend unserem Kollegium bei, BRD-Anwälte suchten Partner in der DDR, „Die Zeit" wollte ein Interview.

Das Ermittlungsverfahren gegen Erich Honecker lief inzwischen weiter. Der sog. Amtsmißbrauch erschien der öffentlichen Meinung, den Politikern und den Strafverfolgern als Vorwurf nicht mehr ausreichend. Die Schuld Honeckers war für sie erwiesen, es fehlte nur der richtige Paragraph. Der wurde gesucht und schließlich – so glaubte man wenigstens – gefunden. Der Generalsekretär und Staatsratsvorsitzende hatte Hochverrat begangen. Wie sagten doch die Lateiner? Difficile est satiram non scribere. Hochverrat war in § 96 StGB wie folgt definiert:

„Wer es unternimmt,
1. die sozialistische Staats- oder Gesellschaftsordnung der Deutschen Demokratischen Republik durch gewaltsamen Umsturz oder planmäßige Untergrabung zu beseitigen oder in verräterischer Weise die Macht zu ergreifen;

2. das Gebiet der Deutschen Demokratischen Republik einem anderen Staat einzuverleiben oder einen Teil desselben von ihr loszulösen;

3. einen Angriff auf Leben oder Gesundheit eines führenden Repräsentanten der Deutschen Demokratischen Republik zu begehen;

4. mit Gewalt oder durch Drohung mit Gewalt die verfassungsmäßige Tätigkeit der führenden Repräsentanten der Deutschen Demokratischen Republik unmöglich zu machen oder zu behindern,

wird mit Freiheitsstrafe nicht unter 10 Jahren oder mit lebenslänglicher Freiheitsstrafe bestraft."

Kaum glaublich, aber Staatsanwälte beim Generalstaatsanwalt der DDR meinten allen Ernstes, Honecker hätte Hochverrat begangen! Der am 11. Januar 1990 neu ernannte Generalstaatsanwalt Dr. Joseph verkündete diese Erkenntnis persönlich vor der 15. Tagung der Volkskammer:

„Die Staatsanwaltschaft konzentriert sich auf folgende Ermittlungskomplexe:
1. Hochverrat und andere Staatsverbrechen
2. Schwere Eigentums- und Wirtschaftsverbrechen."

Angesichts dieses neuen, viel schwereren Vorwurfs konnte der so Beschuldigte nicht länger auf freiem Fuß bleiben. Der Generalstaatsanwalt beschloß Honeckers Festnahme. Dieser befand sich inzwischen zu einer überfälligen Operation in der Charité. Eine ärztliche Stellungnahme von Prof. Althaus vom 27.1.1990, abgegeben in Erwartung der drohenden Verhaftung, schildert Honeckers gesundheitliche Situation in diesem Zeitpunkt wie folgt:

„Bei o.g. Patienten erfolgte am 18.08.1989 im ehemaligen Regierungskrankenhaus zu Berlin-Buch die Entfernung der Gallenblase wegen Gallensteinleidens. Dabei mußte auch ein Teil des Dickdarms wegen gedeckten Durchbruches mitentfernt werden. Zur Darmentlastung wurde dabei der Dickdarm gefistelt und der Wurmfortsatz entfernt. Nach diesem großen operativen Eingriff war es notwendig, den Patienten 12 Tage künstlich zu ernähren. Der bereits Anfang August 1989 von Urologen aus der Charité geäußerte Verdacht auf das Vorhandensein eines bösartigen Tumors am unteren Pol der rechten Niere und die sich daraus ergebende Empfehlung zu dessen operativer Entfernung wurde ignoriert. Am 10.1.1990 ist bei dem Patienten an der Klinik für Urologie der Charité eine Krebsgeschwulst (hellzelliges Nierenkarzinom mit der Tumorformel T3, NO, MO, G2) aus dem unteren Pol einer funktionellen rechten Einzelniere entfernt worden. Der Anteil der linken Niere an der Nierengesamtfunktion beträgt wegen zystischer Dysplasie nur 29%. Nach diesen beiden operativen Eingriffen ist es aus ärztlicher Sicht nicht zu verantworten, den Patienten zu inhaftieren. ..."

Diese ärztliche Stellungnahme übersandte Rechtsanwalt Vogel dem Generalstaatsanwalt. Dieser zeigte sich davon jedoch unbeeindruckt und wollte Erich Honecker am Sonntag, dem 28.1.1990, abends in der Charité verhaften lassen. Peter Przybylski, damals noch Staatsanwalt für Öffentlichkeitsarbeit beim Generalstaatsanwalt, schildert das in seinem 1991 bei Rowohlt erschienen Buch „Tatort Politbüro" so:

„Der für die Bearbeitung des Falles Honecker zuständige Staatsanwalt hatte daher Order, den Beschuldigten noch am Sonntagabend in seine Obhut zu nehmen und dessen Krankenbett bis zum nächsten Morgen zu hüten. Als er jedoch mit seinem Begleiter auf der Nierenstation eintraf, stieß er damit auf wenig Verständnis des anwesenden Arztes. Im Krankenzimmer des Patienten, so bedeutete der Mediziner den Anklägern, dürfe man sich nicht aufhalten, das sei weder üblich noch zulässig. Wenn schon, dann müsse die Entlassung des Patienten auf dem Gang abgewartet werden – ein Ansinnen, das dem Zweck der Aktion natürlich zuwiderlief. Denn wer wollte garantieren, daß Honecker, der mit seiner Verhaftung rechnen mußte, sich nicht noch zu nächtlicher Stunde aus dem unvergitterten Fenster des Hochhauses stürzte?

Staatsanwalt und Stationsarzt einigten sich schließlich darauf, Klinikchef Althaus per Telefon zu konsultieren. Der bestand auf einer schriftlichen Festnahmeanordnung des Generalstaatsanwalts, die der Ankläger nicht parat hatte, weil es die Prozeßordnung gar nicht verlangte.

Generalstaatsanwalt Professor Reuter verfügte daraufhin schriftlich, daß die vorläufige Festnahme des Beschuldigten ‚am 28. Januar 1990 um 22.00 Uhr angeordnet (wird)‘. Allerdings entbehrte die Begründung nicht einer gewissen Kuriosität: ‚Es besteht Gefahr im Verzuge, da mit hoher Wahrscheinlichkeit zu erwarten ist, daß der Beschuldigte nach Entlassung aus dem Krankenhaus den Zeitraum bis zum Erlaß eines Haftbefehls nutzen wird, sich der Untersuchungshaft zu entziehen.‘

Wohin aber hätte Honecker nach dem Verlassen der Charité schon fliehen sollen? Wie eine Klette hätte sich die Journaille an seine Person geheftet und jeden seiner Schritte verfolgt.

Als die Staatsanwälte am Spätabend mit der Festnahmeorder wieder auf der urologischen Station eintrafen, lag der Patient Honecker längst in tiefem Schlaf.

Das unerwartete Wecken wurde zum bösen Erwachen, als man ihm nun das Papier des Generalstaatsanwalts unter die Nase hielt. Obgleich die Medien die bevorstehende Verhaftung prophezeit hatten, hatte Honecker doch gehofft, vor dem Untersuchungsgefängnis verschont zu bleiben. Er empfand die Festnahme als unerhört. Seiner Empörung machte er in einem Telefongespräch mit seiner Frau Margot Luft.

Früh am nächsten Morgen fanden sich Frau Margot sowie eine der Töchter nebst Ehemann und Enkelkind im Krankenhaus ein, um Abschied von Erich Honecker zu nehmen, ein Abschied, der dem alten Mann sichtlich schwerfiel. Schließlich stand ihm auch noch der Canossagang durch das Spalier von Journalisten bevor, die sensationsgierig, zum Teil feindselig, am Eingang der Klinik auf ihn lauerten. ‚Na, Herr Honecker, noch mal lächeln für das letzte Foto!‘ So und ähnlich witzelten sie schadenfroh, als Honecker um 7.00 Uhr morgens Arm in Arm mit Frau Margot den Klinikausgang passierte. Der Gesichtsausdruck des Diktators, von der Last der Operation noch sichtlich gezeichnet, wirkte versteinert, sein Haupt aber blieb erhoben. Im Angesicht der Öffentlichkeit ließ sich ein Mann wie er nicht aus der Fassung bringen." (*S. 30 ff.*)

Staatsanwalt Przybylski hat uns ein schönes Zeitdokument geliefert. Da ist alles drin: Die Rechtfertigung des Haftbefehls gegen seinen höchsten Vorgesetzten, die Schmähung der Begründung des Haftbefehls durch seinen unmittelbaren Vorgesetzten, die Medienschelte und die Nachahmung des Journalistendeutsches, wo die nüchterne Sprache des Juristen unabdingbar gewesen wäre. Wem Przybylskis Schilderung von der Festnahme des eben operierten Erich Honecker unvorbereitet „unter die Nase" gehalten wird, ohne daß ihm die Ehre und das Vergnügen zuteil wurde, den Verfasser persönlich als Untertan des „Diktators" kennengelernt zu haben, der wird allerdings dieses Zeitdokument nicht voll genießen können.

Die Festnahme Honeckers fand in den Medien nicht nur Beifall. Willy Brandt äußerte nach einer Reuter-Meldung:

> „Er habe manchmal ein ungutes Gefühl, wenn viele, die auch im alten SED-Regime immer dabeigesessen hätten, sich nun zum Richter aufspielten, um ihre eigenen Fehler vergessen zu machen."

Lothar Loewe schrieb in der Berliner „Bild" unter dem Titel: *„Honecker – Gnade vor Recht"* am 30.1.1990:

> „... auf Honeckers Konto gehen auch Akte der Menschlichkeit, die wir nicht vergessen sollten. Der Deutsche Erich Honecker verdient Haftverschonung."

Rupert Scholz sprach ebenfalls am 30.1.1990 in „Die Welt" in bezug auf Erich Honecker von Haftbefehlen,

> „die ohne Rücksicht auf klare und rechtsstaatliche Straftatbestände und ohne Rücksicht auf die rechtsstaatlichen Vorstellungen von Fluchtverdacht und nachgewiesener Verdunklungsgefahr ... erlassen und vollzogen werden."

Entgegen der Darstellung von Rupert Scholz und zur Ehre der Richter des Stadtbezirksgerichts Mitte und des Stadtgerichts muß jedoch festgestellt werden, daß der beantragte Haftbefehl gegen Erich Honecker nicht erlassen wurde. Der Direktor des Stadtbezirksgerichts Mitte, der 1996 bei einem Flugzeugunglück tragisch ums Leben gekommene Richter Weitzberg, wies den Antrag des Generalstaatsanwalts ab, da der Gesundheitszustand des Beschuldigten eine Inhaftierung verbiete. Das Stadtgericht wies seinerseits die gegen diese Entscheidung eingelegte Beschwerde des Generalstaatsanwalts zurück. Es machte allerdings der öffentlichen Meinung eine Konzession, indem es, anders als Richter Weitzberg, feststellte:

> „Nach dem bisherigen Ermittlungsergebnis und unter Beachtung der Tatsache, daß der Beschuldigte bisher nur einmal und sehr global vernommen wurde, kann es gleichwohl keinem Zweifel unterliegen, daß der dringende Tatverdacht schwerer Verbrechen besteht."

Der Senat lehnte die Inhaftierung ab, da der Beschuldigte *„gegenwärtig nicht haftfähig ist"*. Auch das war von den Richtern Ziegler, Strauß und Wollert angesichts der Stimmung der Bevölkerung in diesem Zeitpunkt mutig.

Die „schweren Verbrechen", deren Honecker dringend verdächtig sein sollte, faßte das Stadtgericht auf der Grundlage des Haftbefehlsantrags mit den Worten zusammen:

> „Mit dem Antrag wird ihm zur Last gelegt, im Zusammenwirken mit den ehemaligen Politbüromitgliedern Mielke, Mittag und Herrmann planmäßig und systematisch die Verfassungsordnung der DDR als grundlegenden Bestandteil der Staatsordnung untergraben sowie Vertrauensmißbrauch und Untreue sozialistischen Eigentums begangen zu haben, indem er
> – Häftlingsfreikäufe veranlaßte, für die die BRD 1989 auf ein nur dem Beschuldigten zugängliches Konto bei der Deutschen Handelsbank ca. 75 Mio DM überwies,
> – Vergeudung von erheblichen finanziellen und materiellen Mitteln und Ressourcen einschließlich Valutamitteln zum Zwecke einer staatlich organisierten und abgesicherten Privilegierung von Angehörigen der ehemaligen Partei- und Staatsführung veranlaßte. Es handelte sich dabei um die Versorgung der Waldsiedlung Wandlitz, den Bau und die Nutzung von

Freizeitobjekten sowie die Nutzung von Staatsjagdgebieten unter nicht gerechtfertigten Bedingungen und um die Vergeudung von Valutamitteln, die auf dem o.g. Konto eingegangen waren."

Die Haltlosigkeit des Hochverratsvorwurfs lag auf der Hand. Darauf haben nicht nur Vogel und ich in einer Schutzschrift vom 29.1.1990 das Gericht hingewiesen. Wir sagten u.a.:

„Der Tatbestand verlangt, daß der Täter die sozialistische Staats- oder Gesellschaftsordnung der Deutschen Demokratischen Republik beseitigen wollte. Dies ist angesichts der Person und des Lebenslaufs des Beschuldigten schlechthin undenkbar. Die Beseitigung der sozialistischen Staats- und Gesellschaftsordnung ist vielmehr erst nach dem Rücktritt des Beschuldigten in Angriff genommen worden, weil sie dem demokratischen Willen der Mehrheit der Bevölkerung, soweit dies bisher feststellbar ist, nicht entsprach.

Auch die Alternative der verräterischen Machtergreifung ist logisch nur für einen Täter denkbar, der die Macht nicht besitzt. Ein solcher Täter war der Beschuldigte nicht."

Diese und unsere anderen Argumente machten auf das Stadtgericht, wie aus seinem zitierten Beschluß ersichtlich ist, keinen Eindruck. Wie begründet und wie offensichtlich sie waren, zeigte nicht nur die spätere Einstellung des Ermittlungsverfahrens wegen Hochverrats, sondern auch der bereits zitierte Artikel von Rupert Scholz vom 30.1., in dem es auch schon hieß:

„Honecker nun hat genau jene sozialistische Ordnung vertreten, die das Gesetz meint – wenn, dann suchen die Oppositionskräfte sie zu beseitigen, und mit Recht –, und er hat die Macht nicht ‚verräterisch' ergriffen, sondern im Verein mit der SED.

Ihn jetzt als Verräter an eben dieser ‚sozialistischen Ordnung' zu bestrafen, ist nicht nur juristisch absurd, sondern es heißt obendrein nichts anderes, als daß jene ‚sozialistische Ordnung' nach wie vor gültig sein soll."

Rupert Scholz gab am 30. Januar 1990 zugleich noch einen Hinweis an die Staatsanwaltschaft der DDR, in welche Richtung die Strafverfolgung zukünftig gehen soll: „ … *die wahren Vergehen waren Unterdrückung, Terror, Schießbefehl.* " So kam es, daß zum Schluß von allen Vorwürfen, die ursprünglich unter dem Stichwort „Regierungskriminalität" erhoben wurden, nur die Prozesse wegen der Schüsse an der Mauer übrig blieben. Hinzu kamen allerdings Rechtsbeugung und Doping. Das Urheberrecht an dem Totschlagsvorwurf sollte Prof. Rupert Scholz nicht bestritten werden. Generalstaatsanwalt Schaefgen möchte es heut gern den DDR-Staatsanwälten zuschreiben, um zu sagen: *„Es war die DDR, die die Bestrafung wegen der Schüsse an der Mauer forderte!"*

Ende Januar 1990 hatte der weitsichtige Wolfgang Vogel offenbar den Eindruck, die Verteidigung Honeckers sollte eine bundesdeutsche Verstärkung erfahren. Jedenfalls schlug er um diese Zeit Erich Honecker vor, Rechtsanwalt Schily neben ihm, Dr. Noack und mir zusätzlich mit seiner Verteidigung zu beauftragen. Erich Honecker war wie stets bei solchen Empfehlungen einverstanden und mit Rechtsanwalt Schily wurde daraufhin für den 29.1.1990 eine gemeinsame Unterredung in seinem Büro verabredet.

Es war der Tag, an dem Honecker vor den Haftrichter geladen war. Vogel und ich warteten auf die Entscheidung von Richter Weitzberg und, als sich diese verzögerte, blieb Vogel allein in Rummelsburg und Noack und ich fuhren gemeinsam zu Schily. Nachdem wir einige Zeit im Wartezimmer gewartet hatten, kam Schily zu uns und lehnte das Mandat ab. Lediglich zu einer gutachterlichen Tätigkeit erklärte sich Schily bereit. Noack und ich zogen leicht verwundert ab. Wir pflegten einen anderen Umgang mit Kollegen als den Kontakt im Wartezimmer. Den rauhen Westwind kannten wir eben noch nicht. – Vogel ließ sich seinerseits nicht abschrecken und sandte am 12.2.1990 Schily noch ein kurzes persönliches Schreiben von Erich Honecker. Die Reaktion hierauf ist mir nicht bekannt, fest steht nur, Schily übernahm das Mandat nicht.

Honecker in Lobetal (30.1.1990-2.4.1990)

Erich Honecker wurde am 30. Januar 1990 aus der Untersuchungshaftanstalt Rummelsburg entlassen und von Vogel nach Lobetal zu Pfarrer Holmer gebracht. Seit seinem Rücktritt war klar, daß er mit seiner Frau Wandlitz verlassen müsse. Unklar war nur, wo das Ehepaar wohnen sollte. Vogel hatte sich schon im Dezember 1989 bemüht, für das Ehepaar eine andere Bleibe zu finden. Dabei hatte er speziell an eine Unterbringung in einer evangelischen Institution gedacht. Kirchliche Kreise, aber auch westdeutsche und ausländische Persönlichkeiten, wie z.b. Mitterand und Jakowlew, hatten seine Bemühungen unterstützt. Die Hoffnungsthaler Anstalten in Lobetal unweit von Wandlitz waren schließlich erstes Ergebnis dieser Aktivitäten. Pfarrer Holmer, Leiter der Anstalten und zugleich Bürgermeister von Lobetal, hatte im Pfarrhaus zwei Zimmer seiner Kinder zur Verfügung gestellt, in die die Eheleute Honecker nun einzogen.

Am 2.2.1990 besuchten meine Frau und ich, nach telefonischer Anmeldung durch Vogel, die Eheleute Honecker das erste Mal in Lobetal. Die Hoffnungsthaler Anstalten sind idyllisch auf einer Lichtung innerhalb eines Kiefernwaldes gelegen. Nur eine holprige Straße und ein befahrbarer Waldweg führen zu ihren Häusern. Man sah ihnen an, daß sie bessere Tage erlebt hatten. Das Pfarrhaus, dessen Garten an einen kleinen See grenzte, strahlte Ruhe und Geborgenheit aus. Die Menschenmenge vor der Gartentür störte das idyllische Bild. Frau Holmer ließ uns ein und führte uns zu dem im ersten Stock gelegenen Zimmer. Sie war eine resolute, lebenstüchtige Frau, die sieben Kinder großgezogen und den Pfarrhaushalt einschließlich des Backens des in der Familie benötigten Brotes besorgte.

Das Zimmer, in dem wir Honeckers trafen, war von einem etwa 17jährigen Sohn der Familie Holmer gestaltet. Kirchliche Bilder und Symbole hingen an den Wänden, die Möblierung war schlicht. Eine Sitzgarnitur hatten Honeckers mitgebracht. Vor uns waren bereits zwei Angehörige der Kriminalpolizei erschienen, die begonnen hatten, Erich Honecker zu vernehmen. Nach uns kamen Vogel und Prof. Althaus. Letzterer hatte vorsorglich einen Krankenwagen der Charité mitgebracht. Eine ärztliche Versorgung in Lobetal war, wenn überhaupt, nur unzulänglich gewährleistet. Den Blutdruck maßen z.B. Margot Honecker oder meine Frau. – Es kam zunächst zu einer Aussprache mit den Kriminalpolizisten, in der Prof. Althaus klarstellte, daß Erich Honecker zur Zeit nicht vernehmungsfähig sei, und wir erklärten, daß unser Mandant jede Aussage bis auf weiteres verweigere. Die Kriminalpolizisten erklärten, der Staat sei bereit, für die weitere Unterbringung Erich Honeckers sowie für seine Sicherheit zu sorgen. Vogel vertrat demgegenüber im internen Gespräch die Auffassung, daß die

Unterbringung durch die Kirche der staatlichen Unterbringung vorzuziehen wäre. Dabei blieb es dann auch.

In den drei Monaten, die Margot und Erich Honecker mit der Familie Holmer unter einem Dach lebten, bildete sich zwischen ihnen ein achtungsvolles und man kann wohl auch sagen herzliches Verhältnis heraus. Pfarrer Holmer, aber auch seine Frau, genossen in Lobetal eine unangefochtene Autorität. Beide gewährleisteten sie so mit Unterstützung der Bewohner und Mitarbeiter der Lobethaler Anstalten den Schutz Erich und Margot Honeckers, was mit mannigfachen Beschwernissen und auch Gefahren für sie verbunden war. Sie ließen sie auch nie allein im Haus. Frau Holmer erzählte uns z.B., daß ein Pkw mit jungen Leuten eines Tages einen an der Grundstücksgrenze entlangführenden, polizeilich gesperrten schmalen Weg befahren hätte. Von ihr zurechtgewiesen drohten die Männer Frau Holmer, ihr eine Handgranate zwischen die Beine zu werfen. – Lästig waren auch die vielen Journalisten, die zu Honecker vorzudringen versuchten. Rund um die Uhr wiesen die Eheleute Holmer und ihre Kinder alle ungebetenen Gäste ebenso freundlich wie bestimmt ab.

Honeckers schickten sich ohne zu klagen in diese Verhältnisse. Sie konnten wegen der „Belagerung" kaum aus den Fenstern sehen und das Haus nur in Begleitung von Pfarrer Holmer ein- oder zweimal am Tag für kurze Zeit verlassen. Margot Honecker half Frau Holmer im Haushalt, wobei sie vor keiner Arbeit zurückschreckte. – Natürlich mußten sich Honeckers dem christlichen Geist des Hauses anpassen. Sie taten es, ohne Zweifel daran zu lassen, daß sie Kommunisten, also auch Atheisten waren und blieben. Andererseits respektierte der Pfarrer die Überzeugung seiner Gäste, was ihn jedoch nicht hinderte, wieder und wieder zu versuchen, sie zum christlichen Glauben zu bekehren.

Es war in diesen haßerfüllten Tagen für uns eine Wohltat, Menschen zu treffen, die Nächstenliebe nicht nur predigten, sondern auch lebten. Die Kirche hat Pfarrer Holmer die Bewältigung seiner schweren Aufgabe nicht gedankt. Vorzeitig mußte er sein Amt in Lobetal aufgeben. Es ist eigentümlich, wie so verschiedene Organisationen wie die Kommunistische Partei und die Evangelische Kirche in manchen Punkten so ähnlich sind. Beide straften ihre Besten und Treuesten.

Die Meinungen über die Aufnahme Honeckers in Lobetal gingen innerhalb der Kirche wahrscheinlich auseinander. Möglich, daß man in der „Westkirche" mehrheitlich anders darüber dachte als in der „Ostkirche". Wie problematisch christliche Nächstenliebe gegenüber Erich Honecker im Januar/Februar 1990 damals in der DDR-Kirche gewesen ist zeigte u.a. ein Bericht der „Süddeutschen Zeitung" vom 1. Februar. Er bezieht sich auf eine Erklärung von Probst Furian, in der es u.a. hieß:

„ ... die evangelische Kirche habe jahrelang versucht, der ‚Mund der Stummen', der Schwachen, zu sein. Zu den neuen Schwachen gehöre dieser ‚vor kurzer Zeit scheinbar noch mächtige Honecker'. Furian verwies auf Kritik an der Aufnahme Honeckers, die bis zur Androhung des Kirchenaustritts reichte. Bei den meisten kirchlich Engagierten werde die Mehrheitsentscheidung der Kirchenleitung aber verstanden. Der evangelische Pfarrer

Christian Näcke aus Bischofswerda bei Dresden erhielt nach eigenen Angaben Dutzende von Anrufen. Näcke berichtete: ‚Ich bin am Morgen 22mal angerufen und bedroht worden, weil die Kirche Erich Honecker aufgenommen hat.‘ Näcke fügte hinzu, die Menschen hätten den 77jährigen Expolitiker wüst beschimpft. Die Anrufer seien ohne jede Bereitschaft zur Vergebung gewesen. Er halte sie für seelisch krank. Gegen die Festnahme des todkranken Honeckers war in der DDR und im Ausland Protest lautgeworden."

Die Möglichkeiten, auf den Gang des Ermittlungsverfahrens Einfluß zu nehmen, waren gering. Offensichtlich war dagegen, daß die „kochende Volksseele" die Staatsanwaltschaft stark beeindruckte. Die immer neuen Meldungen über „Honeckers Verbrechen" erzielten Wirkung. Als Verteidiger standen wir dieser Entwicklung machtlos gegenüber. Aus dieser Situation entstand bei mir der ungewöhnliche Gedanke, alle Verteidiger der beschuldigten DDR-Repräsentanten sollten sich in einer Petition an die Abgeordneten der Volkskammer wenden und eine Unterbrechung der Ermittlungsverfahren, bis zur Bildung einer aus freien Wahlen hervorgegangenen Volkskammer und zur Herstellung rechtsstaatlicher Verfahrensvoraussetzungen verlangen.

In Verwirklichung dieses Plans lud Wolfgang Vogel alle Verteidiger, die es anging, zum 1.2.1990 in sein Büro ein. Es waren dort insgesamt 16 Rechtsanwälte versammelt, die sich nach einer Aussprache darüber verständigten, den Ausweg aus der ungewöhnlichen und so gut wie hoffnungslosen Situation mit einer Petition an die Volkskammer zu versuchen. Mit dem Entwurf eines entsprechenden Textes wurde ich beauftragt. Am 5. Februar 1990 versammelten wir uns erneut bei Vogel. Der Entwurf wurde gebilligt, und alle 16 Verteidiger unterschrieben das an den Präsidenten der Volkskammer gerichtete Schreiben. Bereits mit Schreiben vom 20. Februar 1990, gerichtet an Prof. Vogel, teilte uns Dr. Maleuda mit, daß keine Möglichkeit bestünde, unserem Anliegen zu entsprechen.

„Eine solche Maßnahme würde ein unmittelbares Eingreifen der obersten Volksvertretung unseres Landes in Fragen der Rechtspflege bedeuten, was mit der verfassungsrechtlichen Stellung der Volkskammer unvereinbar ist."

Diese richtige Erkenntnis hatte die Volkskammer allerdings vorher nicht gehindert, Forderungen nach der Einleitung von Disziplinarverfahren gegen den Stellvertreter des Generalstaatsanwalts und den Präsidenten des Obersten Gerichts zu erheben, was in unserer Petition als ein Beispiel für unzulässige Einflußnahme und das Nichtbestehen einer Gewaltenteilung genannt worden war.

Ganz wirkungslos blieb die Petition dennoch nicht. Professor Lekschas, ein führender Strafrechtswissenschaftler der DDR, äußerte in einem Interview gegenüber dem „ND" wenige Tage später, daß ein Hochverratsprozeß gegen Honecker „außerordentlich gediegen vorbereitet und geführt werden" müsse. Er mahnte weiter: „Insofern sollten weder Staatsanwälte noch Richter irgendwelchen Rufen nach schneller Verurteilung nachgeben." Schließlich gab Lekschas zu bedenken: „Günstiger aber wäre natürlich ein neugewähltes Oberstes Gericht mit neugewählten Richtern, die unbelastet von der Vergangenheit ein exaktes Verfahren durchführen könnten, mit *exakter Beweisführung und genauester Verteidigung.* " Das vom „ND" am 10./11.2.1990 veröffentlichte Interview fand auch in anderen Zeitungen Beachtung. Das Klima bei der Generalstaatsanwaltschaft selbst schien sich danach zu ändern. Schon am 21. Februar erfuhr Vogel bei einer Rücksprache mit dem stellvertretenden Generalstaatsanwalt Prof. Reuter, daß das Verfahren wegen Hochverrats gegen Honecker eingestellt werden würde. Die endgültige Einstellung dieses Ermittlungsverfahrens erfolgte dann allerdings erst durch eine elfseitige Verfügung vom 23.3.1990, also nach den Wahlen vom 18. März, *„da sich der Verdacht nicht als begründet erwiesen hat".* In der Begründung wurde auch auf die *„in der öffentlichen und fachwissenschaftlichen Diskussion in den vergangenen Wochen geäußerten erheblichen Zweifel"* Bezug genommen.

In Lobetal informierte mich Erich Honecker auch erstmalig darüber, daß sein Konto gesperrt sei. Unterlagen darüber besaß er nicht. So fragte ich am 7.2.1990 beim Generalstaatsanwalt an, welche Maßnahmen auf welcher Rechtsgrundlage hinsichtlich des Kontos ergriffen worden wären. Die Antwort erfolgte postwendend. In ihr hieß es:

„Am 5.12.1989 wurde mit Anordnung des Generalstaatsanwalts der DDR die Beschlagnahme des Kontos Nr. 6652-48-10537 von E. Honecker mit einem Kontostand von 217.930,64 M per 5.12.1989 verfügt. Die Realisierung erfolgte durch die Sparkasse am 6.12.1989. Die Beschlagnahme wurde richterlich bestätigt.

Weitere Beschlagnahmen oder Arrestnahmen von Sparkonten erfolgten im Verfahren nicht, so daß aufgrund des eigenen Kontos der Frau Honecker der Lebensunterhalt der Familie gewährleistet ist. (Kontostand per 28.11.1989: 77.502,98 M)."

Durch diese Mitteilung des Generalstaatsanwalts erfuhr ich amtlich, über welches Vermögen, die Eheleute Honecker nach 40 Jahren Arbeit in höchsten Staats- und Parteiämtern der DDR verfügten. Aus Ehescheidungsverfahren war mir das Vermögen von Handwerkern, Ärzten und Künstlern bekannt. Auch von dem Vermögen der Rechtsanwälte besaß ich eine Vorstellung. Viele von ihnen besaßen mehr, viel mehr und Wertbeständigeres, wie Grundstücke und Antiquitäten. Wenn ich das Schreiben das Staatsanwalts nicht falsch interpretiere, fand er dagegen, Honeckers hätten viel mehr gehabt, als ihnen zustand. Warum erwähnte er sonst ausdrücklich die 77.000 M der DDR auf dem Konto von Frau Honecker? Dieses Konto ging ihn und mich überdies gar nichts an. Ich fand einen alten Eindruck bestätigt: Wehe dem Vorgesetzten, der von seinem Untergebenen be- und abgeurteilt wird! – Das jetzt auf 108.965,32 DM halbierte Konto Erich Honeckers ist übrigens immer noch gesperrt. Der Rechtsstaat überstürzt nichts. Ich kann mich gut in die Lage des zur Entscheidung verdammten Richters beim Verwaltungsgericht versetzen – wieder einmal. Nun, Erich Honecker hat nicht nur eine Ehefrau hinterlassen, er hat auch Kinder und Enkel. Sie können noch etwas warten; die Frage ist nur, kann Gerechtigkeit auch so lange warten und wie ist es mit dem in Artikel 6 der Menschrechtskonvention verbrieften Recht auf Durchführung der Verfahren in „angemessener" Zeit?

In der DDR spitzte sich im Februar 1990 die Lage weiter zu. Die Regierung Modrow tat im Verein mit dem Runden Tisch alles, um ein drohendes Chaos zu vermeiden. Ein Problem besonderer Art waren in diesem Zusammenhang die aus den Wahlen vom 9. Mai 1989 hervorgegangenen örtlichen Organe. Es gab keinen Zweifel, die Wahlen waren gefälscht worden. Die Resultate waren um einige Prozentpunkte im Sinne der SED geschönt. Am eigentlichen Resultat hatte die Schönfärberei nichts geändert, doch es blieb dabei, die Wahlen waren gefälscht. Daraus entstanden Zweifel an der Legitimität der gewählten Organe. Ohne sie war aber eine ordentliche Verwaltung in den Kreisen und Gemeinden nicht mehr möglich. Was tun? Es entstand der Gedanke einer Amnestie, mit der der Übergang bis zu aus freien Wahlen hervorgegangenen Kommunalvertretungen gesichert werden sollte. Als Basis für das Amnestiegesetz sollte der Volkskammer ein Schuldbekenntnis Erich Honeckers dienen.

Wolfgang Vogel setzte mich von diesem Vorhaben telefonisch am Sonntag, dem 11.2., in Kenntnis. Eppelmann sollte am 14.2. Honecker aufsuchen und ihn um eine entsprechende Erklärung bitten. Ich bezweifelte, daß Erich Honecker zu einem solchen Schritt bereit wäre. Andererseits hielt ich den Versuch angesichts der Lage, in der sich die DDR befand, durchaus für zweckmäßig. Ich suchte also am gleichen Tag unseren Mandanten auf, um ihn auf den Besuch Eppelmanns vorzubereiten. Wie erwartet, zeigte Erich Honecker keinerlei Neigung, dem Verlangen zu entsprechen. Er habe nicht veranlaßt, daß die Wahlen gefälscht würden, er habe korrekte Wahlen gewollt und er trage keine Verantwortung für Fälschungen, wenn solche vorgenommen worden wären.

Die Unterredung zwischen Eppelmann und Honecker war eindrucksvoll. Eppelmann war ganz Pfarrer, Honecker ganz unbekehrbarer Kommunist. Eppelmann sprach fließend von Honeckers Alter, von seinem bevorstehenden Tod, erinnerte sich an seinen eigenen Vater, mahnte Honecker, an seine Eltern zu denken, streichelte dabei seine Hand und ging so weit zu erklären: *„Wir wollen doch beide dasselbe"*. Rainer Eppelmann läßt das in seinem Erinnerungsbuch aus. Er schildert die eindrucksvolle Szene ohne dieses Detail wie folgt:

„Ich muß Ihnen von meinem Vater erzählen. Der hat sein Leben lang die Vorstellung gehabt, jedem seiner Kinder ein Haus zu bauen. Er wollte dies wohl in der Hoffnung tun, daß er, wenn er stirbt, ich jedem Kind sagen könnte: Das ist dein Haus, und dieses ist dein Haus usw. Den Kindern wäre gar nichts anderes übrig geblieben, als zu erwidern: Danke schön, lieber Pappi, du bist der Beste. Und dann hätte er in Frieden sterben können. Er hätte sein Ziel erreicht gehabt. Aber irgendwann hat mein Vater festgestellt, daß er es nicht schaffen würde. Hinzu kam, daß von den Kindern, die er in die Welt gesetzt hatte, nur noch zwei etwas mit ihm zu tun haben wollten, und das weniger aus Liebe als aus Mitleid. Als er das begriff, wurde aus einem starken Mann, der sich als Versager fühlte, innerhalb von zwei Jahren ein Wrack, und bald war er tot. Und wie meinem Vater geht es jetzt Ihnen. Sie wollten etwas aufbauen und meinten auch, etwas aufgebaut zu haben, aber nun stellen Sie fest, daß die, für die Sie etwas aufgebaut haben, Sie nicht mehr haben wollen. Die jagen Sie jetzt vom Hof.
Honecker antwortete: ‚Ich haben den Eindruck, Sie verstehen mich.'" *(Eppelmann, Fremd im eigenen Haus, Köln 1993, S. 372)*

Ich erinnere mich heute gern an diese Szene, wenn ich Herrn Eppelmann im Bundestag, in der Enquête-Kommission oder in anderer wichtiger Funktion im Fernsehen sehe. Nur schade, daß der Bericht der Enquête-Kommission offenbar von ganz anderen Voraussetzungen ausgeht als der Erkenntnis vom Februar 1990, daß beide dasselbe wollten.

Im Interesse der Aufrechterhaltung eines einigermaßen geordneten Übergangs in die neue Demokratie schloß ich mich den Überzeugungsbemühungen von Pfarrer Eppelmann an, und wir fanden schließlich eine Lösung, die für beide Seiten akzeptabel erschien. Meine Frau schrieb nach Diktat Honeckers Erklärung auf der Schreibmaschine:

„Entsprechend meinen früheren Erklärungen gegenüber der damaligen SED bekenne ich mich zu der politischen Verantwortung für die Krise, in die der Staat und die Bevölkerung der DDR geraten ist. Das betrifft auch die Umstände, die letztlich zu der Fälschung der Wahlergebnisse vom 7.5.89 führten. Gleichzeitig möchte ich betonen, daß ich nie in meinem Leben politische Entscheidungen aus egoistischen Motiven getroffen habe und daß ich mich frei von jeder Schuld in strafrechtlichem Sinne fühle."

Die Erklärung nützte letzlich nichts. Die Amnestie kam nicht zustande, Ruhe und Ordnung blieben jedoch erhalten.

Nicht ganz zwei Wochen später, am 26. Februar 1990, erschien der „Spiegel" mit der Aufmachung *„Die Akte Honecker"*. Viele – wenn nicht alle Zeitungen – übernahmen eine Nachricht, die z.B. von der Münchener „Abendzeitung" unter der Balkenüberschrift *„So ließ sich Honecker von Bonn zum Millionär machen"* erschien. Im Text wurde dann verkündet:

„Allein im vergangenen Jahr wurden 75 Millionen D-Mark abgezweigt und gingen auf das Konto Honeckers bei der Ostberliner Handelsbank." *Eine andere Boulevardzeitung wußte:* „75 Millionen auf Honeckers Privatkonto".

Das war die Bestätigung für alle die, die schon immer gewußt hatten, was für ein Schurke Honecker ist. – Natürlich war nichts Wahres an der Meldung. Wer den „Spiegel" vollständig las, konnte das erkennen, wenn er wollte. Der „Spiegel" schrieb: *„Aber kaum glaublich erscheint der Vorwurf der Staatsanwälte, er habe sich persönlich bereichert und am Menschenhandel, einem der widerwärtigsten Im- und Exportgeschäfte der DDR, verdient"*. Und er schrieb auch: *„Die Bonner können sich nicht erklären, wie die DDR-Staatsanwälte zu dem Vorwurf kommen."*

Tatsächlich war zu diesem Zeitpunkt längst geklärt, daß es sich bei dem Konto nicht um ein „Privatkonto" Honeckers gehandelt und er es nie für persönliche Zwecke verwandt hatte. Was tat das? Schon die Römer wußten: Semper aliquid haeret – es bleibt immer etwas hängen.

Wieviel hängen geblieben war, zeigte sich am 23.3.1990. Honecker wollte auf Anraten Vogels von Lobetal in ein Heim des Ministerrats der DDR nach Lindow umziehen. Frau Vogel hatte zusammen mit meiner Frau das Heim vorher besichtigt, um nach praktischen Gesichtspunkten von Hausfrauen zu ermitteln, ob es als Unterkunft geeignet wäre. Geeignet war es insoweit schon, nur war ersichtlich, daß die Menschen auf den neuen Gast nicht so vorbereitet waren wie Christen, die ihre Nächsten und sogar ihre Feinde lieben sollen. Meine Frau jedenfalls äußerte zurückhaltend Zweifel. Der Umzug scheiterte. Die „Berliner Zeitung" berichtete:

„Schon bei ihrer Ankunft hatten sich erzürnte Bürger vor dem Regierungsheim versammelt und durch massive Proteste am Sonnabend die Rückreise nach Lobetal erzwungen."

Und die „Märkische Volksstimme" zitierte die Äußerung der Ehefrau des Pfarrers von Lindow mit den Worten:

„Die Leute schrien und schlugen mit Fäusten aufs Auto. Ich hörte Äußerungen wie: ‚Ich an Honeckers Stelle würde mir einen Strick nehmen'. Es waren nicht die jungen Leute, die das sagten. Von denen hörte ich, es müsse doch einen Platz geben, wo er bleiben kann."

Wir Verteidiger übergaben der Presse am 26.3.1990 eine Erklärung, in der es u.a. hieß:

„Die strafrechtlichen Beschuldigungen gegen Erich Honecker sind durch den Verlauf des Ermittlungsverfahrens entweder nicht bestätigt oder direkt widerlegt worden.
Widerlegt ist der Verdacht, Erich Honecker habe in der Schweiz ein Nummernkonto mit einem Bestand von 367.534.192,12 Schweizer Franken unterhalten. Der Verdacht entstand aufgrund eines Fernschreibens vom 24.10.1989, das seit dem 20.12.1989 als Fälschung erkannt worden ist.
Widerlegt ist die mit dem Antrag des Generalstaatsanwalts auf Erlaß eines Haftbefehls gegen Erich Honecker erhobene Beschuldigung, er habe veranlaßt, daß die BRD 1989 für Häftlingsfreikäufe 75 Mio DM auf ein nur ihm ‚zugängliches' Konto bei der Deutschen Handelsbank überweist. …
Der Vorwurf des Hochverrats entbehrt jeder rechtlichen Grundlage. …
Die weiteren Vorwürfe gegen Erich Honecker sind derart global und unkonkret, daß keine Voraussetzung besteht, sie auf ihre strafrechtliche Bedeutung zu überprüfen. Solche Vorwürfe können daher nach § 98 StPO nicht Grundlage für die Durchführung eines Ermittlungsverfahrens sein, geschweige denn strafrechtliche Schuld beweisen.
Die Ereignisse vom 24.3.1990 offenbaren, daß die Staatsorgane ihrer verfassungsrechtlichen Pflicht, für jeden Bürger das Wohnrecht, den Schutz seiner persönlichen Freiheit und der Unantastbarkeit der Person zu gewährleisten, für Erich und Margot Honecker nicht nachkommen. …
Das Strafverfahren gegen Erich Honecker ist einzustellen, da ‚sich die Beschuldigungen oder der Verdacht einer Straftat nicht als begründet' erwiesen hat (§ 148 I 1 StPO), und der Beschuldigte ‚schwer erkrankt ist' (§ 150 Ziff. 2 StPO) und die Krankheit ‚sich als unheilbar' erwiesen hat (§ 152 Ziff. 1 StPO)."

Die Fortsetzung des Ermittlungsverfahrens gegen Honecker während seines Aufenthalts in Beelitz (3.4.1990-13.3.1991)

Kollege Vogel sah sich nach dem Scheitern des Umzugs nach Lindow nach einer anderen Bleibe für die Eheleute Honecker um. Dabei entstand auch die Idee eines vorübergehenden Aufenthalts in Österreich. Ein prominenter Westdeutscher war bereit, sein Ferienhaus für diesen Zweck zur Verfügung zu stellen. Honecker sollte erklären, daß er jederzeit nach Deutschland zurückkehren würde, wenn das Strafverfahren dies erfordere. Der Plan kam nicht zur Ausführung, da der Generalstaatsanwalt, wie zu erwarten war, seine Zustimmung zu einer Ausreise nach Österreich verweigerte. Nach Lage der Dinge blieb wohl keine andere Möglichkeit als die der Übersiedlung in ein Gebäude der Sowjetischen Streitkräfte. Diesem Vorhaben stimmte am 29.3.1990 auch der Generalstaatsanwalt zu, so daß es am 3.4.1990 zum Umzug der Eheleute Honecker in das Sowjetische Militärhospital in Beelitz kam.

Entsprechend der Rechtsauffassung, die wir am 26.3.1990 in der Presseerklärung veröffentlicht hatten, beantragten Dr. Noack, Prof. Vogel und ich unter dem 19.4.1990 die vollständige Einstellung des Ermittlungsverfahrens gegen Erich Honecker. Generalstaatsanwalt Dr. Joseph hatte uns schon in dem Gespräch am 29.3.1990 erklärt, daß er unseren Rechtsstandpunkt nicht teile. Charakteristisch war, daß er sich dabei auch auf die Meinung westdeutscher Juristen berief. Die strafrechtliche Aufarbeitung der DDR-Vergangenheit ging Schritt für Schritt spätestens seit den Wahlen vom 18. März in die Kompetenz der bundesdeutschen Justiz über. Die DDR-Justiz gab nur noch den Namen. Wir Anwälte hatten nichts dagegen. Wir erhofften damals mehr Rechtsstaatlichkeit von den Westjuristen. Für uns war klar, bundesdeutsche Staatsanwälte würden Honecker weder des Hochverrats, noch des Vertrauensmißbrauchs oder der Untreue bezichtigen. Wir waren naiver, als wir es nach 40 Jahren Parteilehrjahr hätten sein dürfen.

Vom 28. Mai bis zum 8. Juni befand sich Erich Honecker zur Begutachtung auf Verhandlungs- und Haftfähigkeit stationär im Krankenhaus der Deutschen Volkspolizei. Ich besuchte meinen Mandanten dort am 29.5. Er war zusammen mit seiner Frau in einem Zweibettzimmer untergebracht. Mit ihm waren auch die anderen beschuldigten Mitglieder des Politbüros dort und baten mich, auch zu ihnen zu kommen. Sie erhofften sich aktuelle Informationen über den Stand der Ermittlungen. Die ehemals wichtigsten Männer der DDR waren mit Schlafanzügen bekleidet, lagen oder saßen auf Betten und versuchten offenbar gemeinsam, sich die Zeit des Wartens zu verkürzen, indem sie über ihr zukünftiges Schicksal spekulierten. Die kurze Begegnung machte auf mich einen unbeschreiblichen Eindruck. Unwillkürlich dachte ich an Bilder, die aus der französischen Revolution überliefert sind. – Viel Neues konnte ich ihnen nicht mitteilen.

Die Begutachtung im Krankenhaus war entscheidend für den Fortgang des Ermittlungsverfahrens.Untersuchungen hatten zum Zeitpunkt meines Besuchs noch nicht stattgefunden, weswegen Vogel und ich uns über die Verzögerung der Ermittlungen beschwerten. Ich ging damals fälschlich davon aus, daß Honecker nach den beiden schweren Operationen und in Anbetracht seines Alters nicht für verhandlungsfähig erklärt werden würde. Tatsächlich bejahten dann jedoch die Ärzte in einem am 3.7.1990 der Staatsanwaltschaft übermittelten Gutachten eine eingeschränkte Verhandlungsfähigkeit, während sie die Haftfähigkeit verneinten. Eine neue Begutachtung empfahlen sie nach drei Monaten. – Offensichtlich standen alle Gutachter unter dem Eindruck, das Volk würde es nicht verstehen, wenn man den ehemaligen Staatsratsvorsitzenden für nicht verhandlungsfähig erklären würde. „Bild am Sonntag" kommentierte am 22.7.1990 das Ergebnis des Gutachtens hämisch mit der Überschrift: *„Honecker kann sich ins Fäustchen lachen!"*.

Noch charakteristischer war ein offener Brief des stellvertretenden ärztlichen Direktors des Bezirkskrankenhauses Cottbus, Dr. sc. med. Conrad, in dem es u.a. hieß:

> „Unseres Erachtens werden Ärztekommissionen mißbraucht und Ärzte in der Öffentlichkeit diskriminiert.
> Wir fordern deshalb, daß die Prozesse durchgeführt werden. Krankheit und Alter sind keine Entschuldigung für kriminelle Handlungen …"

Dr. Conrad schrieb das im Auftrag der Mitarbeiter des ambulanten Bereiches des Bezirkskrankenhauses, und die Zeitschrift des Gesundheitswesens der DDR, „Humanitas", veröffentlichte den Brief hervorgehoben in einem rosa Kästchen in ihrer Nummer 11/1990.

Am 20. Juni 1990 besuchte ich meinen Mandanten das erste Mal in dem sowjetischen Militärhospital in Beelitz. Die Anfahrt war nun noch weiter und auch sonst war es schwieriger, zu ihm vorzudringen. Das Hospital war natürlich das Ziel vieler findiger Journalisten, die sich alles Mögliche und Unmögliche einfallen ließen, um ihre Reporteraufgaben zu erfüllen. Vogel hatte mich zwar angemeldet, aber trotzdem war es nicht einfach, dem Posten verständlich zu machen, daß er den Dolmetscher rufen sollte, der uns dann Einlaß verschaffte.

Erich und Margot Honecker waren unweit des Eingangstores in einem Haus untergebracht, das man heute als Stadtvilla bezeichnen würde. Es war dem Stil nach um die Jahrhundertwende, wahrscheinlich zur Unterbringung leitender Ärzte, gebaut. Honeckers bewohnten drei Zimmer im Erdgeschoß. Das Haus stand unter alten Bäumen und das Zimmer, in dem wir uns auch in der Folgezeit trafen, war so dunkel, daß ständig eine Leuchtstoffröhre brannte, die über dem Fenster montiert war, aber nur wenig ausrichtete. Die Tapete, dem Muster nach vor Jahrzehnten angebracht, verstärkte den düsteren Eindruck. Das Mobiliar erheiterte denjenigen, der nicht dazu verdammt war, in ihm zu wohnen. Ihre Kleidung hatten Honeckers in fünf Koffern untergebracht, da es keine Kleiderschränke gab. Dafür stand eine Untersuchungsliege in einem der Zimmer. Die Ärzte kamen täglich zur Visite, und ihre weißen Kittel hingen in der Garderobe.

In dem weitläufigen, kaum gepflegten Park der früheren Lungenheilstätten konnten die Eheleute spazierengehen. Zwei Soldaten folgten ihnen in kurzem Abstand. Sie hatten die Journalisten abzuwehren und auch Schutz vor Anschlägen zu bieten. – Die Verpflegung erfolgte aus der Küche des Hospitals. Täglich erschienen Ärzte zur Visite. Unmittelbar nach einer solchen Visite war Margot Honecker ohnmächtig zusammengebrochen. Ihr Mann hatte die Ärzte zurückrufen können, die einen Herzinfarkt vermuteten. Ein anschließender stationärer Aufenthalt bestätigte den Verdacht jedoch nicht. Der Zwischenfall machte mir deutlich, welche emotionale Bedeutung Margot Honecker für ihren Mann hatte. – Die Verständigung mit Ärzten und dem sonstigen Personal fand auf russisch statt und zwar in erster Linie über Margot Honecker, die nach meinem Eindruck die Sprache besser beherrschte als ihr Mann.

Unser Antrag auf Einstellung des Ermittlungsverfahrens war erwartungsgemäß abgelehnt worden, das ärztliche Gutachten lag noch nicht vor, ich sah aber der Entwicklung der Dinge gelassen entgegen. Noch war ich der Auffassung, weder der Gesundheitszustand meines Mandanten noch die Beweis- und Rechtslage würden die Eröffnung eines rechtsstaatlichen Strafverfahrens zulassen. Die DDR würde über kurz oder lang der BRD beitreten, vorher wäre ein Gerichtsverfahren zeitlich nicht mehr möglich und nachher rechtlich nicht zu erwarten. In den Ermittlungen vermochten wir keine Bewegung zu erkennen. Last not least meinte ich auch, die Sowjetarmee würde ihren früheren Verbündeten nicht der Justiz der Bundesrepublik ausliefern.

Doch parallel zur Einführung der DM in der DDR und der Vorbereitung des Beitritts zur BRD wurde das Klima ab Juli rauher und die Presse aggressiver. Neue, schwerwiegendere Vorwürfe tauchten auf. Medien berichteten, Honecker habe die RAF unterstützt und warfen ihm zunehmend die Todesschüsse an der Mauer vor. Danach eröffnete am 8.8. der Generalstaatsanwalt der DDR entgegen seiner noch am 19.7. uns gegenüber bekundeten Rechtsansicht schließlich wegen der Mauertoten ein Ermittlungsverfahren wegen Mordes gegen den ehemaligen Staatsratsvorsitzenden. Am 22. November 1990 enthüllte der „Stern" die „Lebenslüge" Erich Honeckers. Dieser sei kein aufrechter Kommunist gewesen, sondern habe seine Genossen der Gestapo verraten. – Innerhalb von fünf Monaten waren an die Stelle der Vorwürfe der DDR-Bürger gegen ihr Staatsoberhaupt die Vorwürfe der BRD gegen den Führer des Feindstaates getreten. An die Stelle des „Machtmißbrauchs" trat der „Schießbefehl" als strafrechtliche Beschuldigung.

Zu dem Vorwurf, die RAF-Terroristen unterstützt zu haben, übergab mir unser Mandant eine Erklärung. In ihr hieß es u.a.:

„Ich verwahre mich entschieden gegen die in der Öffentlichkeit erhobene Unterstellung der Unterstützung des Terrorismus. Nichts von diesen Anschuldigungen entspricht der Wahrheit. Wie jeder andere Bürger habe ich von der Festnahme der ‚mutmaßlichen Terroristen' und ihrem ‚Unterschlupf' in der DDR erst aus Presse, Rundfunk und Fernsehen erfahren. Als ehemaliges Staatsoberhaupt der DDR möchte ich vor der deutschen und internationalen Öffentlichkeit erklären, daß ich und die ehemalige Partei- und Staatsführung der DDR zu jeder Zeit jede Form des Terrorismus aus politischen und humanitären Gründen scharf verurteilte und daß sich die DDR nach Kräften auch an der Bekämpfung des internationalen Terrorismus beteiligte."

Der Vorwurf erregte große Aufmerksamkeit und trug weiter dazu bei, die Atmosphäre anzuheizen. Seine von uns den Medien übergebene Erklärung änderte hieran nichts. Kaum jemand glaubte an seine Worte. Der freundliche bundesdeutsche Unternehmer, der bereit war, Erich Honecker Obdach in Österreich zu gewähren, nahm die Meldung zum Anlaß, von jeder weiter von ihm in Aussicht gestellten Hilfe Abstand zu nehmen. – Tatsache ist, der Vorwurf der RAF-Unterstützung verschwand später sang- und klanglos. Ein angeblich von der Bundesanwaltschaft eröffnetes Verfahren wurde nicht mehr erwähnt. Uns Verteidigern ist offiziell nie bekannt geworden, daß wegen dieses Vorwurfs ein Ermittlungsverfahren eröffnet oder eingestellt wurde.

Der Angriff des „Stern" über *„Die Lebenslüge des Erich Honecker"* traf unseren Mandanten besonders empfindlich. Die *„habilitierte Historikerin Monika Kaiser"* hatte *„im Auftrag der Ostberliner Staatsanwaltschaft die Honecker-Akten durchforstet"* und aus den Unterlagen des Strafverfahrens gegen Honecker von 1935 entnommen, daß er, *„– ob aus Unerfahrenheit , aus Angst oder aus welchen Gründen auch immer – stets zuerst an die eigene Person dachte."* Der „Stern" wußte, daß er Bruno Baum, den *„verantwortlichen Mann"* des KJVD in Berlin, schwer belastet hätte und berichtete weiter: *„Besonders verhängnisvoll erwies sich Honeckers Verhalten in den Verhören für die Jüdin Sarah Fodorová".* Recht glaubhaft war die „Stern"-Story in dieser Beziehung allerdings nicht. Das „besonders verhängnisvolle" Verhalten Erich Honeckers stand jedenfalls dem guten Ende für Sarah Fodorová nicht entgegen. Der „Stern" meint: *„Für Sarah Fodorová endete das Verfahren völlig überraschend mit einem Freispruch".* Auch Peter Przybylski, der ehemalige Staatsanwalt, berichtete ausführlich unter Überschriften wie *„Der manipulierte Lebenslauf"* und *„Verrat an die Gestapo"* über die „Lebenslüge". Er mutmaßte: *„Der Freispruch für die Jüdin Sarah Fodorová dürfte sie kaum vor der Gestapo gerettet haben".*

Honecker war gegenüber diesen Berichten damals praktisch wehrlos. Erst 1992 suchte mich ein Ostberliner auf, der von einer Reise nach Israel zurückgekehrt war, und brachte mir einen Brief der Fodorová an die „Super", der folgenden Inhalt hatte:

„Sarah Fodorová-Wiener 20.3.1992
Rehov Rama 7, Neveh Sarett,
Tel-Aviv 69186, Israel
An die Redaktion der Zeitschrift „Super"
Berlin, BRD

Ich habe heute zufällig einen Aufsatz im „Super" vom 9.9.1991 gelesen, in dem von mir die Rede ist und ich möchte einiges richtigstellen.

Mein Name ist Sarah Wiener (früher Fodorová). Ich bin die Kurierin aus Prag, von der im Artikel die Rede ist. Ich wurde im Dezember 1935 verhaftet und wurde vor dem Nazi-Volksgericht gestellt, zusammen mit Bruno Baum, Erich Honecker und anderen. Ich bin vom Gericht freigesprochen worden aus Mangel an Beweisen. Dies geschah dank der Aussagen und des Verhaltens von Honecker, der, was mich betrifft, mich nicht belastet noch verraten hat, im Gegenteil: er hat meine Aussagen bestätigt. Herrn Honecker habe ich im Leben viermal gesehen, davon zweimal auf der Straße, einmal im Kaffeehaus, das vierte Mal während des Prozesses. Außer im Gerichtssaal waren unsere Begegnungen sehr kurz. Nach der Freisprechung kehrte ich in die Tschechoslowakei zurück, dann lebte ich in den USA, wieder in der Tschechoslowakei und seit ungefähr 24 Jahren lebe ich in Israel – also keine Schutzhaft nach dem Gericht, kein KZ, kein Tod durch Gas, wie Sie schreiben.

Ich ersuche Sie nachdrücklich diesen meinen Brief zu veröffentlichen.

Sarah Fodorová-Wiener"

Soweit ich weiß, wurde der Brief von der „Super" nicht veröffentlicht. „Bild am Sonntag" erfuhr davon und beauftragte einen Journalisten, zu recherchieren. Dieser fuhr im Juni 1992 nach Israel, fand auch die Fodorová, die klipp und klar erklärte:

„Ich verdanke Honecker mein Leben. Daran besteht für mich überhaupt kein Zweifel. Auch wenn ich mit manchen politischen Entwicklungen in seinem Land nicht einverstanden war, werde ich ihm das und sein tapferes und mutiges Auftreten vor dem Nazi-Tribunal niemals in meinem Leben vergessen und ihm dafür immer dankbar sein. Manches, was jetzt in Deutschland nach der Vereinigung geschieht, kann ich aus der Entfernung nicht richtig beurteilen. Aber ich kann mir nicht vorstellen, daß man einen alten Mann, der für seine politische Überzeugung ich glaube 10 Jahre im Nazi-Kerker gesessen hat, noch einmal einsperrt. Nein, das kann ich nicht glauben. Ich kann auch nicht verstehen, wie verantwortungslos Ihre Zeitungen schreiben."

„Bild am Sonntag" druckte nichts von dem, was ihr der Reporter berichtete. Man erklärte: *„Das können wir nun wirklich nicht ins Blatt nehmen".* Enthüllungen über Honecker gab es nur in einer Richtung.

Schließlich wurde in der Presse etwa zur gleichen Zeit erstmalig der Vorwurf erhoben, der später im Zentrum der strafrechtlichen Beschuldigungen gegen den ehemaligen ersten Mann der DDR stand. Der Vorwurf hieß damals Mord, später Totschlag. Wir erkannten seine spätere Bedeutung zu dieser Zeit allerdings noch nicht. In einem Gespräch, das auf unseren Wunsch mit dem damaligen Innenminister Peter-Michael Diestel am 3.7.1990 in Beelitz stattfand, gingen wir alle davon aus, daß der Vorwurf der Unterbringung von RAF-Terroristen schwerwiegender wäre als derjenige wegen der Schüsse an der Mauer. Wir hielten diesen Vorwurf für ähnlich abenteuerlich konstruiert wie die ad acta gelegte Beschuldigung des Hochverrats. Diestel wies uns – vielleicht hintergründig – darauf hin, daß bundesdeutsche Stellen bereits entscheidenden Einfluß auf die Politik der DDR hätten. Damit sagte er uns nichts Neues und nichts, was uns entmutigt hätte. – Wir waren eben noch blauäugig. Im Ergebnis des Gesprächs wollten wir die Einholung eines Rechtsgutachtens beantragen, das die Rechtslage nach BRD-Recht belegen sollte. Das, so meinten wir, würde die rechtliche Haltlosigkeit der erhobenen Vorwürfe bestätigen.

Am 19.7.1990 überreichten Vogel und ich dem amtierenden Generalstaatsanwalt entsprechend der getroffenen Vereinbarung unseren neuen Einstellungsantrag. In ihm wurde darauf Bezug genommen, daß unser Antrag vom 19.4.1990 am 4.5. nur mit dem Bemerken beantwortet worden sei, daß ihm „zum gegenwärtigen Zeitpunkt" nicht entsprochen werden könne. Inzwischen sei aufgrund des 6. Strafrechtsänderungsgesetzes der § 165 StGB, auf den die Beschuldigungen unseres Mandanten im wesentlichen gestützt worden wären, aufgehoben worden. Nach § 10 dieses Gesetzes, solle die Bestimmung zwar für anhängige Ermittlungsverfahren weiter gelten, doch das widerspreche eindeutig dem Gleichheitsgrundsatz des Art. 20 Abs. 1 der DDR-Verfassung. Für den Fall, daß unserem Antrag nicht stattgegeben werden würde, beantragten wir die „Einholung eines Rechtsgutachtens zur strafrechtlichen Beurteilung des Verhaltens des Beschuldigten auf der Grundlage des Rechts der Bundesrepublik Deutschland."

Wir begründeten dies mit der „schnell fortschreitenden Entwicklung zur Einheit Deutschlands und damit zur Herstellung der Rechtseinheit" sowie damit, daß „das Recht der Bundesrepublik Deutschland zur Zeit noch ausländisches Recht ist, dieses Recht aber von maßgeblicher Bedeutung für eine Entscheidung sein würde, die nach dem Tage der Wiedervereinigung zu treffen sein würde ..."

Staatsanwalt Seidel las den Antrag durch und bemerkte, daß er sowie sein Mitarbeiter die Rechtslage genauso beurteilen würden. Sie hätten das der Volkskammer gegenüber auch im Zusammenhang mit der Beratung des Entwurfs des 6. Strafrechtsänderungsgesetzes zum Ausdruck gebracht, hätten jedoch kein Gehör gefunden. Wir stimmten auch darin überein, daß eine Verantwortlichkeit für die Schüsse an der Mauer in strafrechtlicher Hinsicht nicht gegeben wäre, weil dem völkerrechtliche Aspekte entgegenstünden. Ernster zu nehmen wäre dagegen der Vorwurf der Aufenthaltsgewährung für die RAF-Terroristen. Ein Ermittlungsverfahren sei jedoch insofern noch nicht eingeleitet. Innerhalb von nicht einmal drei Wochen muß dem Generalstaatsanwalt der DDR eine juristische Offenbarung zuteil geworden sein, die die Dinge in ganz anderem Licht erscheinen ließ und ihn veranlaßten, gegen Erich Honecker am 8.8.1990 ein Ermittlungsverfahren wegen Mordes zu eröffnen.

Uns war keine solche Offenbarung widerfahren, und wir waren optimistisch. In einem Interview mit der „Berliner Zeitung" erklärte ich am 20.7. auf die Frage „Wie prognostizieren Sie den weiteren Fortgang des Verfahrens?":

„Das vorauszusagen ist sehr schwer. Bis heute kennen wir noch nicht den Inhalt des Gutachtens, von dem alles weitere abhängt. Aber auch unabhängig davon gehe ich als Verteidiger davon aus, daß es ein Gerichtsverfahren gegen Erich Honecker nicht geben wird. Und die Vereinigung wird sich in diesem Sinne eher positiv für ihn auswirken, denn je stabiler eine Rechtsordnung ist, desto geringer ist die Wahrscheinlichkeit seiner Anklage oder gar Verurteilung."

Wir standen mit dieser Auffassung nicht allein da. Peter Jochen Winters schrieb am 30.7.1990 in der „F.A.Z." unter Bezugnahme auf meine obige Äußerung: „Das klingt zynisch, ist aber die Wahrheit."

Die Staatsanwaltschaft kannte inzwischen dank ihrer westdeutschen Berater den Gang der künftigen Entwicklung und die künftig zuständige Justiz besser als wir. Sie antwortete nicht auf unseren Einstellungsantrag, sondern entwickelte eine bisher unbekannte Aktivität zur Vernehmung von Erich Honecker. Nach den medizinischen Gutachten, die der Generalstaatsanwaltschaft am 3.7. übersandt worden waren und die ich am 23.7. zur Kenntnis erhielt, waren alle Beschuldigten, also Honecker, Mielke, Dr. Mittag, Stoph, Axen, Werner Krolikowski, Tisch und Götting, vernehmungsfähig, allerdings nur, *„wenn die Belastbarkeit differenziert berücksichtigt wird"*. Was das für Erich Honecker bedeuten sollte, wurde nicht näher ausgeführt. Die Staatsanwaltschaft fragte auch nicht nach. Sie war vielmehr bestrebt, die Vernehmungen von Erich Honecker fortzusetzen, obgleich dieser mehrfach erklärt hatte, daß er von seinem Recht Gebrauch mache, sich zur Sache nicht zu äußern und wir dies am 19.7.1990 gegenüber Staatsanwalt Seidel bekräftigt hatten.

Drei Wochen nach unserem Gespräch mit dem amtierenden Generalstaatsanwalt erschienen am 10.8.1990 zwei Staatsanwälte und ein Kriminaloberrat im Sowjetischen Militärhospital, begannen um 8.45 Uhr eine Vernehmung Erich Honeckers und nahmen folgende, als „Vorhalt" bezeichnete Erklärung zu Protokoll:

„Mir wird mitgeteilt, daß das am 5.12.1989 gegen mich eingeleitete Ermittlungsverfahren wegen Verdachts des mehrfachen Mordes und mehrfacher vorsätzlicher Körperverletzung erweitert wurde.

Für die Erweiterung des Ermittlungsverfahrens enthält die Verfügung des Generalstaatsanwalts der DDR vom 08.08.1990 folgende Gründe:

,Es besteht der Verdacht, daß Herr Honecker in seinen Funktionen als Vorsitzender des Staatsrates und Vorsitzender des Nationalen Verteidigungsrates für die Aufrechterhaltung des 1961 errichteten Grenzregimes und damit für die Regelungen der Anwendung der Schußwaffe sowie den pioniertechnischen Ausbau mit Minensperren an der Staatsgrenze der DDR zur BRD und Berlin (West) im Gegensatz zu bestehenden völkerrechtlichen Verpflichtungen verantwortlich ist.

Obwohl das Grenzregime völkerrechtlichen Regelungen und dem KSZE-Prozeß widersprach sowie fortlaufend internationaler Kritik ausgesetzt war, erfolgte keine prinzipielle Änderung.

Durch die vom Beschuldigten zu verantwortenden Regelungen über die Schußwaffenanwendung und die Minensperren sowie Selbstschußanlagen an der Staatsgrenze der DDR zur BRD und Berlin (West) wurde eine bisher noch nicht genau festgestellte Anzahl von Menschen beim Passieren der Staatsgrenze verletzt bzw. getötet ...' "

Nachdem Erich Honecker erneut die Aussage verweigert hatte, wurde die Vernehmung um 9.10 Uhr geschlossen.

Unter Bezugnahme auf die Verfügung vom 8. August 1990 wird 1996 Herr Generalstaatsanwalt Schaefgen gegenüber dem Vorwurf der „Siegerjustiz" erklären: Es war nicht die bundesdeutsche Justiz, sondern die Staatsanwaltschaft der DDR, die die Strafverfahren wegen der Schüsse an der Mauer eingeleitet hat. – Wie wahr – und doch wie unwahr! Der letzte Generalstaatsanwalt der DDR gab nur seinen Namen für das, was in Bonn oder Karlsruhe beschlossen worden war. Im übrigen war es damals nur ein Verfahren gegen Erich Honecker und kein Verfahren gegen einfache Grenzsoldaten. Ich glaube nicht, daß Herr Generalstaatsanwalt Seidel auch dazu noch bereit gewesen wäre.

Zu dem Vorwurf des Mordes nahm Erich Honecker uns gegenüber in einem Schreiben vom 11. August Stellung:

„Ich bitte meine Verteidiger, gegen den ungeheuerlichen Verdacht ‚des mehrfachen Mordes und mehrfacher vorsätzlicher Körperverletzung' schärfsten Protest einzulegen.

Seit frühester Jugend kämpfe ich gegen Mord, gegen Massenmord durch Krieg und Faschismus. Dafür bin ich 10 Jahre ins Zuchthaus gegangen, dafür habe ich mein ganzes Leben in jeder Funktion gearbeitet. Es ist bekannt und kann belegt werden, daß ich in meiner Tätigkeit an der Spitze des Staates, wie ich das auch in meiner Erklärung vom 8.1. niedergelegt habe, *(humanitären Fragen – diese Worte fehlen im Original, stehen aber in der Erklärung vom 8.1. – d.Verf.)* stets große Aufmerksamkeit gewidmet habe. Eine der ersten Maßnahmen als Vorsitzender des Staatsrates war die Mitteilung an die Generalstaatsanwaltschaft, daß ich nicht die Absicht habe, auch nur ein Todesurteil zu bestätigen, bis hin zu meiner Initiative, die Todesstrafe überhaupt abzuschaffen.

Um Massenmord, Kriege zu verhüten, dazu gehörten sichere Grenzen, die Anerkennung der Souveränität der Staaten, vor allem ihrer Grenzen. Das ist Völkerrecht, das ist so auch in Helsinki vereinbart.

Die 1961 erfolgte Grenzsicherung zu Berlin/West erfolgte auf Grund der akuten Kriegsgefahr auf Beschluß der Warschauer-Vertragsstaaten am 5. August 1961 in Moskau. Die Tagung fand unter Leitung von N. Chrustschow statt. Das Protokoll dieser Beratung müßte von Moskau angefordert werden. Die DDR sowie das Oberkommando der Vereinten Streitkräfte des Warschauer Vertrages wurden mit der Durchführung dieser Beschlüsse beauftragt. Am 11. August wurde eine Beratung der Volkskammer durchgeführt, die eine Erklärung beschloß, die veröffentlicht ist. Der Ministerrat wurde von der Volkskammer mit den sich aus dem Beschluß ergebenden Maßnahmen beauftragt.

Bereits in meinem Schreiben vom 30.6.1990 habe ich darauf verwiesen, daß man die Fragen des sogenannten ‚Schießbefehls' und Fragen der Grenzsicherung nur im Zusammenhang mit folgenden Fakten sehen kann:

1. Alle Grenzsicherungen ergaben sich aus der Tatsache, daß es der DDR als souveränen Staat oblag, ihre Grenzen gegen alle Anschläge zu sichern.

2. Das Grenzregime entlang der gesamten Westgrenze, einschließlich Berlin/West entsprach den Festlegungen des Warschauer Vertrages. Bis zum Jahre 1989 wurden die Grenzen zwischen den Staaten des Warschauer Vertrages durch Grenzsicherungsanlagen gegenüber der NATO bzw. gegenüber neutralen Staaten geschützt.

Bis in die 70er Jahre waren die gleichen Grenzsicherungen, wie zur BRD und Berlin/West auch für die Grenzen zwischen der DDR und der CSSR so geregelt wie das Grenzregime zwischen der UdSSR und der VR Polen.

Das Grenzregime der DDR zur BRD wurde nicht allein von der DDR verantwortet.

Es wurde nicht unter meiner Leitung beschlossen.

Die Sicherung der Zonengrenzen erfolgte bereits vor der Gründung der DDR durch die Grenzpolizei, die auf Befehl der SMAD aufgestellt wurde.

Auch von Seiten der BRD wurde die sogenannte innerdeutsche Grenze gesichert. Diese Grenze war ja eine völkerrechtlich anerkannte Staatsgrenze, wie dies im Vertrag von Moskau als auch in der Schlußakte von Helsinki verankert wurde.

Die Grenzsicherungen wurden in der Zeit des Kalten Krieges aufrechterhalten im Interesse der Stabilität des Friedens in Europa als der westlichsten Grenze des gesamten sozialistischen Lagers.

Unter hohem Einsatz der Grenzsoldaten wurde diese Grenze trotz schwerer, ernster Grenzprovokationen umsichtig gesichert.

Die Politik der Entspannung erforderte und ermöglichte erst eine Änderung des Grenzregimes, das ich in seinen Einzelheiten nicht kannte. Diese unterlagen den zuständigen Organen, die dies zumindest mit den zuständigen Organen der SU und der anderen Länder des Warschauer Vertrages abstimmen mußten.

Im Interesse des Helsinki-Prozesses, nicht zuletzt aus humanitären Gründen wurden von mir Änderungen des Grenzregimes gefordert wie der Abbau der Minenfelder und Selbstschußanlagen, was seit Herbst 1983 begann.

Einen generellen Schießbefehl gab es nicht. An der Grenze galt für die Angehörigen der Grenztruppen wie auch für die Volkspolizei, so wie in anderen Ländern, eine Ordnung für den Gebrauch von Waffen, eine ‚Waffengebrauchsordnung‘, die den zuständigen Stellen vorliegen muß. Es oblag nicht dem Vorsitzenden des Staatsrates, eine solche zu erlassen oder zu unterschreiben. Mir ist bekannt, daß eine solche Ordnung streng regelt, wann von der Waffe Gebrauch gemacht werden darf bzw. nicht Gebrauch gemacht werden darf.

Auf Grund von Vorkommnissen und im Interesse der Normalisierung der deutsch-deutschen Beziehungen habe ich Ende 86, Anfang 87 die Anwendung der Schußwaffe, auch das Abgeben von Warnschüssen, verboten. Das Letztere, um jeden Irrtum auszuschließen.

Wenn vor dem Verbot geschossen wurde, entsprechend der Ordnung für den Gebrauch der Schußwaffe, haben die Grenzsoldaten, bei korrekter Einhaltung dieser vorausgesetzt, ihrer Pflicht genügt, jede unbefugte Überschreitung der Grenze zu verhindern, im Interesse des Friedens Konflikte an der Grenze zu vermeiden.

Wurde nach dem ausdrücklichen Verbot geschossen, so war das gegen das Verbot und es mußte im Einzelfalle, in bestimmten Fällen durch mich veranlaßt, überprüft werden. Dabei ist in Betracht zu ziehen, daß das Leben der Grenzsoldaten in vielen Fällen vorsätzlich bedroht wurde und mit dem Leben bezahlt werden mußte.

Es ist absurd, ein Staatsoberhaupt für einzelne Vorkommnisse verantwortlich zu machen, ihm solche anzulasten.

Ich mache darauf aufmerksam, daß in der Begründung zur Erweiterung des Ermittlungsverfahrens festgestellt wird,

‚daß EH in seiner Funktion als Vorsitzender des Staatsrates und … für die Aufrechterhaltung des 1961 errichteten Grenzregimes und … verantwortlich ist, es erfolgte keine prinzipielle Änderung … ‘.

Erstens bin ich erst seit 1976 Vorsitzender des Staatsrates und des Nationalen Verteidigungsrates und zweitens wurden, wie oben gesagt, die Minenfelder und Selbstschußanlagen beseitigt und das Schießen an der Grenze verboten.

Der in der Begründung erwähnte pioniertechnische Auf- bzw. Ausbau mit Minensperren ist nicht vom Vorsitzenden veranlaßt oder geregelt, das muß die Staatsanwaltschaft beweisen.

Für die Regelung der Ordnung zur Anwendung der Schußwaffe gelten übrigens internationale Bestimmungen, auch in der BRD gelten meines Wissens analoge Bestimmungen.

Beelitz, den 11.8.1990

E. Honecker“

Dieses Informationsschreiben hat Erich Honecker offenbar in großer Erregung und Eile entweder selbst auf der Schreibmaschine getippt oder, was wahrscheinlicher ist, von seiner Frau tippen lassen. Es trägt viele Zeichen der Spontaneität und der Empörung. Schreibfehler, die dieser Tatsache geschuldet sind, habe ich korrigiert, ein ausgelassenes Wort ersetzt, sonst aber inhaltlich nichts geändert. Die durch Punkte markierten Auslassungen in Zitaten stammen gleichfalls von Erich Honecker. Am 14. August nahmen wir zu dem Mordvorwurf Stellung, indem wir erneut die Einstellung des Verfahrens, auch soweit es sich auf die neuerlichen Beschuldigungen bezog, beantragten. Wir führten u.a. aus:

„Der Vorwurf des mehrfachen Mordes und der mehrfachen vorsätzlichen Körperverletzung, der gegenüber dem Beschuldigten erhoben wird, ist in tatsächlicher und rechtlicher Hinsicht unbegründet. Er wird gegen den Beschuldigten als ehemaligen Vorsitzenden des Staatsrates der Deutschen Demokratischen Republik und als ehemaligen Vorsitzenden des Nationalen Verteidigungsrates der Deutschen Demokratischen Republik erhoben. Der strafrechtliche Vorwurf erfolgt daher wegen der politischen Tätigkeit des Beschuldigten. Der Vorwurf verkennt offensichtlich die Grenzen zwischen politischer und juristischer, insbesondere strafrechtlicher Verantwortlichkeit.

Die Tatsache, daß die genannten Vorwürfe nach mehr als achtmonatiger Dauer des Ermittlungsverfahrens erhoben werden, ohne daß im Zuge dieses Ermittlungsverfahrens Tatsachen bekannt geworden sind, die nicht schon bereits zu Beginn des Ermittlungsverfahrens bekannt waren, begründet zusätzlich den Eindruck der Verteidigung, daß politische Erwägungen das Übergewicht gewonnen haben. Dieser Eindruck wird durch die Begründung der Verfügung des Generalstaatsanwalts vom 8.8.90 verstärkt, indem dort die Tatsache, daß das Grenzregime ‚fortlaufend internationaler Kritik ausgesetzt war‘, als eine strafrechtlich relevante Tatsache gewertet wird. Es gab während der Periode, die allgemein die Periode des ‚Kalten Krieges‘ genannt wurde, kaum eine Maßnahme der einen Seite, die nicht Kritik auf der anderen Seite auslöste. Die ‚internationale Kritik‘, von der in den Gründen der genannten Verfügung gesprochen wird, ist die Kritik, die ihren Ausgangspunkt in den Staaten der NATO hatte. Die DDR gehörte und gehört immer noch der Organisation der Staaten des Warschauer Vertrages an. Von den Staaten dieser Organisation wurde an den Maßnahmen der DDR keine Kritik geübt."

Eine Entscheidung über diesen Einstellungsantrag ist uns genausowenig zugegangen wie über den vorangegangenen Antrag vom 19. Juli. Keine Resonanz fand auch die folgende Passage aus unserem Schriftsatz vom 14. August:

„Der Beschuldigte hat wiederholt von seinem Recht auf Aussageverweigerung Gebrauch gemacht. Er läßt durch uns hiermit erklären, daß er auch in Zukunft und hinsichtlich aller ihm gemachten Vorwürfe die Aussage verweigert. Wir bitten daher von weiteren Vernehmungen, die den Gesundheitszustand des Beschuldigten nur verschlechtern können, ohne daß sie andererseits für den Fortgang des Verfahrens von Nutzen sind, abzusehen."

Das Ermittlungsverfahren lief dessen ungeachtet wie gehabt weiter. Der Vernehmung vom 10. August schlossen sich weitere Vernehmungsversuche am 27.8., 3.9., 6.9., 11.9. und 13.9.1990 an. Umständlich wurden Erich Honecker Beweismittel zur Kenntnis gegeben, was er bestätigte und im übrigen immer wieder erneut die Aussage verweigerte. Eine unnötige, strapaziöse und entwürdigende Prozedur. Alle „Vernehmungen" betrafen die Vorwürfe wegen Vertrauensmißbrauchs und Untreue. Von Mord war nicht mehr die Rede. Mit dem 13.9.1990 endeten die Vernehmungsaktivitäten der DDR-Generalstaatsanwaltschaft.

Der Zeitpunkt des Beitritts der DDR zur Bundesrepublik rückte immer näher. Mit der Einführung der D-Mark am 1. Juli war wirtschaftlich der Anschluß bereits vollzogen. Ein Sonderausschuß der Volkskammer, der aufgrund des Umstellungsguthabengesetzes vom 29.6.1990 gebildet worden war, beschlagnahmte nach der strafprozessualen Arrestierung am 27.9.1990 sicherheitshalber noch einmal das Bankguthaben von Erich Honecker. Über die sofort hiergegen erhobene Klage hat das Verwaltungsgericht Berlin bis zum heutigen Tage nicht einmal in erster Instanz verhandelt oder gar entschieden.

Mit dem Beitritt zur Bundesrepublik würde, das war uns klar, auch bundesdeutsches Recht, insbesondere das Strafprozeßrecht, neben dem DDR-Recht den weiteren Verlauf des Verfahrens bestimmen. Wir hielten es daher für notwendig, nach einem westdeutschen Verteidiger Ausschau zu halten. Der Versuch, Rechtsanwalt Schily zu gewinnen, war bereits gescheitert. Aus meiner Sicht war ein linker Verteidiger in diesem Verfahren nicht notwendig. Links waren wir selber, dachte ich. Notwendig waren Verteidiger mit Kenntnissen, Reputation und Standvermögen, die möglichst auch Berliner waren und die Szene hier kannten. Wen konnte ich mangels eigener Personalkenntnisse fragen? Wer wäre als Berater frei von Gunst und Mißgunst? Ich entschloß mich, einen bekannten Gerichtsberichterstatter zu fragen und kam auf den „Spiegel"-Redakteur Mauz, den selbst DDR-Juristen schätzten. Bei einem Podiumsgespräch war ich mit ihm in Kontakt gekommen. Er empfahl mir nach Bedenkzeit schließlich Rechtsanwalt Ziegler. Dieser wollte das Mandat nur zusammen mit Rechtsanwalt Becker übernehmen. Das wiederum setzte voraus, daß zwei von uns drei DDR-Verteidigern ausschieden. Im Endeffekt blieb ich dann als einziger Ostanwalt übrig. Im Laufe des Oktober waren alle Formalitäten erledigt, die neue, die „West-Verteidigung" stand.

Noch im September hatte die alte Crew, im Ergebnis erfolglos, versucht, juristische Entlastung über die sowjetische Botschaft zu erhalten. Die DDR, die sozialistische Staatengemeinschaft, die sozialistische Gesetzlichkeit lagen hinter uns; Erich Honecker war mit neuer Verteidigermannschaft im Rechtsstaat angekommen.

Es verging mehr als ein Monat bis Becker, Ziegler und ich am 14.11.1990 den ersten Kontakt mit den nunmehr zuständigen Staatsanwälten beim Kammergericht hatten. Bis dahin hatten sich Ziegler und Becker anhand meiner Akten mit dem bisherigen Ermittlungsverfahren und den anstehenden Problemen vertraut machen können. Sie beurteilten die Rechtslage, insbesondere bezüglich der Schüsse an der Mauer, wesentlich pessimistischer als ich. Sie kannten schließlich die Westberliner Atmosphäre und die Rechtsprechung, die seit einem Urteil des Landgerichts Stuttgart vom 11.10.1963 die Grenzsoldaten, die auf Flüchtlinge schossen, für strafbar erklärt hatte.

Die Gegenmeinung, die von Prof. Grünwald hierzu vertreten worden war, hatte die Gerichte nicht beeindruckt.

Ich war auf das Gespräch mit den Staatsanwälten gespannt, war es doch eine meiner ersten beruflichen Begegnungen mit der bundesdeutschen Justiz. Bisher hatte ich in politischen Strafsachen in der DDR nur Staatsanwälte kennengelernt, die auf Klassenkampf eingeschworen waren. Meine Impressionen aus Begegnungen mit ausländischen Richtern und Staatsanwälten waren flüchtig. Trotz (oder vielleicht auch wegen) aller Schulungen im Parteilehrjahr war ich optimistischer als meine beiden Kollegen. Die Unterredung dauerte etwa zwei Stunden bis abends 19 Uhr. Die Atmosphäre schien mir verkrampft und gezwungen zu sein. Wir wurden zunächst darüber informiert, daß die Akten nicht so geführt worden sein, wie dies nach bundesdeutschen Recht vorgeschrieben wäre. Sie müßten nun fotokopiert werden, damit unter Aufrechterhaltung der Originalakten die Fotokopien dem geltenden System entsprechend geordnet werden könnten. Wir würden dann diese Akten zur Verfügung gestellt bekommen. Sofort wurden uns Kopien der Vernehmungen unseres Mandanten ausgehändigt. Das entsprach meinen Erwartungen. Die Atmosphäre jedoch irritierte mich.

Es wurden dann die Sach- und Rechtsfragen erörtert. Jetzt waren mir die Staatsanwälte nicht mehr so fremd. Das war die Haltung, die mir in solchen Sachen aus der DDR vertraut war. Nur die Terminologie war eine andere. Natürlich sei der an sich von der Volkskammer durch das 6. Strafrechtsänderungsgesetz aufgehobene § 165 StGB/DDR in diesem Verfahren weiterhin geltendes Recht, natürlich bleibe Honeckers Konto arrestiert, natürlich wären die Schüsse an der Mauer strafbar, und persönliche Bereicherung bei Honecker sei ihrer Auffassung nach nachweisbar. Selbstverständlich wäre das noch nicht ihre abschließende Meinung. Natürlich gäbe es Probleme, Honeckers persönliche Verantwortung für Totschlag und Körperverletzung nachzuweisen.

Das Ganze war eine erste kalte Dusche.

Die Frage eines Haftbefehls gegen unseren Mandanten hatten wir in dem Gespräch nicht angeschnitten. 16 Tage nach der Unterredung wurde er vom Amtsgericht Tiergarten erlassen. Erich Honecker wurde beschuldigt,

„in Berlin
am 25. Dezember 1983,
am 1. Dezember 1984,
am 24. November 1986 und
am 5. Februar 1989
als mittelbarer Täter
durch vier selbständige Handlungen
vorsätzlich einen Menschen getötet zu haben, ohne Mörder zu sein.
In seiner Eigenschaft als Sekretär des Nationalen Verteidigungsrates, dem Obersten Kommandoorgan aller bewaffneten Kräfte der DDR, war der Beschuldigte maßgeblich an der Errichtung der innerdeutschen Sperranlagen am 13. August 1961 beteiligt.

In einer Lagebesprechung des Zentralen Stabes ordnete er am 20. September 1961 den Schußwaffeneinsatz gegen Grenzverletzer an. In den folgenden Jahren zeichnete er für den systematischen und immer perfekteren Ausbau der Sperranlagen verantwortlich. Nachdem er am 24. Juni 1971 den Vorsitz des Nationalen Verteidigungsrates übernommen hatte, ordnete er in dessen 45. Sitzung am 3. Mai 1974 nochmals an: ,... nach wie vor muß bei Grenzverletzungen von der Schußwaffe rücksichtslos Gebrauch gemacht werden und es sind die Genossen, die die Schußwaffe erfolgreich angewandt haben, zu belobigen ...'

Dementsprechend wurde in der Folgezeit wiederholt auf flüchtende Personen geschossen. Bei dem Versuch, die innerdeutschen Sperranlagen zu überwinden, sind seit August 1961 etwa 190 Menschen zu Tode gekommen. ...

Nach der Allgemeinen Erklärung der Menschenrechte der Vereinten Nationen, deren Mitglied die DDR seit 1973 war, hat ,... jeder Mensch das Recht, jedes Land, einschließlich seines eigenen zu verlassen...', Art. 13 Ziff. 2.

Nach dem Internationalen Pakt über bürgerliche und politische Rechte der UNO, in der DDR in Kraft seit 1976, ,... steht es jedermann frei, jedes Land einschließlich seines eigenen zu verlassen ...', Art. 12 Abs. 2.

In der Schlußakte der Konferenz über Sicherheit und Zusammenarbeit vom 1. August 1975 hat die DDR sich als Teilnehmerstaat zur Achtung der Menschenrechte und Grundfreiheiten ausdrücklich verpflichtet, Korb 1, 1a) VII."

Von diesem Haftbefehl erhielten wir am Sonnabend, dem 1.12., über die Medien Kenntnis. Daraufhin legten wir am 3.12. Haftbeschwerde ein, die wir nur auf das stützen konnten, was uns aus den Medien bekannt war. Dabei bemerkten wir:

„Der zeitliche Zusammenhang der beabsichtigten Inhaftierung und, nachdem diese nicht sofort durchgeführt werden konnte, der Publizierung der Existenz des Haftbefehls in der ‚Berliner Morgenpost' und in anderen Medien am 1. Dezember mit der am 2. Dezember stattfindenden Bundestags- und Abgeordnetenhauswahl ist offensichtlich. ...

Bei dem Verfahren gegen Herrn Honecker handelt es sich – ob man das will oder nicht – um ein politisches Strafverfahren. Der Rechtsstaat zeichnet sich gegenüber anderen politischen Systemen dadurch aus, daß nicht jeder bestraft werden kann, den man gerne bestrafen will oder dessen Bestrafung eine Vielzahl von Menschen fordert, sondern dadurch, daß sich die Strafbarkeit aus einer gesetzlichen Grundlage ergibt. Es ist in einem politischen Strafverfahren wie dem vorliegenden besonders wichtig, die Kategorien der politischen Verantwortlichkeit, des moralischen Fehlverhaltens und der strafrechtlichen Verantwortlichkeit sauber auseinanderzuhalten. Gerade weil dieses Verfahren von einem erheblichen öffentlichen und publizistischem Druck begleitet wird, besteht sehr leicht die Gefahr, daß diese Kategorien den zur Entscheidung berufenen Personen verschwimmen. Wenn die Verteidigung im folgenden zu den Rechtsfragen Stellung nimmt, so wird sie sich ausschließlich auf die Diskussion der dritten Kategorie, nämlich der strafrechtlichen Verantwortlichkeit, beschränken. Fragen der politischen und moralischen Verantwortlichkeit, zu denen jede Person ihre eigene Meinung hat, spielen bei der Beantwortung der strafrechtlichen Fragen keine entscheidende Rolle."

Im folgenden Text der Beschwerdebegründung wiesen wir darauf hin, daß der Schußwaffengebrauch in den dem Haftbefehl zugrundeliegenden Fällen durch § 27 des Gesetzes über die Staatsgrenze der DDR gerechtfertigt war. Die angebliche Anordnung Honeckers aus dem Jahre 1974 wurde durch dieses Gesetz von 1982 aufgehoben. Damals wußten wir noch nicht, daß diese „Anordnung" nicht erwiesen war.

Sie war in einer inoffiziellen Mitschrift der 45. Tagung des Nationalen Verteidigungsrates aufgefunden worden, die kein anderer Teilnehmer dieser Sitzung inhaltlich bestätigte und die auch nicht in dem offiziellen Protokoll enthalten war.

Weiter gingen wir auf das Argument ein, daß das Recht, das eigene Land zu verlassen, die Schüsse auf Flüchtlinge verboten hätte. Wir verwiesen demgegenüber darauf, daß die betreffende Bestimmung nicht in nationales Recht der DDR transformiert worden sei und bezogen uns zum Beweis auf Veröffentlichungen von Völkerrechtswissenschaftlern der DDR und Österreichs.

Schließlich wiesen wir darauf hin, daß Erich Honecker nach den vorliegenden Gutachten nicht haftfähig sei und daß keine Fluchtgefahr bestünde, weil er in der gesamten Zeit *„nicht die geringsten Anstalten gemacht (hat), sich dem Verfahren in irgendeiner Form zu entziehen."*

Nachdem wir den Wortlaut des Haftbefehls kannten, ergänzten wir am 6.12.1990 unsere Beschwerdebegründung. Dabei bezogen wir uns auch auf einen Vermerk des Amtsrichters Ebsen, der den Haftbefehl erlassen hatte. In dem Vermerk hatte er ausgeführt, er habe seiner Entscheidung das Urteil des LG Stuttgart aus dem Jahre 1963 zugrunde gelegt. Wir wiesen demgegenüber darauf hin, daß das Landgericht seinerzeit bundesdeutsches Recht angewandt hätte, während jetzt DDR-Recht anzuwenden sei. Im übrigen vertieften wir die völkerrechtliche Argumentation.

Das Landgericht Berlin verwarf durch Beschluß vom 14. Dezember unsere Beschwerde als unbegründet. Es bezog sich dabei zunächst auf die angebliche Anordnung Erich Honeckers in der Sitzung des Nationalen Verteidigungsrates vom 5. März 1974 und erklärte:

„Die in der Beschwerdebegründung vertretene Auffassung, jegliche zuvor getroffene Anordnung sei durch das Grenzgesetz abgelöst worden, ist bisher nicht belegt."

Auf die völkerrechtliche Begründung des Haftbefehls verzichtete das Landgericht. Es hatte offenbar ihre Unhaltbarkeit erkannt.

Gegen diese Entscheidung legten wir am 14. Dezember das Rechtsmittel der weiteren Beschwerde ein. In der Begründung dieser Beschwerde vom 18. Dezember hieß es u.a.:

„Folgt man der Geschichte dieses Haftbefehls, so läßt sich leicht feststellen, daß von Staatsanwaltschaft und Gerichten unterschiedliche Begründungen für den Erlaß bzw. die Aufrechterhaltung des Haftbefehls gegeben werden, je nachdem, auf welches Argument der Verteidigung es zu reagieren gilt. Dabei ist bemerkenswert, daß ursprünglich eingenommene Rechtspositionen aufgegeben oder zumindest nicht wiederholt werden, wenn ihre rechtliche Grundlage zweifelhaft geworden ist und dafür neue, keineswegs tragfähigere Argumente vorgeschoben werden."

Dies wurde wie folgt belegt: Der Antrag der Staatsanwaltschaft auf Erlaß des Haftbefehls hatte keine Rechtsausführungen enthalten. Der Richter am Amtsgericht hatte sich auf Völkerrecht berufen. Danach bezog sich die Staatsanwaltschaft in Erwiderung auf unsere Beschwerde auf „den unantastbaren Kernbereich des Rechts", der durch die

Schüsse an der Mauer verletzt worden wäre. Das Landgericht warf dem Beschuldigten in seinem Beschluß nicht mehr mittelbare Täterschaft, sondern Anstiftung zum Totschlag, begangen durch seine angebliche Äußerung vom 3. Mai 1974 vor, d.h. es ging davon aus, daß der Erfolg der Anstiftung nach Ablauf einer Zeit von neun bis 15 Jahren eintrat. – Darüber hinaus unterstellte das Gericht fälschlich, daß Honecker die entsprechende Mitschrift unterschriftlich bestätigt hätte, was unzweifelhaft nicht der Fall war.

Das Kammergericht verwarf unsere weitere Beschwerde am 6. März 1991. Es ging in seiner Entscheidung, wie es ausdrücklich erklärte, vom Recht der DDR aus. Danach wäre die Anwendung der Schußwaffe nach § 27 Grenzgesetz gerechtfertigt gewesen, wenn die Flüchtlinge durch ihre Flucht ein Verbrechen begangen hätten. Die Getöteten Proksch, Schmidt und Bittner hätten jedoch durch ihre Flucht kein Verbrechen begangen. Diese Feststellung allein schien dem Kammergericht wohl nicht tragfähig genug zu sein. Es fuhr daher fort:

> „Abgesehen davon ist weitgehend anerkannt … , daß jedenfalls solche im Tatortrecht vorgesehenen Straffreistellungen, die im krassen Widerspruch zu allgemein anerkannten rechtsstaatlichen Grundsätzen stehen, eine Bestrafung schwerster Rechtsgutverletzungen – hier von Tötungsdelikten – nach deutschem Recht *(gemeint ist das Recht der Bundesrepublik – d. Verf.)* nicht hindern können."

Damit war die zunächst herausgestellte Anwendung des DDR-Rechts und somit die Prüfung der Strafbarkeit nach dem Recht, das zur Tatzeit und am Tatort galt, am Ende wieder beseitigt. Das bedeutete einen Verstoß gegen den Grundsatz: „Keine Strafe ohne Gesetz" und gegen das Verbot der Rückwirkung. – Es blieb also beim Haftbefehl, und es blieb auch bei Anstiftung anstelle der mittelbaren Täterschaft.

Während der Monate, in denen das Ermittlungsverfahren hauptsächlich um die Frage des Haftbefehls kreiste, beschäftigte uns der Fall Honecker aber noch auf anderen Gebieten.

Anfang November erschienen bei mir im Büro im Rahmen der üblichen Sprechstundenzeiten Herr Andert und Herr Herzberg. Herr Andert war mir aus einem Gespräch im Büro Vogel bekannt. Er hatte an diesem Tag Margot Honecker begleitet. Ich wußte auch von ihm selbst, daß er Gespräche mit Erich Honecker führte, die, wie er meinte, eine quasi psychotherapeutische Bedeutung für meinen Mandanten hätten. Andert kannte die Familie Honecker als ein Bekannter oder Freund der Tochter Sonja. Herr Herzberg war mir bis zu diesem Tag unbekannt, seine Mutter war einmal meine Schülerin an der Berliner Volksrichterschule. Beide überraschten mich mit der Erklärung, daß sie ein Buch über Gespräche mit Erich Honecker veröffentlichen wollten; ich sollte dem zustimmen, weil Herr Honecker sonst mit der Veröffentlichung nicht einverstanden wäre. Die Mitteilung schockierte mich. Die Tatsache solcher Gespräche hatte sich bereits angedeutet, und wir Anwälte hatten immer vor einer Veröffentlichung gewarnt. Wir waren aber jeweils beruhigt worden, so daß wir an ein konkretes Publikationsvorhaben nicht geglaubt hatten. Nun also das. Ich erklärte, daß wir Verteidiger einer Veröffentlichung im gegenwärtigen Augenblick keinesfalls zustimmen könnten. Die beiden wollten jetzt von mir wissen, was ihnen passieren könnte, wenn sie es dennoch täten. Ich machte deutlich, daß sie mit erheblichen Sanktionen rechnen müßten.

Nach dieser Mitteilung setzte ich mich unverzüglich mit Becker und Ziegler in Verbindung, und es kam am 15. November in Beelitz zu einer Aussprache aller Beteiligten mit Andert. Becker stellte Andert bohrende Fragen. Als die Frage nach dem Honorar auftauchte, das Andert für das Buch erhalte, erhob sich dieser vom Stuhl, der Schweiß stand ihm auf der Stirn, und er erklärte, daß er das nicht länger mitmache und nun gehe. Erich Honecker war am Rande seiner Fassung. Nie habe ich ihn davor oder danach wieder so gesehen. Er brachte nur heraus: *„Das kannst Du doch nicht machen!"* Aber Andert „machte es" und ging. Mir hat sich die Szene so eingeprägt, weil ich in diesem Moment fühlte, wie stark sich Honecker in seinem Vertrauen getäuscht und wie sehr er sich verletzt fühlte. Ich glaube, daß Honecker alles andere als mißtrauisch war. Ihm fehlte diese typische Eigenschaft eines Tyrannen völlig. Eher meine ich, er war leichtgläubig und vertrauensselig. – Das Buch erschien. Meßbaren Schaden hat es nicht verursacht. Honecker bestritt die Richtigkeit mancher Äußerungen, aber das war nicht mehr zu ändern. Das Ganze hat uns jedenfalls unnötig geärgert und beschäftigt.

Es gab in dieser Zeit auch wichtige nachdenkliche Stimmen, die sich von der herrschenden Meinung unterschieden. So forderte Augstein im „Spiegel" vom 12.12.1990 *„Gnade für den Bluthund"*. Bundespräsident Richard v. Weizsäcker hatte schon in einem persönlichen Gespräch mit Wolfgang Vogel am 27.1.1990 Besorgnis über die mit Rechtsstaatlichkeit unvereinbare Machart der Abrechnung mit den Schuldigen von gestern ausgedrückt. – Es waren Rufer in der Wüste.

Als Becker und Ziegler am 14.3.1991 Honecker in Beelitz besuchen wollten, fanden sie ihn nicht mehr vor. Ich hatte an diesem Tag nicht mitfahren können, was mir den Verdacht der Kollegen eintrug, ich hätte Kenntnis von dem Weggang des Ehepaars gehabt. Irrtum, meine Kollegen hatten offensichtlich keine Kenntnisse oder Erfahrungen mit den Regeln der Konspiration. Bei dem Ehepaar Honecker war das anders. Sie schwiegen vorsichtshalber auch mir gegenüber. Später schilderten sie mir die näheren Umstände ihres Fluges nach Moskau.

Vom sowjetischen Militärhospital in Beelitz waren sie auf einen Militärflugplatz gebracht worden, wo sie stundenlang auf den Abflug warten mußten. Man erklärte dem Ehepaar, es müsse noch etwas geklärt werden. Als das Flugzeug schließlich gestartet war, wurden sie von der Besatzung informiert, daß Flugzeuge der Bundesluftwaffe sie in Sichtweite begleiteten. Erich Honecker und seine Frau waren daher überzeugt, daß ihre Ausreise mit stillschweigender Billigung der Bundesregierung stattfand. Dies hätte nach Überzeugung vieler auch politischer Vernunft und – jedenfalls auf Seiten der Sowjets – den Regeln des Anstands und der Ehre entsprochen. Springers

„BZ" titelte: „*Ihr könnt ihn behalten!*". Kohl unterlief im Bundestag die Freud'sche Fehlleistung, in einem Versprecher vom „*Kollegen Honecker*" zu reden.

Durch den Abflug Erich Honeckers fand ich meine ursprüngliche Annahme bestätigt: der Honecker-Prozeß findet nicht statt. Auch mit dieser Auffassung stand ich nicht allein da. Christoph Dieckmann z.B. prophezeite im „Freitag": „*Es wird keinen Prozeß geben.*"

Honecker in Moskau (14.3.1991-29.7.1992)

Die Flucht Honeckers nach Moskau war das Medien-Ereignis. Die „Berliner Zeitung" zitierte mich im Titel mit den Worten: „*Letztlich sind doch alle zufrieden*". Der „Freitag" begnügte sich mit einem schlichten „*Honecker weg!*" als Überschrift für seinen Kommentar, in dem Christoph Dieckmann seine kleine Tochter zitierte: „*Ich würde ihn nur ein bißchen bestrafen, er ist doch irgendwie niedlich*". Dieckmann schrieb auch: „*Ich brauche keinen Honecker-Prozeß.*" Quasi als Alibi zitierte er Springers „BZ" mit dem Titel: „*Ihr könnt ihn behalten!*". Ganz anderer Meinung die „F.A.Z.": „*Dreister Fall von Republikflucht*". – Die Meinungen waren also geteilt. Für meine Auffassung, daß es keinen Honecker-Prozeß geben wird, sprachen scheinbar gute Gründe. Meine Westberliner Kollegen dachten wohl ähnlich. Doch bekanntlich ging Deutschland Hand in Hand mit Rußland einen anderen Weg. Deutschland wollte es wissen. Wir ahnten nicht, wie schlecht unsere Karten waren.

Den ersten Brief unseres Mandanten, geschrieben von seiner Ehefrau, erhielten wir am 5.4.1991. Er trug das Datum vom 24.3.1991. Er war über die Außenstelle der sowjetischen Botschaft in Berlin zu uns gelangt. Die Informationen waren knapp:

> „Wir befinden uns zur Zeit im Krankenhaus, noch geht es den Ärzten neben der Behandlung des akuten Zustands um eine genauere Diagnose, damit langfristig therapeutische Maßnahmen festgelegt bzw. eingeleitet werden können." Und: „Es wird sicher bald möglich sein, daß Sie direkten Kontakt mit meinem Mann aufnehmen können."

Das sollte allerdings noch geraume Zeit dauern. – Wir antworteten am 25.4. nach einer durch die damaligen Schwierigkeiten der Telefonverbindungen zwischen Ost- und Westberlin bedingten Verzögerung (wir mußten schließlich einen Termin verabreden, der uns allen dreien paßte) . Auch unser Brief war nicht sehr inhaltsreich. Eine Passage gibt unsere damalige Meinung wie folgt wieder:

> „Natürlich herrschte in Deutschland nach Ihrer Abreise zunächst große Aufregung, die sich aber inzwischen weitgehend gelegt hat. Es herrscht die Ansicht vor, daß die Regierung der Bundesrepublik mit dem Schritt der Sowjetunion, Sie aus humanitären Erwägungen zu einer Behandlung in die Sowjetunion zu überführen, einverstanden gewesen ist.
> Selbstverständlich sind wir alle bereit, die Mandate weiter auszuüben, doch sind die Möglichkeiten, was das Strafverfahren anbelangt, äußerst beschränkt. Für eine endgültige Einstellung des Strafverfahrens oder für eine Aufhebung des Haftbefehls ist die Zeit noch nicht gekommen. Fast täglich bringen die Medien neue ‚Enthüllungen', die in irgendeiner Weise natürlich insbesondere auch das Strafverfahren berühren. Im Augenblick besteht unsere Taktik darin, Ruhe zu bewahren und der Presse keinen Stoff für neue Spekulationen zu geben."

Neben den Strafverfahren (es waren jetzt zwei, eines wegen der Schüsse an der Mauer und das andere wegen Vertrauensmißbrauchs und Untreue), beschäftigte uns noch ein Zivilprozeß gegen die Autoren des Buches „*Der Sturz*" sowie das Verwaltungsgerichtsverfahren wegen der Kontenbeschlagnahme durch den Sonderausschuß der Volkskammer und die Rentenangelegenheiten der Eheleute. Am meisten Arbeit aber machten uns die Medien mit ihren Interviewwünschen. Ständig testeten sie, welche Chance für ein Gespräch mit Erich oder Margot Honecker in Moskau bestehe, was wir Neues wüßten usw. Da wir nicht klüger waren als alle anderen Zeitungsleser (was natürlich niemand glaubte), war das für beide Seiten recht unerfreulich.

Mit der Übersiedlung, Flucht oder Verlegung (wie immer man diesen Vorgang bezeichnen mag) hatte die Rentenversicherung die Zahlung der Renten für die Eheleute Honecker eingestellt. Irgendeine amtliche Mitteilung hierüber hatten weder die Eheleute noch wir Anwälte erhalten. Honeckers bemerkten lediglich, daß die Rente, die ihr einziges Einkommen war, nicht mehr auf ihrem Konto einging. Ich legte gegen den unbekannten Rechtsakt, der dieser Maßnahme zugrundeliegen mußte, Rechtsmittel ein und erhielt daraufhin am 25.7.1991 einen Bescheid, der sich auf eine alte DDR-Bestimmung stützte, wonach Renten bei illegaler Ausreise nicht mehr gezahlt wurden. Das betraf sowohl die Altersrenten der Eheleute wie auch die Ehrenpension Erich Honeckers als Kämpfer gegen den Faschismus. Wir machten uns daraufhin auf den Rechtsweg: Sozialgericht, Landessozialgericht, Bundessozialgericht. Fünf Jahre vergingen. Am 18. September 1996 verkündete das Bundessozialgericht sein Urteil, das uns am 27. Februar 1997 zuging: Keine Altersrente für die Zeit vom 1. August 1991 bis 31. Dezember 1991 (wegen des Aufenthalts in Moskau und der Fortgeltung des DDR-Rechts) und keine Ehrenpension als Kämpfer gegen den Faschismus ab 1. August 1991 (wegen Unwürdigkeit). Gegen dieses Urteil legte ich (mit geringer Hoffnung auf Erfolg) Verfassungsbeschwerde ein, über die noch nicht entschieden ist.

Die Altersrente für Margot Honecker wird mit den Abstrichen gezahlt, die sich aus den im Volksmund als „Rentenstrafrecht" bezeichneten Bestimmungen gegen ehemalige DDR-Bürger, die „staatsnah" waren, ergaben.

Mit einem Brief vom 29.5.1991 teilte uns Erich Honecker u.a. mit, daß seine Frau und er aus dem Krankenhaus entlassen worden wären, daß er wegen der Kontensperre nicht in der Lage wäre, unser Honorar zu bezahlen, und daß er mit uns einer Meinung sei, aus „pragmatischen" Gründen keine gerichtlichen Schritte gegen Veröffentlichungen zu unternehmen, die ihn herabsetzten.

So oder so ähnlich verlief auch in der Folgezeit die Korrespondenz mit unserem Mandanten In Berlin wurden die ersten Anklagen gegen „Mauerschützen" erhoben. Sie blieben – damals – nicht ohne ablehnende Kommentare in den Medien. Heute wäre wohl ein „Spiegel"-Artikel, wie ihn Augstein am 1.7.1991 veröffentlichte, undenkbar. Unter der Überschrift „*Vernunft vor Recht*" begann er mit den Worten:

„Den Deutschen scheint ihre Vereinigung nun doch zu Kopf gestiegen zu sein. Sie haben allen Ernstes Anklage gegen vier Grenzsoldaten erhoben, die an der Berliner Mauer auf zwei flüchtende Landsleute geschossen und einen von ihnen getötet haben. Deren Vorgesetzte bis hin zu Mielke und Honecker wegen des Schießbefehls an der innerdeutschen Grenze anzuklagen, wäre dann nur konsequent."

272

Nach dem Putsch in Moskau änderte sich die Situation. Am 28. August 1991 schrieb ich in einem persönlichen Brief:

„Vielen Dank für Euer Schreiben vom 16.8.1991, das ich am 27.8.1991 erhalten habe. Seit der Absendung Eures Briefes hat sich das Rad der Geschichte mächtig gedreht. Die Situation hier verändert sich auch von Tag zu Tag als Reaktion auf die Veränderungen in der UdSSR. Welche Auswirkungen das auf Euren Fall und ähnliche Fälle hat, vermag ich nicht und wohl auch niemand sonst zu sagen. Es besteht eine allgemeine Unsicherheit über das, was in der nächsten Zeit zu erwarten ist. Insbesondere kreisen hier die Spekulationen darum, ob Erich nach Deutschland zurückgebracht wird oder nicht. Ich werde von allen Seiten befragt und sage immer nur, daß ich nicht mehr weiß, wie jeder andere Zeitungsleser, und daß ich nach den letzten Nachrichten alles für möglich halte. Daraus werden in der Presse die unterschiedlichsten Varianten als meine Darstellung wiedergegeben. Es hat aber keinen Zweck, sich darüber aufzuregen."

Während ich an Erich Honecker schrieb, schrieb dieser am gleichen Tag an Gorbatschow. Eine Abschrift, die unser Mandant unterschrieben hatte, brachte mir ein Mitarbeiter der Botschaft mehr als einen Monat später, am 4. Oktober. Der neun Seiten lange Brief, der offenbar von unserem Mandanten selbst oder seiner Ehefrau auf Schreibmaschine geschrieben war, machte die Zuspitzung der Situation deutlich. In ihm hieß es u.a.:

„In einer Erklärung, in der ich gegen die Verhaftung führender Mitglieder der Partei- und Staatsführung protestierte, schrieb ich am 21.5.1991 u.a. ‚die Beschuldigten haben in Ausübung ihrer durch die Volkskammer der DDR übertragenen Ämter, im Interesse der Wahrung des Friedens und der Souveränität der DDR, die Grenzsicherungsmaßnahmen, die dem Völkerrecht entsprachen, mitgetragen.

Die DDR war ein souveräner Staat, international und auch von der BRD anerkannt. Ihre Westgrenzen waren die Westgrenzen des Warschauer Vertrages, der bis zu seiner Auflösung eine völkerrechtlich anerkannte Gemeinschaft war und dessen Existenz nach der Gründung der NATO schließlich 45 Jahre Frieden in Europa und in der Welt sicherte.

Die Hexenjagd auf ehemalige Mitglieder der SED in allen Bereichen des gesellschaftlichen Lebens, der Versuch, die SED als verbrecherische Organisation abzustempeln, die Ausgrenzung von Lehrern, Wissenschaftlern, Richtern und Staatsanwälten, die Abwälzung aller Lasten der Vereinigung auf die Schultern der Arbeiter, Bauern, der Rentner, der Frauen und der Jugend hat Ausmaße angenommen, die alle ehrlichen Menschen in der Welt beunruhigen müssen.

Die deutsche Justiz, die Justiz von Berlin-West, die nicht einen Nazirichter, keinen einzigen Richter des Volksgerichtshofes verurteilte und die sich ihrer politischen Unabhängigkeit rühmt, begeht schlimmes Unrecht, wenn ihr nicht Einhalt geboten wird. Die Verhaftungen, Verfahren und angestrengten Prozesse, die jeder Rechtsgrundlage entbehren, sind, ob man es wahrhaben will oder nicht, Gesinnungsterror, Gesinnungsprozesse.

Welches Recht maßt sich die deutsche Justiz an, über 40 Jahre deutsche und internationale Geschichte zu urteilen?' ...

Was die Frage meiner Auslieferung betrifft, so möchte ich erklären:

Ich gehe nicht nach Deutschland zurück, bevor nicht der Haftbefehl aufgehoben ist. Ich möchte das wie folgt begründen:

– nach zweijähriger öffentlicher Vorverurteilung meiner Person ist ein fairer Prozeß nicht zu garantieren;

– bei diesem beabsichtigten Prozeß geht es nicht um Recht, geht es nicht einmal um meine Person, sondern es ist beabsichtigt, einen politischen Schauprozeß gegen die sozialistische DDR zu führen;
– ich habe mich nicht vor dem faschistischen Volksgerichtshof gebeugt und ich beuge mich auch heute nicht, aber ich spreche der Justiz der Bundesrepublik das Recht ab, zu Gericht zu sitzen über das ehemalige Staatsoberhaupt eines von ihr anerkannten souveränen Staates;
– ich würde ein solches Auslieferungsersuchen als Wortbruch des Bundeskanzlers gegenüber dem Präsidenten der UdSSR betrachten.
Als ich am 12.3.1991 offiziell von Moskau befragt wurde, ob ich bereit sei, mich in Moskau behandeln zu lassen aufgrund meines sich verschlechternden Gesundheitszustandes, habe ich, der ich mich weder in der Zeit des Faschismus ins Exil begab und Deutschland auch nicht verlassen wollte in der jetzigen Situation, meine Zustimmung gegeben, weil ich in meinem Zustand keine andere Möglichkeit sah. Am 13.3.91 wurde mir mitgeteilt, daß Präsident Gorbatschow Bundeskanzler Kohl über die notwendige Verlegung in ein Krankenhaus in Moskau informiert hat. Ich wurde in Kenntnis gesetzt, daß die SU mir politisches Asyl gewähren würde, wenn es von mir gewünscht wird.
Entsprechend dem Völkerrecht ersuche ich ein Land meiner Wahl um politisches Asyl. Meine Frau, die mich in dieser schweren Zeit bis nach Moskau begleitet hat, beabsichtigt nicht, ihre deutsche Staatsangehörigkeit aufzugeben. Ich bitte Sie, sie dabei zu unterstützen. ... "

Zwei Wochen später, als die Bundesrepublik tatsächlich die Auslieferung Honeckers von der UdSSR verlangte, schrieb der ehemalige Staatsratsvorsitzende am 11. September 1991 erneut an den damals noch im Amt befindlichen Präsidenten der UdSSR, M. S. Gorbatschow. Er wiederholte seinen Standpunkt aus dem Schreiben vom 28.8. und resümierte:

„Die mir gemachten Vorwürfe stellen daher ihrem Wesen nach eine politische Verfolgung dar. Die Beendigung des Kalten Krieges kann nicht dazu führen, daß die Handlungen der einen Seite in dem Kalten Krieg kriminalisiert werden und die Handlungen der anderen Seite legalisiert werden.
Unter Berücksichtigung dieser Tatsachen bitte ich Sie, mir Schutz vor strafrechtlicher Verfolgung zu gewähren. Ich bitte Sie um politisches Asyl für meine Frau und mich. ..."

Eine direkte Antwort auf diese Schreiben erhielt der ehemalige Verbündete von Gorbatschow meines Wissens nicht. Am 4.10. rief mich der 1. Sekretär der Botschaft der UdSSR (Außenstelle Berlin) an und bat um eine Rücksprache. Er suchte mich in meiner Wohnung auf und übergab mir Post unseres Mandanten. Im Gespräch brachte der Diplomat zum Ausdruck, daß in der Sache selbst alles offen wäre. Auch der Brief, den ich erhielt und der kein Datum trug, ließ das erkennen. Die Eheleute Honecker schrieben:

„Durch die Ereignisse hier waren unsere ‚Außenverbindungen‘ zeitweilig unterbrochen. Das war besonders belastend, weil wir nur durch die verwirrenden Nachrichten aus den hiesigen Medien und über den Rundfunk aus Deutschland erfahren konnten, was eventuell zwischen den Regierungen der BRD und der UdSSR besprochen worden sein könnte. Die Erklärungen verschiedener Politiker waren außerdem nach allen Seiten auslegbar. ...
Im Zusammenhang mit Neuregelungen von Verantwortlichkeiten in den hiesigen Regierungsstellen regelt nun das Ministerium für Auswärtige Angelegenheiten die Probleme, die mit unserem Aufenthalt hier verbunden sind. ...

Die Herren *(vom Außenministerium – d.Verf.)* haben uns in dem Gespräch nachdrücklich auf die offiziellen Erklärungen der sowjetischen Seite aufmerksam gemacht, deren ‚Feinheiten' meist im Pressetrubel untergehen. Dazu folgendes: Nach den Ereignissen hier gab es eine Note der BRD an das hiesige Außenministerium mit der Erinnerung an den damaligen Protest nach meiner Ausreise. Diese wurde hier mit dem Hinweis auf den humanitären Aspekt beantwortet. Dem folgte nichts von deutscher Seite.

Im Zusammenhang mit dem Besuch Herrn Genschers gibt es von Seiten der SU zwei zu beachtende *offizielle* Formulierungen. Im Kommuniqué über das Gespräch Gorbatschow/ Genscher wird gesagt, daß man über die Angelegenheit E.H. gesprochen habe und es ‚ein gegenseitiges Verständnis' gab. Auf eine Anfrage von ‚Tass' erklärte das Außenministerium offiziell (ich lege den russischen Text bei), daß es keinerlei Vereinbarungen gegeben hat, eingeschlossen einer eventuellen Reise in ein 3. Land. Die Probleme werden weiter in ‚Behandlung', ‚Beachtung' oder ‚Bearbeitung' (so kann man es lesen) bleiben. Es gibt demnach keine Entscheidungen."

Der Brief an uns Anwälte endete mit zwei Bitten:

„Ich wäre Ihnen sehr dankbar, wenn Sie mir bald Ihre Einschätzung zur möglichen Entwicklung der Dinge übermitteln könnten. …

Wir würden Sie bitten, sich weiterhin für die Freigabe unserer Renten, vor allem für die meiner Frau einzusetzen, selbst wenn eine Überweisung nach hier noch nicht möglich ist, wir könnten sehr bald darauf angewiesen sein."

Wir antworteten Erich Honecker in einem gemeinsamen Brief vom 11. Oktober u.a. wie folgt:

„Die Situation hier ist unverändert geblieben.

Gegenwärtig läuft vor dem Landgericht Berlin – Schwurgericht – der Prozeß gegen die sogenannten Mauerschützen, gegen vier ehemalige Soldaten der Grenztruppen der DDR, die verantwortlich für den Tod von Chris Gueffroy gemacht werden. Der Prozeß findet allgemein sehr großes Interesse, wobei unser Eindruck ist, daß im Gebiet der ehemaligen DDR wenig Verständnis dafür besteht, daß diese Soldaten vor Gericht gestellt werden. …

Wir könnten uns eigentlich zum gegenwärtigen Zeitpunkt eine Aufhebung des Haftbefehls nur unter Bedingungen vorstellen, die wir Ihnen ansonsten keineswegs wünschen: nämlich, daß … Sie auf Dauer für einen gegen Sie in Aussicht genommenen Prozeß nicht verhandlungsfähig wären."

Wir schlossen den Brief mit dem Hinweis, daß uns eine persönliche Aussprache nützlich erscheine. Als Anlage fügten wir noch Augsteins Kolumne im „Spiegel" Nr. 47/1991 *„Herrn Honeckers Geschichten"* und einen Brief von zwei Jugendlichen aus Berlin-Mitte vom 7.10.1991, dem 42. Jahrestag der DDR, bei. In Augsteins Artikel hieß es: *„es führt kein Weg daran vorbei, der Haftbefehl gegen Erich Honecker ist ein Unrecht …"* Die jungen Männer bekundeten: *„Wir wollen Sie wenigstens an diesem Tag nicht allein lassen … Wir vermissen Sie und unsere uns geraubte Heimat, die DDR, sehr."*

Bald offenbarte sich, daß das Klima härter wurde. Am 10. Oktober 1991 hatte das Kammergericht die weitere Beschwerde Willi Stophs gegen den den Haftbefehl aufrechterhaltenden Beschluß des Landgerichts Berlin vom 24. Juni 1991 verworfen. Es bestätigte sich so unsere Auffassung, daß auch unser Mandant nicht mit einer Aufhebung des Haftbefehls rechnen durfte. – Am 23.10. berichtete die „Süddeutsche Zeitung":

> „Nach dem gescheiterten Putsch in der Sowjetunion sieht die Sache Honeckers wieder anders aus. Die alten Genossen des ehemaligen Staatsratsvorsitzenden sind keine Autorität mehr in Moskau. Der frühere Berater von Gorbatschow, Wjatscheslaw Daschitschew, rechnet jetzt mit der Überstellung Honeckers an die deutschen Behörden. Und Rußlands Präsident Jelzin spricht den Deutschen das Recht zu, die Auslieferung zu verlangen, und meint die Sowjetunion solle diesem Wunsch nachkommen."

Das Radio meldete am 4.11., Kinkel erwarte Honecker noch in diesem Monat in der BRD.

Die politischen Aktivitäten um den Honecker-Prozeß waren ebenso lebhaft wie verwirrend. Die Frage, wie es weitergehen würde, war nicht zu beantworten. Es ging offenbar nicht nur um das Schicksal Honeckers. Wie sollte Europa und vielleicht auch die Welt nach dem Zusammenbruch des sozialistischen Lagers und scheinbar auch des Sozialismus als Idee aussehen? Wie sollte man sich gegenüber den Repräsentanten, aber auch den vielen kleinen Anhängern dieser Idee verhalten? Es gab anscheinend keine Konzeption. Vieles entwickelte sich im Selbstlauf, im freien Spiel der jeweiligen politischen Kräfte.

Während Kinkel erwartete, daß Honecker noch im November nach Deutschland „überstellt" werden würde, war Margot Honecker auf Einladung der Regierung Ende Oktober in Chile – kurz vor Helmut Kohl. Wir Anwälte wurden in diesem Zusammenhang von unserem Mandanten gebeten, ein Gutachten zu erstatten, das nachwies, daß es sich bei dem Strafverfahren gegen den ehemaligen Staatsratsvorsitzenden um einen politischen Prozeß handele.

In dieser Situation flogen wir am 6.11.1991 auf Wunsch unseres Mandanten nach Moskau. Da ich zu dieser Zeit ein Gespräch mit Rechtsanwalt Dr. Widmaier in Karlsruhe wegen der Verteidigung des letzten Leiters der Auslandsaufklärung der DDR, Werner Großmann, hatte, kam ich aus Frankfurt. Auf dem Moskauer Flugplatz erwartete uns Margot Honecker. In zwei Pkw's sollten wir die Fahrt zum Hotel und zu dem uns unbekannten Aufenthaltsort unseres Mandanten antreten. Erst jedoch mußte der Fahrer eines Pkw den Motor seines Wagens instand setzen. Die Fahrer sahen so aus, als wären sie vom Personenschutz. Sie fuhren auch so. Nur die Pkw's entsprachen nicht den Vorstellungen, die ich von Regierungswagen hatte. Es war ca. sieben Jahre her, seit ich das letzte Mal in Moskau war. Damals war ich als Parteisekretär des Rechtsanwaltskollegiums zusammen mit Gerhard Häusler, dem Vorsitzenden, und Gregor Gysi, dem stellvertretenden Vorsitzenden, Gast des Moskauer Kollegiums. Damals wurden wir mit einem Tschaika transportiert, der immer sauber war und nie versagte, von den Wolgas, mit den wir jetzt durch die nassen, teilweise unbeleuchteten Straßen des abendlichen Moskau jagten, konnte man das nicht sagen. Als wir unter einer Unterführung durch eine große Pfütze fuhren, knallte es furchtbar. Margot

Honecker und ich drehten uns erschrocken nach dem Wagen mit Becker und Ziegler um. Der stand mitten auf der Straße. Unser Fahrer fuhr weiter. Sehr beeindruckend. Er tat recht so, Ziegler und Becker holten uns bald wieder ein. – Unser Hotel war dafür pico bello, schöner als ich je ein Hotel in Moskau erlebt hatte. Es gehörte nach meiner Erinnerung der Lufthansa und beherbergte nur Gäste, die in harter Währung zahlten. Es war deprimierend leer.

Honeckers waren in einer Waldsiedlung bei Moskau untergebracht. Mir ist so, als ob uns Gorki als Ortsname genannt wurde. Eine exakte Postanschrift hatten wir nicht. Der Postverkehr wurde nach wie vor über die Botschaft abgewickelt. Das Haus, in dem Honeckers untergebracht waren, war ein zweistöckiges Einfamilienhaus aus beigefarbenen Klinkern, wie sie auch bei vielen Neubauten in Moskau verwendet wurden. Im Parterre waren anscheinend Personenschützer untergebracht. Die Möblierung entsprach dem Geschmack des Landes. Das Haus war offenbar eine „Regierungsdatsche", die zuvor von einem Politbüromitglied der KPdSU genutzt worden war. Der ehemalige Staatsratsvorsitzende und Generalsekretär der SED wurde noch mit der ihm nach dem Protokoll zustehenden Aufmerksamkeit behandelt. Das sollte sich in ca. fünf Wochen ändern.

Inhaltlich war unsere Begegnung aus meiner Sicht nicht sehr ergiebig. Ich hatte gehofft, daß wir in Moskau Gelegenheit haben würden, der sowjetischen Seite deutlich zu machen, daß sie nicht nur moralische, sondern auch völkerrechtliche Pflichten gegenüber unserem Mandanten zu erfüllen und ihm Asyl zu gewähren hätte. Diese Hoffnung erwies sich als eitel. Kein verantwortlicher russischer oder sowjetischer Politiker ließ sich blicken. Wir blieben ganz unter uns.

In Vorbereitung auf das Treffen mit unserem Mandanten hatten wir in aller Eile und jeder für sich Stellungnahmen zur völkerrechtlichen Situation Erich Honeckers verfaßt. Es war für mich ein ungewohntes juristisches Terrain, aber die Kürze der Zeit zwang mich wie auch meine Kollegen, dieses Gebiet zu betreten. In meinem Text hieß es u.a.:

„Bei der Gewährung von Asyl für Erich Honecker kann es … in keinem Fall darum gehen, daß diese Asylgewährung unter völkerrechtlichen Aspekten unstatthaft ist, sondern nur darum, ob eine völkerrechtliche Verpflichtung besteht, Erich Honecker Asyl zu gewähren. Dies ist dann zu bejahen, wenn er im Sinne des Artikels 33 der Genfer Flüchtlingskonvention politisch verfolgt wird. …

Der Tatbestand der politischen Verfolgung wird von der Rechtsprechung der Gerichte der Bundesrepublik Deutschland ‚als eine diskriminierende Maßnahme von Gewicht' definiert, ‚die den echten oder auch nur vermeintlichen politischen Gegner treffen soll'… Schon aus dieser Definition geht hervor, daß der Vorwurf krimineller Delikte den Tatbestand der politischen Verfolgung nicht ausschließt. …

Der Charakter des Ermittlungsverfahrens gegen Erich Honecker stellt sich damit unzweifelhaft als Maßnahme politischer Strafverfolgung dar. Die Asylgewährung für Erich Honecker ist daher nicht nur völkerrechtlich erlaubt, sondern vielmehr durch die Genfer Flüchtlingskonvention geboten. Jedes Land, von dem Erich Honecker Asyl begehrt, muß ihm nach völkerrechtlichen Grundsätzen Asyl gewähren."

Rechtsanwalt Ziegler äußerte sich in einem als „Aktenvermerk" bezeichneten Text zur Frage der Restitution und Auslieferung. Er verwies u.a. darauf, daß entgegen der Behauptung der Bundesregierung unser Mandant sich *„zum Zeitpunkt der Abreise nicht in der Hoheitsgewalt der Bundesrepublik Deutschland"* befand. *„Er hielt sich in Beelitz auf und befand sich im Schutz und damit in der Hoheitsgewalt der Sowjetunion. Dieser Schutz ist bereits eingetreten, als die DDR noch existierte."*

Wir übergaben unsere Ausarbeitungen und erläuterten sie. Vielleicht konnten wir auch Trost spenden und unserem Mandanten ein realeres Bild der Lage in Deutschland vermitteln, sonst aber konnten wir weiter nichts tun, d.h. die russische Küche konnten wir auch noch genießen. Es war das einzige Mal in den mehr als drei Jahren, daß ich Honecker ein Glas Alkohol, hier georgischen Weinbrand, trinken sah und mittrinken durfte. Es blieb unter Gorbatschows Einfluß und entgegen russischer Sitte bei einem Glas. Hier deckten sich offenbar Gorbatschows und Honeckers Anschauungen.

Die Wochen nach unserer Moskaureise waren voller sich widersprechender Gerüchte und Meldungen zum Thema: Kommt er oder kommt er nicht? Obgleich der Druck der Bundesrepublik zur Auslieferung Honeckers immer größer wurde, blieb ich unbelehrbarer Optimist. Ich meinte, das kann und das wird die Sowjetunion nicht machen. Manche Nachricht schien mir Recht zu geben. Am 13. November 1991 meldete AFP, Jelzin hätte in einem Interview gegenüber „Die Zeit" erklärt:

„Honecker habe nicht um politisches Asyl gebeten. ‚Und Sie haben einen gewissen Anspruch auf ihn' fügte er hinzu. ‚Da ich Honeker keine Garantien gegeben habe, würde ich selbst …' erklärte Jelzin, ohne den Satz aber zu vollenden. Honecker befinde sich jedoch in der Obhut des sowjetischen Präsidenten Michail Gorbatschow. Jelzin betonte, er könne jetzt viele Probleme entscheiden, ohne Gorbatschow zu fragen, praktisch fast alle. Es blieben aber einige, die er nicht entscheiden könne. ‚Ich kann Honecker nicht von dort wegholen, ihn packen und zu Ihnen bringen' betonte Jelzin."

Gorbatschow seinerseits erklärte, als er vom „Stern" auf diese Äußerung seines Rivalen angesprochen wurde:

„Die Sache Honecker hat vor allem mit Humanität zu tun. Er ist ein alter Mann, fast 80 Jahre alt, und hat 10 Jahre unter den Nazis im Gefängnis gesessen. Soll denn nach alledem, was passiert ist, nach der deutschen Vereinigung, auch auf diesem Gebiet ein Revanchismus, ein Weg der Rache eingeschlagen werden? Wir Russen haben denen vergeben, die in der Wehrmacht unter Hitler gedient haben. Diese Soldaten sind zu normalen Bürgern geworden. Und jetzt sollen ausgerechnet wir Honecker ausliefern? Das reimt sich bei mir nicht zusammen. …
Wenn wir die Geschichte der letzten Jahrzehnte betrachten und dieselbe Elle wie bei Honecker anlegen, müßten wir wahrscheinlich alle Staatsmänner und Regierungschefs nicht in Rente, sondern ins Gefängnis schicken." (*„Stern" v. 19.11.1991, S. 28*)

Noch bevor das Interview im „Stern" erschienen war, berichtete uns unser Mandant in einem Brief über einen Besuch, den er vom stellvertretenden Außenminister der UdSSR, J. S. Deriabin, am 16. November erhalten hatte. Der Bericht hatte die Form eines Gesprächsvermerks, den Margot Honecker angefertigt und unterschrieben hatte. In dem Vermerk hieß es u.a.:

„Er *(Deriabin)* freue sich, E. Honecker zu begegnen, und er möchte seine Hochachtung zum Ausdruck bringen, leider sei die Lage, in der wir uns befänden, schwer. Er überbringe die Grüße seines Ministers Pankin. Er habe den Auftrag, offen mit uns über die Lage zu sprechen und gemeinsam zu beraten, denn alle Entscheidungen der sowjetischen Regierung würden nur in vollem Einverständnis unsererseits getroffen werden. ...

Die Lage der SU, auch die innere Lage, wird immer schwieriger. Der politische und ökonomische Druck der BRD auf allen Gebieten wächst, auch bezogen auf die Frage nach der Rückführung E. Honeckers. Die BRD gehe weiter davon aus, daß die Verlegung E.H. nach Moskau eine Verletzung der Souveränität der BRD durch die SU gewesen sei.

Die Frage E.H. wird zu einer Belastung zwischen den beiden Regierungen. Dies beunruhige die sowjetische Führung. ...

Es gibt zur Zeit ernste Diskussionen über die früheren Entscheidungen der sowjetischen Regierung, über deren Richtigkeit, das betrifft auch die Entscheidung, was E.H. angehe. Hierüber gäbe es verschiedene Meinungen vor allem unter denen, die der russischen Regierung angehören. ...

Für die sowjetische Seite wäre die beste Variante, die freie Entscheidung E.H., nach Deutschland zurückzukehren, natürlich verbunden mit entsprechenden Bedingungen.

E. Honecker erklärte:

Er muß davon ausgehen, daß sich in Deutschland die Lage weiter verschärft hat. Aus den ihm von seinen Anwälten überlassenen Dokumenten (Materialien der Staatsanwaltschaft, der Gerichte und der Verteidiger zum Verfahren gegen die Beschuldigten in der Angelegenheit Grenze) gehe eindeutig hervor, daß man beabsichtigt, die gesamte militärische und politische Führung der DDR anzuklagen. Es gehe offensichtlich schon nicht mehr um den sogenannten Schießbefehl, sondern um die Grenze überhaupt. ...

E.H. stellte die Frage, wie die SU auftreten kann und aufzutreten gedenkt, da es nicht nur um ihn persönlich, sondern um die gesamte politische und militärische Führung der ehemaligen DDR gehe. Wie ihm bekannt sei, haben Gorbatschow und Kohl beim Treffen im Kaukasus darüber gesprochen, daß sich mit der Vereinigung alles würdevoll und fair vollziehen solle, daß unter die Vergangenheit ein Schlußstrich gezogen werden solle. Jetzt aber gehe man dazu über, rückwirkend Urteile zu fällen, was rechtlich in keiner Weise haltbar ist und nur als Rache zu verstehen sei.

E.H. erklärte weiter, auf die offenen Darlegungen des Ministers gebe er eine ebenso offene Antwort: Er gehe jetzt nicht nach Deutschland zurück, dafür habe er einen entscheidenden politischen Grund: ‚Die DDR darf nicht neuen Demütigungen ausgesetzt werden, indem man das ehemalige Staatsoberhaupt der DDR der BRD-Regierung zur Verurteilung übergibt.' ...

E.H. stellte noch einmal die Frage, wie bereits im Brief an M. S. Gorbatschow gestellt, was die SU tun könne, damit er nach Chile reisen könne. Wenn der Präsident der SU sich nicht in der Lage sieht, ihn hier zu behalten, dann möchte er das Recht in Anspruch nehmen, ein Land seiner Wahl zu bitten, ihm politisches Asyl zu gewähren. ...

M.H. erklärte, sie betrachte eine eventuelle Zustimmung zur freiwilligen Rückkehr als indirekte Auslieferung, Dann solle doch die Regierung der SU offen erklären, daß sie Honecker ausliefere. Abgesehen von dem weiteren politischen Prestigeverlust seitens der SU, halte sie es persönlich für unmoralisch dem ehemaligen Freund und Verbündeten gegenüber. – Als Ehefrau müsse sie darauf hinweisen, daß ihr Mann zwar gesund aussehe, aber daß er weder psychischen noch physischen Belastungen aus gesundheitlichen Gründen gewachsen sei, was die Ärzte bestätigt haben. In diesem Zusammenhang verwies sie auf die bevorstehende ärztliche Kontrolluntersuchung, da E.H. wegen der zurückliegenden Krebsoperation ständig kontrolliert werden müsse. ...

279

Minister J.S. Deriabin faßte das Gespräch folgendermaßen zusammen:
… Die politischen Motive, die E.H. dargelegt hat, sind klar und eindeutig. Das Ziel seines Besuches bestand nicht darin, das wolle er ausdrücklich betonen, die Frage der Auslieferung zu erörtern, das stehe weder politisch, völkerrechtlich noch moralisch zur Debatte. Vielleicht sei es nicht ganz glücklich, von freiwilliger Rückkehr zu sprechen, was so aufgefaßt werden könnte, wie es im Gespräch zum Ausdruck kam. Es müßten natürlich im Falle einer Rückkehr Bedingungen gestellt werden, zumindest die Aufhebung des Haftbefehls.

Es sei bei diesem gemeinsamen Gespräch darum gegangen, die Standpunkte zu erörtern, da die Gespräche mit Bonn fortgesetzt werden, und das schon in Kürze, während des Besuchs von Jelzin in der BRD bei Kohl. Und man könne es nicht den Überbringern überlassen, was sie dort erklären oder den dortigen Partnern. Wir müssen (die SU) eigene Positionen beziehen. Z.B., was bei einem Angebot der BRD-Seite unsere Bedingungen sind oder einen anderen möglichen Kompromiß betreffend.

Gorbatschow und andere sind sehr engagiert zu Gunsten Honeckers, und Jelzin begreife schon, daß es sich um ein schwieriges Problem handelt.

Jelzin wird das Gespräch in Bonn auf höchster Ebene im Auftrag von Gorbatschow führen. Jelzin solle in den inoffiziellen Gesprächen prinzipiell auftreten, alle Motive in Betracht ziehend.

Der Minister unterstrich noch einmal, daß es keine Entscheidung der sowjetischen Führung geben wird ohne unsere Zustimmung. Er würde uns über die weitere Entwicklung informieren, weiter in Kontakt bleiben.

Er deutete an, daß sie wahrscheinlich den deutschen Botschafter Blech informieren werden."

Der Brief und der Vermerk gingen am 25. November bei mir ein. Sie waren offensichtlich in Eile von Margot Honecker selbst auf der Maschine geschrieben worden. Nicht einmal eine Kopie hatte Frau Honecker machen können, denn sie bat uns, ihr eine solche zurückzusenden.

Täglich brachten die Medien neue Meldungen, Kommentare, Gerüchte über den künftigen Verbleib des ehemaligen Staatsratsvorsitzenden der DDR. Ich blieb Optimist, d.h. ich glaubte nicht an eine Auslieferung an Deutschland. Ich hielt das in jeder Hinsicht für unmöglich und unsinnig. Doch dann, am 10. Dezember, rief Margot Honecker bei Rechtsanwalt Becker an: Der Justizminister Rußlands war bei ihnen und hat sie aufgefordert, das Land bis Freitag, den 13. Dezember, zu verlassen. – Wir berieten daraufhin abends, was zu tun sei. Im Ergebnis teilten wir unserem Mandanten telefonisch mit, daß wir unsererseits keine Möglichkeit sehen, ihm zu helfen.

Später erhielten wir eine Kopie vom

„Protokoll über die Erklärung des Beschlußes über die Auslieferung vom Territorium RSFSR

10. Dezember 1991   Moskau

Das Minister des Inneren Dunajew A. F. und Justizminister Fedorov N. W. in Auftrag der russischen Regierung handelnd haben beschlossen:
Den Bürger der BRD Erich Honecker durch seine Unterschrift davon ins Kenntnis zu setzen, daß er nicht später als bis zum 13. Dezember 1991 das Territorium der RSFSR verlassen muß, es wurde ihm erklärt, daß er im Falle der Nichtbefolgung dieser Mitteilung gewaltsam nach BRD ausgeliefert wird."

Diese Übersetzung war von A. Dunajew und N. Fedorow eigenhändig unterschrieben. Auf einer zweiten Seite des Dokuments befand sich folgender Text:

> „Erich Honecker mit Beteiligung des Dolmetschers und in Anwesenheit des Vertreters des Außenministeriums RSFSR Kolokolov B. L. um 18 Uhr 00 min am 10. Dezember 1991 zur Kenntnis gebracht.
> Ich beständige die Richtigkeit der Übersetzung."
> *(Unterschrift für mich unleserlich)*

Diese deutsche Übersetzung war offenbar von einem russischen Dolmetscher anläßlich der Erklärung ad hoc mit der Hand geschrieben. Sie wies außer den orthografischen Fehlern Einfügungen und Durchstreichungen auf, die auf große Eile bei der Abfassung hindeuten.

Margot Honecker fertigte ihrerseits über den Besuch des Innenministers und des Justizministers der RSFSR eine Niederschrift an. In ihr hieß es, daß Erich Honecker nach Verlesung der Erklärung der Minister sofort Protest eingelegt und darauf hingewiesen habe,

> „daß es sich bei dem Verfahren gegen ihn um ein politisches Verfahren handelt und er deshalb um politisches Asyl ersucht habe. Er nahm Bezug darauf, daß es sich bei allen Fragen, die die Grenze sowohl zwischen der DDR und der BRD wie der Grenze zu Westberlin um eine gemeinsame Verantwortung der sowjetischen wie der DDR-Seite handelt und daß die Grenze zu Berlin-West von den Beschlüssen des Warschauer Paktes getragen wurde."

Der Wunsch Erich Honeckers nach rechtlichem Beistand wurde von Fedorow mit dem Bemerken abgelehnt, *„es handele sich um einen administrativen Akt, die Rechte eines Bürgers der BRD interessieren ihn nicht."*

Noch am 10. Dezember richtete Erich Honecker gleichlautende Schreiben an Präsident Gorbatschow und Präsident Jelzin, in denen er gegen den Ausweisungsbeschluß der russischen Regierung protestierte, *„da dieser völkerrechtlichen Bestimmungen widerspricht. Dazu liegen beweiskräftige Rechtsgutachten meiner drei Anwälte im Außenministerium der CCCP bereits seit Mitte November vor."* So erfuhren wir, daß unsere eiligen völkerrechtlichen Vermerke, die wir am 6. November übergeben hatten, doch noch bis ins Außenministerium gelangt waren. Erkennbare Reaktionen hatten sie dort nicht hervorgerufen. Juristische Argumente spielten wohl bei den Verhandlungen mit der Bundesrepublik keine entscheidende Rolle.

Am nächsten Tag meldeten die Medien, Erich Honecker sei in der chilenischen Botschaft. Das bestätigte Margot Honecker telefonisch am Abend des 12. Dezember. Sie könnten in der Residenz des Botschafters Chiles bis zu einer „Lösung" bleiben. Sie fügte jedoch ahnungsvoll hinzu, man müsse mit allem rechnen.

In der „Süddeutschen Zeitung" berichtete Heribert Prantl am 14./15. Dezember:

> „Die Berliner Staatsanwaltschaft erarbeitet eine Anklageschrift gegen Erich Honecker, die weit über die Vorwürfe im Haftbefehl hinausgehe; sie solle ‚im Frühjahr' nächsten Jahres vorgelegt werden."

Gleichzeitig gingen die Spekulationen über das weitere Schicksal des ehemaligen Staatsratsvorsitzenden weiter. ADN berichtete am 16.12.:

> „Journalisten, die das Geschehen (vor der chilenischen Botschaft) beobachten, rechnen für die nächsten Stunden mit einer Entscheidung über das weitere Schicksal Honeckers. Nordkorea bestätigte seine Bereitschaft, den 79jährigen Honecker zur ‚medizinischen Behandlung' aufzunehmen."

Es gab aber auch andere Pressestimmen, wenn es auch verschwindend wenige waren. So erschien ebenfalls am 16. Dezember im „Spandauer Volksblatt" ein Artikel von Klaus Eschen unter der Überschrift:

> „Die drei Fehler des Erich H. – Keinen Krieg geführt, keine Autobahnen gebaut und immer Dachdecker geblieben."

Ermutigend war auch eine ADN-Meldung vom gleichen Tag. Außenminister Andrej Kosyrew sagte danach:

> „Rußland werde gegen Honecker keinerlei Gewalt ausüben. Er könne die Botschaft Chiles, wo sich Erich Honecker und Ehefrau Margot seit vergangenem Mittwoch als ‚persönliche Gäste' von Botschafter Clodomiro Almeyda aufhalten, jederzeit frei verlassen."

Tags darauf schrieb mir Rudolf Bahro:

> „… schon irgendwann im Jahre 1990 hatte ich Rechtsanwalt Vogel, dessen Mandant Erich Honecker wohl damals war, erklärt, daß ich die eigentliche politische Verteidigung übernehmen möchte, wenn es zu einem Prozeß kommen sollte. Heute wäre ich noch tiefer als damals daran interessiert, in dieser Sache so öffentlich wie möglich das Wort zu ergreifen."

Mich hat dieses Angebot sehr bewegt. Schließlich hatte Bahro eine Strafe von acht Jahren Zuchthaus dafür erhalten, daß er gegen die Linie der SED und damit gegen Honecker opponiert hatte. Er ließ sich, wie andere Opfer, in seiner Überzeugung nicht beirren, weil andere Kommunisten Fehler oder auch Verbrechen begingen. Die Reaktionen der Opfer gleichen nicht alle der von Bärbel Bohley.

Noch bevor das Jahr zu Ende ging, erhob ich vor dem Sozialgericht Klage, da die Widersprüche gegen den Entzug der Alters- und VdN-Rente für Honeckers erfolglos geblieben waren. Die BfA berief sich auf den Auslandsaufenthalt der Honeckers, der nach DDR-Recht automatisch den Verlust der Rente zur Folge gehabt hatte. Ich verwies darauf, daß der Grund für diese Regelung, die Nicht-Konvertierbarkeit der DDR-Währung, entfallen sei. Andere ehemalige DDR-Bürger erhielten ihre Renten auch ausgezahlt, wenn sie z.B. nach Israel auswanderten. Bei den Honeckers war das etwas anderes, es bedurfte noch Jahre, bis diese Frage rechtskräftig, wenn auch nicht verfassungsgemäß, entschieden war.

Anfang Januar 1992 erhielt ich von einem Bekannten des „Botschaftsflüchtlings", der ihn an seinem Zufluchtsort besucht hatte, eine Information über seine Lebensverhältnisse. Er bewohnte mit seiner Frau ein kleines Zimmer, das er nicht verlassen konnte, lebte entsprechend isoliert und befand sich bei angeschlagener Gesundheit in einem entsprechenden Zustand.

Bis zum Februar 1992 gab es keine sichtbare Entwicklung in Sachen Honecker. Am Freitag, dem 13.2.1992, rief mich Margot Honecker an und bestätigte, was die Presse bereits berichtet hatte, ihr Mann hat Metastasen in der Leber. Herr Brinkmann von der „BILD" fragte mich kurz danach:

„Wann stellen Sie einen Antrag auf Aufhebung des Haftbefehls von Honecker wegen seiner Krankheit?"

Ich antwortete, daß wir zur Zeit noch nicht über die notwendigen ärztlichen Unterlagen verfügten und daß ich bezweifle, *„ob die deutschen Richter es mit der Aufhebung des Haftbefehls ebenso eilig haben wie bei der Ausstellung."* Dann wagte ich wieder eine Prophezeiung:

„Es besteht doch überhaupt keine Chance, den Prozeß von Honecker zu seinen Lebzeiten zu Ende zu führen. Dieser Prozeß wäre das größte Unglück für den deutschen Rechtsstaat, er würde auch das Ansehen des deutschen Staates versauen."

Brinkmann liebte Kraftausdrücke, vielleicht habe ich sie in einer Art Gefühlsausbruch auch tatsächlich benutzt. Die Zeit war dramatisch, es gab nicht nur den Honecker-Prozeß, und vieles betraf auch mich und ließ mich nicht kalt. Am 14.2. erhielt ich die Nachricht vom Tod von Hermann Axen; ein Waldheim-Richter nahm sich mit seiner Frau das Leben, weil er der Rechtsbeugung beschuldigt wurde; Prof. Riege, Mitglied der PDS-Gruppe des Bundestages, beging Selbstmord wegen der Enthüllungen über seine IM-Tätigkeit vor 30 Jahren. Das Ermittlungsverfahren gegen Werner Großmann wegen Spionage lief weiter. Alles das und noch viel mehr drang Schlag auf Schlag auf mich ein. Von neuem Recht und altem Kopf gar nicht zu reden. Eines jedoch blieb unverändert: Februar ist Urlaubsmonat beim Ehepaar Wolff oder, wie es in der DDR hieß: Privat geht vor Katastrophe. Ich war eben trotz allem noch nicht in der Bundesrepublik angekommen.

Vordergründig ereignet sich dann monatelang nichts oder so gut wie nichts. Nur die Presse spekulierte und jagte nach Sensationen. Hintergründig wurde gekämpft. Wir erfuhren nur Bruchstückhaftes und waren nur Randfiguren der Auseinandersetzung. Der Hauptschauplatz der diplomatischen Rangeleien hatte sich offenbar nach Chile verlagert. Alles hing für den Fortgang der Ereignisse von der Haltung Chiles ab. Am 16. März rief Frau Honecker Rechtsanwalt Becker an und teilte ihm mit, daß der Sonderbotschafter Chiles, Herr Holger, durch Berlin reisen würde und uns bei dieser Gelegenheit zu sprechen wünsche. Die geplante Unterredung wurde jedoch schon am nächsten Tag wieder abgesagt und sollte eine Woche später in Moskau stattfinden. Tatsächlich klappte es diesmal, und wir flogen ein zweites Mal nach Moskau, nunmehr in die chilenische Botschaft.

Unser Mandant bewohnte mit seiner Frau ein Zimmer der Botschaft, das zwar geräumig, aber nicht für Dauergäste gedacht war. Auf dem Fußboden stand ein Koffer, der einen Kleiderschrank ersetzen mußte. Nach einer Unterredung mit Erich Honecker und seiner Frau sprachen wir mit Botschafter Holger und Botschafter

Cifuentes. Die Unterredung fand ohne Dolmetscher auf englisch statt. Wir legten unseren Standpunkt über Honeckers Recht auf Asyl, über die Rechtmäßigkeit seines Aufenthalts in Rußland und über die Notwendigkeit dar, ihm förmlich rechtliches Gehör zu gewähren. Wir verwiesen auch auf die Notwendigkeit, ein objektives und kompetentes ärztliches Gutachten einzuholen. Ich hatte den Eindruck, daß die Botschafter uns aufmerksam zuhörten, konnte jedoch nicht erkennen, ob wir sie überzeugten. – Wegen anderer Arbeiten, ich glaubte damals noch, der Prozeß gegen Hans Modrow wegen des Vorwurfs der Wahlfälschung stehe vor der Tür, flog ich am gleichen Tag wieder zurück, während meine Mitstreiter noch bis zum nächsten Tag blieben und das Ergebnis unserer Unterredung mit dem Ehepaar Honecker besprachen.

Die Reaktion Chiles deutete sich in einem Gespräch an, das Botschafter Holger in Gegenwart des 3. Sekretärs der Botschaft Chiles in der BRD mit unserem Mandanten am 10. April 1992 führte. Nach einem Gesprächsvermerk von Margot Honecker sagte Holger u.a.,

> „daß die Anklageschrift bald vorliegen werde ..., daß Chile Vertrauen zur Rechtsstaatlichkeit der BRD habe und davon ausgehe, daß ein rechtsstaatliches Verfahren gewährleistet sei, außerdem habe E.H. ja kompetente Anwälte. Es wäre das beste, wenn sich E.H. freiwillig der deutschen Justiz stelle, dann wären alle rechtlichen Maßnahmen gegeben, auch eine gute medizinische Betreuung." *Er fügte weiter hinzu, er habe* „mit seinem Präsidenten und dem Außenminister gesprochen, diese haben Weisung gegeben, eine kurze Frist zu setzen für das freiwillige Verlassen der Botschaft unter Beachtung der Zusicherung, daß kein Zwang ausgeübt werden solle."

E.H. lehnte es in seiner Erwiderung ab, die Botschaft freiwillig zu verlassen. Er gebe sich nicht dafür her, daß man nachträglich über die DDR zu Gericht sitzen könne. Er verwies eingehend auf die historische Entwicklung, die zum Bau der Mauer geführt habe, auf den Beschluß der Staaten des Warschauer Vertrages, auf die Rolle der DDR bei der Entspannungspolitik und auf seinen Empfang in der BRD im Jahr 1987.

Holger entgegnete, die Information, die Erich Honecker gegeben habe, sei für seine Arbeit wichtig. Präsident Alwyn wirke darauf hin, daß Honecker nach Korea fahren könne. Rußland habe den Wunsch Chiles ohne Begründung abgelehnt. Holger hob ferner hervor, *„daß er aus seinen Gesprächen in der BRD den Eindruck gewonnen habe, daß die beste Lösung wäre, wenn E.H. freiwillig nach Deutschland zurückgehe, es gäbe doch eine gute Verteidigungposition, es könne doch nur gut ausgehen."*

Holger sprach auch Magot Honecker auf die Sorge an, die sich die Chilenen um den Gesundheitszustand Erich Honeckers machten. Die Angesprochene erwiderte darauf nach ihrer eigenen Aufzeichnung,

> „daß ihr der noch immer nicht völlig geklärte Gesundheitszustand Sorgen bereite. Leider hätte man in Chile und in Deutschland mit dem ersten Befund und dem Ergebnis der Krankenhausuntersuchung politische Manipulationen betrieben. Das muß künftig ausgeschlossen werden."

Abschließend erklärte Holger nach dem Vermerk von Margot Honecker:

„Die Russen sind an ihr Versprechen an Deutschland gebunden, Rußland ist von Deutschland abhängig".

Die Medien berichteten immer häufiger, daß die Anklage der Staatsanwaltschaft gegen Erich Honecker bevorstehe. Wir schrieben daher am 5. Mai 1992 an Herrn Oberstaatsanwalt Großmann:

„In der vorbezeichneten Strafsache wissen wir aus zahlreichen Presseverlautbarungen, daß die Staatsanwaltschaft beabsichtigt, gegen unseren Mandanten Anklage zu erheben. Wir möchten Sie in aller Form darauf hinweisen, daß eine Anklageerhebung im gegenwärtigen Stand des Verfahrens nicht zulässig ist und beantragen im Hinblick auf die Abwesenheit von Herrn Honecker analog zu § 205 StPO, das Verfahren vorläufig einzustellen."

Wir begründeten den Antrag mit der Tatsache, daß Erich Honecker zu dem Vorwurf nicht gehört worden war, da die Beschuldigtenvernehmung vom 10. August 1990 von ihm nur aus gesundheitlichen Gründen abgelehnt worden wäre, zumal er an diesem Tag ohne Verteidiger gewesen sei. Er habe damit nicht auf sein Recht auf rechtliches Gehör schlechthin verzichtet.

Die Perspektive sah also Anfang Mai 1992 nicht rosig aus, ließ aber doch noch Raum für die Hoffnung, der Prozeß werde im Interesse aller Beteiligten nicht stattfinden. Am 11. Mai kam es zu einem Gespräch zwischen uns Anwälten und dem chilenischen Konsul in Bonn, O'Ryan, im Büro von Rechtsanwalt Ziegler. Im Ergebnis dieses Gesprächs richteten wir ein Schreiben an die chilenische Botschaft in Bonn, in dem wir zum Ausdruck brachten, daß wir unter bestimmten Voraussetzungen Herrn Honecker raten würden, sich einer Entscheidung nach Artikel 13 des Internationalen Paktes über bürgerliche und politische Rechte (IPbpR) zu unterwerfen. Dem Schreiben war eine als Vermerk bezeichnete Anlage beigefügt, in der Rechtsanwalt Becker die Rechtslage darstellte. Dabei ging er davon aus, daß Rußland als Rechtsnachfolger der UdSSR an den Pakt gebunden sei, daß sich Erich Honecker rechtmäßig auf dem Territorium Rußlands aufhalte, da ihm die Einreise mit einem Regierungsflugzeug ermöglicht wurde, und die Ausweisung aus Rußland nicht rechtmäßig, d.h. nicht aufgrund eines formellen Gesetzes ergangen wäre. Sie sei überdies nicht von der zuständigen Stelle verfügt worden. Schließlich beruhe die Ausweisung auf einem Machtmißbrauch, da kein vernünftiger Grund für sie angegeben worden wäre. Letztlich wäre die gegen Herrn Honecker verfügte Ausweisung eine verdeckte Auslieferung gewesen und sei als Machtmißbrauch rechtswidrig. Das Verfahren, in dem die Ausweisung erfolgt wäre, sei ebenfalls rechtswidrig gewesen, da Herr Honecker keine Möglichkeit gehabt hätte, sich anwaltlich vertreten zu lassen, ihm nicht die Einlegung eines Rechtsmittels zugestanden habe, und folglich wären die Verfahrensgarantien des Artikel 13 IPbpR nicht eingehalten worden.

Auf diese Unterlagen bezog sich Holger in einem weiteren Gespräch mit Erich Honecker am 14. Mai 1992. Er lobte deren juristische Qualität und bezeichnete sie als sehr konstruktiv. An der Legalität der Einreise Honeckers in die UdSSR bestünde auf chilenischer Seite kein Zweifel mehr. Er sagte auch zu, daß Chile hinsichtlich der Zusammensetzung eines in Artikel 13 IPbpR vorgesehenen Entscheidungsgremiums Unterstützung geben würde. Auf die Bildung eines solchen unabhängigen Gremiums hatten wir in dem Schreiben vom 11. Mai großen Wert gelegt, und auch Erich Honecker hatte sich gegenüber Holger darauf bezogen. Schließlich bedankte sich Holger für die Bereitschaft, einen Kompromiß nach Artikel 13 IPbpR zu suchen und im Zusammenhang damit die Botschaft zu wechseln. Im weiteren Verlauf des Gesprächs erklärte Holger nach der Gesprächsnotiz von Margot Honecker:

„Präsident Alwyn und die Regierung teilen die Sorge um die Gesundheit E.H. Er habe mit seinem Staatssekretär Kontakt gehabt und mit dem Chef des ärztlichen Kollegiums. Es sei in Erwägung gezogen, ein internationales Ärztekollegium zu bilden, um Manipulationen zu verhindern Eine solche Ärztegruppe würde unter chilenischer Verantwortung gebildet. Es gibt eine Überlegung, den bekannten Chirurgen und persönlichen Arzt von Allende einzubeziehen.

Man müsse bei der Betrachtung dieses Aspekts davon ausgehen, daß Politik manchmal über Humanitäres gestellt würde. Rußland habe schließlich bis jetzt ärztliche Behandlung in Korea strikt abgelehnt. Man müsse in diesem Zusammenhang die absolute Abhängigkeit Rußlands von Deutschland in Betracht ziehen. Die deutsche Position zu E.H. sei unverändert, und es wird schwer sein zu erreichen, daß einer Reise nach Korea zugestimmt wird. Deshalb sei die Idee, internationale Ärzte, die objektiv urteilen, einzubeziehen, ins Spiel gebracht."

Abschließend verwies Holger darauf, daß es Schwierigkeiten bezüglich der von den Anwälten geforderten Voraberklärung der russischen Regierung geben würde, daß sie sich an eine Entscheidung des nach Artikel 13 IPbpR zu bildenden Gremiums hält. Auch im Hinblick auf die weitere anwaltliche Forderung, Honecker müsse bis zur Entscheidung nach Artikel 13 IPbpR in der chilenischen Botschaft verbleiben, werde es Schwierigkeiten geben.

In der Folgezeit hörten wir nichts mehr von den dreiseitigen Verhandlungen. Wir erlebten nur ihr Resultat. Offenbar hatte Deutschland nicht nur Rußland (oder seine Vertreter?) in der Hand.

Am 15. Mai 1992 gab die Berliner Senatsverwaltung für Justiz in einer Pressemitteilung bekannt:

„Die Senatorin für Justiz, Prof. Dr. Jutta Limbach, bestätigt auf mehrfache Anfragen, daß die Staatsanwaltschaft bei dem Kammergericht – Arbeitsgruppe Regierungskriminalität – Anklage gegen Honecker, Mielke, Stoph, Keßler, Streletz und Albrecht wegen der Gewalttaten an der innerdeutschen Grenze/Berliner Mauer erhoben hat."

Am 21. Mai teilte Margot Honecker telefonisch mit, daß sich die Situation verschlechtere. Diesen Eindruck hätten ihr Mann und sie nach einer vierstündigen Unterredung mit dem chilenischen Botschafter gewonnen. Dieser habe erklärt, es gäbe offenbar eine feste Vereinbarung zwischen Kohl und Jelzin, Erich Honecker, wenn man seiner habhaft werden könne, sofort nach Deutschland zu überstellen. Das Verfahren nach Artikel 13 IPbpR erscheine wenig aussichtsreich.

Am 4.6. erhielten wir die Anklage und beantragten daraufhin am 5.6., uns als Pflichtverteidiger zu bestellen. Noch fehlte der Angeschuldigte, aber der Prozeß begann. Unsere diplomatischen Gesprächspartner schwiegen.

Wenige Tage nach dem Erhalt der 783 Seiten starken Anklageschrift gaben wir am 10.6.1992 eine erste, knapp siebenseitige Stellungnahme ab.

Wir wiederholten erstens, daß die Anklageerhebung das Gesetz verletze, da Erich Honecker keine Gelegenheit erhalten habe, zu den Vorwürfen Stellung zu nehmen.

Zweitens wiesen wir darauf hin, daß Herr Honecker durch Maßnahmen der Justizverwaltung seinem gesetzlichen Richter entzogen worden wäre, weil der erst im Dezember 1991 erlassene Geschäftsverteilungsplan des Landgerichts im März 1992 im Hinblick auf die jetzt vorliegende Anklage geändert worden wäre.

Drittens verwiesen wir darauf, daß es sich um ein politisches Verfahren handele, das auf der Vorstellung beruhe, die Existenz der DDR sei nicht legitim gewesen. Der politische Charakter des Verfahrens ergäbe sich darüber hinaus aus dem erheblichen politischen Druck, unter dem es stattfinde, und aus der Tatsache, daß nur West-Richter über die Ost-Vergangenheit entscheiden sollten.

Viertens diene die Anklageschrift nicht der Aufarbeitung der Vergangenheit, da sie wesentliche Zusammenhänge wie die Rolle der UdSSR und die Gegebenheiten des Kalten Krieges völlig außer acht lasse.

Fünftens wäre es Sache der Bundesrepublik, in einem formellen Auslieferungsersuchen die Überstellung Erich Honeckers zu begehren, wenn sie rechtlich von ihrer Position überzeugt sei.

In einem sechsten Punkt nahmen wir auch zu dem neuen Haftbefehl gegen unseren Mandanten wegen des Vorwurfs des Vertrauensmißbrauchs Stellung. Dabei verwiesen wir u.a. darauf, daß die rechtliche Bestimmung, auf der er beruhe, vom Landgericht Berlin im Verfahren gegen Harrry Tisch bereits als verfassungswidrig angesehen worden wäre. Dieser Haftbefehl diene nach unserem Dafürhalten nur politischen Zwecken. Der Wert der Einkäufe in der Waldsiedlung Wandlitz *„würde auf das Jahr gesehen nicht wesentlich höher liegen als die Ausgleichszahlung, die ein anderer Saarländer als ehemaliger Oberbürgermeister erhält"*.

Natürlich war die Anklage gegen Honecker u.a. auch ein Medienereignis. Der „Spiegel" wählte dafür die Überschrift: *„Kochende Volksseele"* und spielte mit diesem bekannten Terminus aus der Sprache des Dritten Reiches auf die Nazistimmungsmache gegen Juden, Kommunisten und andere Mißliebige an. Ironisch zitierte er aus anderen Publikationen Äußerungen wie: *„Jetzt endlich auch Anklage gegen die Großen"* („Märkische Oderzeitung") und *„Unter lebenslänglich kommt er nicht davon"* („Super"). Selbst meinte der „Spiegel" erneut: *„Die Vorwürfe gegen das ehemalige Staatsoberhaupt und seine Mitstreiter stehen juristisch auf wackligen Beinen"*. In dem Artikel werden bekannte Juristen wie Professor Erich Samson mit den Worten: *„Das ist die Dogmatik der kochenden Volksseele"*, Günther Jakobs mit:

„Hier schwappt die Politik über die Rechtsdogmatik hinweg" und *„Ein nachträgliches Revolutionstribunal im Gerichtssaal"* zitiert *(„Spiegel" Nr. 25/1992)*
Auch ich äußerte mich in einem Interview in der „Berliner Zeitung" vom 13./14.6.1992 unter der Überschrift: *„Das wird kein fairer Prozeß"*. Auf die Frage, ob Honecker nach Deutschland zurückkehre, antwortete ich: *„Er kommt nicht zurück, jedenfalls nicht freiwillig, solange der Haftbefehl gegen ihn existiert"*. Die Bemerkung des Interviewers, daß die politische Entscheidung zum Bau der Mauer 200 Menschen das Leben kostete, veranlaßte mich zu der Entgegnung:

> „Niemand aber würde umgekehrt fragen, wie das Verhalten von Ronald Reagan im Nachhinein zu beurteilen sei, als er Präsident Noriega aus Panama herausholte und das wesentlich mehr Tote kostete als der Bau der Mauer."

Ich schloß das Interview mit den Worten:

> „Die Einseitigkeit der Anklageschrift, die Vorverurteilung der Öffentlichkeit und der Presse würden Honecker kein faires Verfahren ermöglichen."

Unterdessen blieben die Diplomaten nicht untätig. Nur Bruchstückhaftes drang zu uns und das auch noch verspätet. Deutschland siegte auf der ganzen Linie. Wie es geschah, erfuhren wir aus einem Bericht Margot Honeckers, der kein Datum trug und uns erst am 14. September 1992 erreichte. Darin teilte sie u.a. mit:
Am 20. Mai 1992 habe Sonderbotschafter Holger Erich Honecker berichtet, daß er mit dem stellvertretenden Außenminister Rußlands Kolokolow und anderen Vertretern zuständiger Behörden übereingekommen sei, daß Honecker in einer Moskauer Privatklinik von einem internationalen Ärztegremium untersucht werden solle. Erich Honecker hätte demgegenüber im Hinblick auf die früheren Manipulationen bei Untersuchungen Bedenken geäußert, sich in Rußland erneut untersuchen zu lassen. Nach Konsultationen mit uns habe Honecker schließlich eingewilligt, von einer internationalen Ärztekommission in Moskau untersucht zu werden, wenn ihr ein deutscher Arzt angehöre, der von der Verteidigung benannt worden wäre.
Am 1. Juli informierte Holger, er habe Gespräche mit dem Außenministerium, mit Bonn (Castrup) hinsichtlich der Ärztekommission gehabt. Rußland habe zugestimmt, aber nur im Prinzip. Er selbst bemerkte, daß trotz humanitärer Aspekte im Falle Honecker politisch entschieden werden würde.
Am 15.7.1992 informierte Holger Erich Honecker, daß die chilenische Seite trotz vieler Aktivitäten keine Antwort von Deutschland in der Frage der internationalen Ärztekommission erhalten habe. Holger forderte dabei Honecker erneut auf, die Botschaft freiwillig zu verlassen und erklärte, es gäbe kein Entgegenkommen von Deutschland und von Rußland.
Am 27. Juli 1992 teilte Botschafter Holger Erich Honecker mit, daß am Freitag, dem 24. Juli 1992, dem chilenischen Botschafter eine Note des Außenministeriums Rußlands übergeben worden wäre, die die „Restitution" Honeckers verlange. Holger erklärte, die Russen hätten alle Initiativen Chiles abgelehnt.

Am 29.7.1992 kam J. Holger und verkündete förmlich, indem er in „inoffizieller Übersetzung" den nachstehenden, mit „Notifizierung" überschriebenen Text verlas (Fehler entsprechen dem Original):

„1. Das Außenministerium der Russischen Föderation hat durch meiner Person der Regierung der Republik Chile mitgeteilt, daß die Regierung der Republik Chile der Bundesrepublik Deutschland Ihm eine Ofizielle Note gesendet hat, wobei die Zurücküberstellung (Restitution) von Herrn Honecker nach Deutschland verlangt wird. Anliegend eine Kopie der Aufzeichnung Nr. 419/2ey.
2. Der russische Behörde hat diesen Dokument erhalten und uns bekanntgegeben, daß er einverstanden ist damit Herr Honecker innerhalb von 24 Stunden schriftlich vom rechtliches Gehör gebraucht macht und seine Stellung gegenüber den deutschen Zurücküberstellungsantrag überreicht. Diese Frist beginnt zu laufen, ab dieser Notifizierung.
3. Ich würde Herrn Honecker dankbar sein, wenn er dem Unterzeichner dieser Notifizierung seine Entscheidung bekanntgeben würde ob er von diesem Recht innerhalb der erwähnten Frist (Nr. 2) Gebrauch machen wird.

Siegel Gez. James Holger
Sonderbotschafter"

Die Verbalnote der Bundesrepublik Deutschland in Moskau hatte folgenden Wortlaut:

„Die Deutsche Botschaft beehrt sich, dem Ministerium für Auswärtige Angelegenheiten der Russischen Föderation folgendes mitzuteilen:
Die Regierung der Bundesrepublik Deutschland ersucht die russische Regierung unter Bezugnahme auf die zahlreichen Gespräche und wiederholten Zusicherungen der russischen Seite, ihr zu bestätigen, daß Herr Honecker nach Deutschland zurücküberstellt wird, damit er sich vor der deutschen Justiz verantworten kann. Gegen Herrn Honecker ist Anfang Juni 1992 von der Staatsanwaltschaft bei dem Kammergericht Berlin Anklage wegen gemeinschaftlichen Totschlages in 25 Fällen erhoben worden.
Nach Auffassung der deutschen Regierung verstößt die widerrechtliche Verbringung von Herrn Honecker nach Moskau gegen den ‚Vertrag über die Bedingungen des befristeten Aufenthalts und die Modalitäten des planmässigen Abzugs der sowjetischen Truppen aus dem Gebiet der Bundesrepublik Deutschland' und gegen allgemeines Völkerrecht, weil sie dazu diente, eine wegen Anstiftung zur mehrfachen vorsätzlichen Tötung durch Haftbefehl gesuchte Person der Strafverfolgung zu entziehen. Nur durch eine Rücküberstellung kann die erfolgte Verletzung des Völkerrechts wiedergutgemacht werden.
Die Deutsche Botschaft benutzt diesen Anlaß, das Ministerium für Auswärtige Angelegenheiten der Russischen Föderation ihrer ausgezeichneten Hochachtung zu versichern.

Moskau, den 22. Juli 1992

L.S."

Vier Stunden nach der Übergabe der Noten erschien Holger wieder. Margot Honecker schilderte uns diesen Besuch in dem Brief, den wir am 14. September 1992 erhielten, mit folgenden Worten:

„J. Holger informierte über den Anruf des Präsidenten. Dieser habe ihn über das Gespräch mit den Ministern der Regierung und seinen Beratern informiert. Er, Holger, habe eine Notiz über das Gespräch angefertigt und es sei bereits ein Telex mit dem Inhalt dieses Telefonats eingetroffen.

Die Entscheidung, die die Regierung getroffen habe, sei eine kollektive Entscheidung der Vertreter der verschiedenen Parteien, die die Konzertation (Koalition) bilden.

Er erinnerte an die offizielle Erklärung vom 10. März, daß der Gaststatus aufgehoben werden müsse auf der Grundlage der internationalen Bestimmungen hierfür. Der Auftrag des Sonderbotschafters habe darin bestanden, die Interessen der beteiligten Länder in Übereinstimmung zu bringen unter Berücksichtigung der Interessen Erich Honeckers. Seit vier Monaten habe er sich darum bemüht. Das Hauptziel sei gewesen, rechtliches Gehör für Erich Honecker zu erreichen auf der Grundlage des Vertrages über ‚zivile und politische Rechte‘, entsprechend des Artikels 13. Das wurde von Rußland und Deutschland abgelehnt. ‚Und dies auch in der jetzigen Etappe.‘ In der Frage, eine Internationale Ärztekommission einzuschalten, habe man ebenfalls nichts erreicht. Das einzige, was die chilenische Seite erreichen konnte, war die Frist von 24 Stunden, um Gebrauch machen zu können von seinem Recht auf rechtliches Gehör. Wir hätten die Möglichkeit gehabt und genutzt, die rechtlich begründeten Anträge der Anwälte mit der Unterschrift Erich Honecker weiterzuleiten.

Weiter erklärte Holger, ‚wir sind überzeugt, obwohl Erich Honecker dazu anderer Meinung ist, daß er einen fairen Prozeß bekommen wird.‘ Es sei das ständige Anliegen Chiles gewesen, dieses zu erreichen. Deshalb hätten sie die Gespräche mit den deutschen Behörden, auch mit Frau Limbach und den Anwälten Honeckers geführt. Sie, die chilenische Seite, habe verlangt, daß die Bestimmungen der deutschen Gesetze für eine faire Behandlung eingehalten werden.

Was die russische Regierung gemacht habe und die Haltung der deutschen Regierung, habe den Spielraum Chiles eingeengt. Was die Rücküberstellung von Rußland an Deutschland angehe, darauf habe Chile aus rechtlicher Sicht keinen Einfluß. Eine andere Haltung Chiles dazu wäre eine Einmischung in innere Angelegenheiten anderer Länder. Chile könne den Haftbefehl nicht ignorieren, sie hätten sich bemüht, daß die Deutschen die Anklage fertigstellen, das sei wichtig gewesen für Chile.

Die Argumente der Verteidiger hätten sie zur Kenntnis genommen, ‚diese unterliegen jedoch nicht unserer Beurteilung‘.

Das russische Außenministerium habe ihm gesagt, sie würden die Aktivitäten von Erich und Margot Honecker (Übergabe der Briefe in dem öffentlichen Gebäude der Regierung und des Parlaments an die Adressaten, da das Außenministerium behauptete, die Briefe der Anwälte nicht über ihren Botschafter in Bonn bekommen zu haben, und immerhin eine Frist gesetzt war) als ‚Destabilisierungsaktion‘ der russischen Regierung (‚und Chile als Komplizen‘) betrachten.

Daran anschließend sagte Holger: ‚Ich erkläre Ihnen die offizielle Aufhebung des Gaststatus ab diesem Moment. Wir haben Ihnen schon bei fünf Gelegenheiten mitgeteilt, daß es unser Wunsch ist, daß Sie die Botschaft verlassen. In Anbetracht der Ihnen erwiesenen Gastfreundschaft bitte ich Sie um freiwilliges Verlassen der Botschaft.‘

Erich Honecker erklärte darauf, ‚was Sie mir soeben mitteilen, ist schon seit ca. 10 Tagen öffentlich. Es ist sicher nicht auf die gestrige Sitzung Ihrer Regierung zurückzuführen, was Sie uns mitteilen, sondern auf das Treffen zwischen Präsident Alwyn und Kohl in Rio, denn seither wird von der Auslieferung Juli/August gesprochen.‘ Erich Honecker unterstrich seine hohe Einschätzung für die Tätigkeit Holgers und sagte, daß es ein Irrtum von ihm gewesen sei zu glauben, daß die chilenische Regierung ihre humanistische Haltung beibehält. ‚Am 10. März wurde noch erklärt, daß es um eine Lösung für die beteiligten Länder gehe, die auch meine Interessen berücksichtigt.‘ Er sagte zu Holger, daß dessen Funktion als Sonderbotschafter sehr eingeschränkt gewesen sei aus seiner Sicht. Ein Sonderbotschafter habe doch das Recht, nicht nur auf einer unteren Ebene zu verhandeln, wie das geschehen ist. Das sei keine Kritik, sondern eine Feststellung. Weiter führte er aus: ‚ich erkläre Ihnen zum wiederholten Male, daß die BRD kein Recht hat, über mich zu Gericht zu sitzen. Mir wurde nicht das Recht auf rechtliches Gehör gewährt, es wurde mir keine Möglichkeit gegeben. Das Ganze war eine Farce. Auch die internationale Ärztekommission hatte ich auf Anraten meiner Anwälte akzeptiert. Frau Limbach weiß genau, daß die Restitution keine rechtliche Grundlage hat. Das Ganze ist nicht ernsthaft geprüft worden. Ich bin legal in die SU gekommen, freiwillig und noch bevor der 2+4 Vertrag ratifiziert war. Ich bin in Begleitung von Ärzten zur Behandlung nach Moskau gekommen.

Die Aufforderung, das Haus zu verlassen, die Aufhebung des Gaststatus heißt: Auslieferung Chiles an Deutschland, denn wenn ich die Botschaft verlasse, so die Erklärung der russischen Regierung, werde ich an Deutschland ausgeliefert. Ich bin politisch verfolgt, diese Handlung steht im Widerspruch zum Artikel 33 der Genfer Konvention und entsprechenden Artikeln der russischen Verfassung.‘ Ich weiß nicht‘ so Erich Honecker, ‚ob das in der gestrigen Beratung Ihrer Regierung erörtert wurde. Ich nehme den Beschluß zur Kenntnis. Ich habe immer meine Bereitschaft erklärt, die Botschaft zu verlassen, aber ich bin immer davon ausgegangen, daß dies keine Auslieferung sein darf, ich habe das Recht, um Schutz zu bitten.‘

Holger widersprach daraufhin ziemlich heftig, daß die Entscheidung zwischen Kohl und Alwyn getroffen worden sei. Es gäbe eine solche Vereinbarung zwischen Jelzin und Kohl. Chile ist ein kleines Land, Deutschland und Rußland sind stärker. Die Beziehungen zwischen Deutschland und Chile seien belastet worden. ‚Sie unterstellen uns die Auslieferung an Deutschland, jetzt geht es um die Übergabe an Rußland, nicht an Deutschland. Wir haben die russischen Behörden gebeten, daß sie dies würdig vollziehen sollen, wir begleiten Sie an den vereinbarten Punkt.‘

Erich Honecker fragte, wieviel Zeit er habe, Stunden oder Tage, darauf erklärte Holger, daß das Gastrecht ab diesen Moment aufgehoben ist.

Erich Honecker sagte noch einmal deutlich, was sich hier vollziehen soll, ist eine Auslieferung über Rußland nach Deutschland durch Chile. ‚Es ist für mich schwer zu verstehen, daß Chile sich so einem Land und dessen Repräsentanten gegenüber verhält, das so vielen Chilenen Solidarität bewiesen habe und als Asylland in der Welt gilt.‘ Darauf reagierte Holger empört.

Honecker fragte, welche Zwangsmaßnahmen denn angeordnet werden sollen, wenn er nicht freiwillig geht. Holger erklärte daraufhin: ‚Eine Eskorte wird Sie begleiten‘ und beendete daraufhin das Gespräch. Die Tür des Raumes wurde geöffnet, es erschienen mehrere Beamte der russischen Behörden, die sich bereits während des Gespräches in der Residenz der Botschaft befanden. Die russischen Vertreter (Außenministerium und Behörde der Sicherheit) übernahmen. Der Vertreter des Außenministeriums (2. Europäische Abteilung) erklärte: ‚Ich bin beauftragt, Sie auf russisches Territorium zu übernehmen (im Haus der Residenz) und Sie nach Deutschland zu bringen.‘

Die Russen, offensichtlich die Vertreter der Sicherheit, gaben 10 Minuten Zeit zum Umziehen und Sachenpacken. In sehr unfreundlicher Haltung verlangten sie, daß Erich Honecker nur unter Aufsicht in sein Zimmer gehen dürfe. Holger und der Geschäftsträger der Botschaft begleiteten uns auf das Zimmer, nachdem Erich Honecker zu den Russen gesagt hatte, daß sie schließlich in der Residenz kein Hausrecht besäßen, da sie Anstalten machten, mit auf das Zimmer zu gehen.

Ich hatte nach längerer Verständigung mit meinem Mann diesem mein Einverständnis gegeben, nicht mit nach Deutschland zu kommen. Erst am Schluß des Gespräches habe ich erstmal die chilenischen Vertreter davon in Kenntnis gesetzt. Sie waren sehr erstaunt über diese Entscheidung, daß ich Erich Honecker nicht begleite. In Abstimmung mit Santiago erklärten sie, alles tun zu wollen, daß ich schnell nach Chile reisen könne. Noch in der Nacht wurden dazu alle Vorbereitungen ihrerseits getroffen, so daß die Abreise schon am nächsten Tag erfolgen konnte.

gez. M. Honecker"

Ich will diese Darstellung der Ereignisse in der chilenischen Botschaft am 29. Juli 1992 nicht kommentieren. Nur eine Ergänzung halte ich für erforderlich. Margot Honecker wollte schon während des Aufenthalts in Moskau zunächst vorübergehend nach Berlin kommen, um hier eine Wohnung für sich und ihren Mann einzurichten. Sie hat uns Anwälten diesen Plan vorgetragen, und wir haben ihr wiederholt und dringend abgeraten, ihn zu verwirklichen. Auch gegen Margot Honecker liefen Ermittlungsverfahren, die zwar offensichtlich unbegründet waren und später auch eingestellt worden sind; wir waren aber alle drei der Auffassung, daß in der Atmosphäre des Jahres 1992 eine Rückkehr von ihr nach Deutschland mehr als unklug wäre. Auch in Briefen aus Chile äußerte sie wiederholt die Absicht, zu ihrem Mann nach Berlin zu kommen. Sie wollte keineswegs ständig im Ausland bleiben. Auch Erich Honecker wollte das nicht. Er bat sie jedoch dringend darum, vorläufig nicht zu kommen. Es kann also keine Rede davon sein, daß Margot Honecker ihren Mann in dieser Situation im Stich gelassen hat.

Wieder in Moabit (29.7.1992-13.1.1993)

Der Juli 1992 war seit Tagen heiß. Am 29.7. hatte meine Frau im Kalender alles durchgestrichen. Ich sollte den Vortag meines 70. Geburtstags zwar nicht arbeits-, aber terminfrei verbringen. Auf die gleiche Weise hatte sie auch Donnerstag, den 30.7., und den folgenden Freitag blockiert. Die Nachrichten, die von den Medien verbreitet wurden, ließen jedoch nicht erwarten, daß ihre Vorsorge von Erfolg gekrönt sein würde. Ich war wie üblich ins Büro gefahren und diktierte. Meine Tochter verfolgte in einem anderen Zimmer des Büros an einem kleinen tragbaren Schwarz-Weiß-Fernseher die Nachrichtensendungen. Äußerlich blieb ich ungerührt bei meiner Beschäftigung mit einer Bagatellsache. Ich sah, was auf mich zukam, wußte jedoch nicht, was tun. Schließlich kamen die Meldungen über die Auslieferung. Die Berichterstattung nahm Formen an, die an die Berichterstattung von großen Sportereignissen oder von den Siegen „unserer Soldaten" an der Front erinnerte. Besonders die Landung der Maschine mit Erich Honecker an Bord und die Fahrt mit dem Gefangenen durch Berlin waren Höhepunkte, die bekannte Fernsehjournalisten wie Pleitgen und Engert mit triumphierendem Unterton dem Millionenpublikum live vorführten. Sieg auf der ganzen Linie.

Margot Honecker hatte mir telephonisch die Auslieferung ihres Mannes durch die chilenischen und russischen Instanzen bestätigt. Ich war als einziger Verteidiger „vor Ort", die beiden anderen in Urlaub oder anderwärts im Einsatz. Eine derartige Situation hatte ich noch nicht erlebt. An sich war nichts Juristisches zu machen. Aber ein Mandant erwartet natürlich bei einer solchen dramatischen Entwicklung seinen Anwalt. Der traditionelle eheliche Umtrunk am Vorabend des Geburtstags mußte ausfallen. Die Medien hatten gemeldet, Erich Honecker wäre nach Moabit gebracht worden, also mußte auch ich dorthin. Vorher war ich (im Gegensatz zu meinem Mandanten) noch nie in diesem berühmten Gefängnis. Grundsätzlich machte ich keine Strafsachen mehr. Wir hatten uns in der Sozietät geeinigt, die Arbeit nach Rechtsgebieten unter uns aufzuteilen und nicht, wie früher im Rechtsanwaltskollegium, alle alles machen zu lassen. Das erleichterte die Einarbeitung in das neue Recht. Für Strafsachen war danach eine Kollegin zuständig. Ich wollte altershalber forensisch möglichst wenig tätig werden, weniger vor Gericht streiten. Ich streite mich überhaupt nicht gern. Ausnahmen bestätigten diese Regel. Der Honecker-Prozeß war eine solche Ausnahme. Ausgerechnet jetzt hatten mich meine berufserfahrenen Mitstreiter verlassen, und ich mußte allein das in jeder Beziehung neue Terrain betreten.

Meine Frau fuhr mit mir gegen 21 Uhr nach Moabit. Das Gefängnis war von Pulks Neugieriger, von Journalisten und Polizei umgeben. Die Fernsehscheinwerfer beleuchteten eine Szene, auf der sich nichts tat. Vor einer kleinen Pforte in der Gefängnismauer an der Rathenower Straße standen einige Polizisten, aber keine Zuschauer. Ich hoffte, das sei ein Einlaß, durch den ich unbeobachtet zu meinem Mandanten gelangen könnte. Die Polizisten schauten mich ob meines Begehrs verständnislos an und verwiesen mich auf den Haupteingang in der Straße Alt-Moabit, der von den genannten Gruppen, wenn auch in einiger Entfernung, umlagert war. Wir gingen an der Gefängnismauer entlang darauf zu. Vor uns liefen zwei harmlos aussehende Spaziergänger, Mann und Frau. Ich hoffte, in ihrem Schatten unbeobachtet zum Eingang zu gelangen. Meine Frau ging zurück zum Wagen, um ihn weniger ordnungswidrig zu parken. Ich erreichte den Eingang, ohne Aufsehen zu erregen. Die Beamten wiesen mich jedoch mit dem Bemerken zurück, außerhalb der offiziellen Dienstzeiten würde ich für den Einlaß eine Genehmigung der Justizsenatorin benötigen. Irgendwie ähneln sich alle diese Institutionen. Es war inzwischen gegen 21.45 Uhr, und ich besaß den notwendigen Schein nicht. Also kehrte ich um. Wenigstens hatte ich versucht, meine Pflicht zu erfüllen.

Nach wenigen Schritten des Rückwegs rief es aus der Menge: „Da ist er ja!" Die Gruppe, etwa 50 Personen schätzte ich, begann mir nachzulaufen. Jemand schrie: „Wer einen Verbrecher verteidigt, ist selbst ein Verbrecher!" Mir entgegen kamen einige Journalisten, die im Rückwärtsgang mich mit ihren Scheinwerfern aus wenigen Schritten Entfernung blendeten, mich filmten oder fotografierten, mir ein Mikrofon vorhielten und mir intelligente Fragen stellten. Die Leute hinter mir hatten sich inzwischen geeinigt, im Sprechchor „Stasi raus!" zu skandieren. Ich dachte an Mielke, der hinter der Mauer saß und fand den Text an sich komisch. Doch die Leute schienen keinen Sinn für Humor zu haben. Sie sahen mir nicht vertrauenerweckend aus. Ich fühlte mich nicht als Held, dachte aber, wenn die mich verprügeln, unterstreicht das unsere Argumentation, daß ein rechtsstaatliches Verfahren heute und hier nicht möglich ist. Außerdem vertraute ich noch auf die Nähe der Polizei. Ein hochgewachsener, kräftiger Mann neben mir erklärte mir, er sei in der DDR politisch inhaftiert gewesen und hätte in der MfS-Haftanstalt in Pankow gesessen. Ich erwiderte, daß ich dort viele Mandanten gehabt und verteidigt hätte. Eine Journalistin fragte mich mit vorgehaltenem Mikrofon, ob ich Honecker für unschuldig halte. Mit der unfreundlichen Begleitung an meiner Seite und im Rücken bejahte ich das. Ich hatte die Wahl zwischen Pflichterfüllung und Anpassung. Anpassung wurde einem jetzt immer vorgeworfen, also blieb nur Pflichterfüllung.

Mein einziges Sinnen und Trachten war, meine Frau und das Auto wiederzufinden. Ich wußte nicht, wo ich sie suchen sollte. Bis zur Rathenower Straße war ich gelangt, die Journalisten begannen sich von mir abzuwenden, ihr Bedarf war gedeckt. Es waren aber immer noch genügend unfreundliche Leute um mich herum. Ich kannte die Gegend nicht, fand weder Frau noch Wagen, sah keine Taxe und wußte nicht was tun. Eben in diesem Augenblick bemerkte ich links neben mir am Bürgersteig durch eine Lücke in den mich umgebenden Menschen hindurch einen Pkw-Kotflügel, der zu meinem

Auto passen konnte. Ich hoffte, es wäre meine Frau mit dem Wagen. Auf gut Glück öffnete ich die Tür, ich bekam noch einen Puff in den Rücken, konnte aber einsteigen und die Tür von innen verriegeln. Meine Frau gab mehr Gas als gewöhnlich und wir hörten als letztes: *„Einen Fahrer hat er auch noch.“* – Diese Bonzen!

Am 30.7. fuhr ich morgens gegen 8 Uhr ins Büro, nahm die artigen Glückwünsche artig entgegen und ließ mich dann dankbar von unserer Strafrechtlerin Frau Kossack nach Moabit fahren und mir den Weg weisen, den Verteidiger zur Untersuchungshaftanstalt nehmen. Um 9.30 Uhr saß ich im Krankenhaus der UHA, wohin Honecker überführt worden war, meinem Mandanten gegenüber. Er trug den Anstaltsschlafanzug, war aber im übrigen unverändert. Ich habe viele Menschen in Gefängnissen gesprochen und immer wieder mit Erstaunen festgestellt, wie unterschiedlich die Reaktion auf das Eingesperrtsein ist. Man sollte denken, daß diejenigen, die vorher in Wohlstand und Geborgenheit lebten, am schwersten betroffen sind. Das ist aber keineswegs immer der Fall. Erich Honecker war ein Beispiel dafür. Er beklagte nicht sein Los, war nicht verzweifelt oder auch nur wehleidig, er war, als wäre nichts geschehen. Sein Gang war aufrecht, Miene und Stimme freundlich und ruhig, eine unaufdringliche, respekteinflößende Persönlichkeit. Eben ein Staatsmann. Der Gefängniswärter, der neben ihm lief und ihn zum Sprechraum brachte, unterstrich den Eindruck noch.

Wir hatten nur eine halbe Stunde Zeit. Die Sozietät wartete. Bevor die anderen Gäste kamen sollte im Büro, im vertrauten Kreis der Mitarbeiter, der Tag begangen werden. Es war ein äußerer Anlaß zur Besinnung und zum Rückblick auf den Weg, den wir seit dem 3. Oktober 1990 gemeinsam zurückgelegt hatten. Wir waren mit uns zufrieden, sahen jedoch nicht ohne Bangen in die Zukunft. Uns war klar, über den Berg waren wir noch nicht. Das Büro war modern (viel moderner als im Kollegium), schön und teuer (viel zu teuer). Die Schulden waren ungewohnt und machten Sorgen. Überdies fühlten wir die Ablehnung wegen unserer DDR-Vergangenheit oder bildeten sie uns auch ein. Der Effekt war der gleiche.

Erich Honecker war ein angenehmer Mandant. Er stellte keine anspruchsvollen Forderungen, befolgte vertrauensvoll Ratschläge, kurz: er fiel einem nicht auf die Nerven. So verstand er auch, daß ich nicht viel Zeit für ihn hatte. Er teilte mir mit, wie die Auslieferung abgelaufen war und welche Rolle die Beteiligten nach seiner Ansicht dabei gespielt hatten.

Im Anschluß an das Gespräch mit dem Mandanten suchte ich den Vorsitzenden Richter Bräutigam auf. Er teilte mir mit, daß die Verkündung des Haftbefehls um 11 Uhr stattfinden würde. Das war ebenfalls nicht in meinem Geburtstagsprogramm vorgesehen. Es zeigte sich, daß der DDR-Spruch *„Privat geht vor Katastrophe“* keine Gültigkeit mehr besaß. Ich mußte hin. Erreichen konnte ich bei diesem Justizakt nichts, aber ... Die dekorative Funktion des Verteidigers war nicht mit der DDR untergegangen. Also, zurück zum kalten Buffet, neue Glückwünsche kassiert und dann wieder nach Moabit, zwei Haftbefehle verkündet erhalten, wie das Gesetz es befiehlt. Im ersten Fall nicht ganz so, wie sich gleich herausstellte. – Der zweite Haftbefehl auch *„gegen den Erich Honecker ... ohne festen Wohnsitz ..."* beschuldigte ihn,

„1. eine ihm dauernd übertragene Vertrauensstellung mißbraucht zu haben, indem er entgegen seinen Rechtspflichten Entscheidungen oder Maßnahmen traf oder pflichtwidrig unterließ oder durch Irreführung oder in anderer Weise Maßnahmen oder Entscheidungen bewirkte und dadurch vorsätzlich einen besonders schweren wirtschaftlichen Schaden verursachte und die Tat mit anderen ausführte, die sich zur wiederholten Begehung zusammengeschlossen hatten, 2. gemeinschaftlich handelnd eine ihm durch Gesetz eingeräumte Befugnis, über sozialistisches Eigentum zu verfügen oder es zu verwalten oder in sonstiges Weise Vermögensinteressen des sozialistischen Eigentums wahrzunehmen, mißbraucht zu haben und damit zum Schaden des sozialistischen Eigentums – nämlich des Vermögens der Deutschen Demokratischen Republik – sich oder anderen rechtswidrig Vermögensvorteile verschafft zu haben."

In dem siebenseitigen Haftbefehl war auch zu lesen, wen Honecker geschädigt hatte, auf welche Weise und wie sehr:

„Infolge der günstigen Kalkulation der Endverbraucherpreise in Wandlitz entgingen allein in den Jahren 1988 und 1989 dem Haushalt des MfS Einnahmen in Höhe von mindestens 3.684.705,14 Mark der DDR. In dieser Höhe wurde das sozialistische Eigentum der DDR besonders schwer geschädigt."

Wieviel besser es der DDR und dem sozialistischen Eigentum gegangen wäre, wenn das Ministerium für Staatssicherheit dieses Geld für seine anderen Aufgaben zur Verfügung gehabt hätte! Alles war richtig ernst gemeint. Verhandelt oder gar geurteilt wurde über den Vorwurf der Schädigung des MfS aber nie. Schade.

Nach der Verkündungszeremonie wieder im Büro angekommen, fand ich ein um 11.52 Uhr aufgegebenes Fax von Richter Bräutigam vor, den ich etwa 30 Minuten zuvor verlassen hatte:

„In der Strafsache gegen Erich Honecker bitte ich um sofortigen Rückruf. Die Sache ist dringend."

Honecker hatte von ihm einen falschen, inzwischen aufgehobenen Haftbefehl verkündet erhalten: den Haftbefehl des Amtsgerichts Tiergarten vom 30.11.1990, der durch einen Haftbefehl desselben Gerichts vom 2.12.1991 ersetzt worden war. Der Fehler mußte repariert werden. Nun streikte ich. Alles hat seine Grenzen. Der richtige Haftbefehl wurde ohne mich verkündet. Im Protokoll hieß es:

„Ihm wurde im Austausch gegen den Haftbefehl des Amtsgerichts Tiergarten vom 30.11.1990 – 351 Gs 4764/90 – nunmehr der Haftbefehl des Amtsgerichts Tiergarten vom 2.12.1991 – 351 Gs 5948/91 durch Aushändigung einer Ablichtung verkündet."

Die Sache fing gut an.

Der Geburtstagsempfang wenigstens verlief ohne Pannen. Es kamen angeblich 96 Leute, die alle nett zu mir waren, DDR-Kollegen, die die Gelegenheit benutzten, sich nach zwei Jahren einmal wiederzusehen, neue Westkollegen, die uns seit dem Beitritt geholfen hatten, uns zurechtzufinden und die nun anerkannten, was wir geschafft hatten, alte und gegenwärtige Mandanten. Alles vollzog sich in der Gluthitze des abtretenden Juli ordentlich, reibungslos und machte uns auch ein bißchen stolz. Das Timing mußte dessen ungeachtet eingehalten werden, denn um 14 Uhr war Pressekonferenz verabredet. Ein Anwaltszimmer war ausgeräumt worden, faßte jedoch kaum die schiebende, ja stoßende Menge der Bild-, Ton- und Wortreporter. Die Hitze machte das Gedränge noch spürbarer. Ich hielt die Linie der Verteidigung durch: kein faires Verfahren, BRD richtet über die DDR, den Feind von gestern, kein Schießbefehl, keine Straftat nach DDR-Recht. Kleinen Sticheleien begnete ich mit Gegensticheleien. Im Prinzip kam ich hier wie früher und später mit den Journalisten gut aus, auch mit denen von der Boulevardpresse. Man muß nur nicht jedes Wort auf die Goldwaage legen und nicht empfindlich sein. Der Anwalt verteidigt auch nicht nur Unschuldige.

Zeitungen titelten am 30. Juli: *„Das haste nicht gedacht"* und *„Honecker mußte Hosenträger und Schnürsenkel abgeben"*. Der historischen Wahrheit zuliebe: Honecker trug keine Hosenträger.

Die öffentliche Meinung in den neuen Bundesländern hatte sich gegenüber 1989/1990 merklich verändert. Ich spürte es auch persönlich. Nachbarn sahen nicht mehr weg, häufiger hatte ich den Eindruck, man sei betont freundlich zu mir. Die wirtschaftliche und soziale Entwicklung hatte die Meinungen umgeformt. Sprüche wie *„Wohlstand statt Sozialismus"* hörte man nicht mehr. Das Versprechen von den *„blühenden Landschaften"* brachte vor brachliegenden Feldern und verlassenen Fabriken seinem Urheber keine Stimmen mehr und ließ die Stimmung gegen „Erich" eher abkühlen als erhitzen. Mehr als einmal hörte man: *„Es war ja alles richtig, was wir im Parteilehrjahr gelernt haben, wir haben es nur nicht geglaubt."* Meinungsumfragen bestätigten den Stimmungswandel. Noelle-Neumann machte in der „F.A.Z." vom 6.8.1992 grafisch deutlich, daß sich im Juni 1992 nur 32% der ehemaligen DDR-Bürger mehr als DDR-Bürger denn als Deutsche gefühlt hätten; im Juni 1990 dagegen war dieser Anteil auf 51% gewachsen, und nur 40% fühlten sich „eher als Deutsche".

Diese Wende konnte das Verfahren nicht entscheidend beeinflussen, sie erleichterte jedoch die Lage der Verteidigung. Das betraf weniger meine Westberliner Kollegen, weil sie unverdächtig waren – politisch gesehen. Mir war es jedoch angenehm, wenn ich statt Antipathie in meiner Umwelt zunehmend Sympathie empfand. Es wirkte sich wohl so ähnlich aus wie der Heimvorteil beim Fußball, denke ich mir.

Auch in den Medien kamen neben den Fundamentalisten einer totalen Entsozialisierung per juristischer Vergangenheitsbewältigung à la Gauck, Wassermann und Enno v. Löwenthal nun auch häufiger nachdenkliche Verfechter rechtsstaatlicher, liberaler und sozialer Ideen zu Worte. Rovan durchforstete in der „F.A.Z." vom 8.8.1992 *„Das Erbe der Tyrannei"* in Vergangenheit und Gegenwart. Dabei rühmte er die „staatsmännische Klugheit Ludwig des XVIII.", der nach seiner Rückkehr verkündete, daß an den neuen Besitzverhältnissen, die im Ergebnis der französischen Revolution entstanden waren, nichts geändert werden würde. Prinzip: weder Rückgabe noch Entschädigung, weder Landesämter zur Regelung offener Vermögensfragen noch Gauck. Rovan äußerte auch: *„Die Verjährungsfrist zu verlängern, wie dies in der Bundesrepublik in bezug auf Naziverbrechen geschah, ist aber auch ein Vorgehen, das ohne Zweifel Grundlagen der Rechtsstaatlichkeit verletzt."* Über die Verlängerung der Verjährungsfristen „in bezug auf" DDR-Verbrechen sagte er nichts. Hat er das nicht gewußt? Ich nehme an, er wollte durch die Blume sagen, was ihm unverblümt zu gewagt erschien. So schloß er auch, daß auf die *„immer ungenügenden Mittel des Rechtsstaats und der Strafjustiz ... aber nicht verzichtet werden darf"*, da nur so *„das Gift der Gewaltherrschaft entgiftet werden"* könne.

Der ehemalige Bundesverfassungsrichter Martin Hirsch hatte schon im März gegenüber der Presse mit einer Deutlichkeit, die für mich keinen Wunsch offen ließ, erklärt, daß ihn die Verteidigung Honeckers reizen würde, wenn er jünger wäre. Sein Motiv:

> „Weil die ganze Welt zurecht empört ist, wie der Fall in Deutschland gehandhabt wird. Da verlangt die Bundesregierung von den Chilenen die Auslieferung Honeckers, obwohl sie weiß, daß mehrere Mitglieder der chilenischen Regierung Honecker ihr Leben verdanken, weil er ihnen während der Militärdiktatur Asyl gewährte. Man lacht in der Weltöffentlichkeit, weil die deutsche Regierung nicht mit der nötigen Souveränität an das Thema herangeht. Noch kennt niemand die Anklageschrift. Ich habe nur von einer Anzeige gehört, nach der er für die Schießereien an der Mauer verantwortlich sein soll. Aber das genügt nicht. Nur wenn Honecker befohlen haben sollte, auf einen wehrlosen, schon gefaßten Grenzüberschreiter noch zu schießen, wäre das natürlich Totschlag oder vielleicht sogar Mord. Doch das muß ihm erst einmal nachgewiesen werden."

Hirsch schloß seine Ausführungen mit den Worten:

> „Wenn ich es mir genau überlege, eigentlich ist es schade, daß ich schon so alt bin. Dieser Prozeß, sollte er wirklich geführt werden, wäre für mich, in der Rolle des Verteidigers, eine reizvolle Herausforderung,"

So etwas gibt Auftrieb. Was hätte Martin Hirsch wohl zum Keßler-Urteil des BGH von 1994 und zum Urteil des Bundesverfassungsgerichts von 1996 gesagt, diesen Spitzenleistungen juristischer Kreativität. Da wird der Welt das Lachen vergehen. Sagt doch das Bundesverfassungsgericht, über dem, wie Frau Limbach verkündet, nur noch der blaue Himmel ist, ganz unzweideutig: *„Dieses Rückwirkungsverbot des Strafrechts ist absolut."* Und ebenso eindeutig steht auf der nächsten Seite schon: *„Dies gilt nicht mehr uneingeschränkt, wenn ... das Strafrecht der DDR anzuwenden ist."*

Alles klar? Martin Hirsch, möchten Sie vor solchen Gerichten in solchen Sachen immer noch Verteidiger sein? Da nimmt die Gerechtigkeit im Bohleyschen Sinne ihren Lauf, ungehemmt von leidigen Paragraphen und juristischen Spitzfindigkeiten à la nulla poena sine lege.

Amtlich verlautbarte es aus dem Munde von Frau Limbach laut „F.A.Z." vom 12.6.1992:

> „Honecker werde nicht in einem politischen Verfahren verfolgt, ihm werde vielmehr der Vorwurf des Totschlags gemacht."

298

Schlicht und überzeugend. Unbeeindruckt allerdings Augstein am 3.8.1992 im „Spiegel":

> „Der Haftbefehl gegen Honecker hätte gar nicht erst erlassen werden dürfen. Dann könnten wir ja auch gleich die Verantwortlichen in China, Rußland und England mitverhaften. Gewiß sind mehr als 201 Tote im nordirischen Bürgerkrieg zu beklagen, die von der Regierung in London zu verantworten sind."

Unbeeindruckt auch die „Zeit", in der Robert Merkel am 28.8. von dem Limbach-Zitat der „F.A.Z." schrieb:

> „Es ist ein gedankliches und juristisches Armutszeugnis."

Und Rainer Frenkel hatte eine Woche zuvor am gleichen Ort die juristische Konstruktion der Anklage als „starker Tobak" klassifiziert, allerdings hinzugefügt: *„Das Verfahren gegen Erich Honecker und die anderen muß trotz all dieser Einwände geführt werden."* – Das „Sonntagsblatt" leistete seinen Beitrag zum Thema in Form einer Fotografie, die einen Bundeswehrsoldaten hinter einem Schutzwall von Sandsäcken und einem Schild *„Militärischer Sicherheitsbereich – Unbefugtes Betreten verboten – VORSICHT Schußwaffengebrauch"* zeigte. Das Foto hatte als Unterschrift: *„Die Pflicht, das Gebot ‚Du sollst nicht töten' zu übertreten: Bundeswehrsoldat im Manöver in Oberbayern".* – Anderer Meinung allerdings der Jurist Heribert Prantl in der „Süddeutschen Zeitung" vom 31.7.:

> „‚Politischer Prozeß' – mit diesem Wort fällen die Verteidiger Honeckers ihr Urteil über ein Strafverfahren, noch bevor es begonnen hat. ‚Politischer Prozeß' – mit diesem Verdikt sollen die Schrecklichkeiten vom Tisch gewischt werden, die in den Akten aufgelistet sind. Dieses Wort soll glauben machen, eine ‚Siegerjustiz' wolle mit ‚den Verlierern der Geschichte' abrechnen – der Strafprozeß sei also nichts anderes als eine Neuauflage des Streits der bürgerlichen Parteien wider die SED mit nunmehr besonderen Mitteln. Nichts dergleichen: Das Gerede von einem politischen Prozeß ist nichts anderes als der Versuch, von der persönlichen Verantwortung der Angeklagten für Kapitalverbrechen abzulenken."

Lummer forderte laut „F.A.Z." vom 1.8. „indirekt" die Todesstrafe für Erich Honecker. – Gaus fragte im „Freitag" vom 7.8.:

> „Sind wir soweit, daß, wer gegen diesen Prozeß als eine Heuchelei argumentiert, beteuern muß, er achte die Toten? Welche Züge nimmt unsere Demokratie an?"

Die „Berliner Morgenpost" machte am 31.7. mit der Schlagzeile auf: *„Haftbefehle verkündet. Anwalt Wolff: Honecker kam nicht freiwillig."* Im Text berichtete sie dagegen:

> „Der Sprecher des russischen Außenministeriums in Moskau sagte dagegen, Russen und Chilenen seien befriedigt, daß Honecker ‚die Botschaft freiwillig verlassen hat ohne irgendwelche Versuche, die Entscheidung der chilenischen Seite anzugreifen.'"

Die „F.A.Z." meldete am 6.8. über die Evangelischen Kirche in Berlin-Brandenburg,

> „daß sie keine Veranlassung sehe, Honecker eine Bleibe anzubieten … Mit der vor dem Haftprüfungstermin verkündeten Bereitschaft, Honecker aufzunehmen, könne sich die

Kirche zudem ungewollt dem Verdacht aussetzen, zugunsten Honeckers das laufende Verfahren beeinflussen zu wollen."

Die „Süddeutsche Zeitung" wußte:

„Das Verfahren gegen Honecker wird zu einem Schlüsselprozeß der deutschen Einheit."

Die Meinungen waren geteilt. Das war 1989 und 1990 anders.

Honecker wurde in das Krankenhaus der Berliner Vollzugsanstalten, so der offizielle Name des Gefängniskrankenhauses in Moabit, eingeliefert. Er wurde noch am 30.7. ärztlich untersucht. Die Diagnose lautete hinsichtlich der Leber:

„... Rundherd mit einem Durchmesser von etwa 5 cm, wobei differentialdiagnostisch eine Solitärmetastase bei dem bekannten Nierenleiden (bösartige Nierengeschwulst) in Betracht kommt."

Ebenfalls am 30.7. beschloß die 27. Strafkammer, der Angeschuldigte soll

„auf seine Haft-, Vernehmungs- und Verhandlungsfähigkeit untersucht werden. Mit der Untersuchung wird Herr Prof. Dr. Volkmar Schneider vom Institut für Rechtsmdizin der Freien Universität Berlin ... beauftragt."

Der Vorsitzende genehmigte auch das Regime, dem Honecker in Moabit nach der Sicherungsverfügung der Justizvollzugsanstalt vom 31.7. unterlag: Keine unerlaubten Kontakte, Übergabe „von Hand zu Hand" usw.

Chefarzt Dr. Rex veranlaßte eine Computertomographie im Krankenhaus Moabit. Über das Ergebnis berichtete Prof. Dr. Taenzer unter dem 5.8. wie folgt:

„Die gestern durchgeführte Computertomographie der Abdominalorgane bestätigte den von Ihnen im re. Leberlappen dorsal erhobenen Befund. Anhand unserer gestrigen Untersuchung blieb die Differentialdiagnose zwischen einer Solitärmetastase und einem cavernösen Hämangiom offen, zumal Herr Honecker angeben konnte, daß bei einer Voruntersuchung in Moskau vor einigen Monaten nur ein ‚Schatten' an der Leber gefunden wurde. Meine Recherchen bezüglich Voruntersuchungen, die nun anhand der Verlaufskontrolle eine eindeutige Aussage ermöglichen sollten, haben zu einem klaren Ergebnis geführt.
Lt. Auskunft von Herrn Chefarzt Dr. Richter, Röntgenabtlg. des Bundeswehrkrankenhauses in Berlin-Mitte, wurde am 1.1.1990 sowohl eine Sonographie als auch ein Abdomen-CT durchgeführt. Bei diesen Untersuchungen wurde eine fokale Läsion der Leber nicht gefunden, sie ist auch in Kenntnis der jetzigen Lokalisation nicht dargestellt. Die Leber war sonographisch und computertomographisch am 1.1.1990 o.B. Bei dieser Untersuchung wurde jedoch ein Tumor in der re. Niere diagnostiziert. In der Charité erfolgte wenige Tage später – am 4.1.1990 – eine CT-gesteuerte Punktion des Tumors, die lt. telefonischer Übermittlung der Oberärztin der Röntgendiagnostik in der Charité, Frau Dr. Pötzschke, die Histologie eines Klarzellcarzinoms ergab. Anhand der Verlaufsbeobachtung kann kein Zweifel darüber bestehen, daß der Herd im rechten Leberlappen sich seit 1990 neu entwickelt hat und damit einer Solitär-Metastase – vermutlich des 1990 operierten Klarzellcarcinoms – entspricht."

Bei den Gesprächen, die ich in diesen Tagen mit Honecker hatte, standen neben den Krankheitssymptomen und den praktischen Fragen, die der Aufenthalt in einem Gefängnis mit sich bringt, zunächst die Umstände seiner Auslieferung aus der chilenischen Botschaft in Moskau sowie die grundsätzlichen Fragen des Grenzregimes der DDR im Vordergrund.

Honecker schilderte mir den Ablauf der Ereignisse in den Tagen vor dem 29.7. und am 29.7. Um jegliche Mißverständnisse auszuschließen und eine authentische Grundlage für die Auseinandersetzung mit dieser politisch wichtigen Frage zu besitzen, bat ich ihn, den Ablauf aufzuschreiben. Er tat dies handschriftlich, da er zu diesem Zeitpunkt noch keine Schreibmaschine besaß. Seine Angaben deckten sich mit denen, die ich von seiner Frau erhielt.

Was den strafrechtlichen Vorwurf betraf legte Honecker dar, daß es ihm in dem Verfahren darum gehe, die DDR zu verteidigen. Das Verfahren selbst sah er als rechtswidrig an. Die Position der Anklage verkenne die völkerrechtlichen, politischen und historischen Gegebenheiten. Die Grenze zwischen der DDR und der BRD sei keine „*innerdeutsche Grenze*", sondern eine Staatsgrenze gewesen. Die „Mauer" sei ein Ereignis gewesen, das mehr die UdSSR und die USA betroffen habe als die DDR. Beide Weltmächte hätten voreinander Angst gehabt. Die NATO habe stets den Vorschlag des Warschauer Vertrages abgelehnt, beide Seiten sollten auf den Ersteinsatz von Atomwaffen verzichten.

Am 6.8. fand ein von uns beantragter Haftprüfungstermin statt, zu dem auch Prof. Schneider geladen war. Rechtsanwalt Becker war inzwischen vom Urlaub zurück und gemeinsam nahmen wir den Termin wahr, nachdem wir zuvor die neue Situation erörtert hatten. – Die Verhandlung dauerte zweieinhalb Stunden. Alles hing von den Ausführungen Prof. Schneiders ab. Er erklärte, Honecker wäre zweifelsfrei haft- und vernehmungsfähig, ließ jedoch offen, ob er für die bevorstehende Hauptverhandlung verhandlungsfähig sei. Darauf vertagte die Strafkammer die Entscheidung über die Fortdauer der Untersuchungshaft bis zum Vorliegen des schriftlichen Gutachtens von Prof. Schneider.

Am folgenden Tag wurden wir alle drei zu Pflichtverteidigern bestellt. Richter Bräutigam war unseren Argumenten gefolgt. Er hätte wohl auch sonst befürchten müssen, daß die Beschränkung der Zahl der Pflichtverteidiger als kleinliche Beschränkung der Verteidigungsrechte und als Indiz für eine eher politische als rechtsstaatliche Behandlung Honeckers angesehen worden wäre. Eigentlich hatten wir nur diese Entscheidung erwartet.

Ebenfalls am 7.8. fand in unserem Büro auf Einladung meiner Kollegin Kossack eine Besprechung der Verteidiger von Mielke, Stoph und Honecker statt. Die Verteidiger von Albrecht und Streletz waren nicht erschienen. Schon zu Beginn des Ermittlungsverfahrens hatte sich die Besprechung von Problemen mit allen betroffenen Verteidigern als nützlich erwiesen. Damals gab es allerdings noch keine Anklage und alles spielte sich unter DDR-Bürgern ab. Jetzt waren nur die sechs Angeklagten und fünf von 13 Verteidigern ehemalige DDR-Bürger. Das war einerseits ein Symptom für die Tatsache, daß DDR-Recht selbst aus der Sicht der Angeklagten für das Verfahren eine untergeordnete Bedeutung hatte. Andererseits machte es für die Zusammenarbeit der Verteidiger einen gravierenden Unterschied. Damals waren alle Verteidiger miteinander seit Jahren gut bekannt und schwerwiegende Differenzen gab es zwischen ihnen nicht. Jetzt begannen sich „Ost-" und „Westverteidiger" eben erst kennenzulernen, und die Verhältnisse unter den „Westverteidigern" waren – so schien es mir wenigstens – auch nicht so einfach strukturiert wie einst zwischen den DDR-Verteidigern. Es lief dennoch alles gut. Wir waren alle von Anfang an der Auffassung, daß eine wechselseitige Belastung nicht im Interesse unserer Mandanten liege. Diese waren auch von sich aus zu einer Haltung gekommen, die prinzipiell übereinstimmte: Keine Anerkennung der Legitimität des Verfahrens, ein politischer Prozeß der BRD gegen die DDR, keine Aussagen in einem solchen Verfahren, abgesehen von grundsätzlichen Erklärungen. Etwas abweichend war lediglich die Haltung von Streletz, der zur Sache aussagen wollte. Wir einigten uns auch, daß wir eine gemeinsame Erklärung zur Anklage abgeben wollten, die ich entwerfen und die in einer nächsten Zusammenkunft beschlossen werden sollte. Dazu kam es jedoch nicht. Ich hatte auch das Gefühl, daß wir dafür keine gemeinsame Basis finden würden.

Am Abend dieses Tages erhielt Honecker von Chefarzt Dr. Rex die Bestätigung, daß der Tumor in der Leber bösartig sei. Ziegler und ich erfuhren das, als wir unseren Mandanten am folgenden Montag im Haftkrankenhaus aufsuchten. Bitter stellte Honecker fest, *„das Konsilium in Moskau hat gelogen"*, statt eines ärztlichen Gutachtens habe es Jelzin einen politischen Dienst erwiesen. Seine persönliche Betroffenheit über dieses medizinische Urteil ließ Honecker nur ahnen, wenn er z.B. sagte, in zwei Monaten würde man mehr wissen, *„wie schnell sich alles weiterentwickelt"*.

Die Krankheit des Angeklagten war mit ihrem von Dr. Rex deutlich gemachten Ernst zum prozeßbeherrschenden Ereignis geworden. Prof. Schneider hatte am 11.8. Erich Honecker aufgesucht und die Mitteilung von Rex auch seinerseits bestätigt. Gleichzeitig hatte er die Haft- und Vernehmungsfähigkeit weiterhin bejaht und sich zur Frage der Verhandlungsfähigkeit im Hinblick auf die mutmaßliche Verhandlungsdauer wiederum nicht definitiv geäußert. Becker und ich hatten Margot Honecker und andere Angehörige telefonisch über die neuesten ärztlichen Befunde informiert. Gleichzeitig mußte ich darüber berichten, daß das Sozialgericht die Klage gegen die Aberkennung der Entschädigungsrente als Verfolgter des Naziregimes abgewiesen hatte. – Margot Honecker wollte auf die Hiobsbotschaft von der Krebserkrankung hin wieder einmal nach Berlin kommen. In Übereinstimmung mit ihrem Mann konnte ich ihr das ausreden. Es war mühsam, aber ihre Anwesenheit in Berlin wäre nach unserer übereinstimmenden Verteidigeransicht alles andere als nützlich gewesen.

Als ich unseren Mandanten am 12.8. wieder aufsuchte, hatte er selbst schon mit seiner Frau telefoniert. Er war weiterhin frei von Sentimentalität. Honecker informierte mich über die Situation, die zum Mauerbau geführt hatte und erklärte: Die

Mauer wurde auf Initiative der UdSSR gebaut. Er selbst habe bis Juli 1961 nichts von diesem Vorhaben gewußt. Er wies weiter darauf hin, daß in Berlin damals noch Besatzungsrecht galt und daß die Botschafter der vier Mächte Kontakt zueinander hielten. – Wir sprachen auch über seinen möglichen zukünftigen Aufenthaltsort. Dabei sprach er sich dezidiert gegen Chile aus, was offenbar auf die Umstände seiner Auslieferung zurückzuführen war. Dagegen faßte er Korea ins Auge – *„schon aus Dankbarkeit"* – ferner Kuba und Dänemark, wohin er vom Mitglied des ZK der dänischen KP, Ingmar Wagner, eingeladen worden war.

Am Mittwochabend trafen wir drei Verteidiger uns um 18 Uhr bei Ziegler und beratschlagten, wie wir auf die Feststellung der tödlichen Erkrankung unseres Mandanten reagieren sollten. Zu meiner Überraschung war Becker skeptisch. Er meinte, wir sollten den Befund erst verifizieren lassen, damit wir nicht wieder reinfallen. Ich hatte bisher nicht gedacht, daß ich auf etwas reingefallen wäre, sondern war überzeugt, daß das Gutachten der Moskauer Diplomatenklinik manipuliert worden war und schon damals feststand, daß Honecker Krebs hat. Unsere unterschiedlichen Auffassungen hingen offenbar mit unseren unterschiedlichen geographischen und sonstigen Standorten zusammen. Ich sah Becker in diesem Moment als ein Opfer der Meinungsmanipulation an. Wir verständigten uns jedoch sofort und fanden zu unserer monolithischen Geschlossenheit zurück. Die Verständigungsformel hieß: Befunde her und Öffentlichkeit informieren! Für den 13.8. verabredete unser Skeptiker Becker im Einvernehmen mit unserem Mandanten ein Gespräch mit dem Berliner „Spiegel"-Korrespondenten Pötzl. Die Presse reagierte prompt mit einem Unterton Beckerschen Erstaunens. Die „Süddeutsche Zeitung" überschrieb ihren Bericht am 18.8. *„Gutachter: Honecker tatsächlich schwer krank"*, und die „F.A.Z." am gleichen Tag *„Honecker offenbar todkrank"*.

Nach der medialen Verteidigung mußte die juristische folgen. Am 14. August stellten wir den Antrag:

„1. die Eröffnung des Hauptverfahrens abzulehnen,
2. den Haftbefehl gegen Herrn Honecker aufzuheben."

In der Begründung unseres Antrages hieß es u.a.:

„Es ist hier nicht ein Fall zu entscheiden, bei dem es um eine potentielle Lebensgefährdung alleine geht, die bei Durchführung des Strafverfahrens eintreten könnte, sondern es ist medizinisch leider absolut sicher, daß unser Mandant aufgrund dieser Krankheit in absehbarer Zeit sterben wird. Er hat das Recht, in Würde und Ruhe ztu sterben, ohne die Zeit bis zu seinem Tode Objekt eines öffentlichen Strafverfahrens zu sein. Die Kammer ist im Rahmen ihrer Pflicht zur Achtung der Menschenwürde auch aus diesem Gesichtspunkt gehalten, das Verfahren gegen Erich Honecker nicht durchzuführen. Es ist deshalb auch nicht gerechtfertigt, das Verfahren gegen einen dem Tode nahen Beschuldigten überhaupt zu beginnen, vielleicht in der Hoffnung, er könnte vielleicht doch noch das Ende des Prozesses, in welchem körperlichen und seelischen Zustand auch immer, erleben."

Wir wiesen auch darauf hin,

„daß nunmehr offensichtlich geworden ist, daß durch das fehlerhafte Gutachten der Spezialpoliklinik in Moskau vom 3.3.1992 nicht nur die Öffentlichkeit, sondern insbesondere die chilenische Regierung getäuscht worden ist, dem Überstellungsbegehren der Bundesrepublik Deutschland sich zu öffnen."

Der Hinweis auf die Achtung der Menschenwürde erfolgte in diesem Schriftsatz zum ersten Mal. Er wurde unser ständiges Argument. Wir hatten mit ihm lange Zeit keinen Erfolg. Mehr als fünf Monate mußte Erich Honecker miterleben, wie sein voraussichtlicher Todeszeitpunkt von Ärzten, Verteidigern, Anklägern, Richtern und Journalisten und letzlich von jedermann im Lande, wenn nicht auf der Welt, diskutiert wurde. Wie die Politiker, so Kinkel und Kohl, wollten auch Staatsanwälte und Richter die Beute, die so diplomatisch und so hartnäckig und nicht nur mit Geschick errungen worden war, nicht wieder fahrenlassen. Viele dachten wie sie. Es gab eine gemeinsame Überzeugung von den souveränen deutschen Politikern bis zu den unabhängigen Richtern. – Doch später gab es andere Christen und Liberale, die dem unwürdigen Prozeßgerangel ein Ende machen sollten.

Wochentags besuchten wir fast täglich unseren Mandanten im Haftkrankenhaus. Wir besprachen mit ihm unsere Anträge, machten ihm Mitteilung von unseren mehrfach täglich stattfindenden mehr oder weniger bedeutenden Medienkontakten, besprachen mit ihm unterschiedlichste Anfragen, die über uns von den unterschiedlichsten Menschen an ihn gerichtet wurden, darunter viele Besucherwünsche, die Richter Bräutigam alle über mich leitete. Es war das nicht der angenehmste Teil meiner Aufgaben als Verteidiger. Erich Honecker seinerseits hatte auch das Bedürfnis, sich auszusprechen. Wenig sprach er von seinem Leiden und den sich daraus ergebenden Konsequenzen. Das Notwendigste jedoch veranlaßte er. Natürlich sprach er auch über seine Sicht auf Personen und Ereignisse. Herb urteilte er über manchen seiner Genossen aus dem Politbüro (PB), am herbsten über Günter Schabowski: Konrad Naumann wäre zehnmal besser gewesen als er. Außerordentlich bedauerte er den Tod von Werner Lamberz, der ein Unglück für die DDR gewesen wäre. Ein Fehler sei es gewesen, Egon Krenz „heranzuziehen", fehlerhaft sei auch die Aufnahme von Herrmann ins PB gewesen. Über Schalck erklärte er, kein schlechtes Urteil zu haben. Gerald Götting bestätigte er, ein sauberer Mensch gewesen zu sein. Abrassimow habe Unrecht, wenn er meine, daß er, Honecker, die Führung der UdSSR auf die Anklagebank setzen wolle. – Nicht alles, was Erich Honecker mitteilte, war mir verständlich. Oft setzte er Insiderwissen voraus, das ich nicht besaß, und nachfragen wollte ich nicht. Ich mochte ihn nicht ausforschen, so sehr es mich auch reizte zu erfahren, was er über die Entwicklung dachte, die zum Untergang der DDR geführt hatte. Deutlich war nur, daß er Gysi für seinen Feind hielt, ähnliches galt wohl auch für Modrow. Mit einer gewissen Genugtuung berichtete er mir, daß er durch Beschluß des ZK als Mitglied der KPD aufgenommen worden wäre. Für mich war es ein Zeichen, wie sehr ihn der Ausschluß aus der SED getroffen hatte. Die Aufnahme in die KPD stellte sozusagen seine Parteiehre wieder her. Diese Parteiverbundenheit war ein Kennzeichen der Genossen seiner

Generation. Sie ist späteren Generationen mit anderen Lebenserfahrungen nicht mehr eigen. Diese wissen daher auch nicht, was sie jenen angetan haben.

Am 25.8. versammelten wir uns alle drei, um unserem Mandanten zum 80. Geburtstag zu gratulieren. Er hatte noch viele Besucher an diesem Tag, und diese Besuche taten ihm gut. Sonst waren seine Wünsche bescheiden. Von der Anstalt war er nach ihnen gefragt worden. Er wünschte Weinbrandkirschen. – Im übrigen war dieser Dienstag für mich noch ein trauriger Tag. Mein Kollege Dr. Noack wurde beigesetzt, und ich mußte die Trauerrede halten. Am Abend immer noch desselben Tages war ich zu einem Treffen mit ausländischen Teilnehmern eines Kongresses der Internationalen Anwaltsunion (UIA) eingeladen, wohl weil manche den Wunsch hatten, den Honecker-Prozeß aus der Sicht der Verteidigung geschildert zu erhalten. Ich entsprach dem. Manchmal wurde es aber etwas viel.

Professor Schneider erstattete sein Gutachten am 26.8.1992. Er zitierte eingangs ein Schreiben des Vorsitzenden Richters am Landgericht, Bräutigam, mit dem ihm der Gutachterauftrag am 31.7. übermittelt worden war:

> „Ich bitte Sie, die bei den Akten vorhandenen Krankenunterlagen, das hohe Alter, die völlig neue Situation und eine zu erwartende mindestens zweijährige Verfahrensdauer einer Hauptverhandlung zu berücksichtigen, die keinesfalls vor Ende Oktober 1992 überhaupt beginnen kann."

Professor Schneider berief sich sodann u.a. auf ärztliche Befunde und Gutachten, die in der DDR im ersten Teil des Ermittlungsverfahrens gegen Erich Honecker zu den Akten gelangt waren, auf die Unterlagen des Haftkrankenhauses Moabit, darunter den CT-Befund des Krankenhauses Moabit (Prof. Taenzer), ein Schreiben der Spezialpoliklinik Moskau vom 12.2.1992 und ein Zusatzgutachten des Psychiaters Dr. Werner Platz sowie eigene ärztliche Untersuchungen. Professor Schneider teilte aus seinem Gespräch mit Herrn Honecker u.a. mit:

> „Herr E. Honecker ist bereit, über sich und seine Erkrankungen frei zu erzählen. Es entstehen während des Gesprächs keinerlei Gesprächspausen. Herr E. Honecker spricht über seine beiden Operationen (Gallenblase und Dickdarm sowie rechte Niere), über die Probleme bei dem ersten Versuch, die Gallenblase zu operieren (Zwischenfall bei der Narkoseeinleitung). Er spricht über seine Klinikaufenthalte in Moskau und in Beelitz, aber auch, ohne daß er daraufhin angesprochen wird, über die Vorgänge, die dann letztlich zur Ausweisung geführt haben. Es seien 7-10 Russen in Zivil gekommen und hätten ihn aufgefordert mitzukommen, darunter seien auch zwei Frauen gewesen, offensichtlich, weil man wohl zunächst der Annahme gewesen sei, daß auch Frau Honecker ausgewiesen werden sollte. Herr Honecker spricht über seine beiden Ehen und seine 4 Enkelkinder. Auf sein Lieblingsenkelkind angesprochen meint er, daß dieser inzwischen schon 18 Jahre alt ist und ihm einen sehr netten Brief geschrieben habe. Das Enkelkind spreche fließend Spanisch. Er gar nicht. Er könne etwas Russisch, allerdings könne er sich auf Russisch nicht mit einem Russen fließend unterhalten, wohl aber eine Zeitung in Russisch lesen. Seine Frau habe angefangen, Spanisch zu lernen. Sie könne sehr viel besser Russisch als er. Hier, in der Haftanstalt, würde er viel lesen, Bücher und Zeitungen. Früher sei er kaum zum Lesen gekommen, habe aber schon seinen Goethe und seinen Schiller gelesen und in letzter Zeit den Heym, wie er sagt. Er spricht von seiner Inhaf-

tierung 1935 (10 Jahre, davon 1 1/2 Jahre hier in U-Haft). Er spricht ferner davon, daß bei seinem Verfahren auch der Richter Reese mitgewirkt habe, der später dann in den 60er Jahren hier in West-Berlin freigesprochen worden sei."

Professor Schneider berichtete auch:

„Herr Kollege Rex meint, daß es keinerlei Schwierigkeiten auf der Station mit Herrn E. Honecker gebe. Er habe mit dem Patienten einen guten Kontakt (Arzt/Patient). Herr Honecker unterzieht sich bereitwillig allen erforderlichen ärztlichen Maßnahmen."

Am Ende seines 49 Seiten umfassenden Gutachtens beantwortete Prof. Schneider die ihm vom Gericht gestellten Fragen wie folgt:

„1. Zum jetzigen Zeitpunkt ist die Haftfähigkeit gegeben. Alle erforderlichen ärztlichen Maßnahmen sind im Haftkrankenhaus durchzuführen oder aber nach Absprache in externen Spezialabteilungen. Davon ist auch schon wenige Tage nach Zuführung durch Herrn Chefarzt Rex Gebrauch gemacht worden (CT-Untersuchungen im Krankenhaus-Moabit – Prof. Taenzer).

2. Im Hinblick auf die verschiedenartigen Beschwerden mit ihrer unterschiedlichen Wertigkeit und im Hinblick auf das fortgeschrittene Lebensalter, insbesondere in Kenntnis einer metastatisierenden bösartigen Erkrankung ist die Frage nach der Vernehmungsfähigkeit nur eingeschränkt zu bejahen. In Übereinstimmung mit dem Ergebnis der psychiatrischen bzw. psychologischen Zusatzbegutachtung (Chefarzt Dr. Platz) wird man derzeit Herrn Honecker eine 3stündige Vernehmungszeit täglich zumuten können, wobei es am sinnvollsten wäre, diese zusammenhängend auf den Vormittag zu verlegen.

3. Die Annahme einer Verhandlungsunfähigkeit läßt sich zum jetzigen Zeitpunkt ebenfalls nicht begründen. Aber auch hier gilt das, was schon zur Vernehmungsfähigkeit gesagt worden ist, wobei natürlich stets mit einer aktuellen Verschlechterung des Zustandsbildes gerechnet werden muß. Eine ständige Rückkopplung mit den behandelnden Ärzten im Haftkrankenhaus dürfte erforderlich sein, ebenso auch Zusatzbegutachtungen in relativ kurzen Abständen, wobei, wenn sonst keine Verschlechterung auftreten sollten, Zeiträume von 1- 2 Monaten in Betracht kämen.

4. Im Hinblick auf die bösartige Erkrankung (der Rundherd der Leber stellt offensichtlich eine Solitärmetastase dar) ist es, auch wenn prognostische Überlegungen in solchen Fällen äußerst schwierig sind, schwer vorstellbar, daß Herr Honecker eine Verhandlung über 2 Jahre durchsteht. Man wird eher damit zu rechnen haben, daß die Verhandlungsfähigkeit nach einem sehr viel kürzeren Zeitraum nicht mehr gegeben sein wird.

5. Möglicherweise sind diese Aussagen durch die Ergebnisse der Nachuntersuchungen Anfang Oktober noch näher zu konkretisieren, insbesondere wird man über die Progredienz des Tumors in der Leber exaktere Angaben machen können.

6. Herr Honecker ist über sein Krankheitsbild von den behandelnden Ärzten voll aufgeklärt, eine akute Suizidalität scheint zum jetzigen Zeitpunkt nicht vorzuliegen. Diese Einschätzung deckt sich auch mit der des Psychiaters, Chefarzt Dr. Platz.

7. In die Stellungnahme Anfang Oktober sollten auch die Überlegungen eines erfahrenen Onkologen einfließen. In Betracht käme Herr Chefarzt Kirstaedter, dem die CT-Bilder vom 4.8.1992 durch Herrn Chefarzt Rex bereits vorgelegt worden sind und dessen Meinung im vorliegenden Teil bereits mehrfach zitiert worden ist."

Haftprüfungstermin wurde nach Eingang des Gutachtens auf Donnerstag, den 3.9., angesetzt. Ich hatte am 29.8. meinen üblichen Septemberurlaub angetreten, den ich wie immer auf unserer Datsche verlebte. Becker und Ziegler besuchten mich dort an diesem Sonnabend, um unser weiteres Vorgehen nach Kenntnis des Gutachtens zu besprechen. Wir fertigten einen Schriftsatz, mit dem wir die Begründung unseres Antrags auf Aufhebung des Haftbefehls ergänzten. Zum Termin fuhr ich in die Stadt. Das Ergebnis der ca. 1 1/2stündigen Verhandlung, in der Becker Prof. Schneider befragte, kam nicht unerwartet. Der Haftbefehl wurde nicht aufgehoben, eine neue ärztliche Untersuchung sollte abgewartet werden. – Immerhin erhielten wir am 17.9. die Abschrift eines Schreibens des Landgerichts an die JVA Moabit, in dem dieser mitgeteilt wurde:

> „Der obengenannte Untersuchungsgefangene hat hier um die Einbringung a) eines Radiogerätes mit Kassettenteil b) einer Schreibmaschine gebeten. Hiergegen bestehen keine Bedenken. Es kann entsprechend verfahren werden, sofern die Geräte die für den Betrieb in einer Haftanstalt üblichen Voraussetzungen erfüllen. Kassettenteil ohne Mikrofonaufnahme!"

Auch Telefonate mit seiner Frau in Chile und seiner Tochter in Berlin wurden ihm genehmigt. Honecker begann, nachdem er eine Schreibmaschine erhalten hatte, seine persönliche Erklärung niederzuschreiben.

Die „Vergangenheitsbewältigung" entwickelte sich zur gleichen Zeit in ihrer vollen Breite oder, um modern zu sprechen, „flächendeckend". Stolpe wurde der Zusammenarbeit mit der „Stasi" bezichtigt. Honecker wunderte sich. Bei meinem Besuch am 5.10. äußerte er zu mir: Die *„Hetze gegen den Pfarrer"* sei ihm unverständlich. Stolpe sei *„immer Mann der Kirche"* gewesen und hätte die Interessen der Kirche gegen den Staat vertreten, wie umgekehrt die Staatsfunktionäre die Interessen des Staates gegen die Kirche vertreten hätten.

Der Meineidsprozeß gegen Hans Modrow rückte näher, und ich befürchtete, daß ich auch hier die Verteidigung bald intensiv vorbereiten müsse. Das war, wie sich später herausstellte, ein Irrtum. – Auch Markus Wolf erhielt in diesen Tagen seine Anklage im Verfahren vor dem Oberlandesgericht Düsseldorf. Das konnte ich neben dem Honecker-Prozeß nicht noch zusätzlich übernehmen. Ich legte die Verteidigung des bewunderten und gehaßten Chefs der Aufklärung der DDR nieder. Nicht nur aus eigenem Entschluß, muß ich hinzufügen, auch weil der Mitverteidiger es wollte. Er hatte recht, wenn man nicht miteinander kann, soll man es lassen. Nichts ist schlimmer, als wenn Verteidiger eines Angeklagten sich um die richtige Strategie und Taktik der Verteidigung streiten. Das blieb meinem Namensvetter erspart. Ich vertrat ihn dann nur noch wegen seiner Rentenprozesse vor dem Sozialgericht. Nicht gerade meine Materie, aber gleichfalls Vergangenheitsbewältigung, gleichfalls Politik. Die Versäumnisse gegenüber den Nazis wollte die Bundesrepublik nicht noch ein zweites Mal begehen. Gegenüber Kommunisten oder solchen, die es gewesen waren, fiel es ihr leicht, den Fehler nicht zu wiederholen.

Schließlich wurde auch unsere Sozietät in eben jenen Tagen Gegenstand von „Enthüllungen", die dem hehren Ziel der Vergangenheitsbewältigung dienten. Ein Kollege von uns hatte während seiner Armeezeit eine Verpflichtungserklärung für die Abwehr oder die Aufklärung unterschrieben. – Wie verwerflich ist es, einem Staat gedient zu haben, der nicht mehr existiert! Wir solidarisierten uns mit ihm. Die „Enthüllung" fiel schnell der Vergessenheit anheim, aber damals trug sie mit zur Verunsicherung bei, die uns, wie mehr oder weniger alle ehemaligen DDR-Juristen, befallen hatte. Hier, wie vielfach, sagten wir uns zur Selbstaufmunterung: Da müssen wir durch.

Gegen die Ablehnung der Aufhebung des Haftbefehls hatten Becker, Ziegler und ich am 3.9.1992 Beschwerde eingelegt, über die das Kammergericht am 5.10. entschied. Dabei nahm es Bezug auf einen Aktenvermerk des Landgerichts vom 18.9., in dem

„eine weitere Untersuchung des Angeklagten im Oktober des Jahres für erforderlich (gehalten wurde), um eine ausreichend fundierte Prognose über den weiteren Krankheitsverlauf stellen zu können". *Außerdem hieß es in dem Vermerk:* „Die unmittelbar nach Eingang des Verfahrens beim Landgericht gemachte Äußerung des Vorsitzenden der Kammer zur voraussichtlichen Prozeßdauer beruhte auf der Vorstellung, daß – eine entsprechende Eröffnungentscheidung vorausgesetzt – über sämtliche Fälle der Anklage verhandelt werden würde. Angesichts der gesundheitlichen Situation mehrerer Angeschuldigter erwägt die Kammer nunmehr prozessuale Möglichkeiten, den Verhandlungsstoff und damit auch die Verfahrensdauer erheblich zu reduzieren."

Das Kammergericht verwarf unsere Beschwerde. Der Senat bemerkte in den Gründen seines Beschlusses:

„Es ist rechtlich umstritten, ob ein zur Einstellung des Verfahrens führendes Prozeßhindernis erst dann vorliegt, wenn die Prognose, daß der Beschuldigte aufgrund einer schweren Erkrankung die zu erwartende Dauer der Hauptverhandlung nicht in verhandlungsfähigem Zustand durchstehen wird, sicher ist …"

Und er meinte dann weiter und für uns hoffnungerweckend:

„Da eine Prognose über den Verlauf einer Erkrankung und die zu erwartende Dauer einer Hauptverhandlung zwangsläufig zum großen Teil auf einer vorausschauenden Bewertung zahlreicher noch nicht bekannter Umstände beruht, neigt der Senat zu der Auffassung, daß insoweit sichere Voraussage nicht verlangt werden kann. Es erscheint vielmehr zweckmäßig, sich an den Grundsätzen der Entscheidung des Bundesverfassungsgerichts (BVerfGE 51, 324, 346 ff.) zu orientieren, die dieses Gericht für den Fall erarbeitet hat, daß dem Beschuldigten gerade durch die Abwicklung der Hauptverhandlung eine konkrete Lebens- oder schwerwiegende Gesundheitsgefährdung droht. Für die hier ebenfalls wesentliche Frage, ob der Angeschuldigte Honecker möglicherweise infolge der nicht optimalen psycho-sozialen Betreuungsmöglichkeiten in der Haftanstalt seinem Krebsleiden erheblich früher erliegen könnte, als das bei Abbruch des Verfahrens der Fall wäre, sind diese Grundsätze ohnehin unmittelbar anzuwenden."

So weit, so gut. Doch dann hieß es in der „Abwicklung" der Begründung, jede Hoffnung vernichtend, mit der nur erfahrenen Juristen eigenen, staatstragenden Logik weiter:

„Letztlich kann der Senat jedoch offenlassen, welcher Ansicht zu folgen ist. Denn im vorliegenden Fall müßten wegen der außerordentlichen Bedeutung des Strafverfahrens, die sich aus der Art, Umfang und Gewicht des Anklagevorwurfs ergibt, sehr hohe Anforderungen an den spezifische Grad der Wahrscheinlichkeit der Voraussage gestellt werden. Eine derartige sehr hohe Wahrscheinlichkeit dafür, daß die Hauptverhandlung gegen den Angeschuldigten Honecker wegen seiner Erkrankung nicht mehr durchgeführt werden kann, läßt sich jedenfalls derzeit aufgrund der Gutachten der Sachverständigen Prof. Dr. Schneider vom 26. August 1992, Dr. Platz vom 20. August 1992 nicht bejahen. Ob das von dem Landgericht in Auftrag gegebene und noch in diesem Monat zu erwartende Zusatzgutachten ... eine genauere Voraussage über den Kranheitsverlauf ermöglicht, wird das Landgericht zu gegebener Zeit zu prüfen haben."

Wesentliche Befunde lagen für das zweite Gutachten schon vor, als die Entscheidung des Kammergerichts erging. Am 2. Oktober berichtete mir Erich Honecker bereits, daß eine Untersuchung von Rex ein unerwartet schnelles weiteres Wachstum des Tumors ergeben habe. Sein Umfang betrage jetzt 7 cm. Auf mich machte das großen Eindruck. Ich war überzeugt, daß diese Diagnose das Ende des Prozesses bedeute. Am gleichen Tag informierte ich telefonisch Margot Honecker von den neuen ärztlichen Untersuchungsergebnissen. Sofort tauchten praktische Fragen auf: Wohin sollte der Todkranke gehen, nach Chile oder nach Korea? Er zog weiter Korea vor.

In den nächsten Tagen erhielten wir nacheinander die Teilgutachten von Taenzer, Platz, Kirstaedter, bis wir das vollständige zweite Gutachten von Prof. Schneider vom 12. Oktober 1992 in die Hand bekamen. Diese Informationen brachten uns zu der Auffassung, das Gericht würde, sozusagen als Kompromiß, eine Haftverschonung beschließen. Das bedeutete, Honecker mußte in Berlin oder der näheren Umgebung untergebracht werden. Wir wandten viel Energie auf, um für diesen Fall vorzusorgen. Eine Unterkunft, die allen Anforderungen, insbesondere den Sicherheitsbedingungen genügte, fanden wir nicht.

Das Gutachten vom 12. Oktober, das uns mit einem Schreiben der 27. Strafkammer vom 14. Oktober mitgeteilt wurde, stellte zunächst fest,

„daß der Lebertumor (Solitärmetastase? Leberzellkarzinom?) erheblich an Ausdehnung zugenommen hat. Der Durchmesser wird jetzt mit knapp über 7 cm bestimmt, der Befund wird von dem untersuchenden Arzt Professor Taenzer dem Patienten demonstriert und erläutert."

Professor Schneider zitierte den Tumorspezialisten Prof. Kirstaedter u.a. mit den Worten:

„Es liegt mit sehr hoher Wahrscheinlichkeit ein Krebsherd im rechten Leberlappen vor, die Erkrankung scheint relativ rasch fortzuschreiten. Zwischen drei und sechs Monaten ist mit dem Auftreten beeinträchtigender Symptome zu rechnen, die wahrscheinliche Überlebenszeit liegt zwischen sechs und achtzehn Monaten."

Den psychiatrisch-psychologischen Gutachter Dr. Platz zitierte Professor Schneider u.a. mit den Worten:

„Die Zunahme der jetzt festgestellten depressiven und Angstsymptomatik im Vergleich zum Vorbefund neben dem Auftreten neuerer Symptome, wie plötzliches Einschlafen bei gewünschter Tätigkeit wie Lesen, berichteter Amnesie beim Aufwachen danach für das zuvor Gelesene, lassen befürchten, daß es bei weiterer Inhaftierung zu vorzeitigen psychischen

Schäden kommt, die bei einem anderen ‚Setting' außerhalb der Haft nicht derart stark und rasch zu erwarten wären, so daß aus forensisch-psychiatrischer Sicht bei Fortdauer der Haft eine ernste, vorzeitige Verschlimmerung erwartet werden muß."

Professor Schneider selbst kam zu den folgenden Feststellungen:

„daß auch zum jetzigen Zeitpunkt noch die Haftfähigkeit innerhalb des Haftkrankenhauses gegeben ist, und daß auch die Vernehmungs- und Verhandlungsfähigkeit – zumindest in der Einschränkung wie bereits ausgeführt (drei Stunden am Vormittag mit groß bemessenen Pausen/zwei Verhandlungstage pro Woche) –, daß aber das Krankheitsbild insgesamt – und hier wird man das psychosomatische Krankheitsbild als Einheit aufzufassen haben – unter Haftbedingungen sicher rascher fortschreiten dürfte, insbesondere unter Ausbildung einer depressiven Symptomatik."

Professor Schneider kam abschließend zu folgenden strafrechtlich besonders relevanten Feststellungen:

„Eine Haftverschonung wäre aus ärztlichen Überlegungen zu begrüßen, sie könnte – nach dem, was zuvor gesagt worden ist – auch dazu führen, daß der Zustand der zumindest eingeschränkten Vernehmungs- und Verhandlungsfähigkeit noch länger als unter Haftbedingungen erhalten bliebe. …

Aber auch unter diesen Bedingungen (Haftverschonung) dürfte eine zweijährige Verhandlungsdauer, wie ins Auge gefaßt, kaum in Betracht kommen. …"

Die Frist, die uns für eine Stellungnahme zur Anklageschrift gesetzt worden war, lief ab. Am 15. Oktober reichten wir unseren Antrag, *„das Hauptverfahren gegen Herrn Honecker nicht zu eröffnen"*, beim Landgericht ein. Jetzt war die letzte Chance gekommen, das Gerichtsverfahren zu verhindern. Viel Illusionen, das zu erreichen, hatten wir nicht. Wir mußten aber sagen, was zu sagen war. Es kam dabei nicht nur auf das Was, sondern auch auf das Wie an.

Natürlich war nicht alles in diesem Schriftsatz – wie in anderen Schriftsätzen von uns – nach meinem Geschmack, und es gab manches, was zu sagen mir am Herzen gelegen hätte, was ungesagt blieb; aber wir waren drei und mußten mit einer Stimme sprechen und mit einer Feder schreiben. Mir war klar, daß mir nicht die erste Geige zukam, also spielte ich unverdrossen die dritte. Wirklich unverdrossen.

Der Schriftsatz war im Was und im Wie besonders in seinem 1. Teil nicht zach. In ihm hieß es u.a.:

„Entsprechend den von der Bundesregierung und dem Berliner Senat erteilten Vorgaben war der Ermittlungsbehörde, die sich den programmatischen Namen ‚Arbeitsgruppe Regierungskriminalität' gab, von vornherein klar, daß das, was politisch und moralisch kritikwürdig sei, auch strafbar sein müsse."

In unserem Schriftsatz vom 15.10.1992 nannten wir nach der einleitenden Vorbemerkung auf 51 Seiten die Gründe, von denen jeder einzige für sich allein die Verurteilung Erich Honeckers ausschloß:

1. Erich Honecker genoß als ehemaliges Staatsoberhaupt der DDR völkerrechtliche Immunität.

2. Die Act-of-State-Doktrin stand einer Verurteilung Honeckers entgegen, da sie besagt, daß die *„Regierungsakte, die eine Regierung hinsichtlich von Personen, Sachen oder Rechten erläßt, die sich auf ihrem Staatsgebiet befinden, von den Gerichten und Verwaltungsbehörden eines anderen Staates als rechtmäßig angesehen werden müssen".*

3. Der Vorwurf der Anklage erfüllte nach dem anzuwendenden Strafrecht der DDR weder die Voraussetzungen der Täterschaft noch der Anstiftung noch der Beihilfe. Die Honecker vorgeworfene Tat war daher zur Tatzeit nach dem Recht der DDR nicht strafbar.

4. Das Verhalten Erich Honeckers war nach dem Recht der DDR nicht rechtswidrig. In diesem Zusammenhang widerlegten wir die Behauptung, *„die Beschlüsse des Nationalen Verteidigungsrats hätten bis zum Inkrafttreten der geänderten Verfassung vom 6. April 1968 in Widerspruch zum damaligen Artikel 10 Abs. 3 der Verfassung der DDR gestanden, der das Recht auf Ausreise gewährleistet habe; sie hätten ferner zu einem späteren Zeitpunkt gegen Artikel 12 IPbpR verstoßen und hätten schließlich als Eingriff in den Kernbereich des Rechts auf Leben und Freiheit niemals erlassen werden dürfen".*

5. Die Taten sind verjährt.

Im einzelnen können nicht alle unseren damaligen Argumente wiederholt werden. Über sie wird heute noch unter Juristen gestritten. Ein Zeichen dafür, daß die Versuche, sie zu widerlegen, nicht überzeugt haben, obgleich die Zahl der Anhänger Erich Honeckers in der Bundesrepublik im allgemeinen und unter den Juristen insbesondere verschwindend gering sein dürfte. Es sollen daher nur diejenigen Passagen zitiert werden, in denen Kerngedanken zum Ausdruck gebracht wurden.

Eine, wenn nicht die entscheidende Basis für die Verurteilung von Mauerschützen und sogenannte Schreibtischtätern à la Erich Honecker ist das überpositive, das Naturrecht, sind die (falsch interpretierten) Thesen von Gustav Radbruch. Wir bemerkten dazu:

„Der reine ‚Gesetzespositivismus', den Radbruch bei seiner Kritik im Auge hatte, war in der zweiten Hälfte des 19. Jahrhunderts in Deutschland herrschend, vielleicht noch bis zum Ende des Ersten Weltkrieges. In der Weimarer Zeit waren die demokratischen Staatsrechtslehrer Positivisten, die antidemokratischen Positionen beriefen sich auf überpositive Normen. Unter nationalsozialistischer Herrschaft galt der Positivismus schließlich als Entartung. Von den Rechtsanwendern wurde erwartet, die Gesetze im Licht der Ziele des neuen Staates, d.h. gemäß dem Programm der NSDAP, dem Führerwillen oder dem was ‚gesundem Volksempfinden' entsprach, auszulegen, wenn es sein mußte, und es mußte häufig, gegen den Wortlaut der Norm. Hinzu trat die Tendenz der nationalsozialistischen Normsetzung zur bewußten Unschärfe in der Formulierung, zum Rückgriff auf Generalklauseln. ...

Dadurch wird deutlich: die Begründung, die das Bundesverfassungsgericht in der auch in der Anklage herangezogenen Entscheidung (gemeint ist die Entscheidung in Band 3, S. 232) für seinen Rückgriff auf ‚materiale Gerechtigkeit' gibt, ist nicht nur falsch. Sie ist ideologisch und diente der Legitimation gerade der undemokratischen, anti-rechtsstaatlichen Haltung, die sie zu bekämpfen vorgab.

Das sogenannte überpositive Recht ist nichts anderes als ein Einfallstor des politisch motivierten Maßnahmerechts. Und gerade dies zeigt die geschichtliche Erfahrung mit der nationalsozialistischen Rechtsanwendung. Deutsche Richter haben von Anfang des ‚Dritten Reiches‘ an gegen das (noch) geltende Recht unter Berufung auf die ‚materielle Gerechtigkeit‘ oder ‚deutsches Rechtsempfinden‘ oder sonstige ‚überpositive‘ Instanzen entschieden. Eine Argumentation, die ‚überpositive‘ Autorität bemüht, sollte daher den Argwohn wecken, es gehe ihr in Wahrheit schlicht um ein außerrechtliches Interesse.“

Gegenüber dem Argument, das Recht auf Ausreisefreiheit hätte nicht eingeschränkt werden dürfen, führten wir an:

„Das Recht zur Ausreise aus dem eigenen Land gehört nicht zum Kernbereich des Rechts. ... Die Streichung der Ausreisefreiheit aus dem Katalog des IPbpR wurde von Großbritannien beantragt und unter anderem damit begründet, daß die Freizügigkeit kein fundamentales, sondern ein eher zweitrangiges Recht sei. ...
Etwa 30 Staaten gewährten ihren Staatsbürgern bis 1989 das Recht auf Ausreise nur gegen Beantragung eines Ausreisevisums.“

Vier Tage nach Absendung unseres Schriftsatzes am 19.10.1992 eröffnete die 27. Strafkammer unter Vorsitz von Richter Bräutigam das Verfahren gegen Honecker und andere. Von den ursprünglich 68 Anklagepunkten wurden nur 14 zum Gegenstand des Verfahrens gemacht, die übrigen wurden abgetrennt. Die vermutliche Lebenszeit Honeckers ließ nicht mehr zu. Drei Tage später wurde ein neuer Haftbefehl verkündet. Eine Formsache, aber ein Haftbefehl trotz seines Gesundheitszustandes und meines Optimismus. – Honecker war bei der Verkündung ungeduldig und erregt. Der Vorsitzende verbot ihm, sich mit Mielke zu unterhalten. Darauf bemerkte Honecker: *„Das ist ja schlimmer als beim Volksgerichtshof, da durfte ich mit Bruno Baum sprechen.“*

Im Anschluß an den Termin sprachen wir zu dritt mit unserem Mandanten im Haftkrankenhaus. Seine Frau hatte mir schon am Vortag telefonisch mitgeteilt, daß ihr Mann mit uns unzufrieden wäre. Es war dies, wie ich glaube, das einzige Mal, daß er sich über uns, wenn auch verhalten, beklagte. Er glaubte, daß es günstiger wäre, wenn wir Haftverschonung beantragen und nicht den weitergehenden Antrag auf Aufhebung des Haftbefehls stellen würden. Es gelang uns aber in dem Gespräch, ihm unseren Standpunkt verständlich zu machen und die Mißstimmung zu beseitigen. Er übergab mir am Ende unseres Gesprächs den Entwurf seiner persönlichen Prozeßerklärung, den er auf der Schreibmaschine getippt hatte. Ein weiterer Vertrauensbeweis, aber auch ein Symptom seiner seelischen Verfassung war, daß er mich bat, einen Notar zur Errichtung seines Testaments zu bestellen.

Der Beginn der Hauptverhandlung gegen den Todkranken rückte immer näher. Dennoch hatte ich immer noch Hoffnung, und ich glaube, meinen beiden Mitverteidigern ging es ähnlich. Dabei mochte auch eine Rolle spielen, daß ich auf diese Verhandlung nicht genügend vorbereitet war. Bis zum 29.7. war ich überzeugt, der Prozeß würde nie stattfinden. In den Monaten, die seitdem vergangen waren, hatten sich andere, unaufschiebbare Tagesaufgaben in den Vordergrund gedrängt. Immer wieder waren es vor allen Dingen die Medien, die uns nicht zur Ruhe kommen ließen, dann die täglichen Probleme des Anstaltsbesuchs beim Mandanten, der Regelung seiner praktischen Anliegen, auch der Sorge um seine Unterbringung im Falle der Haftverschonung, des damit in Zusammenhang stehenden Kontaktes mit Persönlichkeiten und Organisationen, und dann eben auch die übrige Anwaltstätigkeit, die nicht ruhte. Schließlich wäre ich auch ohne den Honecker-Prozeß nicht arbeitslos gewesen. Die Vergangenheitsbewältigung wurde von respektlosen Geistern in Moabit nicht ohne Grund als *„Arbeitsbeschaffungsmaßnahme für Juristen"* bezeichnet. Die „Fälle" Axen, Großmann, Modrow und Markus Wolf verlangten ebenfalls Zeit und Nerven. Das alles ohne juristische Mitarbeiter, das konnte den objektiven Anforderungen eines historischen Strafverfahrens nicht entprechen. Kurz, ich wollte das Verfahren nicht und glaubte wohl auch deswegen, daß es nicht stattfindet. Vielleicht ging es manchem meiner Mitverteidiger, einschließlich derjenigen der Mitangeklagten, ähnlich.

Am 29.10. trafen sich die Verteidiger aller Angeklagten in unserem Büro in der Wilhelm-Pieck-Straße, die damals noch diesen Namen führte. Unser Treffen verlief ohne Streit, was bei solchen Begegnungen von Anwälten nicht selbstverständlich ist. Wir gingen wohl alle von der Überzeugung aus, daß die Anklage juristisch unhaltbar aber politisch umso erwünschter war. Das hieß, die Verteidigung hatte gute Argumente aber schlechte Karten. Es liegt natürlich nahe, bei einer derartigen Prognose nicht nach der Taube auf dem Dach, sondern nach dem Spatz in der Hand zu greifen. Nach meinem Überblick ließ sich jedoch nur ein Angeklagter von solchem Rat seiner Verteidiger etwas beeinflussen. Wir anderen plädierten in Übereinstimmung mit unseren Mandanten für das kompromißlose „Nichtschuldig". Es war also unter uns eine Harmonie mit kleinen Dissonanzen, die jedoch unausgesprochen blieben. Im übrigen brachte das Treffen nichts Wesentliches. Geplante Vorhaben wurden von den Ereignissen, wie dem Ausscheiden von Mielke und Stoph aus dem Verfahren, überholt.

Am Tage nach unserem Treffen traf der Richter Bräutigam „sitzungspolizeiliche" Maßnahmen für die Durchführung der Hauptverhandlung. Es war ein umfangreiches Dokument, das die Sitzordnung der Angeklagten, ihrer Verteidiger, die Plätze für die Presse, die Modalitäten der Einlaßkontrolle und ähnliches regelte. Man sah, der Vorsitzende war auf alles vorbereitet und entschlossen zu beginnen.

Am 2.11. war eine letzte Chance, unserem Mandanten (und uns) den Prozeß zu ersparen. Die Strafkammer hörte den Onkologen Kirstaedter als Sachverständigen an. Der Tumor war wieder gewachsen, von 7,3 cm auf 8,5 cm Durchmesser. Den Arzt beeindruckte das bei seinem Gutachten nicht. Er blieb dabei: verhandlungsfähig. Wir hatten das, nachdem wir schon vorher das Ergebnis der letzten Untersuchung am 30.10. erfahren hatten, anders gesehen. Wir hatten geglaubt, jetzt kann niemand mehr die tödliche Erkrankung und ihr schnelles Voranschreiten leugnen, jetzt kann niemand mehr für die Durchführung des Verfahren gegen den Sterbenden sein. Irrtum!

Analog der Devise „the show goes on" sollte auch der Prozeß weitergehen. Gerechtigkeit muß sein. Wir drei Verteidiger waren betroffen. Es war klar, die Strafkammer würde nach dem Gutachten des Sachverständigen unserer Haftbeschwerde nicht abhelfen, und das danach zuständige Kammergericht galt in diesen Sachen – wie wir selbst schon erlebt hatten – nicht als humaner.

Der Beschluß der Strafkammer, der unserer Haftbeschwerde wiederum nicht abhalf, erging am 4.11. Wir reagierten darauf zunächst mit einer Presseerklärung, in der es u.a. hieß, daß Prof. Dr. Kirstaedter

„die wissenschaftlich überhaupt nicht haltbare Behauptung aufgestellt hat, daß das neueste Meßergebnis, wonach der Tumor von Herrn Honecker von 7,3 cm auf 8,5 cm innerhalb eines Monats angewachsen sei, was einer Volumenvergrößerung von 30% entspricht, nicht relevant sei, weil es der ‚Tagesform' des Patienten geschuldet sein könne ... Das Gericht hat also in seinem Bestreben, unbedingt den Prozeß mit Herrn Honecker eröffnen zu können, auch noch auf einer höchst unsicheren Tatsachengrundlage entschieden und alle für sein Bestreben ungünstigen Umstände bewußt ausgeblendet.

Angesichts des gestrigen Urteils des Bundesgerichtshofs in dem zweiten Mauerschützenprozeß, in dem die besondere Bedeutung der Menschenrechte hervorgehoben worden ist, ist diese gegen die Menschenwürde verstoßende Entscheidung besonders bedenklich."

Entsprechende Erklärungen gaben wir in Interviews gegenüber Nachrichtenagenturen, Zeitungen und Fernsehanstalten des In- und Auslands ab. – Die Presse beschäftigte sich ihrerseits stark mit diesem Problem. Die „Super Illu" vom 5.11. fragte auf der Titelseite zwischen „Lotto-Millionär" und „Geheimnis der Traumfigur" nach der Überschrift „Honecker & Co. Der Prozeß" „Anklage Schießbefehl: Wird's die große Blamage?". Die „Junge Welt" (neben dem „Neuen Deutschland" die einzige ehemalige DDR-Zeitung, die nicht von westdeutschen Verlegern herausgegeben wird) brachte am 10.11. das

„Zitat des Tages": „Am Brandenburger Tor kann man sich anschaulich davon überzeugen, wieviel Kraft und wahren Heldenmut der Schutz des ersten sozialistischen Staates auf deutschem Boden vor den Anschlägen des Klassenfeindes erfordert. Die Rechnung der Feinde des Sozialismus wird nicht aufgehen. Der Unterpfand dessen sind das unerschütterliche Bündnis zwischen der DDR und der UdSSR ... Ewiges Andenken an die Grenzsoldaten, die ihr Leben für die sozialistische DDR gegeben haben.

Michael Gorbatschow am 16. April 1986 in Berlin, Hauptstadt der DDR"

Der Presseerklärung folgte ein an das Kammergericht gerichteter Schriftsatz vom 5.11. Am 6.11. veröffentlichte die Zeitung der DKP, „Unsere Zeit", ein Interview mit mir. Auf die Frage

„Warum glauben Sie, folgen die Verantwortlichen nicht den Geboten der Gerechtigkeit, Großmut, Vernunft und Humanität, sondern beharren darauf, einen todkranken Achtzigjährigen um jeden Preis vor Gericht zu sehen?"

antwortete ich entsprechend meiner nach wie vor unveränderten Meinung:

314

„Diese Frage ist auch für mich schwer zu beantworten. Selbst wenn man sich nicht von den Grundsätzen der Humanität leiten läßt, sondern alles nur auf politisches Kalkül abstellt, ist der Sinn des Prozesses für die politischen Gegner nicht zu erkennen. Es ist klar, daß der Prozeß nicht an der Tatsache vorbeikommt, die der Regierung der BRD auch schon von bekannten ausländischen und deutschen Persönlichkeiten vorgehalten worden ist, daß sie den Mann, den sie gestern hofierte, als Verbrecher behandelt. Daß an der Mauer geschossen wurde, war schließlich bekannt. Entweder legten die Staatsmänner der BRD keinen Wert auf Ehre, indem sie den Umgang mit einem Menschen pflegten, den sie als Verbrecher ansahen, oder sie legen heute keinen Wert auf Ehre, indem sie einen Unschuldigen als Verbrecher verurteilen lassen … Wenn sie das tun, kann es dafür nur einen vernünftigen Grund geben: die Furcht davor, daß die DDR für deren frühere Bürger, nachdem diese die ‚soziale' Marktwirtschaft kennengelernt haben, attraktiver wird als die neue Ordnung, die sie jetzt haben … Dem will man vorbeugen – und zwar durch das Bild des Unrechtsstaats DDR, der von Verbrechern geführt wurde."

Die Tage bis zum Beginn der Hauptverhandlung vor dem Moabiter Schwurgericht standen einerseits im Zeichen der unaufhaltsam fortschreitenden Krankheit des Hauptangeklagten, andererseits boten sie Gelegenheit zu historisch-politischen Betrachtungen. In der „F.A.Z." vom 9.11. erinnerte Prof. Friedrich-Christian Schroeder an die Zeit *„Als es den roten Teppich für Honecker gab"*. Der Untertitel *„Wie das SED-Regime juristische Unterstützung aus der Bundesrepublik bekam"* machte deutlich, daß der Prozeß dazu benutzt werden sollte, nicht nur die Vergangenheit der DDR, sondern auch die der BRD „aufzuarbeiten". Die Zeit war gekommen, alte westdeutsche Rechnungen zu begleichen. Der rote Teppich für Honecker 1987 war entschuldbar, nicht aber die Stimmen der SPD für die Einführung der Strafbarkeit der Fluchthilfe. „BILD" dagegen war handfester, bildhafter. Sie wußte am 8.11.auf der ersten Seite zu berichten: *„Krankenakte beweist den nahenden Tod."* Darunter in Balkenschrift: *„Das ist Honeckers Leber"* und daneben eine Ultraschall-Aufnahme vom 1. Oktober.

Bräutigam las anscheinend nicht „BILD". Er eröffnete am 12.11. planmäßig, pünktlich und scheinbar unbeeindruckt die Hauptverhandlung des ganz normalen und unpolitischen Totschlagsprozesses. Wir hatten uns im Anwaltzimmer getroffen und marschierten gemeinsam auf den Saal zu, vor dem ein Pulk von Journalisten – an die 200 sollen anwesend gewesen sein – sich auf jeden stürzte, der an dem Verfahren irgendwie beteiligt war. Wir kämpften uns durch auf unsere Plätze, die wir nach Weisung des Vorsitzenden wegen der besonderen Sicherheitsmaßnahmen eine halbe Stunde vor Beginn der Verhandlung einnehmen mußten. Die Angeklagten und andere Verteidiger waren schon da. Sie dienten den Bildreportern als wehrlose Objekte. Wir hatten versucht, unseren Mandanten auf diese unangenehme Situation vorzubereiten, und so hatte er Lesestoff vor sich, mit dem er die Zeit des „Modellstehens" überbrücken konnte. Dennoch fanden die Reporter an ihm noch genügend Berichtenswertes: *„Honecker zeigte sich aufgeräumt"* und war *„äußerlich in guter Verfassung"* hieß es da z.B. – Stoph war wegen Krankheit nicht zur Verhandlung erschienen, was das Bild des Verfahrens stilgemäß abrundete. Die Tatsache lieferte zugleich den Stoff für eine

Der kleine und der große Erich auf der Anklagebank – der sog. Jahrhundert-Prozeß konnte beginnen

erste Auseinandersetzung. Bräutigam wollte ohne Stoph verhandeln, Staatsanwaltschaft, Nebenklägervertreter Rechtsanwalt Plöger und Rechtsanwalt Becker widersprachen in sich nicht wiederholender Einmütigkeit. Bräutigam wirkte auf mich nervös und gereizt. Ich meinte, der nächste, der verhandlungsunfähig wird, ist der Vorsitzende. Unser Mandant war ruhig, er sah zwar angegriffen aus, jedoch keineswegs wie ein Todeskandidat.

Nach 45 Minuten war alles vorbei. Zur Sache war man nicht gekommen. Keine Sensation, keine Erkenntnisse, viel Lärm um nichts. Erich Böhme schrieb in der „Berliner Zeitung" vom 13. November unter der Überschrift *„Auf gut deutsch"*:

„Es lebe der Unterschied. Am Montag dieser Woche erhob sich das politische Berlin im alten Reichstag von seinen Sitzen. Es galt, einen neuen Ehrenbürger der Bundeshauptstadt zu feiern. Michael Gorbatschow badete im Jubel der politischen Klasse. Am Donnerstag erhoben sich dichtgedrängt die Zuschauer und Prozeßbeobachter im Kriminalgericht Moabit. Erich Honecker, ein alter Ehrenbürger der Hauptstadt der DDR, stand vor seinem irdischen Richter … Und so geht die Geschichte zu Ende: Berlin hat einen neuen Ehrenbürger und Moabit einen neuen Häftling. Vergangenheitsaufarbeitung auf gut deutsch: per Ehrenbürgerbrief und Anklageschrift. Zweifellos hat Gorbatschow die Ehrenbürgerwürde verdient. Der zu spät gekommene Honecker den zweifelhaften Strafprozeß nicht."

316

Uwe Wesel überschrieb seinen Prozeßbericht vom ersten Verhandlungstag in der „Wochenpost" (die es damals noch gab): *„Auf dünnem Eis"*. Alles schöne Worte, richtige Worte, folgenlose Worte. Die Justizmaschine lief weiter, und sie läuft heute noch. Das Eis ist scheinbar dicker geworden, jedenfalls eisiger. Der Bundesgerichtshof hat entschieden, das Bundesverfassungsgericht hat entschieden. Das Eis ist dicker geworden – scheinbar. Eis kann tückisch sein.

Die nächste Verhandlung fand vier Tage später am 16.11. statt. Es ging um Verfahrensfragen. Für mich ungewohnt. In der DDR gab es keine Besetzungsrügen, und Befangenheitsanträge waren zwar möglich, kamen aber nicht vor, da man sie nur bis zur Verlesung des Eröffnungsbeschlusses in der Hauptverhandlung stellen konnte. Ich habe in der DDR keinen Befangenheitsantrag in Strafsachen erlebt oder gar selbst gestellt. Nach Lage der Dinge konnte man von ihnen nichts erwarten, jedenfalls nichts Gutes.

Am zweiten Verhandlungstag verlas Ziegler unseren Befangenheitsantrag. Er umfaßte 30 Seiten und enthielt u.a. folgende Ausführungen:

„Die abgelehnten Richter haben durch ihre Entscheidungen im Vorfeld der heutigen Hauptverhandlung wiederholt ihre fehlende Unvoreingenommenheit offenbart. Ihre Entscheidungen sind von dem Willen getragen, den Prozeß gegen Herrn Honecker um jeden Preis zu führen. Das rechtsstaatliche Gebot der Achtung der Menschenwürde wird der Demonstration der Härte geopfert.

Mit ihren Entscheidungen zeigen die abgelehnten Richter, daß sie entschlossen sind, den Prozeß im Wettlauf mit dem Tode von Herrn Honecker zu führen. Statt ihn – wie insbesondere von dem Sachverständigen Dr. Platz gefordert – in die Obhut seiner Familie zu entlassen, um ihm die einzige noch mögliche Therapie, nämlich die Betreuung durch seine nahen Angehörigen zu ermöglichen, wird er in seinen letzten Lebensmonaten vor Gericht gestellt und soll offensichtlich so bis zu seinem Tode Objekt eines mit großer medialer Beteiligung geführten Verfahrens sein. Objekt deshalb, weil auch die Richter wissen, daß Herrn Honecker schon jetzt die Kräfte fehlen, sich aktiv und umfassend zu verteidigen. In einem Verfahren, in dem es nicht um irgendeinen kleinen begrenzten Vorwurf geht, sondern das eine ganze historische Epoche zum Gegenstand hat, in dem es eigentlich um die Legitimität der früheren DDR geht, sind an die Fähigkeit, sich aktiv und jederzeit angemessen zu verteidigen, enorme Anforderungen zu stellen. Diesen Anforderungen kräftemäßig und zeitlich zu genügen, ist dem Angeklagten aufgrund seines Gesundheitszustandes offensichtlich verwehrt. Das immer wieder auch von Seiten der Justiz in der Öffentlichkeit abgelegte Bekenntnis zum Rechtsstaat und das Versprechen, das insbesondere die Bundesregierung gegenüber der Republik Chile abgegeben hat, Herr Honecker werde ein rechtsstaatliches Verfahren erhalten, wird so nicht eingelöst."

Vor allem auf sechs Entscheidungen der Kammer wurde der Ablehnungsantrag gestützt. An erster Stelle stand dabei die Manipulation der Zuständigkeit der Kammer unter Mitwirkung von Richter Bräutigam. In Kenntnis der bevorstehende Anklage gegen Honecker und andere wurden der 27. Großen Strafkammer, die bisher für die Buchstaben A-H zuständig war, die Buchstaben A-G entzogen und ihr nur der Buchstabe H (wie Honecker) belassen. Neu erhielt sie dafür die Buchstaben I, M (wie

Mielke) und N. Da Mielke der älteste und Honecker der zweitälteste Angeklagte war, wurde dadurch die Zuständigkeit dieser Kammer auch für den Fall gewährleistet, *„daß Erich Mielke zum Zeitpunkt der Anklageerhebung nicht mehr am Leben sei".* Zu diesem Sachverhalt hieß es in dem Befangenheitsantrag:

> „Eine solche Zuständigkeitsregelung, die darauf abzielt, die Zuständigkeit in einem Strafverfahren für eine bestimmte Strafkammer zu begründen, stellt einen Verstoß gegen Artikel 101 Abs. 1 Satz 2 GG dar, der bestimmt, daß jedes neu angeklagte Verfahren blindlings zu seinem gesetzlichen Richter gelangen soll ... Der Grundsatz des gesetzlichen Richters verbietet eine Veränderung der Zuständigkeitsordnung im Hinblick auf ein bestimmtes Verfahren. Gegen diesen Grundsatz ist nach dem dargelegten Sachverhalt verstoßen worden. Daß die Zuständigkeitsordnung zufällig ohne den Blick auf das zu erwartende Verfahren gegen Mielke, Honecker u.a. erfolgte, wird niemand behaupten können.
>
> Ein Richter, bei dem davon ausgegangen werden kann, daß er – noch dazu zu eigenen Gunsten – an einer Zuständigkeitsmanipulation unter Verstoß gegen Artikel 101 Abs. 1 Satz 2 GG beteiligt war, ist in den Augen jedes vernünftigen Angeklagten nicht mehr der unbefangene gesetzliche Richter."

Der zweite Entscheidungskomplex war in dem Antrag unter dem Begriff „Vorauseilende Planung" zusammengefaßt. Hier wurde zunächst darauf verwiesen, daß die Frist für die Stellungnahme zur Anklageschrift den Verteidigern bis zum 15. Oktober 1992 gesetzt worden war. Tatsächlich ging diese 68seitige Stellungnahme zu der 783 Seiten umfassenden Anklage dem Gericht am 15. Oktober zu. Am 16. Oktober verfügte der Vorsitzende, sie solle fotokopiert werden, das geschah am 19.10. An diesem Tag also lag sie den beisitzenden Richtern zum ersten Mal vor, und an diesem Tag eröffneten sie das Verfahren gegen Erich Honecker. Wir meinten, auch hierin dokumentiere sich die vorgefaßte Meinung des Gerichts.

Der dritte Punkt betraf die Abtrennung von 56 Einzelfällen. Hierzu wurden die Angeklagten nicht gehört. Die Abtrennung war, so meinten wir, ein Zeichen dafür, daß die Richter entschlossen waren, den Angeklagten in den zwölf verbleibenden Fällen zu einer hohen Freiheitsstrafe zu verurteilen, was dann zur Einstellung der übrigen 56 Fälle führen würde, da deren Bestrafung dann nicht mehr ins Gewicht fallen würde. Anders machte die Abtrennung keinen Sinn, und sinnlose Entscheidungen traute niemand dem Gericht zu.

Viertens beriefen wir uns auf die Haltung des Gerichts gegenüber der tödlichen Erkrankung unseres Mandanten. Hier hatte das Gericht, ohne die Stellungnahme der Verteidigung zu den ärztlichen Gutachten abzuwarten, das Hauptverfahren eröffnet.

Fünftens hoben wir besonders die Tatsache hervor, daß das Gericht sich über das Sachverständigengutachten von Dr. Platz hinsichtlich der psychischen Faktoren, die die Verhandlungsunfähigkeit begründeten, hinwegsetzte.

Sechstens und letztens verwiesen wir darauf, daß auch die Abtrennung der Verfahren gegen Stoph und Mielke die Strafprozeßordnung mißachtete. Sie solle die Verfahrensdauer verkürzen, um den „Wettlauf mit dem Tod" zu gewinnen und den Angeklagten um jeden Preis zu verurteilen.

Prozeßbeobachter nahmen die Zeit: Die Verlesung hatte 70 Minuten gedauert. Alles war ausführlich begründet. Jeder Grund hätte für sich die Ablehnung wegen Befangenheit gerechtfertigt, keiner fand jedoch Gehör. Das war der siebente Umstand, der nachträglich die Befangenheit der Richter bestätigte. Findet man derartig viele, dem Angeklagten verhängnisvolle Zufälle in einem „normalen" Strafprozeß? Ich kenne sie nur aus politischen Prozessen und halte sie für ein Indiz eines politischen Prozesses und nicht für ein Symptom eines „normalen", rechtsstaatlichen Verfahrens. Nach zwei Stunden Verhandlung war Honecker erschöpft und der Sitzungstag beendet.

Den nachträglichen Höhepunkt dieses Verhandlungstages lieferte jedoch Rechtsanwalt Plöger, der die Nebenklägerin Bittner vertrat, indem er der Presse gegenüber erklärte, er bezweifle, daß der Angeklagte, der sich Honecker nenne, tatsächlich Honecker wäre. Er vermute, es handele sich um ein Double. Der „richtige" Honecker sitze *„derweil in Chile bei seiner Margot"*, so die „Berliner Zeitung" vom 19.11.1992.

Neben dem „Jahrhundertprozeß" – von dem einige Jahre später schon niemand mehr redet – läuft die normale Anwaltspraxis weiter. Die Vergangenheit wurde auf vielen Ebenen bewältigt und anderes gab es auch. Am 17.11. fuhr ich als Verteidiger von Hans Modrow zu seiner staatsanwaltschaftlichen Vernehmung im Wahlfälscher-Prozeß nach Dresden. Am Donnerstag, dem 19.11., nahm ich an einer Podiumsdiskussion in der Frankfurter Goethe-Universität teil. Ich schwänzte so den dritten Verhandlungstag, weil es mir wichtiger erschien, mit dem Generalbundesanwalt v. Stahl, Rechtsanwalt Posser, dem Direktor der Gauck-Behörde, Dr. Geiger, dem Bürgerrechtler Dr. Ullmann sowie Professoren und Studenten der Universität über den Honecker-Prozeß zu streiten und zu informieren, als an einer Verhandlung teilzunehmen, von der ich nichts, weder Gutes noch Schlechtes, erwartete. Tatsächlich wurde unser Befangenheitsantrag abgelehnt, und auch sonst ließ sich das Prozeßgeschehen am besten mit den Worten „in Moabit nichts Neues" zusammenfassen.

Von Frankfurt am Main war ich unmittelbar zu einem Kolloquium der Friedrich-Ebert-Stiftung nach Wernigerode gefahren. Zwei Teilnehmer verließen den Saal, als ich sprach, sonst verlief aber die Aussprache auch hier sachlich. Das Wochenende war damit ausgefüllt. Montag, den 23.11., fiel die vorgesehene Verhandlung aus. Zeit nicht etwa zum Nachdenken, zum Akten- oder Literaturstudium, sondern Zeit für andere Klienten, andere Probleme oder für andere Obliegenheiten im Interesse unseres berühmten Mandanten. So besuchte ich zwischen den Verhandlungstagen im Wechsel mit meinen Kollegen oder auch mit ihnen gemeinsam Erich Honecker im Haftkrankenhaus. Immer wieder kam er dabei auf den 13. August 1961 zurück. Das Politbüro sei mit der Vorbereitung dieses Tages nicht befaßt gewesen. Auch er selbst habe davon vorher nichts gewußt. Chrustschow habe gegenüber Ulbricht gesagt, mit offener Grenze könne man keinen Sozialismus aufbauen. Die Pläne für den Bau der Mauer seien dann vom Stab der Vereinigten Streitkräfte des Warschauer Vertrages erarbeitet worden. – Daneben brauchte er unsere Hilfe zur Regelung einer Vielzahl persönlicher Fragen, wie der Klärung der Reihenfolge der vielen Besucher, die ihn sprechen wollten. Und natürlich beschäftigte ihn die Tatsache seines bevorstehenden Todes. Am 24.11. errichtete er sein Testament. Viel zu vererben hatte er nicht. Sein Vermögen bestand aus seinem gesperrten Sparkonto, nichts sonst, kein Auto, keine Liegenschaft, kein Schweizer Konto, keine Antiquitäten oder Gemälde. Diktatoren sorgen meist anders für sich. Selbst Demokraten sind – wie man hört – fürsorglicher.

Am Donnerstag, dem 26.11., wieder Hauptverhandlung, weiter Streit um Verfahrensfragen. Becker beantragte eine Aussetzung des Verfahrens für die Dauer von vier Wochen zum Studium der ca. 13.000 Seiten umfassenden Ermittlungsakten, die wir erst kurz vor Verhandlungsbeginn bekommen hatten. Außerdem rügten Becker und Ziegler die Zuständigkeit und die Besetzung des Gerichts. Honecker machte an diesem Tag einen besonders angegriffenen Eindruck. Es wurde immer deutlicher sichtbar, daß er das Ende des Verfahrens nicht erleben würde. Im Lauf der Verhandlung erbat er sich eine 20minütige Pause. Nach 150 Minuten war dann endgültig Schluß. Immerhin hatte Bräutigam für die folgende Woche eine erneute ärztliche Untersuchung angekündigt, und auf die richtete sich nun wieder unsere Hoffnung.

Am fünften Verhandlungstag, am Montag, dem 30.11., verlas Oberstaatsanwalt Schaefgen eine Kurzfassung der Anklageschrift im *„Sprint-Tempo"*, wie eine Zeitung titelte. In 20 Minuten war alles gesagt. Es war keine Offenbarung für die Öffentlichkeit. Niemand sah die DDR jetzt anders als vorher. Honecker erhielt darauf das Wort „zur Sache". Er konnte und wollte an diesem Tag nicht mehr sprechen. Er war an sich vorbereitet. Er hatte uns drei Verteidigern am 26. November die zweite überarbeitete Fassung seiner persönlichen Erklärung übergeben, an der er seit seiner Einlieferung in Moabit gearbeitet hatte. Wir hatten an ihr nichts auszusetzen. Ich ließ sie im Büro auf dem Computer abschreiben und schärfte meiner Sekretärin ein, sie so zu speichern, daß ein Dritter nicht Mißbrauch damit treiben könne. Pech war nur, daß sie erkrankte und unser Mandant doch noch Änderungen am Text vornahm. Buchstäblich erst in letzter Minute fanden wir den Text, änderten ihn nochmals und ließen ihn per Taxi, während die Verhandlung schon im Gang war, in 40 Exemplaren für die Journalisten nach Moabit bringen. Viel Hektik um nichts – wir hätten noch drei Tage Zeit gehabt.

Mit der Verlesung der Anklage war die Phase der reinen Formalitäten der Hauptverhandlung beendet. Wir suchten deswegen anschließend zu dritt unseren Mandanten auf, um über die neue Etappe zu sprechen. Für mich – und wohl für uns alle – war jedoch weiter klar, zum eigentlichen Prozeßgegenstand würden wir nicht vordringen. Ich rechnete jeden Tag, jedenfalls noch im Jahr 1992 mit der Einstellung des Verfahrens wegen des Gesundheitszustands unseres Mandanten. Es war höchste Zeit.

Die angekündigte erneute Untersuchung erfolgte am 1.12. Im Ergebnis einer Sonographie wurde festgestellt, daß der Tumor in der Leber weiter gewachsen war.

Der behandelnde Arzt im Haftkrankenhaus wollte uns am Tage der Untersuchung vor der Unterrichtung der Strafkammer nicht den exakten Befund mitteilen, doch die Grundaussage ließ er uns wissen. An das Gericht schrieb Dr. Groß am selben Tag: „Im Vergleich zur Voruntersuchung am 30.10.92 hat der Lebertumor deutlich an Größe zugenommen. Die Größenbestimmung ist bei dem polyzyklisch begrenzten Prozeß durch Ausmessen der größten Durchmesser in Länge, Breite und Tiefe sicherlich nur annähernd möglich. Als größte Ausdehnung wurden ermittelt: 8,5 x 10,8 x 8,8 cm, entsprechend einem Volumen von ca. 420 ml ... Wie Ihnen bereits telefonisch mitgeteilt, ist nach meiner Ansicht bei der jetzt dokumentierten Befundprogredienz ein deutlich erhöhtes Risiko für das Auftreten lebensbedrohlicher Komplikationen gegeben (Ruptur des Tumors und Blutungsgefahr). Die mir durch Herrn Prof. Schneider für den 11.12.92 angekündigte CT-Kontrolluntersuchung zur Verifizierung des Befundes sollte, wenn möglich, vorgezogen werden."

Dies war die Situation am 3. Dezember, als nach der Ablehnung aller noch nicht abgelehnten Anträge von Verteidigung und Nebenklage Erich Honecker das Wort zu seiner Erklärung erhielt. Ich war überrascht. Honecker sprach klar, fest und getragen von einer unerschütterlichen Überzeugung. Keine Zeichen von Schwäche, Krankheit oder gar Todesnähe waren auszumachen. In einer Pause, etwa nach der Hälfte seines Vortrages, hat er sich, wie er uns später berichtete, hingelegt und ist sofort eingeschlafen. Anschließend sprach er wieder wie zuvor. Das war es, was er sagte:

„Meine Damen und Herren,

ich werde dieser Anklage und diesem Gerichtsverfahren nicht dadurch den Anschein des Rechts verleihen, daß ich mich gegen den offensichtlich unbegründeten Vorwurf des Totschlags verteidige. Verteidigung erübrigt sich auch, weil ich Ihr Urteil nicht mehr erleben werde. Die Strafe, die Sie mir offensichtlich zudenken, wird mich nicht mehr erreichen. Das weiß heute jeder. Ein Prozeß gegen mich ist schon aus diesem Grunde eine Farce. Er ist ein politisches Schauspiel.

Niemand in den alten Bundesländern, einschließlich der Frontstadt Westberlin, hat das Recht, meine Genossen Mitangeklagten, mich oder irgendeinen anderen Bürger der DDR wegen Handlungen anzuklagen oder gar zu verurteilen, die in Erfüllung staatlicher Aufgaben der DDR begangen worden sind.

Wenn ich hier spreche, so spreche ich allein um Zeugnis abzulegen für die Ideen des Sozialismus, für eine gerechte politische und moralische Beurteilung der von mehr als einhundert Staaten völkerrechtlich anerkannten Deutschen Demokratischen Republik. Diese jetzt von der BRD als ,Unrechtsstaat' apostrophierte Republik war ein Mitglied des Weltsicherheitsrates, stellte zeitweise den Vorsitzenden dieses Rates und stellte auch einmal den Vorsitzenden der UN-Vollversammlung.

Die gerechte politische und moralische Beurteilung der DDR erwarte ich nicht von diesem Prozeß und diesem Gericht. Ich nehme jedoch die Gelegenheit dieses Politschauspiels wahr, um meinen Standpunkt meinen Mitbürgern zur Kenntnis zu geben.

Meine Situation in diesem Prozeß ist nicht ungewöhnlich. Der Deutsche Rechtsstaat hat schon Karl Marx, August Bebel, Karl Liebknecht und viele andere Sozialisten und Kommunisten angeklagt und verurteilt. Das Dritte Reich hat dies mit den aus dem Rechtsstaat der Weimarer Republik übernommenen Richtern in vielen Prozessen fortgesetzt, von denen ich selbst einen als Angeklagter erlebt habe. Nach der Zerschlagung des deutschen Faschismus und des Hitlerstaates brauchte die BRD nicht nach neuen Staatsanwälten und Richter zu suchen, um

erneut Kommunisten massenhaft strafrechtlich zu verfolgen, ihnen mit Hilfe der Arbeits-
gerichte Arbeit und Brot zu nehmen und sie mit Hilfe der Verwaltungsgerichte aus dem
öffentlichen Dienst zu entfernen oder sie auf andere Weise zu verfolgen. Nun geschieht uns
das, was unseren Genossen in Westdeutschland schon in den 50er Jahren geschah. Es ist seit ca.
190 Jahren immer die gleiche Willkür. Der Rechtsstaat BRD ist kein Staat des Rechts, sondern
ein Staaten der Rechten.

Für diesen Prozeß wie für andere Prozesse, in denen andere DDR-Bürger wegen ihrer
‚Systemnähe‘ vor Straf-, Arbeits-, Sozial- und Verwaltungsgerichten verfolgt werden, muß
ein Argument herhalten. Die Politiker und Juristen sagen, wir müssen die Kommunisten verurteilen, weil wir die Nazis nicht verurteilt haben. Wir müssen diesmal die Vergangenheit
aufarbeiten. Das leuchtet vielen ein, ist aber ein Scheinargument. Die Wahrheit ist, daß die
westdeutsche Justiz die Nazis nicht bestrafen konnte, weil sich die Richter und Staatsanwälte
nicht selbst bestrafen konnten. Die Wahrheit ist, daß die bundesdeutsche Justiz ihr derzeitiges
Niveau, wie immer man das beurteilt, den übernommenen Nazis verdankt. Die Wahrheit ist,
daß die Kommunisten, die DDR-Bürger heute aus den gleichen Gründen verfolgt werden,
aus denen sie in Deutschland schon immer verfolgt wurden. Nur in den 40 Jahren der Existenz
der DDR war das umgekehrt. Dieses Versäumnis muß nun ‚aufgearbeitet‘ werden. Das alles
natürlich rechtsstaatlich. Mit Politik hat es nicht das geringste zu tun.

Die führenden Juristen dieses Landes, gleich ob Angehörige der Regierungsparteien oder der
SPD, erklären beschwörend, unser Prozeß sei ein ganz normales Strafverfahren und kein
politischer Prozeß. Man sperrt die Mitglieder eines der höchsten Staatsorgane des Nachbar-
staates ein und sagt, das hat mit Politik nichts zu tun. Man wirft den Generälen eines gegneri-
schen Militärbündnisses militärische Entscheidungen vor und sagt, das hat mit Politik nichts zu
tun. Man nennt die heute Verbrecher, die man gestern ehrenvoll als Staatsgäste und Partner in
dem gemeinsamen Bemühen, daß nie wieder von deutschem Boden ein Krieg ausgeht,
begrüßt hat. Auch das soll mit Politik nichts zu tun haben. Man klagt Kommunisten an, die, seit
sie auf der politischen Bühne erschienen sind, immer verfolgt wurden, aber heute in der
BRD hat das mit Politik nichts zu tun.

Für mich und, wie ich glaube, für jeden Unvoreingenommen liegt auf der Hand: Dieser
Prozeß ist so politisch, wie ein Prozeß nur sein kann. Wer das leugnet, der irrt nicht, sondern
der lügt. Er lügt, um das Volk ein weiteres Mal zu betrügen. Mit diesem Prozeß wird das
getan, was man uns vorwirft. Man entledigt sich des politischen Gegner mit den Mitteln des
Strafrechts, aber natürlich ganz rechtsstaatlich.

Auch andere Umstände lassen unübersehbar erkennen, daß mit dem Prozeß politische
Ziele verfolgt werden. Warum war der Bundeskanzler, war Herr Kinkel, der frühere Bundes-
geheimdienstchef, spätere Justizminister, noch spätere Außenminister der BRD, so darauf
aus, mich, koste es, was es wolle, nach Deutschland zurückzuholen und wieder nach Moabit zu
bringen, wo ich schon einmal war? Warum ließ mich der Bundeskanzler erst nach Moskau fliegen, um dann Moskau und Chile unter Druck zu setzen, mich entgegen jedem Völkerrecht
auszuliefern? Warum mußten russische Ärzte die richtige Diagnose, die sie auf Anhieb gestellt
hatten, verfälschen? Warum führt man mich und meine Genossen, denen es gesundheitlich
nicht viel besser geht als mir, dem Volke vor wie einst die römischen Cäsaren ihre gefangenen
Gegner vorführten?

Ich weiß nicht, ob das alles rational zu erklären ist. Vielleicht bewahrheitet sich hier das alte
Wort: Wen Gott vernichten will, den schlägt er zuvor mit Blindheit. Es ist doch wohl jedem
klar, daß alle diejenigen Politiker, die sich einst um eine Audienz bei mir bemühten und die
sich freuten, mich bei sich begrüßen zu dürfen, von diesem Prozeß nicht unbeschadet
bleiben. Daß an der Mauer Menschen erschossen wurden, daß ich der Vorsitzende des

Nationalen Verteidigungsrates, der Generalsekretär, der Vorsitzende des Staatsrates der DDR war, der für diese Mauer als höchster lebender Politiker die größte Verantwortung trug, wußte jedes Kind in Deutschland und darüber hinaus. Es gibt demnach nur zwei Möglichkeiten: entweder haben die Herren Politiker der BRD bewußt, freiwillig und sogar begierig den Umgang mit einem Totschläger gesucht oder sie lassen jetzt zu, daß Unschuldige des Totschlags bezichtigt werden. Keine dieser beiden Möglichkeiten wird Ihnen zur Ehre gereichen. Eine dritte Möglichkeit gibt es nicht. Wer dieses Dilemma in Kauf nimmt, so oder so ein Mensch ohne Charakter zu sein, ist entweder blind oder verfolgt ein Ziel, das ihm mehr gilt als die Bewahrung seiner Ehre.

Nehmen wir an, daß weder Herr Kohl noch Herr Kinkel noch all die anderen Herren Ministerpräsidenten und Parteiführer der Bundesrepublik Deutschland blind sind (was ich dennoch nicht ausschließen kann), dann bleibt als politisches Ziel dieses Prozesses nur die Absicht, die DDR und damit den Sozialismus zu diskreditieren. Die Niederlage der DDR und des Sozialismus in Deutschland und in Europa allein genügt ihnen offenbar nicht. Es soll alles ausgerottet werden, was diese Epoche, in der Arbeiter und Bauern regierten, in einem anderen als furchtbaren, verbrecherischen Licht erscheinen läßt. Total sollen der Sieg der Marktwirtschaft (wie man den Kapitalismus heute euphemistisch nennt) und die Niederlage des Sozialismus sein. Man will, wie es Hitler einst vor Stalingrad sagte, ‚daß dieser Feind sich nie mehr erheben wird‘. Die deutschen Kapitalisten hatten eben schon immer den Hang zum Totalen.

Dieses Ziel des Prozesses, den totgesagten Sozialismus noch einmal zu töten, offenbart, wie Herr Kohl, wie Regierung und Opposition der BRD die Lage einschätzen. Der Kapitalismus hat sich ökonomisch genauso totgesiegt, wie sich Hitler einst militärisch totgesiegt hat. Der Kapitalismus ist weltweit in eine ausweglose Lage geraten. Er hat nur noch die Wahl zwischen dem Untergang in einem ökologischen und sozialen Chaos und der Aufgabe des Privateigentums an Produktionsmitteln, d.h. dem Sozialismus. Beides bedeutet sein Ende. Nur der Sozialismus erscheint den Herrschenden der Bundesrepublik Deutschland offenbar als die akutere Gefahr. Dem soll dieser Prozeß genauso vorbeugen wie der ganze Feldzug gegen das Andenken an die untergegangene DDR, wie deren Stigmatisierung als ‚Unrechtsstaat‘.

Der unnatürliche Tod jedes Menschen in unserem Land hat uns immer bedrückt. Der Tod an der Mauer hat uns nicht nur menschlich betroffen, sondern auch politisch geschädigt. Vor allen anderen trage ich die Hauptlast der politischen Verantwortung dafür, daß auf denjenigen, der die Grenze zwischen der DDR und der BRD, zwischen Warschauer Vertrag und NATO, ohne Genehmigung überschreiten wollte, unter den Bedingungen der Schußwaffengebrauchbestimmung geschossen wurde. Das ist sicher eine schwere Verantwortung. Ich werde später noch darlegen, warum ich sie auf mich genommen habe. Hier, bei der Bestimmung des polilitischen Ziels dieses Prozesses, komme ich jedoch nicht umhin, auch festzustellen, mit welchen Mitteln das Prozeßziel ‚Verunglimpfung der DDR‘ erreicht werden soll. Dieses Mittel sind die Toten an der Mauer. Sie sollen und werden diesen Prozeß wie schon vorangegangene Prozesse medienwirksam gestalten. Wir und vor allem Sie haben bereits erlebt, wie ohne Rücksicht auf Pietät und Anstand die Bilder der Toten vermarktet wurden. Damit soll Politik gemacht und Stimmung erzeugt werden. Jeder Tote wird so gebraucht, richtiger mißbraucht, im Kampf der Unternehmer um den Erhalt ihres kapitalistischen Eigentums. Denn um nichts anderes geht es bei dem Kampf gegen den Sozialismus. Die Toten sollen die Unmenschlichkeit der DDR und des Sozialismus beweisen und von der Misere der Gegenwart und den Opfern der sozialen Marktwirtschaft ablenken. Das alles geschieht demokratisch, rechtsstaatlich, christlich, human und zum Wohle des deutschen Volkes. Armes Deutschland.

Nun zur Sache selbst. Die Staatsanwälte der Frontstadt klagen uns als gemeine Kriminelle, als Totschläger an. Da wir nun offensichtlich keinen der 68 Menschen, deren Tod uns in der Anklage vorgeworfen wird, persönlich totgeschlagen haben, da wir auch deren Tötung ebenso offensichtlich nicht vorher befohlen oder sonst veranlaßt haben, wirft mir die Anklage auf Seite 9 wörtlich vor:

‚... als Sekretär des NVR und Sekretär für Sicherheitsfragen beim Zentralkomitee der SED (angeordnet zu haben), die Grenzanlagen um Berlin (West) und die Sperranlagen zur Bundesrepublik Deutschland auszubauen, um ein Passieren unmöglich zu machen.'

Ferner wirft mir die Anklage vor, in 17 Sitzungen des NVR vom 29.11.1961 bis 1.7.1983 an Beschlüssen teilgenommen zu haben,

– weitere Drahtminensperren zu errichten (wobei das Wort ‚weitere' erkennen läßt, daß die Streitkräfte der UdSSR vorher schon solche Sperren errichtet hatten),
– das Grenzsicherungssystem zu verbessern, die Schießausbildung der Grenzsoldaten zu verbessern,
– Grenzdurchbrüche nicht zuzulassen,
– am 3.5.1974 persönlich erklärt zu haben, von der Schußwaffe muß rücksichtslos Gebrauch gemacht werden,
– und dem Entwurf des am 1. Mai 1982 in Kraft getretenen Grenzgesetzes zugestimmt zu haben.

Die Vorwürfe gegen mich bzw. gegen uns richten sich also gegen Beschlüsse eines verfassungsmäßigen Organs der DDR. Gegenstand des Verfahrens ist somit die Politik der DDR, das Bemühen des NVR, die DDR als Staat zu verteidigen und zu erhalten. Diese Politik soll durch dieses Verfahren kriminalisiert werden. Damit soll die DDR als ‚Unrechtsstaat' gebrandmarkt und alle, die ihr dienten, zu Verbrechern gestempelt werden. Die Verfolgung von Zehntausenden und unter Umständen Hunderttausenden DDR-Bürgern, von denen die Staatsanwaltschaft jetzt schon spricht, ist das Ziel dieses Verfahrens, das durch ‚Pilotverfahren' gegen Grenzsoldaten vorbereitet sowie von unzähligen, die DDR-Bürger diskriminierenden anderen Gerichtsverfahren vor Zivil-, Sozial-, Arbeits- und Verwaltungsgerichten und von zahlreichen Verwaltungsakten begleitet wird. Es geht also nicht um mich oder um uns, die wir in diesem Prozeß angeklagt sind. Es geht um viel mehr. Es geht um die Zukunft Deutschlands, Europas, ja der Welt, die mit der Beendigung des Kalten Krieges, mit dem neuen Denken so glücklich zu beginnen schien. Hier wird nicht nur der Kalte Krieg fortgesetzt, hier soll ein Grundstein für ein Europa der Reichen gelegt werden. Die Idee der sozialen Gerechtigkeit soll wieder einmal endgültig erstickt werden. Unsere Brandmarkung als Totschläger soll dazu ein Mittel sein. Ich bin der letzte, der gegen sittliche und rechtliche Maßstäbe zur Be- oder auch Verurteilung von Politikern ist. Nur müssen drei Voraussetzungen erfüllt sein: Die Maßstäbe müssen exakt vorher formuliert sein. Sie müssen für alle Politiker gleichermaßen gelten. Ein überparteiliches Gericht, das weder mit Freunden noch Feinden der Angeklagten besetzt ist, muß entscheiden.

Mir scheint, daß alles dies einerseits selbstverständlich, andererseits aber in der heutigen Welt noch nicht machbar ist. Wenn Sie heute dennoch über uns zu Gericht sitzen, so tun Sie das als Gericht der Sieger über uns Besiegte. Dies ist ein Ausdruck der realen Machtverhältnisse, aber nicht ein Akt, der irgendeinen Anspruch auf Geltung vor überpositivem Recht oder überhaupt Recht für sich beanspruchen kann.

Das allein könnte schon genügen, um darzulegen, daß die Anklage ein Unrechtsakt ist. Doch da wir die Auseinandersetzung auch im Detail nicht scheuen, will ich im einzelnen darlegen, was die Anklage, sei es aus böser Absicht, sei es aus Verblendung, nicht darlegt.

Honecker und seine drei Anwälte Wolff, Becker und Ziegler (v.l.n.r.)

Wie bereits zitiert, beginnt die Anklage die chronologische Aufzählung aller Vorwürfe gegen uns mit den Sätzen:
‚Am 12. August 1961 ordnete der Angeschuldigte Honecker als Sekretär des NVR und Sekretär für Sicherheitsfragen beim Zentralkomitee der SED an, die Grenzanlagen um Berlin (West) und die Sperranlagen zur Bundesrepublik Deutschland auszubauen, um ein Passieren unmöglich zu machen.'
Diese historische Sicht der Dinge spricht für sich. Der Sekretär für Sicherheitsfragen des ZK der SED ordnete 1961 ein welthistorisches Ereignis an. Das übertrifft noch die Selbstironie der DDR-Bürger, die die DDR als die größte DDR der Welt bezeichneten. Wenn auch heute Enno von Löwenstein die DDR zu einem ‚großen Land' machen will, um den Sieg der BRD entsprechend gewichtiger darstellen zu können, so versucht doch nicht einmal dieser Rechts-außen des politischen deutschen Journalismus die DDR zur Weltmacht hochzustilisieren. Das bleibt der ‚objektivsten Behörde der Welt' vorbehalten. Jeder macht sich vor der Geschichte so lächerlich, wie er will und kann. Wahr ist, daß der Bau der Mauer auf einer Sitzung der Staaten des Warschauer Vertrages in Moskau beschlossen wurde. In diesem Bündnis sozialistischer Staaten war die DDR ein wichtiges Glied, aber nicht die Führungs-macht. Dies dürfte gerichtsbekannt sein und braucht wohl nicht bewiesen zu werden.
Da wir – wie ich schon sagte – offensichtlich niemand persönlich totgeschlagen noch den Totschlag eines Menschen unmittelbar befohlen haben, wird der Bau der Mauer, ihre Auf-rechterhaltung und die Durchsetzung des Verbots, die DDR ohne staatliche Genehmigung zu verlassen, als Tötungshandlung angesehen. Mit Politik soll das alles nichts zu tun haben. Die deutsche Jurisprudenz macht das möglich. Nur vor der Geschichte und dem gesunden Men-

schenverstand wird sie damit nicht bestehen. Sie wird nur ein weiteres Mal demonstrieren, wes Geistes Kind sie ist und wohin Deutschland zu gehen im Begriffe steht.

Wir alle, die wir in den Staaten des Warschauer Vertrages damals Verantwortung trugen, trafen diese politische Entscheidung gemeinsam. Ich sage das nicht, um mich zu entlasten und die Verantwortung auf andere abzuwälzen; ich sage es nur, weil es so und nicht anders war, und ich stehe dazu, daß diese Entscheidung damals, 1961, richtig war und richtig blieb, bis die Konfrontation zwischen den USA und der UdSSR beendet war. Eben diese politische Entscheidung und die Überzeugungen, die ihr zugrunde liegen, sind der Gegenstand dieses Prozesses. Man muß schon blind sein oder bewußt vor den Geschehnissen der Vergangenheit die Augen verschließen, um diesen Prozeß nicht als politischen Prozeß zu erkennen, um nicht zu erkennen, daß er eine politisch motivierte Entstellung der Geschichte bedeutet.

Wenn Sie diese politische Entscheidung für falsch halten und mir und meinen Genossen die Toten an der Mauer zum strafrechtlichen Vorwurf machen, dann sage ich Ihnen, die Entscheidung, die Sie für richtig halten, hätte Tausende oder Millionen Tote zur Folge gehabt. Das war und das ist meine Überzeugung und, wie ich annehme, auch die Überzeugung meiner Genossen. Wegen dieser politischen Überzeugung stehen wir hier vor Ihnen. Und wegen Ihrer andersartigen politischen Überzeugung werden Sie uns verurteilen.

Wie und warum es zum Bau der Mauer gekommen ist, interessiert die Staatsanwaltschaft nicht. Kein Wort steht darüber in der Anklage. Die Ursachen und Bedingungen werden unterschlagen, die Kette der historischen Ereignisse wird willkürlich zerrissen. Erich Honecker hat die Mauer gebaut und aufrechterhalten. Basta. So einfach vermag der bundesdeutsche Jurist die Geschichte zu sehen und darzustellen. Hauptsache, der Kommunist wird zum Kriminellen gestempelt und als solcher verurteilt. Dabei kann doch jeder Deutsche wissen, wie es zur Mauer kam und warum dort geschossen wurde. Da die Anklage so tut, als sei es dem Sozialismus eigen, Mauern zu bauen und daran Menschen erschießen zu lassen, und als trügen solche ,verbrecherischen' Einzelpersonen wie ich und meine Genossen dafür die Verantwortung, muß ich, ohne Historiker zu sein, die Geschichte, die zur Mauer führte, rekapitulieren.

Der Ursprung liegt weit zurück. Er beginnt mit der Entstehung des Kapitalismus und des Proletariats. Der unmittelbare Beginn des Elends der deutschen Geschichte der Neuzeit ist das Jahr 1933. 1933 haben bekanntlich sehr viele Deutsche in freien Wahlen die NSDAP gewählt, und der Reichspräsident Hindenburg, der schon 1932 ebenfalls frei gewählt worden war, hat Adolf Hitler dann ganz demokratisch zum Reichskanzler berufen. Anschließend haben die politischen Vorläufer unserer etablierten Parteien mit Ausnahme der SPD dem Ermächtigungsgesetz zugestimmt, das Hitler diktatorische Vollmachten verlieh. Nur die Kommunisten hatten vor den Wahlen gesagt: ,Wer Hindenburg wählt, wählt Hitler, wer Hitler wählt, wählt den Krieg.' Bei der Abstimmung zum Ermächtigungsgesetz waren die kommunistischen Abgeordneten bereits aus dem Reichstag entfernt. Viele Kommunisten waren inhaftiert oder lebten illegal. Schon damals begann mit dem Verbot der Kommunisten der Untergang der Demokratie in Deutschland.

Kaum war Hitler Reichskanzler erlebte Deutschland sein erstes Wirtschaftswunder. Die Arbeitslosigkeit wurde überwunden, die Anrechtsscheine auf Volkswagen wurden verkauft, die kochende Volksseele führte zur Vertreibung der Juden. Das deutsche Volk war in seiner Mehrheit glücklich und zufrieden.

Als der Zweite Weltkrieg ausgebrochen war und die Fanfaren die Siege in den Blitzkriegen gegen Polen, Norwegen, Dänemark, Belgien, Holland, Luxemburg, Frankreich, Jugoslawien und Griechenland vermeldeten, kannte die Begeisterung keine Grenzen. Die Herzen fast aller Deutschen schlugen für ihren Kanzler, für den größten Führer aller Zeiten. Kaum einer dachte daran, daß das Tausendjährige Reich nur zwölf Jahre bestehen würde.

Nachdem 1945 alles in Scherben lag, gehörte nicht die ganze Welt Deutschland (wie es in einem bekannten Nazilied vorausgesungen wurde), sondern Deutschland gehörte den Alliierten. Deutschland war in vier Zonen geteilt. Freizügigkeit gab es nicht. Dieses Menschenrecht galt damals bei den Alliierten noch nicht. Es galt nicht einmal für die deutschen Emigranten, die wie Gerhart Eisler aus den USA nach Deutschland zurückkehren wollten.

In den USA gab es damals Pläne (z.B. den Morgenthauplan), Deutschland für dauernd in mehrere Staaten aufzuteilen. Diese Pläne gaben Stalin Veranlassung zu seinem oft zitierten Satz: ‚Die Hitler kommen und gehen, das deutsche Volk und der deutsche Staat bleiben‘. Die damals von der UdSSR angestrebte Erhaltung der Einheit Deutschlands kam jedoch nicht zustande. Deutschland wurde im Ergebnis des 1947 von den USA ausgerufenen Kalten Krieges auf dem Wege über die Bildung der Bizone, der Trizone, die separate Währungsreform und schließlich die Bildung der Bundesrepublik im Mai 1949 für lange Zeit zweigeteilt. Diese Teilung war, wie die zeitliche Abfolge beweist, nicht das Werk der Kommunisten, sondern das Werk der westlichen Alliierten und Konrad Adenauers. Die Bildung der DDR war eine zeitliche und logische Folge der Bildung der BRD. Nunmehr existierten zwei deutsche Staaten nebeneinander. Die BRD war jedoch nicht gewillt, die DDR anzuerkennen und mit ihr friedlich zu leben. Sie erhob vielmehr für ganz Deutschland und alle Deutschen den Alleinvertretungsanspruch. Sie verhängte mit Hilfe ihrer Verbündeten über die DDR ein Wirtschaftsembargo und versuchte so, die DDR wirtschaftlich und politisch zu isolieren. Es war eine Politik der nichtkriegerischen Aggression, die die BRD gegen die DDR führte. Es war dies die Form des Kalten Krieges auf deutschem Boden. Es war die Politik, die zur Mauer führte.

Nachdem die BRD der NATO beigetreten war, schloß sich die DDR dem Warschauer Vertrag an. Damit standen sich beide deutsche Staaten als Mitglieder feindlicher Militärbündnisse feindlich gegenüber. Die BRD war der DDR nach der Zahl ihrer Bevölkerung, nach ihrer Wirtschaftskraft und nach ihren politischen und ökonomischen Verbindungen in vielfacher Hinsicht überlegen. Die BRD hatte durch den Marschallplan und durch geringere Reparationsleistungen weniger an den Kriegsfolgen zu tragen. Sie hatte mehr Naturreichtümer und ein größeres Territorium. Sie nutzte diese vielfache Überlegenheit gegenüber der DDR in jeder Hinsicht, besonders aber dadurch aus, daß sie DDR-Bürgern materielle Vorteile versprach, wenn sie ihr Land verließen. Viele DDR-Bürger erlagen dieser Versuchung und taten das, was die Politiker der BRD von ihnen erwarteten: sie ‚stimmten mit den Füßen ab‘. Der wirtschaftliche Erfolg verlockte die Deutschen nach 1945 nicht weniger, als er sie nach 1933 verlockt hatte.

Die DDR und die mit ihr verbündeten Staaten des Warschauer Vertrages gerieten in eine schwierige Situation. Die Politik des roll back schien in Deutschland zum Erfolg zu führen. Die NATO schickte sich an, ihren Einflußbereich bis an die Oder zu erweitern.

Durch diese Politik entstand 1961 eine Spannungssituation in Deutschland, die den Weltfrieden gefährdete. Die Menschheit stand am Rande eines Atomkrieges. In dieser Situation also beschlossen die Staaten des Warschauer Vertrages den Bau der Mauer. Niemand faßte diesen Entschluß leichten Herzens. Er trennte nicht nur Familien, sondern er war auch ein Zeichen einer politischen und wirtschaftlichen Schwäche des Warschauer Vertrages gegenüber der NATO, die nur mit militärischen Mitteln ausgeglichen werden konnte.

Bedeutende Politiker außerhalb Deutschlands, aber auch in der BRD, erkannten nach 1961 an, daß der Bau der Mauer die Weltlage entspannt hatte.

Franz-Josef Strauß schrieb in seinen Erinnerungen: ‚Mit dem Bau der Mauer war die Krise, wenn auch in einer für die Deutschen unerfreulichen Weise, nicht nur aufgehoben, sondern eigentlich auch abgeschlossen.‘ (S. 390) Vorher hat er über den geplanten Atombombenabwurf im Gebiet der DDR berichtet. (S. 388)

Aus meiner Sicht hätte es weder den Grundlagenvertrag, noch Helsinki, noch die Einheit Deutschlands gegeben, wenn damals die Mauer nicht gebaut oder wenn sie vor der Beendigung des Kalten Krieges abgerissen worden wäre. Deswegen meine ich, daß ich genauso wie meine Genossen nicht nur keine juristische, sondern auch keine politische und keine moralische Schuld auf mich geladen habe, als ich zur Mauer ja sagte und dabei blieb.

Es ist in der Geschichte Deutschlands sicher nur am Rande zu vermerken, daß viele Deutsche sowohl aus dem Westen wie aus dem Osten sich die Mauer wiederwünschen.

Fragen muß man aber auch, was geschehen wäre, wenn wir uns so verhalten hätten, wie das die Anklage als selbstverständlich voraussetzt. Das heißt, wenn wir die Mauer nicht gebaut, die Ausreise aus der DDR jedem zugebilligt und damit freiwillig die DDR schon 1961 aufgegeben hätten. Man muß nicht spekulieren, um sich die Ergebnisse einer solchen Politik vorzustellen. Man muß nur wissen, was 1956 in Ungarn und 1968 in der CSSR geschehen ist. Genauso wie dort hätten auch 1961 in der DDR die ohnehin anwesenden sowjetischen Truppen interveniert. Auch in Polen rief 1981 Jaruzelski das Kriegsrecht aus, um eine solche Intervention zu verhindern.

Eine derartige Zuspitzung der Ereignisse, wie sie von der Anklage als selbstverständliche politische, moralische und juristische Aktion von uns verlangt wird, hätte das Risiko eines Dritten Weltkrieges bedeutet. Dieses Risiko wollten, konnten und durften wir nicht eingehen. Wenn das in Ihren Augen ein Verbrechen ist, so werden Sie sich vor der Geschichte mit Ihrem Urteil selbst richten. Das wäre an sich nicht bedeutungsvoll. Bedeutungsvoll ist jedoch, daß Ihr Urteil ein Signal sein wird, das die alten Fronten neu aufreißt, statt sie zu schließen. Sie demonstrieren damit im Angesicht eines drohenden ökologischen Kollapses der Welt die alte Klassenkampfstrategie der 30er Jahre und die Machtpolitik, die Deutschland seit dem eisernen Kanzler berühmt gemacht hat.

Wenn Sie uns wegen unserer politischen Entscheidung von 1961 bis 1989 verurteilen, und ich gehe davon aus, daß Sie das tun werden, so fällen Sie Ihr Urteil nicht nur ohne rechtliche Grundlage, nicht nur als ein parteiisches Gericht, sondern auch unter völliger Außerachtlassung der politischen Gepflogenheiten und Verhaltensweisen derjenigen Länder, die als Rechtsstaaten Ihren höchsten Respekt genießen. Ich will und kann in diesem Zusammenhang nicht alle Fälle aufzählen, in denen politische Entscheidungen Menschenleben gefordert haben, weil ich Ihre Zeit und Ihre Sensibilität nicht überstrapazieren will. Auch kann ich mich nicht mehr an alles erinnern. Nur folgendes will ich erwähnen:

1964 entschied der damalige Präsident der USA, Kennedy, Truppen nach Vietnam zu entsenden, um an Stelle der besiegten Franzosen bis 1973 Krieg gegen die um ihre Freiheit, ihre Unabhängigkeit und ihr Selbstbesimmungsrecht kämpfenden Vietnamesen zu führen. Diese Entscheidung des Präsidenten der USA, die eine eklatante Verletzung der Menschenrechte und des Völkerrechts beinhaltete, wurde von der Regierung der BRD in keiner Form kritisiert. Die Präsidenten der USA, Kennedy, Johnson und Nixon wurden vor kein Gericht gestellt, auf ihre Ehre fiel, zumindest wegen dieses Krieges, kein Schatten. Dabei hatte kein US-amerikanischer und kein vietnamesischer Soldat die Freiheit zu entscheiden, ob er sich wegen dieses ungerechten Krieges in Lebensgefahr begeben will oder nicht.

1982 setzte England Truppen gegen Argentinien ein, um die Falklandinseln als Kolonie für das Empire zu erhalten. Die ,Eiserne Lady' sicherte sich damit einen Wahlsieg, und ihr Ansehen wurde dadurch, auch nachdem sie abgewählt worden ist, nicht beschädigt. Von Totschlag keine Rede.

1983 befahl der Präsident Reagan seinen Truppen die Besetzung von Grenada. Niemand genießt in Deutschland höheres Ansehen als dieser Präsident der USA. Keine Frage, daß die Opfer dieses Unternehmens rechtens zu Tode gekommen sind.

1986 ließ Reagan die Städte Tripolis und Bengasi in einer Strafaktion bombardieren, ohne zu fragen, ob seine Bomben Schuldige oder Unschuldige trafen.

1989 ordnete Präsident Bush an, General Noriega aus Panama mit Waffengewalt zu entführen. Tausende unschuldige Panamesen wurden dabei getötet. Wiederum fiel auf den Präsidenten der USA kein Makel, geschweige denn, daß er wegen Totschlags oder Mordes angeklagt wurde.

Die Aufzählung ließe sich beliebig erweitern. Von dem Verhalten Englands in Irland überhaupt nur zu sprechen, dürfte als unanständig gelten.

Nach dem, was die Waffen der Bundesrepublik Deutschland unter türkischen Kurden oder der schwarzen Bevölkerung Südafrikas anrichten, werden zwar rhetorische Fragen gestellt, doch niemand zählt die Toten, und niemand nennt die Schuldigen.

Ich habe hier nur die als besonders rechtsstaatlich anerkannten Staaten mit nur einigen ihrer politischen Entscheidungen aufgezählt. Jeder kann vergleichen, wie sich diese Entscheidungen zu der Entscheidung verhalten, an der Grenze des Warschauer Vertrages und der NATO eine Mauer zu errichten.

Sie werden sagen, daß Sie über die Handlungen in anderen Ländern nicht entscheiden können und dürfen. Sie werden sagen, daß Sie dies alles nicht interessiert. Doch ich meine, das Urteil der Geschichte über die DDR kann nicht gefällt werden, ohne daß die Ereignisse Berücksichtigung finden, die sich in der Zeit der Existenz der DDR aufgrund der Auseinandersetzung zwischen den beiden Blöcken in anderen Ländern abspielten. Ich meine darüber hinaus auch, daß politische Handlungen nur aus dem Geist ihrer Zeit zu beurteilen sind. Wenn Sie die Augen davor verschließen, was von 1961 bis 1989 in der Welt außerhalb Deutschlands passierte, können Sie kein gerechtes Urteil fällen.

Auch wenn Sie sich auf Deutschland beschränken und die politischen Entscheidungen in beiden deutschen Staaten einander gegenüberstellen, würde eine ehrliche und objektive Bilanz zugunsten der DDR ausfallen. Wer seinem Volk das Recht auf Arbeit und das Recht auf Wohnung verweigert, wie das in der BRD der Fall ist, nimmt in Kauf, daß zahlreichen Menschen ihre Existenz genommen wird und sie keinen anderen Ausweg sehen, als aus dem Leben zu scheiden. Arbeitslosigkeit, Obdachlosigkeit, Drogenmißbrauch, Beschaffungskriminalität, Kriminalität überhaupt sind alle das Ergebnis der Entscheidung für die soziale Marktwirtschaft. Selbst anscheinend so politisch neutrale Entscheidungen wie die Geschwindigkeitsbegrenzung auf Autobahnen sind Folgen einer Staatsverfassung, in der nicht die freigewählten Politiker, sondern die nichtgewählten Wirtschaftsbosse das Sagen haben. Wenn die Abteilung Regierungskriminalität des Generalstaatsanwalts beim Kammergericht ihre Aufmerksamkeit einmal hierauf richten würde, hätte ich bald die Möglichkeit, den Repräsentanten der Bundesrepublik Deutschland wieder wie früher die Hand zu schütteln – diesmal allerdings in Moabit. Das wird natürlich nicht geschehen, weil die Toten der Marktwirtschaft alle rechtens ihr Leben verloren.

Ich bin nicht derjenige, der die Bilanz der Geschichte der DDR ziehen kann. Die Zeit dafür ist noch nicht gekommen. Die Bilanz wird später und von anderen gezogen werden. Ich habe für die DDR gelebt. Ich habe einen beträchtlichen Teil der Verantwortung für ihre Geschichte getragen. Ich bin also befangen und darüber hinaus durch Alter und Krankheit geschwächt. Dennoch habe ich am Ende meines Lebens die Gewißheit, die DDR wurde nicht umsonst gegründet. Sie hat ein Zeichen gesetzt, daß Sozialismus möglich und besser sein kann als Kapitalismus. Sie war ein Experiment, das gescheitert ist. Doch noch nie hat die Menschheit wegen eines gescheiterten Experiments die Suche nach neuen Erkenntnissen und Wegen aufgegeben. Es ist nun zu prüfen, warum das Experiment scheiterte. Sicher scheiterte es auch, weil wir, ich meine damit die Verantwortlichen in allen sozialistischen

Ländern, vermeidbare Fehler begangen haben. Sicher scheiterte es in Deutschland unter anderem auch deswegen, weil die Bürger der DDR wie andere Deutsche vor ihnen eine falsche Wahl trafen und weil unsere Gegner noch übermächtig waren. Die Erfahrungen aus der Geschichte der DDR werden mit den Erfahrungen aus der Geschichte der anderen sozialistischen Länder für die Millionen in den noch existierenden sozialistischen Ländern und für die Welt von morgen insgesamt nützlich sein. Wer seine Arbeit und sein Leben für die DDR eingesetzt hat, hat nicht umsonst gelebt. Immer mehr ‚Ossis' werden erkennen, daß die Lebensbedingungen in der DDR sie weniger deformiert haben als die ‚Wessis' durch die ‚soziale' Marktwirtschaft deformiert worden sind, daß die Kinder in der DDR in Krippen, in Kindergärten und Schulen sorgloser, glücklicher, gebildeter und freier aufwuchsen als die Kinder in den von Gewalt beherrschten Schulen, Straßen und Plätzen der BRD. Kranke werden erkennen, daß sie in dem Gesundheitswesen der DDR trotz technischer Rückstände Patienten und nicht kommerzielle Objekte für das Marketing von Ärzten waren. Künstler werden begreifen, daß die angebliche oder wirkliche DDR-Zensur nicht so kunstfeindlich war wie die Zensur des Marktes. Staatsbürger werden spüren, daß die DDR-Bürokratie plus der Jagd auf knappe Waren nicht soviel Freizeit erforderte wie die Bürokratie der BRD. Arbeiter und Bauern werden erkennen, daß die BRD ein Staat der Unternehmer (sprich Kapitalisten) ist und daß die DDR sich nicht ohne Grund einen Arbeiter-und-Bauern-Staat nannte. Frauen werden die Gleichberechtigung und das Recht, über ihren Körper selbst zu bestimmen, die sie in der DDR hatten, jetzt höher schätzen. Viele werden nach der Berührung mit dem Gesetz und dem Recht der BRD mit Frau Bohley, die uns Kommunisten verdammt, sagen: ‚Gerechtigkeit haben wir gewollt. Den Rechtsstaat haben wir bekommen.' Viele werden auch begreifen, daß die Freiheit, zwischen CDU/CSU, SPD und F.D.P. zu wählen, nur die Freiheit zu einer Scheinwahl bedeutet. Sie werden erkennen, daß sie im täglichen Leben, insbesondere auf ihrer Arbeitsstelle, in der DDR ein ungleich höheres Maß an Freiheit hatten als sie es jetzt haben. Schließlich werden die Geborgenheit und Sicherheit, die die kleine und im Verhältnis zur BRD arme DDR ihren Bürgern gewährte, nicht mehr als Selbstverständlichkeit mißachtet werden, weil der Alltag des Kapitalismus jetzt jedem deutlich macht, was sie in Wahrheit wert sind.

Die Bilanz der 40jährigen Geschichte der DDR sieht anders aus, als sie von den Politikern und Medien der BRD dargestellt wird. Der wachsende zeitliche Abstand wird das immer deutlicher machen. Der Prozeß gegen uns Mitglieder des Nationalen Verteidigungsrates der DDR soll ein Nürnberger Prozeß gegen Kommunisten werden. Dieses Unternehmen ist zum Scheitern verurteilt. In der DDR gab es keine Konzentrationslager, keine Gaskammern, keine politischen Todesurteile, keinen Volksgerichtshof, keine Gestapo, keine SS. Die DDR hat keinen Krieg geführt und keine Kriegs- oder Menschlichkeitsverbrechen begangen. Die DDR war ein konsequent antifaschistischer Staat, der wegen seines Eintretens für den Frieden hohes internationales Ansehen besaß.

Der Prozeß gegen uns als die ‚Großen' der DDR soll dem Argument entgegengesetzt werden, ‚die Kleinen hängt man, und die Großen läßt man laufen'. Das Urteil über uns soll damit den Weg völlig frei machen, um auch die ‚Kleinen' zu hängen. Schon bisher hat man sich allerdings hierbei wenig Zwang auferlegt.

Der Prozeß soll die Grundlage für die Brandmarkung der DDR als ‚Unrechtsstaat' bilden. Ein Staat, der von solchen ‚Verbrechern' wie uns ‚Totschlägern' regiert wurde, kann nur ein ‚Unrechtsstaat' sein. Wer ihm nahestand, wer ein pflichtbewußter Bürger der DDR war, soll mit einem Kainszeichen gebrandmarkt werden. Ein Unrechtsstaat kann natürlich nur von ‚verbrecherischen Organisationen' wie dem MfS, der SED usw. geführt und gestützt worden sein. Kollektivschuld, kollektive Verurteilung soll an die Stelle individueller Verantwortlichkeit treten, um das Fehlen von Beweisen für die behaupteten Verbrechen zu verschleiern. Pfarrer aus der DDR geben ihren Namen für eine neue Inquisition, für eine moderne Hexenjagd. Millionen werden so gnadenlos ausgegrenzt, aus der Gesellschaft ausgestoßen. Vielen werden die Existenzmöglichkeiten bis aufs äußerste eingeschränkt. Es reicht, als IM registriert worden zu sein, um den bürgerlichen Tod zu erleiden. Der Journalist als Denunziant wird hoch gelobt und reich entlohnt, nach seinem Opfer fragt niemand. Die Zahl der Selbstmorde ist tabu. Das alles unter einer Regierung, die sich christlich und liberal nennt, sowie mit Duldung, ja sogar Unterstützung einer Opposition, die diesen Namen ebensowenig verdient wie die Bezeichnung ‚sozial‘. – Das alles geschieht mit dem selbstverliehenen Gütesiegel des Rechtsstaats.

Der Prozeß offenbart seine politische Dimension auch als Prozeß gegen Antifaschisten. Zu einer Zeit, in der der rechte Mob ungestraft auf den Straßen tobt, Ausländer verfolgt und wie in Mölln ermordet werden, zeigt der Rechtsstaat seine ganze Kraft bei der Verhaftung demonstrierender Juden und eben bei der Verfolgung von Kommunisten. Hier fehlt es auch nicht an Beamten und Geld. Das alles hatten wir schon einmal.

Resümiert man den politischen Gehalt dieses Prozesses, so stellt er sich als Fortsetzung des Kalten Krieges, als Negierung des neuen Denkens dar. Er enthüllt den wahren politischen Charakter dieser Bundesrepublik. Die Anklage, die Haftbefehle und der Beschluß des Gerichts über die Zulassung der Anklage sind geprägt vom Geist des Kalten Krieges. Die Präjudizien zu den Gerichtsentscheidungen gehen auf das Jahr 1964 zurück. Die Welt hat sich seitdem geändert, aber die deutsche Justiz führt politische Prozesse, als regiere noch Wilhelm II. Sie hat die vorübergehende politische ‚Schwäche‘, die sie nach 1968 überfiel, wieder überwunden und ihre alte antikommunistische Hochform wiedergewonnen. Uns schalt man ‚Betonköpfe‘ und warf uns Reformunfähigkeit vor. – In diesem Prozeß wird demonstriert, wo die Betonköpfe herrschen und wer reformunfähig ist. Nach außen ist man zwar äußerst geschmeidig, wird Gorbatschow die Ehrenbürgerwürde von Berlin verliehen, wird gnädig verziehen, daß er einst die sogenannten Mauerschützen durch einen Eintrag in ihr Ehrenbuch belobigte, aber nach innen ist man ‚hart wie Kruppstahl‘. Den einstigen Verbündeten von Gorbatschow gewährt man demgegenüber weder Recht noch Gnade. Gorbatschow und ich gehörten beide der kommunistischen Weltbewegung an. Es ist bekannt, daß wir in einigen wesentlichen Punkten verschiedener Meinung waren. Doch unsere Differenzen waren aus meiner damaligen Sicht geringer als unsere Gemeinsamkeiten. Ich hoffe, daß das noch heute so ist. Mich hat der Bundeskanzler nicht mit Goebbels verglichen, und ich hätte ihm das auch nicht verziehen. Weder für den Bundeskanzler noch für Gorbatschow ist dieses Strafverfahren ein Hindernis für ihre Duzfreundschaft. Auch das ist kennzeichnend.

Ich bin am Ende. Tun Sie, was Sie nicht lassen können.“

Während Honecker seine Erklärung vortrug, war ich zunächst voller Besorgnis, ob es ihm gelingen würde, den Text angemessen zu lesen. Erst allmählich wich diese Besorgnis. Im Saal herrschte gespannte Aufmerksamkeit. Auch das Gericht und die Staatsanwälte waren nach meinem Eindruck gebannt. Die Stille wurde nur durch den demonstrativen Abgang der Nebenklägervertreter und durch gelegentlichen Beifall aus den Reihen der Zuhörer unterbrochen. Nachdem Honecker geendet hatte, erklärte Bräutigam nach kurzer Besinnung: „Das müssen wir erst verarbeiten“ und vertagte die Verhandlung auf den 7. Dezember.

Die Reaktion der Medien am folgenden Tag spiegelte das Ereignis selbst in den äußeren Details unterschiedlich wieder. In der „F.A.Z.“ berichtete Jacqueline Hénard:

„Honecker sprach zunächst in nuschelndem Singsang, später immer lauter und deutlicher ...“ *Sie fand:* „Honeckers Rede verliert viel durch seinen Vortragsstil. Es ist mühsam, seinem Vorlesen zuzuhören. Nur die Mitangeklagten folgten ihm gespannt.“

Gisela Friedrichsen berichtete am 7.12. im „Spiegel“:

„Seine Rede hörte sich besser an, als sie sich später las.“

Sabine Deckwerth gab ihren Eindruck zum selben Thema mit den Wort wider:

„‚Meine Damen und Herren‘, hob er mit deutlich vernehmbarer Stimme an, die ihm auch während seiner 70minütigen Redezeit nicht den Gehorsam verweigerte.“

Die objektive Berichterstattung zur Form des Vortrags brachte also objektiv unterschiedliche Resultate. Hinsichtlich des Inhalts war sie insofern tendenziell etwas einheitlicher, als die reine auszugsweise Inhaltswiedergabe im Vordergrund stand. Kommentare waren seltener und dann auch konträr.

Enno v. Loewenstein hielt in „Die Welt“ vom 4.12. Honeckers Argumenten entgegen:

„Ja, nun, wofür war der Sozialismus sonst da? Seit er real existiert, hat er seine Grenzen gesperrt, Stachdrahtzäune, Posten mit Maschinenpistolen und sogar eine Mauer und ein beispielloses Terrorsystem errichtet, um die Unterworfenen als Zwangsarbeiter in einem riesigen KZ einzusperren und auszubeuten.“

Und auf Honeckers Darstellung, es hätte in der DDR *„keine Konzentrationslager, keine Gaskammern, keine politischen Todesurteile, keinen Volksgerichtshof, keine Gestapo, keine SS gegeben“* erwiderte er:

„Aber natürlich gab es das, wenn auch teilweise unter anderem Namen – außer den Gaskammern; dieses System bevorzugte den Genickschuß ...“

Alles setzte er unter die Überschrift: *„Keine Spur von Reue“.*

Gisela Friedrichsen komprimierte ihr Urteil in dem Satz:

„Was der alte, kranke Mann sagte, ist zum großen Teil unsinnig und grotesk und für die Ohren mancher aus einfühlbarem Grund auch unterträglich.“

Im persönlichen Gespräch mit ihr hörten wir später allerdings Zweifel heraus, ob ihr dieser Artikel gelungen sei.

Auch kurz, aber etwas weniger verdammend war „pra“ in der „Süddeutschen Zeitung“ vom gleichen Tag:

„Seine Verteidigungsrede war ein Zeugnis für Starrsinn, ohne eine Spur von Einsicht und Mitleid. Dies hatte auch niemand im Ernst erwarten können. Immerhin: Die Rede war penibel und akkurat, eine ordentliche Zusammenfassung der einschlägigen Argumente. Sie mag als versuchte Selbstverteidigung konzipiert gewesen sein. Dafür indes war sie objektiv untauglich. Sie war ein guter Funktionärsbericht.“

In der „F.A.Z.“ berichtete Jacqueline Hénard unter der Überschrift *„Was wäre wohl geschehen ohne den Bau der Mauer?“* Sie enthielt sich jeder direkten Wertung. Zwischen den Zeilen kann man lesen – und sich auch irren. In ihrem Buch *„Geschichte vor Gericht. Die Ratlosigkeit der Justiz“* hat man dieselbe Möglichkeit, denn dort wird gleichfalls Honeckers Rede nicht gewertet. Aber man findet den Satz: *„Die Justiz hat den Prozeß verloren ...“ (S. 75)*

Mehr Stoff, räumlich und substantiell, bot Catarina Kennedy-Bannier im „Tagesspiegel". Da las man nach der Aufzählung der kriegerischen Aktionen Kennedys, Johnsons und Nixons den Satz:

> „Da ist es ganz still im Saal. Da vergißt man doch fast, wieso man eigentlich hierher gekommen war."

Allerdings kann sie auch den Zweifel nicht auslassen:

> „Irgendwie möchte man am Ende gar nicht glauben, daß der Erich das wirklich alles selber gedichtet haben soll, wie sein Verteidiger Wolff beteuert."

In einem mit „psi" gezeichneten Kommentar spricht der „Tagesspiegel" auch

> „von der vielleicht besten Rede, die Erich Honecker je in seinem politischen Leben gehalten hat" *und findet, er sei* „kein bißchen Wendehals", *und* „seine Einlassung ist ein bedeutendes Dokument der Zeitgeschichte."

In der „taz" schreibt Götz Aly gleichfalls am 4.12., aber anders als andere:

> „Zweifelsohne ist das Strafverfahren gegen Erich Honecker kein einfacher Kriminalprozeß, sondern zwangsläufig ein politischer Prozeß." *Und fügt hinzu:* „Ein solcher politischer Prozeß erfordert eine gesellschaftliche und demokratische Glaubwürdigkeit, die die Bundesrepublik in diesem Jahr einbüßte und dies ausgerechnet als Folge der Überwindung der deutschen Teilung, deren Zementierung Gegenstand des Prozesses ist." *Und später:* „Viele gestrige Einschätzungen des ehemaligen Staatsrats- und Parteivorsitzenden mögen irrig oder halbwahr sein, doch wird darüber nicht die Justiz, sondern die kritische Zeitgeschichtsforschung der nächsten Jahrzehnte befinden müssen. Dennoch: Erich Honecker wahrte seine Chance." *Und er schließt:* „Mit dieser Rede gewann Erich Honecker seine persönliche Ehre zurück."

Soweit die Presse, fast hätte ich gesagt die Westpresse, aber es gibt – viele finden das selbstverständlich – nur noch eine deutsche Presse, eben die Westpresse. Presse oder gar Rundfunk bzw. Fernsehen, gemacht von ehemaligen DDR-Bürgern, gibt es nicht, d.h. fast nicht, denn es gibt noch das „Neue Deutschland" und die „Junge Welt", aber was sind sie gegen den Rest nicht nur der Presse. Ich finde das nicht selbstverständlich. Es war eines der großen Probleme des Verfahrens. Wir mußten damit fertigwerden. Wir haben, finde ich, das Mögliche getan. – Es reagierte jedoch nicht nur die Presse auf die Rede. Im Saal saßen die Nebenkläger bzw. ihre Vertreter und die „Unbelehrbaren", die Kommunisten, die die Faust zum Gruß erhoben. Ich sah einen Bekannten, der nicht zu den „Unbelehrbaren", allerdings noch weniger zu den Opfern gehörte, er hatte Tränen in den Augen. Sozialismus war für ihn kein Verbrechen, sondern ein Menschheitstraum. Er wollte sich nicht von ihm verabschieden. Honeckers Rede hatte ihn angerührt. – Die Reaktion auf die Rede war tatsächlich vielgestaltig, vielgestaltiger als das Medienecho ahnen ließ.

Nach dem Ende der Verhandlung suchten Ziegler und ich unseren Mandanten auf. Er war erleichtert, er hatte getan, was er sich zu tun vorgenommen hatte. Auch aus unserer Sicht war das der Höhepunkt des Verfahrens. Jetzt galt es, die mit der Entlassung verbundenen praktischen Fragen zu lösen. An der bevorstehenden Entlassung hatten wir keinen Zweifel. Ungewiß war nur das Datum. Honecker hatte keinen gültigen Paß, er besaß lediglich den DDR-Diplomatenpaß. Mit der sehr menschlichen und engagierten Sozialfürsorgerin des Haftkrankenhauses erörterten wir, wie Honecker zu einem BRD-Paß kommt. Auch sie war entschieden davon überzeugt, daß unser Mandant entlassen werden müßte und entlassen werden würde. Ziegler wollte in Verbindung mit ihr das Notwendige veranlassen. Honecker selbst blieb skeptisch, wir aber bereiteten seine Reise nach Chile vor.

Da unser Mandant, entsprechend unserer gemeinsamen Auffassung, sich über seine Erklärung hinaus nicht mehr zur Sache äußern wollte, kam am nächsten Verhandlungstag, d.h. am Montag, dem 7.12., Keßler zu Wort. Er verlas gleichfalls eine Erklärung. In den grundsätzlichen Problemen bezog er sich auf Erich Honecker und auch sonst machte er deutlich, daß er mit seinem einstigen Chef voll übereinstimmte. Als ungünstig empfand ich, daß er seine Erklärung nur verlesen und nicht schriftlich der Presse übergeben hat. Anders als Honecker war Keßler auch bereit, zur Sache auszusagen. Insofern differierte seine Verteidigungsstrategie von unserer. Ich fand nicht, daß Keßler die bessere Wahl getroffen hatte.

Neben der Hauptverhandlung und unabhängig von ihr zog die fortschreitende Krankheit unseres Mandanten die Aufmerksamkeit aller Prozeßbeteiligten auf sich. Die Computertomografie vom 4.12 bestätigte das von der Sonografie am 1.12. festgestellte Wachstum des Tumors. Professor Taenzer teilte die Befunde direkt dem Gericht mit. Bräutigam zeigte Reaktionen, die uns eine baldige Einstellung des Verfahrens gegen unsereren Mandanten erwarten ließen. In einem Gespräch mit Keßler am Rande der Verhandlung erklärte ihm Bräutigam, er müsse damit rechnen, der Hauptangeklagte zu werden. Uns kündigte er an, er erwarte das medizinische Gutachten am Sonntag, den 13.12., er werde es danach allen Beteiligten übermitteln und am 21.12. die Entscheidung darüber treffen, ob das Verfahren eingestellt wird oder nicht. Wir warteten von Tag zu Tag und bereiteten weiter die Reise nach Chile vor.

Donnerstag, der 10.12., war wiederum der Vernehmung Keßlers gewidmet, nachdem Anträge eines Nebenklägervertreters vom Gericht abgelehnt worden waren. Daneben wurden jedoch zum Erstaunen aller Prozeßbeteiligten lange Auszüge aus den Gerichtsakten verlesen, obgleich die Beweisaufnahme noch nicht eröffnet war. Proteste dagegen wurden gleichfalls vom Gericht zurückgewiesen.

Am folgenden Montag, dem 14.12., konnte ich an der Verhandlung nicht teilnehmen, da ich einen Mitarbeiter des ZK vor dem Verwaltungsgericht zu vertreten hatte. Sein Sparguthaben war ebenfalls vom Sonderausschuß der letzten DDR-Volkskammer nach dem Umstellungsguthabengesetz beschlagnahmt worden. Meiner Meinung nach war das nicht rechtsstaatlich. Das Verwaltungsgericht Berlin bestätigte jedoch, wie es dies immer tat, den Beschluß des Sonderausschusses. Mein Mandant, der

inzwischen wieder in seinem Beruf arbeitete, wollte nicht Gegenstand der Medien-
berichterstattung werden, um nicht seine neue Stellung zu gefährden, und akzeptierte
das Urteil.

Im Anschluß an die Verhandlung vor dem Verwaltungsgericht suchte ich Honecker
auf. Er erzählte mir, daß Streletz vernommen worden und „gut" gewesen wäre. Er
hätte nicht nur die Zuhörer, sondern auch die Staatsanwälte beeindruckt. Im übrigen
besprachen wir den Gang des weiteren Verfahrens in Erwartung des Sachverständigengutachtens.

Professor Schneider erstattete sein Gutachten am 15.12. unter Hinzuziehung von
Prof. Taenzer, Prof. Kirstaedter und Dr. Platz. Im wesentlichen bestätigte es die bis-
herigen Gutachten. Unter Bezugnahme auf die Tatsache, daß in den letzten beiden
Monaten *„der Tumor in der Leber erheblich an Größe zugenommen"* hat, kam
Prof. Schneider zu dem Ergebnis:

„Akute Verschlechterungen im Gesamtbefinden wird man vielleicht noch eher zu erwarten
haben, wenn es zu entsprechenden Kompressionserscheinungen im Bereich der Leberpforte
kommt."

Schneider zitierte weiter Prof. Kirstaedter mit den Worten:

„Die Lebenserwartung mag bei aller Schwierigkeit der Einschätzung einer solchen Frage ab
4.12.92 bei 3 bis 6 Monaten liegen."

Abschließend kam Professor Schneider zu dem Ergebnis:

„Bei Herrn Erich Honecker besteht ein Zustand, wo sich Leben und Sterben überlappen,
wobei der Vorgang des Sterbens nunmehr mehr Gewicht bekommt, zumindest wenn man
unterstellt, daß das Tumorwachstum in der bisherigen Geschwindigkeit fortschreitet. An
einer solchen Annahme ist aufgrund des jetzigen Verlaufs nicht ernsthaft zu zweifeln. Eine
Haftverschonung könnte vielleicht dazu führen, daß noch gewisse Reserven freigesetzt werden.
Der vorgegebene Krankheitsverlauf dürfte dadurch aber kaum in entscheidender Weise zu
beeinflussen sein.
    Die Frage nach der Haftfähigkeit wird hiervon natürlich nicht in gleichem Maße berührt.
Herr Honecker ist nach dem zuvor gesagten weiter haftfähig, wobei man natürlich sagen
muß, daß Patienten im fortgeschrittenem Krebsstadium einer zunehmenden psychosozialen
Betreuung bedürfen. Es stellt sich die Frage, ob dies von den Ärzten im Haftkrankenhaus
und ihren Mitarbeitern geleistet werden kann."

Die Frage blieb offen, das Gutachten schloß mit ihr.

Weniger orakelhaft kommentierte „Bild" am 15.12. das Gutachten vom gleichen
Tag. Unter der Überschrift *„Das Gutachten"* hieß es wenig kleiner: *„Im Frühling
Honecker tot"* und noch kleiner: *„Noch ist es geheim. Doch BILD liegen die Dokumente vor."* Was vorlag, war nur das Teilgutachten von Prof. Kirstaedter vom 14.12.;
aber immerhin, das lag offenbar im Wortlaut vor.

Wir hielten es für unmöglich, daß Honecker nach diesem Gutachten nicht entlassen
werden würde. Dementsprechend wurden unsere Vorbereitungen intensiver. Während
Ziegler sich um den Paß kümmerte, schrieb Becker am 14.12. an den Innensenator

wegen Personenschutzes auf der Fahrt zum Flughafen und ich besprach mit den Verwandten die Besorgung der Flugkarten sowie mit Klaus Feske vom Solidaritätskomitee am 16.12 die Reisebegleitung. Es galt schließlich, Honecker soweit wie irgendmöglich während der Fahrt von Moabit nach Chile vor der Presse abzuschirmen. Dazu brauchte es eine geeignete, in allen damit zusammenhängenden praktischen Fragen erfahrene Persönlichkeit, die charakterlich und körperlich hinreichend robust war. Ich hatte Feske während meines Aufenthalts als Prozeßbeobachter in Ankara kennengelernt, wo er in gleicher Funktion für die SEW tätig war. Wie er dort mit den türkischen Sicherheitskräften umgegangen war, hatte mich überzeugt, daß er für diese Aufgabe der richtige Mann sei. Die spätere Erfahrung hat mir recht gegeben. Der Polizeipräsident von Berlin war allerdings anderer Meinung. Er kannte Klaus Feske auch. Er ließ nicht zu, daß Honecker zusammen mit Feske zum Flugplatz fuhr. Die Schwierigkeiten, die dadurch entstanden, daß Feske in dem Gewühl der Journalisten rechtzeitig seinen Schützling finden mußte, um ihn vor eben diesen abzuschirmen, meisterte Feske auch.

Am Donnerstag, dem 17.12., war es soweit. Das Gericht schlug vor, über das Gutachten außerhalb der Hauptverhandlung in nichtöffentlicher Sitzung zu verhandeln. So geschah es. Rechtsanwalt Plöger hatte Professor Hackethal zu seiner Unterstützung mitgebracht, der schon früher mit seinen ungewöhnlichen medizinischen Sichten und Einsichten einen eigenen Akzent gesetzt hatte, indem er verkündete, Honecker hätte einen Fuchsbandwurm. Die ärztlichen Sachverständigen blieben trotz Hackethal bei ihrem Urteil. Wir beantragten, gestützt auf das Gutachten der Sachverständigen, das Verfahren gegen unseren Mandanten von dem der Mitangeklagten abzutrennen, damit es durch Urteil eingestellt werden könne. Wir trugen vor:

„Eine Fortführung des Prozesses gegen Erich Honecker würde aber auch einen Verstoß gegen dessen Menschenwürde bedeuten. Zur Menschenwürde eines Sterbenden gehört das Recht, sich von der Öffentlichkeit, von ihm fernstehenden Menschen zurückziehen zu dürfen. Dieses Recht ist mit einem öffentlichen Prozeß unvereinbar. Eine Fortführung der öffentlichen Hauptverhandlung würde seine Menschenwürde verletzen."

Das Gericht vertagte sich auf den 21. Dezember, weil es erst entscheiden könne, wenn über das Ablehnungsgesuch gegen Bräutigam entschieden sei. Wir Anwälte waren enttäuscht, blieben aber dennoch optimistisch, daß Honecker aufgrund des Gutachtens nunmehr am 21.12 entlassen wird.

Plöger blieb auch nicht untätig. Er wiederholte am 20.12. einen bereits am 13.12. gestellten Antrag,

„daß dem Angeklagten, Herrn Erich Honecker, aus seiner ‚krebsbefallenen Leber' eine Gewebsprobe auch gegen dessen Willen zum Zwecke der exakten Bestimmung entnommen wird, ob tatsächlich ein Krebsbefall der Leber vorliegt und ob dieser gutartig oder bösartig ist und um welche Art von Krebsbefall es sich hierbei handeln könnte … "

Am 21.12. traten wir erneut mit der Hoffnung an, im Ergebnis des letzten Gutachtens würde nunmehr endlich der Haftbefehl aufgehoben werden. Ähnlich dachten offen-

Die Verhandlungen vor dem Berliner Landgericht gehen weiter – eine Einstellung des Verfahrens ist noch nicht in Sicht

bar die zahlreichen Journalisten. Noch vor Verhandlungsbeginn erhielten wir von einem Wachtmeister eine neue Anklage gegen Erich Honecker zugestellt. Der Vorwurf lautete: Untreue und Vertrauensmißbrauch. Das war das, was ihm in der DDR zum Vorwurf gemacht worden war. Jetzt war es längst vergessen, vom Gang der Ereignisse überholt. Ich schenkte ihm keine Bedeutung. Was sollte das für den Todkranken noch bedeuten. Die „Wessis" dachten anders, weiter.

Die „Süddeutsche" schrieb am 22.12.:

„Die Staatsanwaltschaft hat übrigens eine neue Anklageschrift nachgeschoben, mit umfangreichen Vorwürfen wegen Veruntreuung staatlicher Gelder. Sie wird dafür ihre guten Gründe haben, obwohl sie genau weiß, daß dieses Verfahren schon gar keine Chance hat, auch nur eröffnet zu werden. Sollte es sich allerdings nur um einen Schachzug handeln, den Angeklagten im Gefängnis zu behalten, gereichte ihr der nicht zur Ehre."

Uwe Wesel sagte es unverblümter:

„Ein Coup der Staatsanwaltschaft … Also rechnet auch die Staatsanwaltschaft damit, daß die 27. Strafkammer heute zu einer für Honecker positiven Entscheidung kommt, und will auf diese Weise Zeit gewinnen. Nun kann er erst freigelassen werden, wenn auch der andere Haftbefehl aufgehoben wird. Dafür braucht man ein paar Tage. Erster Schlag für die Verteidigung Honeckers." *(Ein Staat vor Gericht, S. 93)*

337

Die Verhandlung begann mit der Zurückweisung von Ablehnungsanträgen Plögers gegen Bräutigam und die Sachverständigen Taenzer und Rex. Das entmutigte Plöger jedoch keinesfalls. Zusammen mit Rechtsanwalt Andreas Schulz, der die Nebenklage Reis vertrat, stellt er einen neuen Ablehnungsantrag gegen den Vorsitzenden Richter Bräutigam, weil dieser am Vorabend im Fernsehen zu den medizinischen Gutachten der Sachverständigen Stellung genommen hatte. Nichts besonderes, aber Anlaß zu einer erneuten Beratungspause. Wir warteten vor dem Saaleingang. Ein Wachtmeister teilte mir mit, Bräutigam wolle mich sprechen. Ich ging auf ihn zu, und in Gegenwart von Becker erklärte er mir, ein Schöffe wünsche ein Autogramm von Honecker und überreichte mir dazu einen Stadtatlas des VEB Berlin-Tourist. Ich war überrascht, sah aber keinen Grund zur Ablehnung und versuchte, das kleine grüne Buch ohne Aufsehen in meine Aktentasche zu stecken. Bei mir dachte ich: selten, daß man sich von Totschlägern Autogramme wünscht und dann noch als Richter.

Die Verhandlung wurde fortgesetzt. Es ging immer noch um Befangenheit. Plöger fragte plötzlich, was der Vorsitzende Richter in der Pause mit uns besprochen hätte. Bräutigam antwortete: „eine Postfrage". Damit war dieses Intermezzo beendet. Vorläufig. Zur Sache erhielt nunmehr die Staatsanwaltschaft das Wort. Sie stimmte dem Gutachten zu, daß der Tumor in der Leber von Honecker bösartig sei und eine mittlere bis hohe Wachstumsgeschwindigkeit habe. Sie kam jedoch zu der Auffassung, daß er derzeit „noch nicht bedrohlich" und der Angeklagte somit noch weiter verhandlungsfähig wäre. Der Sachverständige Platz, der das aus Sicht des Psychologen anders beurteilt hatte, wäre zu einem unzutreffenden Ergebnis gekommen, da ihm der Eindruck aus der Hauptverhandlung fehle. – Aus der Abwesenheit des Oberstaatsanwalts an diesem Tag wurde orakelt, die Staatsanwaltschaft sei sich in ihrer Auffassung nicht einig gewesen. Die Nebenklägervertreter waren sich einig, sie schlossen sich der Stellungnahme der Staatsanwaltschaft an. Plöger setzte noch eins drauf. Er wünschte Honecker „gute Besserung".

Dann kam die Verteidigung zu Wort. Als erster von uns plädierte Ziegler. Entsprechend seinem Naturell „ruhig, genau und vornehm", wie Wesel später in der „Wochenpost" berichtete. Ihm folgte Becker mit seinem von anderem Naturell geprägten Vortrag. Er griff die Staatsanwaltschaft scharf an, zog Parallelen zur Verfolgung der NS-Juristen, die Staatsanwalt Jahntz, der jetzt keinem ärztlichen Befund traut oder gar folgt, seinerzeit mit Einstellungsverfügungen der Strafverfolgung entzogen hatte. Nach Becker kam ich an die Reihe. Beide Plädoyers hatten auf mich einen starken Eindruck gemacht. Eigentlich hielt ich es nicht für erforderlich und auch nicht für opportun, noch etwas zu sagen. Ich wollte nicht Gefahr laufen, den starken Eindruck der Plädoyers meiner Kollegen abzuschwächen. Auf der anderen Seite quälte mich der Gedanke, bin ich nicht wieder, sind wir nicht nur ein Alibi für die Rechtsstaatlichkeit des Verfahrens. Das hatte ich mir und hatten andere mir doch oft in bezug auf meine DDR-Verteidigungen vorgehalten. Mußten wir nicht einen großen Eklat herbeiführen und uns aus dem unwürdigen Procedere zurückziehen. Doch, hätte das Honecker genützt? Es war Mildebrath, der als Verteidiger von Keßler diesen Gedanken später tatsächlich äußerte, allerdings auch, ohne ihn Praxis werden zu lassen. Ich entschloß mich dann schließlich doch, ebenfalls zu sprechen. Es war nicht viel, was ich zu sagen hatte. Es war sicher auch nicht sehr eindrucksvoll. Ich war zu beeindruckt von meinen Kollegen und auch im bundesdeutschen Gerichtssaal zu unsicher. Ich verwies auf Artikel 1 des Grundgesetzes, der die Menschenwürde garantiert. Meine Kollegen hatten darauf nicht ausdrücklich, wenn auch inzidenter, Bezug genommen.

Die Beratung dauerte etwa zweieinhalb Stunden. Uwe Wesel diagnostizierte: *„Die Richter sind sich nicht einig. Es gibt Auseinandersetzungen.“ (Ein Staat vor Gericht, S. 95)* Dann wird verkündet: Das Verfahren gegen Erich Honecker wird nicht eingestellt, der Haftbefehl wird nicht aufgehoben, neue Untersuchung im Januar. Die Hauptverhandlung wird auf den 4. Januar 1993 vertagt.

Die Reaktion der Medien war teilweise herb. Die „Süddeutsche“ resümierte:

„Man hätte es schon kommen sehen können: Zu heftig kämpfte der Anwalt der Nebenkläger, zu sehr sperrte sich der Staatsanwalt. Danach hätte die 27. Strafkammer mehr Mut gebraucht, als ihr zur Verfügung stand, um den Angeklagten auf freien Fuß zu setzen.“ *Und nach einem Absatz fügt sie hinzu:* „Es wäre allerdings die richtige Entscheidung gewesen …“

Im „Spiegel“ äußerte Frau Friedrichsen noch bevor sie das Ergebnis der Verhandlung vom 21.12. kannte:

„Vor allem durch sein (Rechtsanwalt Plögers) Zutun verkommt der Prozeß gegen Erich Honecker zu einer trostlosen Klamotte.“ *Und:* „Auch in der Weihnachtswoche wird über den Tod verhandelt, nicht den der Erschossenen, sondern den des Hauptangeklagten. Es wird gefeilscht, man singt dem Knochenmann ein Lied: Warte, warte nur ein Weilchen.

Die Kreuzritterschar der Staatsanwälte, die so tollkühn gegen einen geschwächten und immer schwächer werdenden Gegner anrennt, hatte am vergangenen Donnerstag ihre Stellungnahme zum Antrag der Verteidigung, das Verfahren gegen Erich Honecker einzustellen, schon in der Tasche: Eine Ablehnung. Dann bat sie um ein Fristchen Bedenkzeit – bis zu diesem Montag. Wieder ist ein Verhandlungstag gewonnen.“ *Schließlich zitiert der „Spiegel“ noch eine Bemerkung Plögers nach dem Ende der Sachverständigen-Anhörung vom Donnerstag:* „Jeder Tag, den Herr Honecker länger in Haft sitzt, ist ein Gewinn für den Rechtsstaat und eine Genugtuung für die Opfer.“

Das „Neue Deutschland“ wählte als Überschrift das für die Medien im Mittelpunkt der Aufmerksamkeit stehende Resultat: *„Erich Honecker sitzt zu Weihnachten in Moabit“.*

Ich fuhr nach der Niederlage in meinen Weihnachtsurlaub zurück. Das Erlebte ließ uns alle nicht los. Der Prozeß mußte beendet werden. Der 21. Dezember hatte uns gelehrt, von diesem Gericht mußte man aufs Schlimmste gefaßt sein. So entstand am 22. Dezember der Gedanke, wegen der Verletzung der Menschenwürde eines Sterbenden das Verfassungsgericht anzurufen und unabhängig davon wegen der Autogramm-Affäre und besonders wegen der Antwort Bräutigams auf die mißtrauische

Anfrage Plögers den Vorsitzenden Richter abzulehnen. Letzteres war nicht so problematisch. Am 23.12 erlärten meine weiterarbeitenden Kollegen, daß „Herr Honecker den Vorsitzenden Richter Bräutigam wegen Besorgnis der Befangenheit" ablehne. Die Begründung nahm sieben Seiten in Anspruch. Ich muß gestehen, ich war nicht begeistert. Es widerstrebte mir, ein vertrauliches Gepräch öffentlich zu machen und gegen meinen Gesprächspartner zu verwenden. Letztlich stimmte ich aber zu. Das Interesse des Mandanten geht vor. Und im Interesse des Mandanten lag es, diesen Richter, der nach unserer festen Überzeugung durch eigene und fremde Manipulation zum Honecker-Richter geworden war, von diesem Platz zu entfernen.

Der Versuch wäre wohl wiederum mißlungen, wenn nicht Plöger für seine Mandantin aus dem gleichen Grund ebenfalls den Ablehnungsantrag gestellt hätte. Was er sich davon verprach, war mir nicht klar. Hatten wir berechtigte Motive, Bräutigam für befangen erklären zu lassen, hätte er, so meinte ich, allen Grund gehabt, Bräutigam auf seinem Platz zu halten. Plöger dachte offenbar in anderen Kategorien.

Bräutigam nahm am Mittag des 23.12. in einer dienstlichen Erklärung u.a. wie folgt zu dem Ablehnungsgesuch Stellung:

> „Es trifft zu, daß mir der Ergänzungsschöffe Kohlus am 21. Dezember 1992 mittags einen Stadtatlas von Berlin überreicht und dazu die Bitte geäußert hat, ob der Angeklagte Honecker dieses Buch signieren könne. Er habe gehört oder gelesen, daß Herr Honecker viele Autogramme gebe.
>
> Normalerweise werden alle Autogrammwünsche, egal, ob sie mit der Post eingehen oder persönlich abgegeben werden und egal, wer sie einreicht – es sei denn, ein kommerzieller Hintergrund ist offensichtlich – über den internen Postweg an den Angeklagten Honecker in der Haftanstalt weitergeleitet, der diesen Wünschen, soweit mir aus der Postkontrolle in der Kammer bekannt ist, allen nachkommt. Dies ist allgemeinkundig.
>
> Deshalb habe ich das Buch von dem Ergänzungsschöffen kommentarlos entgegengenommen und, weil sich hier die Gelegenheit anbot, es in der Sitzungspause am frühen Nachmittag den Verteidigern des Angeklagten, den Rechtsanwälten Dr. Wolff und Becker, im Rahmen eines Pausengesprächs auf dem Gerichtsflur übergeben und den Wunsch übermittelt. Ich habe dabei um Vertraulichkeit gebeten, weil auch sonst nicht bekannt wird, wer Autogrammwünsche an den Angeklagten richtet. Dr. Wolff nahm das Buch entgegen und sagte zu, er werde die Sache erledigen. Rechtsanwalt Becker bemerkte dazu sinngemäß, nachdem fast jeder Wachtmeister bereits ein Buchautogramm besitze, stünde diesem Wunsch sicher nichts entgegen."

Die zunächst vage Idee der Anrufung des Verfassungsgerichts verfestigte sich bei uns schnell. Telefonisch kamen wir nach Überwindung anfänglicher juristischer Zweifel am 23.12. zu dem gemeinsamen Entschluß, den Berliner Verfassungsgerichtshof anzurufen und den Sozius von Rechtsanwalt Becker, Rechtsanwalt Geulen, zu bitten, den entsprechenden Antrag zu formulieren. Weihnachtsstimmung kam nicht auf. Am 28. Dezember beschloß das Kammergericht:

> „Die Beschwerden des Angeklagten vom 19. Oktober, 2. November und 22. Dezember gegen den Haftfortdauerbeschluß des Landgerichts Berlin vom 19. Oktober 1992 werden verworfen."

340

Das war wieder eine schlechte Nachricht, in der jedoch eine gute Nachricht verborgen war. In den fünf Schreibmaschinenseiten umfassenden Gründen des Beschlusses hieß es nämlich:

„Der Senat hält diese sorgfältig begründeten und auf einer längeren Beobachtung sowie auf einer breiten Tatsachengrundlage beruhenden Schlußfolgerungen der Sachverständigen *(die zuvor im Beschluß wiedergegeben worden waren – d.Verf.)* für überzeugend und kommt daher zu dem Schluß, daß die Verhandlungsfähigkeit des Angeklagten mit hoher Wahrscheinlichkeit nicht mehr lange bestehen wird. Daß das Verfahren bis April 1993 im ersten Rechtszug abgeschlossen sein könnte, hält der Senat für sehr unwahrscheinlich. Das Landgericht hat nach Auffassung des Senats in dem angefochtenen Beschluß nämlich nicht ausreichend berücksichtigt, daß sich das Verfahren im Hinblick auf die mit sehr hoher Wahrscheinlichkeit in Kürze weiter abnehmende Verhandlungsfähigkeit des Angeklagten wohl mindestens bis zum Jahresende 1993 hinziehen wird. Solange wird der Angeklagte mit an Sicherheit grenzender Wahrscheinlichkeit nicht mehr leben."

Am 29. Dezember ging die mit dem Antrag auf Erlaß einer einstweiligen Anordnung verbundene Verfassungsbeschwerde von Becker und Geulen an den Berliner Verfassungsgerichtshof. In der 14seitigen Begründung hieß es u.a.:

„Die Fortführung eines Strafverfahrens und einer Hauptverhandlung gegen einen Angeklagten, von dem mit Sicherheit zu erwarten ist, daß er vor Abschluß der Hauptverhandlung und mithin vor einer Entscheidung über Schuld oder Unschuld sterben wird, verletzt die Menschenwürde des Betroffenen. Die Menschenwürde beinhaltet insbesondere das Recht eines Menschen, in Würde sterben zu dürfen, sich zum Sterben zurückziehen zu dürfen und nur noch mit den von ihm gewünschten Personen zusammen zu sein. Die Tatsache, daß der Beschluß des Landgerichts vom 21.12.1992 im Grunde bedeutet, daß der Gerichtssaal für den Angeklagten zum Sterbezimmer werden soll, daß eine große Öffentlichkeit an seinem ständigen Schwächerwerden teilhat, er im Sterben noch vor die Öffentlichkeit gezerrt wird und das Strafverfahren zur Strafe verkommt und seines Erkenntnischarakters entkleidet wird, verletzt die Menschenwürde des Angeklagten."

Am 30. Dezember teilte Oberarzt Dr. Groß vom Krankenhaus der Berliner Vollzugsanstalten der 27. Strafkammer „die letzten medizinischen Befunde von Herrn Honecker" mit. In dem Schreiben hieß es:

„Bei der Kontrolle der Laborwerte am 29.12. 92 war die anhaltende Tendenz zur Blutarmut (Anämie) weiter zu verfolgen. Bei Kontrolle am 30.12.92 wurden die Werte bestätigt: Hb 10,7 g/dl, Hk 0,32, MCV 75,5 fl, MCH 25,0 pg, Eisen 12 ug/dl (Norm 53 – 167). Diese Werte entsprechen einer Eisenmangelanämie, wie sie im fortgeschrittenen Tumorstadium üblich ist … Eine allmähliche , allgemeine Verschlechterung des Befindens und Kräfteverfall in den letzten zwei Wochen muß von Seiten der behandelnden Ärzte konstatiert werden."

Mit dieser ärztlichen Mitteilung klang das Prozeßjahr 1992 aus. Am 4. Januar, einem Montag, fand der erste Hauptverhandlungtag 1993 statt. Der Start verlief zögerlich. Bräutigam eröffnete verspätet. Er machte auf mich einen unsicheren Eindruck. Die Verhandlung wurde sogleich wieder unterbrochen. Plöger fehlte, und das Gericht brauchte auch noch Zeit für die dienstliche Erklärung Bräutigams zur Frage seiner eventuellen Befangenheit. Als Plöger schließlich erschien, fragte ihn der Vorsitzende in ungewohntem, alles andere als herablassendem Ton, ob er seinen Befangenheitsantrag zurücknehme. Offenbar hatte Plöger diese Möglichkeit angedeutet, jetzt zögerte er mit der Antwort. Ein anderer Nebenklägervertreter erklärte darauf, dann würde er seinerseits den Befangenheitsantrag stellen. Plöger nahm danach seinen Antrag nicht zurück.

Bräutigam fühlte sich wie üblich nicht befangen, die Staatsanwaltschaft hielt wie üblich die Befangenheitsanträge für unbegründet. Um 14.15 Uhr wurde die Verhandlung auf den 7.1. vertagt. Die Zeit verstrich.

Am 5.1. entschied die Kammer, wie der „Tagesspiegel" am 6.1. informierte *„in lakonischer Kürze – ohne weitere Begründung ... schlicht:*

> ‚In der Strafsache gegen Honecker sind die Ablehnungsgesuche des Angeklagten Honecker gegen den Vorsitzenden Richter am Landgericht Bräutigam vom 23. Dezember 1992 und der Nebenkläger Bittner, Reis und Gross gegen den Vorsitzenden Richter am Landgericht Bräutigam und den Ergänzungsschöffen Kohlus vom 23. Dezember 1992 bzw. 4. Januar 1993 begründet.' "

Die Medien kommentierten das Ereignis in den nächsten Tagen generell zustimmend. Die Ablehnung erschien ihnen wohl überfällig. Die „Berliner Zeitung" meinte, daß sich das Verfahren, das sie als *„wichtigsten Prozeß in der bundesdeutschen Rechtsgeschichte"* bezeichnete, *„sich immer mehr vom Grundsatz der Rechtsstaatlichkeit entfernt"* und hielt es für möglich, daß Bräutigam *„für die ‚Autogramm-Affäre' möglicherweise sogar dankbar"* wäre. Die „Süddeutsche Zeitung" wählte am 7.1. die Überschrift: *„Honecker-Prozeß gerät immer mehr zur Farce"* und den Untertitel: *„Der Abgang des Richters Bräutigam wegen Befangenheit bleibt absurd und banal".* Die Bezeichnung *„Farce"* für den *„Jahrhundertprozeß"* wurde wohl am häufigsten gebraucht. Selbst die Bundestagsgruppe Bündnis 90/Die Grünen wählte sie im Zusammenhang mit ihrer Forderung, den Prozeß gegen Honecker zu beenden. – Das Klima hatte sich vom Juli 1992 zum Januar 1993 nicht nur metereologisch kraß verändert. Der Triumph des Rechtsstaats war zu seiner Blamage mutiert. Warum das so war, fragte niemand.

Ein Echo auf die erfolgreiche Ablehnung kam auch von Kollegen. Eine Strafverteidigervereinigung faxte *„für diesen Sieg über Eitelkeit und Rechthaberei und für die Rechte der Angeklagten die herzlichsten Glückwünsche".* Auch Richter waren unter den Gratulanten. Ich genoß die Lorbeeren mit, wenngleich dieses Verdienst eigentlich nur meinen Kollegen gebührte. Ich empfand es als ausgleichende Gerechtigkeit, gelobt zu werden, ohne es verdient zu haben, da ich oft genug dort Tadel geerntet hatte, wo ich meinte, Lob verdient zu haben. Lob muß der Anwalt wie Honorar nicht mit Blick auf den Einzelfall genießen, Hauptsache, es stimmt in der Summe.

Die Hauptverhandlung am Donnerstag, dem 7.1.1993, begann pünktlich. Der neue Vorsitzende, Richter Boß, eröffnete sie, als sei nichts gewesen. Er verhandelte ruhig, sicher, ohne überheblich zu sein, kehrte nicht den „Boß" heraus. Zunächst gab er den

Inhalt eines Schreibens des Leitenden Arztes des Haftkrankenhauses, Rex, vom Vortag bekannt. In den zwei eng beschriebenen Seiten hieß es u.a.:

„Der Unterzeichner hat als verantwortlicher behandelnder Arzt die gesundheitliche Entwicklung des Untersuchungsgefangenen vom Augenblick seiner Aufnahme in die JVA Moabit verfolgen können. Während er sich in der Anfangszeit der Untersuchungshaft mit großer Intensität, geradezu Arbeitswut viele Stunden täglich in die Durcharbeitung seiner Prozeßakten vertieft und außerdem viele Stunden gelesen hat, fällt jetzt eine hochgradige Erschöpfbarkeit und Konzentrationsschwäche auf. Er beklagt, nicht mehr lesen zu können, weil die o.e. rechtsseitigen Oberbauchschmerzen, deren Intensität und Häufigkeit sowie Dauer des Auftretens sich gesteigert haben, Bewußtsein sowie Empfinden zunehmend beherrschen. Zu anderen Zeiten könnte er sich nicht konzentrieren, weil er aus ihm wesensfremder Entkräftung und Ermüdung ständig über den Buch- bzw. Aktenseiten einschliefe. Auffällig ist das hohe Maß an Erschöpfung, mit dem er neuerdings jeweils von den Prozeßterminen in das Krankenhaus der Berliner Vollzugsanstalten zurückkehrt. Mit ärztlichen Mitteln kann dem nicht gegengesteuert werden. Im Gegenteil wird die vordringliche ärztliche Aufgabe, dem unheilbar Kranken Trost zu spenden und ihm das Ende zu erleichtern, konterkariert durch die die Prozeßtermine augenscheinlich bestimmende ständige Diskussion über den möglichen Zeitpunkt des Todes und die aus der Sicht des fachkundigen behandelnden Arztes nicht mehr nachzuvollziehenden prozeßtaktischen Zweifel an der tödlichen Erkrankung. Es erscheint von daher nicht nur nicht ausgeschlossen, sondern in gesteigertem Umfang plausibel, daß die bei Herrn Honecker zu konstatierende Erschöpfung der psychischen Kompensationsmechanismen ursächlich von der Fortdauer der Verhandlungen und der Untersuchungshaft bestimmt ist. Daß depressive Mutlosigkeit und Selbstaufgabe die Verläufe schwerer oder bösartiger Erkrankungen ungünstig beeinflussen bzw. zu beschleunigen vermögen, ist mit entsprechend Erkrankten befaßten Ärzten, Psychologen oder Pflegepersonen vertraut."

Der Brief schloß:

„Abschließend ist festzustellen, daß die vom Unterzeichner nach eingehender körperlicher Untersuchung des Untersuchungsgefangenen in der Nacht der Aufnahme im KBVA noch ohne objektive Kenntnis der Geschwulsterkrankung getroffene Feststellung, Herr Honecker sei vollzugsfähig, im Lichte der gewachsenen Erkenntnis und des klinischen Verlaufs keinen Bestand mehr haben könnte: Im Gegenteil muß mit an Sicherheit grenzender Wahrscheinlichkeit angenommen werden, daß unbeschadet der Frage der Verhandlungsfähigkeit von der Fortdauer der Untersuchungshaft eine schwere Beeinträchtigung der Gesundheit, nämlich eine Beschleunigung des Krankheitsverlaufs erwartet werden muß."

Das war deutlich, mutig und entsprach ärztlichem Ethos. Es nötigte mir erneut Hochachtung gegenüber dem Verfasser ab, den ich schon vorher nicht nur als korrekten, sondern auch als menschlich einfühlsamen Arzt kennengelernt hatte. Ich weiß nicht, ob es in einem Haftkrankenhaus leicht und selbstverständlich ist, sich diese Eigenschaften zu bewahren. Ich hatte so etwas in der DDR nicht kennengelernt.

In der Gerichtsverhandlung über dieses Dokument wurden von den Beteiligten wiederum sehr gegensätzliche Standpunkte bezogen. Das Gericht beschloß, erneute medizinische Untersuchung und neuen Anhörungstermin am 14.1. Wir erhoben Gegenvorstellungen und verlangten sofortige Einstellung des Verfahrens und Haftentlassung unseres Mandanten. Dabei bezogen wir uns auch auf die Stellungnahme, die Rex am 6.1. abgegeben hatte und in der es ausdrücklich hieß:

> „Vom Standpunkt des behandelnden Arztes erscheint die durch Gericht und Gutachter ins Auge gefaßte nochmalige computertomografische Untersuchung trotz der vergleichsweise geringen körperlichen Belastung, die damit verbunden ist, unnötig, da die mit dieser Untersuchung, an die der Schwerkranke keinerlei Genesungshoffnungen knüpfen kann, verbundene Belastung durch Transport und Sicherheitsbedingungen eine nicht gering zu achtende zusätzliche seelische Belastung darstellt."

Die Staatsanwaltschaft widersprach unserer Auffassung wie der des Leitenden Arztes, sah aber – ein neuer Akzent – das Ansehen der Berliner, ja der deutschen Justiz beschädigt. Dagegen hatten wir nichts einzuwenden. Die Verteidiger der anderen Angeklagten unterstützten unseren Antrag. Mildebrath war für mich besonders eindrucksvoll. Er forderte, der Verhandlungssaal dürfe nicht zum Todeszimmer werden und erklärte, ein rechtsstaatliches Verfahren sei unter diesen Umständen nicht mehr gewährleistet. Die Nebenklägervertreter widersprachen einer Abtrennung. Plöger höhnte, ob die Mitangeklagten ihren Genossen allein lassen wollten und meinte, man hätte doch von Anfang an gewußt, daß „Fußkranke" unter den Angeklagten wären und redete von Honeckers Fuchsbandwurm.

Der zuständige Senat des Kammergerichts beschloß: Das Verfahren gegen Erich Honecker wird abgetrennt.

Die Vorentscheidung war gefallen. Honecker verabschiedete sich von seinen Mitangeklagten in dem Bewußtsein, sie nicht mehr wiederzusehen. Der Abschied war allseits herzlich unnd bewegend. Die „Farce" war jedoch mitnichten beendet. Die Nebenklägervertreter beantragten schriftlich als neuen Gutachter für die bevorstehenden nochmaligen Untersuchungen Professor Neuhaus. Wir widersprachen, und Becker widersprach in einem Fax noch einmal höchstpersönlich. Dabei fand er die für ihn ebenso typische wie in der Sache treffliche Formulierung:

> „Die Strafprozeßordnung kennt auch nicht das Institut der Appeasementbestellung von Sachverständigen zugunsten irgendeiner Prozeßpartei."

Sieben Minuten nach diesem Becker-Fax faxte das Landgericht:

> „… wird zu der Frage, ob der Angeklagte an einer bösartigen Lebergeschwulst leidet, ein weiteres Sachverständigengutachten eingeholt. Mit der Gutachtenerstattung wird Herr Professor Neuhaus … beauftragt."

Würde der neue Sachverständige die Entscheidung weiter hinausschieben oder den bösartigen Krebs gar negieren? Die Frage begleitete uns in das Wochenende.

Am Sonnabend, dem 9.1., und Sonntag, dem 10.1.1993, konnte ich in Sachen Honecker nichts anderes tun als warten. Normales Bürodiktat war angesagt – die alltägliche Praxis verlangte wieder ihr Recht. Am 11.1. war ich zusammen mit Becker bei Honecker. Wir erörterten die Situation. Honecker war mut- und lustlos. Er wollte auch keine Briefe an Familie und Freunde mehr schreiben. Als nächster Untersuchungstermin war ihm von den Sachverständigen der 12.1., 16.30 Uhr, mitgeteilt worden. Nach einer Stunde verließ ich unseren Mandanten. Es war alles gesagt. Am Abend des gleichen Tages erfuhr ich, der Verfassungsgerichtshof tagt.

Am 12.1. hörte ich vormittags im Radio, das Berliner Verfassungsgericht würde die Beschwerde voraussichtlich zurückweisen. In entsprechender Stimmung suchte ich unseren Mandanten auf und teilte ihm mit, daß wir beim Verfassungsgerichtshof keine Chancen hätten. Mitten in diesem Gespräch wurde ich zum Telefon gerufen und hörte von Becker, das Verfassungsgericht habe den Beschluß des Kammergerichts vom 28.12. und den des Landgerichts vom 21.12. aufgehoben, die Sache an das Landgericht zurückverwiesen, Einstellung des Verfahrens sowie die Aufhebung des Haftbefehls gefordert. Das war praktisch das Ende des Prozesses. Honecker reagierte in einer Weise, die mich befürchten ließ, er würde die frohe Botschaft nicht überleben.

In den Gründen des Beschlusses, die ich erst am späten Nachmittag erhielt, hieß es u.a., daß die angefochtenen Beschlüsse *„das Grundrecht des Beschwerdeführers auf Achtung seiner Menschenwürde verletzen."* In der weiteren Begründung wurde ausgeführt:

„Das Kammergericht ist in Auswertung der bereits vom Landgericht eingeholten Gutachten und sonstigen Erhebungen der medizinischen Sachverständigen, die es für überzeugend hält, zu dem Schluß gekommen, daß der Beschwerdeführer aufgrund seiner weit fortgeschrittenen Krebserkrankung den Abschluß des Verfahrens vor der Strafkammer, der nach Auffassung des Kammergerichts frühestens für das Jahresende 1993 zu erwarten ist, mit an Sicherheit grenzender Wahrscheinlichkeit nicht mehr erleben wird. Diese Tatsachenwürdigung ist den weiteren Erwägungen des Verfassungsgerichtshofs zugrunde zu legen. Auf dieser Grundlage ist davon auszugehen, daß das gegen den Beschwerdeführer anhängige Strafverfahren seinen gesetzlichen Zweck nicht mehr erreichen kann, der darin besteht, den legitimen Anspruch der staatlichen Gemeinschaft auf vollständige Aufklärung der dem Beschwerdeführer in der Anklage zur Last gelegten Taten und gegebenfalls auf Verurteilung und Bestrafung zu erfüllen (vgl. dazu BVerfGE 20, 45 [49]). Das Strafverfahren wird damit zum Selbstzweck; für die weitere Durchführung eines solchen Strafverfahrens gibt es keinen rechtfertigenden Grund. Auch der eine Untersuchungshaft anordnende Haftbefehl ist nicht Selbstzweck, sondern hat die ausschließliche Funktion, die Durchführung eines geordneten Strafverfahrens zu gewährleisten und die spätere Strafvollstreckung sicherzustellen."

Das war ein Sieg des Rechtsstaats, wenn auch ein später. Ich bin sicher, nicht nur meine Kollegen, sondern viele Justizbedienstete, die in Moabit mit dem Verfahren zu zun hatten, dachten und empfanden wie ich. Das Verfahren hatte, wie mir aus persönlichen Bemerkungen deutlich geworden war, das Vertrauen in den Rechtsstaat bei etlichen von ihnen tangiert, die vorher wohl überzeugt waren, ihr Vertrauen sei in dieser Hinsicht unerschütterlich.

Danach ging alles Schlag auf Schlag. Und dennoch, die Stunden vergingen langsam, die Entlassung ließ auf sich warten, neue Ungewißheit kam auf. Dr. Rex stellte Honecker vorsorglich ein Attest über seine Flugfähigkeit aus. Ich wartete bei ihm in Moabit. Wir unterhielten uns noch einmal über die Moskauer Ereignisse von dem Abflug aus Deutschland bis zur Auslieferung an Deutschland. Irgendwann ließ ich ihn allein. Während ich später im Büro wieder die Akten meiner weniger berühmten Mandanten bearbeitete, beherrschte, zunächst unbemerkt von mir, Hektik die Berliner Justizszene. Wer wann zuerst das berühmte Rad der Geschichte aufzuhalten bemüht war, ist kaum feststellbar. Faxe hinterließen allerdings einige minuziöse Spuren. Zunächst faxte mir das Landgericht noch am 12.1. um 18.50 Uhr den Beschluß zu:

„1. Das Verfahren gegen den Angeklagten Honecker wird wegen Eilbedürftigkeit außerhalb der Hauptverhandlung auf Kosten der Landeskasse eingestellt (§§ 206 a, 467 Abs. 1 StPO).
2. Der Haftbefehl der Kammer vom 19. Oktober 1992 wird bezüglich des Angeklagten Honecker aufgehoben. Eine Entschädigung für die erlittene Untersuchungshaft ist gemäß § 5 Abs. 2 StrEG ausgeschlossen, da sich der Angeklagte durch Aufenthalt im Ausland dem Strafverfahren vorsätzlich entzogen hat.
3. Der Anhörungstermin und der Hauptverhandlungstermin vom 14. Januar 1993 werden aufgehoben."

Für mich war der Beschluß die notwendige Konsequenz der Entscheidung des Berliner Verfassungsgerichtshofs. Anders für andere: Um 17.17 Uhr hatte Staatsanwalt Groß-mann von der Abteilung Regierungskriminalität beim Kammergericht an die 27. Große Strafkammer beim Landgericht Berlin gefaxt:

„In der Strafsache gegen Erich Honecker wegen des Verdachts des Totschlags nimmt die Staatsanwaltschaft zu dem Beschluß des Verfassungsgerichtshofes des Landes Berlin – VerfGH 55/92 – vom 12. Januar 1993 wie folgt Stellung:
1. Eine Entscheidung über eine etwaige endgültige Einstellung des Verfahrens gegen den Angeklagten Honecker darf, da die Verhandlung noch andauert, nur durch Urteil gemäß § 260 Abs. 3 StPO, nicht jedoch außerhalb der Hauptverhandlung durch Beschluß erfolgen.
2. Der Beschluß des Verfassungsgerichtshofes gibt keinen Anlaß, vor Fortsetzung der Hauptverhandlung am 14. Januar 1993 über die Haftfrage erneut zu entscheiden, da diese Entscheidung untrennbar mit der Frage der Verhandlungsfähigkeit des Angeklagten verbunden ist. Über diese Frage muß erneut – und zwar auf Grund erneuter Anhörung der Sachverständigen – entschieden werden.
3. Dem Beschluß des Verfassungsgerichtshofes kommt, soweit darin tatsächliche Feststellungen zur Verhandlungsfähigkeit des Angeklagten Honecker enthalten sind, keine Bindungswirkung zu. Diese Feststellungen sind im Hinblick auf die nicht gewürdigte mündliche Anhörung der Sachverständigen am 17. Dezember 1992, in der diese ihre schriftlichen Ausführungen relativierten, unvollständig. Hierauf hat die Staatsanwaltschaft in ihrer Stellungnahme gegenüber dem Verfassungsgerichtshof vom 6. Januar 1993 (in Ablichtung als Anlage anbei) hingewiesen.
4. Auf dieser fehlerhaften Tatsachengrundlage beruht die Rechtsauffassung des Verfassungsgerichtshofes, die Fortsetzung des Verfahrens und die Aufrechterhaltung der Untersuchungshaft gegen den Angeklagten Honecker verstießen gegen dessen Menschenwürde.
5. Aus diesem Grunde kann die Rechtsauffassung des Verfassungsgerichtshofes nicht als verbindliche Vorgabe für eine erneute Entscheidung des Landgerichts Berlin über die Anträge des Angeklagten Honecker auf Einstellung des Verfahrens und Aufhebung des Haftbefehls gegen ihn angesehen werden."

Nachdem die Staatsanwaltschaft den Beschluß des Landgerichts über die Einstellung des Verfahrens und die Aufhebung des Haftbefehls erhalten hatte, legte sie hiergegen noch am gleichen Tag sofortige Beschwerde ein und beantragte, *„den angefochtenen Beschluß zu 1. und 2.* aufzuheben und erneut *Termin zur Fortsetzung der Hauptverhandlung – unter Beachtung von § 229 StPO – anzuberaumen."* Am Abend des 12.1. besuchte ohne unsere Kenntnis Prof. Neuhaus Erich Honecker und besprach mit ihm ausführlich und unter Betonung seiner ärztlichen Schweigepflicht „wesentliche Aspekte seiner Krankheit und einer möglichen Behandlung." Anschließend wendete sich Neuhaus an Professor Dr. Schneider und teilte ihm mit, was er mit Honecker besprochen hatte. Herr Prof. Schneider hielt seine Gutachteraufgabe in diesem Prozeß für beendet, nachdem das Landgericht das Verfahren eingestellt hatte. Er lehnte Aktivitäten seinerseits ab. Daraufhin wandte sich Prof. Neuhaus an den Innensenator Heckelmann, der ihn an die zuständige Justizsenatorin, Frau Limbach, verwies. Mit dieser telefonierte Neuhaus entweder noch am 12.1. oder am 13.1. vormittags und erfuhr, er möge über seine Erkenntnisse die zuständige Strafkammer informieren. Auch das tat Prof. Neuhaus noch am 13.1. um 10.45 Uhr. Ich weiß nicht, was ihn beflügelte. War es der Dienst am Volk oder das ärztliche Ethos oder was sonst?.

An mir ging die Hektik vorbei. Für mich war sonnenklar, die Würfel waren gefallen. Eine Weiterführung des Prozesses erschien mir absurd, war für mich schlechthin unvorstellbar.

Am folgendem Mittwoch erwies sich meiner Erwartung entsprechend, daß der 13. kein Unglückstag sein muß. Kurz nach 9 Uhr war ich wieder im Haftkrankenhaus bei Erich Honecker. Wir sprachen über die Dinge, die noch zu regeln waren, wie Grüße von und an Freunde, den von Feske ausgewählten Flug, die Sicherheitsvorbereitungen, soweit wir sie kannten. Die Zeit verging langsamer als der Gesprächsstoff. Um 10.42 Uhr faxte die 14. Große Strafkammer ihren Beschluß über die Ablehnung der Eröffnung des Hauptverfahrens wegen Vertrauensmißbrauchs in der Zeit von Januar 1972 bis Oktober 1989 sowie über die Aufhebung ihres Haftbefehls. Die Haftanstalt ließ wissen, die Entlassung stehe definitiv fest. Doch die Gefängnistore öffneten sich für Honecker noch nicht. Schließlich kam die Nachricht, daß er seine persönlichen Sachen in Empfang nehmen solle. Ich begleitete ihn zur Kammer, wo er in Gegenwart des entsprechenden Bediensteten seine Krankenhauskleidung ablegte und seine persönlichen Sachen anzog. Ich stellte mir vor, wie sich wohl andere Staatsoberhäupter in einer entsprechenden Situation verhalten würden. Bei Honecker verlief die Szene ganz natürlich. Gegen 13 Uhr verabschiedeten wir uns. Wir dachten, nun sei endgültig alles geregelt. Hinter den Kulissen wurde jedoch eifrig weiter agiert, um aus der Prozeßfarce noch ein deutsches Epos zu machen.

Auf verschiedenen Ebenen vollzogen sich engagierte Aktionen unterschiedlicher Personen, die in die gleiche Richtung zielten. Professor Neuhaus schrieb am 13.1.1993 einen Brief an Dr. Rex, in dem er u.a. bekundete, daß aus den computertomografischen Aufnahmen *„eindeutig klar geworden (ist), daß es sich um einen relativ schnell wachsenden solitären Tumor im rechten Leberlappen von ca. 12 cm Durch-*

messer im Dezember 1992 handelt. " Professor Neuhaus äußerte sich sodann zur Frage der technischen Operabilität:

„Der Tumor wäre durch eine anatomische Leberteilresektion rechts im Gesunden zu entfernen, Resektionstechnik und Blutstillungstechniken an der Leber sind heute soweit entwickelt, daß hier keinerlei operatives Risiko zu befürchten ist. Auch von alten Leuten werden anatomische Leberteilresektionen bei normalen Restparenchym erstaunlich gut toleriert, technische Komplikationen bei der Resektion sind heute praktisch nie zu erwarten."

Zur Frage des Narkose- und periooperativen Risikos erklärte Neuhaus ebenso optimistisch u.a. folgendes:

„Da wir heute in der Tumorchirurgie durchaus ältere Patienten routinemäßig und erfolgreich operieren, und da ich eine Leberteilresektion für einen alten Menschen weniger belastend einstufe als eine Dickdarmoperation, insbesondere in bezug auf den postoperativen Intensivverlauf, würde ich das periooperative Risiko bei sorgfältiger Planung und Durchführung der Operation als nicht extrem hoch einstufen. Selbstverständlich müßte eine genauere Untersuchung vor einer geplanten Operation vorgenommen werden."

Schließlich wandte sich Professor Neuhaus in seinem Brief an Dr. Rex der Prognose zu. Dazu erörterte er vorab eingehend, ob es sich bei dem Tumor um eine Lebermetastase oder um einen Primärtumor handele und welcher Art letzterer sein könne. Auch hierbei schien mir eine optimistische Grundeinstellung des Gutachters vorzuherrschen.

Der nach der Entscheidung des Verfassungsgerichtshofs und in offenbarer Kenntnis ihres Inhalts geschriebene Brief, dessen Zweckbestimmung mir verborgen blieb, endete mit folgenden Ausführungen, die zu kennen mir als potentieller Chirurgiepatient noch immer wertvoll ist:

„Handelt es sich um ein hepatozelluläres Karzinom, das im Gesunden entfernt würde, so hätte der Patient rein statistisch gesehen eine 50%ige Chance, 5 Jahre tumorfrei zu leben. Bei einer Metastase eines renalen Adenokarzinoms wäre die Prognose sicher ungünstiger, jedoch sind hier keine sehr guten Statistiken verfügbar, zumindest wäre aber eine Verbesserung der Lebensqualität und wahrscheinlich auch eine Verlängerung der Lebenszeit zu erwarten. Bei Vorliegen eines mesenchymalen Tumors, eines undifferenzierten Sarkoms z.B. wäre die Prognose nicht sehr gut zu beurteilen. Das periooperative Risiko, das in die Prognose natürlich miteinbezogen werden muß, würde ich bei exzellenter Chirurgie und Anästhesie trotz des Alters von 80 Jahren und der früheren Narkosekomplikationen gering einstufen, wenn man es in Prozenten fassen möchte, um 5%.
Wir haben diese wesentlichen Aspekte seiner Krankheit und einer möglichen Behandlung ausführlich mit Herrn Honecker besprochen, nachdem dieser aufgrund der bisherigen ärztlichen Beratung davon ausgegangen ist, daß man ihn auf keinen Fall noch einmal operieren könnte.
Ich glaube, Herr Honecker hat meine Erläuterungen zur möglichen Behandlung seiner Lebererkrankung verstanden und wird sich zusammen mit seiner Familie darüber beraten, ob er sich operieren lassen will.
Ich danke Ihnen, daß Sie mir Gelegenheit gegeben haben, mit dem Patienten zu sprechen und verbleibe mit freundlichen Grüßen
Ihr

gez. Prof. Dr. P. Neuhaus"

Soweit dieses ärztliche Zeitdokument, dessen Zielstellung mir zunächst verborgen blieb. Was sollte Dr. Rex mit dieser Information anfangen? Sein Patient stand kurz vor der Entlassung oder war schon entlassen, als er das Schreiben las.

Um 13.46 Uhr faxte mir die 27. Strafkammer den Beschluß, daß den Beschwerden der Staatsanwaltschaft und der Nebenkläger Gross und Reis vom 12. und 13. Januar 1993 nicht abgeholfen und der Antrag der Staatsanwaltschaft auf Erlaß eines neuen Haftbefehls abgelehnt werde.

Am späten Nachmittag des 13. Januar rief mich in meinem Büro ein Staatsanwalt, vermutlich Oberstaatsanwalt Brüner, an und erklärte mir, Herr Honecker müsse sich der Hauptverhandlung stellen, das Kammergericht hätte den Einstellungsbeschluß des Landgerichts vom 12.1. aufgehoben.

In meinem naiven DDR-Juristengemüt konnte ich mir nicht vorstellen, daß da noch rechtsstaatlich etwas laufen könnte, was in die Richtung dieser staatsanwaltlichen Ambitionen ging. Für mich stand fest, Honecker fliegt um 20.25 Uhr nach Chile. Alles andere hielt ich für Spinnerei. Wahrheitsgemäß erklärte ich dem Staatsanwalt, der mich anscheinend zu seinem Vollzugsbeamten machen wollte, ich wisse nicht, wo mein Mandant sei. Becker erhielt einen ähnlich Anruf, den er in einer Veröffentlichung aus dem Jahr 1994 so schilderte:

„Noch um 17.30 rief mich ein Staatsanwalt an, berichtete mir, das Kammergericht habe den Einstellungsbeschluß – wegen eines Formfehlers – aufgehoben, jetzt müsse Honecker hierbleiben, da die Einstellung in der Hauptverhandlung verhandelt werden müsse. Aufgeregt wiederholte er immer wieder: ‚Jetzt ist er bösgläubig, jetzt ist er bösgläubig.‘ Gemeint war Honecker. Die Staatsanwaltschaft las Honecker sogar telefonisch den Beschluß des Kammergerichts noch auf dem Flughafenhangar vor, aber er interessierte sich nicht mehr für juristische Finessen." (*Bildung Macht Verantwortung – Welche Zukunft hat die Bundesrepublik? Hager/ Becker [Hrsg.], Reclam, Leipzig, 1994, S. 139*)

Honecker flog planmäßig um 20.25 Uhr von Tegel ab. Die Justizmühle war jedoch dadurch nicht zum Stehen zu bringen.

In Chile (14.1.1993-29.5.1994)

Der Angeklagte war weg, doch der Prozeß blieb. Die Kommentare waren danach: *„Der Prozeß gegen Honecker ward zur Provinzposse"* („F.A.Z.", 1.2.1993), *„Letzte Lachnummer"* („Spiegel", 1.2.1993), *„Das Stück ist noch nicht zu Ende"* („Wochenpost", 18.2.1997). Wie wahr, das Stück war noch lange nicht zu Ende. Es weitete sich aus. Während der Angeklagte aus dem Blickfeld verschwunden war, suchten andere Akteure das Rampenlicht der Bühne oder wurden gegen ihren Willen hineingezerrt.

Unermüdlich wie immer Plöger. Am 14., 15. und 17.1.1993 schickte er seine Schriftsätze an das Gericht. Am 14.1. gleich zwei Stück. Fortsetzung der Hauptverhandlung, Selbstablehnung der Richter und einen Vorführungstermin verlangte er. Ein Dauerfeuer mit Hilfe von siebeneinhalb engzeilig beschriebenen Faxpapierseiten. Vielleicht waren es auch mehr, vielleicht ist mir ein Schriftsatz entgangen, weniger waren es jedenfalls nicht. Alles für das Opfer?

Die Politiker der Bundeshauptstadt wollten nicht zurückstehen. Am 19.1.1993 gab die Senatsverwaltung für Justiz die Pressemitteilung 7/93 heraus:

„Der Generalstaatsanwalt bei dem Kammergericht teilt mit:

Die Staatsanwaltschaft bei dem Kammergericht verwahrt sich mit aller Entschiedenheit gegen den Vorwurf, daß das Strafverfahren gegen Erich Honecker nicht rechtsstaatlich geführt worden sei. Insbesondere die Feststellung des Verfassungsgerichtshofes des Landes Berlin, das Landgericht und das Kammergericht hätten das Grundrecht der Menschenwürde des Angeklagten überhaupt nicht in Erwägung gezogen, entbehrt jeder Grundlage.

Der Beschluß des Verfassungsgerichtshofes vom 12. Januar 1993 enthält eine massive Richterschelte gegenüber dem Landgericht und dem Kammergericht, soweit diesen vorgeworfen wird, den Geboten der Menschenwürde nicht Rechnung getragen zu haben. Diese Kritik muß die Anklagebehörde, selbst wenn sie nicht direkt angesprochen wird, naturgemäß auch auf sich beziehen, da sie zu allen Verfahrensfragen die sich aus der jeweiligen Prozeßsituation ergebenden Anträge gestellt hat. Es gibt keine Berechtigung für eine derartige Kritik – weder gegenüber der Staatsanwaltschaft noch gegenüber dem Landgericht und dem Kammergericht.

Es ist nicht nachvollziehbar, warum der Verfassungsgerichtshof in Kenntnis des für den 14. Januar 1993 angesetzten Anhörungs- und Hauptverhandlungstermins meinte, über die bereits am 29. Dezember 1992 eingelegte Verfassungsbeschwerde des Angeklagten Honecker unbedingt schon am 12. Januar 1993 in der Hauptsache entscheiden zu müssen.

Sowohl die Staatsanwaltschaft als auch das Gericht haben die Frage der Verhandlungs- und Haftfähigkeit des Angeklagten Honecker während des gesamten Verlaufs des Strafverfahrens in regelmäßigen Abständen durch mehrere medizinische Sachverständige überprüfen lassen. Es erscheint geradezu absurd, daß dabei der Verfassungsgrundsatz der Achtung der Menschenwürde nicht in Erwägung gezogen worden sein soll. Die Dauer der Hauptverhandlungstermine war stets auf den jeweiligen Gesundheitszustand des Angeklagten Honecker ausgerichtet. Die ärztlichen Untersuchungen erfolgten im Verlauf der Hauptverhandlung in immer kürzeren Zeitabständen. Dem Verfassungsgerichtshof war insbesondere bekannt, daß die Strafkammer das Hauptverfahren gegen den Angeklagten am 7. Januar 1993 abgetrennt und vor Anberaumung eines weiteren Hauptverhandlungstermins für den 14. Januar 1993 zunächst die mündliche Anhörung mehrerer medizinischer Sachverständiger angeordnet hatte, um sich ein weiteres Bild über den Gesundheitszustand Honeckers machen zu können.

Das gesamte Verfahren war, soweit es um die Verhandlungsfähigkeit ging, durch Erwägungen gekennzeichnet, die auf die Menschenwürde zielten. Den richterlichen Entscheidungen war damit auch zu entnehmen, daß sie den Verfassungsgrundsatz der Achtung der Menschenwürde berücksichtigt haben, ohne daß dies direkt zum Ausdruck gebracht worden ist.

Im übrigen ist auch darauf zu verweisen, daß im Strafprozeß nicht nur die Würde des Angeklagten, sondern auch die Schwere und der Umfang des Tatvorwurfs sowie die Würde der Opfer eine Rolle spielen, ein Umstand, den Staatsanwaltschaft und Gerichte stets bedacht haben.“

Das rief die Rechtsanwaltskammer Berlin auf den Plan. Ihr Präsident schrieb am 20.1. an Justizsenatorin Frau Limbach u.a.:

„Selbstverständlich halte ich Kritik und Urteilsschelte an Entscheidungen von Gerichten für zulässig. Eine derart heftige Kritik, wie sie in der Pressemitteilung geübt wird, ist mir gegenüber einer Entscheidung anderer Verfassungsgerichte der Bundesrepublik Deutschland bisher nicht bekannt geworden. Ich halte sie für ungehörig. Sie ist umso mehr zu bedauern, weil die Richter des Verfassungsgerichtshofs sich nicht wehren können, denn Verfassungsrichter verteidigen ihre Entscheidungen nicht in der Öffentlichkeit. Die Kritik ist aber nicht nur ungehörig, mit ihr wird auch offenbar, welche geringe Achtung die Strafverfolgungsbehörden dieser Stadt vor dem höchsten Berliner Gericht, dem Wahrer der Verfassungsrechte haben.“

Wo alle das Wort ergriffen, konnten wir nicht schweigen. Also gaben auch wir am folgenden 21. Januar eine Presseerklärung in der Form eines offenen Briefs an Frau Limbach ab:

„Es mag das gute Recht der Staatsanwaltschaft bei dem Kammergericht sein, anderer Auffassung als das höchste Berliner Gericht zu sein, gleichwohl meinen wir, daß es Ihre Aufgabe sein muß, die Achtung vor diesem Gericht zu erhalten und nicht durch Presseverlautbarungen Ihres Hauses sich an einer unzulässigen Herabwürdigung des Verfassungsgerichtshofs zu beteiligen. Wir bitten Sie, darauf hinzuwirken, daß Herr Generalstaatsanwalt Neumann sich in Zukunft einer angemessenen Sprache gegenüber dem höchsten Berliner Gericht befleißigt.“

Soweit waren wir ganz Organ der Rechtspflege. Mehr als Verteidiger fügten wir hinzu:

„In der Sache ist die Krtik des Generalstaatsanwalts im übrigen nicht berechtigt, denn aus den Sachverständigengutachten, die Grundlage der Entscheidung des Landgerichts vom 21. Dezember 1992 waren, ging bereits hervor, daß sich der Krebs von Herrn Honecker bedrohlich nahe an die Leberpforte herangearbeitet hatte und daß mit diesem todkranken Mann ein solches Großverfahren nicht werde zu Ende geführt werden können. Dementsprechend hat auch das Kammergericht in seinem Beschluß vom 28. Dezember 1992 deutlich Kritik an der Entscheidung des Landgerichts vom 21. Dezember 1992 geübt, wenngleich es daraus die notwendigen Folgerungen, insbesondere der Haftentlassung nicht gezogen hat.“

Am gleichen Tag baten wir in einem weiteren an Frau Limbach gerichteten persönlichen Brief mit dem unnachahmlichen Charme, den nur einer von uns aufzubringen in der Lage ist, um Aufklärung über fünf Umstände im Zusammenhang mit den Offenbarungen des Gesprächs zwischen Prof. Neuhaus und Erich Honecker und legten so den Grundstein für einen neuen Prozeß. Man muß schließlich auch etwas für die Kollegen tun.

Schon am nächsten Tag war wieder ein Antrag an das Landgericht fällig. Wir berieten ihn in einer dreistündigen Zusammenkunft am Vormittag nebst anderen Fragen, die als Nachwehen des Prozesses zu klären waren. Es war zugleich ein Resümee unserer Zusammenarbeit, in dem wir feststellten, wir wären mit uns zufrieden. Dem Landgericht teilten wir unsere Auffassung zu der nach der Aufhebung des Einstellungsbeschlusses verworrenen prozessualen Lage mit und beantragten (mit entsprechender Begründung):

„1. Die Hauptverhandlung wird ausgesetzt;
2. das Verfahren wird gemäß § 206 a eingestellt."

Sicherheitshalber beantragten wir für den Fall, daß diesem Antrag nicht gefolgt werden sollte,

„den unterzeichnenden drei Pflichtverteidigern jeweils eine Flugreise nach Chile in der Weise zu genehmigen, daß die Kosten dieser Reise von der Staatskasse als notwendige, sachdienliche Auslagen im Rahmen der Pflichtverteidigung anerkannt werden."

Das war doch auch nicht ohne Charme – oder?

Klaus Feske erzählte mir am Nachmittag dieses 22. Januar von seinen Erlebnissen auf der Chile-Reise. Bis dahin hatte ich mit den Eheleuten Honecker jeweils nur kurze, auf das Notwendigste beschränkte Telefonate geführt. Man weiß ja nicht, wer alles mithört. Klaus Feske berichtete von guter Arbeit des Berliner Staatsschutzes und des Lufthansapersonals. Dennoch waren unter dem Sitz ein Mikrofon und darüber hinaus Richtmikrofone in Stellung. Hinter ihren Plätzen saß der Staatsschutz. In Frankfurt wurden sie von uniformierter Polizei in einen besonderen Raum gebracht und erfuhren, daß 15 Attentatsdrohungen vorlagen. Zur Maschine nach Chile wurden sie im Panzerwagen gefahren. Drei Stunden hätten sie Verspätung gehabt, und sechs Stunden hätte Honecker geschlafen. Im Flugzeug hätte es eine Befragung der Passagiere gegeben, wobei sich alle für Honecker ausgesprochen hätten. –

In Chile habe man ein weiteres Wachstum des Tumors festgestellt und im Falle einer Operation von einem hohen Risiko gesprochen. Drei Tage war Klaus Feske in Chile und stellte fest, daß sich in dieser Zeit das Verhalten Erich Honeckers veränderte. Er sei ruhiger geworden, hätte aber auch gesagt, *„lange mache ich nicht mehr"*.

Nach dem Wochenende wurde Plöger wieder aktiv. Am 24. Januar erinnerte er an seinen Antrag vom 13.12., Herrn Honecker sofort als Zeuge zu laden, über den, wie über andere Anträge von ihm, noch nicht entschieden worden sei. In diesem Zusammenhang nahm er auf unseren Hilfsantrag Bezug, uns die Reisekosten nach Chile zu bewilligen und erklärte: *„Dies ist nun wirklich der Gipfel der Frechheit der Verteidigung des Herrn Honecker."* Die Zeiten, in denen Rechtsanwälte gehalten waren, sachlich und kollegial miteinander umzugehen, sind vorbei. Der Fortschritt ist nicht aufzuhalten, wenn der Gesetzgeber sich versagt, macht ihm das Bundesverfassungsgericht den Weg frei. – Und Plöger kämpfte weiter um die Fortsetzung des Verfahrens gegen den abgereisten Honecker:

„Ich sehe einer Stellungnahme des Landgerichts bis zum 26.01.93, 18.00 Uhr, entgegen, ob und welche Maßnahmen das Gericht eingeleitet hat, um das Verfahren gegen Herrn Honecker fortzusetzen. Nach meiner Berechnung ist die Hauptverhandlung spätestens am 8.02.1993 fortzusetzen, andernfalls wird die Hauptverhandlung ausgesetzt und das Verfahren müßte von Neuem gegen Herrn Honecker beginnen."

Charmant ist dieser Schriftsatz wohl nicht zu nennen, aber humorvoll ist sein Inhalt schon.

Dann aber schießt Plöger am nächsten Tag scharf. Diesmal gegen die Richter Abel und Boß, die er (wieder einmal) wegen Besorgnis der Befangenheit auch im abgetrennten Verfahren gegen Herrn Honecker ablehnt. Eigentlich geht es aber wohl mehr gegen Nicolas Becker, der für seine Frau in Sippenhaft genommen werden soll. Das eilt. Plöger kann sein Fax nicht mehr in Schreibmaschinenschrift abfassen lassen, sondern muß es per Hand schreiben. Durch sieben Seiten müssen sich die Beteiligten durchbuchstabieren, und dies ist es, was Rechtsanwalt Plöger u.a. mitteilt:

„Aus der Ausgabe Nr. 4/1993 ‚Der Spiegel' erfuhr ich heute auf den Seiten 57/58, daß der Verteidiger Nikolas *(das exclusive „c" des Vornamens hatte Plöger im Briefkopf seines Lieblingsgegners noch nicht wahrgenommen)* Becker mit einer Jounalistin Irene Dische verheiratet ist, die für mehrere Zeitungen im In- und Ausland schreibt, am 17.12.1992 bei der Befragung der Sachverständigen, die außerhalb der Hauptverhandlung stattfand, als einzige Journalistin teilgenommen hat. Ferner entnimmt man diesem ‚Bericht', daß Frau Dische eine gewiße Sympathie für die Person Honecker empfindet und ihn in die Nähe eines Helden rückt. Es liegt auf der Hand, daß Frau Dische bei ihren Publikationen über die Befragung der Sachverständigen am 17.12.92 nicht über die Zweifel an der Glaubwürdigkeit der Gutachter und deren Bewertungsergebnisse berichten würde, sondern die Strategie der Verteidiger des Herrn Honecker – es handele sich um einen todgeweihten Mann und der Gerichtssaal dürfe nicht zum Sterbezimmer werden – wurde von der Zeugin Dische in den Medien weitverbreitet. ...
Der Nebenklage war nicht bekannt, daß der Kollege Becker mit einer Journalistin verheiratet ist und daß der Kollege Becker seine Frau als ‚Gehilfin' mit in den Saal 700 genommen hat, damit sie an der Befragung der Sachverständigen teilnehmen konnte. Den abgelehnten Richtern war dieser Sachverhalt bekannt. ...
Nachdem Herr Honecker jetzt in Chile weilt, ist es für ihn derzeit wichtiger, seine Memoiren zu schreiben als sich als derzeit freier Mann behandeln zu lassen; denn es geht ihm gut und er befindet sich nicht etwa in der 4. Phase einer Krebserkrankung, wie es Dr. Platz in seinem Gutachten vom 11.1.93 festgestellt hat. ...
Der spätere Aufschrei der Bevölkerung nach der Entlassung des Herrn Honecker (über 90%) zeigt doch, wie schlecht oder wie gezielt teilweise die Medien die Strategie der Verteidigung unter der Einbindung der medizinischen Gutachten übernommen hatten. Die Öffentlichkeit war, wie das jetzige Ergebnis zeigt, nur unvollständig informiert. ..."

Die Richter erklärten sich am folgenden Tag für nicht befangen. Sie wußten nicht, daß die Ehefrau von Rechtsanwalt Becker journalistisch tätig ist, zum Teil wußten sie nicht, daß Frau Dische Beckers Ehefrau ist. Sie luden die Beteiligten zur Fortsetzung der

Hauptverhandlung gegen Erich Honecker zum 8. Februar, 9.30 Uhr. Gleichzeitig richtete Richter Boß an Erich Honecker in Santiago de Chile folgendes Schreiben:

„Sehr geehrter Herr Honecker!

In der Strafsache gegen Sie wegen des Verdachts des mehrfachen Totschlags hat das Kammergericht am 13. Januar 1993 die Einstellung des Verfahrens aufgehoben. Der Tenor dieses Beschlusses ist Ihnen noch unmittelbar vor Ihrem Abflug übergeben worden. Mehrere Prozeßbeteiligte haben die Fortsetzung der Hauptverhandlung beantragt. Dementsprechend ist Termin zur Fortsetzung der Hauptverhandlung für den 8. Februar 1993, 930 Uhr im Saal 500 des Kriminalgerichts Berlin-Moabit, Turmstr. 91 anberaumt worden.

Für den Fall, daß Sie zu diesem Termin nicht erscheinen sollten und die Kammer Ihr Ausbleiben als eigenmächtig ansehen würde, bestünde die Möglichkeit einer Fortsetzung der Hauptverhandlung in Ihrer Abwesenheit bzw. des Erlasses eines erneuten Haftbefehls.

Hochachtungsvoll"

Am 29.1.93 erklärte Erich Honecker, daß er „*definitiv zu diesem Termin nicht erscheinen*" werde und verwies auf Befunde sowie den Rat der ihn behandelnden Ärzte.

Das Kammergericht wies am gleichen Tag den Befangenheitsantrag gegen die Richter Boß und Abel, den Plöger am 25.1. eingebracht hatte, zurück. Am gleichen Tag erfuhren die Prozeßbeteiligten die Gründe des Beschlusses des Kammergerichts vom 13. Januar, der durch die Aufhebung des Einstellungsbeschlusses des Landgerichts die ganze zusätzliche Aufregung veranlaßt hatte. Das Kammergericht teilte darin mit, daß es „*seine Entscheidung in Unkenntnis der Tatsache erlassen (habe), daß die Abreise des Angeklagten unmittelbar bevorstand.*" Im übrigen verwies es auf die Möglichkeit, nunmehr die Hauptverhandlung auszusetzen, wenn der Angeklagte zu einem neuen Termin nicht erscheinen könne, und danach das Verfahren doch durch Beschluß einzustellen. Schließlich meinte der Senat, würde „*außerdem zu prüfen sein, ob die angefochtene Entscheidung hinsichtlich der Verfahrenseinstellung trotz ihrer eindeutigen Fassung als Beschluß nicht als das nach § 260 Abs. 3 StPO vorgeschriebene Urteil anzusehen ist*" und begründet dies unter Verweisung auf Rechtsprechung des BGH. – Nicht nur Anwälte sind flexibel. Nur, ist diese Strafprozeßordnung wirklich noch zeitgemäß oder ist sie in der Rechtspflege das, was ein Automobil aus der Zeit ihrer Entstehung in der Technik von heute ist?

Diese Entscheidung des Gerichts veranlaßte uns, am gleichen Tag zu beantragen festzustellen, daß es sich bei dem fraglichen Beschluß des Landgerichts um ein Urteil gehandelt habe. Hilfsweise beantragten wir, die Hauptverhandlung auszusetzen und das Verfahren einzustellen. In unserem neunseitigen Schriftsatz hieß es u.a.:

„Es stellt sich somit nur die Frage, in welcher Entscheidungsform das Verfahren einzustellen ist. Zwar darf nach der Kommentierung in Löwe-Rosenberg-Rieß zu § 206 a Rdn. 9 in dem Falle, in dem das Verfahrenshindernis in der Hauptverhandlung erkannt wird, das Verfahren nicht etwa ausgesetzt werden, um eine Entscheidung nach § 206 a (*d.h. eine Entscheidung durch Beschluß statt durch Urteil – d.Verf.*) zu ermöglichen. Jedoch kann dies dann nicht gelten, wenn die zu treffende Entscheidung von vornherein feststeht. Ein neuer Hauptverhandlungsfortsetzungstermin darf nicht anberaumt werden, wenn in ihm nur eine Entscheidung verkündet werden soll, die zwingend feststeht."

Nunmehr gab sogar die Staatsanwaltschaft beim Kammergericht auf. Aber sie legte vor der Geschichte Wert darauf zu dokumentieren, daß sie sich nur dem bindenden Spruch der Gerichte beugte, die bessere Einsicht jedoch auf ihrer Seite läge. So sagte sie mit Recht:

> „Es kann nicht der Disposition des Landgerichts unterliegen, durch die Bekundung, es habe mit seinem Beschluß in Wahrheit ein Urteil fällen wollen, den aufgehobenen Beschluß wieder aufleben zu lassen."

Dann aber betonte sie, sie sei „nach wie vor" der Auffassung, Honeckers Menschenwürde wäre gewahrt worden und sie sei *„nach wie vor der Auffassung, daß die Entscheidung des Verfassungsgerichtshofes auf unzureichender Tatsachengrundlage ergangen ist."* Danach stellte sie den Antrag:

> „Das Verfahren gegen den Angeklagten Honecker wird auf Kosten der Landeskasse eingestellt (§§ 206 a, 467 Abs. 1 StPO)."

Und so geschah es dann auch. Am 4. Februar 1993 hob das Landgericht den auf den 8. Februar angesetzten Hauptverhandlungstermin auf und erklärte mit jener Klarheit, die den deutschen Juristen auszeichnet:

> „Sofern im Gesundheitszustand des Angeklagten Honecker keine entscheidende Besserung eintritt, wird die Kammer nach Ablauf der Frist des § 229 StPO eine das Verfahren abschließende Entscheidung treffen."

Am 5.3.1993 forderte die 27. Große Strafkammer noch einmal ein Attest von Honecker an und, nachdem dies keine „entscheidende Besserung" seines Gesundheitszustandes ergab, beschloß sie am 7. April 1993:

> „1. Dem Beschluß des Verfassungsgerichtshofes des Landes Berlin vom 12. Januar 1993 entsprechend wird das Verfahren gegen den Angeklagten gemäß § 206 a StPO wegen eines in der schweren Erkrankung des Angeklagten liegenden Verfahrenshindernisses eingestellt.
> 2. Gemäß § 467 Abs. 1 StPO trägt die Landeskasse Berlin die Kosten des Verfahrens einschließlich der notwendigen Auslagen des Angeklagten. Unabhängig von der Frage, ob die Voraussetzung des Schuldspruchreife vorliegt, hat die Kammer jedenfalls das ihr durch die eng auszulegende Ausnahmevorschrift des § 467 Abs. 3 Satz 2 Nr. 2 StPO eingeräumte Ermessen dahin ausgeübt, daß bei Einstellung des Verfahrens die Landeskasse auch die notwendigen Auslagen des Angeklagten trägt. Der Angeklagte hat sich seit der Entdeckung des Lebertumors auf das daraus resultierende Verfahrenshindernis berufen. Daß das Verfahren dennoch fortgeführt worden ist, bis seine Rechtsauffassung bestätigt worden ist, darf ihm kostenrechtlich nicht zum Nachteil gereichen.
> Der Antrag des Nebenklägers Gross, seine notwendigen Auslagen dem Angeklagten oder hilfsweise der Landeskasse aufzuerlegen, wird abgelehnt, da hierfür keine gesetzliche Grundlage existiert.
> 3. Eine Entschädigung für die erlittene Untersuchungshaft ist gemäß § 5 Abs. 2 StrEG ausgeschlossen, da sich der Angeklagte während des Ermittlungsverfahrens durch Aufenthalt im Ausland dem Strafverfahren vorsätzlich entzogen hat."

Das war aber immer noch nicht das Ende der Strafverfahren gegen Erich Honecker. Noch war über Beschwerden der Staatsanwaltschaft bei dem Kammergericht gegen die Ablehnung der Eröffnung des Hauptverfahrens und die Aufhebung des Haftbefehls in dem Wirtschaftsstrafverfahren wegen Vertrauensmißbrauchs nicht entschieden. Diese Beschwerden verwarf das Kammergericht auf Kosten des Landes Berlin fast ein Jahr später am 14. Februar 1994.

Inzwischen gebar das Verfahren gegen Erich Honecker andere Verfahren gegen Beteiligte, die bis dahin so offensichtlich auf der Seite des Rechts und der Moral gestanden hatten, daß schon der bloße Gedanke, sie könnten zu Passivbeteiligten eines Strafverfahrens und noch dazu im Zusammenhang mit dem Fall des „Totschlägers" Honecker werden, abwegiger als abwegig erschienen wäre. Doch das Unwahrscheinliche wurde Ereignis. Zwar nur ein kleines, aber eben doch eines und eins, das nicht übersehen werden sollte, weil es die Atmosphäre, das Ambiente beleuchtet.

Anlaß zu dem Prozeß im Prozeß gab der auf die medizinischen Offenbarungen von Herrn Prof. Neuhaus gestützte Versuch der Staatsanwaltschaft, beim Kammergericht, Abteilung Regierungskriminalität, am 13. Januar 1993, also buchstäblich in letzter Minute, einen neuen Haftbefehl gegen Erich Honecker zu erwirken, weil er durch eine Operation wieder in einen verhandlungs- und prozeßtauglichen Zustand versetzt werden könne. Das, so schlossen wir messerscharf, konnte nicht mit rechten Dingen zugehen, und so hatten wir uns mit dem bereits erwähnten charmanten Brief vom 21. Januar 1993 an Frau Justizsenatorin Dr. Limbach gewandt.

Wenn ich wieder einmal „wir" sage, so weil ich den Brief mitunterschrieben habe und mich auch zu ihm bekenne. Andererseits will ich mich nicht mit fremden Federn schmücken. Vielmehr muß ich gestehen, daß ich, wie viele meiner Herkunft, nicht so konfliktfähig und konfliktfreudig bin, wie ich es als nunmehriges Glied einer Gemeinschaft von Freien und noch dazu als Anwalt sein sollte. Ich gestehe einen psychischen Defekt, ich bin harmoniebedürftig. Zank liebe ich gar nicht und Streit nur, wenn er Substanz hat. 40 Jahre Abwesenheit von Marktwirtschaft und von jenem freien Spiel der Kräfte, das von einigen bösartig „Ellenbogengesellschaft" tituliert wird, haben mich offenbar dergestalt deformiert. So jedenfalls habe ich mich vor Jahr und Tag von dem bekannten Psychologen Maaz belehren lassen, der jetzt, wie mir scheint, allerdings auch anderswo psychische Defekte feststellt. Kurz, ich hätte die Professores Limbach und Neuhaus in opportunistischer Manier ungeschoren gelassen, aber ich sehe ein, daß das falsch gewesen wäre. Als Anfänger-Bundesbürger habe ich mich noch öfter so opportunistisch (oder soll ich sagen anpaßlerisch?) verhalten. So habe ich doch jenes Editorial mitgetragen, in dem die „Neue Justiz" im September 1991 verkündete, daß die DDR „im Kern" ein „Unrechtsstaat" war. Daraus hat einer der edelsten aller Kreuzritter gegen die verbliebenen Invaliden des Kommunismus, Wassermann, die Schlußfolgerung gezogen, wenn sogar Wolff das gesagt hat, dann stimmt es. Nun muß ich also etwas verantworten, was ich auch nur wegen der

Harmonie im Herausgeberkreis nach dem Motto „Laß doch dem Kind die Boulette", schweigend akzeptiert habe. In Wirklichkeit weiß ich weder, was ein „Unrechtsstaat" ist (im Münchener Rechtslexikon habe ich das Wort nicht gefunden – hat vielleicht auch mit Recht nichts zu tun), noch weiß ich, was der „Kern der DDR" war. Ich wußte nur, wenn ich über diesen Punkt weiter streite, bedrohe ich die Fortexistenz der „Neuen Justiz"; und warum sollte diese sterben, wenn Palandt lebt und Beck boomt.

Es waren also wir drei Rechtanwälte, die am 21. Januar 1993 unter dem Betreff *„Mögliche Verletzung der ärztlichen Schweigepflicht durch Herrn Prof. Dr. Neuhaus im Falle Honecker"* wie folgt schrieben:

„Sehr geehrte Frau Professor Dr. Limbach,

als Verteidiger von Herrn Honecker bitten wir Sie um Aufklärung bezüglich Ihres angeblichen Gespräches mit Prof. Neuhaus in der Nacht vom 12. zum 13. Januar 1993:
Herr Professor Neuhaus, der auf Bitten der Nebenklägervertreter von der 27. Strafkammer als zusätzlicher Sachverständiger bestellt worden ist, hat, nachdem aufgrund der Entscheidung des Berliner Verfassungsgerichtshofes vom 12. Januar 1993 die auf den Mittag desselben Tages angesetzten Untersuchungen abgesetzt worden sind, Herrn Chefarzt Dr. Rex darum gebeten, ein ärztliches Gespräch unter ärztlicher Verschwiegenheit mit Herrn Honecker zu führen. Herr Honecker hat unter diesen Bedingungen diesem Gespräch zugestimmt. Das Gespräch soll ca. eine Stunde gedauert haben.

Im Anschluß an dieses Gespräch soll Herr Professor Dr. Neuhaus versucht haben, seine Einschätzung der Operationsaussichten einschließlich des Inhalts des ärztlichen Gespräches mit Herrn Honecker an Dritte weiterzugeben. Er soll zunächst den Sachverständigen Professor Dr. Schneider angerufen haben, der ihm gesagt haben soll, er möge von sich aus nicht tätig werden. Daraufhin soll er Herrn Professor Dr. Heckelmann, Ihren Senatskollegen in der Senatsverwaltung für Inneres, angerufen haben, der ihn an Sie weiterverwiesen habe. Herr Professor Dr. Neuhaus soll dann mit Ihnen in der Nacht vom 12. zum 13. Januar 1993 gesprochen haben. Zu diesem Gespräch haben wir folgende Fragen:

a) Hat Herr Professor Dr. Neuhaus Ihnen seine Überlegungen zu Operationschancen von Herrn Honecker mitgeteilt?

b) Hat Herr Professor Dr. Neuhaus Ihnen mitgeteilt, daß er mit Herrn Honecker am 12. Januar 1993 ein ärztliches Gespräch unter Bedingungen ärztlicher Verschwiegenheit geführt hat, und hat er Ihnen den Inhalt dieses Gespräches einschließlich möglicher Antworten von Herrn Honecker berichtet?

c) Hat er Sie gefragt, ob er in diesem besonderen Falle über den Inhalt dieses Gespräches den Strafverfolgungsbehörden oder dem Gericht Auskunft geben dürfe, oder ob er durch seine ärztliche Schweigepflicht daran gehindert sei?

d) Haben Sie ihm insoweit Rechtsrat erteilt, gegebenenfalls welchen Inhalts? (Herr Professor Dr. Neuhaus behauptet nämlich, von einem ‚hochrangigen Juristen dieser Stadt' beraten worden zu sein und sich dann auf dessen Rat an Herrn Richter am Landgericht Abel von der 27. Strafkammer gewandt zu haben.)

e) Haben Sie von den ‚Eröffnungen' des Herrn Professor Dr. Neuhaus Ihrerseits der Staatsanwaltschaft bei dem Kammergericht Mitteilung gemacht? Gegebenenfalls bitten wir um Mitteilung, wann mit welchem Mitarbeiter dieser Behörde gesprochen worden ist, insbesondere mit welchem Inhalt, und ob darüber schriftliche Unterlagen existieren.

Die Staatsanwaltschaft beim Kammergericht soll am 13. Januar 1993 bei Herrn Chefarzt Dr. Rex angerufen haben, zu erkennen gegeben haben, daß sie von dem Inhalt und der Tatsache des Gespräches (Professor Neuhaus/Honecker) bereits Kenntnis hatte und Herrn Dr. Rex massiv dazu gedrängt haben, seinerseits Tatsache und Inhalt dieses Gepräches zu bestätigen.

Auf der Grundlage des Telefonats der Staatsanwaltschaft bei dem Kammergericht mit Chefarzt Dr. Rex, ferner auf der Grundlage eines Telefonats von Professor Neuhaus mit Herrn Richter am Landgericht Abel am 13. Januar 1993 hat die Staatsanwaltschaft am 13. Januar 1993 den Erlaß neuer Haftbefehle gegen Herrn Honecker bei der 14. und 27. Strafkammer des Landgerichts beantragt.

Wir wären Ihnen dankbar, wenn Sie uns hinsichtlich dieser Fragen möglichst bald eine Antwort zukommen lassen würden."

Die Affäre nahm nun ihren Lauf. Frau Prof. Limbach bestätigte am 27.1.1993 den Anruf von Prof. Neuhaus und ihre Empfehlung an ihn, die Strafkammer über seine „Erkenntnisse" zu unterrichten sowie die Tatsache, daß sie ihrerseits den Leiter der Arbeitsgruppe Regierungskriminalität über das Gespräch informiert habe. Das reichte.

Am nächsten Tag erstatteten wir gegen Herrn Prof. Neuhaus und Frau Prof Limbach Strafanzeige *„wegen des Verdachts der Verletzung von Privatgeheimnissen"* bzw. wegen des Verdachts der Anstiftung hierzu. Am 10.2.1993 teilte uns Herr Oberstaatsanwalt Thiele mit, er habe auf unsere Strafanzeige hin ein Ermittlungsverfahren „gegen Prof. Dr. Neuhaus u.a." eingeleitet. Die Ermittlungen gestalteten sich anscheinend schwierig. Zunächst erhielten wir von Oberstaatsanwalt Thiele am 6.7.1993 die Mitteilung, daß er das Ermittlungsverfahren gegen Frau Senatorin Limbach nach § 170 Absatz 2 StPO eingestellt habe. Die Frau Senatorin habe nicht gewußt, daß Herr Prof. Neuhaus die Mitteilung nicht als Gutachter, sondern als Arzt gemacht hätte. Sie sei unter diesen Umständen zur Weitergabe der Information an die Staatsanwaltschaft befugt gewesen, eine Mitteilung an Pressevertreter sei „nicht konkret nachweisbar". Das Ermittlungsverfahren gegen Prof. Neuhaus lief dagegen weiter.

Mit der Beschwerde gegen die Einstellung des Ermittlungsverfahrens, die von Rechtsanwalt Becker begründet wurde, legte dieser die „Merkwürdigkeiten und Ermittlungsmängel" des Ermitttlungsverfahrens, das eher die Bezeichnung „devote Erkundigung" verdiene, im einzelnen dar. Die Beschwerdebegründung vom 23.8.1993 ist ein Zeitzeugnis, das bewahrt zu werden verdient, das hier jedoch nicht in seinem vollen, zehn Seiten füllenden Wortlaut wiedergegeben werden kann. Allein die Bezeichnung des Verfahrens auf der Akte

„gegen
1) Prof. Dr. Peter Neuhaus
2) Bedienstete der Justiz"

spricht für eine sonst bei der Staatsanwaltschaft ungewöhnliche Diskretion und Delikatesse. Erst später wird in Klammern hinzugefügt „(Prof. Dr. Jutta Limbach)".

So beeindruckend wie die Beschwerdebegründung für mich war, so wenig beeindruckte sie die Staatsanwaltschaft, was mich nun wiederum nicht mehr überraschte. Das war für mich nicht neu. Ich konstatierte als neue Erfahrung: man kann sagen, was man will. Und als alte Erkenntnis: was der Verteidiger gegen die Obrigkeit auch sagen mag, es hat keinen Erfolg. Die Nachricht vom 19. November 1993 war preußisch knapp und gipfelte in dem Satz: *„Das Verfahren war daher, soweit es Frau Senatorin Prof. Dr. Jutta Limbach betrifft, aus den fortbestehenden Gründen des Vorbescheides erneut einzustellen."*

Gegen Herrn Prof. Dr. Neuhaus wurde das Verfahren gemäß § 153a Abs. 1 StPO gegen Zahlung einer Geldbuße von 10.000 DM an gemeinnützige Organisationen eingestellt, wie uns Herr Oberstaatsanwalt Thiele am 25. April 1994 mitteilte. In seinem Schreiben hieß es u.a.:

> „Die Schuld des Täters ist als gering anzusehen. Durch die Erfüllung der Auflage wird das öffentliche Interesse an der Strafverfolgung beseitigt. Dies ergibt sich aus folgenden Gründen:
> Der Beschuldigte hat nicht aus Eigennutz gehandelt. Er glaubte sich verpflichtet, die Strafverfolgungsbehörden auf eine seiner Ansicht nach fehlerhafte Bewertung des Gesundheitszustandes Ihres Mandanten hinweisen zu müssen. Diese Bedenken haben sich zumindest hinsichtlich zeitlicher Prognosen im Nachhinein bestätigt."

Man glaubt, die Gedanken des Herrn Oberstaatsanwalts mitlesen zu können.

Erich Honecker starb am 29.5.1994. Das Verfahren gegen Honecker u.a. endete mit dem Urteil des Bundesgerichtshofs gegen Keßler und andere am 6.7.1994. Das Bundesverfassungsgericht entschied über die Beschwerden am 24. Oktober 1996. Die Sozial- und Verwaltungsgerichtsverfahren, die von Honecker angestrengt wurden, sind noch immer nicht rechtskräftig entschieden.

Die Medien urteilten schneller. Winters schrieb in der „F.A.Z." vom 30.5.1994 *„von mancher Wertschätzung, die Honecker auch im Westen und in der Dritten Welt erwarb"*. Er ließ seine Leser aber nicht wissen, womit er sich diese Wertschätzung erworben hatte. Am 31.5.1994 definierte er die *„historische Schuld"* Honeckers mit dem Hinweis, daß er die Verantwortung für die Mauer trug und *„17 Millionen Deutsche zu Gefangenen"* machte. Wie sich das mit der Wertschätzung des Westens und der Dritten Welt (was blieb sonst von der Welt?) vertrug, blieb ein Rätsel. Der Hinweis im gleichen Artikel, daß sich *„hohe MfS-Offiziere ihrer Pensionen"* (802 DM monatlich) erfreuen, zeugt auch nicht gerade von Tatsachenkenntnis.

Viele Gedanken verknüpfen sich bei mir mit diesem Verfahren. Es überfordert mich jedoch, sie alle darzulegen. Nur eins erlaube ich mir auszusprechen: Über Honecker und die DDR habe ich aus dem Prozeß nichts erfahren, aber sehr viel über die Bundesrepublik, ihre Justiz und ihre Juristen. Für mich hat es sich gelohnt, dabei gewesen zu sein. Eine andere Frage ist, was hätte das Verfahren für Honecker gebracht, wenn er keine und was, wenn er andere Verteidiger gehabt hätte. Haben wir den Gang des Verfahrens, was sein Ergebnis anbelangt, wesentlich beeinflußt oder hätte sich letztlich alles genauso abgespielt? Ich habe den Verdacht, es wäre genauso gekommen, weil es nach der Sachlage nicht anders kommen konnte. Auch Richter Bräutigam hätte Honecker nicht im Gerichtssaal sterben lassen. Auch die besten Verteidiger hätten ihn nicht früher aus dem Gefängnis geholt. Es war eben ein politischer

Prozeß, in dem nur der liebe Gott den vorherbestimmten Gang der Dinge ändern konnte. Der weitere Verlauf des Verfahrens und das Verfahren gegen Krenz und andere haben es nachträglich bewiesen. Auch im rechtsstaatlichen bundesdeutschen Strafverfahren sind im politischen Prozeß Verteidiger für den Angeklagten zwar eine psychische Stütze, eine Annehmlichkeit, aber keine Rettung. Für den Staat, für die Justiz dagegen sind sie als Ausweis der Rechtsstaatlichkeit unerläßlich.

Honecker war in Chile, aber seine Prozesse blieben in Deutschland und liefen über seinen Tod hinaus weiter. Die DDR-Vergangenheit wird juristisch nicht nur durch das Strafrecht bewältigt. Es begann mit dem Gesetz der Volkskammer vom 29. Juni 1990 „über den Nachweis der Rechtmäßigkeit des Erwerbs von Umstellungsguthaben", dem sog. Umstellungsguthabengesetz, abgekürzt UGG. Wie bei Axen und fast allen anderen Politbüromitgliedern beschlagnahmte der Sonderausschuß der Volkskammer nach diesem Gesetz auch das Konto von Erich Honecker. Er tat dies voller Eifer, aber mit wenig Geschick. So stellte er mir das an Erich Honecker gerichtete „Verlangen" (Terminus des Gesetzes), die Rechtmäßigkeit des Erwerbs seines Kontos nachzuweisen, mit einem Schreiben vom 6.7.1990 zu. Das Schreiben ging in meinem Büro am 9.7.1990 ein. Ich hatte aber in dieser Sache keine Vollmacht, konnte sie nicht haben, da weder Honecker noch ich von einem solchen Verfahren etwas geahnt hatten. Ich sandte daher das Schreiben am 10.7.1990 an den Absender zurück. Darauf wurde mir mit Schreiben des Sonderausschusses vom 31.7.1990 das „Verlangen" mit der Bitte um Zustellung an Herrn Honecker erneut übersandt. Es ging am 2.8.1990 in meinem Büro ein. Der Bitte kam ich nach. Ich war damals kooperativer, als ich es nach den Lehrjahren in der BRD heute sein würde. Gleichzeitig schrieb ich dem Sonderausschuß am 6.8.1990:

„Nach dem Gesetz vom 29.6.90 ist gemäß § 3 Abs. 2 das Verlangen, die Rechtmäßigkeit des Erwerbs des Umstellungsguthabens (Gesamtguthaben) nachzuweisen, dem Kontoinhaber ‚unverzüglich' zu übermitteln. Da das Verlangen am 6.7.90 gestellt worden ist und es bis zum heutigen Tage nicht dem Kontoinhaber übermittelt wurde, ist das Erfordernis der ‚unverzüglichen' Mitteilung nicht erfüllt. Unverzüglich heißt im juristischen Sprachgebrauch ‚ohne schuldhaftes Zögern'. Von dieser Voraussetzung kann dann nicht gesprochen werden, wenn zwischen dem Verlangen und der Mitteilung ein Zeitraum von mehr als einem Monat liegt. Die Übermittlung des Verlangens mit einer falschen Anschrift an einen Nichtbevollmächtigten erfüllt die Voraussetzung der Mitteilung nach § 3 Abs. 2 des Gesetzes m.E. nicht."

Dieser Formmangel und die Tatsache, daß sich auf dem beschlagnahmten Konto nur Beträge aus Gehalt und Rente befanden, beeindruckten den Sonderausschuß nicht. Er beschloß am 27.9.1990 einstimmig,

„daß Herr Honecker durch Mißbrauch seiner Funktionen durch Inanspruchnahme von selbstbestätigten Privilegien und durch Handlungen, die einen gröblichen Verstoß gegen die guten Sitten darstellen, sich und anderen persönliche Vorteile zum Nachteil der Gesellschaft und zu Lasten des Staatshaushalts und anderer gesellschaftlicher Fonds verschafft hat. Dazu zählen folgende Fakten, die den Tatbestand des o.a. Gesetzes, § 5, Absatz 2, erfüllen:

– Verwendung volkswirtschaftlicher Fonds in Höhe von 44 Mio. M für den Neubau, die Rekonstruktion und Erweiterung mehrerer Jagdgebiete und Freizeitobjekte (Schorfheide, Nossentiner Heide, Dölln, Groß-Dölln), die ausschließlich durch Herrn Honecker, seine Familienangehörigen und durch einen engen Kreis von ehemaligen Mitgliedern des Politbüros der SED genutzt wurden. Allein an Energiekosten sind für dieses Objekt jährlich rund 800.000 M an Energiekosten angefallen, die aus dem Staatshaushalt beglichen wurden.

– Zum Beispiel entstanden 1988 allein im von Herrn Honecker genutzten Objekt Nossentiner Heide Energiekosten in Höhe von 311.680 M.

– Aus sogenannten Schützenanteilen und dem Verkauf von Jagdtrophäen vom Objekt Nossentiner Heide hat Herr Honecker einen Betrag in Höhe von 12.144,89 M erhalten.

– Als Dotation aus der unrechtmäßigen und auf sein Betreiben initiierten Ehrenmitgliedschaft in der Bauakademie der DDR hat Herr Honecker im Zeitraum von 1978 bis 1983 insgesamt 240.000 Mark erhalten.

– Aus Unterlagen geht hervor, daß Herr Honecker für sich und seine Familienangehörigen die Flugzeuge der Sonderflugstaffel für private Zwecke genutzt hat. Entscheidend ist der Zweck der Reisen, unabhängig davon, ob sie als Dienstreisen deklariert wurden.

– Für den maßgeblich von Herrn Honecker initiierten Häftlingsfreikauf wurden allein 1989 75 Mio DM rechtswidrig erpreßt. Die Verwendung ist durch den Ausschuß nicht nachvollziehbar und bedürfte gesonderter Untersuchungen.

– Herr Honecker ist maßgeblich dafür verantwortlich, daß für die Mitglieder und Kandidaten des Politbüros und weiterer Nomenklaturkader ein ganzes System ungerechtfertigter Privilegien zu Lasten des Volkes ausgebaut wurde, so z.B. für die Sonderversorgung im Wohnkomplex Wandlitz (jährlich ca. 5 Mio DM) ausgegeben wurden.

– Herr Erich Honecker hat in den Jahren 1968 und 1989 zusammen für 226.048,43 M/ DDR in Wandlitz Waren mit Scheck und Rechnung gekauft. Die Bareinkäufe sind noch nicht berücksichtigt. Dafür wurde ein Umtauschkurs von 1 DM = 1,75 M/DDR angewandt. Der vom ehemaligen Politbüro beschlosssene und vom Ministerrat der DDR festgelegte Umtauschsatz betrug 1:4,4.

Der tatsächliche Warenwert betrug daraufhin auf dieser Grundlage 568.284,67 M. Unter Beachtung einer üblichen Handelspanne von 25% betragen die Schulden an den Staatshaushalt 427.795,30 M/DDR oder 213.897,65 DM.

3. Entsprechend dieser Tatbestände werden die Unterlagen gemäß des o.a. Gesetzes, § 5, Abs. 4, der Strafverfolgungsbehörde übergeben, mit der ausdrücklichen und einstimmig beschlossenen Forderung des Sonderausschusses, das auf den gesperrten Sparkonten vorhandene Geldvermögen zugunsten des Staatshaushaltes einzuziehen.

Hierbei handelt es sich um das Sparkonto 6652-48-10537 bei der Sparkasse 1 Alexanderplatz 2, Berlin, 1020, in Höhe von 234.873,07 M/DDR (Stand zum Zeitpunkt der Sperrung 30.6.90 = 117.936,53 DM).

4. Herr Erich Honecker wird durch den Ausschuß über die beschlossene Verfahrensweise und die Forderung des Ausschusses schriftlich informiert. Er wird davon unterrichtet, daß er das Recht hat, gegen die Entscheidung des Sonderausschusses gemäß o.a. Gesetzes, § 6, Abs. 1, innerhalb von 2 Wochen schriftlich Beschwerde einzulegen.

Der Beschluß wurde durch den Sonderausschuß einstimmig bestätigt.

gez. Barthel

Vorsitzender des Ausschusses "

Formulierungen und Form dieses einstimmig gefaßten und einstimmig bestätigten einstimmigen Beschlusses spiegeln Geist und Hektik jener Tage in der Volkskammer wider.

Am 15. Oktober 1990 erhob ich „namens und im Auftrag" von Herrn Honecker Klage mit dem Antrag, den Beschluß des Sonderausschusses aufzuheben. Der Deutsche Bundestag – Verwaltung – Justitiariat – erwiderte mit Schriftsatz ohne Datum, der am 7. Januar 1991 im Verwaltungsgericht Berlin einging, die

„Entscheidung (des Sonderausschusses) verletzt den Kläger nicht in seinen Rechten … Die Forderung des Sonderausschusses gegenüber der Strafverfolgungsbehörde, das auf den gesperrten Konten vorhandene Geldvermögen zugunsten des Staatshaushaltes einzuziehen, kann im Hinblick auf § 5 Abs. 4 des Gesetzes vom 29.6.90 lediglich als unverbindliche Empfehlung angesehen werden, die die Strafverfolgungsbehörde in keiner Weise bindet."

Damit endete praktisch der Lauf des Prozesses. Am 18.10.1991 schrieb ich an das Gericht noch in Unkenntnis der Verfahrensdauer bei Verwaltungsgerichten:

„In der Verwaltungsstreitsache Erich Honecker ./. Bundesrepublik Deutschland
VG 25 A 116.91
ist für mich nicht erkennbar, warum das Verfahren keinen Fortgang nimmt. Seit meinem Schriftsatz vom 21.1.1991, also seit nunmehr fast neun Monaten, fehlt es an jedem Anzeichen, daß Fortschritte in dem Verfahren erfolgen, wenn man davon absieht, daß das Verfahren zuständigkeitshalber von der 25. Kammer übernommen worden ist. Da auch dies bereits vor sechs Monaten erfolgte, bitte ich hiermit, dem Verfahren Fortgang zu geben."

Prompt folgte die Belehrung durch das Gericht,

„daß für Hauptsache-Entscheidungen mit einer ein- bis zweijährigen Verfahrensdauer regelmäßig zu rechnen ist. Ich bleibe um Beschleunigung der Sache bemüht. Möglicherweise wird die die Kammer sogar vor Abschluß eines Strafverfahrens gegen den Kläger über das Umstellungsguthaben entscheiden."

Auf telefonischen Anruf teilte mir der Vorsitzende der Kammer am 19.8.1992 mit, daß mit einer Verhandlung noch 1992 zu rechnen wäre. Am 21. Oktober 1992 schrieb ich an die Kammer:

„Nachdem nunmehr seit der Klageerhebung mehr als zwei Jahre vergangen sind und nach den in der Presse bereits veröffentlichten Gutachten die zukünftige Lebensdauer unseres Mandanten auf 6 bis 18 Monate eingeschätzt worden ist, fragen wir an, ob mit dem Fortgang des Verfahrens noch vor seinem Tode zu rechnen ist."

Nunmehr teilte das Verwaltungsgericht mit, es wolle die rechtskräftige Beendigung des Strafverfahrens abwarten.

Am 20.4.1995 erlaubte ich mir, an die Fortsetzung des Verfahrens zu erinnern. Daraufhin schrieb mir der Berichterstatter, er möchte

„daran erinnern, daß zu vergleichbaren Rechtsfällen in absehbarer Zeit eine obergerichtliche Rechtsprechung vorliegen wird, so daß es aus der Sicht aller hiesigen Prozeßbeteiligten ratsam erscheint, diese abzuwarten."

Das ist der Stand der Dinge anno 1998. Das Oberverwaltungsgericht hatte zwar auf Klage von Hermann Axen zu dessen Gunsten entschieden und die Revision nicht zugelassen, doch dagegen hatte der Deutsche Bundestag, wie berichtet, erfolgreich Nichtzulassungsbeschwerde eingelegt.

Ein anderes Betätigungsfeld eröffnete sich für mich im April 1991. Aus den Medien war zu hören, daß die Rentenzahlungen an Erich und Margot Honecker eingestellt wurden. Die Mandanten bestätigten diese Nachricht mit einem Brief vom 25. April, den ich am 6. Mai erhielt. Sozialrecht war ebenfalls ganz neu für mich, und ich hatte eigentlich keine Ambitionen auf diesem Gebiet. Doch die Verhältnisse waren nicht so, daß ich das Mandat an einen erfahreneren Kollegen weiterleiten konnte. Die Mandanten hatten gerade mitgeteilt, sie könnten nach Sperrung des Kontos für Honorar nicht aufkommen. Es war klar, ich mußte mich auch auf dieses Glatteis begeben. Bald stellte ich fest, es gibt brüchigeres Eis für Rechtsanwälte – die Honecker-Fälle waren jedenfalls juristisch harmlos. Im Grunde ging und geht es nur um Politik und die gehört zur Allgemeinbildung in unseren Zeiten.

Auf meine Anfrage vom 7.6.1991 teilte mir der „Träger der Rentenversicherung – Überleitungsanstalt Sozialversicherung, Landesversicherungsanstalt Berlin" mit,

„wir haben davon Kenntnis genommen, daß sie den Obengenannten in seiner Rentenangelegenheit vertreten und teilen Ihnen mit, daß wir die Zahlung der Rente an Herrn Honecker mit Ablauf des Monats März 1991 vorsorglich eingestellt haben.

Die Einstellung der Rentenzahlung erfolgte vorsorglich, da uns bekannt ist, daß der Berechtigte das Gebiet der ehemaligen DDR einschließlich Berlin (Ost) verlassen hat und sich zumindest derzeit in der UdSSR aufhält.

Nach dem Gesetz über den Vertrag zwischen der DDR und der UdSSR über die Zusammenarbeit auf dem Gebiet des Sozialwesens vom 10.08.1960 (GBl. I/46 und 55 von 1960) ist die Zahlung der Rente aus der ehemaligen DDR mit Ablauf des Monats des Verzuges in die UdSSR einzustellen. Der Rentenempfänger hat allerdings die Möglichkeit, bei den zuständigen Behörden in der UdSSR einen Antrag auf Rente zu stellen. Bei einer ggf. von dort zu gewährenden Rente sind dann die in der DDR zurückgelegten Zeiten zu berücksichtigen.

Sofern der Aufenthalt in der UdSSR nur vorübergehend ist und Herr Honecker sich zu einem späteren Zeitpunkt wieder gewöhnlich in der Bundesrepublik Deutschland aufhält, besteht ggf. auch wieder der Anspruch auf Zahlung einer Rente."

Mit meinem Widerspruch vom 12.8.1991 begann ein bisher sechsjähriges Sozialgerichtsverfahren. Zunächst stritten wir um den Wohnsitz von Honecker. Ich meinte, er wäre in der UdSSR nur auf der Flucht vor einem Haftbefehl bzw. zur medizinischen Behandlung. In beiden Fällen würde das seinen Wohnsitz nicht aufheben und seinen Rentenanspruch nicht vernichten. Der Träger der Rentenenversicherung sah das in seinem Widerspruchsbescheid, mit dem er meinen Widerspruch zurückwies, anders. Am 20.12.1991 erhob ich Klage beim Sozialgericht Berlin. Auch eine Premiere für mich.

Die Klage löste zunächst eine Fachdiskussion zwischen den Experten des Gerichts und der Versicherung aus, ob der „Träger der Rentenversicherung …" oder die Bundesversicherungsanstalt für Angestellte der richtige Beklagte wäre. Schließlich wurde der „Träger" Beklagter und die BfA Beigeladene, bis dann ab 1.1.1991 schließlich die BfA Beklagte und der „Träger" aus dem Rechtsstreit entlassen wurde.

Nachdem das Problem der richtigen Beklagten gelöst war, ging es darum, ob der Kläger überhaupt Rentenansprüche habe. Sein Sozialversicherungsausweis und diverse Rentenbescheide mußten besorgt und überreicht werden. Der ehemalige Staatsratsvorsitzende hatte laut Bescheid der Verwaltung der Sozialversicherung der Arbeiter und Angestellten ab 1.7.1990 eine Altersrente von 510 DM (Strafe für seine hohen Funktionen) und eine Ehrenpension von 1.700 DM, seine Gesamtrentenleistungen betrugen also 2.210 DM. Das war auch klargestellt. Kern des Prozesses aber war die Wohnsitzfrage. Am 11. August 1992, also kurz nach dem Eintreffen Erich Honeckers in Berlin und kurz vor seinem 80. Geburtstag, verkündete das Sozialgericht Berlin sein Urteil. Das Gericht sprach Honecker die Altersrente für die Zeit vom 1. April 1991 bis 31. Juli 1991 und für die Zeit ab 1.1.1992 sowie die Ehrenpension ohne zeitliche Befristung zu. Die Versicherung hatte die Zahlungen ohne einen entsprechenden Bescheid eingestellt und mußte daher bis zu dem auf meine Anfrage erteilten Bescheid Altersrente zahlen. Dieselbe Verpflichtung hatte sie nach dem seit dem 1.1.1992 in den neuen Bundesländern geltenden Rentenrecht. Für den Entzug der Ehrenpension fehlten nach Auffassung des Sozialgerichts die rechtlichen Voraussetzungen.

Gegen das Urteil des Sozialgerichts legten beide Prozeßparteien Berufung ein. Das Berufungsgericht warf die Frage auf, ob es hier das zwingend vorgeschriebene Vorverfahren gegeben habe. Das war nicht der Fall, wurde dann aber von der Beklagten nachgeholt, und damit war der Mangel geheilt. Niemand sollte um seine prozessualen Rechte gebracht werden. Die auf den 23.3.1993 angesetzte Verhandlung des Landessozialgerichts mußte vertagt werden – ich hatte eine dicke Backe und mußte zum Zahnarzt. Dann verhandelten wir am 8.6.1993. Es ging im Kern um den Wohnsitz bzw. ständigen Aufenthaltsort Honeckers. Alles war ganz unpolitisch. Ich warf die Frage auf, ob auch ein jüdischer ehemaliger DDR-Bürger seine Rentenansprüche verloren hätte, wenn er im April 1991 nach Israel ausgewandert wäre. Der Vorsitzende lächelte. Ich deutete das in meinem Sinn: Er hätte sie natürlich nicht verloren. Ganz unpolitisch war das Verfahren wohl doch nicht.

Das Urteil war nicht überraschend. Die Berufung des Klägers wurde abgewiesen. Auf die Berufung der BfA wurde das erstinstanzliche Urteil geändert und die Klage auch insoweit abgewiesen, wie Erich Honecker Rente ab 1.4.1991 zugesprochen worden war. Die weitergehende Berufung der BfA wurde auch abgewiesen. Wir waren nach Ansicht des Landessozialgerichts mit unserer Berufung zu 7/8 ohne Erfolg geblieben. Die BfA mußte dem Kläger 1/8 seiner Anwaltskosten ersetzen. Die Revision gegen dieses Urteil ließ das Landessozialgericht nicht zu.

Mit geringer Hoffnung legte ich Nichtzulassungsbeschwerde beim Bundessozialgericht ein. Die Gegenseite tat das Gleiche. Das Rechtsmittel war mir bis dahin nicht bekannt, seinen Namen fand ich eindrucksvoll. Ich war richtig stolz, als die Revision dann doch zugelassen wurde. In der Revisionsbegründung versuchte ich darzulegen, daß die Regelung in der DDR-Rentenverordnung, wonach der Rentenanspruch mit der Verlegung des Wohnsitzes in einen anderen Staat erlosch, mit dem Beitritt zur BRD hinfällig geworden wäre. Es gab keine DDR mehr, also konnte es auch keine Wohnsitzverlegung aus der DDR mehr geben. Im übrigen verwies ich auf das Grundgesetz, das die Ausreisefreiheit, das Eigentum und die Gleichheit der Bürger garantiert. Auch das Rechtsstaatsprinzip bemühte ich.

Nach etwas mehr als drei Jahren erging das Urteil. Erich Honecker erlebte es nicht mehr. Es billigte ihm (bzw. seiner Witwe) Altersrente und Ehrenpension für die Zeit vom 1. April 1991 bis 31. Juli 1991 zu, im übrigen wies es die Revision des Klägers zurück. Die Revision der BfA war erfolgreich, soweit das Sozialgericht Erich Honecker Altersrente für die Zeit vom 1. Januar 1992 bis 31. Juli 1992 zugesprochen hatte. Das Bundessozialgericht sah die entscheidende Wohnsitzfrage so:

„Vor seinem Aufenthalt in der chilenischen Botschaft hatte er in Moskau Wohnung genommen und damit dort einen Wohnsitz begründet. Der Aufenthalt in der chilenischen Botschaft war infolgedessen vorübergehender Aufenthalt allenfalls gesehen vom Wohnsitz in Moskau aus, nicht aber von einem ständigen Aufenthalt in der Bundesrepublik.

Die weitere Möglichkeit für einen Rentenexport gemäß § 110 Abs. 2 SGB VI – gewöhlicher Aufenthalt im Ausland – scheitert für die in Betracht kommende Zeit vom 1. Januar bis 31. Juli 1992 daran, daß sich der Versicherte in der chilenischen Botschaft nur durchgangsweise zur Ausreise nach Chile und insofern bloß vorübergehend aufhielt."

Ein klares Wort? Mir war von einer Wohnung, die Honeckers in Moskau genommen haben sollten, nichts bekannt. Ich hatte sie nur als Gäste im Gästehaus erlebt.

Am 25. März 1997 legte ich Verfassungsbeschwerde ein. Honecker wird die Gerichte noch eine Weile beschäftigen; ob ich bis zum Ende des Verfahrens vertreten kann, scheint mir fraglich. Immerhin bin ich 75. Ich tröste mich mit dem bekannten Wort: Die Enkel fechten's besser aus.

38. Wieder Spionage – Der Fall Werner Großmann (1990-1996)

Während ich selbst einen Verteidiger für Erich Honecker suchte, der sich im Strafrecht der BRD auskannte, beauftragten mich im September 1990 immer neue Mandanten mit ihrer Verteidigung. So erhielt ich am 13.9.1990 das Mandat von Markus Wolf, ihn neben einem prominenten bundesdeutschen Verteidiger zu verteidigen, und am 25.9.1990 suchte mich sein Nachfolger im Amt des Chefs der DDR-Auslandsaufklärung Werner Großmann mit dem gleichen Anliegen auf. Ich sah diese Mandate zuerst nicht so verbissen, nahm sie mehr als eine Vorsichtsmaßnahme der Betroffenen. Meine ohnehin nicht blühende Fantasie sah die rechtsstaatliche Aufarbeitung der Vergangenheit ebensowenig voraus, wie ich die Rezeption des Bundesrechts von einem Tag auf den anderen erwartet hatte. Die Erinnerung an blitzartige Erfolge war mir seit 1942 verlorengegangen. Mein Fehler.

Es dauerte jedoch nur acht Tage und schon stellte sich mir die Situation anders dar. Die Ereignisse überstürzten sich, und in der Erinnerung kann wohl das eine durch das andere verdrängt worden sein oder sich mit anderem vermengt haben. Am 2.10. war ich aus London mit dem Gefühl zurückgekehrt, daß dort das Verschwinden des „Unrechtsstaats" DDR nicht allseits begrüßt worden war. Am nächsten Tag fuhr ich als neuer BRD-Bürger vormittags zur Festveranstaltung in die Philharmonie. In der ersten Reihe saßen neben v. Weizsäcker und Kohl mein Mitstreiter aus dem Vorstand des Rechtsanwaltskollegiums, de Maizière, und die letzte Präsidentin der Volkskammer der DDR, Frau Bergmann-Pohl, die mir elf Tage zuvor noch ein Pressemandat anvertraut hatte. Ich hörte aufmerksam dem Bundespräsidenten zu und schöpfte Hoffnung. Er sagte:

> „Wenn es gelingen soll, das Gefälle bald zu überwinden, dann bedarf es dafür nicht nur der Hilfe, sondern vor allem auch der Achtung untereinander."

Er sprach auch von den Deutschen in der bisherigen DDR, die

> „endlich die gleichen Chancen bekommen, die es im Westen seit Jahrzehnten gibt."
> *(Demokratische Leidenschaft, S. 187, 189)*

Ich sang seit 45 Jahren zum ersten Mal wieder das Deutschlandlied und erlebte, wie trotz aller Sicherungsvorkehrungen ein augenscheinlich nicht normaler Mann bis zum Rednerpult vordringen und dort eine Rede beginnen konnte, deren Sinn unverständlich war. Wieder ein erster, diesmal überraschender Eindruck: Auch in der BRD funktionierte nicht alles, manches funktionierte sogar in der DDR besser. Im Laufe der Jahre hatte ich noch oft solche Eindrücke. – Zu Hause angekommen, erfuhr ich, Werner Großmann war festgenommen worden. Das hatte geklappt. Ob das v. Weizsäcker mit *„Achtung untereinander"* verstanden hatte?

Am 4.10. war ich bei meinem Mandanten im Polizeipräsidium. Hier war es wie in der DDR: Ausweis zeigen, Passierschein bekommen, warten, bis man zum Zuständigen, der nun allerdings Beamter und nicht Behördenangestellter war, geleitet wurde. Auch Plakate gab es, die zwar nicht vor dem Klassenfeind, aber doch vor dem bösen Bruder von nebenan warnten. Die Einheit war insoweit noch nicht angekommen. – Anders war natürlich, daß ich gleich mit meinem Mandanten sprechen durfte. Das aber entsprach meiner Vorstellung vom Rechtsstaat und überraschte mich also nicht. Anders war auch meine eigene Verfassung als Verteidiger. Ich war unsicher. Mit dieser Strafprozeßordnung war ich nicht groß geworden, mit diesen Staatsanwälten hatte ich weder studiert noch zusammengearbeitet, sie waren mir unbekannt. Ich hatte keinen Draht zu ihnen.

Vor dem Gespräch mit Herrn Großmann bat mich Herr Bundesanwalt Schulz um eine Unterredung. Das kannte ich wieder. Die Vernehmer vom MfS wollten manchmal auch, daß der Verteidiger mit ihnen spricht, bevor er seinen Mandanten aufsucht. Herr Schulz hatte ein Anliegen. Ich sollte auf meinen Mandanten einwirken, daß er die ihm bekannten Quellen mitteilt. Ich erwiderte, daß ich sein Anliegen verstünde, daß ich aber, wenn ich mich in die Lage meines Mandanten versetzte, davon ausgehen müßte, daß er auch in Zukunft noch sein Bild im Spiegel ertragen wolle. Ich könnte ihm ein derartiges Anliegen allenfalls dann näher bringen, wenn die Quellen strafrechtlich nicht verfolgt werden würden. Herr Schulz erklärte darauf, das sei nicht möglich. – Sodann benutzte ich die Gelegenheit, um meinerseits rechtliche Bedenken gegen den Haftbefehl vorzutragen. Ich wies auf die fehlende Fluchtgefahr und auf völkerrechtliche Gesichtspunkte hin. Schulz unterrichtete mich daraufhin, daß der Ermittlungsrichter den Erlaß des Haftbefehls abgelehnt habe und dieser vom 3. Strafsenat des Bundesgerichtshofs erlassen worden wäre.

Danach sprach ich mit meinem Mandanten. Wir erörterten das von Staatsanwalt Schulz Gehörte. Werner Großmann blieb dabei, keine Quellen zu verraten. Wir lasen dann gemeinsam den Haftbefehl vom 11. September 1990; die Juristen hatten die deutsche Einheit bei allem Zeitdruck noch rechtzeitig vorbereitet. In ihm hieß es:

„Es besteht der Haftgrund der Fluchtgefahr nach § 112 Abs. 2 Nr. 2 StPO. Der Beschuldigte hat wegen seiner herausgehobenen Stellung in der Organisation und Durchführung der vom ehemaligen MfS gegen die Bundesrepublik Deutschland mit besonderer Intensität betriebenen geheimdienstlichen Agententätigkeit – jedenfalls nach der gegenwärtigen Gesetzeslage – mit einer erheblichen Freiheitsstrafe zu rechnen. Er ist zur Zeit wegen seines Wohnsitzes in der DDR für die Bundesbehörden nicht greifbar. Es ist zu befürchten, daß er sich noch vor dem Beitritt der DDR zur Bundesrepublik am 3. Oktober 1990 ins Ausland absetzt, um die weitere strafgesetzliche Entwicklung (z.B. Erlaß eines Amnestiegesetzes) und die strafprozessuale Handhabung in vergleichbaren Fällen abzuwarten." *Weiter hieß es Hoffnung erweckend:* „Erst nach Ergreifung des Beschuldigten stellt sich die Frage, ob der Fluchtgefahr durch

Aussetzung des Haftbefehls nach Maßgabe des § 116 StPO ausreichend entgegengewirkt werden kann."

Danach war ich der Auffassung, daß Werner Großmann Haftverschonung erhalten würde. Er selbst war weniger optimistisch. Er schilderte mir bei dieser Gelegenheit die Umstände seiner Verhaftung. Mit seiner Familie war er am 3. Oktober spazieren gegangen. Als er zurückkam, fand er seine Wohnung mit neuen Schlössern versehen vor. Auf sein Klingeln öffneten ihm Beamte des BKA, die im Begriff waren, die Wohnung zu durchsuchen. Sie hatten geglaubt, er sei geflohen.

Werner Großmann sollte zur Verkündung des Haftbefehls nach Karlsruhe zum Bundesgerichtshof gebracht werden. Ich selbst konnte aus Berlin nicht weg und war ziemlich ratlos und deswegen dankbar, als mir Prof. Vogel, der aus dem Radio von der Inhaftierung erfahren hatte, telefonisch empfahl, Rechtsanwalt Dr. Widmaier mit der Vertretung des Mandanten zu beauftragen. Dies tat ich. Bis dahin kannte ich Widmaier nicht, hatte seinen Namen nie gehört. Jedenfalls war er es dann, der Großmann vor dem Ermittlungsrichter des Bundesgerichtshofs und in der ganzen Folgezeit vertrat und der am 4.10. auch die Haftverschonung für Großmann erwirkte. Es war der Beginn einer mehrjährigen Zusammenarbeit, die besonders in den Anfangsjahren sehr angenehm, sehr kollegial war.

In den Gründen des Beschlusses, mit dem der Haftbefehl außer Vollzug gesetzt wurde, hieß es:

„Er *(Werner Großmann)* hat glaubhaft dargetan daß er sich dem Verfahren stellen wird. Dabei hat er besonders darauf hingewiesen daß er sich als früherer Leiter der HVA auch in Verantwortung gegenüber seinen bisherigen Mitarbeitern sieht. Er will erreichen, daß der Öffentlichkeit bewußt wird, daß er bis zur Wiedervereinigung für seinen Staat eine legitime Tätigkeit ausgeübt hat. Von besonderer Bedeutung ist für ihn dabei, daß es sich um eine Tätigkeit gehandelt hat, der in allen Staaten durch Sicherheitsorgane nachgegangen wird. Diese Haltung des Beschuldigten spricht dafür, daß er sich dem weiteren Verfahren mit allen seinen Schwierigkeiten stellen will. Es ist offenkundig, daß ihm bewußt ist, möglicherweise auch eine Freiheitsstrafe verbüßen zu müssen. Aus seiner Sicht freilich besteht die Erwartung, daß mit der Wiedervereinigung auch die Probleme der aufgelösten Sicherheitsorgane der ehemaligen DDR einschließlich der HVA in einer für alle zufriedenstellenden Weise gelöst werden."

Dieser Haftverschonungsbeschluß widerspiegelte nicht nur die Haltung Werner Großmanns und den Zeitgeist, sondern auch die Persönlichkeit des Ermittlungsrichters Detter. Ich bin ihm später zweimal begegnet und das hat mir geholfen, Vorurteile gegen Bayern und gegen Richter am Bundesgerichtshof abzubauen. An ihm war nichts von schwarzer Engstirnigkeit, wie man sie als Berliner mit Vorliebe in Bayern ansiedelt, und auch nichts von den politischen Scheuklappen, die ich bei Richtern des Bundesgerichtshofs vermutete.

Die folgenden Monate, ja Jahre, waren ausgefüllt mit dem Bemühen, das Problem der DDR-Spionage auf der Ebene der Politiker und Beamten zu klären. Die Bemühungen waren nicht einseitig. Klar war, daß sich die Spione der DDR, die wir Kundschafter nannten, nach bundesdeutschem Recht strafbar gemacht hatten, wie das umgekehrt nach DDR-Recht auf die Spione der BRD zutraf. Doch jetzt waren wir nicht nur ein Volk, sondern auch ein Staat. Die Richter, die bisher vorwiegend in Düsseldorf und am Bundesgerichtshof die DDR-Spione bestraft hatten, empfanden diese staatsrechtliche Veränderung als strafrechtlich irrelevant. Eine Haltung, die für einen DDR-Juristen unverständlich war. Politik und Recht hingen nach DDR-marxistischer Auffassung eng zusammen. Jede Kurskorrektur der Politik wirkte sich auch auf den Kurs der Rechtspolitik aus. Das war jedem praktizierenden DDR-Juristen in Fleisch und Blut übergegangen. Das wurde auch nicht versteckt, sondern offen proklamiert. Das war nach dem 17. Juni so, nach dem Koreakrieg, nach der Kubakrise, nach Helsinki. Es war immer so. Jedes Plenum des ZK und erst recht jeder Parteitag hatte bis ins Scheidungsrecht hinein Auswirkungen auf die Rechtsprechung. Ich mußte erkennen, in der Bundesrepublik war das anders. Jedenfalls ließen die Richter und Staatsanwälte, die mit dem befaßt waren, was damals „Regierungskriminalität" genannt wurde, nicht erkennen, daß sie die Einheit Deutschlands als einen Umstand von rechtlicher Bedeutung ansahen. Die Bundesrepublik war für sie anscheinend geblieben, was sie war, und für die neuen Bundesländer galten die alten Maßstäbe der alten Bundesländer weiter.

Einen anderen Blickwinkel hatten einige Politiker sowie Beamte vom BND und vom Verfassungsschutz. Von den Politikern dachte eine kleine Zahl wohl nicht nur an die nächste, sondern auch an die übernächste Wahl. So trat Schäuble für eine Amnestie ein. Gauweiler, welche Überraschung, erinnerte an antike Erfahrungen und schrieb in der „Welt am Sonntag", allerdings erst am 24.1.1993, von dem Vater eines jungen römischen Feldherrn, der seinem Sohn geraten hatte, die gefangenen Feinde mit Großmut zu behandeln. Der junge Feldherr jedoch wählte einen Mittelweg und ließ jeden Zehnten der Gefangenen köpfen. Der weise Vater resümierte daraufhin:

„Nun aber haben wir sie weder als Freunde gewonnen, noch hast Du sie endgültig vernichtet; in wenigen Jahren werden sie wieder vor Roms Toren stehen."

Die BRD-Geheimdienstler wollten Straffreiheit für die MfS-Aufklärer gegen den Verrat der Quellen eintauschen. Sie erreichten nur bei einigen HVA-Leuten ihr Ziel. Darunter war unangenehmerweise ein Großmann. Mit meinem Mandanten hatte er nur den Nachnamen gemein, aber das reichte für Verwechslungen. Jener hieß Karl. – Die Methoden, mit denen versucht wurde, die Mitarbeiter der Hauptverwaltung Aufklärung zum Sprechen zu bringen, waren nicht neu. Ich hatte einen Mandanten, dem wurde ein Grundstück und die Einstellung des gegen ihn laufenden Verfahrens angeboten, wenn er als Belastungszeuge aussage. Seiner Frau wurde ausgemalt, wie es ihr mit einem „Stasi"-Mann gehen würde, wenn die Medien sich des spektakulären Prozesses gegen ihn annehmen würden. Sie drohte ihrem Mann mit Selbstmord. Er ging dennoch nicht Karl Großmanns Weg. Mehr schlecht als recht schlägt er sich heute mit seiner „Strafrente" durch. Es gab eben auch bei den „Tschekisten" sone und solche.

Am 24. Oktober 1990 beantragte Widmaier in einem ausführlichen Schriftsatz die Aufhebung des Haftbefehls. In ihm waren alle wesentlichen Elemente enthalten, die die Auseinandersetzung unter den Juristen zu diesem Rechtsproblem des Beitritts der DDR bis zur Entscheidung des Bundesverfassungsgerichts im Mai 1995 prägten: Das Gleichheitsprinzip des Artikel 3 des Grundgesetzes ebenso wie das völkerrechtliche Bestrafungsverbot feindlicher Spione nach Artikel 31 der Haager Landkriegsordnung. Ausgangspunkt für Widmaiers Überlegungen war die von den juristischen Praktikern sonst weitgehend vernachlässigte Tatsache der Vereinigung der beiden deutschen Staaten. Sie durfte nach seiner Ansicht nicht so behandelt werden, wie sie tatsächlich weitgehend behandelt wurde, nämlich wie die Angliederung eines vom Feind vorübergehend widerrechtlich besetzten Territoriums, auf dem es nur gilt, die rechtmäßige, seit eh und je bestehende Ordnung wiederherzustellen.

Widmaiers Antrag hatte keinen Erfolg. Der Ermittlungsrichter hielt eine Vorlage beim Bundesverfassungsgericht nicht für erforderlich. Artikel 31 HLKO, wonach *„ein vom Feind gefangen genommener Spion, der zu seinem Heer zurückgekehrt war, für die früher begangene Spionage nicht verantwortlich gemacht werden"* dürfe, sei nicht anwendbar. *„Es handelt sich dabei aber um eine Sonderregelung des Kriegsvölkerrechts, die nur für den Fall der Vornahme von Kriegshandlungen (vgl. Art. 29 HLKO) gilt."* (NJW 1991, 929) Aber Detter, der den Ablehnungsbeschluß am 30.1. 1991 faßte, war anders als andere doch nicht unberührt vom Gang der Geschichte und wollte, daß das Recht ihm angepaßt würde. Er befand, *„daß der bisherige Rechtszustand kaum zu einem befriedigenden Interessenausgleich beitragen kann ... Eine sachgerechte Lösung erscheint nur durch ein Straffreiheitsgesetz möglich."*

Dieser Hinweis versüßte nicht nur die Niederlage, sondern schien uns wegweisend zu sein. Dagegen konnte die Staatsanwaltschaft auch keine Beschwerde einlegen. So blieb die Tatsache stehen, daß ein Richter des Bundesgerichtshofs sich gegen die Bestrafung der Mitarbeiter der HVA, für eine Amnestie ausgesprochen hatte. – Ich könnte mir sogar vorstellen, daß Herr Detter vielleicht auch eine andere Entscheidung getroffen hätte, wenn der Senat, der über eine Beschwerde gegen seinen Beschluß zu entscheiden berufen war, anders zusammengesetzt gewesen wäre, wenn er ihm zugetraut hätte, die ideologische Barriere zu überwinden und der Größe der politischen Herausforderung juristisch gerecht zu werden. Das ist aber eine reine Vermutung. Tatsächlich hat Detter auf 19 Seiten begründet, daß Großmann wie alle anderen DDR-Spione nach immer noch geltendem Recht zu bestrafen wäre. Nur auf wenigen Zeilen der 20. Seite brachte er umschrieben die Gerechtigkeit unter. Doch diese wenigen Zeilen hatten es in sich. So ist das in der Justiz und besonders in der politischen Justiz. Man gibt der übergeordneten Instanz, was sie verlangt und dem Bürger, was er unter Weglassung alles schmückenden Beiwerks lebensnotwendig braucht – wenn man als Richter mutig, klug und realistisch ist. Wir erkannten es an, waren es zufrieden und wollten Gott in Gestalt des 3. Senats des Bundesgerichtshofs nicht herausfordern. Wir legten gegen den Detter-Beschluß keine Beschwerde ein.

Im Februar 1991 machte uns Widmaier in einer Besprechung in meinem Büro mit seiner damaligen Sicht der Dinge bekannt. Die Bemühungen um eine Amnestie würden nach seiner Ansicht auch von Justizminister Kinkel und dem Generalbundesanwalt v. Stahl unterstützt. Beide gingen davon aus, daß die Amnestie zur Offenlegung der noch verborgenen nachrichtendienstlichen Quellen in der BRD führe. Großmann wiederholte seinen alten Standpunkt: Eine Offenlegung der Quellen durch Mitarbeiter der HVA käme nur bei Zusicherung von Straffreiheit für die Quellen und Gewährleistung ihrer materiellen Existenz in Frage. Großmann und ich baten Widmaier, dies in geeigneter Form dem Generalbundesanwalt mitzuteilen. Schließlich teilte uns Widmaier mit, daß Großmann mit einer Hauptverhandlung vor dem Oberlandesgericht Düsseldorf im Juni oder Juli rechnen müsse. In diesem Zusammenhang erörterten wir auch das Problem der Auswahl geeigneter Verteidiger. Für mich war interessant, daß Widmaier sich gegen Anwälte aussprach, die *„zu weit links festgelegt"* wären, es aber gut fand, wenn ich als Verteidiger aufträte, was ich ursprünglich im Hinblick auf die Entfernung von Berlin und meine anderen Verpflichtungen nicht vorhatte. Abschließende Regelungen trafen wir nicht, es war ja noch Zeit und zwar noch mehr, als wir ahnten.

Die nächsten Tage und Wochen verbrachten wir im Wechselbad der Amnestiediskussion. So meldete AFP am 8. März 1991:

„Der FDP-Rechtsexperte Burkhard Hirsch hat eine Amnestie für Stasi-Spione befürwortet. Die Leute, die nichts anderes getan hätten als für ,ihre' DDR zu spionieren, müßten amnestiert werden, forderte Hirsch am Freitag im Saarländischen Rundfunk. Dies sei vergleichbar mit Mitarbeitern des Bundesnachrichtendienstes (BND), die in die DDR gegangen seien."

Am gleichen Tag meldete ADN:

„Die angestrebte Amnestie für frühere DDR-Agenten soll nach Meinung des Chefs des Hamburger Landesamts für Verfassungsschutz, Christian Lochte, auch für den langjährigen Spionagechef Markus Wolf gelten."

ADN meldete weiter:

„Für den Fall, daß jetzt der zweite Köln/Bonner Amnestie-Anlauf wieder in der Legislative scheitert, hat der Generalbundesanwalt Alexander v. Stahl unlängst schon ein ,Pilotverfahren' gegen Großmann angekündigt."

AP meldete ebenfalls um die gleiche Zeit:

„Generalbundesanwalt Alexander v. Stahl hat die ablehnende Haltung der Politiker zu einem Straffreiheitsgesetz für DDR-Spione bedauert. In einem AP-Gespräch in Karlsruhe machte er deutlich, daß ein solches Gesetz nicht bedeute, daß die Betroffenen völlig unbehelligt blieben. So müsse auf jeden Fall das Delikt der Bestechlichkeit geahndet werden."

Schließlich meldete AP am 19. März 1991:

„Spione des ehemaligen DDR-Ministeriums für Staatssicherheit können nicht mehr auf Straffreiheit hoffen. Die Spitzen der Bonner Regierungskoalition aus Union und FDP entschieden am Dienstag, eine Amnestie für die Spione wäre ein politisch falsches Signal. Bei der Bevölkerung gäbe es für einen solchen Schritt keine Akzeptanz."

Es schien klar, das Gerichtsverfahren gegen Werner Großmann würde kommen. Widmaier schrieb mir am 11. April:

„In der Sache selbst sehe ich neue und erfolgversprechende rechtliche Argumentationsmöglichkeiten. Darauf sind wir auch angewiesen. Denn die Amnestie wird nach den jüngsten Ereignissen jedenfalls in absehbarer Zeit mit Sicherheit politisch nicht durchsetzbar sein. Ich sehe jetzt einen Weg, mit neuer Argumentation unmittelbar das Bundesverfassungsgericht anzurufen und die Vorschriften des Einigungsvertrages unter verfassungsrechtlichen Aspekten zu beanstanden, auf deren Grundlage überhaupt die Strafverfolgung erst möglich geworden ist (es geht hierbei vor allem um Art. 315 Abs. 4 EGStGB i.d.F. des Einigungsvertrages)."

Gleichzeitig bemühte sich Widmaier auf Wunsch des Mandanten um die Aufhebung oder wenigstens Einschränkung der Auflagen, die ihm im Zusammenhang mit der Aussetzung des Haftbefehls gemacht worden waren. Seinem Antrag widersprach der neu zum Bundesanwalt beförderte Staatsanwalt Lampe. Inhaltlich brachte seine Stellungnahme keine sachbezogenen Argumente. Sie zeigte aber Lampe als „Hardliner". Das bestätigte sich in den Jahren der folgenden Prozesse. Man behauptete, Lampe stamme aus der DDR, betrachte sich als Opfer und seine Amtshandlungen wären aus diesem Lebenslauf zu verstehen. Kein Einzelfall, wenn diese Behauptungen zutreffen.

Wir stellten uns also auf das Gerichtsverfahren ein. Der Sachverhalt war klar und unbestritten. Werner Großmann war der letzte und langjährige Chef bzw. Mitarbeiter der Hauptabteilung Aufklärung der DDR. Dieser Dienst galt als einer der erfolgreichsten der Welt. Seine Mitarbeiter hatten im Kalten Krieg eine herausgehobene Rolle gespielt. Daran war nichts zu deuten. Dies sollte auch nicht geschehen. Wir einigten uns: Großmann würde schweigend den Prozeß über sich ergehen lassen. Nur eine Erklärung wollte er abgeben. Dies war ihr Wortlaut, der uns Ende April 1991 vorlag:

„Der Generalbundesanwalt klagt mich an, als Offizier, zuletzt als Generaloberst, in der Hauptverwaltung A (Aufklärung) des Ministeriums für Staatssicherheit gedient zu haben. Die Tatsache trifft zu, doch einen Vorwurf begründet die Tatsache nicht. Ich habe als Bürger der DDR ebenso gehandelt, wie Andropow es als Bürger der UdSSR tat, als er den gesamten KGB leitete, wie es Präsident Bush als Bürger der USA tat, als er dem CIA vorstand, oder wie es Minister Kinkel tat, als er noch den BND leitete. Ich sehe in solchen Taten weder etwas Ehrenrühriges noch etwas Strafbares. Wer meine Ehre angreift und mich kriminalisieren will, dem muß ich entgegenhalten, daß er mit ungleichem Maß mißt.

Ich stelle fest, daß mir kein Delikt vorgeworfen wird, das in der DDR bzw. in der Zeit, in der ich meinen Dienst versah, mit Strafe bedroht war. Ich stelle weiter fest, daß mir keine Tat und kein Verhalten zur Last gelegt werden, die in den alten Bundesländern der Bundesrepublik Deutschland strafbar gewesen wären, wenn man von den politisch motivierten Delikten des Staatsschutzes absieht. Ich schlußfolgere deswegen, daß der gegen mich erhobene Vorwurf politisch und nicht rechtlich motiviert ist und nicht der Sicherung des Rechts und des Rechtsfriedens, sondern der Abrechnung mit dem politischen Gegner von gestern dienen soll.

Aus meiner Sicht verletzt das gegen mich angestrengte Strafverfahren nicht nur Grundprinzipien des demokratischen Rechtsstaates, es verletzt auch die geschriebenen und ungeschriebenen soldatischen Regeln für den Umgang mit dem besiegten Gegner. Indem es mich wegen des Gehorsams gegenüber dem Fahneneid und wegen der Erfüllung meiner Pflichten als Offizier zum Verbrecher stempelt, verletzt es meine Ehre als Offizier. Gleichzeitig setzt das Verfahren damit das Ansehen der anderen in Erfüllung ihrer Pflichten handelnden Offiziere, Soldaten und zivilen Mitarbeiter des Ministeriums für Staatssicherheit herab.

Das Strafverfahren findet vor dem Hintergrund einer Fülle sich zum Teil widersprechender Anschuldigungen statt, mit denen die ehemaligen Mitarbeiter des Ministeriums für Staatssicherheit unterschiedslos kollektiv zu Verbrechern gestempelt werden. Niemand nimmt zur Kenntnis, daß bisher noch kein einziger Mitarbeiter des Ministeriums für Staatssicherheit wegen eines Verbrechens rechtskräftig verurteilt worden ist.

Als letzter Leiter der Hauptverwaltung Aufklärung des Ministeriums für Staatssicherheit erkläre ich:

Wir, die Angehörigen der Auslandsaufklärung, haben keine Verbrechen gegen die Menschenrechte begangen.

Wir haben im Gegensatz zu anderen Geheimdiensten nicht auf den Sturz der Regierung oder die Destabilisierung eines anderen Staates hingewirkt.

Wir sind nicht in bewaffnete Aktionen oder irgendwelche anderen aggressiven Handlungen gegenüber anderen Ländern verstrickt gewesen.

Wir haben keine Gewaltverbrechen begangen und keine terroristischen Organisationen, weder die RAF noch eine andere Organisation, bei solchen Verbrechen unterstützt.

Unsere Aufgabe als Angehörige der Hauptverwaltung Aufklärung des Ministeriums für Staatssicherheit der DDR war der Schutz der DDR und des Friedens. Dazu haben wir mit nachrichtendienstlichen Mitteln Informationen beschafft, die dem Schutz unseres Staates und seiner Bevölkerung dienen sollten. Wir haben unsere Regierung z.B. darüber informiert, daß in den Wintex- und Simexmanövern bis einschließlich 1989 der atomare Erstschlag auf die DDR und andere Staaten des Warschauer Paktes Manövergrundlage war und geübt wurde.

Es gibt unter den dargestellten Umständen keine Rechtfertigung dafür, die Mitarbeiter des MfS kollektiv zu verurteilen, ihnen Arbeitsmöglichkeiten und Rentenansprüche zu nehmen und sie der allgemeinen Verachtung preiszugeben. Wenn die Aufarbeitung der Vergangenheit damit motiviert wird, daß die Aufarbeitung der nationalsozialistischen Vergangenheit in der Bundesrepublik Deutschland nicht mit der notwendigen Konsequenz erfolgt wäre, die notwendig gewesen wäre, so ist dies keine Rechtfertigung dafür, tausenden von ehrlichen Mitarbeiten des MfS, an deren Händen kein Blut klebt, schlechter zu behandeln als SS-Leute noch heute behandelt werden. Hieß es früher ‚der Jude ist an allem schuld‘, so wird heute die Schuld für die Krise in den neuen Bundesländern bei der ‚Stasi‘ gesehen. Dies ist ebensowenig gerechtfertigt wie jenes.

Ich übernehme die volle Verantwortung für die Tätigkeit der Hauptverwaltung Aufklärung des Ministeriums für Staatssicherheit der DDR und aller ihrer Angehörigen. Ich gehe davon aus, daß wir bestrebt waren, unserem Volk zu dienen, daß die Geschichte ihr Urteil über die Politik der DDR gesprochen hat, daß unser Volk mit überwältigender Mehrheit den Untergang der DDR und die Vereinigung mit der Bundesrepublik Deutschland wollte und daß wir uns den Interessen der Bundesrepublik, die unser neues Vaterland ist, verpflichtet fühlen und Verfassung und Gesetze dieser Republik so achten, wie wir bisher die Verfassung und die Gesetze der DDR geachtet haben.

Mit Nachdruck weise ich alle Verdächtigungen, daß wir weitere geheimdienstliche Tätigkeiten ausüben oder Mitarbeiter in andere Geheimdienste überführen, zurück.

Allerdings verlangt es die Achtung vor mir selbst und meine fortbestehende Verantwortung, daß ich nicht zum Denunzianten werde. Deswegen habe ich jegliche Aussage zu Quellen verweigert und werde dies auch in Zukunft tun.

Wenn Sie mich verurteilen, so muß ich das als Schicksal des Besiegten hinnehmen. Die Meinungsfreiheit in der Bundesrepublik gestattet mir zu sagen, daß ich ein solches Urteil weder als gerecht noch politisch sinnvoll empfinde."

Wir Anwälte haben diesen Text vom Gesichtspunkt der Verteidigung nicht beanstandet. Er wurde nie vorgetragen. Voller Hochachtung und Zustimmung gebe ich ihn hier wieder. Man kann als Rechtsanwalt nicht nur Menschen verteidigen, die man achtet und wertschätzt. Doch hin und wieder geschieht es doch. Mir begegnete das nach dem 3. Oktober 1990 häufiger als zuvor. Dann ist der Anwaltsberuf mehr als Broterwerb. Dann kann im Keim jenes Gefühl entstehen, das Goethe mit den Worten beschrieb: *„Ein durchgreifender Advokat in einer gerechten Sache, ein durchdringender Mathematiker vor dem Sternenhimmel erscheinen beide gleich gottähnlich."* Ich habe das Zitat einmal in der DDR in einem Referat verwandt. Unser Mann im Ministerium war nicht angetan davon.

Wir warteten also auf den Prozeß. Die Atmosphäre wurde bedrückender. Vor dem Bayerischen Obersten Landesgericht stand das Verfahren gegen den ehemaligen Abteilungsleiter in der HVA Schütt und andere Mitarbeiter der HVA unmittelbar bevor. Am 2. April hatte das BayObLG gegen Schütt Haftbefehl erlassen und am 5. April den Antrag auf Außervollzugsetzung des Haftbefehls abgelehnt. Das war schlimm, aber es kam ärger. Die Verteidigung Schütts legte gegen die genannten Beschlüsse Beschwerde ein und nun kam der 3. Strafsenat des Bundesgerichtshofs zum Zuge. Jetzt wurde höchstrichterlich klargestellt:

„Allgemeine Regeln des Völkerrechts im Sinne des Artikel 25 GG standen (und stehen) der Anwendung der Vorschriften des StGB auf das Verhalten des Angeklagten nicht entgegen. Dabei läßt der Senat offen, ob diese völkerrechtlichen Normen im Verhältnis zwischen der Bundesrepublik Deutschland und der DDR wegen der Besonderheit der Rechtsbeziehungen nur begrenzte Gültigkeit hatten oder ob sie jedenfalls nach Abschluß des sogenannten Grundlagenvertrages … in dem hier wesentlichen Bereich uneingeschränkt wirksam waren. …"

Was der Senat offenließ, war offenbar die Anerkennung der DDR als souveränes Völkerrechtssubjekt. Vielleicht hatte dieser Staat nie existiert. Im übrigen schloß sich der 3. Senat ausdrücklich der Auffassung des Ermittlungsrichters im Verfahren gegen Großmann an. Er wurde nur etwas deutlicher. Zur Ungleichbehandlung der Angehörigen der Nachrichtendienste der DDR und der BRD sagte er:

„Dieses Ergebnis ist eine Folge der rechtlichen Ausgestaltung der ‚Wiedervereinigung Deutschlands‘ und bedeutet nur scheinbar eine Ungleichbehandlung. Nur bei ausschließlich formaler Betrachtung lassen sich die Tätigkeiten der Nachrichtendienste der Bundesrepublik und der früheren DDR einander gleichsetzen, nicht aber vom legitimen Standpunkt der ihrer Identität nach fortbestehenden Bundesrepublik."

Ein klares Wort. Zum gleichen Ergebnis, wenn auch unter anderem Vorzeichen, wäre das Oberste Gericht der DDR auch gekommen, jedenfalls vor dem 18.10.1989. Die Vorzeichen standen also auf Sturm, als uns am 12.6. die Verfahrensakten in der Strafsache gegen Werner Großmann überlassen wurden. Kleine Ereignisse am Rande zeugten davon, daß alle möglichen Kreise den Gang der Dinge auf ihre Weise begleiten wollten. So bekam Werner Großmann am 16.5.1991 von einem Versandhaus ein Schreiben, das mit den Worten begann:

„Ihre Waffenbestellung/Ihre Kundennummer: 583798
Sehr geehrter Kunde,
für Ihre Waffen- bzw. Munitionsbestellung danken wir Ihnen. ...“

Großmann hatte natürlich keine Waffen bestellt. Man hatte unter seinem Namen mit gefälschter Unterschrift eine entsprechende Bestellung aufgegeben. Auch eine Nebenbeschäftigung für Strafverteidiger.

Am 10. Juli 1991 wurde uns die Anklage gegen Werner Großmann zugestellt. Sie trug das Datum 10.6.1991. Die Bundesanwaltschaft hatte die acht Monate, die seit dem Beitritt verstrichen waren, fleißig genutzt. Auf 195 Seiten und weiteren 65 Seiten Anmerkungen rechnete sie mit denen ab, die – so hieß es in der Anklage – *„für den Geheimdienst einer fremden Macht gegen die Bundesrepublik Deutschland"* tätig geworden waren. Hier war nicht von „besonderen Beziehungen" die Rede, hier war die DDR schlicht eine „fremde Macht". Fünf Offiziere der „fremden Macht" (neben Großmann die Obersten a.D. Ralf-Peter Devaux, Bernd Fischer, Bernhard Schorn, der Oberstleutnant a.D. Siegfried Kern) sollten, nachdem die fremde zur eigenen Macht geworden war, auf die Anklagebank und von dort ins Gefängnis, das Werner Großmann bereits, wenn auch nur kurzzeitig, kennengelernt hatte.

Entgegen den vorherigen Ankündigungen hatte der Generalbundesanwalt die Anklage nicht vor dem Oberlandesgericht Düsseldorf, sondern vor dem Kammergericht, also in Berlin, erhoben. Das war nicht nur wegen der Ortsnähe für Großmann und mich günstig. Widmaier erfuhr im Gespräch mit dem Vorsitzenden vielmehr, daß sich der Senat intensiv mit den von der Verteidigung im Haftentlassungsantrag aufgeworfenen grundsätzlichen Fragen, also dem Problem des Gleichheitsgrundsatzes der Verfassung und der Haager Landkriegsordnung befasse. Eine unerwartete Wende deutete sich an. Die „F.A.Z." berichtete am 20.7. unter der Überschrift *„Pilotverfahren gegen Spione"*:

„Wie aus Berliner Justizkreisen zu erfahren ist, planen die Berliner Richter allerdings, zunächst das Bundesverfassungsgericht um eine Prüfung der verfassungsrechtlichen Zulässigkeit der Anklage zu ersuchen. Die Eröffnung des Hauptverfahrens könnte sich deshalb noch verzögern." *Und weiter hieß es:* „Nach Angaben von Generalbundesanwalt v. Stahl werden in diesem Jahr etwa 700 Verfahren gegen im Spionagedienst der früheren DDR eingesetzte Mitarbeiter des Ministeriums für Staatssicherheit eröffnet werden. Von Stahl sagte, es sei mit bis zu 5000 solcher Verfahren zu rechnen, darunter 2600 gegen Mitarbeiter der früheren ‚Hauptverwaltung Aufklärung'."

Am 10. Juli 1991 beantragte Widmaier beim 1. Strafsenat des Kammergerichts, das Verfahren auszusetzen und die Entscheidung des Bundesverfassungsgerichts über die Verfassungsmäßigkeit der Vorschrift des Artikel 315 Abs. 4 EGStGB in ihrer Anwendbarkeit auf die Straftatbestände des Landesverrats und der Gefährdung der äußeren Sicherheit (§§ 93 bis 100a StGB) einzuholen. Widmaier ergänzte seine bisherige Argumentation durch neue Überlegungen. Der Kern seiner Gedanken kam wohl in der folgenden Passage am prägnantesten zum Ausdruck:

> „Verurteilt heute ein deutsches Gericht einen Bürger der früheren DDR als damaligen Mitarbeiter der HVA des MfS wegen geheimdienstlicher Agententätigkeit oder wegen Landesverrats zum Nachteil der Bundesrepublik, so muß es sich – streng genommen – des Urteilseingangs ,Im Namen des Volkes' enthalten, oder es muß ihn reduzieren auf: ,Im Namen des Volkes der elf alten Bundesländer der Bundesrepublik Deutschland'. Im Namen des Volkes der fünf neuen Bundesländer (nämlich des früheren Staatsvolkes der DDR) kann das Gericht, ohne mit dem Rückwirkungsverbot des Art. 103 Abs. 2 GG in unlösbaren Konflikt zu geraten, ein solches Urteil nicht sprechen. Nur nach der Strafrechtsordnung der damaligen Bundesrepublik war schon vor der Tatbegehung eine Strafbarkeit des betroffenen DDR-Bürgers begründet. In seinem Staat – der DDR – stand er nicht nur unter keiner Strafdrohung, sondern handelte pflichtgemäß und legal."

Damit war das Kernproblem der ganzen strafrechtlichen „Vergangenheitsbewältigung" angesprochen. Es gab viele Argumente gegen eine Verurteilung der HVA-Mitarbeiter, und wir suchten möglichst alle aufzuspüren. Dazu gehörte natürlich auch die Feststellung, was die Partner des Einigungsvertrages bei Vertragsabschluß gewollt hatten. Einige Akteure waren mir persönlich bekannt. Ich befragte sie über ihr Wisssen. Es gab auch Gespräche mit mehreren beteiligten Zeitzeugen gleichzeitig. Die wünschenswerte Klarheit konnten wir nicht erreichen. Im Strudel der Ereignisse verlor sich manche Spur, das Gedächtnis konnte die Antwort auf die Fragen, die wir stellten, vielfach nicht reproduzieren. Mancher hatte vielleicht auch eine gewisse Scheu, durch unangenehme Auskünfte unangenehm aufzufallen. Niemand hatte mit einer Strafverfolgung, wie sie jetzt praktiziert wurde, gerechnet, alle hatten darauf vertraut, daß nicht sein kann, was nicht sein darf. Notwendige Regelungen waren nicht getroffen worden, weil es damals politisch nicht opportun erschien, aber man war sich, so meinten jedenfalls die DDR-Verhandlungsführer, einig, das Problem nach dem Beitritt zur beiderseitigen Zufriedenheit zu regeln.

Natürlich beschäftigte sich auch die Rechtswissenschaft mit den Rechts- und insbesondere den Strafrechtsproblemen, die die Vereinigung der beiden deutschen Staaten hervorrief. Einige Wissenschaftler waren vor, nach oder mit uns zu gleichen bzw. ähnlichen Ergebnissen gekommen. Viele brachten zum Ausdruck, daß die Rechtslage ungerecht wäre. Sie teilten Detters Auffassung und erwarteten eine Amnestie. So forderten Simma/Volk 1991: *„Amnestie für Spionage" (NJW 1991, 875)*, Samson meinte, die Einstellung der Verfahren gegen DDR-Agenten, die ihre Taten vom Boden der DDR aus begangen hatten, sei *„unabdingbar"*. Arndt kam zu dem Ergebnis,

„daß eine Bestrafung am Rückwirkungsverbot scheitern müsse" (NJW 1991, 2466)
und Lüderssen war der Auffassung, daß

> „nach Zusammenführung zweier Staaten, die sich zuvor mit Agenten durchdrungen haben, das Völkerrecht das letzte Wort hat, wohl mit dem Ergebnis sich wechselseitig ergänzender Aufhebung der Strafbarkeit, ohne daß es einer Amnestie bedarf. Freilich steht diese Lösung noch im weiten Felde." *(StV 1991, 482)*

Im „Spiegel" schrieb Augstein in seinem bereits zitierten Artikel:

> „Besonders grotesk sind die Prozesse gegen frühere Ostspione. Es kann ja einer für die USA, für Japan, für Israel oder für sonst ein westliches Land spionieren, soviel er nur will, belangt wird er nicht ... Hier wie auch bei zukünftig noch ans Licht kommenden Spionagefällen sollte das in Frankreich nach Waterloo ausgegebene, wenn auch nicht durchgehaltene Motto gelten: Vernunft vor Recht." *(Nr. 27/1991, S. 59)*

Mit Vernunft im Sinne von Augstein und mit Recht im Sinne von Lüderssen und anderen hatte jedoch die im Gange befindliche strafrechtliche Vergangenheitsbewältigung nichts im Sinn.

Richtig an Detters Beschluß war neben allem anderen zweifellos: das Problem war ein politisches Problem. Es gehörte auf den Tisch der Politiker. Dahin wollte es Detter befördern. Die Politiker aber blieben, wie so oft in dieser Zeit untätig und überließen der Justiz ihre Arbeit. Justiz, die die Arbeit der Politik macht, ist politische Justiz. Wenige Richter (von Staatsanwälten ganz zu schweigen) haben das für kritikwürdig gehalten. Die Mehrzahl hat die Verfolgung des alten Feindes als die ihnen rechtmäßig zustehende Obliegenheit angesehen und diese Obliegenheit freudig erfüllt. So schien es mir wenigstens in Berlin zu sein. Ausnahmen gab es auch hier, wie sich bald zeigen sollte. Andere, liberalere Regionen hatten kaum oder nie Gelegenheit, ihre Liberalität unter Beweis zu stellen.

Das Kammergericht entschied sich schnell und entgegen seiner im Honecker-Prozeß demonstrierten Linie. Es setzte das Verfahren durch Beschluß vom 22.7.1991 aus, also zwölf Tage nach dem Tag, an dem die Anklage unterzeichnet worden war. Es folgte weitgehend der Argumentation Widmaiers in der Haftbeschwerde. Die Anträge des Generalbundesanwalts, den Haftbefehl gegen Großmann wieder in Vollzug zu setzen, sowie gegen die Angeschuldigten Devaux und Schorn Haftbefehle zu erlassen, wies der 1. Senat des Kammergerichts zurück.

In der Begründung des Beschlusses wurde u.a. ausgeführt:

> „Nicht die Strafbarkeit der Taten, sondern die durch den Beitritt der DDR erst ermöglichte Strafverfolgung der Angeschuldigten ... steht nach Auffassung des Senats nicht in Einklang mit Art. 3 Abs. 1 GG." *Weiter hieß es:* „Entgegen der Auffassung des 3. Strafsenats des BGH in dem Beschluß vom 29. Mai 1991 ... liegt aber auch keine bewußte Entscheidung des Gesetzgebers dahingehend vor, daß diese Personen zu verfolgen seien. Es ist vielmehr davon auszugehen, daß eine entsprechende vertragliche Regelung ausgeklammert worden ist. Das ergibt sich aus der politischen Situation, in der die Bundesrepublik Deutschland und die DDR den Einigungsvertrag ausgehandelt und ihn schließlich durch die gesetzgebenden Gremien verabschiedet haben ..." *Der Senat fuhr fort:* „Ein entsprechender Regelungsbedarf ist

aber vorhanden. Denn die zu beachtenden Umstände sind so bedeutsam, daß die Anwendung der formalen Rechtslage als mit dem in Art. 3 Abs. 1 GG zum Ausdruck kommenden Gerechtigkeitsgedanken unvereinbar ist." *Weiter fügte er hinzu:* „Unter dem Gesichtspunkt des Vertrauensschutzes rückt der Fall in die Nähe einer unechten Rückwirkung."

Das war eine beeindruckende Entscheidung. Sie rückte im Gegensatz zu der Rechtsprechung des Bundesgerichtshofs die Herstellung der politischen Einheit Deutschlands in den Mittelpunkt der Überlegungen. Sie blieb nicht an der Rechtslage haften, die sie als „formal" treffend charakterisierte. Es war ein bundesdeutscher Gerichtsbeschluß von gesamtnationalem Charakter. Eine Seltenheit. Seinen bundesdeutschen Blickwinkel verhehlte er dabei nicht. Die Sprachregelung, die für den deutschen Weststaat keine Abkürzung zuließ, für den Oststaat aber nur die Abkürzung benutzte, blieb – natürlich – beachtet. Interessant für den Betrachter aus der DDR auch die Art der Argumentation. Da standen die politischen Erwägungen und sogar politischen Feststellungen im Vordergrund und zwar unverhüllt. Die politische Situation, in der die Bundesrepublik Deutschland und die DDR den Einigungsvertrag ausgehandelt und verabschiedet hatten, war die Basis der Entscheidung. Eine gute Entscheidung in einem schlechten politischen Verfahren.

Nach dem Paukenschlag des Kammergerichts verfiel das Verfahren – zumindest dem Anschein nach – in ein prozessuales Koma. Nichts Nennenswertes tat sich. Die Rechtswissenschaft dagegen diskutierte. Es gab fast ebensoviele Meinungen wie Diskutanten. Die Erwägungen waren kompliziert. Sie bildeten in ihrer Mehrzahl einen Vorhang, hinter dem sich eine einzige politische Frage, eine Gretchenfrage allerdings verbarg: Wie hält es die Bundesrepublik Deutschland mit der DDR? Wie sollte sie es nach der inneren Überzeugung der Autoren mit ihr halten? Viele Marksteine waren bereits gesetzt, die das Feld absteckten. Die DDR war gesetzlich als „Unrechtsstaat" qualifiziert. Ihre Delegitimierung war von Justizminister Kinkel als Aufgabe der Justiz auf dem Deutschen Richtertag 1991 verkündet. Tägliche Enthüllungen in den Medien, von Säuglingsmord in Krankenhäusern, über Einweisungen politisch Unliebsamer in die Psychiatrie, Zwangsadoptionen, Mord und Folter zum Zwecke der Festigung der SED-Herrschaft, prägten das Bild nicht nur des Durchschnitts-Zeitungslesers, sondern auch des Juristen von der DDR. Hauptverwaltung Aufklärung, das hieß „Stasi" und „Stasi", das war so gut wie ein rechtskräftiges Urteil. Keine gute Perspektive für unser Anliegen. Doch wir hofften, harrten und vertrauten – allerdings nicht ohne Zweifel – auf den Rechtsstaat.

Das Hoffen und das Harren dauerte fast vier Jahre. Das wußten wir natürlich erst im nachhinein. 1991, wenige Wochen nach dem Beschluß des Kammergerichts, war aus dem höchsten deutschen Gericht zu hören, man wolle die Sache zügig voranbringen *„und nach Möglichkeit eine Entscheidung im Laufe dieses Jahres treffen"*. So etwas hört man gern und, weil man es gern hört, glaubt man es. Wir waren zuversichtlich, sehr zuversichtlich und meinten, die rechtspolitische und die wissenschaftliche Diskussion bewegten sich eindeutig in unserer Richtung.

Natürlich haben wir nicht nur „geharrt". Der 2. Senat des Bundesverfasssungs-gerichts belehrte Herrn Großmann mit Schreiben vom 17.9.1991 über seine Rechte: Er könne sich schriftlich äußern, müsse dies aber nicht tun, wenn er es täte, dann in 20 Exemplaren usw. Natürlich wollte Großmann. Wir baten zunächst einen Völker-rechtler aus der DDR um ein Gutachten. Mit Dr. Widmaier wurde Einigung darüber erzielt, daß wir einen gemeinsamen Schriftsatz für alle fünf Angeschuldigten des Kammergerichtsverfahrens einreichen würden, wenn uns diese entsprechende Voll-machten erteilten. In dem Schriftsatz sollten der Verlauf der Verhandlungen zum Einigungsvertrag im Hinblick auf die Behandlung der Mitarbeiter der HVA unter Angabe von Zeugen dargestellt werden. In der Folgezeit versuchte ich, potentielle Zeugen zu ermitteln und zu befragen. Im Ergebnis konnte ich Widmaier mitteilen,

„daß in den Gesprächen mit Dr. Werthebach immer davon ausgegangen wurde, daß die An-gehörigen der HVA strafrechtlich nicht zur Verantwortung gezogen würden und nicht zur Verantwortung gezogen werden können."

In dem von Rechtsanwalt Widmaier formulierten gemeinsamen Schriftsatz an das Bundesverfassungsgericht vom 17. Dezember 1991 hieß es dann:

„Die Gespräche endeten hinsichtlich der Benennung der Quellen der HVA ergebnislos. Ungeachtet dessen bestand völlige Übereinstimmung darüber, daß die hauptamtlichen Mitar-beiter der HVA, die ihren Lebensbereich im Gebiet der DDR hatten, keiner Strafverfolgung ausgesetzt sein würden. Herr Dr. Werthebach betonte mehrmals: ‚Das steht völlig außer Frage. Wir regen an, zu diesem Vortrag zeugenschaftliche Erklärungen
des Herrn Peter-Michael Diestel …
des Herrn Klaus Eichler …
des Herrn Günter Eichhorn …
des Herrn Werthebach, Bundesamt für Verfassungsschutz
einzuholen'."

Im Dezember 1991 äußerte sich der Generalbundesanwalt und im Januar 1992 die Thüringer Landesregierung sowie der Bundesminister der Justiz. Alle waren der Mei-nung: Strafe muß sein. Der Generalbundesanwalt führte aus:

„Eine Gleichstellung der Spione der Bundesrepublik Deutschland und der DDR ist schon wegen der grundverschiedenen Tätigkeitsbilder der Hauptverwaltung Aufklärung (HVA) im MfS einerseits, des Bundesnachrichtendienstes andererseits nicht möglich. Die dem Vorla-gebeschluß des Kammergerichts zugrundeliegende Auffassung, die HVA habe ähnlich wie der Bundesnachrichtendienst Auslandsspionage betrieben, ist nicht haltbar und widerspricht dem derzeitigen Erkenntnisstand. Danach war die HVA als selbständige Abteilung in das MfS eingebunden."

Der Justizminister ließ ganz Ähnliches vortragen:

„Entscheidendes Differenzierungskriterium ist die grundsätzlich verschiedene Zielrichtung: Während die Nachrichtendienste der Bundesrepublik, auch wenn sie operative Auslandsauf-klärung betreiben, letztlich zu deren Schutz tätig wurden und werden, führte die gegen die Bundesrepublik Deutschland gerichtete Tätigkeit der Nachrichtendienste der DDR zur kon-kreten oder doch abstrakten Gefährdung der äußeren Sicherheit dieses Staates …"

Diese Argumentation erinnerte mich sehr an die Versuche in der DDR, den Bürgern zu erläutern, worin der Unterschied zwischen einem Gewehr der NVA und einem Gewehr der NATO bestünde. Lediglich die Landesregierung Thüringen argumentierte bieder, es war strafbar und es bleibt strafbar und das Völkerrecht hat nichts dagegen. Danach geschah mehr als ein Jahr nichts oder so gut wie nichts. Nur ein Briefwechsel zwischen Eppelmann und Frau Leutheusser-Schnarrenberger sorgte im September 1992 etwas für Aufmunterung. Ich bekam ihn offenbar von einem Betroffenen zur Kenntnis.

Ganz frei von bösen Gedanken schrieb das nahezu zwei Jahre amtierende Mitglied des Deutschen Bundestages, Eppelmann, am 8. September 1992:

„Sehr geehrte Frau Ministerin, liebe Frau Leutheusser-Schnarrenberger,

in der Anlage übersende ich die Kopie eines Schreibens von Herrn Dr. …, zu deren Beantwortung ich leider erst jetzt komme. Ich bitte Sie, in Ihrem Hause prüfen zu lassen, unter welchen rechtlichen Gesichtspunkten eine Strafverfolgung stattfindet. In Absprache mit dem Bundesinnenminister Herrn Dr. Schäuble und mit dem Verteidigungsminister Herrn Dr. Stoltenberg ist seinerzeit die Militäraufklärung und das Informationszentrum der ehemaligen DDR, der Nationalen Volksarmee, aufgelöst worden. Die Akten sind auf meinen Befehl hin vernichtet worden, um einer strafrechtlichen Verfolgung der Mitarbeiter dieser Behörden entgegenzuwirken.

Es erschien uns seinerzeit absurd, daß diejenigen, die in der Militärabwehr und zum Schutz der Geheimnisse einer Armee arbeiteten, wie es in jeder Armee der Welt üblich ist, der Strafverfolgung einer ehemals als feindlich eingestuften Justiz überantwortet werden könnten. Dies erscheint mir auch im nachhinein aus meiner heutigen Sicht durchaus noch ein richtiger Standpunkt zu sein. Ich meine, daß gerade die betroffene Gruppe, falls gegen sie wegen geheimdienstlicher Agententätigkeit ermittel wird, nur unter rückwirkender Anwendung von bundesdeutschen Gesetzen strafrechtlich verfolgt werden kann. Dies widerspräche aber meiner Rechtsauffassung und wie immer wieder betont wurde, wohl auch der der Bundesregierung. Über eine klärende Auskunft wäre ich Ihnen sehr dankbar."

Die liebe Frau Leutheusser-Schnarrenberger antwortete darauf stilistisch flüssiger, aber weniger lieb und weniger liberal:

„Sehr verehrter Herr Kollege Eppelmann,

zu der in Ihrem Schreiben vom 8. September 1992 angesprochenen Frage der Strafverfolgung wegen Spionage möchte ich folgendes mitteilen: Die hauptamtlichen und inoffiziellen Angehörigen sowohl des Ministeriums für Staatssicherheit als auch der Verwaltung Aufklärung des Verteidigungsministeriums der ehemaligen DDR, die Spionage gegen die Bundesrepublik Deutschland betrieben haben, sind nach den Vorschriften über Landesverrat und Gefährdung der äußeren Sicherheit (§§ 94 bis100a StGB) strafbar. Der Anwendung der Landesverratsvorschriften stehen nach Auffassung des Bundesgerichtshofs und der überwiegenden Zahl der Oberlandesgerichte sowie des Generalbundesanwalts völkerrechtliche Bedenken nicht entgegen. Diese Auffassung teile ich. Sie wird auch in der von meinem Haus namens der Bundesregierung abgegebenen Stellungnahme gegenüber dem Bundesverfassungsgericht vertreten, das gegenwärtig die verfassungsrechtliche Zulässigkeit der Strafverfolgung auf eine Vorlage des Kammergerichts in Berlin hin überprüft. Die von Anfang an begründete Strafbarkeit ist durch den Beitritt der DDR zur Bundesrepublik Deutschland nicht entfallen.

Auch ist dadurch kein Strafverfahrenshindernis begründet worden. Der Beitritt hat den Strafverfolgungsbehörden lediglich den Zugriff auf die Straftäter ermöglicht.

Da mit dem Zusammenwachsen der beiden deutschen Staaten die gegenseitige nachrichtendienstliche Aufklärung aufgehört hat, ist auch mit Rücksicht u.a. auf die von Ihnen angesprochene ambivalente Natur der Auslandsaufklärung in der letzten Legislaturperiode eine Amnestie erörtert worden. Von ihr ist dann abgesehen worden u.a. mit der Begründung, sie habe insbesondere in der Bevölkerung der neuen Bundesländer nicht die erforderliche Akzeptanz gefunden."

So erfuhr MdB Eppelmann, Verteidigungsminister der DDR a.D., was im Bundestag geschehen war und was die Bevölkerung der neuen Bundesländer wollte bzw. nicht wollte. In der Präambel zu dem angesprochenen Amnestie-Entwurf der Bundesregierung war unter der Überschrift *„Zielsetzung"* angegeben worden:

„Mit dem Zusammenwachsen der beiden deutschen Staaten hat die gegenseitige nachrichtendienstliche Aufklärung aufgehört. Sie war stark geprägt von der Teilung Deutschlands und der Frontstellung der beiden deutschen Staaten. Für den Rechtsfrieden und damit für die Zukunft des geeinten Deutschlands erscheint es sinnvoll, unter den damit verbundenen Straftaten einen befriedenden Schlußstrich zu ziehen und mit Wirksamwerden des Beitritts in begrenzter Weise Straffreiheit zu gewähren."

Unter der Überschrift *„Lösung"* wurde angegeben:

„Einwohner der Deutschen Demokratischen Republik sollen grundsätzlich ohne Einschränkungen straffrei gestellt werden;

für nicht entdeckte Einwohner der Bundesrepublik Deutschland soll es Straffreiheit bei Offenbarung ihrer Tat geben;

in abgeschlossenen oder anhängigen Verfahren soll Straffreiheit nur bei niedrigerer, noch nicht vollständig verbüßter Strafe oder niedrigerer Straferwartung gewährt werden, nämlich bei Freiheitsstrafe bis zu drei Jahren." *(BT-Drucks. 11/7871 v. 13.9.1990)*

Das war klar und vernünftig. Das Gesetz sollte am 3. Oktober 1990 in Kraft treten. Einen Bericht in den Medien, der diesen Entwurf im wesentlichen Wortlaut wiedergab, hatte ich nicht zur Kenntnis bekommen. Ich gehe davon aus, daß es der ganzen Bevölkerung der neuen Bundesländer wie mir ging. Wie konnte man daher wissen, daß die Bevölkerung dieses Vorhaben nicht akzeptierte?

Die Prognosen über den Verlauf des Verfahrens vor dem Bundesverfassungsgericht wechselten. Im November 1992 hieß es, das Bundesverfassungsgericht werde sich ab März 1993 mit unserem Fall befassen und wahrscheinlich vor der Sommerpause 1993 seine Entscheidung fällen. Inhaltlich hätten wir „gute Chancen". Als der Sommer des Jahres 1993 schließlich gekommen war hieß es, der Herbst oder der Jahresanfang 1994 werde die Entscheidung bringen. – Im August 1993 kam ein Lichtblick aus anderer Richtung. Werthebach, so hieß es, habe eine politische Lösung in Aussicht gestellt. Im gleichen Monat setzte das Kammergericht ein anderes Strafverfahren wegen Landesverrats aus und legt es gleichfalls dem Bundesverfassungsgericht vor. Das stimmte uns auch optimistisch. Das Kammergericht hielt durch. Der Oktober 1993 entfachte weiteren Optimismus, Bundesanwalt Lampe kündigte gegenüber dem Angeklagten Devaux die Rücknahme seiner Anklage an, allerdings mit dem Zusatz, er wolle sie neu formulieren. So jedenfalls verstand ihn Devaux. Wenig später äußerte sich Lampe gegenüber Rechtsanwalt Dr. Widmaier, er wolle die Anklage bei dem Kammergericht in einigen Fällen zurücknehmen und nur noch gegen die höchsten Mitarbeiter des Ministeriums für Staatssicherheit, also besonders gegen Großmann und Wolf, vorgehen. Das stärkte unseren Optimismus weiter. Lampe zeigte Wirkung.

Das Jahr 1993 verging, das Frühjahr 1994 kam, die Entscheidung des höchsten deutschen Gerichts kam nicht. Dafür kam jedoch am 23.3.1994 die Mitteilung, daß das Bundesverfassungsgericht das Max-Planck-Institut für ausländisches öffentliches Recht und Völkerrecht um ein Gutachten gebeten habe. Schließlich nahm der Generalbundesanwalt am 28. April 1994 die Anklage gegen Fischer und Kern zurück. Das alles bestärkte uns in unseren Hoffnungen.

Das Gutachten des Max-Planck-Instituts wurde am 1. Juli 1994 erstattet. Es vernichtete alle meine Hoffnungen. Auf Seite 67 stellte es in vier dürren Punkten als zusammenfassendes Ergebnis fest, daß es unsere völkerrechtliche Argumentation nicht teile. Ich war deprimiert und sah den Kammergerichtsprozeß auf uns zukommen, von dem ich mich innerlich schon verabschiedet hatte. Sein negativer Ausgang schien mir unvermeidlich. Anders Widmaier. *„Wir haben ja nicht nur völkerrechtliche, sondern in erster Linie verfassungsrechtliche Argumente, die sich auf die Wertvorstellungen des Grundgesetzes stützen."* Das wußte ich zwar auch, aber Verfassung ist ein weites Feld. Ich war mißtrauisch.

Die Zeit des letzten Gefechts war gekommen. Im Kammergerichtsverfahren hatte es der Generalbundesanwalt im Zusammenhang mit der Anklagerücknahme vom 28.5.1994 abgelehnt, den Haftbefehl gegen unseren Mandanten aufheben zu lassen. Nach dem völkerrechtlichen Gutachten legte er noch einmal nach und schrieb am 30.8.1994 an das Bundesministerium der Justiz:

> „Im Hinblick auf die seit der Vorlage des Kammergerichts verstrichene Zeit sowie in Anbetracht der in den vergangenen drei Jahren angefallenen Erkenntnisse über die Spionagetätigkeit der ehemaligen DDR und die daraus entwickelt Praxis der Staatsanwaltschaften und Gerichte gebe ich zu erwägen, das Bundesverfassungsgericht im Anschluß an die damalige Stellungnahme des Bundesministeriums der Justiz ergänzend über den aktuellen Stand der Strafverfolgung zu unterrichten.
>
> Eine Beurteilung der verfassungsrechtlichen Frage allein auf der Grundlage des damaligen noch dazu aus einem einzelnen Verfahren gewonnenen Erkenntnisstandes könnte die Justiz unter Umständen dem Vorwurf unzureichender Unterrichtung aussetzen.
>
> Zur Vorbereitung einer ergänzenden Stellungnahme lege ich nachfolgend einen Zwischenbericht über die strafrechtliche Aufarbeitung der aus der ehemaligen Deutschen Demokratischen Republik gegen die Bundesrepublik Deutschland betriebenen Spionage mit Anmerkungen nebst 18 Anlagen vor.
>
> gez. Nehm"

Ein Schreiben voll rührender Fürsorge zur Abwehr ungerechtfertigter Verdächtigungen und zugleich voller Behördeneleganz. Ich mußte es vollständig zitieren. – Der Zwischenbericht umfaßte ohne Anmerkungen 17 Seiten. Er sprach davon, daß *„die Bundesanwaltschaft in über 5000 Ermittlungsverfahren Spionagefälle aus der ehemaligen DDR gegen die Bundesrepublik untersucht"* habe. Sein eigentliches Ziel war, die Überzeugung zu vermitteln,

> „daß die Auslandsaufklärung der DDR vom typischen SED-Unrecht geprägt war und neben der Gefährdung der äußeren Sicherheit der Bundesrepublik Deutschland auch Individualrechtsgüter der Bürger in der DDR und in der Bundesrepublik in der für das totalitäre Stasi-Regime kennzeichnenden Weise verletzte. Es hat sich als unmöglich erwiesen, für die Trennung des ersten Bereichs der ‚reinen' Auslandsaufklärung von der mit herausgehobenem SED/Stasi-Unwert verknüpften Spionage allgemeingültige Abgrenzungskriterien zu finden. Namentlich eine Differenzierung nach bestimmten nachrichtendienstlichen Organisationseinheiten, Tätergruppen, gesetzlichen Tatbeständen, Angriffszielen oder Handlungstatorten ist hierfür nicht geeignet."

Unausgesprochen, aber nichtsdestoweniger deutlich war damit gesagt: weiter so wie bisher, alle bestrafen. Wenn man nicht unterscheiden kann, müssen alle unterschiedslos abgestraft werden. Diese innere Logik ist der Terminologie und Sprache des Zwischenberichts adäquat.

Auch Widmaier argumentierte noch einmal. Unter dem 18. November 1994 trug er sowohl für die von uns gemeinsam vertretenen nunmehr noch drei Angeschuldigten des Kammergerichtsverfahrens als auch für einen in anderer Sache verurteilten Altbundesbürger zusammenfassend ergänzende Argumente, „soweit das noch möglich ist", vor. Dabei ging er auch auf den Zwischenbericht des Generalbundesanwalts ein und wies darauf hin, es sei nicht statthaft,

> „die sich allein auf den Bereich der Spionage beziehenden Straftatbestände der §§ 93 ff.. StGB als Vehikel zur pauschalen Abgeltung strafrechtlich nicht faßbaren Unrechts einzusetzen".

Es waren durchaus neue Gedanken in diesem Schriftsatz enthalten. Es überschreitet jedoch den Rahmen des von mir gesteckten Zielbereichs, sie weiter darzulegen.

Im Januar 1995 kam mir das Gerücht zu Ohren, daß die Entscheidung des Bundesverfassungsgerichts im Dezember 1994 gefallen wäre. Sie sei positiv und mit ihrer Verkündung wäre im Februar/März 1995 zu rechnen. Es dauerte dann aber doch noch bis zum 15. Mai 1995, bis die erwartete Entscheidung verkündet wurde.

Die tatsächlich positive oder überwiegend positive Entscheidung gab sich für unseren Mandanten auf den ersten Blick negativ. Sie stellte als erstes fest:

> „Die Vorlage des Kammergerichts ist insoweit unzulässig, als sie Artikel 315 Absatz 4 des Einführungsgesetzes zum Strafgesetzbuch zur verfassungsrechtlichen Prüfung vorlegt."

Auch der zweite Satz des Tenors klang nicht günstiger:

> „Eine allgemeine Regel des Völkerrechts, nach der die strafrechtliche Ahndung nachrichtendienstlicher Tätigkeiten ausgeschlossen ist, die im Auftrag und vom Territorium eines Staates begangen wurden, der danach dem ausgespähten Staat friedlich und einvernehmlich beigetreten ist, ist nicht Bestandteil des Bundesrechts."

In den Gründen der Entscheidung aber steckte der positive, der überwiegend positive Kern. Er erschließt sich dem Leser, vor allem natürlich dem juristisch nicht vorgebildeten und nicht an dieser Spezialmaterie interessierten Leser nur mühsam. Wie durch ein Minenfeld bewegt sich die Begründung vorsichtig dem angestrebten Ziel zu, bestrebt, Schaden für die Verfasser und andere schützenswerte Personen, Institutionen und Positionen zu vermeiden.

Erst erfährt man wiederum, daß natürlich die geheimdienstliche Agententätigkeit von Mitarbeitern der Geheimdienste der DDR auch dann strafbar gewesen sei, wenn sie vom Boden der DDR ausgegangen wäre. Die Freiheitsrechte des Artikel 2 des Grundgesetzes seien durch die §§ 94 und 99 StGB in verfassungsrechtlich zulässiger Weise eingeschränkt.

Auch der Gleichheitsgrundsatz des Grundgesetzes wäre durch die Weitergeltung der Straftatbestände nicht verletzt. Hier folgte das Gericht dem Tenor des Zwischenberichts des Generalbundesanwalts, wenn es argumentierte:

> „Der allgemeine Gleichheitsgrundsatz des Art. 3 Abs. 1 GG gestattet es dem Gesetzgeber, mehrere Personengruppen ungleich zu behandeln, wenn zwischen ihnen Unterschiede von solcher Art und solchem Gewicht bestehen, daß sie die Ungleichbehandlung rechtfertigen können … Solche Unterschiede bestehen zwischen Personen, die im Dienste der DDR Spionage gegen die Bundesrepublik betrieben haben, und solchen, die für einen Geheimdienst der Bundesrepublik die DDR ausgespäht haben. Sie ergeben sich aus der Eigenart der geregelten Materie als Staatsschutzrecht."

Alles klar? Der Generalbundesanwalt hat recht. Insoweit. Es kommt noch tröstlicher für die Anhänger der Strafbarkeit. Ein Verstoß gegen das Völkerrecht bedeutet die strafrechtliche Verfolgung der DDR-Spione auch nicht. Das Gericht bezieht sich auf das Gutachten des Max-Planck-Instituts und legt dies auf nahezu fünf Seiten dar. Das überzeugt mehr, wenn es auch den naturgemäß voreingenommenen Verteidiger (und vielleicht auch manchen anderen) nicht befriedigt. Hört sich auf jeden Fall weniger nach den Fanfaren des Kalten Krieges an.

Auch das Argument des Rückwirkungsverbots nach Artikel 103 Abs. 2 Grundgesetz fällt durch. Die Argumentation ist hier formal und formal auch unanfechtbar, aber weil formal, eben auch nicht befriedigend. Sie umgeht mehr schlicht als elegant, was das Kammergericht mit den gegen die formale Argumentation gerichteten Worten ausgedrückt hatte:

> „… die zu beachtenden Umstände sind so bedeutsam, daß die Anwendung der formalen Rechtslage als mit dem in Art. 3 Abs. 1 GG zum Ausdruck kommenden Gerechtigkeitsgedanken unvereinbar ist." *Weiter fügte das Kammergericht hinzu:* „Unter dem Gesichtspunkt des Vertrauensschutzes rückt der Fall in die Nähe einer unechten Rückwirkung."

Dann aber kommt das Positive doch. Auf der 62. Seite der insgesamt 81 Seiten umfassenden Entscheidung taucht das Rechtsstaatsprinzip (Art. 20 Abs. 3, 28 Abs. 1 Satz 1 GG) auf. Darauf war, so erscheint es mir rückblickend, noch niemand gekommen.

Der Verhältnismäßigkeitsgrundsatz ist der rettende Anker. Und hier heißt es, auch mich überzeugend:

> „Dieser Grundsatz wird aber in jedem Fall verletzt, wenn in der mit der Überwindung der deutschen Teilung entstandenen einzigartigen Situation der auf die Tatbestände der §§ 94, 99 StGB gegründete Strafanspruch gegenüber Bürgern der DDR durchgesetzt wird, die im Zeitpunkt des Wirksamwerdens der Einheit Deutschlands am 3. Oktober 1990 ihren Lebensmittelpunkt in der ehemaligen DDR hatten und allein vom Boden der DDR oder solcher Staaten aus gehandelt haben, in denen sie wegen dieser Taten sowohl vor Auslieferung als auch vor Bestrafung sicher waren. Für solche Personen besteht deshalb ein unmittelbar verfassungsrechtlich begründetes Verfolgungshindernis. Ein solches Hindernis ist unabhängig von der Möglichkeit einer Amnestierung durch Gesetz geltendes Recht; seine Prüfung und Anwendung wird nicht dadurch ausgeschlossen, daß ein in die gleiche Richtung weisendes Amnestievorhaben des Gesetzgebers nicht verwirklicht worden ist."

Und später heißt es erläuternd:

> „Die Strafbarkeit der Spionage weist eine Eigentümlichkeit auf, die sie von anderen strafbaren Delikten unterscheidet ... Es ist das Besondere der Spionage, daß das Völkerrecht sie einerseits nicht verbietet, ihre Bestrafung durch den ausspionierten Staat aber andererseits selbst dann zuläßt, wenn der Spion ausschließlich außerhalb dieses Staates gehandelt hat. Auch wird Spionage für eine Macht, die letztlich andere unterdrücken will, völkerrechtlich nicht anders bewertet als Spionage für eine Macht, deren Zwecke in der Wahrung freiheitlicher Rechtsstaatlichkeit zu sehen sind. ...
>
> Diese Eigentümlichkeit haftet auch der Spionage an, die von der ehemaligen DDR gegen die Bundesrepublik Deutschland und ihre Verbündeten betrieben wurde.
>
> Auch dort war Spionage nur mit Strafe bedroht, wenn sie zum Nachteil des eigenen oder eines verbündeten Staates begangen wurde ... Die Angehörigen der Geheimdienste der DDR hatten – wie die Geheimdienste aller Staaten der Welt – eine nach dem Recht ihres Staates erlaubte und von ihm sogar verlangte Tätigkeit ausgeübt ... Der Senat verschließt sich dabei nicht der Tatsache, daß die Spionage der DDR – ähnlich der der anderen Ostblockstaaten – im besonderen Maße aggressiv betrieben wurde und auch auf die Destabilisierung der Ordnung der Bundesrepublik zielte. Daraus folgt indes in bezug auf die hier allein zu beurteilenden Tatbestände der §§ 94, 99 StGB nicht ein Unterschied gegenüber sonst staatenüblicher geheimdienstlicher Tätigkeit. Andere aus Anlaß oder im Zusammenhang mit der Spionagetätigkeit verwirklichte Staftatbestände bleiben unberührt."

Das war überwiegend positiv. Aber eben nur überwiegend. Zwei Haken hatte die Entscheidung, die dem verfolgungsfreudigen Generalbundesanwalt und seinen vielleicht noch freudigeren Mannen Trost spenden konnten. Unverfolgt blieb nur derjenige, der nicht außerhalb des sicheren Territoriums arbeitete und derjenige, der nicht „eigenständige Straftatbestände" im Zusammenhang mit der geheimdienstlichen Tätigkeit verwirklichte. Welcher Spion aber benutzt keine falschen Pässe, zahlt dem Informanten nicht wenigstens Spesen, die dann Bestechungsgelder sind? Und vor allem: die westdeutschen Kundschafter des MfS blieben strafbar. Das Verständnis des Kammergerichts vom Gleichheitsgrundsatz der Verfassung hätte auch ihnen Straffreiheit gewährt. Das wäre ein Signal für einen echten Schlußstrich gewesen, das die Ungnade des östlichen Geburtsorts wenigstens teilweise gemildert und echten Frieden befördert hätte. Dieses Signal gab die Entscheidung des Bundesverfassungsgerichts vom 15. Mai 1995 nicht. Sie war für mich eine erste Enttäuschung der Hoffnungen, die ich (wie viele andere auch) gerade an dieses Gericht geknüpft hatte. Aber es war nur die erste Enttäuschung.

Die Bundesanwaltschaft gab auch nach dem 15. Mai noch nicht auf. In einem Schriftsatz vom 20.6.1995 versuchte sie zu retten, was zu retten war. Großmann wäre im Juli 1977 mit einem Agenten in Stockholm zusammengekommen. Das begründe seine weitere Strafbarkeit und die Zuständigkeit des Kammergerichts. Auch für die Mitangeklagten trug sie ähnliches vor. Sie war sich jedoch offenbar selbst ihrer Sache nicht mehr sicher. Mündlich unterbreitet Bundesanwalt Lampe Rechtsanwalt Dr. Widmaier den Vorschlag zu einem deal: Das Verfahren gegen Großmann wird nach § 153 a StPO eingestellt, wenn Großmann eine „angemessene" Summe an eine humanitäre Einrichtung zahlt. Großmann lehnte ab. Es war Lampes letzter Versuch. Am 25.7.1995 strich die Anklagebehörde endgültig die Segel. Der Generalbundesanwalt erklärte:

> „Die am 10. Juli 1991 erhobene Anklage gegen Werner Großmann und Ralf Devaux nehme ich zurück."

Das Verfahren gegen den letzten Leiter der Hauptverwaltung Aufklärung des MfS war beendet. Es ging nur noch ums Geld. Am 12. Oktober 1995 beschloß das Kammergericht: *„Die notwendigen Auslagen der früheren Angeschuldigten … fallen der Staatskasse zur Last."* Notwendige Auslagen sind die Kosten der Verteidigung, soweit sie „notwendig" sind. Für Großmann wurden sie durch den Rechtspfleger des Kammergerichts am 13.6.1996 (die Justiz ist überlastet) auf 1.929,70 DM festgesetzt. Pro Jahr ca. 400 DM. Die Gesamtkosten für den Staat – die finanziellen, die personellen und die ideellen sind kaum zu überschätzen. Hätte die Politik am 3. Oktober 1990 gehandelt, sie hätte nicht nur dem Staatshaushalt Millionen erspart, nicht nur die effektivere Bekämpfung der realen Kriminalität ermöglicht, sie hätte auch das Zeichen zu einem Neubeginn in Deutschland gesetzt. Von Weizsäcker hörte sich am 3. Oktober 1990 anders an und hatte es wohl auch anders gemeint.

39. Wahlfälschung und Meineid – Die Prozesse gegen Ex-Ministerpräsident Hans Modrow (1990-1997)

Dr. Hans Modrow hatte nach der Volkskammerwahl vom 18.3.1990 seinen Amtssitz als Ministerpräsident noch nicht geräumt, als ich ihn am 3. April aufsuchte, um mit ihm und Generalstaatsanwalt Joseph die Probleme des beabsichtigten Umzugs der Eheleute Honecker aus dem Haus des Pfarrers Holmer in Lobetal in eine andere Unterkunft zu erörtern. Anläßlich dieses Gesprächs bat mich Hans Modrow, seine Interessen wegen Anschuldigungen wahrzunehmen, die gegen ihn in Dresden erhoben würden. Es handele sich dabei um seine Rolle bei den Ereignissen vom 4. bis 7. Oktober 1989 in Dresden, als eine Menschenmenge den Hauptbahnhof stürmen wollte, um zu den Zügen zu gelangen, die DDR-Bürger aus der bundesdeutschen Botschaft in Prag in die BRD brachten. Weiter handele es sich um den Vorwurf der Beteiligung an der Fälschung von Kommunalwahlergebnissen im Mai 1989. Rechtsanwalt Vogel hatte Modrow meinen Namen genannt. Ich erklärte mich bereit, diese Aufgaben zu übernehmen, ohne eine klare Vorstellung zu haben, worum es geht. Ich hielt wohl auch die Person Hans Modrow für so integer und auch so populär, daß ich nicht an seine strafrechtliche Verfolgung glaubte.

Meine Akte Modrow blieb zunächst auch leer. Erst vier Monate später erhielt Dr. Modrow mit Datum vom 23.8.1990 ein Schreiben des Staatsanwalts des Bezirks Dresden, in dem es hieß,

„… wie Sie gewiß den Medien entnommen haben, wird unter Leitung des Staatsanwaltes des Bezirkes Dresden zum Verdacht von Fälschungen der Kommunalwahl 1989 im Bezirk Dresden ermittelt.

In den uns vorliegenden Aussagen taucht wiederholt Ihr Name als damaliger 1. Sekretär der SED-Bezirksleitung Dresden auf. Um die damit verbundenen Fragen im Interesse einer vollständigen Klärung beantworten zu können, ist Ihre Befragung dazu nach § 95 StPO unabweisbar. Deshalb bitte ich Sie höflich, am 28.8.1990, 10.00 Uhr in der Dienststelle des Generalstaatsanwaltes der DDR, in 1040 Berlin, Hermann-Matern-Straße 33-34, Zimmer 214 zu erscheinen. Die Befragung wird Herr Staatsanwalt Günthel vornehmen."

§ 95 StPO/DDR trug die Überschrift „Prüfung von Anzeigen und Mitteilungen", auf ihn stützte sich die Befragung. Sie wurde nicht von Staatsanwalt Günthel sondern von Dr. Pahn vorgenommen, der uns mitteilte, *„vor allem"* Berghofer, aber auch Moke hätten öfter *„den Namen Hans Modrows genannt"*. Die Befragung stelle nur eine *„routinemäßige Klärung von Widersprüchen"* dar. Im einzelnen habe ich an die Vernehmung keine Erinnerung mehr, ich glaube aber, daß ihr Verlauf auf mich einen günstigen Eindruck machte und mich in der Annahme bestärkte, es werde kein Strafverfahren wegen Wahlfälschung gegen meinen Mandaten geben. Auch meine Anrufe bei dem zuständigen Dezernenten bei derBezirksstaatsanwaltschaft Dresden wiesen in die gleiche Richtung. Ende September 1990 gab es erste Signale, daß die Atmosphäre unfreundlicher wurde. Der Übergang zum Rechtsstaat stand unmittelbar bevor.

Dr. Modrow erhielt unter dem Datum vom 20. September die „Bitte" des Bezirksstaatsanwalts, *„sofern es sich irgendwie einrichten läßt"*, am 24.9.1990 zur Befragung durch einen Kriminalrat in das Bezirkskriminalamt Dresden zu kommen. Es ließ sich nicht einrichten. Dr. Modrow war wegen des Wahlkampfes nicht in Berlin und seine Ehefrau, die den Brief am 22.9.1990 erhalten hatte, konnte den Staatsanwalt telefonisch nicht erreichen, so daß Modrow ohne Unterrichtung der Staatsanwaltschaft nicht zu der Befragung erschien. Darauf kam die nächste Mitteilung am 10. Oktober über einen Termin am 23. Oktober. Dieser Termin war wiederum nicht akzeptabel, da Hans Modrow nach einer Meniskusoperation bis 18.10. in stationärer Behandlung und anschließend noch vier Wochen krankgeschrieben war. Das veranlaßte den Staatsanwalt, *„um nunmehr die Ermittlungen zum Verdacht der Wahlfälschung 1989 zu Ende bringen zu können,"* neuen Termin auf den 27. November anzuberaumen. Das klappte auch wieder nicht wegen des Wahlkampfes.

Nun reichte es Herrn Staatsanwalt Kiecke, stellvertretender Leiter der Staatsanwaltschaft bei dem Bezirksgericht Dresden. Er schrieb mir:

„Gestatten Sie mir mein Unverständnis dafür zum Ausdruck zu bringen, daß Ihr Mandant einerseits wegen seines Gesundheitszustandes verhindert ist (was verständlich ist), andererseits aber auch wegen der Vorbereitung der Wahlen zum und der Arbeit im Bundestag der Ladung nicht Folge leisten kann.

Insoweit ist auch meine bislang bewiesene Geduld erschöpft. Ich habe deshalb, und darüber möchte ich Sie informieren, Herrn Dr. Modrow zum Dienstag, den 11. Dezember 1990, 9 Uhr ins hiesige Bezirkskriminalamt geladen."

Wir fuhren gemeinsam nach Dresden. Dort stellte sich heraus, daß Hans Modrow als Beschuldigter vernommen werden sollte, worauf er die Aussage verweigerte. Ich stellte eine Aussage nach Akteneinsicht in Aussicht und erhielt darauf die Akten zur Mitnahme ausgehändigt. Neuer Termin für eine Vernehmung wurde mit Staatsanwalt Günthel für den 14. Januar 1991 vereinbart. Diese Vernehmung begann in einer Art, die in uns den Eindruck hervorrief, die Anklageerhebung wäre eine feststehende Sache, und endete mit der Erklärung des vernehmenden Staatsanwalts, er erwäge die Einstellung des Ermittlungsverfahrens.

Wir glaubten an eine baldige Entscheidung der Staatsanwaltschaft. Sie hatte schließlich erklärt, sie wolle die Ermittlungen zu Ende bringen. Das war im Oktober des vergangenen Jahres. Als wir im Mai noch ohne Nachricht waren, telefonierte ich mit dem zuständigen Staatsanwalt. Dieser meinte, *„es würde noch dauern"*. Er deutete auch an, daß sein Vorgesetzter gegen eine Einstellung wäre, daß er ihn aber zu über-zeugen hoffe. In dieser Situation beantragte ich am 10. Juni die Einstellung des Ermittlungsverfahrens nach § 170 Abs. 2 StPO, da kein Anlaß zur Erhebung der öffentlichen Anklage bestünde. Ich wies auch darauf hin, daß die letzten Ermittlun-gen am 14. Januar 1991 stattgefunden hätten und daß Dr. Modrow ein dringendes Interesse daran habe, daß nunmehr das gegen ihn eingeleitete Ermittlungsverfahren eingestellt wird. Eingehend verwies ich auf das aus den Akten hervorgehende Ergebnis des Ermittlungsverfahrens, das eine irgendwie geartete Beteiligung an der Wahlfäl-schung ausschlösse.

Es geschah weiterhin nichts. Allerdings erhob die Staatsanwaltschaft Dresden am 13. Juni Anklage gegen Berghofer und Moke. Beide gehörten zum Sekretariat der SED-Bezirksleitung Dresden, Berghofer als Oberbürgermeister von Dresden und Moke als 1. Sekretär der Stadtleitung Dresden der SED. Wenn Modrow Wahlen gefälscht hatte, hätte er mit ihnen auf die Anklagebank gehört. Doch das Ermittlungs-verfahren gegen Hans Modrow ruhte weiter. Es wurde jedoch immer deutlicher, daß die Dresdener Staatsanwälte auch gegen Modrow Anklage erheben wollten. Der Berghofer-Prozeß hatte begonnen. Aus Dresdener Justizkreisen erhielten wir die Information, Heitmann hätte erklärt, *„damit schaffen wir den Modrow und alle weiteren Pro-zesse"*. Heitmann, der damals noch wenig bekannt war (in dem Buch „Wer war wer in der DDR" fand sich noch 1994 kein Heitmann), wurde uns von derselben Quelle als ein Mann geschildert, der durch die juristische Diplom-Prüfung gefallen, in der Landes-kirche der DDR als Verwalter der Friedhöfe zuständig gewesen wäre und 70% seiner Fraktion gegen sich hätte. Aber was nutzte uns das? Heitmann war Justizminister und zwar ein engagierter.

Wir mußten den Tatsachen ins Auge sehen und uns auf Anklage und Hauptver-handlung vorbereiten. Modrow war im Januar 1992 als Zeuge zum Berghofer-Prozeß geladen worden und hatte die Auskunft verweigert. Langsam, langsam wurde es ernst. Ich hatte auch hier nicht die Absicht, Hans Modrow allein zu verteidigen. Ich war nie reiner Strafverteidiger und fühlte mich unter dem neuen alten Recht in einem Verfahren von dieser Bedeutung den Anforderungen an professionelle (so nannte man das jetzt, obgleich Rechtsanwälte wohl nie im Amateurstatus arbeiten) Strafverteidigung nicht gewachsen. Also empfahl ich einen Anwalt, den ich flüchtig kannte und dem ich mich selbst im Fall der Fälle anvertraut hätte, Heinrich Hannover. Hans Modrow selbst wollte zusätzlich Gregor Gysi um Mitverteidigung bitten. Während letzteres scheiterte, sagte Hannover sofort zu. Es war inzwischen März geworden.

Erst am 31.3.1992 erhob die Staatanwaltschaft Dresden gegen Dr. Modrow sowie gegen zwei Mitglieder des Sekretariats der SED-Bezirksleitung und gegen den Vorsit-zenden des Rates des Bezirks Dresden Anklage. Seitdem der Staatsanwalt erklärt hatte, er wolle die Ermittlungen zu Ende bringen und seine Geduld sei erschöpft, waren mehr als 17 Monate vergangen, ohne daß in dem Ermittlungsverfahren etwas geschehen war. Es war offensichtlich, die Staatsanwaltschaft hatte das Verfahren Berghofer als *„Pilot-Verfahren"* betrieben, sie wollte mit dem Modrow-Prozeß kein Risiko eingehen. Sie hatte, wie uns aus den Vernehmungen Modrows bekannt geworden war, erkannt, daß erhebliche tatsächliche und rechtliche Hindernisse einer Verurteilung des ehemaligen Ministerpräsidenten der DDR, der den Weg zur Einheit freigemacht hatte, entgegenstanden. Doch ihr höchster Vorgesetzter war Justizminister Heitmann, der von Kohl designierte Anwärter für das Amt des Bundespräsidenten. Dagegen war in dem ganz und gar unpolitischen Prozeß schwer anzukommen.

Die 16seitige Anklage, die wir am 27.4. mitgeteilt erhielten, begann die Darstellung des Sachverhalts, den sie den Angeschuldigten zur Last legte, mit den Worten:

> „Der Angeschuldigte Dr. Modrow, Mitglied des Deutschen Bundestages, war 1989 1. Sekretär, der Angeschuldigte Stammnitz 2. Sekretär und der Angeschuldigte Neubert Sekretär der Bezirksleitung Dresden der SED."

Dieser erste Satz des Sachverhalts offenbarte, was die Staatsanwaltschaft zutiefst bewegte: Damals SED-„Bezirksfürst", heute Bundestagsmitglied. Das war unerhört. Bei Stammnitz und Neubert erwähnte die Anklage ihren gegenwärtigen Status nicht. Es hätte auch keinen Sinn gemacht, hinter die Namen Stammnitz und Neubert „Rentner" zu setzen.

Die „Tat" Modrows bestand nach der Anklageschrift darin, daß er sich der Aufgabenstellung von Horst Dohlus, *„die im Jahr 1984 erreichten Wahlergebnisse im Hinblick auf den bevorstehenden 40. Jahrestag der DDR wieder zu erreichen"* anschloß und „sie sich zu eigen" machte.

So wenig schlüssig der Anklagevorwurf in tatsächlicher Hinsicht war, so wenig war er es rechtlich. Das Strafgesetzbuch der DDR, das Wahlfälschung unter Strafe stellte, war mit dem Beitritt außer Kraft gesetzt worden, und das Verbot der Wahlfälschung im bundesdeutschen Strafrecht betraf nur bundesdeutsche Wahlen. Für den Nichtjuristen mag Wahlfälschung gleich Wahlfälschung sein, aber im Rechtsstaat machte es schon einen Unterschied, ob ein deutsches Gericht Wahlfälschungen etwa in Frankreich oder in der BRD zu beurteilen hatte. Zu dem einen war es befugt und zu dem anderen nicht. Das hatten führende Strafrechtler bereits in ihren Veröffentlichungen zum Ausdruck gebracht und das für so eindeutig gehalten, daß Professor Lüderssen im Jahr der Anklage schrieb:

> „Das ist meines Erachtens nach den Ausführungen Samsons so klar, daß weitere Auseinandersetzungen wohl kaum noch zu erwarten sind." *(Der Staat geht unter, das Unrecht bleibt? S. 75)*

Die Hauptverhandlung ließ auf sich warten. Am 7. Juli 1992 schrieb jedoch die Staatsanwaltschaft Dresden unter einem neuen Aktenzeichen an den *„Abgeordneten des Deutschen Bundestages, Herrn Dr. Hans Modrow"* im Bundeshaus in Bonn einen Brief, der Bewegung in anderer Sache vermeldete. Er lautete:

Sehr geehrter Herr Dr. Modrow,

am 2.6.1992 erstattete der Abgeordnete des Sächsischen Landtages, Herr Michael Arnold, schriftlich beim Generalstaatsanwalt des Freistaates Sachsen Anzeige gegen Sie wegen Verdachts des Meineides.

Dem Vorwurf liegt Ihre Aussage vom 22.4.1992 vor dem Sonderausschuß zur Untersuchung von Amts- und Machtmißbrauch infolge der SED-Herrschaft beim Sächsischen Landtag in der Holländischen Straße in Dresden zugrunde, wobei der Frage nach dem Zeitpunkt der letzten Sitzung der Bezirkseinsatzleitung im Herbst 1989 eine zentrale Bedeutung zu kommt.

Ich erlaube mir, Ihnen mitzuteilen, daß die Staatsanwaltschaft Dresden beabsichtigt, gegen Sie ein Ermittlungsverfahren wegen Verdachts des Meineides (§ 154 I StGB) einzuleiten."

Zu der Fälschung kam also noch der Meineid. Die Medien hatten folglich genügend Stoff und der Abgeordnete Modrow genügend juristische und nervliche Probleme. Sonst passierte allerdings zunächst nichts, wenn auch der Vorsitzende Richter der Strafkammer, Halfa, im Wahlfälschungsverfahren telefonisch mitgeteilt hatte, daß die Hauptverhandlung *„möglicherweise schon Mitte Oktober beginnen solle"*. Daraus wurde jedoch nichts. Die Revisionsverhandlung in Sachen Berghofer wurde vom Bundesgerichtshof erst für den 25. September 1992 angesetzt, und das schriftliche Urteil würde noch wesentlich später vorliegen und darauf wollte man wohl warten. Hinzu kam, daß in Sachsen ab 1.1.1993 die Gerichtsverfassung der Bundesrepublik eingeführt werden sollte. In Vorbereitung darauf wurde die Zuständigkeit der bisherigen Senate und zukünftigen Kammern geändert. An die Stelle von Richter Halfa trat der Vorsitzende des Senats 3b des noch bestehenden Bezirksgerichts, Herr Lips. Er äußerte sich gegenüber einem Mitverteidiger, daß die Hauptverhandlung nicht vor Januar 1993 stattfinden könne. Die „Dresdener Morgenpost" hatte ihre Leser am 14. Dezember 1992 über die Ursache des späten Termins sachkundig so informiert:

„Verantwortlich für die Trödelei ist einer der zwei Modrow-Verteidiger: Friedrich Wolff aus Berlin. Wolff hat zu erkennen gegeben, daß er nicht vor Ende März nach Dresden kommen könne, weil er mit der Verteidigung von Erich Honecker beschäftigt sei. Und das, obwohl Honecker insgesamt drei Anwälte beschäftigt."

Die Sympathie der Presse schlug mir nicht gerade entgegen. Der Anwalt wird häufig genauso behandelt wie sein Mandant. Die Tatsache, daß er aus Berlin stammte und Honecker verteidigte, charakterisierte ihn für die „Dresdener Morgenpost" zur Genüge. In Berlin hätte man sich die Herkunft als negatives Attribut verkniffen. In Dresden mußte bei den Lesern – wenn nicht das eine so doch das andere – die negative Persönlichkeit des Verteidigers hinreichend belegen. – Politische Prozesse lassen den Verteidiger die Presse kennenlernen.

Die Ladung zur Hauptverhandlung in Sachen Wahlfälschung ging schließlich am 11. März 1993 bei mir ein. Die Verhandlung sollte am 20.4.1993 beginnen und war bis zum 12. Mai geplant, vorsorglich wurde auf weitere Verhandlungstage bis zum 19. Mai hingewiesen. Am 31. März rief mich ein Beisitzer der Strafkammer an und fragte, ob wir besondere Sicherheitsvorkehrungen für die Hauptverhandlung wünschten. Ich war total verblüfft. So etwas war ich noch nie gefragt worden. Ich sah auch keinerlei Gefahren, die Modrow oder jemand anderem drohen könnten. Also erklärte ich, daß ich wunschlos glücklich wäre. Das Gericht hatte das offenbar anders gesehen. Das ging mir erst später auf. Die Richter hatten wohl angenommen, der „Bezirksfürst" von Dresden würde sich einer rachedurstigen Menge gegenübersehen. Ein Symptom unter vielen, daß Richter von „drüben" das Volk von „hüben" gründlich verkannten.

Die Wochen bis zum Beginn der Hauptverhandlung mußten intensiv genutzt werden. Die zu lösenden Probleme waren schwierig, die Zeit knapp und die Verhältnisse bewegend. Meine Frau hatte ihre Arbeitsstelle als Poliklinik-Ärztin, auf der sie seit ihrer Approbation gearbeitet hatte, verloren und sich auf dem Arbeitsamt als arbeitslos gemeldet. Jetzt arbeitete sie auf einer ABM-Stelle als Sozialpädagogin. Berufsfreiheit in der Realität. Die Nachbarn kamen aus alter Gewohnheit (man half sich noch gegenseitig) mit ihren Problemen. Das Prinzip Rückgabe vor Entschädigung, von der frei gewählten Volkskammer mit überwältigender Mehrheit beschlossen, hatte sie geschaffen. Eine Familie sollte ihre Wohnung räumen, eine andere ihren Garten usw. Die Ratsuchenden waren verängstigt, mich kostete das Zeit und Nerven.

Die rechtlichen Probleme eines politischen Prozesses treten hinter die politischen zurück. Das gilt gleichermaßen für Ankläger wie Verteidiger. Viele Partei- und Staatsfunktionäre aus dem Bezirk Dresden waren bereits wegen Wahlfälschung verurteilt worden. Kann es sich Modrow erlauben, daß sein Verteidiger sagt, bis zum 2.10.1990 war die Fälschung der Kommunalwahlen von 1989 strafbar, jetzt aber nicht mehr? Die Genossen, die vor dem 3. Oktober verurteilt wurden, haben sozusagen Pech gehabt. Rechtlich ist das aber so. Darf der Kapitän in das Rettungsboot steigen und seine Matrosen untergehen lassen? – Andererseits, kann man politisch kapitulieren und den „Hoffnungsträger", den „deutschen Gorbatschow" mit dem Stempel „Wahlfälscher" kaputtmachen und aus dem Bundestagswahlkampf ausschalten lassen? Ist es nicht widersinnig, den gefährlichsten innenpolitischen Opponenten des Honeckerschen Politbüros mit dem Argument ausschalten zu lassen, er habe zugunsten dieses Politbüros zu Wahlfälschungen angestiftet? Das politische Manöver, das mit diesem Prozeß angestrebt wurde, war offenkundig. In 15 Bezirken der DDR waren im Jahr 1989 Wahlfälschungen vorgekommen, doch nur ein 1. Sekretär einer Bezirksleitung, Modrow, wurde ausschließlich und demonstrativ wegen Wahlfälschung angeklagt. Bei einem der anderen 1. Bezirkssekretäre war eine Beschuldigung wegen Wahlfälschung lediglich Beiwerk zum Vorwurf der Untreue bzw. des Vertrauensmißbrauchs gewesen und hatte keinerlei öffentliche Aufmerksamkeit gefunden. Der politische Zweck lag also auf der Hand, aber was nutzte das? In den Medien wurde fast ausnahmslos der politische Charakter des Prozesses negiert und, was alle sagten, konnte nicht falsch sein. Die Situation stellte sich mir als nahezu ausweglos dar. Das Netz war zu fein gesponnen. Die Diffamierung schien unabwendbar zu sein.

Die Verteidiger der Mitangeklagten waren mir sämtlich unbekannt. Ich schlug eine Aussprache vor, die unmittelbar vor Prozeßbeginn im Büro eines der Dresdener Kollegen stattfand. Bis auf Kollegen Hannover, der durch andere Aufgaben verhindert war, nahmen alle Verteidiger an der Beratung teil. Wir fanden sehr schnell eine gemeinsame Linie, die wir gleich zu Beginn demonstrierten, indem zunächst Frau Rechtsanwältin Leski, danach ich und schließlich am 26. April Heinrich Hannover gemeinsame Anträge vortrugen, das Verfahren einzustellen bzw. auszusetzen und dem Bundesverfassungsgericht vorzulegen. Wir wollten gleich von Anfang an klarmachen, daß in diesem Prozeß die Angeklagten aus politischen Gründen ohne rechtliche Grundlage zu Fälschern gestempelt werden sollten. Das war im Hinblick auf die Medien notwendig. Politische Prozesse erfüllen oder verfehlen ihren Zweck entsprechend der Resonanz, die sie in den Medien finden. Wir mußten versuchen, mit unseren bescheidenen Mitteln dem mächtigen Chor, der laut „kreuziget ihn" rief, etwas den Impetus zu nehmen. Beispielhaft meldete die „F.A.Z." am Tag vor dem Beginn der Hauptverhandlung:

> „Wahlfälschung ist das geringste Delikt. – Gegen Modrow liegen mehrere Anzeigen des sächsischen Landtagsabgeordneten Arnold (Bündnis 90/Grüne) vor. Sie lauten auf Anstiftung zur Freiheitsberaubung und Körperverletzung sowie uneidliche und eidliche Falschaussage im Berghofer-Prozeß und in einem Untersuchungsausschuß des Landtages, der die Planungen für Isolierungslager für Regimegegner in der DDR aufklären will."

So stimmte also die seriöse Presse auf den Prozeß ein.

Die Strafkammer wies unsere Anträge zurück. Sie tat es jedoch nicht schroff. Sie ließ eine Änderung ihres Rechtsstandpunktes im Ergebnis der Hauptverhandlung offen und erklärte zu den prozessualen Vorwürfen gegenüber der Anklage, daß diese zwar *„etwas unübersichtlich und unstrukturiert"* sein möge, aber den Anforderungen der Strafprozeßordnung genüge. Am 21.4.1993 gab Hans Modrow seine Erklärung ab. In etwa einer dreiviertel Stunde führte er u.a. aus:

> „Die Anklage beginnt mit den Worten: ,Der Angeschuldigte Modrow, Mitglied des Deutschen Bundestages, war 1989 1. Sekretär … der Bezirksleitung Dresden der SED.'
> Das ist der Kern dieses Strafverfahrens: Gestern 1. Sekretär einer Bezirksleitung der SED, heute Mitglied des Deutschen Bundestages. Darum geht es. Das ist für meine politischen Gegner rechts von der PDS unerträglich. Sie haben es mehr als einmal deutlich genug ausgesprochen. Und nun sollen Staatsanwalt und Gericht bewirken, was mit freien Wahlen nicht gelungen ist: Modrow muß raus aus dem Bundestag und die ganze PDS nach Möglichkeit mit. Das Ende der so begonnenen Anklage läßt an diesem Ziel keinen Zweifel, wenn es dort auch scheinbar moderat heißt: ,Ob den Angeschuldigten Dr. Modrow, Neubert, Stammnitz und Witteck darüber hinaus gemäß §§ 108c, 45 Abs. 2 und 5 StGB die Fähigkeit, Rechte aus Wahlen zu erlangen, abzuerkennen ist, muß der Hauptverhandlung vorbehalten bleiben.' – Die Paragraphen des Strafgesetzbuches und der Strafprozeßordnung sollen nicht im Dienste des Rechts stehen, nicht Selbstzweck sein, sondern zu Mitteln der Politik werden. Auch Juristen werden so zu Politikern. …
> Unser Prozeß ist also ein politischer Prozeß wie der Berghofer-Moke-Prozeß und die anderen Prozesse zur Vergangenheitsbewältigung, die noch kommen sollen. Wer macht diese

Politik, wer macht diese Prozesse? Die Frage mag unerlaubt naiv klingen, weil die Antwort für jeden Deutschen selbstverständlich ist und auf der Hand liegt. Die Politik wird in der ganzen Bundesrepublik natürlich von Bürgern der Alt-BRD gemacht, und Recht wird ebenso natürlich – jedenfalls, wenn es nicht um Bagatellen geht – von Westdeutschen gesprochen und gemacht. Wir leben in den fünf neuen Bundesländern in einem Gebiet, in dem in freien Wahlen Parteien gewählt werden, die mit Ausnahme der PDS zahlenmäßig wie politisch von Politikern der alten Bundesländer dominiert werden. Die Bürger der neuen Bundesländer haben daher keine Chance, daß ihre spezifischen, den Interessen der Alt-Bundesbürger widersprechenden Interessen im Bundestag zur Geltung kommen. Deswegen gehen zwischen 30 und 40% der neuen Bundesbürger nicht mehr zu den freien Wahlen, die sie seit 1946 entbehrt haben. Resignation ist das beherrschende Gefühl. ‚Wir konnten früher nichts machen‘ hört man immer wieder, ‚und können auch jetzt nichts tun, um unser Schicksal selbst zu gestalten. Wir sind unmündiger denn je.‘…

Was sich heute hier tut, ist für mich ein perfides, heuchlerisches Spiel. Die Justiz der Bundesrepublik Deutschland verfolgt im Nachhinein den Schutz der Kommunalwahlen im sozialistischen Arbeiter-und-Bauern-Staat. Sie jongliert dabei beeindruckend mit dem Recht der DDR einerseits und dem der Bundesrepublik andererseits, bis aus dem ‚Nicht-mehr-strafbar‘ und dem ‚Noch-nicht-strafbar‘ glücklich das gewünschte ‚Schuldig‘ geworden ist. Sie wacht penibel darüber, daß nicht etwa ungeahndet bleibt, daß die Kandidaten statt mit 89% mit gefälschten 99% gewählt worden sind."

Modrow schloß mit den Worten:

„… die Geschichte geht weiter. Die Taten und Unterlassungen von heute werden einmal ihrem Urteil unterliegen, und manches Urteil von heute wird revidiert werden. Wenn ich mich unter meinen Zeitgenossen in- und außerhalb der BRD umsehe, bin ich ganz zuversichtlich, was den Spruch anbelangt, der einst über mich gefällt wird."

Stammnitz erklärte:

„Ja, ich bekenne mich dazu, mit Überzeugung in der DDR politisch wirksam gewesen zu sein."

Witteck führte u.a. aus:

„Ich kann nicht umhin festzustellen, daß man so nur mit Besiegten umgeht. …

Wir erwarteten eine Veränderung in der zentralen Führung, die zur Ablösung der wirklich Verantwortlichen für die in der DDR entstandene Lage führen und in deren Ergebnis es gelingen sollte, über den Weg von Reformen eine unseren Idealen des demokratischen Sozialismus entsprechende Umgestaltung in der DDR zu erreichen. Gemeinsam mit anderen Mitgliedern des Rates des Bezirks war ich bemüht, Hans Modrow in seinen Handlungen zu unterstützen."

Die Erklärungen der Angeklagten belegten noch mehr als die Anträge der Verteidiger die Solidarität gegenüber der Anklage. Die Staatsanwaltschaft hielt es für erforderlich, *„zur Äußerung des Angeklagten Dr. Modrow zur Sache"* ihrerseits am 26.4.1993 eine Erklärung abzugeben. In ihr hieß es:

„Der Angeklagte hat dargetan, ihm werde im Hinblick auf seine gegenwärtige politische Stellung der Prozeß gemacht, während dies den übrigen 1. Sekretären der Bezirksleitungen der SED erspart bleibe. Diese Erklärung ist unzutreffend.

Der Angeklagte Dr. Modrow nimmt keineswegs eine Sonderstellung ein. Das gegen ihn anhängige Strafverfahren ist nur eines unter vielen. Der Angeklagte Dr. Modrow selbst ist nur einer unter vielen hochrangigen Partei-/Staatsfunktionären der ehemaligen DDR, die sich wegen des Vorwurfs der Wahlfälschung der Kommunalwahlen im Mai 1989 vor Gericht verantworten mußten oder deren Verfahren nocht ausstehen.

So wurde bereits mit Anklageschrift vom 8.5.1990 durch die Staatsanwaltschaft Leipzig Anklage gegen den 1. Sekretär der Bezirksleitung Leipzig der SED Horst Schumann wegen Wahlfälschung erhoben (Az: 131-3/90). Die Hauptverhandlung konnte bislang lediglich wegen krankheitsbedingter Verhandlungsunfähigkeit nicht durchgeführt werden."

Das war schwach, und das übergab die Staatsanwaltschaft Dresden auch noch der Presse. Also war nach Angaben der Staatsanwaltschaft noch einer von 14 anderen 1. Sekretären angeklagt worden und dieser auch noch während der Existenz der DDR. Kein weiterer 1. Sekretär wurde bis 1993 in der BRD wegen Wahlfälschung angeklagt – nur das Mitglied des Deutschen Bundestages Modrow. Später, 1997, wurden noch Egon Krenz und Günter Schabowski in Berlin angeklagt. Diese Verfahren wurde jedoch im Hinblick auf die Strafe, die sie wegen „Totschlags" erhalten hatten, eingestellt. Warum also wurde nur Modrow von BRD-Staatsanwälten angeklagt?

Nach dieser denkwürdigen Erklärung der Staatsanwaltschaft Dresden verlas Heinrich Hannover den letzten der gemeinsamen Einstellungsanträge. Er berief sich auf die Verletzung des Grundsatzes des fairen Verfahrens und wurde gleichfalls abgewiesen. Die Beweisaufnahme begann. Die ersten Zeugen der Anklage wurden vernommen. Es gab nur Zeugen der Anklage, wir Verteidiger hatten keine Zeugen benannt. Wir hatten es nicht nötig.

Das Gericht verhandelte von morgens bis abends und in glühender Hitze. Es vernahm die 50 Zeugen der Anklage oder verlas ihre Aussagen. In dem mehr als fünf Wochen dauernden Verfahren wurde ein Ausschnitt der DDR-Realität wieder lebendig und kontrastierte mit dem neuen Alltag. Die Zeugen waren überwiegend Partei- und Staatsfunktionäre, vor allem ehemalige 1. Sekretäre von Kreisleitungen und Vorsitzende von Räten der Kreise. Sie berichteten von der schlechten Stimmung in der Bevölkerung, von den Ursachen dieser Lage und von dem, was sie getan hatten, um die Situation zu verbessern. Es waren, wie der Vorsitzende Richter später sagte, alles gestandene Frauen oder Männer. Jetzt waren sie Rentner, Arbeitslose oder Mini-Unternehmer. Die Zeugin, die als erste vernommen wurde, war z.B. von der Sekretärin für Kultur in der Bezirksleitung und Doktor der Pädagogik zur Betreiberin eines Kosmetiksalons geworden. Fast alle Zeugen sprachen mit großer Hochachtung und Sympathie von Hans Modrow. Er hatte ein Leben geführt wie aus einem kommunistischen Tendenzroman. Er war bescheiden, lebte mit Frau und zwei Töchtern in einer Dresdener Plattenbauwohnung, beteiligte sich wie alle anderen Mieter des Hauses an der gemeinsamen Hausreinigung (Hauswarte gab es aus Arbeitskräftemangel längst nicht mehr), joggte durch Straßen oder Parks und arbeitete von früh bis spät. Er widersprach den Funktionären in Berlin, wann immer er es für notwendig hielt, und hatte zu allen, die ihm unterstellt waren, ein kameradschaftliches oder, wie es damals hieß, genossenschaftliches Verhältnis. Das haftete im Gedächtnis auch noch nach drei Jahren. Wenn wir an den Verhandlungstagen gemeinsam durch die Stadt gingen, grüßten viele der Dresdener freudig überrascht ihren ehemaligen „Bezirksfürsten". Dagegen habe ich niemand bemerkt, der bei seinem Anblick eine finstere Miene oder gar bösartige Äußerungen machte.

Hannover und ich waren mit dem Ergebnis der Beweisaufnahme zunehmend zufrieden. Der Konflikt zwischen dem Politbüro und Modrow, die Bemühungen Modrows um ein ehrliches Wahlergebnis, die Rolle Modrows in der Wende ließen es unverständlich erscheinen, warum man gerade ihm den strafrechtlichen Vorwurf der Wahlfälschung machte. Das war nicht nur unser Eindruck, sondern das spiegelte sich – wenngleich in unterschiedlicher Form – auch in den Medien wider. Nach dem dritten Tag der Beweisaufnahme schrieb ein Beobachter in einer sächsischen Zeitung: *„Von Zeuge zu Zeuge nervöser wirkt die Staatsanwaltschaft."* Im „Spiegel" schrieb Gisela Friedrichsen schon am 26.4.:

> „Nichts, was eine Brücke baut, die das Nachdenken darüber erleichtern könnte, ob solche Prozesse wirklich sein müssen. Die Justiz hält der Lawine an Altlasten kaum noch stand. Generalpräventiv ist nichts zu bewirken. Der Einblick, den die bisherigen Verfahren in das verrottete System gaben, genügt." *Aber sie endet mit den Worten:* „Wenn Modrow vorträgt, daß er ‚wenn nicht demokratisch, dann wenigstens rechtsstaatlich aus dem Bundestag entfernt werden soll', daß dadurch schließlich auch das Ergebnis einer Wahl verändert werden würde, daß er dem Urteil der Geschichte zuversichtlich entgegensieht: Da kommt denn doch Zweifel auf, ob dieser Mann im Deutschen Bundestag wirklich am rechten, angeblich linken Platz ist."

Friedrich Schorlemmer, der DDR-Bürgerrechtler, schrieb ebenfalls am 26.4.1993 im „Tagesspiegel":

> „Dieser nachholende Prozeß gegen Hans Modrow gehört für mich zu den beschämenden Ergebnissen des friedlichen Umbruchs und zu den schwer begreiflichen Erscheinungsformen des Rechtsstaates."

Ende April 1993 also war bereits deutlich, daß Hans Modrow den Prozeß politisch nicht zu fürchten brauchte.

Der weitere Gang der Beweisaufnahme vermochte das Bild nicht zugunsten der Staatsanwaltschaft zu verschieben. Eine Überraschung bildete das Gutachten des Sachverständigen Dr. Lapp, Redakteur beim Deutschlandfunk. Wir hatten in der gemeinsamen Beratung aller Verteidiger vor Prozeßbeginn erörtert, ob wir ihn als befangen ablehnen sollten, weil wir uns von einem Redakteur des Deutschlandfunks nichts Gutes versprachen. Wir waren jedoch zu dem Ergebnis gekommen, zunächst sein Auftreten im Prozeß abzuwarten. Das war eine glückliche Entscheidung. Lapp berichtete im Verlauf seiner Anhörung, daß er als Jugendlicher aus der BRD in die DDR gegangen war, dort in der FDJ gearbeitet hatte und wegen oppositioneller Tätigkeit zu viereinhalb Jahren Zuchthaus verurteilt worden war. Nachdem er vier

Jahre gesessen hatte, sei er freigekauft worden. Mit der DDR hätte ihn seither eine „Haßliebe" verbunden. Der Inhalt seines Gutachtens war objektiv und (daher) für uns günstig. Entscheidend entlastend war seine Feststellung, daß die Ursache für die Wahlfälschung nicht auf örtlicher Ebene zu suchen sei. Damit schied Modrow als Verursacher aus. Zusammen mit den Aussagen der Zeugen wurde für alle, die an der Verhandlung teilnahmen, immer spürbarer, die Staatsanwälte waren die einzigen, die an Modrows Schuld glaubten.

Am 18. Mai 1993 hielten die Staatsanwälte Meinerzhagen und Böhm ihren Schlußvortrag, den sie anschließend an die Beteiligten verteilten. Auf nicht weniger als 23 der insgesamt 99 Seiten trugen sie ihre Auffassung zur den gesellschaftlichen Verhältnissen in der „ehemaligen" DDR im allgemeinen und zu den speziellen Umständen der Kommunalwahlen 1989 im besonderen vor. Sie gipfelte in solchen Feststellungen über die DDR wie, sie sei

> „ein System, das seine Staatsangehörigen als Eigentum der Staatspartei betrachtete und sie einer Schollenbindung unterwarf, wie sie der Preußische Staat nur bis zu den Steinschen Reformen kannte."

Das war die unpolitische, rein juristische Aufarbeitung der DDR-Geschichte durch bundesdeutsche Staatsanwälte. Allerdings traten sie keinen Beweis dafür an, daß die Generalsekretäre der SED oder die „Bezirksfürsten" Anspruch auf das früheren Feudalherren zustehende Recht der ersten Nacht erhoben hätten.

Unter der Überschrift „Rechtliche Bewertung" führten die Ankläger aus, Modrow habe am Nachmittag des 6.5.1989 in einer Beratung Berghofer bestimmt,

> „verfälschte Sonderwahllokal-Ergebnisse der Stadt Dresden zu melden und in die Schlußberechnung des Wahlergebnisses am 7.5. einzustellen",

ferner habe er

> „die gesondert verfolgten Berghofer und Moke in der gleichen Beratung bewegt …, die Stadtbezirksbürgermeister bzw. die 1. Sekretäre der Stadtbezirksleitungen der SED zu veranlassen, verfälschte Sonderwahllokal-Ergebnisse zu melden und in die Schlußrechnung am 7.5. einzustellen bzw. (Moke) die 1. Sekretäre der Stadtbezirke zu bewegen, die Stadtbezirksbürgermeister als jeweilige Vorsitzende der Stadtbezirkswahlkommission zur Meldung gefälschter Ergebnisse zu bewegen.
> Diese Tat stellt sich rechtlich als Anstiftung zur Wahlfälschung (bezüglich Berghofer), tateinheitlich begangen mit einer Anstiftung zur Anstiftung zur Wahlfälschung in fünf Fällen (hinsichtlich der fünf Stadtbezirksbürgermeister), wobei die Anstiftungskette im Fall des gesondert verfolgten Berghofer über diesen unmittelbar zu den Stadtbezirksbürgermeistern lief, im Fall des gesondert verfolgten Moke über diesen und die 1. Sekretäre der Stadtbezirksleitungen zu den Stadtbezirksbürgermeistern.
> Dem Angeklagten Modrow ist weiter anzulasten,
> a) am 7.5. den gesondert verfolgten Berghofer angestiftet zu haben, das Endergebnis der Kommunalwahlen für die Stadt Dresden mit dem endgültig vorgegebenen Wert von 98,1% Wahlbeteiligung und 2,5% Gegenstimmen abzurechnen, und

b) die gesondert verfolgten Berghofer und Moke am 7.5.1989 bewegt zu haben, die Stadtbezirksbürgermeister bzw. die 1. Sekretäre der Stadtbezirksleitungen zu bewegen, in der vorgegebenen Höhe verfälschte Endergebnisse der Wahlen festzustellen bzw. (Moke) die 1. Sekretäre der SED-Stadtbezirksleitungen zu veranlassen, die Stadtbezirksbürgermeister als Vorsitzende der Wahlkommissionen der Stadtbezirke zur Abrechnung in der vorgenannten Höhe verfälschter Wahlergebnisse zu bewegen und
c) in der Mittagssitzung des 7.5.89 in der Bezirksleitung die Mitangeklagten Stammnitz und Neubert sowie die gesondert verfolgte Dr. Funk veranlaßt zu haben, die 1. Sekretäre der Kreisleitung der SED in Pirna, Görlitz, Zittau und Meißen zu bewegen, die jeweiligen Vorsitzenden der Kreiswahlkommission zur Verfälschung des Wahlergebnisses zu bewegen."

Diese Handlungen wertete die Anklage

„als Anstiftung zur Wahlfälschung
als Anstiftung zur Anstiftung zur Wahlfälschung in fünf Fällen
als Anstiftung zur Anstiftung zur Wahlfälschung in vier Fällen."

Auf viereinhalb Seiten legten die Staatsanwälte ihre Strafzumessungserwägungen hinsichtlich des Angeklagten Modrow dar. Nach einer halben Seite Ausführungen zu seinen Gunsten *(„in das straffe Korsett der Parteidisziplin"* eingebunden, den Weisungen *„nicht von Beginn an mit ungeteilter Zustimmung beigetreten", „nicht vorbestraft")* folgten vier Seiten, die mit dem Satz: *„Diese entlastenden Momente erfahren jedoch notwendigerweise durch die Stellung des Angeklagten eine Relativierung"* eingeleitet wurden.

Dort wurde man informiert:

„Der 1. Sekretär der Bezirksleitung verkörperte kraft seiner Stellung im Organisationsaufbau eine Bündelung von Macht und Autorität, die mit dem Schlagwort vom ‚Bezirksfürsten' zutreffend umschrieben wird."

Als Motiv stellten die Staatsanwälte fest:

„Hier ging es um <u>nackten Machterhalt</u>.
Der Angeklagte scheute nicht davor zurück, den Willen der Wähler für null und nichtig zu erachten, wenn dieser sich seinen politischen Zielen entgegenstellte. Sein Verhalten unterschied sich in nichts von der Arroganz der Macht, wie ihn die Parteizentrale in Berlin an den Tag legte.
Konnte man das Wahlvolk nicht austauschen, so setzte man eben seinen Willen an die Stelle des Wählerwillens.
Beides diente dem <u>unmittelbaren Machterhalt</u>." *(Unterstreichungen im Original)*

Bei solchen und ähnlichen Stellen ging das Temperament mit meinem Kollegen Hannover durch. Er rief: *„Das ist ja unerhört! Das ist ja unerträglich!"* – Richter Lips machte eine Pause.

Die Staatsanwälte beantragten am Ende ihrer Ausführungen für Dr. Modrow eine Gesamtfreiheitsstrafe von einem Jahr und drei Monaten, eine Bewährungszeit von drei Jahren und als Bewährungsauflage die Geldzahlung an eine gemeinnützige Einrichtung in Höhe von 20.000 DM.

Am folgenden Verhandlungstag, Donnerstag, dem 19.5.1993, plädierte Rechtsanwalt Professor Queisser für den angeklagten ehemaligen Vorsitzenden des Rates des Bezirkes Dresden. Er ging von den politischen Zielen aus, die mit dem Verfahren verfolgt würden, sprach von einer *„an den Haaren herbeigezogenen Beweisführung"* und *„gehässigen stereotypen Schlagworten"* der Staatsanwälte, denen die *„einheitliche Phalanx"* der Rechtsanwälte gegenüberstünde. In seiner rechtlichen Argumentation wies er darauf hin, daß Witteck, wenn er vor 1990 in die BRD übergesiedelt wäre, bei gleichem Sachverhalt nicht verurteilt worden wäre, weil das Recht der Bundesrepublik das nicht zugelassen hätte und das Recht der DDR nicht hätte angewendet werden können. – Letztlich beantragte Queisser, nach den §§ 14, 25 StGB/DDR von Strafe abzusehen.

Wir hatten darum gebeten, erst am folgenden Verhandlungstag, Montag, dem 24. Mai, zu plädieren. Wir wollten noch Zeit zur Vorbereitung haben und nicht vor ermüdeten Zuhörern sprechen. Wir glaubten auch, daß dieser Zeitpunkt für die Medien günstiger wäre. Man denkt an vieles in solchen Prozessen und übersieht trotzdem noch genug.

Wir hatten unsere Plädoyers schriftlich ausgearbeitet und waren auch vorbereitet, sie den Journalisten, wenn sie es wünschten, zu übergeben. – Hannover begann. Wir hatten uns vorher über diese Reihenfolge geeinigt und auch dabei keine Probleme gehabt. Er hatte im Schwerpunkt den politischen Part, die Grundfragen, die der Prozeß aufwarf, ich den Rest.

Heinrich Hannover sprach über eine Stunde. Sein Plädoyer war geprägt von reichen Erfahrungen in großen politischen Prozessen. Er begann mit dem Satz des Pfarrers Friedrich Schorlemmer:

> „Dieser Prozeß gegen Hans Modrow gehört für mich zu den beschämenden Ergebnissen des friedlichen Umbruchs und zu den schwer begreiflichen Erscheinungsformen des Rechtsstaates."

Nach dem Hinweis, daß eine Heldentat Modrows zur falschen Zeit nur „Maulheldentum" gewesen wäre, ging er auf die Zielstellung des Modrow-Prozesses ein:

> „Es ist schwer vorstellbar, daß die Initiatoren dieser Anklage nicht gewußt haben, was sie taten, als sie ausgerechnet Hans Modrow anklagen ließen. Der von ihm personifizierte Sozialismus mit menschlichem Antlitz war für die herrschende Oligarchie des Westens gefährlicher, weil für die Menschen attraktiver als das brüchig gewordene Modell der alten Garde. Es mußte doch etwas zu finden sein, mit dem man auch ihm am Zeuge flicken konnte. Und wer die mit Prozeßbeginn zeitlich kombinierte Diffamierungskampagne in bestimmten Medien miterlebt hat, weiß, wessen Geschäft diese Hilfs-Sheriffs der Staatsanwaltschaft besorgen. Mit dem Prozeß gegen Hans Modrow ist ein politischer Kampf eröffnet worden, der darauf zielt, die Erinnerung an eine politische Alternative aus den Köpfen der Menschen zu verdrängen, die ihnen traurige Erfahrungen mit den Segnungen des Kapitalismus erspart hätte."

Hanover erinnerte an die politische Verfolgung von Kommunisten in der BRD bis 1968, *„von der sich nachträglich selbst konservative Juristen wie Max Güde und*

Siegfried Buback schamvoll distanziert haben." Die darauffolgende Periode der *„politischen Vernunft"* sei durch das, *„was sich deutsche Politiker und Juristen nach der Wiedervereinigung geleistet haben und noch immer leisten, mit atemberaubender Schnelligkeit"* aufgegeben worden.

„Die politische Justiz hat die alte antikommunistische Rüstung wieder angelegt und kann nach Vereinnahmung der DDR nachholen, was selbst in Zeiten des Kalten Krieges nicht möglich war: Die Abstrafung aller kommunistischen Funktionäre auf dem ehemaligen Hoheitsgebiet der DDR."

Auch eine andere moralisch-politische Wirkung dieses Verfahrens beleuchtete Hannover, als er sagte:

„Viele Menschen in diesem Land, die davon hören und lesen, daß hier die Wahlfälschung vom Mai 1989 an Hans Modrow und seinen Mitangeklagten abgestraft werden soll, denken an einen ganz anderen Wahlbetrug – Stichwort: ‚Niemand wird es schlechter gehen' –, um den sich nie ein Staatsanwalt kümmern wird. Es sei denn nach der nächsten Wende."

Zur „Tat" selbst sagte Hannover:

„Es war aber bereits alles geschehen, was geschehen mußte, um bei den Beteiligten den Entschluß zur Tat hervorzurufen, als die Berliner Zentrale die Orientierung ausgegeben hatte, die Wahlergebnisse von 1989 erneut zu erreichen. Was Hans Modrow noch tun konnte, war der Versuch, die Zurücknahme dieser Orientierung zu erreichen. Und das hat er versucht. Wenn dieser Versuch fehlgeschlagen ist, weil man sich in Berlin nicht den Argumenten politischer Vernunft öffnete, dann mußte Hans Modrow dies denen, die auf einen Erfolg seiner Intervention gehofft hatten, mitteilen. Mit welchen Worten es geschehen ist, wird sich letztlich nicht feststellen lassen, aber darauf kann es auch nicht ankommen. Niemand, der Hans Modrows Worte an diesem 7. Mai 1989 gehört hat, kann sie in Kenntnis der Vorgeschichte und in Kenntnis seiner Einstellung anders verstanden haben, als sie gemeint waren: nämlich als die Mitteilung, daß es ihm nicht gelungen sei, die Zentrale zur Zurücknahme der Orientierung zu bewegen. Das hat nichts mit Anstiftung zu tun."

Auf die Ursachen und Motive eingehend, die die Beteiligten damals zur Wahlfälschung veranlaßt hatten, sagte Heinrich Hannover:

„Wir haben in diesem Saal – sowohl auf der Anklagebank wie am Zeugentisch – Menschen kennengelernt, die bereit waren und auch die Fähigkeit gehabt hätten, der sozialistischen Gesellschaftsordnung in der DDR das (wie Helmut Ridder es genannt hat) ‚unanzweifelbar menschliche Antlitz' zu verschaffen, daß der großartigen, auf Befreiung und nicht Entmündigung der Menschen gerichteten Utopie entspricht. Einer wie der andere haben sie sich gegen die von der Zentrale vorgegebene Orientierung auf unrealistische Zahlen bei den Kommunalwahlen 1989 zunächst gewehrt, die Fälschung der Zahlen als gegenüber der Bevölkerung unvertretbar abgelehnt, und dann doch mitgemacht. Das ist ein Phänomen, das sich nur aus dem organisatorischen Grundprinzip einer Partei erklären läßt, die sich als revolutionärer Vortrupp der Arbeiterklasse verstand." *Hannover fügte hinzu:* „Immer wieder haben wir aus dem Mund gestandener Männer das Bekenntnis gehört, daß sie sich der Parteidisziplin unterworfen hätten." *Und er zitierte einen Zeugen mit den Worten:* „Wenn die Parteidisziplin verletzt wird, ... könnte das größeren Schaden für die Allgemeinheit anrichten als für die eigene Person."

In seinem Plädoyer hob Hannover auch einen Umstand hervor, den die meisten Autoren zu diesem Thema übersehen:

„Den Herren Staatsanwälten ging das Wort ‚Gewaltherrschaft' leicht von den Lippen, aber sie scheinen nicht zu wissen, daß dieser Begriff am ehesten auf die Zwänge zutrifft, die innerhalb der Parteiapparate sozialistischer Staaten ausgeübt wurden. Es gehört für einen Sozialisten zu den traurigsten historischen Erfahrungen, daß sich schon bald nach der russischen Revolution von 1917 ein parteiinterner Unterdrückungsapparat entwickeln konnte, dem, ich weiß nicht wieviele, Tausende oder Millionen von oppositionellen Kommunisten zu Opfer gefallen sind."

Und er fügte hinzu: „Für Juristen, die sich des politischen Charakters dieses Prozesses bewußt sind, muß ein ganz anderer geschichtlicher Zusammenhang im Vordergrund stehen, nämlich die Geschichte der innerparteilichen Opposition, die, wie kann es anders sein, bis zu dem Zeitpunkt, in dem sie stark genug werden würde, den Mächtigen in den Arm zu fallen und selbst die für Beschlußfassungen nötige Mehrheit zu bilden, Positionen innerhalb des Apparates einnehmen mußte, die ihnen eines Tages realistische Handlungsmöglichkeiten bieten könnten. Niemand würde auf den Gedanken kommen, die geschichtliche Bedeutung eines Gorbatschow an dem zu messen, was er unter den Zwängen des stalinistischen Regimes getan hat und tun mußte, um es eines Tages überwinden zu können. Selbst Jelzin, der sich auf der Höhe seines Machtrausches recht hemdsärmelig gegenüber seinem ehemaligen Kampfgefährten verhalten hat, hat sich bisher nicht getraut, ihm den Prozeß zu machen, obwohl es Andeutungen dieses Inhalts gegeben hat. Nein, die Justizabrechnung mit besiegten Sozialisten ist eine typisch deutsche Spezialität."

Schließlich erwähnte Heinrich Hannover einen interessanten Umstand aus der Geschichte dieses Verfahrens, indem er eine Aussage des Staatsanwalts Günthel wiedergab, der bekundet hatte, durch Modrow wäre im Ermittlungsverfahren dargelegt worden, daß er die Mitarbeiter der Bezirksleitung nur in die Kreise geschickt habe, um auf Anfragen von oben sagen zu können, ich habe alles getan, und dazu erklärt hatte: *„Das war nicht widerlegbar".*

„Nur", *sagte Hannover,* „die danach naheliegende Frage, ob es richtig sei, daß die damals zuständigen Beamten der Staatsanwaltschaft das Verfahren einstellen wollten und es nur dank einer Weisung des Justizministers überhaupt zur Anklage gekommen ist, konnte der Zeuge nicht beantworten, weil ihm insoweit keine Aussagegenehmigung erteilt worden ist."

Hannover schloß sein Plädoyer mit den Worten:

„Unser Vertrauen in die poltische Vernunft der für eine Amnestie zuständigen Politiker ist nicht groß. Wir hoffen deshalb, daß dieses Gericht die aufgezeigten Möglichkeiten sehen und nutzen wird, um schon auf der Basis des geltenden Rechts zu einem Freispruch zu gelangen, der für den inneren Frieden in diesem Land wichtig wäre."

Heute, da ich Hannovers Plädoyer nach fast fünf Jahren wieder lese, finde ich es noch beachtlicher als im Mai 1993. Die Zusammenhänge, die es aufzeigte, sind aktueller denn je, weil einerseits die Verbohrtheit, mit der die Justiz alles verfolgt, was geeignet ist, die DDR zu delegitimieren, gewachsen ist, andererseits aber auch die Ablehnung dieser Politik bei denjenigen zugenommen hat, die in der DDR gelebt haben. Dies wurde später am Beispiel des Sachverständigen Dr. Lapp deutlich, wie noch zu zeigen sein wird.

Nachdem Hannover geendet hatte, war die Reihe an mir. Die Richter taten mir leid, denn ich wollte nun meinerseits 42 Seiten Text vortragen. Auch hatte ich im dritten Jahr des „einig Vaterland" noch keine rechte Vorstellung von der Leidensfähigkeit der Richter beim Anhören von Plädoyers, die in ihrer Länge die von DDR-Rechtsanwälten um ein Vielfaches übertrafen. Das war überhaupt eine neue Erfahrung für mich; in der BRD waren die Schriftsätze, die Reden und die Urteile der Juristen viel länger als während meiner Studienzeit und als in der DDR. Für mich war Kürze immer ein erstrebenswertes Qualitätsmerkmal. Erstmalig von meinen Kollegen im Honecker-Prozeß lernte ich, daß Kürze eine Form der Schwäche ist. Lang war angesagt, lang war bedeutend. Also lang war ich – allerdings mit schlechtem Gewissen. Ich hielt es auch für notwendig, mich zu entschuldigen, daß wir praktisch zwei vollständige Plädoyers, wenn auch mit unterschiedlichen Schwerpunkten vortrugen. Ich sagte dazu:

„Der Prozeß war zwei-, teilweise sogar dreisprachig: DDR-deutsch, bundesdeutsch und SED-deutsch. Im Gegensatz zur Staatsanwaltschaft beherrscht keiner von uns zwei Rechtsanwälten alle drei Sprachen."

Tatsächlich hatte es im Prozeßverlauf immer wieder sprachliche bzw. terminologische Schwierigkeiten und Mißverständnisse gegeben. Das war ein Charakteristikum nicht nur dieses Prozesses. Was weiß schon ein bundesdeutscher Jurist von Begriffen wie „Orientierung" oder Abkürzungen wie BL, BEL und BGL, die besonders in dem zweiten Modrow-Prozeß eine zentrale Rolle spielen sollten.

Am Schluß meines Plädoyers faßte ich die Kerngedanken wie folgt zusammen:

„Dr. Modrow ist im Sinne des geltenden Rechts nicht schuldig. Seiner Verurteilung stehen fünf Gründe entgegen, von denen jeder für sich allein genommen eine Bestrafung ausschließt. – Gegen eine Bestrafung spricht schließlich sechstens der gesunde Menschenverstand. ..."

Ich kann auch diese Kurzfassung meiner Ausführungen hier nicht wiederholen. Sie sind – wie auch das Plädoyer von Rechtsanwalt Hannover – in der *„Neuen Justiz" (1993, S. 493 ff.)*, nachlesbar.

„Aus alledem folgt letztlich unser Antrag. Wir wissen wohl, welches Ansinnen wir damit an das Gericht stellen. Wir sind nicht von heute und gestern. Wir wissen um die Last der Meinung, die sich als öffentliche Meinung ausgibt und die vielleicht auch für diese gehalten wird. Es ist leicht damit zu argumentieren, da niemand das Volk befragt hat. Das ‚gesunde Volksempfinden' spielt immer noch eine Rolle, und es ist immer das Empfinden der jeweiligen Machthaber. Wir loben auch hier Jakobs, der Lessing mit den Worten zitiert: ‚Auf wen alle dreinschlagen, der hat vor mir Ruhe.'
Wir sind der Überzeugung, daß von Ihrer Entscheidung vielmehr abhängt als der Spruch über Schuld oder Unschuld der Angeklagten. Es geht um einen der ersten Schritte aus der gegenwärtigen deutschen Zwietracht. Es geht um eine Weichenstellung, um ein Signal. Geben Sie das Signal zur Versöhnung! Sprechen Sie Dr. Modrow und damit alle Angeklagten frei!"

Die anderen Verteidiger kamen mit eigenen Argumenten zu denselben Schlußfolgerungen und Anträgen. Die Staatsanwälte hielten es für erforderlich zu erwidern. Sie wendeten sich zunächst gegen unseren Vorwurf, *„daß nun die Justiz der neuen Bun-*

desrepublik über ehemalige Angehörige eines anderen politischen Systems richte".
Das Argument der Staatsanwälte lautete:

„Die Justiz der neuen Bundesrepublik setzt nur fort, was von den Gerichten der DDR nach der Wende begonnen wurde. Dies zeigt eindrücklich das vorliegende Verfahren."

Das tat es eben nicht. Modrow war nicht nach der Wende angeklagt und vor Gericht gestellt worden. Und es ging überhaupt nicht um „die Justiz der neuen Bundesrepublik", sondern darum, daß letztlich Staatsanwälte und Richter der alten Bundesrepublik über politische Sachverhalte der DDR entschieden. Das war der Punkt. –

Schließlich gingen die Staatsanwälte in ihrer Replik noch auf die Nichtanwendung der §§ 20 und 9 StGB/DDR ein, die wir gerügt hatten. Dazu sagten sie:

„Es ist davon auszugehen, daß der Bundesgerichtshof im Verfahren gegen Berghofer und Moke diese Bestimmungen von Amts wegen geprüft hat, ihnen aber ebenso wie die Staatsanwaltschaft in ihren Schlußvorträgen keine Bedeutung beimaß."

Schließlich rechtfertigte Staatsanwalt Meinerzhagen den Strafantrag:

„Ich weise darauf hin, daß das Straferkenntnis aus dem Verfahren gegen Berghofer und Moke – ein Jahr Freiheitsstrafe zur Bewährung – von der Staatsanwaltschaft zwar nicht als Vergleichsmaßstab zugrundegelegt werden konnte, da die dortigen Angeklagten geständig waren und zumindest dem Angeklagten Dr. Modrow mehr Einzelfälle zur Last liegen. Gleichwohl hat die Staatsanwaltschaft die dortige Straferkenntnis in ihrem Antrag nicht wesentlich überschritten.

Es bleibt darauf hinzuweisen, daß die vom Bezirksgericht Dresden im Prozeß gegen Berghofer und Moke ausgesprochene Strafhöhe durch den Bundesgerichtshof inzidenter, d.h. von Amts wegen geprüft wurde und die ausgeworfenen Strafen vom Bundesgerichtshof als angemessen erachtet wurden."

Kollege Rechtsanwalt Schidzick, der neben Professor Queisser Witteck verteidigte, und ich erwiderten kurz.

Es folgten die letzten Worte der Angeklagten. Hans Modrow brachte in seinen Ausführungen Gefühle und Gedanken zum Ausdruck, die ich nicht kürzen möchte:

„Die Wochen dieses Prozesses waren für mich eine Zeit besonders intensiven Nachdenkens und Erinnerns. Schon die Begegnung mit Dresden berührt mich. Da sehe ich, wenn ich zum Gericht fahre, die Semperoper wieder. Das macht mich stolz, denn sie stünde nicht so da, wenn ich nicht der ‚Bezirkschef' von Dresden gewesen wäre. Ich sehe auch das Schloß, die Kunstakademie, den alten Landtag und andere Gebäude, mit deren Wiederaufbau bzw. Rekonstruktion wir uns schon beschäftigt haben, und es stimmt mich traurig, weil mir unübersehbar vor Augen geführt wird, was ich nicht vermocht habe. Ich bemerke auch die goldene Krone auf dem Regierungssitz, und da denke ich, ohne Gefühl der Schuld, ich hätte das Geld dafür jetzt nicht ausgegeben.

Erinnerungen werden wach an Opern-, Konzert- und Theaterabende. Sie klingen noch heute in besonderem Maße nach. Habe ich doch mit denen, die auf der Bühne wirkten, oft mitgefiebert, weil wir uns aus Streitgesprächen über Kunst und Kultur kannten und auch freundschaftlich verbunden waren.

Ich sehe aber auch die steinerne Figur mit dem Glück und Segen verheißenden Füllhorn auf dem Rathausturm und erlebe eine Stadt, in der sich soziale Ungleichheit in bedrückender

Weise verbreitet wie kaum zuvor in ihrer Geschichte. Empört bin ich, wenn ich erlebe, daß Straßen und Plätze, die einst die Namen von Widerstandskämpfern gegen den Faschismus trugen, umbenannt worden sind und sozusagen Königstreue wieder Einzug hält.

Im Gericht sehe ich meine Weggefährten von gestern wieder. Ich erfahre, was aus ihnen geworden ist. Viele sind seelisch gebrochen, sozial am Rande der Existenz, ohne Hoffnung auf einen Ausweg, verzweifelt. Manche zeigen auch in ihrer Not eine Größe, die ich bisher bei ihnen, auch wenn sie mir vertraut waren, nicht erkannt habe.

Da klingen mir auch noch jene Worte von der Machtbesessenheit im Ohr. Mein Verteidiger konnte sie nicht ertragen. Ich dachte dabei an die ,Zielvorgabe von oben', die dabei Pate gestanden haben mag, denn aus der Zeugenvernehmung war eine solche meine menschliche Würde verletzende Feststellung nicht abzuleiten. Es könnte auch die Absicht damit verbunden gewesen sein, dem Mann der Kirche zu bedeuten, daß das Wort vom ,Hoffnungsträger der Kirche' – wie es hier fiel – nicht angebracht und daß es besser gewesen wäre, davon zu reden, daß nicht gleichberechtigter Dialog, sondern ,sei Untertan der Obrigkeit' damals in Dresden an der Tagesordnung gewesen sei.

Und dann werde ich immer wieder mit dem Thema der Kommunalwahlen von 1989 und mit meiner Rolle in ihnen konfrontiert. Was habe ich damals falsch gemacht, was mache ich heute falsch? Das sind die Fragen, die mich seit den Tagen und Wochen bewegen, in denen hier akribisch versucht wurde festzustellen, wer, wann, wie und warum vier, fünf, oder auch zehn oder zwölf Prozentpunkte zwischen mehr als 80 und mehr als 90 Prozent Wahlbeteiligung und Zustimmung für die Kandidaten der Nationalen Front verfälscht hat. Daß den Wahlen in der DDR noch einmal soviel Aufmerksamkeit von Vertretern eines Staates zuteil würde, in dem diese Wahlen nur als Scheinwahlen und als Farce gewertet wurden – wer hätte das jemals gedacht! Ich habe nicht verhindert, daß die Wahlfälschung begangen worden ist. Wenn das Schuld ist, dann ist das, aber auch nur das meine Schuld. Wenn der Staatsanwalt, der sich mit der Kriminalität der Regierung des untergegangenen Staates und nur mit der Kriminalität dieser Regierung beschäftigt, das nicht begreift, dann ist das seine Schuld. Ja, ich habe damals im Kampf um Prozentzahlen kein politisch oder gar rechtlich relevantes Problem gesehen. Mir ging es um etwas anderes, um etwas – wie ich damals und auch heute meine – Wichtigeres. Ich wollte nicht Unmögliches wagen und dafür das greifbar Mögliche aufs Spiel setzen. Natürlich wußte ich im Frühjahr 1989 noch nicht, daß ich Ende 1989 Ministerpräsident der DDR werden würde. Aber ich spürte, daß große Entscheidungen bevorstehen und daß die Stimme jedes 1. Sekretärs jeder Bezirksleitung der SED dabei zählen würde. Deswegen war es mein Bestreben, den richtigen Moment zu erfassen und zu nutzen, um den Bürgern der DDR wirkliche demokratische Rechte zurückbringen zu können. Hätte ich mich im Mai 1989 geopfert, hätte das niemandem genützt. Was dann mit und nach der Wende in der DDR geschehen wäre, vermag niemand zu sagen. Ich persönlich glaube nicht, daß es zum Guten der Bevölkerung der DDR und möglicherweise Europas gewesen wäre.

Wenn heute Schuld sein soll, daß man etwas nicht verhindert hat, was man ohnehin nicht hätte verhindern können, dann ist meine Schuld noch viel größer. Ich konnte nicht verhindern, daß die Züge mit den DDR-Bürgern aus der Prager BRD-Botschaft, die in die Bundesrepublik wollten, durch Dresden geleitet wurden. Ich konnte nicht verhindern, daß das Tausende von Menschen anlockte, die die Züge stürmen und ebenfalls in die BRD ausreisen wollten. Ich konnte nur verhindern, daß es dabei Tote gab. Nicht verhindern konnte ich, daß Menschen durch Polizei verletzt und eingesperrt wurden. Wie auch nicht durch mich zu verhindern war, daß Polizisten verletzt worden sind. Wenn es schon in Srebrenica, einem kleinen, früher unbekannten Ort, bei einer Evakuierung von Frauen und Kindern Tote gegeben hat, was meinen Sie, was sich in einer Großstadt wie Dresden mit dem Zustrom von Menschen aus dem ganzen Land zugetragen hätte.

Es bleibt bei dem Wort Bismarcks: Politik ist die Kunst des Möglichen. Oft hat man als Politiker nur zwischen zwei Übeln zu wählen, und man ist glücklich, wenn man bei der Entscheidung das kleinere Übel gewählt hat.

Meine Schuld ist es nicht, wenn es nach 1989 keine Amnestie gegeben hat. Das habe ich versucht und dazu bekenne ich mich auch. Im Grunde ging es damals darum, auch auf dem Wege einer Amnestie für jene, die Ergebnisse der Wahlen manipuliert hatten, Stabilität der Entwicklung der DDR zu gewährleisten und zu verhindern, daß der demokratische Umbruch des Herbstes 89 in einem Zusammenbruch jeglicher Demokratie endet. Es bedurfte allergrößter Anstrengungen, um ein Chaos zu vermeiden. Daß diese Leistung meiner Regierung, damals gemeinsam vollbracht mit Rundem Tisch und Volkskammer, heute noch in großen Teilen der Bevölkerung, vor allem der ehemaligen DDR gewürdigt wird, zeigen viele der unzähligen Briefe der Sympathie und Solidarität, die ich direkt oder als Kopien von an dieses Gericht übermittelten Schreiben in den vergangenen Wochen voller Dankbarkeit erhalten habe.

Noch heute wäre eine Amnestie eine Rechtswohltat für unser Volk. Das werden diejenigen kaum begreifen, die davon leben, daß es keine Amnestie gibt. Wem aber das Schicksal Deutschlands am Herzen liegt, wer dafür eintritt, daß wir ein Volk werden, der muß auch begreifen, daß man die Handlungen von gestern nicht mit den Maßstäben von heute messen kann. Wer das nicht begreift, sät die Saat der Zwietracht und letztlich der Gewalt, die morgen aufgehen kann. Wenn Schuld ist, daß man nicht verhindert hat, was besser zu verhindern gewesen wäre, dann ist es auch meine Schuld, daß ich nicht verhindert habe, daß unser Volk in freier Wahl am 18.3.90 den Weg einschlug, der es in millionenfache Arbeislosigkeit führte, der aus bestellten Feldern Ödland und aus vielfach zwar schlecht ausgestatteten, aber angestrengt arbeitenden Betrieben verlassene und zu Ruinen verkommende Immobilien machte. Ich habe auch das nicht verhindert, aber das habe ich wenigstens zu verhindern versucht.

Als Schuld rechnet man mir auch zu, daß ich mich nicht schamvoll von der Politik zurückzog und von der Idee verabschiedete, eine bessere Ordnung als die kapitalistische anzustreben. Hätte ich in diesem Sinne schamvoll gehandelt und meine ‚Insiderkenntnisse' vermarktet, wäre ich klammheimlich abgetaucht, dann stünde ich wohl genauso wenig vor Gericht wie andere, die diesen Weg wählten. Möglicherweise wären dann auch Berghofer und Moke nicht angeklagt und verurteilt worden. So ist vielleicht auch ihre Verurteilung meine Schuld.

Natürlich hängt mir neben vielem auch die Wahlfälschung in Dresden als eine schwere Last an. Doch das ist nun einmal das Schicksal des Menschen in der Politik, daß er die Umstände, unter denen er handelt, als gegeben vorfindet. Ich habe die DDR und die Methoden, nach denen sie regiert wurde, nicht geschaffen. Ich habe die DDR bejaht als die historische Alternative zu Krieg und Faschismus. Das war das Ergebnis meiner Vergangenheitsbewältigung nach 1945. Ich wollte die DDR umgestalten, aber nicht beseitigen. Wer die politischen Verhältnisse verändern will, muß abwägen, ob zwischen dem, was er tut oder unterläßt, und dem, was er erreichen will und erreichen kann, eine vernünftige Relation besteht. Jedes Ding hat seinen Preis, nur der Preis darf nicht zu hoch sein.

Ich will mich nicht mit den Großen in der Politik vergleichen, aber sie haben doch schließlich Maßstäbe gesetzt, die auch für die Kleinen nicht unbeachtlich sind. Als Bismarck die Emser Depesche fälschte, war die Lüge gleichsam die Geburtsstunde des zweiten deutschen Reiches.

Als Helmut Kohl die ‚blühenden Landschaften' heraufbeschwor, war das die Beschleunigung des Einigungsprozesses. Ich habe nicht gelogen und nicht gefälscht. Ich bin auch nicht der deutsche Held gewesen, der sich geopfert hat, um das zu verhindern, was nicht zu verhindern war. Das hat im Ergebnis, wie in diesem Prozeß mehrfach festgestellt worden ist, nur das Ende der SED und der DDR beschleunigt. Das aber wird wohl heute nicht als Schuld angesehen – morgen kann das schon anders sein. Die Nichtwähler und Neinsager, die im Mai 1989 um ihre Stimme betrogen wurden, sind im Herbst 89 reichlich entschädigt worden. Die aber, die gefälscht haben, mußten einen hohen Preis zahlen. Einen hohen Preis mußten auch alle diejenigen zahlen, die in der neuen Sprache als ‚systemnah' bezeichnet werden. Diese Systemnähe verfolgt sie ohne Rücksicht darauf, ob sie strafrechtlich verurteilt worden sind oder nicht, bei der Suche nach Arbeit genauso wie bei der Berechnung der Höhe ihrer Rente. Niemand hat gezählt, wie viele das sind. Aber es sind auf jeden Fall viele Zehntausend. Zu ihnen gehören auch jene, die einst in der NVA und in anderen bewaffneten Kräften ihre militärische Pflicht erfüllten. Sie haben gemäß bundesdeutscher Entscheidung ‚in fremden Streitkräften' gedient und werden nun entsprechend behandelt. Ist mit all dem nicht der ‚Gerechtigkeit' genüge getan?

Die Entscheidung, auf diese Weise die Vergangenheit zu bewältigen, ist eine politische Entscheidung. Sie wird dem Urteil der Geschichte und vielleicht auch einmal dem Urteil von Gerichten unterliegen. Schon heute werden diese Vorgänge nicht nur im Inland, sondern – wie ich aus Briefen weiß – auch im Ausland mit Kritik und Sorge verfolgt. Man befürchtet, daß dieses Deutschland mit seinen wirtschaftlichen, politischen und militärischen Potenzen seine menschenrechtsfeindliche Praxis der Verfolgung politischer Gegner und der Abrechnung mit ihnen den anderen Staaten im sich vereinigenden Europa überstülpt.

Heute, mehr als zwei Jahre nach dem Beitritt der DDR zur BRD, ist die Kluft zwischen den Deutschen Ost und den Deutschen West nicht geringer, sondern größer geworden. Das Urteil, das Sie verkünden werden, wird nicht ohne Einfluß auf den weiteren Gang der deutschen Zustände bleiben. Jeder muß sich heute entscheiden, ob er für die Fortsetzung der Abrechnung oder für Versöhnung ist. Ich habe am 1. Februar 1990 als erster deutscher Politiker aus der DDR den Wunsch nach einem einigen deutschen Vaterland geäußert und einen konkreten Stufenplan unterbreitet. Die staatliche Einigung ist zwar bald hergestellt worden, aber die wirkliche Einheit fehlt. Heute gibt es in allen Parteien Menschen, die erkennen, daß Versöhnung nicht nur eine Frage der Religion, sondern auch der Nation ist, daß sie eine Forderung der politischen Vernunft darstellt. Aus dem Munde eines Angeklagten mag das nicht sehr überzeugend klingen. Ich bleibe aber auch als Angeklagter Politiker. Als Politiker nutze ich auch diesen politischen Prozeß, um das zu sagen, was heute aus der Sicht eines Ostdeutschen am meisten not tut. Meinen Mitbürgerinnen und Mitbürgern aus der DDR möchte ich sagen: Bewahren wir uns den aufrechten Gang, so schwer dies auch sein mag! Jenen aus der alten BRD sei gesagt: Macht uns nicht zu Menschen zweiter Klasse!"

Seit dem Antrag der Staatsanwaltschaft spekulierten wir über das Urteil des Gerichts. Illusionen, das Gericht könnte unserem Antrag folgen, hatte niemand von uns, d.h. kein Angeklagter und kein Verteidiger. Das Berghofer-Urteil würde für das Landgericht Dresden eine unübersteigbare Barriere sein. Es ist traurig, aber auch bezeichnend, daß wir Anwälte so dachten. Da wir an unsere Rechtsauffassung glaubten, hätten wir auch überzeugt sein müssen, daß das Gericht, das wir für außerordentlich korrekt und kompetent hielten, die Angeklagten freispricht. Schließlich hatten auch maßgebliche Strafrechtswissenschaftler, die keinerlei Verdacht politischer oder sonstiger Sympathie für die Täter treffen konnte, mit Nachdruck erklärt, die Fälschung der Kommunalwahlergebnisse könne nicht mehr bestraft werden. Aber, was zählt in der Praxis die Meinung von Rechtswissenschaftlern und Verteidigern gegen ein BGH-Urteil? Und wie urteilt der Bundesgerichtshof? Wir meinten, er urteilt politisch, er urteilt gegen die PDS und die SED, und wir setzten als selbstverständlich voraus, daß die Strafkammer des Landgerichts Dresden so denkt wie alle anderen Strafkammern auch denken und weiß, daß ein Freispruch keinen Bestand vor dem Bundesgerichtshof haben würde und daß die Berufsrichter darüber hinaus vielleicht auch noch an ihre Karriere denken würden. Also waren wir überzeugt: Freispruch ist ausgeschlossen. Unabhängigkeit hin, Unabhängigkeit her, im Kern würden sich die Richter wie DDR-Richter verhalten. Andererseits glaubten wir nicht, daß das Gericht dem Antrag der Staatsanwaltschaft folgen würde. Hier lag der Unterschied zum DDR-Gericht. Das hätte in einem vergleichbaren Fall antragsgemäß entschieden. Der inzwischen verstorbene Kollege Dr. Pein, der Vorsitzende des Kollegiums Erfurt, hatte dafür zum Vermerk in seinen Akten die Abkürzung „UnA" – Urteil nach Antrag – erfunden, die zum Begriff wurde. Unsere Mandanten waren skeptischer als wir, sie glaubten, daß Gericht würde dem Antrag folgen, und ich halte es nicht für ausgeschlossen, daß dieser oder jener auch eine Freiheitsstrafe für Modrow befürchtete. Ihr Bild der Justiz war noch zu sehr von der DDR-Justiz geprägt. Für sie war die Justiz Teil einer einheitlichen Staatsgewalt, die staatliches Wollen genauso exakt ausführte wie jeder andere Teil der Staatsgewalt.

Die Urteilsverkündung fand am 27. Mai 1993 statt. Der Saal war wieder voll besetzt mit Presse und Zuhörern, die fast ausschließlich ihre Sympathie mit den Angeklagten bekundeten. Zugegen waren aber auch der Generalstaatsanwalt, ein Oberstaatsanwalt und ein weiterer Staatsanwalt, die mit ihrer Anwesenheit kundtaten, welche Bedeutung sie dem Verfahren beimaßen. Es herrschte eine der Situation angemessene Spannung. Das Gericht erschien pünktlich und Richter Lips verkündete:

„Der Angklagte Dr. Hans Modrow ist einer Anstiftung zur Wahlfälschung in 3 tateinheitlichen Fällen schuldig. Im übrigen wird er freigesprochen.
Der Angeklagte Günther Witteck ist einer Anstiftung zur Wahlfälschung in 3 tateinheitlichen Fällen in Tateinheit mit Wahlfälschung schuldig.
Der Angeklagte Lothar Stammnitz ist einer Anstiftung zur Wahlfälschung schuldig. Im übrigen wird er freigesprochen.
Der Angeklagte Siegfried Neubert ist einer Anstiftung zur Wahlfälschung in 2 tateinheitlichen Fällen schuldig.
Sämtliche Angeklagten werden verwarnt. Die Verurteilung zu Geldstrafen bleibt vorbehalten, und zwar
bei dem Angeklagten Dr. Modrow eine solche von 80 Tagessätzen zu je 300 DM,
bei dem Angeklagten Witteck eine solche von 70 Tagessätzen zu je 70 DM,
bei dem Angeklagten Stammnitz eine solche von 50 Tagessätzen zu je 30 DM und bei dem Angeklagten Neubert eine solche von 50 Tagessätzen zu je 70 DM.
Die Angeklagten haben die Kosten des Verfahrens zu tragen, die Angeklagten Dr. Modrow und Stammnitz jedoch nur, soweit sie verurteilt wurden; soweit bei ihnen Freispruch erfolgte, fallen die ausscheidbaren Verfahrenskosten und notwendigen Auslagen der Staatskasse zur Last."

Das war eine Sensation, das war fast ein Freispruch. Die Mienen der Staatsanwälte versteinerten während der Verkündung des Urteils. Der mündlichen Begründung folgten sie mit solcher Unruhe, daß Richter Lips sie zur Ruhe ermahnte. Kaum war die Verkündung beendet, verließen sie hastig den Saal. Ich glaubte ihre Wut zu erkennen. Das hatte ich so noch nicht erlebt. Noch am selben Tag legten sie Revision ein. – Uns bestürmte die Presse. Natürlich war das Urteil aus unserer Sicht (und wie wir meinten, auch objektiv) zu loben. Natürlich wäre ein Freispruch an sich das rechtlich und politisch einzige, völlig unanfechtbare Ergebnis gewesen. Aber wir erlebten reale Justiz, und da war dieses Urteil das reale non plus ultra. So oder so ähnlich beantworteten wir die Fragen der Journalisten. Wir antworteten vielleicht nicht immer klug, denn wir waren zu überrascht, ja überwältigt. Das war ein echter Erfolg. Natürlich gebührte das größte Lob dem Vorsitzenden Richter. Er hatte das größte Verdienst, die größte Last und mußte den schärfsten Tadel (von wem auch immer) erwarten. Weil er das wußte und dennoch so entschied, ist er für mich Vorbild eines Richters. Ich zögere, es niederzuschreiben, denn auch das wird ihm mehr schaden als nutzen – so ist das eben im real existierenden deutschen Rechtsstaat.

Hans Modrow mußte entscheiden, ob auch er Revision gegen das Urteil einlegen wollte. Die Mitangeklagten waren mit dem Urteil zufrieden und wollten keine Revision. Für Hans Modrow war aber auch die Frage der Revision eine politische Frage. Bedeutete Nichteinlegung der Revision nicht ein Schuldanerkenntnis? Andererseits war die Akzeptierung des Urteils gegenüber anderen Verurteilten ein Zeichen der Bereitschaft, Verantwortung mit zu tragen und sie war auch ein Zeichen, die Dinge nicht auf die Spitze treiben, sondern auch die Hand zur Versöhnung austrecken zu wollen. Gemeinsam entschieden wir: keine Revision. Das war vielleicht falsch. Am Ergebnis hätte sich aber wohl nichts ändern lassen. – Im übrigen warteten wir weiter auf das, was im Meineidsverfahren geschehen würde, immerhin liefen die Ermittlungen dort nun auch schon zehn Monate.

Wer sollte Modrow in Karlsruhe vor dem Bundesgerichtshof in der Revisionsinstanz verteidigen? Natürlich hätten das Hannover und ich tun können, aber die Revisionen in Strafsachen sind eine Wissenschaft für sich. Für mich konnte ich sagen, daß ich diese Wissenschaft nicht beherrsche. Von Heinrich Hannover wußte ich, daß er zu den Spitzenverteidigern der Bundesrepublik gehört und folglich „revisionssicher" ist. Doch durch die Verteidigung von Werner Großmann hatte ich Kontakt zu Dr. Widmaier bekommen, dessen Praxis in Karlsruhe lag und der dort fast ausschließlich als Verteidiger in Revisionsverfahren vor dem Bundesgerichtshof tätig war. Also, dachte ich, wäre Hans Modrow am besten bei ihm aufgehoben. Das war sicher im Prinzip richtig, im konkreten Fall jedoch nicht. Das hätte ich wissen können und müssen. Im Fall Modrow ging es nicht um die Feinheiten der Jurisprudenz, sondern um die Grobheiten der Politik. Da hilft auch kein Widmaier. Und als Keil auf den groben Klotz hätte vielleicht sogar ich ausgereicht. Nachher ist man klüger. Modrow entschied sich auf meinen Rat für Widmaier.

Das schriftliche Urteil erhielten wir im September 1993. An solche Fristen mußte ich mich auch erst gewöhnen. Es war 133 Seiten lang, broschürt und paßte in keinen Ordner. Die schriftliche Revisionsbegründung der Staatsanwaltschaft ging am 3.11. bei mir ein, sie war 119 Seiten lang und nicht broschürt. Widmaier las beide und war optimistisch. Der Optimismus wurde jedoch bald von Zweifeln geschwächt, so daß seine Prognose sowohl ein gutes als auch ein schlechtes Ergebnis erwarten ließ, je nach dem, welche Argumente den Auschlag gaben, die juristischen oder irgendwelche anderen.

Inzwischen erhob die Staatsanwaltschaft Dresden ihre zweite Anklage gegen Modrow am 10.3.1994. Sie war nach meiner Meinung genauso unbegründet wie die erste. Mit Schriftsatz vom 11.5. beantragte ich diese Anklage nicht zur Hauptverhandlung zuzulassen. Tatsächlich lehnte die Strafkammer des Landgerichts Dresden unter dem Vorsitzenden Richter Lips die Eröffnung des Hauptverfahrens ab. Darauf bildete ich mir etwas ein und genoß den Erfolg. Der Genuß währte nicht lange. Die Staatsanwaltschaft legte dagegen am 18.10. sofortige Beschwerde ein. So wartete Modrow jetzt auf zwei Entscheidungen, die des Bundesgerichtshofs und die des Oberlandesgerichts Dresden.

Die Entscheidung des Bundesgerichtshofs fiel genau ein Jahr nachdem ich die Revisionsbegründung des Staatsanwaltschaft erhalten hatte, am 3.11.1994. Sie war 29 Seiten lang. Der Bundesgerichtshof befand Modrow der Anstiftung zur Wahlfälschung in vier tateinheitlich zusammentreffenden Fällen schuldig, hob das Urteil des Landgerichts Dresden *„in allen Strafaussprüchen mit den zugehörigen Feststellungen"* auf und verwies *„die Sache zu neuer Verhandlung und Entscheidung, auch über die Kosten des Rechtsmittels, an eine andere Strafkammer des Landgerichts"* zurück.

Das BGH-Urteil hatte den Vorzug prägnanter Kürze. Von seinen knapp 29 Seiten waren vom Standpunkt der Verteidigung nur ca. sechs Seiten bedeutungsvoll. Da war zunächst die Aussage zur Strafbarkeit der Wahlfälschung, die ja auch von der Dresdener Strafkammer bejaht worden war. Hier brauchte ich nur einen Satz zu lesen:

„Der Senat hat die Rechtsfragen zur fortdauernden Strafbarkeit der Fälschung sozialistischer Kommunalwahlen in der ehemaligen DDR bereits in BGHSt 39, 54 geklärt."

Das war das vom Bundesverfassungsgericht bestätigte Berghofer-Urteil. Also im Grunde war die Schuld Modrows und seiner Mitangeklagten entschieden, bevor der Prozeß begann. Es konnte nur um das Strafmaß gehen, und da hatte das rechtskräftige Berghofer-Urteil auch den Maßstab geliefert.

Zum Strafausspruch äußerte sich der Senat eingehender. Das Landgericht hatte alles falsch gemacht. So hatte die Strafkammer, wie der Bundesgerichtshof zitierte, *„in der tiefgreifenden epochalen Veränderung der Verhältnisse der ehemaligen DDR seit der Kommunalwahl 1989"* einen besonderen Umstand gesehen, der zum Ausspruch einer Verwarnung mit Strafvorbehalt ermächtige. Das sah der Bundesgerichtshof nicht so und erklärte:

„Diese Wertung begegnet rechtlichen Bedenken. Die Strafkammer beachtet nicht, daß der Gesetzgeber der durch den Beitritt der DDR zur Bundesrepublik eingetretenen ‚tiefgreifenden epochalen Veränderung der Verhältnisse' dadurch Rechnung getragen hat, daß nach dem Einigungsvertrag Verstöße gegen das Strafrecht der DDR nur dann weiter verfolgt werden dürfen, wenn und soweit sie zur Zeit der Aburteilung auch nach dem StGB der Bundesrepublik geschützte Rechtsgüter betreffen (vgl. BGHSt 39, 54, 68)."

Damit war der Senat wieder beim Berghofer-Urteil. Eigentlich hätten sich die Angeklagten unter Zugrundelegung dieser Betrachtungsweise ihre Verteidiger ganz sparen können. Unabhängig davon vermag ich der Logik des Bundesgerichtshofs nicht zu folgen. Wenn sich die tatsächlichen, hier also die politischen Verhältnisse so ändern, daß die Bedingungen, unter denen die Täter gehandelt haben, wegfallen, wenn also keine Straftaten dieser Art mehr begangen werden, dann muß sich das auf die Strafzumessung auswirken. Wenn es z.B. heute keine Betäubungsmittel mehr gäbe, dann kann ich einen Täter, der vor Jahr und Tag damit gehandelt hat nicht so bestrafen, als sei die Gefahr noch akut.

In ähnlicher Weise verneinte der Bundesgerichtshof die Tatsache, daß die Wahlfälschung die Zusammensetzung der einzelnen Volksvertretungen nicht verändert habe, im Gegensatz zum Landgericht nicht als Strafmilderungsgrund. Das erscheint mir etwa so, als betrachte man die Tatsache des Diebstahls einer geringwertigen Sache nicht milder als den einer hochwertigen.

Sachfremd war für den Senat auch der Hinweis der Strafkammer, daß zugunsten der Angeklagten zu berücksichtigen wäre, daß sie *„an derjenigen Stelle, an der die Bürger im Wahlsystem der DDR noch am ehesten, nämlich beim Auswahlverfahren vor der offiziellen Aufstellung der Kandidaten, auf die Entscheidung der Wähler keinen Einfluß nahmen."*

Ganz schlimm war für den Senat schließlich die Wertung der Motive der Angeklagten durch die Strafkammer. Diese hatte *„‚die zur Beteiligung an der Wahlfälschung führenden Motive' der Angeklagten ‚auch aus heutiger Sicht nicht unehrenhaft' bezeichnet. Diese Beurteilung kann der Senat nicht nachvollziehen."* Die Senatsmitglieder hatten schließlich Modrow und seine Mitangeklagten auch nicht erlebt, und sie hatten auch mit keinem seiner ehemaligen Dresdener „Untertanen" gesprochen, wie sollten sie dann das Dresdener Urteil über eine Person der DDR-Geschichte von Karlsruhe aus *„nachvollziehen"* können? Schwierig – etwa genauso schwierig wie es umgekehrt der Fall wäre, wenn ein DDR-Richter die Motive eines BRD-Politikers beurteilen sollte. Daß das nicht angängig ist, leuchtet allerdings jedem ein.

Im gleichen traurigen Monat November begründete die Staatsanwaltschaft Dresden, gewiß gestärkt durch die BGH-Entscheidung, ihre sofortige Beschwerde gegen den die Eröffnung des Meineidverfahrens ablehnenden Beschluß des Landgerichts Dresden. Dagegen wandte ich mich mit Schriftsatz vom 7.2.1995. Danach herrschte wieder tiefste Ruhe in diesem Verfahren und wir konnten uns erneut dem Wahlfälschungsvorwurf zuwenden.

412

Hans Modrows pessimistische Erwartungen waren durch den Bundesgerichtshof bestätigt. Beide, Gericht und Angeklagter, hatten von dem jeweils anderen offenbar die gleiche, schlechte Meinung. Die kommende Verhandlung und Entscheidung des Landgerichts Dresden waren vorprogrammiert. Die neu zuständige Strafkammer hatte so gut wie keinen Spielraum. Modrow entschied, bei dieser Sachlage reicht Wolff als Verteidiger. Heinrich Hannover war auch jetzt verständnisvoll. Modrow hatte ihn in einem persönlichen Schreiben überzeugt, daß die Beschränkung der Verteidigung keine Kritik an seiner Tätigkeit enthielt. Mir war diese Entwicklung gar nicht recht. Ich hätte viel lieber Hannover an meiner Seite gehabt. Andererseits mußte ich Modrow Recht geben, sein Schicksal war praktisch entschieden. Es würde sich wiederholen, was sich in der Revisionsinstanz gezeigt hatte, die Politik würde das Urteil bestimmen. Hinzukam, Modrow war kein Krösus. Wenn ihm auch die Solidarität vieler politischer Anhänger half, es blieb genug an Kosten für ihn übrig, und der nächste Prozeß würde wieder Gelder verschlingen. Modrow ist zwar sparsam, aber eigentlich nicht, um Prozesse zu finanzieren.

Ungeachtet der Überzeugung von der Erfolglosigkeit der Verteidigung bereiteten wir uns intensiv vor. Seit der ersten Hauptverhandlung in Dresden waren etwa anderthalb Jahre vergangen, eine Zeit voller Ereignisse, die den Prozeßstoff in meinem ohnehin mangelhaften Gedächtnis verdrängt hatte. Die alten Akten mußten wieder hervorgeholt und unter Berücksichtigung der Beschränkung der Hauptverhandlung auf weniger Tatkomplexe (die Freisprüche des Landgerichts waren nicht angegriffen und daher rechtskräftig geworden) neu gesichtet und geordnet werden. In meinem Februar-Urlaub nutzte ich einen Teil der Zeit dafür, während mein Mandant zwischen seinen vielfältigen politischen Terminen eine neue Prozeßerklärung vorbereitete.

Der neue Richter, Spiegelhalter, kam aus der gleichen Landschaft wie Herr Lips. Dort sahen die Menschen, wie ich aus Büchern und aus Erfahrung zu wissen glaubte, traditionell politische Konflikte nicht so verbissen wie in Ostelbien. Von dieser Seite her waren also Sorgen unbegründet. Spiegelhalter wollte das Verfahren nicht auf die lange Bank schieben. Nach vielem Hin und Her mit den Prozeßbeteiligten stand endlich der Hauptverhandlungstermin für Anfang April fest. Am 24.3.1995 fuhren wir aus unserem Urlausort ab, unterwegs machten sich erste Anzeichen einer Grippe bemerkbar, die dann, als ich den zweiten Tag arbeitete, es war der 28. März, endgültig ausbrach und meine chronische Nierenbeckenentzündung zum akuten Ausbruch brachte. An die Hauptverhandlung ab 4. April war daher nicht zu denken. Spiegelhalter mußte nolens volens den Termin aufheben. Die Staatsanwaltschaft dachte Übles von mir und beantragte, für Modrow und andere Angekagte zusätzliche Pflichtverteidiger zu bestellen. Staatsanwalt Uebele begründete seinen Antrag: *„Durch die Bestellung von Pflichtverteidigern wird gewährleistet, daß die Hauptverhandlung auch im Falle einer etwaigen erneuten Erkrankung eines der Wahlverteidiger der Angeklagten durchgeführt* *werden kann.* " Meine Sozia, Frau Kossack, meldete sich daraufhin als zweite Wahlverteidigerin, und alles blieb wie gehabt.

Auch Spiegelhalter verhandelte straff von morgens bis abends. In Dresden praktizierte man das Strafverfahren insofern – aber nicht nur insofern – anders als in Berlin. Der erste Tag, der 2.August 1995, war ein sogenannter Hundstag. Die Temperaturen lagen schon seit Tagen bei 30° C. Wir waren morgens 5.30 Uhr von Berlin abgefahren, und ich saß abgeschlafft im Saal. Die Verhandlung wurde von den üblichen Formalitäten wie dem Verlesen der Urteile des Landgerichts und des Bundesgerichtshofs und natürlich von den Erklärungen der Angeklagten geprägt. Modrow wies erneut und wohl schärfer als im Mai 1993 auf den politischen Charakter des Verfahrens hin. Seine Nerven lagen jetzt blanker als damals. Die Prozesse belasteten ihn. Er sagte:

„Aus meiner Sicht wäre es notwendig, die strafrechtlich-politische Verfolgung endlich einzustellen, ebenso Schluß zu machen mit der Diskriminierung und Diskreditierung vieler Menschen im Osten, die einst ‚unsere Brüder und Schwestern‘ geheißen wurden." *Und er schloß mit den Worten:* „Daß dieser Prozeß hier heute stattfindet, läßt mich nur abschließend noch einmal feststellen: Rechtsfrieden, der auf Versöhnung aufbaut, soll sich nicht durchsetzen und entfalten können. Strafrechtlich-politische Verfolgung und Delegitimierung der DDR sollen auf der politischen Tagesordnung dieser Bundesrepublik bleiben."

Am zweiten Verhandlungstag – die Hitze hielt an – wurden acht Zeugen und der Sachverständige Lapp vernommen. Die neuerliche Beweisaufnahme gab kein anderes Bild als die vor zwei Jahren. Durch entsprechende Fragen konnten wir die Zeugen veranlassen, sich zu Feststellungen des Bundesgerichtshofs zu äußern. So erklärte der ehemalige Superintendent von Dresden, Ziemer, daß Kontakte der Kirche zu Parteistellen in der DDR ungewöhnlich waren, aber zu Modrow bestanden. Ziemer sagte auch über das Verhältnis zu Modrow: *„Wir konnten miteinander auskommen."*

Berghofer sagte sinngemäß: Modrow war kein Betonkopf, sondern wollte etwas ändern. Wir waren Männer Gorbatschows. Wenn wir ausgeschaltet worden wären, hätten wir keine Chance der politischen Einflußnahme mehr gehabt. Die Liaison Ziemer, Berghofer, Modrow hat im Herbst 1989 Gewalt verhindert. Eigennützige Motive waren bei keinem im Spiel. Modrow war ein bescheidener Mensch. Wir haben uns an Ergebnissen in der Arbeit erfreut. Eigenützige Motive sind für uns alle aus der Luft gegriffen.

Die Zeugin Dr. Fink äußerte: Wir waren uns im Kollektiv einig, den geringen Spielraum zu nutzen, um spätere Reformen mit zu beeinflussen. Deshalb haben wir alle Hans Modrow unterstützt.

Oehring sagte aus: So wichtig waren Wahlen nicht, um aufs Spiel zu setzen, was sich dann im Herbst 1989 bewährt hat. *„Es ist das große Verdienst von Modrow und Berghofer, daß es so gut ausgegangen ist."*

Müller erklärte: *„Ich habe Modrow kennengelernt als bescheidenen Menschen, der für uns Vorbild war und dem es immer um die Sache ging. Wer uns Machtgelüste unterstellt, der kennt uns nicht."*

Es gab keinen Zeugen, der Hans Modrow oder andere Angeklagte belastete. Die Zeugen sagten überwiegend günstiger aus als in der ersten Hauptverhandlung. Sie hatten, so glaubte ich, weniger Angst und mehr Zorn. Am Ende der Beweisaufnahme erstattete der Sachverständige Dr. Lapp sein Gutachten. Es war zugleich der Höhepunkt der Beweisaufnahme:

„Nach allem, was wir in diesem Prozeß erfahren haben, versuchte Modrow bis zum Wahlsonntag am 7. Mai 1989 die Verantwortlichen in Berlin davon zu überzeugen, reale oder wenigstens mehr an der Realität orientierte Ergebnisse für den Bezirk Dresden zu akzeptieren. Das wurde abgelehnt. Wer das ablehnte, ist nicht völlig klar geworden, Hans Modrow will niemand belasten … Mit an Sicherheit grenzender Wahrscheinlichkeit waren das Egon Krenz oder/und Horst Dohlus (oder die Büroleiter dieser Herren).

Die ‚Dresdener Linie‘ konnte sich jedoch nicht durchsetzen, Modrow und Genossen standen seit Frühjahr 89 sowieso schon unter Druck durch die ‚Mittag-Kommission‘; die Dresdener durften sich keinerlei Blöße mehr geben.

Hans Modrow ging für einen Bezirkssekretär, der nicht im Politbüro, sondern nur im ZK verankert war, bis an die Grenze des Vertretbaren (in seiner innerparteilichen Opposition). Er konnte nur (weiter) mitmachen oder mußte zurücktreten. Die ‚Güterabwägung‘, wegen der von oben befohlenen Wahlfälschung zurückzutreten oder diese hinzunehmen und auf Bezirksebene umzusetzen, ist ihm vermutlich nicht leicht gefallen. Wenn er im Amt blieb, dann aus politisch und persönlich ehrenwerten Motiven. Der Mann wollte sich aufsparen für die Zeiten nach Honecker, Mittag und Mielke.

Die im BGH-Urteil vom 3. November 1994 vorgenommene Kritik an der Einschätzung der Motive der Angeklagten durch die 3. Strafkammer des LG Dresden (Vorsitzender Richter 1993: Rainer Lips), die nunmehr auf angeblich ‚eigensüchtige Motive‘ bei Modrow und den anderen Angeklagten abhebt, ist kaum vertretbar, mir jedenfalls unverständlich.“

Der Sachverständige, der nicht von der Verteidigung benannt worden war, schloß mit den Worten:

„Das Urteil wegen Wahlfälschung gegen Modrow & Genossen aus dem Jahre 1993 verhieß Rechtsfrieden, bewies Sensibilität im Umgang mit DDR und SED und ihren Vertretern, brachte Versöhnung statt rechthaberischer Aufrechnung.

Wenn man jetzt Hans Modrow bestraft, härter bestraft, wird das jenen Kräften Auftrieb geben, denen die Einheit unseres Landes zuwider ist. Es wird Gräben aufreißen, die kaum zugeschüttet sind, es wird bestimmten Leuten in der PDS ins neue Feindbild passen. Und es wird auch Hans Modrow weiter verhärten, ihn in eine verquere Resignation treiben, ihn Positionen aufgeben lassen, die er bisher vertrat.

Vergessen wir eines nicht: Hans Modrow hat 1989/90 in kritischen Monaten den friedlichen Übergang der DDR zur Demonkratie maßgeblich mitgetragen, in seine Regierungszeit fällt ein Wahlgesetz, das die freien Wahlen vom 18. März 1990 ermöglichte. Hat er damit nicht praktisch Wiedergutmachung betrieben? Wieviel wiegt vor dieser Leistung für unser Land eine Handlung, die von Honecker-Vertrauten erzwungen wurde, – die wir heute, formaljuristisch sicherlich korrekt, Wahlfälschng nennen?“

Das schlug ein. Staatsanwalt Uebele erklärte, der zweite Teil des Gutachtens sei kein Gutachten, sondern Urteilsschelte am Bundesgerichtshof und Lob des aufgehobenen Urteils des Landgerichts Dresden. Er wolle aber den an sich möglichen Antrag auf Ablehnung des Sachverständigen wegen Befangenheit nicht stellen. – So schloß der

Verhandlungstag mit der Schelte des Sachverständigen, eines Opfers der DDR-Justiz und der DDR-Politik. Opfer verdienen eben nur dann Gehör, wenn sie sich so verhalten, wie man das von einem Opfer dieses Unrechtsstaates erwartet.

Staatsanwalt Uebele hielt seinen Schlußvortrag am 9. August. Er begann mit einer Kritik an der Erklärung Dr. Modrows und früheren Ausführungen seiner Verteidigung. Schon im ersten Satz betonte er den rechtsstaatlichen Charakter des Verfahrens. Er muß es wohl für erforderlich gehalten haben. Ausführlich wandte er sich gegen den Vorwurf der Siegerjustiz, *„wobei insbesondere den Angeklagten dieses Verfahrens die Opferrolle zugewiesen worden ist"*, um dann fortzufahren:

„Dieses Bild ist ebenso primitiv wie falsch. Wir stellen dem Vorwurf, hier ‚Siegerjustiz' zu betreiben, unbestrittene und unbestreitbare Tasachen entgegen:
– Es waren ausnahmslos Ostdeutsche, die aus berechtigtem Mißtrauen die Kommunalwahlen im Jahre 1989 aufmerksam und organisiert beobachtet haben,
– vor allem: es waren ausschließlich die Bewohner der damaligen DDR, die durch die den Angeklagten vorgeworfenen Wahlfälschungen noch um die letzten verbliebenen Reste ihrer staatbürgerlichen Rechte betrogen worden sind,
– es waren Ostdeutsche, die gleich nach dem 7. Mai 1989 aus hilfloser Empörung heraus zu Hunderten Strafanzeigen wegen des Verdachts der Wahlfälschung erstatteten, wobei wiederum die Ostdeutschen insoweit betrogen worden sind, als aufgrund einer unzweifelhaft rechtswidrigen Weisung des Generalstaatsanwalts der DDR diese angezeigten Straftaten nicht verfolgt wurden, obwohl doch, wie der Zeuge Ziemer so eindrucksvoll sagte, die Wahlfälschungen der Punkt waren, an dem das System der Lüge überführt werden konnte,
– es waren die Einwohner der damaligen DDR, die gleich nach der friedlichen Revolution, ab Januar 1990 daran gingen, die Wahlfälschungen als das zu brandmarken, was sie waren: eine große, DDR-weit angelegte Betrugsaktion zum Nachteil des gesamten Wahlvolkes ...“

Von den 41 Seiten des gedruckt vertriebenen Plädoyers waren neun Seiten der Verteidigung gegen politische Vorwürfe wie „Siegerjustiz" gewidmet. So auch der Hinweis:

„Es war der Generalstaatsanwalt der DDR persönlich, der den Angeklagten Dr. Modrow bereits am 8. Mai 1990 darüber in Kenntnis setzte, daß dieser durch die Vernehmungen des Zeugen Berghofer in den Verdacht geraten war, zur Wahlfälschung angestiftet zu haben.“

Staatsanwalt Uebele beendete diesen Teil seiner Ausführungen mit Sätzen wie den folgenden:

„Als Ergebnis all dessen kann also festgehalten werden, daß wir hier nur das fortführen, was noch zu Zeiten des Bestehens der DDR Ostdeutsche begonnen und in hunderten von anderen Fällen zu einem Ende – nämlich einer Verurteilung wegen Wahlfälschung – gebracht haben. ...
Um es deutlich zu sagen: die angebliche Siegerjustiz liegt hier einzig und allein darin, daß die Angeklagten als direkte Folge des Beitritts der DDR zur Bundesrepublik nach bundesdeutschem und nicht nach DDR-Strafrecht verurteilt werden können. Erst durch den Beitritt wurde überhaupt die Möglichkeit geschaffen, für Wahlfälschungen andere Sanktionen als eine zu vollstreckende Freiheitsstrafe zu verhängen.“

Im Anschluß an diesen politischen Teil seiner Ausführungen folgte ein vier Seiten langer Abschnitt zu den Schuldsprüchen, der der Erläuterung und rechtlichen Verteidigung des BGH-Urteils diente. Praktisch am bedeutungsvollsten waren die Darlegungen zu den Strafzumessungserwägungen. Sie nahmen mit 27 Seiten auch den größten Raum ein. Staatsanwalt Uebele stellte ihnen voran:

„Der bis heute fortwirkende Unrechtsgehalt der Taten der vier Angeklagten und deren Strafwürdigkeit ergibt sich vielmehr daraus, daß diese den damaligen Wählern noch die letzten verbliebenen rudimentären Elemente freier parlamentarischer, demokratischer Wahlen genommen und damit das Ausmaß des ablehnenden Wählerverhaltens unterdrückt haben. …
Die Strafkammer ist also insoweit tatsächlich an die Erwägungen des BGH-Urteils gebunden, worauf im einzelnen noch einzugehen sein wird."

Hier war für Staatsanwalt Uebele Gelegenheit und Verpflichtung, noch einmal auf die Ausführungen des Sachverständigen Dr. Lapp vom letzten Tag der Beweisaufnahme einzugehen. Und er tat es mit Eifer:

„Ohne jegliche Auswirkung auf die von der Kammer zu treffenden Entscheidungen müssen hingegen die Ausführungen des Sachverständigen Dr. Lapp bleiben, soweit sich diese auf die hier alleine von der Strafkammer zu treffende Rechtsfolgenentscheidung beziehen. Der Sachverständige Dr. Lapp hat hier seinen Gutachtensauftrag in krasser Weise mißbraucht, um für die Angeklagten Stimmung zu machen. Herr Dr. Lapp ist zweifelsohne ein anerkannter Sachverständiger für Fragen der Wahlfälschung. Die Festsetzung angemessener Strafen ist jedoch ureigenste Aufgabe des Gerichts. Selbst wenn Herr Dr. Lapp hierzu Sachkunde besäße, hätte er hierzu kein Wort verlieren dürfen. Dies gleichwohl getan zu haben, war eine grobe Ungehörigkeit auch und vor allem dem Gericht gegenüber. Es wäre eine Aufgabe des Sachverständigen gewesen, hier etwas über Wahlfälschungen zu sagen. Dies hat er nicht getan. Statt dessen hat er, was ihm nicht zusteht, eine Verteidigungsrede für die Angeklagten gehalten, die mit seinem Gutachtensauftrag nicht das Geringste zu tun hatte. Man stelle sich nur vor, der Sachverständige wäre – aus welchen Gründen auch immer – der Auffassung, daß die Angeklagten mit mehrjährigen Freiheitsstrafen zu belegen seien, und er hätte dies gegenüber dem Gericht geäußert! In jenem Fall stünde die Befangenheit eines Sachverständigen ebenso fest, wie das hier der Fall ist. Wir gehen allerdings davon aus, daß die Strafkammer dies genauso sieht und die diesbezüglichen Ausführungen des Sachverständigen als das behandelt, was sie sind: nämlich als eine in ungehöriger Weise unter Mißbrauch der Sachverständigeneigenschaft geäußerte Privatmeinung."

Wenige Worte benötigte Staatsanwalt Uebele anschließend für die Darlegung der Strafmilderungsgründe, die er den Angeklagten zubilligte. Mit knappen drei Seiten kam er aus, um auf die „harsche Kritik der sogenannten Mittag-Kommission", auf die inzwischen verstrichene Zeit von sechs Jahren und die Tatsache hinzuweisen, daß keiner der Angeklagten vorbestraft sei. Dabei reichte der knappe Raum auch noch für Wertungen, die nahelegten, daß diese Strafmilderungsgründe, richtig betrachtet, keine solchen wären. Darauf folgte, logisch begründet, die Aufzählung potentieller Strafmilderungsgründe, die aber den Angeklagten, allen voran Hans Modrow, gerade nicht zuzusprechen wären. Das Hauptgewicht lag dabei auf der Wertung der Motive der Täter. Hier wurde der Staatsanwalt zum Verteidiger des Bundesgerichtshofs gegen die Angriffe der Verteidiger der Angeklagten. Das hörte sich so an:

„Die Verteidigung hat vorgetragen, der Bundesgerichtshof wolle den Angeklagten unehrenhafte und eigensüchtige Motive unterstellem. Dies ist so nicht richtig. Richtig ist vielmehr folgendes:

Die 3. Strafkammer hat zugunsten der Angeklagten ausgeführt, daß deren Motive auch aus heutiger Sicht nicht unehrenhaft und nicht als eigensüchtig zu bezeichnen seien. Hierzu hat der Bundesgerichtshofs zum einen ausgeführt, er könne die Beurteilung der Motive der Angeklagten als nicht unehrenhaft nicht nachvollziehen. Dies hat der Senat auch eingehend begründet. In der Tat ist nicht einzusehen, weswegen eine auch nach DDR-Recht strafbare und gegen die DDR-Verfassung verstoßende Wahlfälschung, auch unter den konkreten Umständen, wie sie den Angeklagten zur Last fällt, als auf nicht unehrenhaften Motiven beruhend bezeichnet werden soll. Der Bundesgerichtshof hat nur diese Wertung der Kammer als nicht nachvollziehbar bezeichnet und dies auch noch eingehend begründet. Es kann hier nicht der Umkehrschluß gezogen werden, daß der Bundesgerichtshof die Motive der Angeklagten als besonders unehrenhaft bezeichnet hat.

Auch hat der Senat den Angeklagten keineswegs uneingeschränkt eigensüchtige Motive unterstellt. Auch insoweit hat das Revisionsgericht lediglich die Wertung der Kammer aufgegriffen und ausgeführt, daß die Angeklagten teilweise auch aus eigensüchtigen Motiven gehandelt hätten. Unbeschadet der strafprozessualen Bindungswirkung dieser zur Aufhebung des landgerichtlichen Urteils führenden Erwägungen, ist auch die Staatsanwaltschaft der Auffassung, daß die Motive der Angeklagten kaum als eigennützig bezeichnet werden können. Insoweit ist zwar dem seinerzeit von der Strafkammer gesehenen Strafmilderungsgrund des völlig fehlenden Eigennutzes eine Absage erteilt; andererseits liegt hierin nach Auffassung der Staatsanwaltschaft aber auch kein Strafschärfungsgrund. Zwar wären die Angeklagten bei einer Weigerung, an den Wahlfälschungen teilzunehmen, sozial und beruflich sicherlich nicht ins Bodenlose gefallen; einen entsprechenden Abstieg hätten sie jedoch sicherlich zu gewärtigen gehabt. Einen solchen Abstieg vermeiden zu wollen, kann aber keinem Angeklagten zum Nachteil gereichen."

Saubere, feinziselierte juristische Argumentation, bewunderungswürdiger Balanceakt: Verteidigung des radikalen Unwerturteils des Bundesgerichtshofs bei seiner gleichzeitiger Umdeutung in eine weder be- noch entlastende Bewertung der Motive. Und das alles ganz unpolitisch!

Ganz speziell zu Modrow fand Staatsanwalt Uebele zwei Strafmilderungsgründe mit eingebauter oder hinzugefügter Minderung der Milderung:

„Diesem Angeklagten ist somit zugute zu halten, mehrere Versuche unternommen zu haben, die Wahlfälschungen zu verhindern, bevor er sich zur Tatbegehung entschloß.

Eine unwesentliche Minderung des vom Angeklagten Dr. Modrow verwirklichten Tatunrechts wird schließlich dadurch bewirkt, daß dieser bei der Tatbegehung wohl gehofft hat, später einmal an einer Reform der DDR und deren Staatspartei mitwirken zu können, wenn er sich zur Tatzeit in die Parteidisziplin einbinden lasse. Auch dies gilt es in gewisser Weise zu seinen Gunsten zu berücksichtigen. Die von der 3. Strafkammer im seinerzeitigen Verfahren zu Recht vorgenommene ‚tatzeitnahe Betrachtungsweise‘ erfordert es aber, hier den Blick vor allem auf den Tatzeitpunkt, also den 7. Mai 1989 zu richten. Die späteren Geschehnisse der Wende waren damals weder für den Angeklagten Dr. Modrow noch für seine Mitangeklagten auch nur in groben Zügen vorherzusehen. Allen Überlegungen, welche in der seinerzeitigen Handlungsweise ein notstandsähnliches Verhalten erblicken wollen, ist deswegen eine eindeutige Absage zu erteilen. Es war eben nicht so, daß der Angeklagte Dr. Modrow, als er im Mai zur Wahlfälschung anstiftete, bereits im Blick hatte, im November desselben Jahres am Übergang von der Diktatur zur Demokratie mitzuwirken. Auch diese Feststellung ist eine zwingende Folge der hier anzustellenden tatzeitnahen Betrachtungsweise."

Vielleicht wäre es besser gewesen, Herr Staatsanwalt Uebele hätte Herrn Dr. Lapp zu dieser Problematik befragt, statt sich auf sein eigenes politisches Urteil über DDR-Verhältnisse zur Tatzeit zu verlassen. Gorbatschow jedenfalls spielte für seine Bewertung ebensowenig eine Rolle wie die Tatsache, daß Modrow tatsächlich freie Wahlen initiiert hatte. Als „Nachtatverhalten" wäre das vielleicht eines Wortes wert gewesen.

Immerhin neun Seiten benötigte Staatsanwalt Uebele, um alle Strafschärfungs-gründe aufzuzählen, die ihm für die Angeklagten allgemein und für Modrow im besonderen eingefallen waren. Schon Gesagtes kam dabei erneut zur Geltung:

> „Alle Angeklagten haben durch ihre Mitwirkung an den Wahlmanipulationen in unter-schiedlichem Ausmaß an der vollständigen Entwertung des den rund 1,3 Millionen Wahl-bürgern des Bezirks Dresden verbliebenen kümmerlichen Rest des bedeutsamsten staatbür-gerlichen Rechts mitgewirkt. ...
>
> Strafschärfend ist überdies bei allen Angeklagten zu berücksichtigen, daß diese durch ihr gemeinschaftliches, abgestimmtes Verhalten und die von ihnen vorgenommene umfassende Organisation der Wahlfälschungen im gesamten Bezirk Dresden, insbesondere durch die hierin liegende Minimierung des Entdeckungsrisikos in besonders grober und nachhaltiger Weise das von den Vorschriften über die Fälschung von Wahlen geschützte Rechtsgut ver-letzten. Die von den Angeklagten verwirklichten Tathandlungen gingen weit über das hin-aus, was zur Erfüllung des Straftatbestands erforderlich war. ...
>
> Zum Nachteil aller Angeklagten muß es sich weiter auswirken, daß diese in unterschiedlicher Intensität dazu beigetragen haben, daß auch nicht tatbereite Dritte in Organisation und Durchführung der Tat verstrickt wurden, daß diese von ihnen teils mit erheblichem Nach-druck Angestifteten, in tiefgreifende Gewissenskonflikte gestürzt und quasi in die Strafbarkeit getrieben wurden. ...
>
> Hinsichtlich der außertatbestandsmäßigen Folgen der Taten der Angeklagten ist zu deren Ungunsten insbesondere zu berücksichtigen, daß sie mit ihren Taten dazu beigetragen haben, daß die gegen die Überwachung des Wahlvorgangs durch die Bürgerbewegung gerichteten Unrechtsmaßnahmen des Ministeriums für Staatssicherheit völlig ungestört durch das den tatsächlichen Wählerwillen zum Ausdruck bringende Wahlergebnis durchgeführt werden konnten. ...
>
> Hinsichtlich des Angeklagten Dr. Modrow muß sich die von ihm zur Tatzeit eingenomme-ne und – dies ist entscheidend – zur Tatbegehung bewußt ausgenutzte hervorgehobene Stellung im hierarchischen Aufbau der Parteiorganisation straferhöhend auswirken. ...
>
> Es ist schließlich zu berücksichtigen, daß es vor allem die Angeklagten Dr. Modrow und Witteck waren, die im Bezirk Dresden die Wahlfälschungen initiierten und durchsetzten. ..."

Im Ergebnis seines Vortrags beantragte Staatsanwalt Uebele für Dr. Modrow eine Freiheitsstrafe von einem Jahr und zwei Monaten, die zur Bewährung auszusetzen wäre, wobei die Bewährungszeit auf drei Jahre festzusetzen sei. Ferner sollte Dr. Modrow als Bewährungsauflage die Zahlung einer Geldbuße von 5.000 DM erhalten. Das war immerhin eine geringere Strafe, als sie nach der ersten Beweisauf-nahme beantragt worden war: ein Monat und 15.000 DM weniger – Modrow war eben nicht mehr Bundestagsabgeordneter. Dieses Ergebnis hatte der Prozeß gehabt.

Diesmal plädierte ich am selben Tag wie der Staatsanwalt. Auch ich hatte mein Plädoyer schriftlich ausgearbeitet. Nach einleitenden Bemerkungen über die Schwierigkeit der Aufgabe des Landgerichts, unter Berücksichtigung der Vorgaben des BGH *„die Wahrheit festzustellen und die StPO nicht zu verletzen, dem Bundesgerichtshof zu geben, was des Bundesgerichtshof ist und der Gerechtigkeit, was der Gerechtigkeit ist"*, führte ich aus:

> „Mit geringer Hoffnung habe ich vor nunmehr 27 Monaten mein erstes Plädoyer in diesem Verfahren begonnen. Meine Skepsis erwies sich als unbegründet – wenigstens zunächst. Heute steht zwar von den ursprünglich 4 Tattagen (28.4., 2.5., 6.5. und 7.5.1989), die der Anklage zugrunde lagen, nur noch der 7.5. zur Verhandlung, aber dafür steht die Schuld des Ehrenvorsitzenden der PDS, Hans Modrow, juristisch unumstößlich fest. Sie steht genauso unumstößlich fest wie die Schuld von Carl von Ossietzky. Auch hier hat unlängst der Bundesgerichtshof entschieden, auch hier war zufällig ein Linker der Schuldige. Doch der Fall Ossietzky bestätigt die Feststellung von Blasius: ‚Erst die Geschichte ist die eigentliche Revisionsinstanz in politischen Strafsachen.' Die Geschichte aber wird Hans Modrow freisprechen, wie sie Carl von Ossietzky bereits freigesprochen hat und über seine Richter, die Richter von 1931 natürlich, den Stab brach. Ein Zeithistoriker hat bereits gesprochen, Herr Dr. Lapp.
>
> Angesichts der eindeutigen prozessualen Situation könnte ich mir und Ihnen jedes Wort zur Schuldfrage ersparen. Ich tue es aber dennoch nicht. Ich habe nach 36 Jahren Anwaltstätigkeit in der DDR mit einer Reihe politischer Prozesse, die alle unpolitisch genannt wurden, spät, aber doch gelernt, es geht um das Recht, u.U. um das höhere Recht, das Naturrecht und nicht um Opportunität. Also wiederhole ich kurz aber hartnäckig schon 1993 Gesagtes: der Angeklagte ist unschuldig."

Vor dem Ende meiner 17 Schreibmaschinenseiten langen Ausführungen zitiere ich Rolf Lamprecht aus seinem Artikel „Diskurs im Recht":

> „Der Gedanke, wegen eines mißliebigen Urteils sofort oder später von irgendeinem Machthaber zur Rechenschaft gezogen zu werden, gehört erkennbar zu den Urängsten der Richterschaft. Doch haben sie das Beratungsgeheimnis genutzt und unter diesem Schutzdach Mannesmut vor Königsthronen bewiesen?"

Und ich schloß:

> „In der Hoffnung auf den Sieg des Mannesmuts und in der Gewißheit der Stärke des Frauenmuts beantrage ich, von einer Bestrafung von Dr. Hans Modrow abzusehen."

Im Anschluß an die Verteidigerplädoyers hielten die Angeklagten ihre Schlußworte. Der Vorsitzende Richter wollte noch am selben 9. August das Urteil verkünden. Modrow faßte sich kurz. Er sagte u.a.:

> „Wer glaubt, daß die strafrechtlich-politische Verfolgung in der Bundesrepublik mich gleichgültig läßt, der irrt. Vielmehr setze ich alles daran, daß mit dieser Art Aufarbeitung der Geschichte endlich Schluß gemacht wird. Denn ich spüre, wie der Weg der Vernunft, Toleranz und Versöhnung, für den ich als Politiker ganz entschieden plädiere, verbaut und wie das Bild der Menschen von den Realitäten der Geschichte verzerrt werden soll. Wie sagte doch eine Zeugin: Ich finde es ganz furchtbar, wenn man heute von Leuten bewertet und verurteilt wird, die in diesem System nicht gelebt haben."

Das Urteil war mit einer Freiheitsstrafe von neun Monaten, einer Bewährungszeit von zwei Jahren und einer Geldbuße von 5.000 DM für den Staatsanwalt akzeptabel, und Modrow akzeptierte es auch. Natürlich stellte sich ihm die Frage, ob er aus Prinzip den Rechtsweg ausschöpfen und u.U. bis nach Straßburg gehen sollte. Dafür sprach, er würde so demonstrieren, daß er sich unschuldig fühle und er würde das Augenmerk einer weiteren Öffentlichkeit auf Grundfragen der Auseinandersetzung mit der DDR in der BRD lenken. Andererseits würde das Thema „Wahlfälschung" den Medien lange Zeit den Vorwand liefern, Modrow zu verunglimpfen, besonders wenn der Bundesgerichtshof seine Revision, wie zu erwarten war, verwerfen würde. Das entscheidende Argument für Hans Modrow war jedoch wohl, das alles würde sehr viel Zeit und Geld kosten.

Das Urteil vom 9.8.1995 wurde also rechtskräftig. Blieb das Meineidverfahren. Das Oberlandesgericht Dresden hatte noch immer nicht über die sofortige Beschwerde der Staatsanwaltschaft vom Oktober/November 1994 entschieden. Gerüchte aus gewöhnlich gut informierten Dresdener Justizkreisen besagten, der Senat sei sich nicht einig. Am 25.4.1996 war dann die Einigung hergestellt, nachdem sich wohl die Besetzung des Senats geändert hatte. Die Anklage wurde zugelassen und die Sache an eine andere Strafkammer zur Entscheidung zurückverwiesen. Das hatten wir schon einmal. Wir wußten also, was uns bevorstehen sollte. Der Spielraum war allerdings etwas weiter.

Zuständiger Vorsitzender Richter war auch diesmal Spiegelhalter. Wir telefonierten am 23. Mai. Er wollte wieder zügig durch. Für den August hatte er die Hauptverhandlung vorgesehen, allerdings fügte er hinzu, daß er die Verhandlung auch nur noch im August durchführen könne, sonst würde es in diesem Jahr nichts mehr werden. Er kehre Ende August wieder nach Freiburg zurück. Schließlich fragte Spiegelhalter, ob wir Zeugen aus dem Untersuchungsausschuß benötigten, vor dem der Meineid geleistet worden sein sollte. Das bejahte ich nachdrücklich.

Danach wurde ich krank, auch das eine Wiederholung der Geschehnisse des ersten Prozesses. Diesmal war es härter und dauerte bis Oktober. Ich würde sagen, das Alter und die Zeitläufte verlangten ihren Tribut. Vier Monate interessierte mich der Prozeß nicht. Inzwischen meldete sich der neue Vorsitzende Richter der 4. Strafkammer, Herr Kotyrba. Er kündigte im August an, daß er ab 18. November verhandeln wolle. Ich arbeitete noch nicht wieder, es war aber zu erwarten, daß ich die Verteidigung führen könnte. Wegen eines Auslandsaufenthalts von Hans Modrow wurde dann der Prozeßbeginn auf den 29. November verschoben. Mir war es recht, jeder Tag war ein Tag mehr der Vorbereitung und der Kräftigung.

Die Anklage warf Modrow vor, am 22.4.1992 vor dem *„Sonderausschuß des 1. Sächsischen Landtages zur Untersuchung von Amts- und Machtmißbrauch infolge der SED-Herrschaft"* unter Eid eine falsche Aussage gemacht zu haben. Ziel der Untersuchungen des Sonderausschusses war die Feststellung, ob es Pläne für die Errichtung von Isolierungslagern für Oppositionelle in der DDR gegeben hätte. Die Nachforschungen in dieser Richtung verliefen am 22.4.1992 (und danach) ergebnislos.

Die „Sächsische Zeitung" leitete am 23.4. unter der Überschrift „*Ex-Bezirkssekretäre bestreiten Isolierungspläne für Opposition*" ihren Bericht von der Ausschußsitzung mit dem Satz ein:

> „Ohne Beweise für auf dem Territorium der sächsischen DDR-Bezirke geplante Isolierungslager für Oppositionelle endete gestern die erste Zeugenvernehmung des Untersuchungsausschusses des sächsischen Landtages in Dresden."

Die anderen großen sächsischen Zeitungen berichteten ähnlich. Im Rahmen der eingehenden Vernehmung Modrows zu diesem Thema hatte der Abgeordnete Dreikopf (CDU) die Frage gestellt, wann und wo die letzte Sitzung der Bezirkseinsatzleitung Dresden stattgefunden habe. Die Frage betraf also ein Detail, das in keinerlei Zusammenhang mit der Errichtung von Internierungslagern stand. Modrow hatte geantwortet, seiner Erinnerung nach „*müßte das Anfang September gewesen sein*". Auf eine Ergänzungsfrage hatte Modrow noch hinzugefügt: „*Ich habe in meiner Verantwortung hier in Dresden in der Phase der Oktobertage eine im engen Sinne Beratung der bezirklichen Einsatzleitung dann nicht mehr durchgeführt.*" Diese Aussagen waren in dem Wortprotokoll festgehalten worden.

Die Anklage ging demgegenüber von der Behauptung aus: „*Sitzungen der Bezirkseinsatzleitung zur Bewältigung der Krisensituation in den Oktober- und Novembertagen 1989 wurden jedenfalls am 4., 5., 6., 8., 10., 13., 17. und 25. Oktober 1989 sowie am 4. November 1989 durchgeführt.*" – Die Differenzen beruhten auf dem, was Modrow mit den Worten „im engen Sinn" bereits umrissen hatte. Beratungen, an denen Mitglieder der Bezirkseinsatzleitung (BEL) teilnahmen, mußten nicht Beratungen der Bezirkseinsatzleitung sein. Es gab Vorschriften für Tagungen der BEL, was Tagungsort und Protokollführung, Teilnehmer und anderes anbelangte. An den Daten, die in der Anklageschrift benannt waren, gab es – mit Ausnahme des 4.11. – kein Protokoll; waren die Teilnehmer zum Teil andere usw. Letzten Endes war alles eine Frage der Definition des Begriffs „Sitzung (Beratung) der BEL". Dieser Streit mußte in der Beweisaufnahme geklärt werden.

Rechtlich gab es auch Probleme. Ich hatte in meinen Schriftsätzen dargelegt, der Sonderausschuß sei rechtlich nicht befugt gewesen, Zeugen zu vernehmen und habe unabhängig davon auch Regeln, die bei der Vernehmung von Zeugen zwingend einzuhalten sind, nicht beachtet. Die 3. Strafkammer des Landgerichts hatte sich meiner Auffassung im Ergebnis angeschlossen, das Dresdener Oberlandesgericht hatte sie unter dem Aspekt des „hinreichenden Tatverdachts" abgelehnt. Die 4. Strafkammer des Dresdener Landgerichts war jetzt berufen im Urteil zu entscheiden, was erwiesen und was Recht ist. – Die Vorzeichen waren kaum weniger schlecht als nach dem Urteil des Bundesgerichtshofs, die übergeordnete Instanz hatte ihre Meinung unmißverständlich, wenn auch verhüllt, wie das Gesetz es befiehlt, dargetan.

Mit gemischten Gefühlen fuhr ich am 28.11. im Zug nach Dresden. Ich wußte noch nicht, ob ich den Belastungen der Hauptverhandlung gewachsen sein würde. Deswegen war ich auch nicht erst am Verhandlungstag mit Modrow mit dem Auto mitgefahren. Ich wußte auch nicht, ob es mir gelingen würde, aus den Mitgliedern des Untersuchungsausschusses herauszufragen, daß sie Modrow vorsätzlich in eine Falle, in die „Meineidfalle" gelockt hatten. Für mich persönlich sprach alles dafür, aber würde ich gut genug in Form sein? Und schließlich hatte ich auch keinen Mitstreiter.

Die Hauptverhandlung begann pünktlich am 29. November 1996 um 9 Uhr. Der Vorsitzende Richter Kotyrba war mir von einem vorbereitendem Gespräch am 6.11. bekannt. Er hatte auf mich einen erfahrenen, offenen Eindruck gemacht und mir das Gefühl gegeben, er würde unvoreingenommen an den Fall herangehen. Allerdings schien es mir, daß er wohl einen Freispruch kaum oder gar nicht für möglich hielt. Vielleicht ein etwas widersprüchlicher Eindruck, aber so war es. – Der erste Tag verlief unsensationell und beanspruchte mich nicht. Die Anklage wurde vorgetragen, der bisherige Prozeßverlauf dargestellt, Modrow schilderte seinen Lebenslauf: Vier Jahre Kriegsgefangenschaft, anschließend keine Rückkehr zu den Eltern in die Westzone, sondern Arbeit in der Ostzone. Dann folgten lange Verlesungen von Unterlagen des Sonderausschusses sowie anderer Materialien. Langweilig. – Der Vorsitzende kündigte die Vernehmung von 23 Zeugen an.

Der zweite Verhandlungstag, der 2.12.1996, begann mit der Vernehmung des Zeugen, der mir der wichtigste zu sein schien, des Zeugen Arnold. Er hatte die Anzeige erstattet, er mußte wissen, ob die belastenden Dokumente, in denen von BEL-Sitzungen im Oktober berichtet wurde, ihm bei der Vernehmung Modrows bereits bekannt waren, warum sie Modrow nicht vorgehalten wurden und warum Modrow nicht befragt wurde, was er unter BEL-Sitzungen „im engen Sinne" verstehe. Arnold war im Sonderausschuß einer der Aktivsten. Er stützte sich dabei auf Material des sogenannten Forschungszentrums zu den Verbrechen des Stalinismus. In Reinhold Anderts Buch *„Unsere Besten. Die VIPs der Wendezeit"* (Berlin 1993, S. 9) war über ihn zu lesen:

„Arnold, Michael

In der Broschüre des Sächsischen Landtages schaut einem unter diesem Namen auf Seite 20 ein Flaumbart-umrahmtes Gesicht mit einem dümmlichen Herz-Jesu-Blick entgegen. Das Foto soll täuschen. Der nebenstehende biographische Text hat eine wesentliche Lücke. Dort steht, daß A. in einer Lebensgemeinschaft lebt, 1964 in Meißen geboren wurde und sich nun Zahnarzt nennen darf. Sich von ihm aber einen Zahn ziehen zu lassen, erzählt man, davor sei gewarnt, denn A. kann ziemlich brutal werden. Das bewies er bei der Auflösung der Stasi im Bezirk Dresden, denn dabei war er einer der Eifrigsten, Hysterischsten und Kundigsten. So erwarb er sich einen bedeutenden Ruf bei seinen Mitkämpfern im ‚Neuen Forum', die ihn zum Bezirks-, später zum Landessprecher machten. In dieser Funktion formulierte er die drei Hauptthemen des ‚Neuen Forum': 1. Ministerium für Staatssicherheit, 2. Stasi und 3. Staatssicherheitsdienst. Das machte ihn für das später zu Wahlzwecken vereingte ‚Bündnis 90' politikfähig, er erhielt ein Mandat für den Sächsischen Landtag.

Wie viele Stasiauflöser von Forum und Bündnis war auch A. gewissermaßen Mitarbeiter des Ministeriums für Staatssicherheit. Mindestens drei Jahre lang hat er sich freiwillig der bewaffneten Kerntruppe dieses Ministeriums zur Verfügung gestellt, diente dem ‚Schild und Schwert' der Partei im Wachregiment ‚Felix Edmundowitsch Dzierzynski' in Berlin-Adlershof."

Ich hatte darüber hinaus gehört, daß er nicht drei Jahre im Wachregiment gedient hatte, sondern aus disziplinarischen Gründen, man sprach von Kameradendiebstahl, entlassen worden wäre. Das anschließende Zahnmedizinstudium widersprach dem allerdings bzw. rief weitere Fragen hervor. Schließlich, so wurde gesagt, sei er beim Verteilen von illegalen Flugblättern gestellt, aber wegen eines Einspruchs der zuständigen Parteileitung nicht exmatrikuliert worden. Nach dieser – angeblichen – Vorgeschichte war sein gegenwärtiges Verhalten unverständlich.

Der Zeuge machte auf mich einen völlig anderen Eindruck, als ich ihn nach den genannten Informationen erwartet hatte. Er sprach ruhig, selbstsicher und wirkte überhaupt nicht unsympathisch. Das verstärkte meine ohnehin vorhandenen Hemmungen, ihn mit seiner angeblichen MfS-Vergangenheit zu konfrontieren. So brachte die Vernehmung Arnolds vom Standpunkt der Verteidigung keinerlei Pluspunkte und verschaffte mir das Gefühl, in einem entscheidenden Moment versagt zu haben.

Die anschließende Vernehmung des Zeugen Rudolph, der als Leiter des inzwischen offenbar aufgelösten „Forschungszentrums" Mitarbeiter von Arnold gewesen und nun arbeitslos war, brachte zwar auch nicht viel, ließ aber die Frage offen, wie es geschehen konnte, daß Rudolph sofort im Anschluß an die Vernehmung von Modrow gegenüber der Presse den Meineidvorwurf erhoben hatte, wenn er nicht bereits bei dieser Vernehmung im Besitz der fraglichen Dokumente gewesen war. Die Vernehmung nährte folglich den Verdacht , daß diese Dokumente auch Arnold und eventuell weitere Ausschußmitglieder besessen hatten. Dies vorausgesetzt war klar, daß man Modrow sehenden Auges ins offene Messer laufen ließ, indem man ihm diese Dokumente nicht vorhielt. Im übrigen machte Rudolph auf mich einen wesentlich ungünstigeren Eindruck als Arnold. Nach seiner Vernehmung blieb Rudolph im Zuhörerraum und hatte in den Pausen immer etwas mit dem Staatsanwalt zu bereden. Arnold war sofort gegangen. Er war übrigens inzwischen nicht mehr Abgeordneter, hatte sich aus der Politik zurückgezogen und praktizierte als Zahnarzt.

Die Zeugen bestanden aus zwei Personengruppen: Die Gruppe um die ehemalige Bezirkseinsatzleitung (BEL) und die Gruppe um den Sonderausschuß. Mein Bestreben war es von Anfang an, die Verteidigung auf Aussagen der Mitglieder und technischen Hilfsarbeiter des Sonderausschusses aufzubauen. Mein Mandant betrachtet das mit Skepsis. Das waren schließlich seine politischen Gegner. Andererseits würde den Aussagen seiner politischen Freunde von einst wenig Glauben geschenkt werden, und sie konnten den Inhalt von Dokumenten, wie Berichten an die übergeordneten Dienststellen, in denen von Sitzungen der BEL gesprochen wurde, nicht entkräften. Sie konnten nur erklären, auslegen. Das war aber letztlich Sache des Gerichts. – Im Fall Arnold hatte sich meine Hoffnung nicht erfüllt; Rudolphs Aussage hatte schon Zweifel geweckt. Zweifel konnten ausreichend sein. *„Im Zweifel zugunsten des Angeklagten"* war eine Regel, die Verteidiger schon in der DDR in ihrem Standardrepertoire hatten. Meist nützte sie wenig. Gerichte zweifeln eben im Zweifel nicht. Das war so geblieben.

424

Dagegen ist der Verteidiger machtlos. Es ist gut für ihn, wenn er es einsieht. Das Mit-dem-Kopf-durch-die-Wand bekommt auch einem Anwalt nicht.

An den folgenden Tagen verstärkten sich die Zweifel an der Seriosität und Gesetzlichkeit der Zeugenvernehmung durch den Sonderausschuß. Man spürte es an der Atmosphäre im Gerichtssaal und am Presseecho. Ich hatte nun auch volles Vertrauen, daß ich die Verhandlung gesundheitlich durchstehe. Ein besonders wichtiger Zeuge war der Vorsitzende der CDU-Fraktion im Sächsischen Landtag, Dr. Hähle. Er hatte der Ladung des Gerichts zunächst wegen dienstlicher Belange nicht Folge geleistet, was ich als gutes Omen ansah. Schließlich erschien er. Die „Sächsische Zeitung" berichtete über seine Aussage am 10.12.1996 unter der Überschrift: *„Hähle räumt Fehler bei Modrow-Vernehmung ein".* Im Text hieß es dann: *„Im Dresdener Meineid-Prozeß gegen den PDS-Politiker Hans Modrow hat ein weiterer Zeuge Unzulänglichkeiten im Landtags-Sonderausschuß eingeräumt."* – Die Beweisaufnahme verlief also zufriedenstellend.

Am Nachmittag nach der Vernehmung Dr. Hähles plädierte der Leitende Ober-staatsanwalt Renz. Sein Plädoyer wurde diesmal nicht schriftlich verteilt. Ich kann es also leider nur nach meinen Notizen wiedergeben. Er begann mit dem bekannten Thema „Siegerjustiz", betonte die Pflicht der Staatsanwaltschaft zur Objektivität und ihre Pflicht zur Verfolgung erheblicher Straftaten. Aus alledem leitete er offenbar später die Feststellung ab, daß die Staatsanwaltschaft auf die Anzeige von Arnold vom 2.6.1992 ermitteln und unter dem Zwang der Objektivität feststellen mußte, Modrow hätte „eindeutig unzutreffende, unrichtige Antworten" vor dem Sonderaus-schuß gegeben. Eine „Meineidsfalle" wäre ihm nicht gestellt worden. Modrow sei so des Meineids schuldig. Mildernd sei zu berücksichtigen, daß die Tat vier Jahre und siebeneinhalb Monate zurückliege sowie, daß „nicht mit letzter Sicherheit auszu-schließen wäre", daß Modrow vor dem Sonderausschuß die Stellung eines Beteiligten im Sinne des § 57 StGB gehabt habe. Am Schluß seiner Ausführungen beantragte der Leitende Oberstaatsanwalt eine Freiheitsstrafe von sechs Monaten, aus der mit der Strafe aus dem Wahlfälscherprozeß eine Gesamtstrafe von einem Jahr zu bilden sei. Die Vollstreckung solle zur Bewährung ausgesetzt werden.

Ich plädierte am folgenden 11. Dezember. Wie schon im vorangegangenen Modrow-Prozeß hatte ich mein Plädoyer schriftlich auf meinem Notebook im Hotel ausgearbeitet. Es ging hektisch zu. Zu guter Letzt fand sich kein Drucker, der von meiner Diskette drucken konnte. Dem Hotel-Service gelang es aber, dieses Hindernis zu überwinden. In der Eile wurde jedoch nicht die letzte, sondern die vorletzte Fassung ausgedruckt, die noch mehr Fehler enthielt als die letzte. Um die Pannenserie zu komplettieren, gelangten die vervielfältigten Exemplare schon an die Journalisten, bevor ich das Plädoyer begonnen hatte. Mein „Pressereferent" hatte es gut gemeint, aber der Vorsitzende Richter bemerkte es und fand es nicht so gut. Ich mußte ihm Recht geben, er ließ es mich aber nicht entgelten.

26 Seiten hatte ich diesmal zu bieten. Alles kann ich nicht zitieren, aber einiges mag zur Charakterisierung des Verfahrens und der Verteidigung wiederholt werden. Ich begann:

„Ein Verfahren von ‚besonderer Bedeutung' hatte die Staatsanwaltschaft mit ihrer Anklage vor nunmehr zwei Jahren und fast neun Monaten am 10. März 1994 dem Landgericht Dresden angetragen. Wir haben nun endlich die Beweisaufnahme hinter uns und wissen, es ging nicht um Sein oder Nichtsein, sondern – bezogen auf die BEL – um getagt oder nicht getagt. Diese Frage war es, die uns alle während der siebentägigen Hauptverhandlung bewegt hat, zu der das Gericht akribisch 24 Zeugen vernahm und die uns vielleicht noch beim Bundesgerichtshof oder beim Bundesverfassungsgericht, also sehr, sehr lange weiter bewegen kann. Es ist doch ein gutes Zeichen, wenn ein Land und seine Justiz keine anderen Sorgen haben, die sie abhalten könnten, sich so intensiv mit Fragen zu beschäftigen, die diesen Bedeutungsgrad haben.

Es ging und geht also immer nur um die Frage, hat die BEL als BEL getagt oder nicht getagt. Ich wiederhole das, weil ich glaube, daß es schwer zu fassen ist. Es ging nicht darum, was die BEL getan oder nicht getan hat. Also auch nicht darum, welche Verbrechen des Stalinismus oder welcher Amts- und Machtmißbrauch auf dem Gebiet der DDR im allgemeinen und durch Modrow im besonderen begangen wurde. Es ging nicht einmal darum, ob die Personen, die Mitglieder der BEL waren, getagt haben. Nein, das ausschließliche Interesse der Abgeordneten des Sonderausschusses des Sächsischen Landtages, der Staatsanwaltschaft, des Gerichts und der Verteidigung galt vier Jahre und fast acht Monate lang der Frage: getagt oder nicht getagt als BEL. Dies ist die Frage nach dem Sein oder Nichtsein der Verurteilung des angeklagten ehemaligen Ministerpräsidenten der DDR wegen Meineids. Wohl dem Land, dessen Ministerpräsident keine größere Schuld auf sich geladen hat. Modrow ist kein Andreotti, kein Botha, kein Stoph, natürlich erst recht kein Späth, kein Barschel, kein Strauß, kein Nixon und wie die integren Persönlichkeiten der Politik sonst heißen mögen. ...

Im konkreten Fall des Dr. Modrow hatte die Staatsanwaltschaft bei Erhebung der Anklage 1994 die ‚besondere Bedeutung der Sache' erklärtermaßen nicht in der besonderen Bedeutung der Sache, sondern gemäß Seite 38 der Anklageschrift in der besonderen Bedeutung der Person gesehen. Sie begründete die ‚besondere Bedeutung der Sache' mit den Worten: ‚Der Angeschuldigte nimmt als ehemaliger Ministerpräsident der DDR und heutiger Bundestagsabgeordneter, der zugleich Ehrenvorsitzender der PDS ist, im öffentlichen Leben eine hervorgehobene Stellung ein.'

Mir ist unklar, ob sie das heute anders sieht. Es hörte sich fast so an. Die besonders bedeutungsvolle Sache ist (oder war?), wie es scheint, nichtig, doch die Person, die ist gewichtig. Bei weniger gewichtigen Personen, die BEL-Sitzungen genauso definiert haben wie Dr. Modrow, hat die Staatsanwaltschaft, wie wir in der Beweisaufnahme beiläufig erfahren haben, erst gar nicht ermittelt, geschweige denn Anklage erhoben. Die Gleichheit vor dem Gesetz ist offenbar genauso auslegungsbedürftig wie die Frage, ob eine Beratung mit BEL-Mitgliedern eine BEL-Beratung war. Es bleibt die Anwaltserkenntnis, es ist nicht gut, wenn man im öffentlichen Leben eine ‚hervorgehobene Stellung' mit dem falschen Parteibuch in der Tasche einnimmt.

Es fällt schwer, den Prozeß unter diesen Umständen nicht ausschließlich als einen politischen Prozeß zu definieren (wieder eine Definitionsfrage). Die Anzeige des Politikers Arnold gegen seinen politischen Gegner Modrow wegen einer Aussage vor einem politischen Gremium in einer politischen Angelegenheit führt zu einem Verfahren, das seine besondere Bedeutung aus der politischen Stellung des Angeklagten ableitet. Kein politisches Strafverfahren? Was dann? Ich habe schon früher die Ministerialräte Güther und Seiler aus Meckenheim/Rhld. mit den Worten zitiert: ‚Die parlamentarische Praxis der letzten Jahre in

Bund und Ländern zeigt, daß Untersuchungsausschüsse politische Kampfinstrumente sind. Skeptische Beobachter müssen hinzufügen, daß die Wahrheitssuche zu Lasten der politischen Wirkung Gefahr läuft, auf der Strecke zu bleiben.' Warum sollte das ausgerechnet bei Modrow anders sein. Da braucht man überhaupt nicht an ‚Siegerjustiz' zu denken, geschweige denn von ihr zu sprechen.

Man kann das alles so sehen, man kann – wie ich – die Anklage als eine Zumutung, eine Zumutung gegenüber dem Steuerzahler und der Justiz empfinden, weil ein Gericht dieser Tage doch vielleicht Wichtigeres zu tun hat, es hilft jetzt nichts. Nachdem das Oberlandesgericht entschieden und die kostensparende Entscheidung der 3. Strafkammer des Landgerichts aufgehoben hat, muß man ins Detail, in das tatsächliche, das juristische und teilweise vielleicht ins philologische Detail. Schließlich hat auch der Bundesgerichtshof eine Grundsatzentscheidung über das Quaken der Frösche im Teich des Nachbarn veröffentlicht. Fügen wir also den verlorenen Stunden eine weitere hinzu. Aber denken wir daran, das Fröschequaken, das französische Landadlige inkommodierte, hat schon französische Bauern zur Revolution animiert, allerdings vor gut 200 Jahren.

Vor die Verurteilung eines Menschen durch ein Strafgericht hat das deutsche Recht viele Sicherheitsbarrieren gebaut. Lieber, sagt man in der Strafrechtstheorie, soll ein Schuldiger freigesprochen als ein Unschuldiger verurteilt werden. Wie gesagt, in der Theorie. – Im konkreten Falle stehen der Verurteilung des Angeklagten vier Hindernisse im Weg:

I.   Die Verfassung der Bundesrepublik und des Landes Sachsen,
II. Die Strafprozeßordnung,
III. Das Strafgesetzbuch und
IV. Die Tatsachen.

Der Herr Leitende Oberstaatsanwalt hat diese Hindernisse mit Stillschweigen übergangen. Ich habe meinen Standpunkt zu diesen Fragen schon früher, vor den Entscheidungen der 3. Strafkammer von 1994 und des Oberlandesgerichts von 1996 dargelegt. Ich bleibe – modifiziert – dabei und wiederhole mich. …“

Ich muß, so schwer es mir fällt, die 16 Seiten zu den Rechtsfragen übergehen und will nur noch drei Passagen aus den acht Seiten zitieren, die ich den sog. Tatfragen widmete. Ich leitete diesen letzten Abschnitt mit den Worten ein:

„Bleibt last not least die Frage: Hat Modrow vor dem Sonderausschuß gelogen? Ihre Beantwortung ist rechtlich m.E. irrelevant, da auch eine Lüge – wie dargelegt – nicht strafbar wäre. Doch erstens kann das Gericht anderer Meinung sein und zweitens gehört Modrow nicht zu den Politikern, deren Bedeutung durch Lügen eher größer als kleiner wird. Modrow ist die Ausnahme, die die Regel bestätigt, er ist Politiker und ein anständiger Mensch. Das wissen und fühlen sehr viele, aus der Sicht seiner politischen Gegner zu viele, und eben dieses Bild wollen sie zerstören. Darum die Anzeige, darum ein Prozeß nach dem anderen für Dinge, die in vergleichbaren Fällen nicht zu einem Strafverfahren führten. Darum andererseits die Notwendigkeit, unabhängig von der strafrechtlichen Relevanz, der Behauptung, dem Vorwurf der Lüge entgegenzutreten."

So setzte ich mich dann Seite um Seite mit den Dokumenten und den Bekundungen der Zeugen auseinander. Der Oberstaatsanwalt hatte sich auf „eindeutige Dokumente" berufen, aus denen die Tatsache der Durchführung von acht BEL-Beratungen nach September 1989 hervorginge. Nur eines dieser Dokumente war ein Dokument der BEL. Im übrigen handelte es sich um Unterlagen, meist Berichte aus den Dienststellen der Teilnehmer. Insbesondere der durch Suizid aus dem Leben geschiedene Chef der Dresdener Bezirksverwaltung des MfS, Böhm, hatte in Berichten an Mielke wiederholt von „BEL-Sitzungen" gesprochen. Für vier von den zehn der Anklage zugrundeliegenden angeblichen BEL-Sitzungen sollten sie Beweis erbringen. Dabei gab es aber auch Widersprüche zwischen den Berichten einerseits und dem „Lagefilm" andererseits, in dem auf die Minute alle Aktivitäten aufgeführt waren und in dem eine Beratung, die in einem Bericht erwähnt war, fehlte. Was war nun eine BEL-Sitzung? War es jede Beratung, an der einige Mitglieder der BEL teilnahmen und die sie selbst teilweise so bezeichnet hatten? Dazu sagte ich:

„Da ist nun wieder die Gretchenfrage dieses bemerkenswerten Prozesses. Wenn sich in jenen turbulenten Tagen die Vertreter der örtlichen Staatsmacht getroffen haben, waren das dann BEL-Sitzungen, weil ein Teil und vielleicht auch alle Mitglieder der BEL an ihnen teilnahmen? Ist es immer eine Kabinettssitzung, wenn Kohl oder Biedenkopf sich mit ihren Ministern treffen? Oder gibt es auch informelle Treffen oder formelle Staatsakte oder Beerdigungen, die dann eben keine Kabinettssitzungen sind? – Ich denke, die Frage stellen, heißt sie beantworten."

Ein einziges Dokument – auch eine Fotokopie – stammte von der BEL selbst. Es war das Protokoll einer BEL-Sitzung vom 4. November 1989, ein Dokument also aus einer Zeit nach Honecker. Inhaltlich bedeutungslos, aber eben eine Sitzung nach September 1989 dokumentierend. Zu ihm sagte ich:

„Die Frage ist jedoch auch hier, beweist das Papier das Stattfinden der Beratung? Niemand der sieben angeblichen Teilnehmer der Beratung erinnert sich an die Sitzung. Kann es nicht auch sein, daß das Papier zum Beleg der Pflichterfüllung verfaßt wurde? Gibt es nicht auch in der Marktwirtschaft falsche Bilanzen, falsche Steuererklärungen, falsche Warenbegleitpapiere, von falschen Regierungserklärungen ganz zu schweigen? Wer würde z.B. das in einer Steuererklärung angegebene Einkommen als das wirkliche Einkommen ansehen? Das Protokoll begründet eine gewisse Wahrscheinlichkeit für eine BEL-Sitzung am 4.11.89, jedoch keinen Beweis. Der Beweis ist jedoch erforderlich, wenn es gilt, das Prinzip ‚Im Zweifel zugunsten des Angeklagten' auch in diesem Prozeß zu verwirklichen."

Ich endete schließlich:

„Nach alledem kann am Ende dieses Definitionsprozesses, der durch eine politisch motivierte Anzeige eingeleitet, von einer insoweit unkritischen Staatsanwaltschaft mit Eifer verfolgt sowie von den Medien mit einstimmiger Vorverurteilung begleitet worden ist, nur der Freispruch des Angeklagten stehen, den ich hiermit beantrage."

Hans Modrow hielt ein Schlußwort, in dem er seine ungebrochene Haltung zum Ausdruck brachte und zitierte dabei den „Focus" vom 25.11.1996, *„der in seinem Beitrag zum Ausdruck brachte, worum es eigentlich geht. Er überschrieb seine Betrachtung mit ‚PDS-Idol Modrow muß wegen Meineids wieder vor Gericht' und erklärte dann, ‚in dem Berufungsverfahren beim Oberlandesgericht Dresden dürfte die Legende vom ‚Reformer' Modrow wohl endgültig zu Bruch gehen.'"*

Der Vorsitzende Richter Kotyrba hatte den Termin zur Verkündung des Urteils auf den 12. Dezember 1996 anberaumt. Es eilte, denn andere Termine drängten und die

Weihnachtsferien standen für einige schon vor der Tür. Manche glaubten, ihm in den letzten Tagen, unter der Belastung des Prozesses, eine gewisse Nervosität anzumerken. Er verkündete:

> „Der Angeklagte Dr. Hans Modrow ist des fahrlässigen Falscheides schuldig.
> Er wird daher – unter Einbeziehung der Freiheitsstrafe von neun Monaten aus dem Urteil des Landgerichts Dresden vom 09. August 1995 – 4 KLs 51 Js 4048/91 – zu der Gesamtfreiheitsstrafe von 10 Monaten verurteilt.
> Die Vollstreckung der Strafe wird zur Bewährung ausgesetzt."

Das war zwar kein Freispruch, zeigte aber deutlich, was das Gericht von der „besonderen Bedeutung der Sache" hielt. Wer das aus dem Urteilstenor nicht bereits entnahm, der hörte es aus dem Mund des Vorsitzenden Richters im ersten Satz der mündlichen Urteilsbegründung: *„Ein Berg kreisste und eine Maus ward geboren."* Und zu allem Überfluß betonte Kotyrba schließlich, daß das erkennende Gericht keine Verantwortung dafür trüge, daß der Prozeß stattgefunden hätte. Damit war auch der zweite Anlauf der Dresdener Staatsanwaltschaft, den ehemaligen 1. Sekretär der Bezirksleitung Dresden der SED zum Verbrecher zu stempeln, praktisch gescheitert. Die Presse reagierte mit Kleingedrucktem.

Wieder standen wir vor dem Problem: Revision oder keine Revision. Wir entschieden, die Frage offen zu lassen und zunächst, zur Wahrung der Frist, Revision einzulegen, um sie nach Erhalt der schriftlichen Urteilsbegründung, bereichert um die zwischenzeitlichen Erfahrungen, gegebenenfalls wieder zurückzunehmen. Das würde auch die Medien davon abhalten, sofort zu behaupten, „Modrow gibt Falschaussage zu".

Das schriftliche Urteil mit Gründen erhielt ich sehr spät. Es umfaßte 137 Seiten, von denen jedoch 87 der Wiedergabe des Wahlfälscherurteils dienten. Es ging in seinen Tatsachenfeststellungen davon aus, daß Modrow vor dem Sonderausschuß die Unwahrheit gesagt hatte. Bei der Beweiswürdigung verließ sich das Gericht voll auf die Dokumente, die ihm die Überzeugung vermittelten, daß *„damit die Einlassung des Angeklagten als widerlegt anzusehen"* ist. Eine Auseinandersetzung mit den Verteidigungsargumenten hierzu gab es nicht. Zeugenaussagen, die den Dokumenten widersprachen, hielt das Gericht für abgesprochen und unglaubwürdig. Bei der rechtlichen Würdigung setzte sich die Kammer mit der Auffassung der Verteidigung knapp auseinander und folgte ihr nicht. Einen Meineid lehnte das Gericht aber ab:

> „Nach Überzeugung der Kammer ist dem Angeklagten jedoch entgegen der Anklage der Staatsanwaltschaft Dresden ein Meineid nicht mit der nötigen Sicherheit nachzuweisen … Demgegenüber steht für die Kammer jedoch sicher fest, daß der Angeklagte bei seiner Aussage bewußt fahrlässig handelte. …"

Mich überzeugte das Urteil nicht, wenn ich auch akzeptierte, daß die Kammer das getan hatte, was sie für praktisch vertretbar, d.h. revisionssicher hielt. – Das Anschreiben, mit dem die Ausfertigung übermittelt wurde, datierte vom 24.6.1997, in unserer Kanzlei ging es am 1.7. ein. Nach einem Vermerk war das am 16.12.1996 verkündete Urteil am 3.2.1997 mit Gründen zur Geschäftsstelle gelangt. Nach einer telefonischen Auskunft vom 26.5.1997 hatten an diesem Tag noch nicht alle Richter das Urteil unterschrieben. Mir erschien es zweifelhaft, ob die Frist für die Übergabe der Entscheidungsgründe an die Geschäftsstelle gewahrt war. War das nicht der Fall, hätte eine Revision mit Sicherheit Erfolg haben müssen. – Modrow war jedoch auch diesmal des Prozessierens müde. Wir nahmen die Revision zurück, das Urteil wurde am 11.7.1997 rechtskräftig. Mich hätte es gereizt, den Instanzenweg bis zum Letzten zu gehen. Grundsätzlich sollte die Verantwortung in politischen Verfahren nicht den unteren Gerichten allein überlassen bleiben. Wer weiß, wie man später darüber denkt.

Im politischen Tagesgeschäft spielte jedoch auch der 2. Modrow-Prozeß keine Rolle mehr. Die Zeit hat bewiesen, daß das politische Ziel dieser Prozesse nicht erreicht wurde und daß sie für die sächsische und die deutsche Justiz kein Ruhmesblatt waren.

40. Vier von Vierzehntausend – oder Rechtsbeugungsverfahren am langsam laufenden Fließband (1991-1998)

Die Verfolgung der „Regierungskriminalität" hatte 1989 in der DDR mit Vorwürfen begonnen, die die Medien als „Amtsmißbrauch" bezeichneten. Sie waren nach DDR-Recht als Vertrauensmißbrauch (§ 165 StGB/DDR) und gegebenenfalls auch als Untreue mit Strafe bedroht. Ermittlungsverfahren waren damals eingeleitet, zum Teil Anklagen erhoben und einige wenige Urteile ergangen. Betroffen von solchen Ermittlungsverfahren waren unter anderem Honecker, Stoph, Mielke, Tisch, Axen. Die Ergebnisse entsprachen nicht den Vorstellungen vom Luxusleben der Partei- und Staatsführung der DDR. Nach dem Beitritt zur BRD verloren diese Verfahren jegliche Bedeutung. Die Vostellungen vom Luxusleben von Politikern waren nach oben korrigiert worden. Die „Amtsmißbrauchsverfahren" wurden mit wenigen Ausnahmen aus unterschiedlichen Gründen sang- und klanglos eingestellt.

Mit dem Beitritt begannen die Verfahren wegen Spionage. 6.000 Ermittlungsverfahren wurden eingeleitet. Markus Wolf wurde in erster Instanz verurteilt, aber das Bundesverfassungsgericht entschied 1995, DDR-Bürger, die nur vom Boden der DDR aus Spionage betrieben haben, können aus dem Gesichtspunkt des Vertrauensschutzes nicht verurteilt werden. Damit war dieses Feld der Regierungskriminalität gleichfalls bedeutungslos geworden.

Neben den „Mauerschützen"-Prozessen blieben schließlich nur die Verfahren wegen Rechtsbeugung als nennenswerter Komplex der „Regierungskriminalität". Etwa ab 1992 liefen sie langsam an. Der bis dahin in der Rechtspraxis trotz NS-Unrecht und mehrerer historischer „Wenden" nahezu unangewendete Tatbestand wurde in Berlin, der „Hauptstadt der Regierungskriminalität" zu einer Alltagserscheinung auf den Terminzetteln der Strafkammern des Landgerichts. Das Delikt war auch leicht verfolgbar. Die Täter hatten ihre Taten in Gestalt von Anklagen, Urteilen und Beschlüssen dokumentiert und beim Beitritt gut geordnet ihren Anklägern und Richtern überlassen. Ein seltenes Täterverhalten. Als ein Indiz für mangelndes Schuldbewußtsein, mangelnden Vorsatz wurde das jedoch nicht gewertet. Strafmildernd fiel es auch nicht ins Gewicht.

Praktisch war jeder, der in der DDR Jura studiert hatte, potentieller Täter. Glück hatten diejenigen, die von der Berufslenkung zu Justitiaren, Notaren oder Rechtsanwälten gekürt wurden. Sie blieben sauber. Bei dem Rest kam es darauf an: Zivilrichter (einschließlich Familienrichter), die ihr ganzes Berufsleben lang keine Strafakte anfassen, keinen Haftbefehl erlassen mußten, hatten gleichfalls Glück. Doch das waren nur wenige. Der Rest konnte auf die Nachricht warten, daß gegen ihn ein Ermittlungsverfahren lief. Es gab „Täter", die Hunderte derartige Nachrichten bekamen. Zu bestimmten Zeiten, in denen die ZERV (Zentrale Ermittlungsstelle für Regierungs- und Vereinigungskriminalität) und die Staatsanwaltschaft II beim Landgericht Berlin zum Zwecke der Unterbrechung der bereits zweimal verlängerten Verjährungsfrist, vom rechtsstaatlichen Strafverfolgungseifer besonders ergriffen wurden und extrem hart arbeiteten, verging kaum ein Tag, ohne daß die Haupttäter nicht wenigstens eine entsprechende Botschaft in ihren Briefkästen fanden. Zynismus breitete sich allseits aus. Rechtsanwälte, Polizisten und selbst Staatsanwälte und Richter sprachen von ABM (Arbeitsbeschaffungsmaßnahmen) für Juristen. Auch unsere Sozietät erhielt Arbeit. Was dem einen sin Uhl, ist ... Trotzdem sägte ich an dem Ast, auf dem wir saßen. Erfolglos. Die Justizmaschine lief und läuft und läuft und verspricht, es noch zehn Jahre weiter so zu tun. Fiat iustitia, pereat mundus oder summa ius, summa iniuria – oder auch Rechtsbeugung? Für mich war die Antwort klar, aber Reden ist Silber und Schweigen ist Gold. Vom vielen Schweigen bekam ich Magengeschwüre und Angina pectoris.

Fall Nr. 1:

1991 begann es für uns. Ein Arbeitsrichter bat Rechtsanwältin Kossack, ihn zu verteidigen. Wir kannten ihn alle. Er war Oberrichter im Senat für Arbeitsrechtssachen des Stadtgerichts Berlin gewesen und hatte den Ruf, besonders pingelig und gründlich zu sein. Die Verhandlungen bei ihm dauerten aus diesem Grund besonders lange und waren bei allen Rechtsanwälten deswegen unbeliebt. Hinzu kam, wir hatten wenig Aufträge auf diesem Gebiet, die Streitwerte waren extrem niedrig, wir interessierten uns (mit einer Ausnahme) nicht für Arbeitsrecht und hatten folglich davon (mit der genannten Ausnahme) keine Ahnung. Im übrigen gab es in der DDR generell wenig Arbeitsrechtsverfahren, da praktisch niemand entlassen werden konnte und jeder, der arbeiten wollte, tatsächlich auch Arbeit bekam.

Besagter Oberrichter hatte also die Mitteilung erhalten, daß gegen ihn ein Ermittlungsverfahren läuft. Vorgeworfen wurde ihm, er habe die Kündigung eines leitenden Angestellten der Gewerkschaft für wirksam erklärt, der sich geweigert hatte, an Übungen der Kampfgruppe teilzunehmen. Die Gewerkschaft hatte das als unvereinbar mit einer leitenden Tätigkeit in ihrer Organisation angesehen, ihm eine andere Stelle angeboten und, als er diese abgelehnt hatte, seine Kündigung ausgesprochen. Die Abweisung seiner Klage betrachtete die Staatsanwaltschaft II beim Landgericht Berlin als Rechtsbeugung und erhob Anklage beim Landgericht Berlin.

Der Vorsitzende der zuständigen Strafkammer galt unter Kennern der Berliner Justizszene als ein Mensch, der noch weniger Sympathien für die DDR hatte als der

Durchschnitt der Westberliner Richter. Unser Mandant war krank und mußte ins Krankenhaus. Er wollte erst den Prozeß hinter sich bringen und sich danach den Ärzten anvertrauen, vor denen ihm auch nicht wohl war. Frau Rechtsanwältin Kossack riet ihm, die Reihenfolge zu wechseln. Inzwischen würde ein neuer Richter kommen, da der bisherige aus Altersgründen ausscheiden würde. Der rechtsbeugende Oberrichter befolgte, entgegen seiner Neigung, in diesem Fall ausnahmsweise ihren Rat. Doch der Vorsitzende Richter am Landgericht war hartnäckig (wir wußten schon warum), und der Mandant wurde früher entlassen als angenommen. Er brannte im übrigen im Vollbewußtsein seiner Unschuld auch darauf, sich dem Gericht zu stellen nach dem unausgesprochenen Motto: „Denen werd ich es zeigen!"

Die Verhandlung im Sommer 1992 verlief anders, als von uns Anwälten erwartet. Auf der Anklagebank saß neben unserem Mandaten noch eine junge Richterin, deren erster Fall ihr zu dieser Anklage verholfen hatte. Sie wurde von zwei renommierten Westberliner Kollegen verteidigt. Anklagevertreterin war eine Staatsanwältin, die keineswegs sine ira et studio war und sich kaum bremsen konnte, was dem konservativen Vorsitzenden gar nicht gefiel. Unser Mandant ließ sich auch nur bedingt bremsen, was aber wider Erwarten auf die Richter keinen schlechten Eindruck zu machen schien. Am 17.8.1992 sprach die Strafkammer die beiden Angeklagten frei. Das war gerecht, das hatten wir nicht erwartet. Immer wieder stelle ich fest, wie schädlich Voreingenommenheit ist.

Die Staatsanwaltschaft wollte es wissen. Es war ein „Pilotverfahren". Sie hatte noch einen Sack voll ähnlicher DDR-Arbeitsgerichtsurteile zur Grundlage von Ermittlungsverfahren gemacht, und es konnte nicht wahr sein, daß diese Arbeit keine Früchte tragen sollte. Wenn in der Bundesrepublik Arbeitnehmer aus sogenannten Tendenzbetrieben entlassen werden, weil sie der Tendenz ihres Betriebes nicht entsprechen (sich z.B. als Angestellte einer katholischen Einrichtung scheiden lassen), dann ist das natürlich rechtsstaatlich, wenn es aber in der DDR geschehen war, dann war es dort Rechtsbeugung und mußte aufgearbeitet werden. In der DDR hätte man solchen Staatsanwälten einen klaren Klassenstandpunkt bescheinigt. – Die Staatsanwaltschaft legte also Revision ein.

Wir schrieben das Jahr 1993 und hatten also das Jahr 3 nach dem Beitritt gerade erst beendet, als am 30. November die Revisionsverhandlung stattfand. Meine Sozia war der Meinung, ich solle mich statt ihrer beim Senat des Bundesgerichtshofs blamieren. Da ich bei meinem Alter und meinem Ruf nichts mehr zu verlieren hatte, ging ich darauf ein. Das Gericht verhandelte relativ lange, führte mit uns, dem Mitverteidiger und mir, ein Rechtsgespräch und ließ uns nicht spüren, was es vielleicht (oder vielleicht auch nicht) Übles von uns dachte. Wieder zeigte es sich, daß vorgefaßte Meinungen nicht immer richtig sind. Nachdem wir unsere Ausführungen gemacht hatten – ich war nicht so gut, wie ich es mir gewünscht hätte – wurde mein Mandant gefragt, ob er noch etwas sagen wolle. Ich flüsterte: „Nein!". Er jedoch hob an und hörte nicht so schnell wieder auf. Doch auch bei dem Senat war der persönliche Eindruck, den er dadurch machte, gut. Hätte er sich bremsen lassen, hätte er einen Pluspunkt weniger gehabt.

Der Senat wies mit Urteil vom 13.12.1993 die Revision der Staatsanwaltschaft zurück. Wir glaubten, die Vernunft und das Recht habe gesiegt und das „Pilotverfahren" würde uns in eine rechtsbeugungsfreiere Zukunft geleiten. – Dachten wir wirklich.

Sicher, der Bundesgerichtshof hatte sehr kühn und frei die rechtliche Grundlage für die Strafbarkeit ehemaliger DDR-Richter und -Staatsanwälte begründet. Er hatte formuliert:

> „Aus dem Sinn und Zweck der Übergangsregelung des Art. 315 Abs. 1 EGStGB in Verbindung mit § 2 StGB ergibt sich, daß § 336 StGB auf Alttaten in der DDR anwendbar ist."

Von dem alten, schönen und angeblich ehernen Grundsatz: nulla poena sine lex scripta – keine Strafe ohne geschriebenes Gesetz – war nichts übriggeblieben. Alles Auslegungssache. Aber, der Senat hatte vielversprechende Bremsen in sein Urteil eingebaut, dachten wir. Er hatte erkannt:

> „In der DDR gab es keine Gewaltenteilung. Zu den Aufgaben der Rechtspflege gehörte nach Art. 90 der DDR-Verfassung die ,Entwicklung der Deutschen Demokratischen Republik und ihrer Staats- und Gesellschaftsordnung'."

Diese Erkenntnis allein hätte mehr oder weniger allen Rechtsbeugungsverfahren die Grundlage entziehen können oder müssen. Und der Senat hatte auch ausdrücklich erklärt,

> „daß es um die Beurteilung von Handlungen geht, die in einem anderen Rechtssystem vorgenommen worden sind. Die besonderen Züge dieses Rechtssystems sind bei der Prüfung der Frage, ob die Handlung gesetzwidrig i.S. des § 244 StGB-DDR gewesen ist bzw. i.S. des § 336 StGB das Recht gebeugt hat, zu beachten."

Derartige hoffnung- und vertrauenerweckende Passagen gab es noch mehrere in dem Urteil. Später jedoch hat der Bundesgerichtshof seine Auslegung selbst wieder strenger aus- und abgelegt. Er mußte es anscheinend tun, das Rechtssystem der Bundesrepublik verlangte es wohl. Rolf Lamprecht kommentierte 1994 die Rechtsprechung des BGH zur Rechtsbeugung durch DDR- und NS-Richter mit den Worten:

> „Die braunen Richter waren, auch wenn sie Abscheuliches begangen hatte, vom eigenen Stamm: gleiche Dogmatik, gleiche Ausbildung, gleiche Qualifikation. Die roten Juristen dagegen kommen aus einer fremden Zucht. Beißhemmungen hat man in der Regel nur bei den schwarzen Schafen der eigenen Familie, nicht bei den Schmuddelkindern der anderen."
> *(Zeitschrift für Rechtspolitik, 1994, 181, 184)*

So scheint es mir auch.

Es dauerte lange, bis der Bundesgerichtshof den unteren Gerichten immer vollständigere Maßstäbe zur Hand gab, wie sie DDR-Richter und -Staatsanwälte zu be- und verurteilen hätten. Die Entscheidungen des Bundesgerichtshofs ließen sich aber weiterhin auslegen. Die Staatsanwaltschaft II beim Landgericht testete alle Möglichkeiten, um dem Gesetz – wie sie es verstand – genüge zu tun und so viele DDR-Juristen wie möglich anzuklagen. Da ich an sich keine Strafsachen mehr machte, hatte ich nur wenig damit zu tun, doch das Wenige lieferte eindrucksvolle Beispiele.

Fall Nr. 2:

Im Juli 1993 kam ein 74jähriger Herr zu mir und legte mir je eine Vorladung der Staatsanwaltschaft beim Kammergericht, Arbeitsgruppe Regierungskriminalität, und der Staatsanwaltschaft Leipzig zu Vernehmungen vor. In Berlin wurde in einem Verfahren gegen Dr. Rothschild und andere gegen meinen Mandanten, Herrn P., ermittelt. Rothschild gehörte zu den ersten Richtern, die an das Oberste Gericht berufen worden waren. Er trat nach meinem Eindruck nicht hervor und war schon am 13. November 1963 verstorben. In dem Nachruf der „Neuen Justiz" hieß es seinerzeit, daß er als Sohn eines Fabrikanten in Teplitz-Schönau 1895 geboren wurde, in Prag Jura studiert, das Studium mit der Promotion zum Doktor der Rechte abgeschlossen und dann als Rechtsanwalt in Teplitz und Liberec gearbeitet hatte. 1930 war er Mitglied der Kommunistischen Partei der Tschechoslowakei geworden. Weiter hieß es in dem Nachruf:

„Nach dem faschistischen Einmarsch in Prag lebte Hans Rothschild eine Zeitlang illegal, bis es ihm mit Hilfe der Partei gelang, über Polen nach England zu fliehen. Hier war er als Fabrikarbeiter tätig und wirkte aktiv in der Emigrationspartei der KPC.

Mit der Zerschlagung des Faschismus war für Hans Rothschild auch die bittere Zeit der Emigration vorüber. Als Antifaschist stellte er sich sofort seiner Partei zur Verfügung. Er wurde zunächst zum Ersten Staatsanwalt beim Generalstaatsanwalt des Landes Sachsen berufen. Danach wurde er Vorsitzender eines Strafsenats beim Oberlandesgericht Dresden.

Nach der Errichtung des Obersten Gerichts der Deutschen Demokratischen Republik wurde Hans Rothschild durch die Volkskammer zum Richter dieses Gerichts gewählt. In einer ganzen Reihe von Strafprozessen, die wegen ihrer politischen Bedeutung vor dem 1. Strafsenat des Obersten Gerichts unter breiter Anteilnahme des In- und Auslands verhandelt worden sind, wirkte er mit."

Das Ermittlungsverfahren 2 Js 1252/92, das gegen ihn 29 Jahre nach seinem Tod eingeleitet worden war, sprach nicht für die Ermittler. Das Verfahren, das gegen meinen Mandanten unter dem gleichen Aktenzeichen lief, wurde am 28.7.1993 nach § 170 Abs. 2 StPO eingestellt. Ob das Verfahren gegen den toten Rothschild gleichzeitig eingestellt wurde, habe ich ebensowenig wie die möglichen Gründe der Einstellung erfahren.

Mich beschäftigte in erster Linie das Leipziger Verfahren. In der Vorladung der Staatsanwaltschaft Leipzig hieß es:

„… die Staatsanwaltschaft Leipzig führt im Zusammenhang mit den sogenannten Waldheim-Verfahren ein umfangreiches Ermittlungsverfahren.

Nach den bisherigen Feststellungen waren Sie von Mai/Juni 1950 dort als Richter sowie 1952 bei einigen nachgeschobenen Verfahren als Staatsanwalt tätig.

Ihnen wird zur Last gelegt, daß Sie in ca. 130 Verfahren sich der gemeinschaftlichen Freiheitsberaubung und Rechtsbeugung schuldig gemacht haben, indem sie unter bewußtem Verstoß gegen die damals geltenden Gesetze rechtswidrige Urteile gefällt und die Verurteilten rechtswidrig in Haft gelassen haben."

Herr P. befand sich·in einem außerordentlich schlechten Gesundheitszustand. Ein Attest bestätigte ihm

„atypische Angina pectoris bei chron. ischämischer Herzkrankheit, chron. Herzinsuffiziens Nyha II – III, diabetes mellitus Typ IIa, Z.n. subtotaler Strumektomie". Weiter hieß es in dem Attest: „Z.Zt. muß der Gesundheitszustand des Patienten als außerordentlich labil bezeichnet werden. Bei geringer Belastung besteht Atemnot und Schmerzen im Brustbereich. Sowohl physische als auch psychische Belastungen verschlechtern den Gesundheitszustand erheblich. Das bedeutet, daß bei Erregung Atemnot und akute Herzbeschwerden auftreten können. In diesem Zustand besteht Lebensgefahr."

Mit diesem Attest beantragte ich bei der Staatsanwaltschaft Leipzig die Einstellung des Verfahrens. In meinem Antrag führte ich u.a. aus:

„Das Ermittlungsverfahren belastet den Beschuldigten bereits erheblich. Schon die notwendige Verbindung zum Verteidiger führt zu physischen und psychischen Belastungen. Herr P. schläft vor solchen Besuchen nicht und befindet sich erkennbar in einem schlechten Gesundheitszustand. Der notwendige Fußweg von öffentlichen Verkehrsmitteln zum Büro des Verteidigers kann von ihm nur mit wiederholten Unterbrechungen zum Zwecke der Beseitigung von Atemnot zurückgelegt werden. Unter den genannten Umständen ist es unvorstellbar, daß der Beschuldigte einem Strafverfahren gewachsen ist."

Der zuständige Staatsanwalt lehnte die Einstellung des Verfahrens ab. Er erklärte:

„Aus dem vorgelegten handschriftlichen Attest des behandelnden Hausarztes vom 17.7.1993 kann ich nicht entnehmen, Ihr Mandant sei den Belastungen einer Hauptverhandlung schlechthin nicht gewachsen"

und der Beschuldigte habe als Zeuge in einer Hauptverhandlung

„keinesfalls den Eindruck hinterlassen, er könne aufgrund schlechter gesundheitlicher Verfassung der Vernehmung nicht folgen".

Am 8.9.1993 erhob Staatsanwalt Jagenlauf Anklage gegen den ehemaligen DDR-Volksrichter. Folgender Sachverhalt wurde meinem Mandanten zur Last gelegt:

„Der Angeschuldigte war in der Zeit von Mai bis Juni 1950 als beisitzender Richter in der 12. Strafkammer des Landgerichts Chemnitz in Waldheim tätig. Aufgrund eines jeweils neuen Willensentschlusses verurteilte er in 25 Fällen im bewußten und gewollten Zusammenwirken jeweils mit dem vorsitzenden Richter, dabei in 23 Fällen (Ziffer 1-23) zusammen mit dem gesondert verfolgten vorsitzenden Richter W. sowie in zwei Fällen (Ziffer 24, 25) zusammen mit dem gesondert verfolgten vorsitzenden Richter U., und jeweils 3 Schöffen 25 inhaftierte Angeklagte wegen ‚Verbrechen' nach dem Gesetz Nr. 10 des Alliierten Kontrollrates vom 12.10.1945 bzw. der Direktive Nr. 38 des Alliierten Kontrollrates vom 12.10.1946 zu mehrjährigen Freiheitsstrafen, die anschließend teilweise vollstreckt wurden.

Dem Angeschuldigten war dabei als Richter bewußt, daß die in großer Eile betriebenen Gerichtsverfahren gegen elementarste rechtsstaatliche Grundsätze verstießen, weil

– nach Vorschriften verurteilt wurde, die zur Tatzeit nicht galten und erst danach in Kraft
traten *(gemeint waren das Kontrollratsgesetz Nr. 10 und die Direktive Nr. 38 des Alliierten
Kontrollrats – d.Verf.)*,
– ein Merkmal der angewendeten Vorschriften nach Tatbestandsmerkmalen und Strafandro-
hungen nicht hinreichend konkret bestimmt waren,
– die Verfahren weder den Grundsatz des gesetzlichen Richters noch die richterliche Unabhängigkeit anerkannten
– und ferner die Öffentlichkeit nicht hergestellt war.“

Mit einem fachärztlichen Gutachten beantragte ich am 8. November 1993 nunmehr
beim Landgericht Leipzig die Einstellung des Verfahrens wegen Verhandlungs-
unfähigkeit, die nach Einholung eines Sachverständigengutachtens der Charité durch
Beschluß vom 18. Januar 1994 erfolgte. So hatte ich nicht die Möglichkeit, auch diesen
Prozeß zu verlieren. Denn Freispruch hätte ich sicher beantragt, und mein Mandant
wäre ebenso wie die anderen Angeklagten dieses Verfahrens und von zwei weiteren
Waldheim-Prozessen verurteilt worden. Das Ergebnis dieser Aufarbeitung war: Die
Nazis waren rehabilitiert, die Antifaschisten waren verurteilt. Alles ganz rechtsstaatlich
und demokratisch. Antifaschismus war nicht mehr „verordnet“ wie in der DDR.

Gereizt hätte es mich, gegen den Strom zu schwimmen. Gern hätte ich vorgebracht,
wie Franzosen, Italiener, Holländer, Norweger und andere mit ihren Faschisten nach
1945 umgegangen sind. In keinem dieser Rechtsstaaten war es deswegen zu Prozessen
ähnlicher Art gekommen. Gern hätte ich mich auf Gilles Perrault berufen, der in einem
Geleitwort zu einem Buch, das u.a. den 1. Waldheim-Prozeß gegen den DDR-Volksrichter Otto Jürgens behandelt, schrieb:

„Wir wissen aus harter Erfahrung, daß der Hitler-Faschismus das absolut Böse ist. Wenn das
sogenannte neue Deutschland diejenigen verleugnet, die ihn bekämpft haben, wie sollte man
sich nicht mit Beklemmung der Frage nach der wahren Natur dieses Deutschlands stellen?“

Fall Nr. 3:

Am 10. Februar 1994 kam ein ehemaliger Generalstaatsanwalt der DDR zu mir und bat
mich, ihn zu verteidigen. Gegen ihn werde wegen Rechtsbeugung ermittelt. Die Ermittlungen ergaben folgenden Sachverhalt:

In einer Bezirksstadt der DDR war am 10.12.1982 ein Direktor eines volkseigenen
Betriebes wegen verbrecherischer Untreue und verbrecherischen Diebstahls zum
Nachteil von Volkseigentum zu einer Freiheitsstrafe von drei Jahren und zwei Monaten
und zum Schadensersatz in Höhe von 85.509,69 Mark verurteilt worden. Eine gegen das
Urteil eingelegt Berufung war am 13.1.1983 vom Bezirksgericht als offensichtlich
unbegründet verworfen worden. Das Oberste Gericht hatte am 19.5.1983 das Urteil
des Bezirksgerichts kassiert, den Verurteilten teilweise freigesprochen und die Strafe auf
zwei Jahre und zehn Monate sowie den Schadensersatz auf 73.964,19 Mark herabgesetzt.

Nach Verbüßung von 18 Monaten wurde der Verurteilte am 8.12.1983 entlassen. Er versuchte auf verschiedenen Wegen, seine Rehabilitierung zu erreichen. Schließlich wandte er sich 1984 an Frau Honecker. Ein persönlicher Mitarbeiter der Ministerin hörte ihn an, und so gelangte der Fall an Erich Honecker, der wiederum den Generalstaatsanwalt, meinen Mandanten, mit der Überprüfung beauftragte. Im Ergebnis der Überprüfung hieß es:

„Die Verurteilung von Günter G. ist in allen wesentlichen strafrechtlichen Vorwürfen nicht zu begründen. Es gibt zwar rechtlich und moralisch nicht gerechtfertigte Entscheidungen des Genossen G., jedoch war es falsch, sie strafrechtlich zu verfolgen.

Das betrifft:
– die eigenmächtigen Gehaltserhöhungen in 29 Fällen, um Gehalts- und Leistungsdifferenzen auszugleichen. Das Gehalt wurde auch später weitergezahlt (32.703,75 M);
– die Umbuchung von 15.000 M aus dem Leistungsfonds in den K- und S-Fonds, um an jeden Werktätigen des Betriebes 70 M Urlaubsgeld zu zahlen;
– den Kauf von Kaffeegedecken aus dem Leistungsfonds als Präsente für die Belegschaft anläßlich des 10jährigen Bestehens des VEB (6.791,50 M) und
– das Verschenken von Kerzenständern aus einer Versuchsproduktion, die sich als nicht absetzbar erwies, überwiegend an Belegschaftsangehörige – z.B. Frauentag und persönliche Jubiläen (4.181,44 M). ...

Daher sind folgende Maßnahmen zu veranlassen:
Der bisher gezahlte Schadenersatz ist zurückzuerstatten;
Günter G. erhält für unschuldig erlittene Untersuchungs- und Strafhaft in vollem Umfang Entschädigung.

Da die verbleibenden geringfügigen Handlungen vorrangig die materielle Verantwortlichkeit begründet hätten, wäre ein Ausschluß aus unserer Partei nicht zwangsläufig, was insbesondere durch die Verdienste des Genossen G. in seiner Parteiarbeit und als Betriebsleiter noch bestärkt wird.

Die prinzipielle Auswertung des Verfahrens in den Justizorganen ist zu gewährleisten.

Es wäre rechtlich möglich, die Kassation des Verfahrens durchzuführen. Da die Tilgung aus dem Strafregister am 17.12.1984 erfolgte, ein Kassationsverfahren nochmals über die verbleibenden, geringfügigen Handlungen entscheiden müßte, alle anderen Folgen aber auf dem vorgeschlagenen Wege beseitigt werden, halten wir ein zusätzliches Verfahren für nicht angebracht."

Dieses Schreiben des Generalstaatsanwalts führte am 15.3.1985 zu einer Vorlage des zuständigen Eingabenbearbeiters im ZK an Erich Honecker, in dem sich dieser den Vorschlägen des Generalstaatsanwalts anschloß und sie nur noch durch den Vorschlag einer Auswertung im Apparat der zuständigen Bezirksleitung der SED ergänzte. Dem stimmte Erich Honecker am 12.3.1985 zu. Und also geschah es.

Mir war unerfindlich, wo in diesem neun Jahre zurückliegenden Sachverhalt die Rechtsbeugung oder ein anderes Vergehen meines Mandanten zu sehen sein könnte. Am 30. März 1994 suchte ich den zuständigen Staatsanwalt Herrn v. Hugo auf. Danach war ich klüger und fertigte folgenden Vermerk:

Der Staatsanwalt „teilte mir mit, daß ursprünglich der Verdacht einer persönlichen Bereicherung bestanden hätte. Dieser Verdacht hätte sich jedoch nicht bewahrheitet. Nunmehr würde davon ausgegangen, daß der Mandant eine Anstiftung zum Amtsmißbrauch begangen habe. Auf meine entsprechende Frage erklärte mir Herr von Hugo, daß Herr W. Herrn Honecker durch sein Schreiben zum Amtsmißbrauch angestiftet habe. Herr Honecker hätte sich das Amt eines Richters angemaßt. Auf meine Bemerkung, daß dies Herr Honecker doch hätte machen können, erklärte er, dann hätte er eine Begnadigung aussprechen müssen. Ihm sei bewußt gewesen, daß er das gekonnt hätte. Insofern habe er sich bewußt darüber hinweggesetzt. Herr von Hugo gab zu, daß es sich bei allem um einen Formfehler gehandelt hätte. Der Grad des kriminellen Unrechts sei nicht erheblich und er erwäge deswegen eine Einstellung des Verfahrens nach § 153 a."

Das Gespräch mit dem Herrn Staatsanwalt hat mich nachhaltig beeindruckt. Schon die Tatsache, daß er zu dem Verdacht kommen konnte, der Generalstaatsanwalt der DDR würde eines persönlichen Vorteils wegen einen Verurteilten rehabilitieren, war für mich unvorstellbar. Ich kannte den „Täter" und ich kannte die DDR, und ich wußte, nie wäre ein Staatsanwalt oder ein Verteidiger aus der DDR auf einen solchen Gedanken gekommen. Das lag außerhalb unserer Erfahrungswelt. – Und dann, Honecker anstiften und ausgerechnet zum Machtmißbrauch, auf diese Idee wäre auch keiner von uns verfallen, da mußte schon ein Jurist aus der alten Bundesrepublik kommen und uns das beibringen. Jetzt ist es aber fast so weit, daß auch ich alles für möglich halte. Man ist schließlich lernfähig.

Gefallen hat mir die juristische Konstruktion nicht. Also habe ich meinem Mandanten abgeraten, darauf einzugehen. Vorsichtig abgeraten, denn, warum sollte das Gericht nicht genauso denken wie der Staatsanwalt. Beide kamen, um mit Lamprecht zu sprechen, „aus demselben Stall". – Mein Mandant war noch vorsichtiger als ich und zahlte die Geldbuße. Was hätte ihm ein Freispruch, der mit einem Gerichtsverfahren verbunden gewesen wäre, genutzt? Sollte alle Welt erfahren, wo der ehemalige Generalstaatsanwalt des Unrechtsstaates jetzt arbeitet? Also zahlte er 4.000 DM für das Schweigen der Presse und den Erhalt seines (mäßigen) Broterwerbs. Marktwirtschaft verlangt eben marktwirtschaftliches Denken – beim Streben nach Gerechtigkeit wie beim Dulden von Unrecht. Nur der Staat und sein Anwalt haben das nicht nötig. Das „Iudex non calculat", der Richter rechnet nicht, gilt auch für den Staatsanwalt und die Kosten eines solchen Verfahrens.

Fall Nr. 4:

Etwa zur gleichen Zeit beschäftigte Herrn Staatsanwalt von Hugo und mich ein ähnlicher Fall, der wieder weiter in die aufzuarbeitende Vergangenheit der DDR zurückreichte.

Ende Juli 1994 suchte mich ein ehemaliges Mitglied des Berliner Rechtsanwaltskollegiums auf. Ich freute mich, ihn nach langer Zeit wiederzusehen. Er kam jedoch nicht des Wiedersehens wegen. Etwa zwei Wochen zuvor hatte er eine Ladung zur Vernehmung bei der Staatsanwaltschaft beim Kammergericht, Abteilung Regierungskriminalität, erhalten. In ihr hieß es:

„Sehr geehrter Herr!

Gegen Sie ist eine Beschuldigung erhoben worden:
Rechtsbeugung zugunsten des wegen Tierquälerei verurteilten Franz Ramm aus Mühlhausen
im Jahre 1954."

Mein Mandant war inzwischen 74 Jahre alt. Er war längst vor dem Ende der DDR
und des Rechtsanwaltskollegiums Rentner geworden. Das Leben hatte ihm arg mitgespielt, und er wollte seine Ruhe haben. Im Zweiten Weltkrieg hatte er als Panzergrenadier ein Bein verloren, nach dem Krieg wollte er alles tun, um den Frieden zu
erhalten. Er war in eine Blockpartei eingetreten und hatte dies offenbar im Auftrag
der SED getan. Die näheren Umstände sind mir nicht bekannt, die Tatsachen als solche
deuten aber daraufhin, da er aus einer Familie stammte, deren Mitglieder schon vor
1933 einer Arbeiterpartei angehört hatten. Vater und auch die Mutter hatten der
SPD/USPD, die Brüder der KPD angehört. Ein Bruder war 1944 hingerichtet worden.
Mein Mandant war 1946 auf einem Richterlehrgang in neun Monaten zum Volksrichter qualifiziert worden und hatte schließlich nach zwei weiteren Lehrgängen die
Funktion eines Oberrichters beim 2. Strafsenat des Obersten Gerichts ausgeübt. Dort
hatte er 1954 in der Strafsache gegen Ramm den damaligen Angeklagten freigesprochen, was ihm nach 40 Jahren zum Verhängnis werden sollte.

Ich kannte meinen Mandanten seit der zweiten Hälfte der 50er Jahre. Er hatte das
Oberste Gericht auf eigenen Wunsch verlassen und war Rechtsanwalt geworden. Die
Arbeit am Obersten Gericht hatte ihm nicht gefallen. Er war eigenwillig, gewissenhaft und grundanständig. Wenn er eine Aufgabe übernahm, erfüllte er sie zuverlässig.
Im Kollegium hatte er eine gewisse Berühmtheit durch einen Fall zu Beginn seiner
Anwaltstätigkeit erlangt. Er hatte vor einem 1. Strafsenat des Stadtgerichts als
Pflichtverteidiger einen Mann verteidigt, der beschuldigt wurde, irgendein politisches
Delikt begangen zu haben. Vorsitzender war ebenfalls ein Volksrichter, der wegen
seiner urberliner Sprache und seiner Derbheit berühmt war. Oberrichter Fritz Siede
war jahrelang Gesprächsthema in der Ostberliner Justiz. Er kannte das Milieu der
Berliner Kneipen mit ihren Besuchern von innen und machte daraus keinen Hehl.
Wenn er einem Angeklagten aus seiner so gewonnenen Lebenserfahrung Vorhaltungen
machte, pflegte er diese mit Worten wie *„Da staunste Pipel, wa!"* abzuschließen.
Wir wußten, Siede war rauh, aber nicht ohne Herz und Rückgrat. Der rauhe Ton
mußte kein gleichartiges Urteil nach sich ziehen. Siede wich auch vom Antrag des
Staatsanwalts gelegentlich ab. Das alles wußte unser neugebackener Kollege, der aus
der insofern gepflegteren Sphäre des Obersten Gerichts kam, nicht. Er legte sich mit
Siede an. Er meldete sich zu Wort, aber Siede erteilte es ihm nicht. Kurzer Wortwechsel, und mein Kollege packte seine Akten und verließ den Gerichtssaal. Am
nächsten Tag erschien ein relativ großer Artikel über diesen Vorfall im „Neuen
Deutschland". Unvergessener Titel: *„Ein Mandant blieb allein".*

Mein Kollege war, seit wir uns nicht mehr gesehen hatten, sehr gealtert. Er hatte im persönlichen Leben oft und schwer gelitten, sein Beinstumpf bereitete ihm immer wieder Schmerzen und ein Familiendrama traf ihn hart. Nun das. Er sah sich offenbar schon im Gefängnis und war mit den Nerven fertig. – Ich sah den Fall humorvoller. Man hat gut Lachen, wenn man nicht selbst betroffen ist.

Bei der Akteneinsicht stellte ich fest, der Staatsanwalt hatte Literaturstudien über politische Justiz betrieben und dabei offenbar den Artikel von Falco Werkentin in der „Kritischen Justiz", Heft 4/1992, gelesen, der den schönen Titel *„Die ‚Ballade' vom ermordeten Hund"* trug. Dieser wiederum beruhte auf Otto Kirchheimer, der den Fall unter dem gleichen Titel in seinem Buch „Politica" vorher geschildert hatte. In der Verfügung, mit der ein Staatsanwalt den Vorgang 6 AR 26/93 angelegt hatte, hieß es:

„Der Begünstigte, ein Mann namens Fritz R. – der weitere Nachname ist unbekannt –, war 1954 SED-Mitglied und Betriebsschutzleiter eines VEB in Mühlhausen. Er erblickte einen streunenden Hund und schlug mit einer Latte auf ihn ein, bis dieser sich nicht mehr regte. Am nächsten Tag stellte er fest, daß der Hund noch lebte. Er warf ihn in den Ofen einer Ver- brennungsanlage. Andere Mitarbeiter zogen ihn wieder heraus und der Hund verstarb. Er wurde vom Kreisgericht Mühlhausen wegen Tierquälerei und Sachbeschädigung zu einer Freiheitsstrafe von einem Jahr verurteilt. Das Bezirksgericht wandelte aufgrund der auf das Strafmaß beschränkten Berufung das Urteil in eine Geldstrafe um.

Das OG der DDR kassierte das Urteil – offensichtlich auf Anweisung der Parteispitze nach Tätigwerden einer Untersuchungsbrigade des Politbüros, da der erste Kassationsantrag abgelehnt worden war – und rügte die unteren Instanzen, die politische Bedeutung des Falles nicht erkannt zu haben.

Ulbricht hat über den Fall auf dem IV. Parteitag der SED berichtet."

Die Staatsanwälte durchforsteten die Geschichte. Eine charakteristische Ermittlungs- arbeit in Sachen Regierungskriminalität. Am 12. Mai 1993 schaltete der zuständige Dezernent die „Stiftung Archiv der Parteien und Massenorganisationen der DDR im Bundesarchiv" ein. Die Stiftung enthielt das von der PDS gestiftete Archiv der SED. Von dort wurde am 1.6.1993 geantwortet:

„ … trotz eines hohen Rechercheaufwandes habe ich nur wenige einschlägige Akten mit direktem Bezug auf den ‚Fall Mühlhausen' ermitteln können (IV 2/5/4, NL 182/1096, IV 1/IV)."

Der Staatsanwalt erfuhr nun auch den Nachnamen von Franz R. und erhielt vom Ein- wohnermeldeamt die Auskunft, daß der möglicherweise rechtswidrig vom Obersten Gericht Freigesprochene am 16.8.1975 verstorben war.

Am 13.7.1994, also nach mehr als einem Jahr intensiver Ermittlungsarbeit, konnte der zuständige Staatsanwalt verfügen:

„Das bisherige Verfahren 28 AR 59/93 als neue JS-Sache in Abt. 28 gegen Irene Rechner und M. S. wegen Rechtsbeugung zugunsten des verstorbenen Franz Ramm über Chef gem. § 145 GVG, über Herrn LOStA Schaefgen über Herrn OStA Debes neu eintragen."

Am 10.8.1994 war ich bei dem zuständigen Staatsanwalt Herrn v. Hugo. Man müßte, sagte ich mir, die Lebensläufe der Staatsanwälte so kennen wie die der Beschuldigten. Die Unterredung verlief angenehm. Ich berichtete meinem Mandanten:

„ ... da ich Dich telefonisch nicht erreicht habe, möchte ich Dir auf diesem Wege über das Ergebnis meines Besuchs bei Herrn Staatsanwalt von Hugo am 10.08.94 berichten. Herr von Hugo hatte mich telefonisch um diese Rücksprache gebeten. In der sehr kurzen Aussprache erklärte mir Herr von Hugo, daß es Dir natürlich freistünde, sich nicht zu äußern, aber er wolle seinen Standpunkt einmal darlegen, schon damit deutlich würde, was Du nicht zu befürchten hättest. Das Urteil des Obersten Gerichts böte aus sich heraus nicht einmal den Anfangsverdacht für eine Rechtsbeugung. Es gebe aber Anhaltspunkte dafür, daß es durch die Einflußnahme Dritter zustande gekommen wäre. In dieser Beziehung würde er auf eine Äußerung von Dir, und zwar möglichst nicht nur schriftlich, sondern in Form einer Vernehmung durch ihn Wert legen."

Ich teilte nach Rücksprache mit meinem Mandanten mit, daß er sich *„auch weiterhin nicht zu den gegen ihn erhobenen Beschuldigungen äußern wird"* und beantragte die Einstellung des Ermittlungsverfahren nach § 170 Abs. 2 StPO. Diese wurde mir mit Schreiben vom 7.9.1994 mitgeteilt. Mein Mandant hatte Tränen in den Augen, als er sich bei mir bedankte.

Nachbemerkung

Nach 45 Jahren anwaltlicher Tätigkeit in politischen Prozessen, was ist das Fazit? Welche Einsichten haben sie gebracht? Was brachte, was bringt politische Justiz für die Bürger, für die Staaten? Generell glaube ich, frei nach Clausewitz sagen zu können, politische Justiz ist Fortsetzung der Politik mit justizförmigen Mitteln. Ob sie gute oder schlechte Noten verdient, hängt nicht in erster Linie von der Qualität der Arbeit der Richter, Staatsanwälte und Rechtsanwälte, sondern von dem Wert oder Unwert der Politik ab. Mit Recht sagt Blasius daher, die Geschichte sei die eigentliche Revisionsinstanz in politischen Strafsachen. Die Geschichte folgt aber nicht Gesetzen, sondern Recht und Gesetz sind ein Ergebnis der Geschichte. Das mag man als Jurist bedauern, aber leugnen kann man es nicht, jedenfalls nicht mit Aussicht auf bleibenden Erfolg.

Politische Justiz ist daher nicht zu jeder Zeit und an jedem Ort gleich schlecht oder gar gleich gut. Die Nürnberger Prozesse können nicht verglichen und erst recht nicht gleichgesetzt werden mit anderen politischen Prozessen, etwa den Prozessen vor dem Volksgerichtshof des Dritten Reichs, dem KPD-Verbotsprozeß vor dem Bundesverfassungsgericht, den Prozessen gegen Harich und Janka vor dem Obersten Gericht der DDR, den Prozessen gegen die Bahro- und Waldheim-Richter, dem Prozeß gegen Dobbertin vor dem Staatssicherheitsgerichtshof und anderen französischen Gerichten usw.

Der DDR hat ihre politische Justiz im Endergebnis nichts genutzt. Die Bestrafung der Nazi- und Kriegsverbrecher sowenig, wie die Bestrafung ihrer oppositionellen Kommunisten oder der Republikflüchtigen oder der Bürgerrechtler. Ihre Politik und ihre Justiz teilte insoweit das Schicksal der politischen Prozesse unter Bismarcks Sozialistengesetz. Politische Justiz bleibt offenbar dort erfolglos, wo die Politik erfolglos bleibt. Auch Hitlers Blutrichter und Südafrikas Apartheid-Juristen konnten mit ihren unmenschlichen Urteilen den Gang der Geschichte nicht aufhalten. Die BRD dagegen hatte mit der Strafverfolgung der Kommunisten durch Ermittlungsverfahren gegen ca. 125.000 Personen (so A. v. Brünneck und D. Posser) von 1951 bis 1968 politisch nachhaltigen Erfolg.

Was die heute als „juristische Vergangenheitsbewältigung" bezeichnete politische Justiz unserer Tage anbelangt, die bisher zu ca. 75.000 Ermittlungsverfahren geführt hat, so hat die „Revisionsinstanz" Geschichte ihr Urteil noch nicht gefällt. Schlechte Politik bedingte nach meiner Meinung auch hier schlechte politische Justiz. An Mahnern hat es nicht gefehlt, doch es waren Rufer in der Wüste. Von den Stimmen aus der PDS will ich nicht reden, sie zählen in diesem Land und in dieser Zeit ohnehin nicht. Aber von den Warnungen des Rechtsaußen Gauweiler, der die Erfahrungen der Antike bemühte, der Amnestie-Initiative Schäubles bis hin zu den Appellen der Mittelstürmer Augstein und Schorlemmer und den Erklärungen einer Vielzahl, wenn nicht sogar Mehrzahl deutscher Rechtswissenschaftler hätte wohl Kenntnis genommen werden sollen.

Demgegenüber sagt man, die Opfer verlangen Gerechtigkeit. Strafe für die Täter sei ein Teil der Wiedergutmachung. Woanders sah und sieht man das allerdings bekanntlich anders. Doch das zählt nicht als Argument, obgleich Mandelas Zurückhaltung durchaus den Beifall der Gerechten findet. Man mag darüber streiten, ob wir oder der Rest der Welt Recht hat, nur, daß die Opfer – also alle Opfer – nach Strafe rufen ist erweislich unwahr. Einige sind nicht alle.

Rudolf Bahro, der 1977 im Zusammenhang mit der Veröffentlichung seines Buches „Die Alternative" zu einer Freiheitsstrafe von acht Jahren verurteilt worden war, schrieb im Ermittlungsverfahren gegen seine damaligen Richter und Staatsanwälte an den bundesdeutschen Staatsanwalt:

„Sehr geehrter Herr von Hugo,

hiermit widerrufe ich vor allem die Befreiung meines damaligen Anwaltes Gregor Gysi von seiner meinen Fall betreffenden Schweigepflicht.

Ich war damals, als ich mich von Ihnen vernehmen ließ, überhaupt zu großzügig mit mir, zu ungenau mit dem Zweck des Ganzen. Sie wissen, ich habe Vorbehalte gegen die westdeutsche Justiz, wenn sie rückwirkend vormals innere Angelegenheiten der DDR behandelt. Vor allem aber habe ich mir nicht klar gemacht, daß es natürlich einfach darum geht , Dr. H. und Dr. G. etc. vor Gericht zu bringen, und überhaupt nicht darum, aufzuklären, wie die Funktionsweise der DDR-Justiz mit der immer ungesicherten Existenz dieses Staates zusammenhing, die jedoch notwendige Folge des Hitlerkrieges war. Ich hatte nie die Absicht, daran mitzuwirken, daß die Verfolgung umgedreht wird. Insofern ziehe ich mit diesem Widerruf der Aussagegenehmigung für Gysi die Notbremse. ...

Mir ist erst jüngst ganz aufgegangen, daß mir der Verzicht aufs Verfolgenwollen gar nicht als Großzügigkeit ansteht, sondern als Anerkenntnis der Tatsache, daß wir – alle wesentlichen Beteiligten im Saal und außerhalb – bei dem damaligen Gerichtstermin sozusagen ‚Jakobiner unter sich' gewesen sind. Die anderen hatten die andere Hälfte meines Spiels zu bestreiten, nachdem ich sie zu einer Reaktion gezwungen hatte. Dem Wesen nach bin ich der Vorbereitung von Konterrevolution beschuldigt worden, und auch im Nachhinein mußte das damals so gesehen werden, zumal sich Gorbatschows Reformen, in deren Richtung meine ‚Alternative' vorab lag, dann als perspektivlos erwiesen haben, was den Zweck der Staatserhaltung betrifft. Jedenfalls habe ich diesen Männern nicht als Belastungszeuge gegenüberzutreten."

Wolfgang Harich, der 1957 vom Obersten Gericht der DDR zu zehn Jahren Zuchthaus verurteilt worden war und davon mehr als acht Jahre verbüßt hatte, wurde Vorsitzender der Alternativen Enquete-Kommission, weil er mit der offiziellen Vergangenheitsbewältigung nicht einverstanden war, und bezeichnete sich selbst noch 1993 als Kommunist (*„Keine Schwierigkeiten mit der Wahrheit"*, *Berlin 1993, S. 243*).

Von den von mir verteidigten politisch Verurteilten, deren Fälle ich hier geschildert habe, bekundeten Herbert Crüger, Walter Janka und Heinz Brandt, daß sie gegen diese politische Strafverfolgung waren. Ich weiß auch aus mehreren Strafverfahren, daß als Zeugen gehörte, nicht in die Zeitgeschichte eingegangene Geschädigte (z.B. angeschossene Flüchtlinge) ausdrücklich erklärten, sie hätten an der Bestrafung der jeweiligen Angeklagten kein Interesse. Natürlich ist mir bekannt, daß Erich Loest (siebeneinhalb Jahre Zuchthaus), Karl Wilhelm Fricke (vier Jahre Zuchthaus), Vera Lengsfeld und Bärbel Bohley (ca. je einen Monat U-Haft) entschieden die juristische Aufarbeitung und Bestrafung verlangen.

Opfer und Opfer scheinen überdies nicht immer gleich geachtet zu werden. Gegen die Verurteilung der sogenannten Waldheim-Richter wurde keineswegs die Rücksichtnahme auf die Opfer der Nazis als Argument ins Feld geführt. Jedenfalls nicht in Deutschland. Aus Frankreich hörte man es anders. Gilles Perrault, nach der „Berliner Zeitung" „einer der bekanntesten Essayisten und Schriftsteller Frankreichs", schließt sein Vorwort zu dem Buch „Hitlers zweimal getötete Opfer. Westdeutsche Endlösung des Antifaschismus auf dem Gebiet der DDR" (Freiburg 1994, S. XV) mit den Sätzen: *„Wir wissen aus harter Erfahrung, daß der Hitlerfaschismus das absolut Böse ist. Wenn das sogenannte neue Deutschland diejenigen verleugnet, die ihn bekämpft haben, wie sollte man sich nicht mit Beklemmung die Frage nach der wahren Natur dieses Deutschlands stellen."*

Die unterschiedliche Auffassung der Opfer dürfte ihrer unterschiedlichen politischen Überzeugung zuzuschreiben sein. Einen moralisch beachtlichen Imperativ kann man folglich weder aus der Auffasung der einen noch der der anderen Gruppe ableiten. Man muß schon politisch entscheiden, was politisch, justizpolitisch, zu tun ist. Leider wird über die politischen Argumente nicht gesprochen – die Insider werden sie kennen.

Politische Justiz wird sich immer als unpolitisch ausgeben. Der Grund dafür ist eindeutig. Fest steht, so lange es Politik gibt, wird es politische Justiz geben und so lange werden ihre Angeklagten und deren Verteidiger Grund haben, zu räsonieren über verlorene Prozesse.

Personenregister

451

Bildnachweis